程军律师团队法律译丛

非洲法语国家 PPP法律汇编

TRADUCTION DES LOIS PPP DE PAYS DE L'AFRIQUE FRANCOPHONE

程军律师团队/译

法律出版社
LAW PRESS · CHINA

程军律师是北京市中伦律师事务所一级合伙人，也是中伦海外投资业务部门的负责人。在 1995 年获得中国律师执业资格之后，程军律师被派往法国深造，获得了法国巴黎第一大学（又称索邦大学）博士学位，其博士论文获得最高评语。在法国期间，程军律师还通过了巴黎上诉法院律师学校的考试，获得了法国律师资格，这使得程军律师成为了全球华人世界中为数不多的拥有中法两国律师资格的专业律师。

程军律师领导的中伦海外投资团队是协助中国企业进行海外投资的专业律师团队，在矿业、能源、大型基础设施建设等相关海外投融资及并购领域有丰富的法律服务经验。团队曾到过 70 个国家处理境外投融资或者并购项目，涉及非洲、东南亚、中亚、北美以及澳大利亚等大部分中国海外投资的目的地，至今已经承办过近 300 个海外投融资并购项目。另外，程军律师团队也与国内众多大型国有企业集团、政策性银行以及主权基金建立了优质的资源网络和长期良好的合作关系。

在程军律师领导的中伦海外投资团队中，除了英语律师团队和西班牙语律师团队之外，还包括中国规模最大的法语律师团队，团队中的杨丽律师、周境宜律师、张雅蓝律师和刘博戈律师都曾在法国或加拿大法语区留学，团队的瑞士顾问 Raphaël PAPON 以法语为母语，法国顾问 Benjamin RUFFET 以法语和英语为母语，二人均在中国居住多年，中文水平较高且法学功底深厚，团队律师和顾问均拥有丰富的非洲法语国家的 PPP 项目经验。程军律师团队长期活跃在非洲各国，为矿业、电站、港口、公路、水处理及其他基础设施等大型 PPP 项目提供全流程专业法律服务，曾并为多家央企进行 PPP 项目相关的培训和讲座。

程军律师团队联系方式：overseas@zhonglun.com；+86 10 5087 2975

前　言

PPP（政府与社会资本合作：Public - Private Partnership）是目前基础设施（以及公共服务）投资建设中常见的一种项目运作模式。PPP 模式不仅可以缓解公共财政压力、降低建设运营成本、提高公共服务效率和投资利用率，而且可以保持投资和经济持续增长。

在过去的几年间，非洲大陆的经济增长迅速，但基础设施建设的落后严重制约经济的进一步发展。而开展基础设施的建设需要大量资金，很多非洲国家的资金和技术不足以满足其基础设施建设的需求。为了解决基础设施项目所需要的资金短缺和技术不足的问题，这些非洲国家开始采用 PPP 模式推动基础设施建设，利用市场本身来吸引投资，从而避免政府负债过多以及避免出具主权担保，因而 PPP 模式在非洲有很广阔的发展前景。例如，一些非洲国家对社会资本开放了交通、能源、基础设施等领域的投资，希望通过 PPP 模式获得这些领域的投资和建设所需要的资金和技术，并且带动当地的劳动力，创造就业机会。在这样的背景下，中国企业在非洲的“走出去”开始加速。很多中国企业以 PPP 的形式投资建设了大批铁路、公路、电站、港口、桥梁、机场、供水等基础设施项目，这对促进非洲经济社会发展、深化中非互利合作发挥了重要作用。与此同时，非洲基础设施建设对融资的需求依然旺盛，每年资金缺口达 680 亿～1080 亿美元。也就是说，非洲的 PPP 市场对中国企业而言仍然是机遇和挑战。

PPP 项目的特征是时间跨度较大、投资金额大、投资回收周期长、投资者面临的风险较多且需要具有全产业链运营等各方面能力，中国企业因此需要熟悉了解投资国的 PPP 法律规定，例如缔约机关和私人投资者（社会资本）的权利义务关系、风险分配机制、利益分配方式等。

非洲很多国家的官方语言是法语，这对于中国企业了解非洲法语国家的

PPP 法律制度，以及在非洲法语国家开展 PPP 项目均造成了一定困难。为此，我们团队对于非洲已有 PPP 立法的 17 个法语国家的 PPP 法律进行了翻译，出版了《非洲法语国家 PPP 法律汇编》以飨读者。本书凝结了我们团队全部法语律师的心血，自从开展翻译工作以来，每位律师均以谨慎、认真、严格、耐心的态度对待书中的每一个词语，在确定翻译时不厌其烦地字字甄别，以力求信达。本书的翻译与付梓不以营利为目的，只要能够帮助中国企业了解非洲法律国家的 PPP 法律制度，积极参与非洲的 PPP 项目建设，把握在非洲 PPP 市场的机遇和挑战，让中国企业更好地“走出去”，我们就心满意足了。

对于非洲 PPP 法律原文中出现的错误，我们仅对于非常明显的编号错误进行了修改，而对于其他错误，我们最大程度地尊重原文而不作修改。最后，欢迎社会各界人士对本书的不妥之处进行斧正！

北京市中伦律师事务所海外投资团队

TABLE DES MATIÈRES
目　　录

République du Bénin

Loi n°2016-24 du 11 octobre 2016 portant cadre juridique du partenariat public-privé en République du Bénin

贝宁共和国

2016 年 10 月 11 日第 2016-24 号关于贝宁共和国政府与社会资本合作的法律框架的法律

TITRE 1 – Des dispositions générales	第一编:总则
Chapitre 1 – Des définitions et sigles	**第一章:定义和缩写**
Article 1 – Au sens de la présente loi, on entend par:	**第 1 条** – 在本法中,作出以下定义:
• **Affermage**: contrat par lequel une personne morale de droit public, l'autorité affermante, charge une autre personne morale, de droit privé, le fermier, de l'exploitation sous sa responsabilité d'un service public ou d'ouvrages qui lui sont remis et qui verse en contrepartie des redevances à la personne morale de droit public co-contractante;	• **租赁**[①]:指公法人(出租机关)通过订立合同委托私法人(承租人)负责运营公共服务或向其移交的工程,作为对价,私法人向签署政府与社会资本合作合同(以下简称 PPP 合同)的公法人支付使用费;
• **ARMP**: Autorité de Régulation des Marchés Publics;	• **ARMP**:指公共合同管控委员会;
• **Biens propres**: biens meubles qui demeurent la propriété du partenaire privé après la fin du contrat et dont la liste est annexée au contrat;	• **自有资产**:指在合同终止后所有权仍属于社会资本的动产,且其清单作为附件附于合同之后;
• **Biens de reprise**: biens meubles utiles, sans être nécessaires, au bon fonctionnement du service objet du contrat et pouvant devenir, après la fin du contrat, la propriété de la personne publique si cette dernière exerce la faculté de reprise moyennant le paiement au partenaire privé d'une indemnité dont le montant est fixé par le contrat;	• **可收购资产**:指对于作为合同标的的服务的良好运作有用但不是必需的动产,在合同终止后,公法人如果行使收购权,并且向社会资本支付合同规定金额的补偿金,则所述动产的所有权可属于公法人;

① 中伦注:指政府投资建设项目,而社会资本方负责运营。

• **Biens de retour**: terrains, ouvrages, équipements, biens meubles mis gratuitement par la personne publique à la disposition du partenaire privé pendant toute la durée du contrat ou réalisés ou acquis par ce dernier qui sont affectés au service public objet du contrat et nécessaires à son exécution. Les biens de retour font retour gratuitement à la personne publique à la fin du contrat.	• **待返还资产**:指公法人在合同整个期限内向社会资本无偿提供使用的或者由社会资本实施或购置的土地、工程、设备和动产,该等土地、工程、设备和动产用于作为合同标的的公共服务,并且是合同履行所必需的。合同终止时,待返还资产将无偿返还给公法人。
Sont également considérés comme des biens de retour, les terrains relevant du domaine public dont l'occupation par le partenaire a été autorisée par le contrat;	属于公产的且合同批准由社会资本占用的土地也视为待返还资产;
• **CAPPP**: Cellule d'Appui au Partenariat Public-Privé;	• **CAPPP**:指 PPP 支持局;
• **Commande publique**: expression employée pour désigner la commande de biens, de services ou de réalisations de travaux, par les personnes publiques;	• **公共采购**:指公法人购买资产、服务或施工的行为;
• **Catalogue de projets**: catalogue défini annuellement par la structure nationale compétente et définissant, pour un an, la liste des projets des personnes publiques pouvant faire l'objet de PPP. Cette liste est revue tous les ans afin de la faire évoluer dans le sens des besoins de l'Etat du Bénin et de ses personnes publiques;	• **项目目录**:指由主管国家机构每年确定的目录,其确定公法人一年内可通过 PPP 形式开展的项目的清单。该清单每年均被修订,以便根据贝宁国家及其公法人的需求对其进行变更;

• **Concession**：contrat par lequel une personne publique confie à un partenaire privé une activité d'intérêt général à charge pour lui de construire, à ses risques et périls, les ouvrages nécessaires à l'exploitation du service et de se rémunérer par une redevance payée par les usagers；	• **特许经营**：指公法人通过订立合同向社会资本委托涉及公共利益的经营活动，由社会资本在自担风险的情况下负责建设服务运营所需的工程，而社会资本的回报来自于用户支付的使用费；
• **Contrat de gestion**：contrat par lequel un partenaire privé, qui n'est pas directement rémunéré par les usagers mais par une personne publique, a une responsabilité de la gestion partielle d'un service, d'un ouvrage ou d'un équipement, tenant compte de ses performances techniques et financières；	• **管理合同**：指公法人与社会资本签订的合同，通过该合同，社会资本负责服务、工程或设备的部分管理，而社会资本的回报按照社会资本的技术和财务绩效而确定，所述回报由公法人而非直接由用户支付；
• **Contrat de partenariat public-privé**：contrat par lequel une personne publique confie à un partenaire privé, personne morale de droit privé, pour une période déterminée, en fonction de la durée d'amortissement des investissements ou des modalités de financement retenues, une mission globale ayant pour objet la construction ou la transformation, l'entretien, la maintenance, l'exploitation ou la gestion d'ouvrages, d'équipements ou de biens immatériels nécessaires au service public dont l'autorité contractante a la charge, ainsi que tout ou partie de leur financement.	• **PPP 合同**：指公法人与社会资本签订的合同，通过该合同，公法人在固定期间内将一项整体任务委托给社会资本（私法人），所述期间根据投资回收期或选定的融资方式而定，所述整体任务包括缔约机关负责的公共服务所需的工程、设备或无形资产的建设或改造、维护、保养、运营或管理，及其全部或部分的融资。

Le contrat de partenariat public-privé peut également avoir pour objet tout ou partie de la conception de ces ouvrages, équipements ou biens immatériels ainsi que des prestations de service concourant à l'exercice, par l'autorité contractante, de la mission de service public dont elle est chargée.	PPP 合同还可以包括该等工程、设备或无形资产的全部或部分的设计,以及为缔约机关实施其负责的公共服务任务提供辅助性的服务。
Le cocontractant de la personne publique assure la maîtrise d'ouvrage des travaux à réaliser et partage avec elle les risques inhérents au projet;	与公法人签署 PPP 合同的人履行待实施工程的业主责任,并与公法人分担项目的固有风险;
• **Contrat de partenariat public-privé à paiement public**: contrat par lequel une personne morale de droit public confie pour une période déterminée à un tiers une mission globale incluant le financement privé d'investissements nécessaires à un service public ou à un service d'intérêt général, la construction ou la transformation des ouvrages ou des équipements ou d'autres investissements (y compris immatériels), leur entretien, leur maintenance et/ou leur exploitation ou gestion sur toute la durée du contrat. La rémunération du cocontractant est effectuée par la personne publique sur toute la durée du contrat à compter de la mise en service de l'ouvrage. Elle est liée à des objectifs de performance et peut intégrer des recettes annexes;	• **公法人付费型 PPP 合同**:指公法人与第三方签订的合同,通过该合同,公法人在固定期间内将一项整体任务委托给第三方,所述整体任务包括在合同的整个期限内的公共服务或涉及公共利益的服务所需投资的私人融资、工程或设备的建设或改造或其他投资(包括无形资产投资)、工程或设备的维护、保养和/或运营或管理。PPP 签约人的回报由公法人自工程投入运营起在合同的整个期限内对其支付。PPP 签约人的回报与绩效目标挂钩,并且可包括附属性收入;

• **Délégation de service public**: contrat par lequel une personne morale de droit public confie la gestion d'un service public relevant de sa compétence à un délégataire dont la rémunération est liée ou substantiellement assurée par les résultats de l'exploitation du service. La délégation de service public comprend les régies intéressées①, les affermages ainsi que les concessions de service public. Elle inclut ou non l'exécution d'un ouvrage;	• **公共服务委托**:指公法人通过订立合同将其主管的公共服务的管理委托给受托人,受托人的回报与服务运营的结果相关或主要取决于服务运营的结果。公共服务委托包括公共事业管理、租赁和公共服务的特许经营。公共服务委托包括或不包括工程的实施;
• **Développement durable**: développement qui répond aux besoins du présent sans compromettre la capacité des générations futures de répondre aux leurs. Deux concepts sont inhérents à cette notion:	• **可持续发展**:指在不损害子孙后代满足其需求的能力的前提下满足当前需求的发展。可持续发展内含两个概念:
– le concept de « besoins », et plus particulièrement des besoins essentiels des plus démunis, à qui il convient d'accorder la plus grande priorité,	–"需求"的概念,尤其是最贫困者的基本需求,其应被赋予最高的优先权,
– et l'idée des limitations que l'état de nos techniques et de notre organisation sociale impose sur la capacité de l'environnement à répondre aux besoins actuels et à venir.	–以及取之有度的概念,我们的技术状态和社会结构状态对于环境满足当前和未来的需求的能力施加的限制。
Il s'agit d'un développement économiquement efficace, socialement équitable et écologiquement soutenable;	这是一种经济上有效、社会上均衡且生态上可持续的发展;
• **DNCMP**: Direction Nationale de Contrôle des Marchés Publics;	• **DNCMP**:指国家公共采购监管局;

① 中伦注:此处指私营企业或个人对公共事业的管理,管理人分享经营利润但不承担亏损。

• **Droit de préemption**: avantage accordé à une personne soit par la loi, soit par une disposition contractuelle, de pouvoir se substituer à l'acquéreur d'un droit ou d'un bien pour en faire l'acquisition à sa place et dans les mêmes conditions que ce dernier. C'est le droit que peut exercer le candidat ayant soumis une offre spontanée dans le cas où son offre n'est pas retenue par la personne publique;	• **优先权**:通过法律或合同规定授予某人的优先权,该等优先权允许替代权利或资产的获得者,在与其相同的条件下获得该等权利或资产。提交了自发提案的候选人如果其投标未被公法人选定,则该等候选人可行使优先权;
• **Externalités**: actions des agents économiques ayant un impact positif ou négatif sur le bien-être et le comportement d'autres agents non prises en compte dans les calculs de l'agent qui les génèrent①. Les externalités peuvent se révéler positives ou négatives;	• **外部性**②:指经济主体的行为对其他经济主体的福利和行为产生的积极或消极的影响。外部性可分为正外部性或负外部性;
• **Fait de prince**: expression désignant toute mesure qui, prise par une autorité publique aboutit, à renchérir le coût d'exécution des prestations contractuelles;	• **国家任意行为**:指公共权力机关采取的,任何导致增加约定的服务、工程、设备或者无形资产的提供成本的措施;
• **Offre spontanée**: offre faite par une personne privée qui préfinance les études de faisabilité en vue d'un partenariat public-privé;	• **自发提案**:指社会资本为了实施 PPP 而作出的提案,社会资本预先提供资金进行可行性研究;

① 中伦注:原文似有错误。

② 中伦注:从经济学的角度上看,外部性(英语:Externality)是指经济主体的行为对社会或者其他个人部门造成了有利或不利的影响,这种有利影响带来的利益或不利影响带来的损失,均不由经济主体本人所获得或承担。

• **Partenaire privé**: personne morale de droit privé cocontractante d'une personne publique dans le cadre d'un partenariat public-privé;	• **社会资本**:指通过 PPP 的形式与公法人缔约的私法人;
• **Personne publique**: personne morale de droit public;	• **公法人**:指依据公法而设立的法人;
• **Sous-traitance**: contrat par lequel un partenaire privé confie par une convention et sous sa responsabilité, à une autre personne morale de droit privé, le sous-traitant, une partie de ses droits et obligations résultant d'un contrat de partenariat public-privé;	• **分包**:指社会资本通过订立合同将其在 PPP 合同项下的部分权利和义务通过协议并在其自身承担责任的前提下委托给另一私法人(分包商);
• **UEMOA**: Union Economique et Monétaire Ouest Africaine.	• **UEMOA**:指西非经济货币联盟。
Chapitre 2 – De l'objet et du champ d'application	**第二章:立法宗旨和适用范围**
Article 2 – La présente loi a pour objet:	**第 2 条** – 本法的立法宗旨为:
• de déterminer les principes fondamentaux relatifs à la conclusion de contrats de partenariat public-privé;	• 确定与签订 PPP 合同相关的基本原则;
• de fixer le régime juridique de la conclusion, de l'exécution, des modalités, de contrôle et de la fin des contrats de partenariat public-privé.	• 确定 PPP 合同的签订、履行、模式、监管和终止的法律制度。
Article 3 – La présente loi s'applique à tout contrat ou toute convention de partenariat public-privé, sans préjudice des autres dispositions légales et réglementaires en vigueur non contraires.	**第 3 条** – 本法适用于任何 PPP 合同或 PPP 协议,且不影响其他现行有效的与本法不相悖的法律法规的实施。
Elle s'applique:	本法适用于:

• à tout contrat par lequel une personne publique confie à un partenaire privé, opérateur de projet, personne morale de droit privé, pour une période déterminée, en fonction de la durée d'amortissement des investissements ou des modalités de financement retenues, une mission globale ayant pour objet la construction ou la transformation, l'entretien, la maintenance, l'exploitation ou la gestion d'ouvrages, d'équipements ou de biens immatériels nécessaires au service public dont l'autorité contractante a la charge, ainsi que tout ou partie de leur financement;	• 公法人与社会资本签订的合同,通过该合同,公法人向社会资本(其为私法人和项目经营者)在固定期间内将一项整体任务委托给社会资本(其为私法人和项目经营者),所述期间根据投资回收期或选定的融资方式而定,所述整体任务包括缔约机关负责的公共服务所需的工程、设备或无形资产的建设或改造、维护、保养、运营或管理,及其全部或部分的融资;
• au contrat ayant pour objet tout ou partie de la conception des ouvrages, équipements ou biens immatériels ainsi que des prestations de service concourant à l'exercice, par l'autorité contractante, de la mission de service public dont elle est chargée;	• 公法人与社会资本签订的合同,该合同的标的为工程、设备或无形资产的全部或部分的设计以及为缔约机关实施其负责的公共服务任务提供辅助性的服务;
• à toute convention par laquelle, une personne publique engage des fonds publics conjointement avec des fonds d'un partenaire privé pour constituer une société d'économie mixte ou un groupement d'intérêt économique aux fins visées par le présent article.	• 公法人与社会资本签订的协议,通过该协议,公法人将公共资金与社会资本的资金结合以共同设立符合本条款目的的公私合营公司①或经济利益集团②。

① 中伦注:公私合营公司(société d'économie mixte)指存在公法人参股的股份公司。

② 中伦注:经济利益集团(GIE)是 OHADA 统一法规定的一种不同于公司的企业形式,是具有法人资格的集团,其成员数量至少为两个。在成员之间可共同进行某些经营活动,以便改善经营活动的结果,而不影响各个成员之间的独立性。经济利益集团的目的专门为,在一定时间内通过一切适当的方式,促进或发展其成员的经济活动,改善经济活动的结果,经济利益集团的活动需要附属于其成员的经济活动,并且其经济活动相对于其成员的经济活动为附属性的。

Elle ne s'applique pas:	本法不适用于:
• en cas de simple apport de fonds par un bailleur privé à une entreprise publique;	• 私人融资方向国有企业的单纯资金提供;
• au contrat de partenariat public-privé qui concerne les besoins de défense et de sécurité nationale;	• 涉及国防和国家安全需求的 PPP 合同;
• au contrat de partenariat public-privé conclu par une autorité publique avec une personne publique ou un partenaire privé, dès lors qu'elle exerce sur cette dernière un contrôle analogue à celui qu'elle exerce sur ses propres services.	• 由公共权力机关和公法人或社会资本签订的 PPP 合同,前提是所述公共权力机关对公法人或社会资本实施的控制与其对自己的内部部门实施的控制类似。
Chapitre 3 – Des formes de contrats de partenariat public-privé	**第三章:PPP 合同形式**
Article 4 – Les contrats de partenariat public-privé peuvent être conclus sous les formes contractuelles, non exhaustives suivantes:	**第 4 条** – PPP 合同可以下列合同形式(非穷尽列举)签订:
• conception, construction, financement, exploitation;	• 设计、建设、融资、运营;
• construction, exploitation, transfert;	• 建设、运营、转让;
• construction et transfert;	• 建设和转让;
• construction, possession et exploitation;	• 建设、拥有和运营;
• construction, location et transfert;	• 建设、租赁和转让;
• construction, transfert, et exploitation;	• 建设、转让和运营;
• extension et exploitation;	• 扩建和运营;
• développement, exploitation et transfert;	• 开发、运营和转让;

• réhabilitation, possession et exploitation;	• 翻修、拥有和运营;
• réhabilitation, exploitation et transfert;	• 翻修、运营和转让;
• production, commercialisation;	• 生产、商业化;
• etc.	• 其他。
Chapitre 4 – Du cadre institutionnel	**第四章:机构框架**
Article 5 – Le cadre institutionnel des contrats de partenariat public-privé comprend:	**第 5 条** – PPP 合同的机构框架包括:
• le Conseil des Ministres;	• 部长委员会;
• les organes de contrôle et de régulation;	• 监管部门;
• la Cellule d'Appui au Partenariat Public-Privé (CAPPP);	• PPP 支持局(CAPPP);
• la Commission ad'hoc d'appel d'offres.	• 招标特设委员会。
Article 6 – Le Conseil des Ministres est l'instance suprême de prise de décisions dans le processus de mise en œuvre des projets en partenariat public-privé.	**第 6 条** – 部长委员会是 PPP 项目的实施过程中的最高决策机构。
Le Conseil des Ministres délibère sur la décision de recourir à un contrat de partenariat public-privé pour la réalisation des projets qui peuvent en faire l'objet; il approuve les étapes préparatoires et autorise la signature du contrat.	部长委员会审议决定项目的实施是否适用 PPP 合同的形式;部长委员会批准筹备阶段和合同的签署。
Article 7 – La Direction Nationale de Contrôle des Marchés Publics (DNCMP) assure le contrôle des opérations de passation des contrats de partenariat public-privé.	**第 7 条** – 国家公共采购监管局(DNCMP)负责监管 PPP 合同的缔结程序[①]。

① 中伦注:本法中的"合同缔结"指将合同授予中标人的所有规则和整个流程,而不仅仅是合同签署的环节。

L'Autorité de Régulation des Marchés Publics (ARMP), est l'organe de recours et de facilitation du dialogue entre les parties, en cas de différends.	如果发生争议，公共合同管控委员会(ARMP)是处理申诉并促进合同方之间的对话的机构。
Dans l'exercice de leurs missions, ces deux entités peuvent requérir l'expertise de la Cellule d'Appui au Partenariat Public-Privé (CAPPP).	上述两个单位在执行其任务时可要求 PPP 支持局(CAPPP)提供专业意见。
Un décret pris en Conseil des Ministres précise les conditions spécifiques du contrôle et de la régulation.	部长委员会颁布的法令将明确监管的具体条件。
Article 8 – La Cellule d'Appui au Partenariat Public-Privé (CAPPP) est l'organe technique de l'Etat chargé d'appuyer les personnes publiques dans l'identification de projets pouvant faire l'objet d'un contrat de partenariat public-privé, dans leur priorisation, dans la réalisation d'études sur leur viabilité économique ou d'autres études lorsque cela est nécessaire. Elle apporte son expertise dans l'exécution et le suivi du contrat.	**第 8 条 –** PPP 支持局(CAPPP)是国家技术机构，其负责协助公法人识别能够适用 PPP 的项目、划定项目优先级、实施经济可行性研究或其他必要的研究。PPP 支持局(CAPPP)在合同履行和合同跟踪中提供专业意见。
Les attributions, la composition et les modalités de fonctionnement de la Cellule d'Appui au Partenariat Public-Privé (CAPPP) sont précisées par décret pris en Conseil des Ministres.	PPP 支持局(CAPPP)的职权、组成和运作方式由部长委员会颁布的法令规定。
Article 9 – Dans le cadre du processus de conclusion d'un contrat de partenariat public-privé, il est créé une Commission ad'hoc d'appel d'offres.	**第 9 条 –** 招标特设委员会在 PPP 合同签订过程中设立。
La Commission ad'hoc d'appel d'offres est chargée de procéder à:	招标特设委员会负责：

• la préparation des dossiers d'appel d'offres;	• 编制招标文件;
• l'ouverture des plis;	• 开标;
• l'évaluation des offres; et	• 评标;和
• la sélection des candidats.	• 选定候选人。
Il est procédé à l'ouverture des plis en séance publique, les autres étapes se déroulant à huis clos.	开标须公开进行,其他阶段不公开进行。
Un décret pris en Conseil des Ministres détermine la composition et fixe les modalités de fonctionnement de la Commission ad'hoc d'appel d'offres.	部长委员会颁布的法令确定招标特设委员会的组成并规定其运作方式。
TITRE 2 – De la passation du contrat de partenariat public-privé	**第二编:PPP 合同的缔结**
Chapitre 1 – Des parties au contrat de partenariat public-privé	**第一章:PPP 合同的合同方**
Article 10 – Peuvent recourir aux contrats de partenariat public-privé pour l'exécution de projets relevant de leur compétence respective, les personnes publiques ci-après:	**第 10 条 –** 以下公法人可适用 PPP 合同实施属于其职权的项目:
• l'Etat;	• 国家;
• les collectivités territoriales et leurs groupements;	• 地方行政机关及其联合团体;
• les sociétés d'Etat;	• 国有公司;
• les établissements publics.	• 公共机构。
Les collectivités territoriales et leurs groupements, les sociétés d'Etat, les sociétés d'économie mixte à participation majoritaire de l'Etat, les groupements d'intérêt économique à participation majoritaire de l'Etat et les établissements pub-	地方行政机关及其联合团体、国有公司、由国家控股的公私合营公司、由国家控股的经济利益集团和公共机构仅可在国家许可的前提下签订 PPP 合同。

lics ne peuvent toutefois conclure des contrats de partenariat public-privé que dans la mesure où ils y ont été autorisés par l'Etat.	
Les personnes morales de droit privé qui ne sont pas frappées par l'interdiction prévue à l'article 11 peuvent être parties aux contrats de partenariat public-privé.	不属于第 11 条规定的禁止情形的私法人可以是 PPP 合同的合同方。
Article 11 – Ne peuvent soumissionner à un contrat de partenariat public-privé, les personnes morales précédemment titulaires d'un contrat public ayant fait l'objet de résiliation pour faute ou carence.	**第 11 条 –** 之前曾作为公共合同持有人的法人因过错或无清偿能力导致公共合同被解除的,不得参与 PPP 合同的投标。
Les dispositions du présent article sont applicables au candidat qu'il se présente seul, ou en consortium ainsi qu'à tous les tiers opérateurs et sous-traitants sur lesquels le candidat s'appuie pour justifier de ses capacités et ce quel que soit le lien juridique ou économique qui les lie.	本条规定适用于单独竞标或以联合体竞标的候选人,以及候选人赖以证明其能力的所有第三方经营者及分包商,且不论该候选人与该等第三方经营者及分包商之间的法律或经济关系为何。
Chapitre 2 – Des études préalables à la conclusion d'un contrat de partenariat public-privé	**第二章:PPP 合同签订的预先研究**
Article 12 – Les projets susceptibles d'être retenus pour le processus de sélection en contrat de partenariat public-privé font l'objet:	**第 12 条 –** 能够适用 PPP 合同选择程序的项目须进行:
• d'une étude de faisabilité;	• 可行性研究;
• d'une étude d'impact environnemental et social;	• 环境和社会影响研究;
• d'une étude des externalités afin de déterminer les coûts et bénéfices attendus pour la personne publique;	• 为确定公法人的预期成本和收益的外部性研究;

• d'une étude de soutenabilité budgétaire.	• 预算承受能力研究。
Article 13 – A l'exception des offres proposées dans le cadre d'offres spontanées, l'étude de faisabilité, l'étude d'impact environnemental et social, l'étude des externalités et l'étude de soutenabilité budgétaire sont réalisées par l'autorité contractante avec le concours de la Cellule d'Appui au Partenariat Public-Privé (CAPPP).	**第 13 条** – 由缔约机关在 PPP 支持局(CAPPP)的协助下进行可行性研究、环境和社会影响研究、外部性研究和预算承受能力研究,但在自发提案框架内提交的提案除外。
L'étude de faisabilité doit notamment faire apparaître les motifs de caractère économique, financier, juridique et administratif qui conduisent l'autorité contractante à engager la procédure de passation d'un tel contrat.	可行性研究须说明导致缔约机关启动 PPP 合同的缔结程序的经济、财务、法律和行政方面的理由。
L'étude de faisabilité doit également faire apparaître une analyse comparative de différentes options, notamment en termes de coût global, de partage de risques et de performance, ainsi qu'une analyse des conséquences environnementales d'un tel projet et son impact en termes de développement durable.	可行性研究还须对各种选择(方案)进行比较分析(特别是从总成本、风险分担和绩效方面进行分析),以及对项目的环境影响及其对可持续发展方面的影响的分析。
Chapitre 3 – Des sources du contrat de partenariat public-privé	**第三章:PPP 合同来源**
Article 14 – Les projets susceptibles d'être exécutés en mode partenariat public-privé sont des projets issus du catalogue des projets, des projets hors catalogue provenant d'une personne publique ou d'une offre spontanée.	**第 14 条** – 可通过 PPP 模式实施的项目均为项目目录中列出的项目,以及不在目录上的来自公法人或来自自发提案的项目。

Article 15 – Le catalogue établi par la Cellule d'Appui au Partenariat Public-Privé (CAPPP) est constitué des projets priorisés, lequel est validé par décret pris en Conseil des Ministres.	**第 15 条 –** PPP 支持局(CAPPP)编制的目录由优先级最高的项目组成,该目录由部长委员会颁布的法令批准生效。
Ce catalogue est communiqué à l'Assemblée nationale lors des débats d'orientation budgétaire.	该目录在国民议会就预算方针进行讨论时发送至国民议会。
Il fait l'objet d'une actualisation annuelle.	该目录须每年更新。
Article 16 – Les projets hors catalogue que les personnes publiques peuvent soumettre à la Cellule d'Appui au Partenariat Public-Privé (CAPPP) pour être financés en mode partenariat public-privé, proviennent soit du Gouvernement, soit des collectivités territoriales.	**第 16 条 –** 公法人可向 PPP 支持局(CAPPP)提交不在目录上的项目,以便通过 PPP 模式为项目融资,该等项目来自政府或者地方行政机关。
Ils font l'objet d'une communication à l'Assemblée nationale avant leur mise en œuvre.	上述项目实施前须上报国民议会。
Chapitre 4 – Des modes de passation des contrats de partenariat public-privé	**第四章:PPP 合同的缔结模式**
Article 17 – L'établissement et la conclusion des contrats de partenariat public-privé sont soumis aux principes suivants:	**第 17 条 –** PPP 合同的编制和签订须遵循以下原则:
• l'économie et l'efficacité du processus, la liberté d'accès, l'égalité de traitement, la reconnaissance mutuelle, la transparence des procédures;	• 过程的经济性和高效性、自由参与、平等待遇、相互承认、程序透明(的原则);
• la procédure de passation des contrats de partenariat fait l'objet d'une publicité suffisante précisée à chaque étape de la procédure permettant la présentation de plusieurs offres concurrentes.	• PPP 合同的缔结程序须于程序的每一阶段进行充分的公告,以便允许提交多个竞争性的方案。

Article 18 – Les procédures de passation des contrats de partenariat public-privé sont:	**第 18 条** – PPP 合同的缔结程序为：
• l'appel d'offres;	• 招标；
• l'entente directe;	• 直接协议；
• l'offre spontanée.	• 自发提案。
Article 19 – Les contrats de partenariat public-privé sont prioritairement passés par appel d'offres international ouvert en une ou deux étapes précédé obligatoirement d'une pré-qualification.	**第 19 条** – PPP 合同须优先通过一步式或两步式的公开国际招标签订，且必须之前进行资格预审。
Un partenariat public-privé est passé par appel d'offres international ouvert en une étape lorsque la personne publique est en mesure de définir les prestations, objets du contrat par référence aux normes, agréments techniques ou spécifications nationales ou communautaires détaillées, à défaut par référence à des normes, des arguments techniques① et des spécifications nationaux et internationaux, et dispose de critères de performance et d'indicateurs de résultats précis.	若公法人能够通过参考标准、技术要求或详细的国家或共同体的规范，或无上述标准或规范时可以通过参考国家及国际上的标准、技术要求和规范来确定作为合同标的的服务、工程、设备或者无形资产的提供，且公法人有明确的绩效标准和成果指标时，则 PPP 合同可通过一步式的公开国际招标进行签订。
Un contrat de partenariat public-privé est passé par appel d'offres international ouvert à deux étapes:	在以下情况中，PPP 合同通过两步式的公开国际招标签订：
• lorsque le contrat envisagé est d'une grande complexité, la personne publique n'étant pas en mesure de définir seule et à l'avance les moyens techniques répondant à ses besoins ou d'établir le montage financier ou juridique;	• 拟议的合同非常复杂，且公法人无法自行和预先确定满足其需求的技术手段或无法建立融资结构或法律结构；

① 中伦注：此处似有错误，我们认为上下文应该一致，都应当是 agréments techniques。

• lorsque la personne publique doit l'attribuer sur la base de critères de performance et non de spécifications techniques détaillées.	• 公法人必须根据绩效标准而不是根据详细的技术规范而授予合同。
Article 20 – Exceptionnellement, un contrat de partenariat public-privé peut être passé par entente directe, après accord de la Direction Nationale de Contrôle des Marchés Publics (DNCMP) et après avis de la Cellule d'Appui au Partenariat Public-Privé (CAPPP) lorsque la réalisation ou l'exploitation d'un projet ne peut être menée que par un partenaire privé déterminé du fait de l'absence de concurrence après appel d'offres ouvert international pour des raisons techniques, des raisons liées à la protection de brevets, de droits d'auteur ou d'autres droits de propriété intellectuelle ou des raisons liées à la protection d'autres droits exclusifs.	**第 20 条 –** 在特殊情况下,由于技术原因、与专利、著作权或其他知识产权的保护有关的原因或者与其他排他性权利的保护有关的原因,项目的实施或运营在公开国际招标后因缺乏竞争只能由特定的社会资本进行时,PPP 合同在国家公共采购监管局(DNCMP)同意后和征求 PPP 支持局(CAPPP)的意见后可以通过直接协议形式签订。
Article 21 – Un partenaire privé a la possibilité d'adresser à une autorité contractante une offre spontanée. Dans ce cas, ledit partenaire réalise les études préalables de manière à présenter un projet cohérent comportant des propositions techniques adéquates, ainsi que les solutions de financement correspondantes.	**第 21 条 –** 社会资本可向缔约机关提交自发提案。在此情形下,社会资本应进行预先研究,以提出包括合适的技术方案及相应的财务方案的合理的项目。
Une offre spontanée peut aussi porter sur la réalisation d'un projet dont les études ont été menées par l'autorité contractante lorsque ces études sont manifestement caduques ou lorsqu'elles ont été réalisées au moins soixante mois avant la date de dépôt de l'offre spontanée. Dans ce cas, de nouvelles études préalables sont nécessaires.	自发提案也可针对缔约机关已进行研究的项目的实施,前提条件为该等研究明显过时或是在自发提案提交日期的至少六十个月之前进行的。在该情况下,须进行新的预先研究。

Le processus compris entre le dépôt du projet jusqu'à la procédure de passation est conduit de manière à rendre impersonnel le projet, à respecter la confidentialité de certaines caractéristiques de l'offre spontanée, et à permettre à tous les soumissionnaires de concourir sur une base égalitaire.	从项目的提交至缔结程序之间的过程按照以下方式进行：使项目不针对特定的人设置、对自发提案的某些特征保密、并允许所有投标人公平竞争。
Il ne peut être accepté d'offre spontanée portant sur des projets pour lesquels une procédure d'appel d'offres est en cours.	对于正在进行招标程序的项目，不得接受自发提案。
Article 22 – Le porteur de l'offre spontanée soumet à l'autorité contractante un dossier comportant :	**第 22 条** – 自发提案的发起人应向缔约机关提交包含以下内容的文件：
• un mémorandum d'entente avec une personne publique ;	• 与公法人签订的谅解备忘录；
• une note décrivant l'étendue et la durée des travaux à réaliser ;	• 待实施的工程的范围和工期的说明；
• la description des solutions techniques proposées ;	• 提出的技术方案的描述；
• la compétitivité du projet ;	• 项目的竞争力；
• les avantages économiques et financiers attendus du projet ;	• 项目预期的经济和财务优势；
• une analyse des risques liés au projet ;	• 与项目有关的风险分析；
• un schéma de répartition et d'atténuation de ces risques entre les parties ;	• 在各方之间的风险分配和降低风险的方案；
• le coût estimatif global du projet ;	• 项目的预估总成本；
• un plan de financement du projet assorti d'un modèle financier prévisionnel ;	• 附有预测的财务模型的项目融资计划；

• le détail des études complémentaires à réaliser ainsi que leur coût estimatif et leur mode et source de financement;	• 待实施的补充性研究的细节及其预估费用、其融资模式和融资来源;
• une étude d'impact environnemental et social;	• 环境和社会影响研究;
• un plan de gestion environnementale et sociale accompagné du certificat de conformité conformément aux textes en vigueur en la matière;	• 环境和社会方面的管理计划,并附有遵守相关的现行法律法规的合规证书;
• un avant-projet de contrat.	• 合同草案。
L'offre spontanée est accompagnée de documents attestant des capacités financières et techniques du partenaire privé à réaliser le projet proposé.	自发提案须附有证明社会资本具有实施其提出的项目的财务和技术能力的文件。
Après examen de l'offre spontanée, notamment, en ce qui concerne la compétitivité du projet proposé ainsi que sa viabilité financière, l'autorité contractante peut demander des informations complémentaires, classer l'offre sans suite, ou décider de lui donner une suite favorable.	在审查自发提案后,特别是在其提出的项目的竞争力及其财务可行性方面,缔约机关可要求提供补充性信息、拒绝自发提案或者决定接受自发提案并对其开展后续工作。
Lorsque l'autorité contractante décide de donner une suite favorable à l'offre spontanée, elle la transmet à la Commission ad'hoc d'appel d'offres après avis de la Cellule d'Appui au Partenariat Public-Privé (CAPPP) afin d'entamer une procédure d'appel d'offres conformément aux articles 25 à 46 de la présente loi.	如果缔约机关决定接受自发提案并对其开展后续工作,其在征求 PPP 支持局(CAPPP)的意见后将该投标发送给招标特设委员会,以根据本法第 25 至 46 条的规定启动招标程序。
Article 23 – La Cellule d'Appui au Partenariat Public-Privé (CAPPP) émet un avis portant sur les points suivants:	**第 23 条 –** PPP 支持局(CAPPP)就以下内容发表意见:

• la cohérence globale du projet et sa conformité à la politique de l'Etat;	• 项目的整体合理性及其对国家政策的遵守情况;
• la qualité et la pertinence des solutions techniques;	• 技术方案的质量和相关性;
• l'analyse coûts/avantages du projet;	• 项目的成本/优势分析;
• le taux de rentabilité économique du projet;	• 项目的经济效益率;
• la compétitivité du mode de financement;	• 融资方式的竞争力;
• la répartition rationnelle des risques entre les parties;	• 在各方之间的合理的风险分配;
• le potentiel de création d'emplois;	• 创造就业的潜力;
• les modalités de transfert de technologie;	• 技术转让方式;
• la qualité du montage contractuel et financier proposés;	• 提议的合同结构和财务结构的质量;
• les mesures de protection de l'environnement et de promotion du développement durable.	• 保护环境和促进可持续发展的措施。
La Cellule d'Appui au Partenariat Public-Privé (CAPPP) peut recourir à une expertise indépendante liée au secteur du projet dans le cadre de l'évaluation des projets.	PPP 支持局(CAPPP)可以在项目的评估中获得与项目所在领域相关的独立的专业意见。
Article 24 – Les offres spontanées font l'objet d'une mise en concurrence dans les conditions prévues aux articles 25 à 46 de la présente loi si l'autorité contractante entend leur donner suite.	**第 24 条** – 若缔约机关打算对自发提案开展后续工作,则将根据本法第 25 条至第 46 条规定的条件对自发提案进行竞争性程序。

Le porteur de l'offre spontanée participe à l'appel d'offres dans les mêmes conditions que les autres candidats. Lors de l'examen de son offre par la commission ad'hoc d'appel d'offres, le porteur de l'offre spontanée se voit attribuer un bonus de points correspondant aux efforts et aux frais engagés par ce dernier pour réaliser et financer l'étude de faisabilité du projet, cette étude bénéficiant à l'ensemble des soumissionnaires dans les conditions fixées par un décret pris en Conseil des Ministres.	自发提案的发起人在与其他候选人相同的条件下参与招标。在招标特设委员会评标期间,自发提案的发起人可被授予与其实施项目可行性研究所作出的努力及为项目可行性研究所支付的费用相对应的加分。所有投标人均有权在部长委员会颁布的法令中所规定的条件下利用该可行性研究。
Lorsque le candidat à l'origine de l'offre spontanée n'arrive pas en tête du classement, il peut user du droit de préemption. Le droit de préemption est assujetti à la condition que l'écart des notes entre les deux offres n'excède pas cinq pour cent (5%).	如果自发提案的发起候选人竞标排名未达首位,其有权行使优先权。行使优先权的条件为,两个投标的评分差异不超过百分之五(5%)。
Chapitre 5 – De l'attribution du contrat de partenariat public-privé	**第五章:PPP 合同的授予**
Article 25 – L'avis de pré-qualification marque le lancement de la procédure d'appel d'offres.	**第 25 条** – 资格预审公告(的发布)标志着招标程序的启动。
Article 26 – La procédure de pré-qualification est conduite par la Commission ad'hoc d'appel d'offres visée à l'article 9 de la présente loi, assistée en cas de besoin par la Cellule d'Appui au Partenariat Public-Privé (CAPPP).	**第 26 条** – 本法第 9 条所述的招标特设委员会开展资格预审程序,必要时可获得 PPP 支持局(CAPPP)协助。
La commission se réunit à la demande de l'autorité contractante.	招标委员会应缔约机关的要求举行会议。

Un avis de pré-qualification est publié par l'autorité contractante. Cette publication est faite dans des organes de presse écrite, électronique ou audiovisuelle, nationale et étrangère, spécialisée ou non. La diffusion de l'avis de pré-qualification est faite de façon à informer tous les candidats potentiels de l'existence du projet.	资格预审公告由缔约机关通过国内外专业性的或非专业性的纸质媒体、电子或视听媒体发布。资格预审公告的发布旨在通知所有潜在候选人项目的存在。
L'avis de pré-qualification peut renvoyer à un règlement de consultation pour préciser certaines de ses dispositions.	资格预审公告可援引澄清规则以明确其部分规定。
Article 27 – L'avis de pré-qualification et son règlement de consultation le cas échant, contiennent au moins les informations suivantes:	**第 27 条 –** 资格预审公告及其澄清规则(如有)须至少包含以下信息:
• une description complète des objectifs et performances attendus du projet ainsi que ses aspects économiques, juridiques, financiers et techniques;	• 项目预期的目标和绩效的完整描述及其经济、法律、财务和技术层面的内容;
• les critères de sélection des candidatures et les critères d'attribution des contrats. Ces critères de candidature portent notamment sur les capacités professionnelles et les garanties que présente le partenaire privé;	• 候选人资格的选择标准和合同授予标准。候选人资格的选择标准尤其涉及社会资本具有的专业能力和提供的担保;
• des indications éventuelles sur les autres éléments essentiels du projet;	• 对于项目其他基本内容的相关指示;
• le lieu où le dossier de pré-qualification peut être retiré;	• 资格预审文件的提取地点;
• le lieu du dépôt et la date à laquelle le dossier de pré-qualification doit être déposé.	• 资格预审文件的提交地点和日期。

Le temps laissé aux candidats pour répondre à un dossier de pré-qualification ne peut être inférieur à trente jours ouvrables après publication de l'avis de pré-qualification.	候选人回复资格预审文件的时间不得少于资格预审公告发布后 30 个工作日。
Le dossier de pré-qualification est établi par l'autorité contractante. Il contient au moins les éléments suivants:	资格预审文件由缔约机关编制,其至少包含以下内容:
• l'ensemble des instructions relatives à l'établissement des demandes de pré-qualification;	• 所有与编制资格预审申请有关的指示;
• une description de la structure contractuelle;	• 合同结构的描述;
• la liste des pièces et des autres informations demandées aux candidats pour qu'ils justifient de leur capacité;	• 要求候选人提供的证明其能力的文件和其他信息清单;
• les critères précis aux termes desquels la pré-qualification est effectuée.	• 实施资格预审的明确标准。
Un délai maximum de soixante jours ouvrables est accordé aux candidats pour le dépôt des dossiers de pré-qualification à partir de la publication de l'avis de pré-qualification.	候选人须自发布资格预审公告之日起 60 个工作日的期限内提交资格预审文件。
Article 28 – La Commission ad'hoc d'appel d'offres statue sur la qualification de chaque candidat ayant présenté une demande. Elle statue uniquement sur la base des critères énoncés dans le dossier de pré-qualification.	**第 28 条** – 招标特设委员会对每个提交(资格预审)申请的候选人的资格作出评定。评定标准仅为资格预审文件中规定的标准。
La Commission ad'hoc d'appel d'offres établit la liste des entreprises et des groupements d'entreprises ayant soumissionné et qui sont admis à présenter leurs offres.	招标特设委员会须制定已投标并被允许投标的企业和企业联合体的名单。

La décision de la Commission ad'hoc d'appel d'offres fait l'objet d'un procès-verbal.	招标特设委员会的决定记入会议记录。
La Commission ad'hoc d'appel d'offres notifie à chaque candidat la décision qu'elle a prise à son égard. Elle communique à tout candidat qui en fait la demande, les motifs du rejet de sa candidature.	招标特设委员会通知每位候选人对其作出的决定,并且向任何提出(资格预审)申请但被拒绝的候选人解释其不具有候选人资格的原因。
Le nombre de candidats à une procédure de pré-qualification ne peut être inférieur à trois sauf si l'autorité contractante fournit la preuve à la Commission ad'hoc d'appel d'offres, qu'en dépit des mesures de large publicité qu'elle a mises en œuvre et des efforts qu'elle a déployés pour susciter l'intérêt de candidats potentiels, il n'a pas été possible d'identifier au moins trois candidats qui satisfont aux critères de pré-qualification.	参加资格预审程序的候选人的人数不得少于 3 人,除非缔约机关向招标特设委员会提供证据证明,尽管其已经广泛宣传并努力吸引潜在候选人的兴趣,但仍然无法确定至少 3 名符合资格预审标准的候选人。
Dans ce cas, la Commission ad'hoc d'appel d'offres peut poursuivre la procédure avec les deux candidats pré-qualifiés.	在上述情况下,招标特设委员会可以与两个通过资格预审标准的候选人继续进行招标程序。
La Commission ad'hoc d'appel d'offres invite les candidats dont elle retient la demande de pré-qualification, à présenter une offre dans les conditions fixées aux articles 32 à 46 de la présente loi.	招标特设委员会须邀请通过资格预审的候选人在本法第 32 条至第 46 条规定的条件下投标。
Article 29 – Les contrats de partenariat public-privé ne peuvent être conclus qu'avec un candidat ayant les capacités techniques et financières suffisantes.	**第 29 条 –**(缔约机关)只能与具备足够的技术和财务能力的候选人签订 PPP 合同。
La pré-qualification des candidats s'effectue exclusivement en fonction de leur capacité à exécuter le contrat et selon les critères suivants:	仅根据候选人履行合同的能力及以下标准进行资格预审:

• expérience technique spécifique;	• 专门的技术经验;
• moyens matériels et humains dont les candidats disposent pour exécuter le contrat;	• 候选人拥有的用于履行合同的物力和人力资源;
• capacités financières.	• 财务能力。
Article 30 – Pour apprécier les capacités des candidats au regard des critères précités, les renseignements ou documents suivants peuvent être demandés aux candidats, notamment:	**第 30 条** – 为了根据上述标准评估候选人能力,可要求候选人提供以下信息或文件,特别是:
• les références concernant des contrats similaires;	• 类似合同的能力证明;
• la déclaration indiquant les effectifs, l'outillage, le matériel et les équipements techniques dont dispose le candidat pour l'exécution du contrat de partenariat;	• 列明候选人具有的用于履行 PPP 合同的工作人员、工具、器材和技术设备的声明;
• les états financiers certifiés et rapports annuels d'activités des trois derniers exercices;	• 过去三个财政年度经审计的财务报表和年度经营报告;
• la déclaration concernant le chiffre d'affaires global et le cas échéant, le résultat net concernant les prestations auxquelles se réfère le contrat, au cours des trois derniers exercices;	• 在过去三个财政年度中,合同包括的服务、工程、设备或者无形资产的提供产生的总营业额和净利润(如有)的申报;
• la déclaration appropriée de banque ou preuve d'une assurance pour les risques professionnels;	• 银行资信证明或防范业务风险的保险证明;
• les certificats de qualification professionnelle délivrés selon des critères objectifs et transparents par l'organisme officiel responsable de la certification des entreprises;	• 由负责企业认证的官方机构根据客观和透明的标准颁发的职业资格证书;

• l'attestation des autorités béninoises ou étrangères établissant que le candidat, les principaux dirigeants de l'entreprise candidate ou l'entreprise candidate n'ont pas fait l'objet de condamnation pénale liée à leur activité professionnelle.	• 贝宁或外国行政机关出具的候选人、候选企业的主要高管或候选企业未因其经营活动受到过刑事处罚的证明。
Lorsque plusieurs entreprises se présentent en consortium candidat, les conditions de pré-qualification s'appliquent en considération des capacités de chacun des membres du consortium en vue de déterminer si la combinaison de leurs qualifications permet de répondre aux besoins de toutes les phases du projet.	当数家企业组成联合体候选人时,资格预审条件的适用须考虑联合体各成员的能力,以确定该联合体候选人各成员的资格的组合是否可以满足项目所有阶段的需求。
Article 31 – L'avis de pré-qualification prévoit la possibilité pour les soumissionnaires de se constituer en consortium.	**第 31 条 –** 资格预审公告规定投标人可以组成联合体。
Sauf disposition contraire contenue dans l'avis de pré-qualification, chaque membre d'un consortium ne peut participer, directement ou indirectement à plus d'un consortium.	联合体的每个成员最多直接或间接地加入到一个联合体中,但资格预审公告中另有规定则从其规定。
Toute violation expose le soumissionnaire à la disqualification du consortium et de ses différents membres.	违反上述规定将导致联合体投标人及其各个成员均被取消竞标资格。
Article 32 – La procédure de sélection du candidat retenu après la phase de pré-qualification est conduite par la Commission ad'hoc d'appel d'offres assistée par la Cellule d'Appui au Partenariat Public-Privé (CAPPP).	**第 32 条 –** 通过资格预审的候选人的选择程序由招标特设委员会在 PPP 支持局(CAPPP)的协助下开展。

Article 33 – La Commission ad'hoc d'appel d'offres transmet à chaque candidat pré-qualifié le dossier d'appel d'offres préparé par l'autorité contractante.	**第 33 条 –** 招标特设委员会应向每个通过资格预审的候选人发送由缔约机关编制的招标文件。
Les candidats pré-qualifiés disposent, pour déposer leur offre, d'un délai qui est fixé par le dossier d'appel d'offres et qui ne peut être inférieur à quarante-cinq jours ouvrables.	通过资格预审的候选人须在招标文件中规定的期限内投标,该期限不得少于 45 个工作日。
Le dossier d'appel d'offres comporte un projet de contrat et les documents annexes qui indiquent au moins:	招标文件应包含合同草案和附属性文件,其至少列明:
• le règlement de l'appel d'offres;	• 招标规则;
• le cahier des charges ou les modèles d'annexes au contrat;	• 任务书[①]或合同附件的模板;
• les modèles de garanties et de lettres à fournir;	• 须提供的担保和文书的模板;
• le programme fonctionnel détaillé;	• 详细的开展计划;
• le lieu et la date limite de dépôt des offres ainsi que le calendrier de l'examen des offres.	• 投标的地点和截止日期以及评标的时间表。
Les offres déposées doivent être signées par les candidats ou par leurs mandataires dûment habilités.	提交的投标文件须由候选人或其经合法授权的代表签字。
Article 34 – Sous réserve des dérogations prévues à l'article 19 alinéa 2 de la présente loi, l'examen des offres s'effectue en deux étapes.	**第 34 条 –** 在不属于本法第 19 条第 2 款规定的例外情况的情形下,评标应分两个步骤进行。

① 中伦注:本质上为规定工作要求的一个文件,也有人翻译为"责任书""需求说明""任务单""计划书",我们统一翻译为"任务书"。

Dans une première étape, les candidats remettent à la Commission ad'hoc d'appel d'offres leurs propositions techniques, incluant leurs observations éventuelles sur le projet de contrat et le ou les cahiers des charges. Dans le cadre de cette première étape, la Commission ad'hoc d'appel d'offres examine les propositions techniques et a la possibilité de demander aux candidats toutes informations ou précisions complémentaires sur leur contenu.	在第一个步骤中，候选人向招标特设委员会提交其技术方案，该技术方案包括其对合同草案的意见和一份或多份任务书。在该第一个步骤中，招标特设委员会审查技术方案，并可要求候选人提供关于技术方案内容的任何补充性的信息或细节。
Des discussions peuvent s'engager entre la Commission ad'hoc d'appel d'offres et chacun des candidats. Le résultat des échanges est communiqué par la Commission ad'hoc d'appel d'offres à l'ensemble des candidats par écrit.	招标特设委员会和每个候选人之间可以进行讨论。讨论结果由招标特设委员会以书面形式通知全体候选人。
La Commission ad'hoc d'appel d'offres assure l'égalité de traitement de tous les candidats. En particulier, elle s'abstient de fournir de manière discriminatoire des informations susceptibles d'avantager des candidats par rapport à d'autres ou de révéler les solutions proposées ou des informations confidentielles d'un candidat sans l'accord de celui-ci.	招标特设委员会确保全体候选人的平等待遇。具体而言，其不得以区别对待的方式向某些候选人提供可能使其获得优势的信息，也不得未经候选人同意披露该候选人提出的方案或保密信息。
A l'issue de cette première étape, l'autorité contractante peut, après transmission des propositions techniques par la Commission ad'hoc d'appel d'offres, apporter des modifications aux spécifications initialement énoncées en ajustant les termes du dossier d'appel d'offres, du projet de contrat et de cahier des charges.	在该第一个步骤结束时，缔约机关可在招标特设委员会向其发送技术方案后，通过调整招标文件、合同草案和任务书的条款而对最初规定的规范进行修改。

Le dossier d'appel d'offres ajusté est remis aux candidats qui disposent d'un délai ne pouvant être inférieur à quarante-cinq jours ouvrables pour déposer, auprès de la Commission ad'hoc d'appel d'offres, une offre complète comprenant des propositions techniques détaillées, une offre financière ainsi qu'un projet de contrat définitif.	经调整后的招标文件将提供给候选人，候选人应在不少于四十五个工作日的期限内，向招标特设委员会提交一份包括详细的技术方案、财务方案和最终版合同草案的完整的投标。
Dans le cas d'un appel d'offres en une étape au sens de l'article 19 alinéa 2 de la présente loi, les candidats qui disposent d'un délai ne pouvant être inférieur à quarante-cinq jours ouvrables, déposent, auprès de la Commission ad'hoc d'appel d'offres, une offre complète comprenant des propositions techniques détaillées, une offre financière ainsi qu'un projet de contrat définitif.	在本法第 19 条第 2 款规定的一步式招标的情况中，候选人须在不少于四十五个工作日的期限内向招标特设委员会提交一份包括详细的技术方案、财务方案和最终版合同草案的完整的投标。
Les offres sont évaluées par la Commission ad'hoc d'appel d'offres dans les conditions fixées à l'article 35 de la présente loi.	招标特设委员会在本法第 35 条规定的条件下评标。
Article 35 – L'offre contient l'ensemble des éléments constituant la réponse d'un candidat à un appel d'offres.	**第 35 条** – 投标应包含构成候选人对招标响应的全部内容。
Elle comporte obligatoirement un acte écrit aux termes duquel le candidat s'engage à respecter le contrat ainsi que le ou les cahiers des charges. Si le candidat est retenu, cet acte écrit devient une pièce constitutive du contrat.	投标须包括载明候选人承诺遵守合同和一份或多份任务书的书面文书。若候选人中标，则该书面文件将成为合同的组成部分。

Les offres complètes des candidats sont placées sous pli cacheté portant l'indication de l'appel d'offres auquel elles se rapportent et contenant deux enveloppes distinctes comportant, selon le cas, la mention «propositions techniques» et «offre financière» ainsi que le nom du candidat.	候选人的完整的投标文件应用注明招标信息的信封密封，其中包含两个单独的信封，并分别注明"技术方案"和"财务方案"的字样以及候选人名称。
Les plis contenant les propositions techniques ou l'offre financière sont transmis, soit par la poste par pli recommandé, soit par porteur contre récépissé permettant de déterminer de façon certaine la date et l'heure de leur réception et de garantir leur confidentialité et leur authenticité. A leur réception, les plis sont enregistrés dans leur ordre d'arrivée sur un registre spécial.	包含技术方案或财务方案的信封可通过挂号信邮寄发送，也可以通过附回执的专人传递发送，以便确定收讫的日期和时间，并保证其保密性和真实性。收到信封后，按照到达顺序将其记录在专门的登记册中。
Seuls sont ouverts, les plis qui ont été reçus au plus tard à la date et à l'heure limite indiquées dans le dossier d'appel d'offres.	只有在招标文件中指明的截止日期和时间之前收到的信封才会被开启。
Dans la première phase, les propositions techniques sont ouvertes en séance publique par la Commission ad'hoc d'appel d'offres, en présence des candidats ou de leurs représentants dûment mandatés à cet effet.	在第一个步骤中，由招标特设委员会在候选人或其经合法授权的代表在场的情况下公开开启技术方案。
Dans la seconde phase, les offres financières sont ouvertes, en séance publique, par la Commission ad'hoc d'appel d'offres en présence des candidats ou de leurs représentants mandatés et invités à cet effet.	在第二个步骤中，由招标特设委员会在候选人或为此目的邀请的候选人的经合法授权代表在场的情况下公开开启财务方案。

A l'issue de chaque ouverture de plis, il est établi un procès-verbal signé par les membres de la Commission ad'hoc d'appel d'offres.	在每次开标结束时,招标特设委员会的成员须签署会议记录。
Article 36 – La Commission d'appel d'offres traite les offres de manière à éviter la divulgation de leur contenu aux soumissionnaires concurrents.	**第 36 条** – 招标委员会不得向参与竞争的投标人披露投标内容。
Tous échanges, communications et négociations ayant lieu entre l'autorité contractante, la Commission d'appel d'offres et un soumissionnaire sont confidentiels, sauf à l'égard des autorités administratives indépendantes investies des pouvoirs de contrôle et d'enquête et de l'autorité judiciaire ou arbitrale dans le cadre d'une enquête, d'une décision de justice ou d'une sentence arbitrale.	在缔约机关、招标委员会和投标人之间进行的任何交流、通信和谈判均为保密的,但在调查、司法决定或仲裁裁决中可对具有监管和调查权力的独立行政机关以及司法机关或仲裁机构进行披露。
Article 37 – La Commission ad'hoc d'appel d'offres procède à l'évaluation des offres complètes.	**第 37 条** – 招标特设委员会对完整的投标文件进行评估。
Dans un premier temps, la Commission évalue les propositions techniques et procède ensuite à une évaluation des offres financières des candidats dont les offres techniques ont été jugées conformes sur la seule base des critères financiers décrits dans le dossier d'appel d'offres.	首先,招标特设委员会对技术方案进行评估,然后仅根据招标文件中所述的财务标准对技术方案被评估为符合要求的候选人的财务方案进行评估。
Les offres financières des candidats ayant soumis des offres techniques évaluées non conformes ne sont pas ouvertes.	如果候选人提交的技术方案被评估为不符合要求,则不予开启其财务方案。

Le contrat de partenariat public-privé est conclu avec le candidat ayant présenté l'offre économiquement la plus avantageuse sur la base de la combinaison optimale de différents critères d'évaluation prévus dans le dossier d'appel d'offres et pouvant être liés, notamment:	应与提交了被评价为经济上最有利的方案的候选人签订 PPP 合同,该评价标准是基于招标文件中规定的不同评估标准的最佳组合而定,且可与以下内容相关:
• au coût, au montant et à la rationalité du financement offerts;	• 所提供融资的成本、金额和合理性;
• à tout autre revenu que les équipements ou ouvrages sont susceptibles de procurer à l'autorité contractante;	• 设备或工程可能为缔约机关带来的任何其他收入;
• à la valeur de rétrocession des installations, le cas échéant;	• 设施的返还价值(如有);
• aux tarifs imposés aux usagers ou reversés à l'autorité contractante;	• 向用户收取的费用或返还给缔约机关的费用;
• à la valeur des paiements directs que l'autorité contractante est amenée à effectuer ainsi qu'aux modalités de leur versement;	• 缔约机关须直接支付的价格及其支付方式;
• à la qualité de l'organisation mise en place pour assurer la continuité des services rendus;	• 为保障提供服务的连续性而建立的组织的质量;
• aux spécifications et normes de performance prévues ou proposées;	• 预计或提议的规范和绩效标准;
• au niveau de la qualité des services;	• 服务质量水平;
• au potentiel de développement socio-économique présenté par le projet;	• 项目具有的社会 - 经济发展潜力;
• au respect des normes environnementales;	• 对环境标准的遵守;

• à la part d'exécution du contrat que le candidat s'engage à confier à des entreprises locales;	• 候选人承诺委托本地企业履行的合同的份额;
• aux modalités de transfert de technologie et de transfert de compétences proposées;	• 提议的技术转让和技能转让的方式;
• au niveau d'utilisation des matériaux d'origine locale.	• 使用本地来源的材料的程度。
Une attention particulière sera portée sur les offres confiant une part d'exécution du contrat à des petites et moyennes entreprises ou à des artisans de droit d'un Etat membre de l'UEMOA.	将部分合同的履行委托给西非经济货币联盟成员国的中小企业或手工业者的投标应予以重点关注。
Article 38 – Dans le cadre de l'évaluation des offres complètes, la commission d'appel d'offres prend en compte les incitations suivantes sauf incitations plus avantageuses par des textes législatifs ou réglementaires:	**第 38 条 –** 在评估完整的投标中,招标委员会采用以下激励措施,但若存在法律或法规规定的更有利的激励措施则从其规定:
– une marge de préférence aux opérateurs ressortissants de l'espace UEMOA comprise entre 5 à 10% ;	– 属于西非经济货币联盟地区的经营者获得的优先幅度为 5% 至 10% 之间;
– une marge de préférence qui ne peut dépasser 10% aux groupements candidats comptant en leur sein un opérateur ressortissant de l'espace UEMOA;	– 在其内部具有属于西非经济货币联盟地区的经营者的联合体候选人获得不超过 10% 的优先幅度;
– un traitement préférentiel de 5% minimum et de 10% au maximum cumulable avec les marges de préférence visées aux paragraphes précédents à tout candidat s'étant engagé fermement sous la forme d'une déclaration irrévocable, à sous-traiter au moins 30% de la valeur globale des marchés	– 对于任何以不可撤销声明的形式坚定承诺将以实施 PPP 合同的名义签订的采购合同和工程合同的总价值的至少 30% 分包给属于西非货币经济联盟地区的企业的候选人,可享有最低 5% 和最高 10% 的优先待遇,并且该优先待遇可与上述段落所述优先幅度累计。

de fournitures et de travaux passés au titre de la mise en œuvre du contrat de partenariat aux entreprises communautaires.	
Une marge de préférence qui ne peut dépasser 2% peut être accordée à tout candidat qui s'engage à favoriser la contractualisation avec des petites et moyennes entreprises de l'espace UEMOA ou avec des associations de petits opérateurs communautaires.	任何承诺促进与属于西非经济货币联盟地区的中小型企业或与该联盟内小型经营者的联合体签订合同的候选人，可以给予其不超过2%的优先幅度。
Les deux premières préférences ne sont pas cumulables.	第一项和第二项优先幅度不可累计。
Article 39 – Les critères retenus à l'article 37 de la présente loi doivent être énumérés dans le dossier d'appel d'offres et être exprimés en termes monétaires ou sous la forme de critères éliminatoires.	**第 39 条 –** 本法第 37 条规定的标准须列于招标文件中，且须以货币形式或淘汰性标准的形式体现。
La Commission ad'hoc d'appel d'offres classe toutes les offres conformes. Elle transmet ce classement ainsi que le procès-verbal de ses travaux à l'autorité contractante après avis favorable de la Cellule d'Appui au Partenariat Public-Privé（CAPPP）.	招标特设委员会对所有符合要求的投标进行排名。在 PPP 支持局（CAPPP）出具肯定性审批意见后，招标特设委员将该排名及其工作的会议记录发送给缔约机关。
La Commission ad'hoc d'appel d'offres informe par écrit les candidats de leur classement après avis de l'autorité contractante.	招标特设委员会应在征求缔约机关的意见后书面通知候选人其排名。

Article 40 – L'autorité contractante, après avoir reçu le classement effectué par la Commission ad'hoc d'appel d'offres ainsi que le procès-verbal de ses travaux, procède à la mise au point du contrat de partenariat avec le candidat classé premier en vue d'en arrêter les termes définitifs. Pour ce faire, l'autorité contractante peut à tout moment se faire assister par les experts de la Cellule d'Appui au Partenariat Public-Privé (CAPPP).	**第 40 条 –** 缔约机关在收到招标特设委员会作出的排名及其工作的会议记录后,与排名第一的候选人进行 PPP 合同的定稿以最终确定其条款。为此,缔约机关可随时得到 PPP 支持局(CAPPP)的专家的协助。
L'autorité contractante peut demander au candidat ayant remis l'offre la plus avantageuse de clarifier des aspects de son offre ou de confirmer les engagements figurant dans celle-ci. En tout état de cause, cette demande ne peut avoir pour effet de modifier les éléments fondamentaux de l'offre ou les caractéristiques essentielles d'offre dont la variation est susceptible de fausser la concurrence ou d'avoir un effet discriminatoire.	缔约机关可要求提交了最具优势的方案的候选人对其方案的内容进行澄清或确认其投标中的承诺。但无论如何,该要求不得导致方案的基本要素或基本特征被变更,并且该变更可能导致不正当竞争或具有歧视性的效果。
En cas d'échec de la mise au point avec l'autorité contractante, la Commission ad'hoc d'appel d'offres se réserve le droit de désigner le candidat suivant, après avis de la Cellule d'Appui au Partenariat Public-Privé (CAPPP) et d'engager une mise au point avec ce dernier.	若未能与缔约机关成功定稿,招标特设委员会有权在征求 PPP 支持局(CAPPP)的意见后,指定下一位候选人对合同进行定稿。
La fin de la procédure de mise au point est sanctionnée par un procès-verbal établi par les soins de la Commission ad'hoc d'appel d'offres après confirmation de l'autorité contractante.	在缔约机关确认后,招标特设委员会编制的会议记录确认定稿程序的结束。

La décision de sélection définitive du partenaire privé est notifiée à chaque candidat dans un délai de sept jours ouvrables suivant la prise de décision.	选择社会资本的最终决定将在决定作出后的 7 个工作日内通知每个候选人。
Article 41 – Le contrat ne peut, à peine de nullité, être signé avant l'expiration d'un délai de recours de quinze jours ouvrables suivant la notification de la décision de sélection du partenaire privé.	**第 41 条** – 合同不得在通知选择社会资本的决定后 15 个工作日的申诉期限届满前签署,否则其无效。
Le recours doit être porté devant l'Autorité de Régulation des Marchés Publics (ARMP) conformément à la procédure prévue à l'article 74 de la présente loi.	申诉须按照本法第 74 条规定的程序提交至公共合同管控委员会(ARMP)。
Article 42 – L'expiration des délais de recours ouvre droit à la signature de la convention.	**第 42 条** – 申诉期限届满即可签署协议。
Si la personne publique renonce à cette signature du contrat ou de la convention, elle en informe l'attributaire en indiquant les motifs de cette décision au plus tard dans les cinq jours ouvrables qui suivent l'ouverture du droit à la signature.	若公法人放弃签署合同或协议,则该公法人须在有权签署合同或协议后的 5 个工作日内通知中标人其决定放弃签署的理由。
Article 43 – Le contrat de partenariat définitif conclu soit par la voie de l'appel d'offres, de l'entente directe ou de l'offre spontanée est transmis pour approbation au Conseil des Ministres après avis de la Cellule d'Appui au Partenariat Public-Privé (CAPPP). Ce contrat est accompagné du procès-verbal de clôture de la mise au point et de l'annexe fiscale le cas échéant.	**第 43 条** – 通过招标、直接协议或自发提案签订的最终的 PPP 合同在征求 PPP 支持局(CAPPP)意见后发送至部长委员会批准。该合同附随定稿结束的会议记录和税务附件(如有)。

Le contrat de partenariat, une fois approuvé par le Conseil des Ministres, est transmis pour information à la Cellule d'Appui au Partenariat Public-Privé (CAPPP) et à la Direction Nationale de Contrôle des Marchés Publics (DNCMP).	PPP 合同在部长委员会批准后须发送至 PPP 支持局(CAPPP)和国家公共采购监管局(DNCMP)备案。
Article 44 – Le contrat est notifié à l'attributaire avant tout commencement d'exécution.	**第 44 条 –** 须在合同开始履行前将合同通知合同持有人。
Dans un délai de trente jours ouvrables à compter de cette notification, la personne publique publie un avis d'attribution au Journal Officiel ou dans un journal d'annonces légales agréé.	在通知后的 30 个工作日的期限内,公法人在官方公报或经批准发布法律公告的报纸上发布授予通知。
Article 45 – L'autorité contractante peut, à tout moment mettre fin à la procédure d'appel d'offres. Cette décision ne peut faire l'objet d'aucun recours de la part des candidats; ces derniers peuvent néanmoins, le cas échéant, bénéficier d'une compensation financière.	**第 45 条 –** 缔约机关可随时终止招标程序。候选人无权对此决定提出申诉;但是,候选人可根据情况获得经济补偿。
Le montant de cette compensation est déterminé par l'Autorité de Régulation des Marchés Publics (ARMP), sur la base d'une expertise indépendante.	该补偿金额由公共合同管控委员会(ARMP)根据独立的专业意见而定。
Article 46 – La Direction Nationale de Contrôle des Marchés Publics (DNCMP) conserve pendant une durée de dix ans, à compter de l'attribution du contrat de partenariat, les informations liées aux procédures de sélection et d'attribution.	**第 46 条 –** 国家公共采购监管局(DNCMP)从 PPP 合同授予起,将选择程序和授予程序的所有相关信息保留十年。

TITRE 3 – Du contenu, de l'exécution, du contrôle et de la fin des contrats de partenariat public-privé	**第三编:PPP 合同的内容、履行、监管与终止**
Chapitre 1 – Du contenu du contrat de partenariat public-privé	**第一章:PPP 合同的内容**
Article 47 – Tout contrat de partenariat public-privé comporte nécessairement des clauses relatives:	**第 47 条 –** 任何 PPP 合同须包括与以下内容相关的条款:
• à sa durée;	• 合同期限;
• aux conditions dans lesquelles est établi le partage des risques entre l'autorité contractante et le partenaire privé;	• 缔约机关与社会资本之间建立风险分担的条件;
• aux objectifs de performance assignés au partenaire privé notamment en ce qui concerne la qualité des prestations de service, la qualité des ouvrages, équipements ou biens immatériels et leur niveau de fréquentation;	• 分配给社会资本的绩效目标,特别是服务提供的质量、工程、设备或无形资产的质量及其使用量;
• à la rémunération du partenaire privé et aux conditions dans lesquelles sont pris en compte et distingués pour son calcul, les coûts d'investissement comprenant en particulier les coûts d'étude et de conception, les coûts annexes à la construction et les frais financiers intercalaires①, les coûts de fonctionnement et les coûts de financement et, le cas échant, les recettes que le partenaire privé peut être autorisé à se procurer en exploitant le domaine, les ouvrages, équipements	• 1)社会资本的回报;2)为了计算该回报,将投资成本(投资成本包括研究和设计成本、建设成本、融资费用)、运营成本、融资成本以及社会资本可被允许通过在公法人的公共服务任务之外且不对该公共服务任务造成不良影响的经营活动期间运营财产、工程、设备或无形资产而获得的收入考虑在内和区分开来的条件;3)在合同期限内回报浮动的原因和方式;以及 4)回报的支付方式,尤其是将公法人每年须向社会资本支付的费用和社会资本欠付的处罚或制裁涉及的罚金进行抵销的

① 中伦注:该短语最对应的英文表述为 interim finance/interest costs,我们认为主要是指项目 COD 之前的融资成本。

ou bien immatériels à l'occasion d'activités étrangères aux missions de service public de la personne publique et qui ne leur porte par préjudice, aux motifs et modalités de ses variations pendant la durée du contrat et aux modalités de paiement, notamment aux conditions dans lesquelles, chaque année, les sommes dues par la personne publique au partenaire privé et celles dont celui-ci est redevable au titre de pénalités ou sanctions font l'objet d'une compensation;	条件;
• le cas échant, l'annexe fiscale précisant les facilités accordées pour la réalisation du projet d'investissement;	• 税务附件(如有),载明为了投资项目的实施而被授予的便利;
• aux conditions dans lesquelles l'autorité contractante constate que les investissements ont été réalisés conformément au contrat de partenariat public-privé;	• 缔约机关确认投资是根据 PPP 合同实施的确认条件;
• aux obligations du partenaire privé ayant pour objet de garantir le respect de l'affectation des ouvrages, équipements ou biens immatériels au service public dont la personne publique contractante est chargée et le respect des exigences du service public;	• 社会资本的义务,其涉及确保工程、设备或者无形资产用于签订 PPP 合同的公法人负责的公共服务和确保遵守公共服务的要求;
• aux modalités de contrôle par la personne publique de l'exécution du contrat de partenariat, notamment du respect des objectifs de performance particulièrement en matière de développement durable;	• 公法人对 PPP 合同的履行实施监管的方式,特别是对可持续发展方面的绩效目标的达成情况的监管方式;

• aux conditions dans lesquelles s'opèrent les études d'impact environnemental et des modalités de préservation de l'environnement;	• 实施环境影响研究和环保方式研究的条件;
• aux conditions dans lesquelles le partenaire privé fait appel à d'autres entreprises ou à des sous-traitants pour l'exécution du contrat;	• 社会资本借助其他企业或者分包商来履行合同的条件;
• aux sanctions et pénalités applicables au partenaire privé en cas de manquement à ses obligations, notamment en cas de non-respect des objectifs de performance;	• 在社会资本不履行其义务时,尤其是在未达成绩效目标时对其适用的制裁和处罚;
• aux conditions dans lesquelles le contrat peut être révisé ainsi que les éventuelles compensations financières ou indemnisations pouvant en résulter et leurs modalités de calcul;	• 修订合同的条件,以及可能因此产生的财务补偿或者赔偿及其计算方式;
• aux conditions dans lesquelles il est peut être procédé à la résiliation du contrat;	• 解除合同的条件;
• au contrôle qu'exerce l'autorité contractante sur le transfert direct ou indirect, partiel ou total du contrat de partenariat public-privé;	• 缔约机关对于 PPP 合同部分或全部、直接或间接的转让实施的监管;
• aux conditions dans lesquelles, en cas de défaillance du partenaire privé, la continuité du service public est assurée, notamment lorsque la résiliation du contrat de partenariat public-privé est prononcée;	• 在社会资本违约的情形下,尤其是在 PPP 合同被宣布解除的情形下,保障公共服务连续性的条件;

• aux conséquences de la fin, anticipée ou non, du contrat de partenariat, notamment en ce qui concerne la propriété des ouvrages, équipements ou biens immatériels;	• PPP 合同提前终止或到期终止的后果,尤其是关于工程、设备或无形资产的权属;
• aux modalités de prévention et de règlement des litiges et aux conditions dans lesquelles il peut, le cas échéant, être fait recours à l'arbitrage.	• 预防和解决争议的方式,以及视情况将争议诉诸仲裁的条件。
Article 48 – Le contrat fixe les objectifs de performance assignés au partenaire privé, la façon de les mesurer et les modalités de leur contrôle, notamment la qualité requise des prestations de service, des ouvrages, des équipements ou de biens immatériels. Le contrat fixe également les conditions dans lesquelles ces prestations sont mises à la disposition de la personne publique.	**第 48 条** – 合同规定分配给社会资本的绩效目标、绩效目标的衡量方式和对绩效目标进行监管的方式,尤其是提供的服务、工程、设备或者无形资产须满足的质量要求。合同还规定了将该等服务、工程、设备或者无形资产移交给公法人的条件。
Article 49 – Le contrat fixe les conditions dans lesquelles est établi le partage des risques entre la personne publique et le partenaire privé y compris ceux résultant de l'imprévision ou des cas de force majeure dans le respect de l'équilibre économique dudit contrat.	**第 49 条** – 合同规定了在公法人和社会资本之间分担风险的条件,所述风险包括来自意外事件或者不可抗力的风险,所述分担风险的条件需遵守所述合同的经济平衡。
Les risques liés aux différentes phases du projet sont identifiés et décomposés.	与项目不同阶段相关的风险被分别确定。
Article 50 – Le partenaire privé prend les garanties et autres sûretés conformément à la législation en vigueur notamment l'Acte Uniforme relatif à l'organisation des sûretés de l'Organisation pour l'Harmonisation en Afrique du Droit des Affaires (OHADA).	**第 50 条** – 社会资本根据现行法律,尤其根据《商事公司和经济利益集团统一法案》(OHADA)办理各种保证和担保。

Il est tenu de souscrire une police d'assurance auprès des assureurs nationaux.	社会资本必须与本国的保险公司签订保单。
Article 51 – Les contrats de partenariat public-privé fixent les conditions de rémunération du partenaire privé qui peut résulter d'un mode de financement spécifique au partenariat public-privé. Soit le projet bénéficie de financements internationaux, soit le projet bénéficie de financements privés à rembourser, de façon échelonnée dans le temps, par l'Etat.	**第 51 条** – PPP 合同规定社会资本获取回报的条件,该回报可能按照 PPP 特定的融资模式而定。项目融资来自国际融资或者由国家分期偿还的社会资本融资。
Ces versements sont fonction de l'atteinte des objectifs de performance assignés au partenaire privé.	回报的支付根据分配给社会资本的绩效目标的达成情况而定。
Chapitre 2 – De l'exécution du contrat	**第二章:合同的履行**
Article 52 – Dans le cas d'un contrat de partenariat public-privé, le financement du projet est déterminé dans le cadre de la structuration juridique et financière du projet et fait l'objet d'une annexe spécifique au contrat de partenariat public-privé.	**第 52 条** – 在 PPP 合同中,项目融资根据项目的法律和财务结构来确定,并且其作为 PPP 合同的专门的附件。
Article 53 – Le partenaire privé du projet, sélectionné à l'issue de la procédure de passation, est responsable personnellement de l'exécution du contrat.	**第 53 条** – 在缔结程序结束时被选定的项目的社会资本亲自对合同的履行负责。
Il peut néanmoins confier la réalisation de certaines de ses obligations à des tiers placés sous sa responsabilité. Dans ce cas, il est tenu d'informer la personne publique des contrats de sous-traitance.	社会资本可在自行承担责任的前提下将部分义务的履行委托给第三方。在此情形下,社会资本须将分包合同通知公法人。

Le contrat de partenariat public-privé détermine les aspects du projet susceptibles de faire l'objet de sous-traitance.	PPP 合同规定项目中可被分包的内容。
En cas de sous-traitance par le partenaire privé, les opérations de sous-traitance doivent être prioritairement réservées à des entreprises ressortissantes d'un des Etats membres de l'UEMOA. A défaut d'entreprises ressortissantes d'un des Etats membres de l'UEMOA intéressées, le contrat de sous-traitance peut être attribué à tout prestataire intéressé.	在社会资本进行分包的情形下，应当首先选择来自西非经济货币联盟的成员国中的企业作为分包商。若不存在来自西非经济货币联盟的成员国中的企业对分包有意向，分包合同可授予给任何有意向的服务商。
Toutefois, le partenaire privé demeure seul responsable des obligations qu'il a contractée vis-à-vis de la personne publique.	然而，仅社会资本对其与公法人之间的合同义务承担责任。
En aucun cas, la sous-traitance ne peut porter sur la totalité du projet.	无论如何，不得将项目整体进行分包。
Article 54 – Chaque partie au contrat de partenariat public-privé peut en demander la révision dans le cas où, pour son exécution, elle engage ou a engagé des dépenses plus importantes ou reçu ou est susceptible de recevoir une contrepartie plus faible qu'il n'était initialement prévu du fait de :	**第 54 条 –** 在下列情形中，PPP 合同的各方如因履行合同而将产生或已经产生更多的开支，或者已获得或可能获得比预期更少的收入，则该方可要求变更合同：
• changements en cas de modification substantielle des circonstances économiques ayant présidé à la définition des éléments de structuration financière du projet ;	• 决定项目财务结构的经济环境发生实质性变化；

• mutation des besoins de la personne publique contractante liée à la nécessité de satisfaire les usagers du service, ou d'innovations technologiques pouvant améliorer les conditions de sa fourniture;	• 签署 PPP 合同的公法人的需求发生变化,该变化与满足服务用户的需要相关,或者与能够改善服务提供条件的技术革新的需要相关;
• situations de force majeure.	• 不可抗力情况。
Le contrat de partenariat public-privé établit la procédure de révision des clauses qu'il contient en cas de tels changements, les éventuelles compensations financières ou indemnisations pouvant en résulter et leurs modalités de calcul.	PPP 合同规定在该等变化情况下修订合同条款的程序、该等变化可能产生的财务补偿或者赔偿及其计算方式。
Article 55 – Les modifications apportées au contrat initial de partenariat public-privé sont constatées par avenant qui peut porter sur:	**第 55 条** – 通过补充协议对原始 PPP 合同进行变更,可变更的内容为:
• l'étendue du périmètre d'activité du partenaire privé ou de ses obligations contractuelles;	• 社会资本经营活动或其合同义务的范围;
• la durée du contrat de partenariat public-privé.	• PPP 合同的期限。
Article 56 – Une modification du contrat en cours d'exécution ne peut être substantielle.	**第 56 条** – 不得对正在履行中的合同进行实质性变更。
En cas de modification substantielle du contrat en cours d'exécution, la Cellule d'Appui au Partenariat Public-Privé doit être consultée. Le contrat peut alors être résilié et une nouvelle procédure d'appel d'offres peut être relancée pour permettre à la personne publique de bénéficier d'un contrat conforme à ses besoins.	若要对正在履行中的合同进行实质性变更,应咨询 PPP 支持局。然后,可以解除合同,并重新启动新的招标程序,以便允许公法人签订满足其需求的合同。
Une modification est considérée comme substantielle lorsqu'elle:	以下变更视为实质性变更:

• introduit des conditions qui, si elles avaient été incluses dans la procédure initiale d'attribution, auraient permis la sélection d'un autre candidat que celui retenu initialement;	• 变更引入一些条件,如果该等条件被列入初始授予程序中,将允许选择最初选定的候选人以外的其他候选人;
• rompt l'équilibre économique du contrat en faveur de l'une des parties;	• 变更打破合同的经济平衡,使得一方获利;
• change considérablement le champ d'application du contrat. Tel est notamment le cas lorsque la modification a pour effet ou pour objet de substituer un autre contrat au contrat initial soit en bouleversant l'économie du contrat, soit en changeant l'objet.	• 变更大幅度改变合同的适用范围。例如,变更使原始合同由另一个合同替换,该替换将打破合同的经济平衡,或者改变合同的标的。
Article 57 – La modification non-substantielle du contrat ne nécessite pas une nouvelle procédure d'attribution lorsque les conditions cumulatives suivantes sont réunies:	**第 57 条** – 合同的非实质性变更不需要进行新的授予程序,只要同时满足以下条件:
• la modification non-substantielle est rendue nécessaire à l'exécution du contrat par des circonstances que la personne publique diligente ne pouvait prévoir;	• 由于主动提出非实质性变更的公法人无法预见的情况导致合同的履行需要进行非实质性变更;
• la modification non-substantielle est rendue nécessaire lorsqu'elle ne peut être techniquement ou économiquement séparée du contrat initial et est strictement nécessaire à son parfait achèvement;	• 非实质性变更不得从技术上或经济上与原始合同分开,并且对于合同的良好履行是不可或缺的,这导致需要进行非实质性变更;
• la modification non-substantielle ne change pas la nature globale du contrat;	• 非实质性变更不改变合同的整体性质;

• l'éventuelle augmentation du prix ne dépasse pas dix pour cent (10%) du montant du contrat initial.	• 可能的价格上涨不超过原始合同的金额的百分之十(10%)。
Article 58 – La durée du contrat de partenariat public-privé ne peut être prorogée que dans les cas suivants:	**第 58 条 –** PPP 合同的期限仅可在以下情况中被延长:
• pour des motifs d'intérêt général définis par la personne publique;	• 出于公法人确定的公共利益的原因;
• en cas de retard d'achèvement ou d'interruption de la gestion dus à la survenance d'évènements imprévisibles et étrangers à la volonté des parties au contrat;	• 由于出现不取决于合同方意志的意外事件而导致完工延迟或者管理中断的情形;
• lorsque le partenaire privé est contraint, pour la bonne exécution du service objet du contrat et à la demande de l'autorité contractante ou après son approbation, de réaliser de nouveaux travaux non prévus au contrat initial, de nature à modifier l'économie générale du contrat.	• 为了作为合同标的的服务的良好实施,社会资本应缔约机关的要求或者经其批准后而不得不实施新工程的情形,且该等新工程未在原始合同中规定,从而改变合同的整体经济性。
Article 59 – Lorsque la durée du contrat de partenariat public-privé est prorogée pour des motifs d'intérêt général, cette prorogation ne peut excéder le cinquième de la durée initiale du contrat. Dans les autres cas, la durée de prorogation est limitée aux délais nécessaires au rétablissement de l'équilibre financier du contrat et à la préservation de la continuité du service public.	**第 59 条 –** 在 PPP 合同的期限因为公共利益的原因而被延长的情况下,该延长不得超过合同初始期限的五分之一。在其他情况下,延长的期限不得超过恢复合同财务平衡和保障公共服务连续性所需的期限。

La prorogation de la durée du contrat ne peut intervenir qu'une seule fois. Elle intervient à la demande des parties sur la base d'un rapport dûment motivé établi par la personne publique et justifiant la prorogation.	合同期限仅可延长一次。应合同方的请求可实施延期,并且该请求根据公法人编制的证明延期的合理性的报告而提出。
Article 60 – Les modifications relatives à l'étendue du périmètre d'activités du partenaire privé ou de ses obligations contractuelles ou à la durée du contrat de partenariat public-privé font l'objet d'un avenant au contrat initial signé par les deux parties.	**第 60 条 –** 与社会资本的业务活动的范围或其合同义务的范围或者 PPP 合同的期限相关的变更需通过双方签署的原始合同的补充协议而实施。
L'avenant est transmis pour approbation au Conseil des Ministres après avis de la Cellule d'Appui au Partenariat Public-Privé (CAPPP) et de la Direction Nationale de Contrôle des Marchés Publics (DNCMP).	在征求 PPP 支持局(CAPPP)和国家公共采购监管局(DNCMP)的意见之后,补充协议须发送至部长委员会审批。
Après approbation par le Conseil des Ministres, l'avenant est transmis pour information à la Cellule d'Appui au Partenariat Public-Prive (CAPPP) et à la Direction Nationale de Contrôle des Marchés Publics (DNCMP).	在部长委员会批准之后,补充协议将发送至 PPP 支持局(CAPPP)和国家公共采购监管局(DNCMP)备案。
L'avenant doit être notifié au partenaire privé dans un délai de quinze jours ouvrables suivant sa signature.	在签署补充协议后的 15 个工作日内,补充协议需通知给社会资本。
Dans un délai de trente jours ouvrables à compter de cette notification, la personne publique publie un avis d'attribution au Journal Officiel ou dans un journal d'annonces légales agréé.	自该通知作出之日起的 30 个工作日内,公法人在官方公报或经批准发布法律公告的报纸上发布授予通知。

Chapitre 3 – Du contrôle des obligations du partenaire privé	**第三章:对社会资本履行义务的监管**
Article 61 – Un suivi régulier de l'exécution des obligations du titulaire du contrat de partenariat public-privé nécessaire au bon fonctionnement du contrat est exigé, notamment lorsque des ouvrages doivent être remis à la collectivité au terme du contrat.	**第 61 条 –** 需要定期跟踪 PPP 合同持有人履行对于合同良好运作所必需的义务,尤其是在合同期限届满后需将工程移交给行政机关时。
Article 62 – Outre le contrôle exercé par l'Etat ou par d'autres autorités en vertu de la réglementation en vigueur, la personne publique dispose à l'égard du partenaire privé d'un pouvoir général de contrôle économique, financier, technique, social et de gestion inhérent aux engagements découlant du contrat.	**第 62 条 –** 除了国家或者其他权力机关根据现行法规进行的监管之外,公法人对社会资本还具有合同项下的承诺所固有的经济、财务、技术、社会和管理方面的综合监管权力。
La personne publique peut demander communication ou prendre connaissance de tout document détenu par le partenaire privé ayant trait à l'exécution des opérations relatives aux contrats de partenariat public-privé.	公法人可以要求提供或者查阅社会资本持有的与 PPP 合同相关业务的开展有关的任何文件。
Article 63 – Le contrat de partenariat public-privé doit préciser la périodicité et les modes de contrôle que la personne publique exerce sur l'exécution et le suivi du contrat de partenariat public-privé ainsi que les documents techniques, comptables et financiers qui sont communiqués régulièrement par le délégataire au délégant.	**第 63 条 –** PPP 合同须规定公法人对 PPP 合同的履行和跟踪所实施的监管频率和方式以及由社会资本定期向公法人提供的各种技术、会计和财务文件。
La personne publique peut faire procéder à tout moment, à des audits ou contrôles externes ou se faire assister par des experts ou agents officiellement désignés qu'il fait connaître au partenaire privé.	公法人可以在任何时刻进行外部审计或监管,或者获得被正式指定并且使社会资本知晓的专家或人员的协助。

Article 64 – Sauf stipulation contraire dans le contrat de partenariat public-privé, la personne publique assiste ou se fait représenter, à titre consultatif et sans voix délibérative, aux séances du conseil d'administration de l'organe délibérant ainsi qu'aux assemblées générales de la personne privée co-contractante.	**第64条** – 除非PPP合同中另有规定,公法人出席或派代表出席签署PPP合同的私法人的决策机构的董事会会议和股东大会,但仅可发表意见而无表决权。
Elle reçoit communication d'un exemplaire des documents destinés aux participants à ces organes.	公法人将收到向该等决策机构的参加者发放的文件的副本。
Article 65 – Des pénalités sont prévues dans le contrat de partenariat public-privé pour sanctionner les entraves aux contrôles exercés par le partenaire privé ainsi que les manquements aux obligations contractuelles d'information et de communication mises à sa charge.	**第65条** – 在PPP合同中规定了对于社会资本阻碍监管以及违反其应尽的通知和传达的合同义务而施加的处罚。
Article 66 – Le contrat de partenariat public-privé prévoit la tenue de réunions, à intervalles réguliers, entre la personne publique et le partenaire privé pour examiner l'état d'exécution dudit contrat.	**第66条** – PPP合同规定,在公法人和社会资本之间须定期举行会议,以检验所述合同的履行情况。
Article 67 – Le partenaire privé établit chaque année un rapport d'étape que la Direction Nationale de Contrôle des Marchés Publics (DNCMP) présente à la personne publique responsable du projet.	**第67条** – 社会资本每年编写一份进度报告,国家公共采购监管局(DNCMP)将该进度报告发送至负责项目的公法人。
Ce rapport contient notamment:	该报告包括:
• pendant la phase de conception-construction, les points essentiels de la réalisation;	• 在设计-建设阶段,实施的要点;

• pendant la phase d'exploitation, les éléments essentiels du service rendu pendant l'année écoulée et, en particulier, les valeurs obtenues pour les indicateurs de performance.	• 在运营阶段,上一年度提供的服务的要点,特别是绩效指标的完成情况。
Chapitre 4 – De la cession ou du transfert du contrat de partenariat public-privé	**第四章:PPP 合同的转让或转移**
Article 68 – Les droits et obligations du partenaire privé découlant du contrat de partenariat public-privé ne peuvent être cédés à des tiers sans le consentement préalable et écrit de la personne publique sous peine de nullité de cette cession.	**第 68 条** – 未经公法人事先书面同意,社会资本在 PPP 合同项下的权利和义务不得转让至第三方,否则该转让无效。
Le contrat de partenariat public-privé peut énoncer les conditions dans lesquelles l'autorité contractante donne son consentement à une cession de ces droits et obligations, y compris l'acceptation par le nouveau cocontractant de toutes les obligations contractées au titre de ce contrat et la production par lui de preuves qu'il possède les capacités techniques et financières nécessaires pour fournir le service.	PPP 合同可规定缔约机关同意转让该等权利和义务的条件,其中包括,新的 PPP 签约人接受该合同项下的全部合同义务,以及新的 PPP 签约人出示其具备提供服务所需的技术和财务能力的证据。
Article 69 – Le partenaire privé ne peut transférer le contrat de partenariat public-privé à un tiers qu'avec l'accord préalable et écrit de l'autorité contractante et dans les conditions prévues par le contrat.	**第 69 条** – 只有经缔约机关事先书面同意并在合同规定的条件下,社会资本才可将 PPP 合同转让给第三方。
Le contrat de partenariat public-privé peut notamment prévoir un transfert, soit au profit des institutions ayant financé tout ou partie du projet, soit au profit d'un tiers proposé par ces institutions.	PPP 合同可特别规定一种转移,其被转移至为项目提供全部或部分资金的机构,或者该等机构指定的第三方。

Le tiers, auquel le contrat de partenariat public-privé est transféré, doit préserver les garanties financières, techniques et juridiques suffisantes et être, selon le contrat en cause, capable d'assurer la continuité du service et l'égalité des usagers devant le service public.	接受 PPP 合同转移的第三方须具有足够的财务、技术和法律保障,并且,其根据不同的合同能够保障服务的连续性和公共服务用户的平等待遇。
Article 70 – Sauf stipulations contraires du contrat de partenariat public-privé, un intérêt majoritaire dans la société contractante ne peut être transféré à des tiers sans le consentement de l'autorité contractante.	**第 70 条 –** 除非 PPP 合同另有规定,未经缔约机关同意,不得将签订 PPP 合同的公司中的多数股权转让给第三方。
Le contrat de partenariat public-privé énonce les conditions dans lesquelles ce consentement peut être donné.	PPP 合同规定该等同意的作出条件。
Article 71 – La personne publique peut convenir avec les entités octroyant un financement pour un projet d'infrastructures ou avec le cocontractant privé de prévoir la substitution à ce dernier d'une nouvelle entité ou personne désignée pour exécuter le projet dans le cadre du contrat de partenariat public-privé en vigueur en cas de faute grave du co-contractant initial ou de survenance d'autres évènements pouvant autrement justifier la résiliation du contrat dans les conditions prévues à l'article 72 de la présente loi.	**第 71 条 –** 公法人可与为基础设施项目提供融资的实体或者与签署 PPP 合同的社会资本约定,在原始 PPP 签约人出现重大过错,或者发生其他能够证明有理由根据本法第 72 条规定的条件解除合同的事件的情况下,以指定的新的实体或人代替签署 PPP 合同的社会资本在生效的 PPP 合同的框架内实施项目。
Chapitre 5 – De la résiliation	**第五章:解除**
Article 72 – Le contrat de partenariat public-privé peut être résilié dans les cas suivants:	**第 72 条 –** PPP 合同可在以下情形中被解除:

• faute grave de la personne publique contractante;	• 签署 PPP 合同的公法人的重大过错;
• faute grave du partenaire privé;	• 社会资本的重大过错;
• force majeure, dans les conditions prévues par le contrat;	• 在合同规定的条件下出现不可抗力;
• remise en cause de l'équilibre financier du contrat par action de la personne publique sans juste compensation au profit du partenaire privé;	• 公法人的行为导致合同的财务平衡被认为出现问题,且未对社会资本进行合理补偿;
• motif d'intérêt général;	• 为了公共利益的原因;
• fait de prince.	• 国家任意行为。
La résiliation pour faute grave, fait de prince et d'intérêt général est prononcée par le juge à la demande des parties intéressées.	因为重大过错、国家任意行为和公共利益而导致的解除,须由法官应当事方的申请宣布解除。
En cas de résiliation unilatérale du contrat de partenariat public-privé par la personne publique contractante sans faute grave du partenaire privé, le partenaire privé est en droit d'obtenir une juste compensation correspondant au montant de l'investissement non encore amorti.	若签署 PPP 合同的公法人单方解除 PPP 合同且社会资本未发生重大过错,则社会资本方有权获得与尚未收回的投资额相应的合理补偿。
Un encadrement de la notion de faute grave est proposé par les parties dans le contrat de partenariat public-privé.	双方在 PPP 合同中对重大过错的概念作出定义。
Article 73 – Hormis les cas de règlements amiables des litiges prévus au contrat, le partenaire privé a la possibilité de contester, devant les juridictions prévues à l'article 75 de la présente loi, en cas de remise en cause de l'équilibre financier du contrat, la résiliation dudit contrat, ainsi que le montant des indemnités qui lui est proposé par la personne publique.	**第 73 条 –** 在认为合同的财务平衡出现问题时,除了合同规定的友好协商解决争议的情形外,社会资本还可向本法第 75 条规定的司法机关就合同解除和公法人拟向其支付的赔偿金额提出异议。

TITRE 4 – Du règlement des litiges et des sanctions	**第四编:争议解决和处罚**
Chapitre 1 – Du règlement des litiges	**第一章:争议解决**
Article 74 – Les contestations nées des procédures de sélection du partenaire privé dans les contrats de partenariat public-privé sont portées devant l'Autorité de Régulation des Marchés Publics (ARMP).	**第 74 条 –** 在 PPP 合同中社会资本的选择程序产生的争议将提交至公共合同管控委员会(ARMP)解决。
La procédure de recours est fixée par l'Autorité de Régulation des Marchés Publics (ARMP).	申诉程序由公共合同管控委员会(ARMP)规定。
Les décisions prises par l'Autorité de Régulation des Marchés Publics (ARMP), en application du présent article sont susceptibles d'un recours pour excès de pouvoir.	根据本条的规定,公共合同管控委员会(ARMP)作出的决定可能因为超越职权而被申诉。
Seuls les candidats soumissionnaires évincés de la procédure de sélection du partenaire privé dans les contrats de partenariat sont habilités à saisir l'Autorité de Régulation des Marchés Publics (ARMP) dans le cadre de contestations nées de la procédure de sélection du partenaire privé.	在由社会资本选择程序所产生的争议中,只有在 PPP 合同的社会资本的选择程序中被淘汰的投标候选人有权将相关争议提交至公共合同管控委员会(ARMP)。
La saisine doit être adressée dans les quinze jours ouvrables qui suivent la notification de la décision de sélection du partenaire privé.	须在通知社会资本选择的决定后的 15 个工作日内将争议提交至公共合同管控委员会(ARMP)。
L'Autorité de Régulation des Marchés Publics (ARMP) statue sur les contestations, au plus tard dans les trente jours ouvrables à compter de sa saisine.	公共合同管控委员会(ARMP)在争议提交之日起 30 个工作日之内对于异议作出裁决。

Les litiges liés à la passation du contrat de partenariat ne peuvent donner lieu qu'à une indemnisation du ou des candidats non retenus.	与 PPP 合同的缔结相关的争议只能导致对一个或多个未中标的候选人进行赔偿。
Article 75 – Avant toute action contentieuse, les parties au contrat de partenariat public-privé doivent tenter de régler leurs différends à l'amiable.	**第 75 条 –** 在采取任何诉讼程序之前，PPP 合同的双方须首先尝试友好协商解决争议。
Elles peuvent saisir de leur différend soit l'Autorité de Régulation des Marchés Publics（ARMP）, soit un médiateur ou conciliateur ad'hoc désigné d'un commun accord par les parties.	PPP 合同的双方可将其争议提交给公共合同管控委员会（ARMP），或者通过双方协议具体指定的调解者或调停者解决争议。
En cas d'échec du règlement amiable, les litiges nés à l'occasion du contrat de partenariat public-privé sont réglés prioritairement par la procédure arbitrale. Toutefois, si les parties le souhaitent, elles ont la possibilité d'attraire le litigedevant les juridictions étatiques compétentes.	在未能友好协商解决的情形下，PPP 合同产生的争议优先通过仲裁程序解决。然而如果双方愿意，可将争议提交至有管辖权的国家司法机关解决。
Dans tous les cas, le contrat de partenariat public-privé doit prévoir le mode de règlement des litiges.	无论如何，PPP 合同须规定争议解决方式。
Chapitre 2 – Des sanctions	**第二章：处罚**
Article 76 – Sans préjudice des dispositions du Code pénal, la loi n°2011-20 du 12 octobre 2011 portant lutte contre la corruption et autres infractions connexes en République du Bénin et le Code d'éthique et de moralisation des marchés publics sont applicables dans le cadre de la présente loi.	**第 76 条 –** 在不影响《刑法》规定实施的前提下，2011 年 10 月 12 日的第 2011 - 20 号关于《在贝宁共和国反腐败和其他相关犯罪的法律》和《公共采购行为准则和道德规范》均可在本法框架下实施。

TITRE 5 – Des dispositions diverses et finales	第五编:其他规定和最终规定
Chapitre 1 – Des dispositions diverses	**第一章:其他规定**
Article 77 – Les contrats de partenariat public-privé peuvent faire l'objet d'un traitement fiscal négocié entre le partenaire privé et les autorités publiques, conformément aux textes en vigueur en matière de fiscalité en République du Bénin.	**第 77 条 –** 根据贝宁共和国现行的税务方面的法律,可在社会资本和公共权力机关之间协商确定 PPP 合同的税收待遇。
Article 78 – Tout contrat de partenariat public-privé signé par la personne publique est transmis dans un délai de trente jours ouvrables, à compter de la date de signature, à l'Assemblé nationale pour information.	**第 78 条 –** 任何由公法人签署的 PPP 合同须自签署日起在 30 个工作日的期限内发送至国民议会备案。
Article 79 – La présente loi ne s'applique pas aux contrats de partenariat public-privé conclus antérieurement à sa date d'entrée en vigueur.	**第 79 条 –** 本法不适用于在本法生效日之前已经签署的 PPP 合同。
Chapitre 2 – Des dispositions finales	**第二章:最终规定**
Article 80 – La présente loi sera exécutée comme loi de l'Etat.	**第 80 条 –** 本法将作为国家法律实施。

Burkina Faso

Loi n°020-2013/AN portant régime juridique
du partenariat public-privé au Burkina Faso

布基纳法索

第 020-2013/AN 号关于布基纳法索
政府与社会资本合作的法律

CHAPITRE I: DISPOSITIONS GENERALES	**第一章:总则**
Article 1:	**第 1 条:**
La présente loi fixe le régime juridique applicable au partenariat public-privé au Burkina Faso.	本法规定了适用于布基纳法索的政府与社会资本合作(以下简称 PPP)的法律制度。
Article 2:	**第 2 条:**
Au sens de la présente loi, on entend par:	在本法中,作出以下定义:
- attributaire: soumissionnaire dont l'offre a été retenue avant l'approbation du marché;	- **中标人**:指在合同被批准之前,其投标被选定的投标人;
- autorité publique: Etat ou l'un de ses démembrements sous les formes de ses structures administratives centrales, déconcentrées ou décentralisées, incluant les collectivités territoriales, les établissements publics et les sociétés d'Etat, les personnes morales de droit privé agissant pour le compte de l'Etat, les sociétés à participation financière publique majoritaire, les associations formées par une ou plusieurs de ces personnes morales de droit public;	- **公共权力机关**:指国家或者具有中央或地方的行政机构形式的国家下设机构,该国家下设机构包括地方行政机关、公共机构、国有公司、为了国家的利益行事的私法人、国家控股公司以及由一个或多个该等公法人组成的联合体;
- candidat: personne physique ou morale de droit privé qui manifeste un intérêt à participer ou qui est retenue par une autorité publique pour participer à une procédure de sélection d'un partenaire privé;	- **候选人**:指有意向参与或被公共权力机关选定参与社会资本选择程序的私法项下的自然人或法人;

– démembrements de l'Etat : structures administratives centrales, déconcentrées ou décentralisées, incluant les collectivités territoriales, les établissements publics et les sociétés d'Etat, les personnes morales de droit privé agissant pour le compte de l'Etat, les sociétés à participation financière publique majoritaire, les associations formées par une ou plusieurs de ces personnes morales de droit public ;	– **国家下设机构**：指中央或地方的行政机构，其包括地方行政机关、公共机构、国有公司、为了国家的利益行事的私法人、国家控股公司以及由一个或多个该等公法人组成的联合体；
– offre : ensemble des éléments techniques et financiers inclus dans le dossier de soumission ;	– **投标**：指包含在投标文件中的全部技术内容和财务内容；
– partenaire privé : titulaire du contrat approuvé pour exécuter un projet de partenariat public-privé ;	– **社会资本**：指被批准实施 PPP 项目的 PPP 合同持有人；
– partenariat public-privé : forme de collaboration qui associe l'autorité publique et une personne physique ou morale de droit privé dans le but de fournir des biens ou des services au public, en optimisant les performances respectives des secteurs public et privé afin de réaliser dans les meilleurs délais et conditions, des projets à vocation sociale ou de développement d'infrastructures et de services publics, dans le respect des principes d'équité, de transparence, de partage de risques et de viabilité à long terme ;	– **政府与社会资本合作（PPP）**：指本着公平、透明、风险分担和长期可行性的原则，公共权力机关和私法项下的自然人或法人合作向公众提供产品或服务的合作模式，PPP 通过最好地利用公共领域和私营领域各自的优势，以在最短的期限内和最优的条件下，实施面向社会的项目或发展基础设施和公共服务的项目；

– soumissionnaire : personne physique ou morale de droit privé qui participe à un appel d'offres en soumettant un acte d'engagement et les éléments constitutifs de son offre à une autorité publique dans le cadre d'un projet de partenariat public-privé.	–**投标人**：指在 PPP 项目中向公共权力机关通过提交承诺文件和构成其投标方案的全部内容来参与招标的私法项下的自然人或法人。
Article 3 :	**第 3 条：**
Tout projet de partenariat public-privé est assujetti aux contrôles en vigueur dans les structures publiques.	任何 PPP 项目均受到公共机构现行有效的监管。
Article 4 :	**第 4 条：**
Le contrat de partenariat public-privé régit la collaboration entre une autorité publique et une ou plusieurs personnes privées.	PPP 合同规制公共权力机关与一个或多个私人之间的合作。
C'est un contrat par lequel une autorité publique confie à un partenaire privé, pour une période déterminée, en fonction de la durée d'amortissement des investissements ou des modalités de financement retenues, la responsabilité de tout ou partie des phases suivantes d'un projet :	通过签订 PPP 合同，公共权力机关在固定期间内将项目的以下阶段中的全部或部分阶段的责任委托给社会资本，所述期限根据投资回收期或选定的融资方式而定：
– la conception des ouvrages ou équipements nécessaires au service public ;	–公共服务所需的工程或设备的设计；
– le financement ;	–融资；
– la construction ;	–建设；
– la transformation des ouvrages ou des équipements ;	–工程或设备的改造；
– l'entretien ou la maintenance ;	–维护或保养；
– l'exploitation ou la gestion.	–运营或管理。

Peuvent également être confiées à un partenaire privé dans le cadre d'un contrat de partenariat public-privé, d'autres prestations de services concourant à l'exercice par l'autorité publique, de la mission de service public dont elle est chargée.	在 PPP 合同中,也可委托社会资本为公共权力机关实施其负责的公共服务任务提供其他辅助性的服务。
Article 5:	**第 5 条:**
L'autorité publique peut déléguer ou céder au partenaire privé la maîtrise d'ouvrage des travaux à réaliser.	公共权力机关可向社会资本委托或转让待实施工程的业主责任。
Article 6:	**第 6 条:**
Sous réserve des dispositions de la présente loi ainsi que celles prévues dans les clauses du contrat de partenariat public-privé, les partenaires privés et leurs sous-traitants sont soumis aux règles de droit commun.	在遵守本法规定以及 PPP 合同条款规定的前提下,社会资本及其分包商须遵守一般法的规定。
CHAPITRE II: CONDITIONS DE RECOURS AU PARTENARIAT PUBLIC – PRIVE	**第二章:采用 PPP 模式的条件**
Article 7:	**第 7 条:**
Le recours au partenariat public-privé se fait pour les projets figurant dans le programme de partenariat public-privé adopté par le Conseil des ministres.	PPP 模式适用于部长委员会通过的 PPP 计划中所列出的项目。
Toutefois, les projets de partenariat public-privé des démembrements de l'Etat pour lesquels aucun financement, ni garantie, ni traitement exceptionnel au plan fiscal et douanier n'est exigé du gouvernement, peuvent être exécutés en dehors du programme de partenariat public-privé.	然而,对于在 PPP 计划之外的未要求政府提供任何融资、担保、特殊税收和海关待遇的国家下设机构的 PPP 项目,其可以通过 PPP 模式实施。

Nonobstant les dispositions ci-dessus, les démembrements restent soumis aux dispositions de la présente loi.	尽管存在上述规定,国家下设机构仍受本法规定规制。
Tout projet exécuté sous forme de partenariat public-privé fait l'objet d'un rapport périodique adressé au ministre chargé des finances.	针对任何以 PPP 形式实施的项目,均须向财政部部长提交定期报告。
Article 8:	**第 8 条:**
Les structures en charge du partenariat public-privé et les processus d'élaboration et d'adoption du programme de partenariat public-privé sont précisés par voie réglementaire.	法规具体规定了 PPP 的负责机构以及 PPP 计划的制定和通过程序。
Article 9:	**第 9 条:**
Le recours au partenariat public-privé donne lieu à une évaluation préalable, réalisée par l'autorité publique concernée avec le concours de la structure chargée de la promotion du partenariat public-privé.	采用 PPP 模式须进行预先评估,该评估由相关的公共权力机关在负责促进 PPP 的机构的协助下进行。
Pour cette évaluation préalable, le recours à la structure chargée de la promotion du partenariat public-privé par les démembrements de l'Etat n'est pas obligatoire.	为了进行上述预先评估,负责促进 PPP 的机构不必须对国家下设机构提供协助。
Cette évaluation préalable comporte une analyse comparative de différentes options de réalisation du projet, notamment en termes de coûts-avantages, de partage des risques et de performance. Elle doit également rendre une expertise sur l'économie générale, l'impact du projet de partenariat sur le budget et la dette publique et tenir compte de préoccupations de développement durable notamment les impacts environnemental et social.	该预先评估包括对项目实施的各种选择(方案)的比较分析,尤其是成本-优势、风险分担和绩效方面的比较分析。预先评估还须提供整体经济性、合作项目对公共预算和公共债务影响的专业意见,并须考虑到可持续发展,尤其是环境和社会影响的问题。

Article 10:	第10条:
La valeur cumulative totale actuelle des engagements fermes et conditionnels quantifiables nets des recettes escomptées au titre des contrats de partenariat public-privé ne doit pas dépasser une limite fixée par voie règlementaire sur l'initiative du ministre chargé des finances.	PPP合同项下所承诺的固定的可量化的预期净收益和附条件的可量化的预期净收益的累计总现值不得超过财政部部长以法规的形式规定的上限。
Article 11:	**第11条:**
Le partenariat public-privé s'inscrit dans le processus habituel de planification et d'évaluation des investissements.	PPP须进行投资规划和评估的常规过程。
Article 12:	**第12条:**
Le partage des risques entre l'autorité publique et le partenaire privé s'effectue, au cas par cas, en fonction de leurs capacités respectives.	公共权力机关与社会资本之间根据其各自的能力视情况进行风险分担。
L'autorité publique peut accorder au partenaire privé des soutiens notamment des subventions, des prêts publics, des garanties de prêts, des garanties souveraines, des cessions ou des prises de participations.	公共权力机关可以通过补贴、公共贷款、贷款担保、主权担保、股权转让或股权投资的形式对社会资本进行支持。
La nature et le niveau des soutiens dont le partenaire privé pourrait bénéficier sont précisés dans le contrat de partenariat.	合作合同中规定了社会资本可获得的支持的性质和程度。
Article 13:	**第13条:**
Le contrat de partenariat public-privé est conclu notamment, lorsque l'évaluation expose avec précision les motifs de caractère économique, financier, juridique et administratif, qui ont conduit,	在对各种选择(方案)进行比较分析后,当评估明确阐述导致选定拟议项目并决定启动PPP合同的缔结程序[①]的经济、财务、法律和行政方面的理由时,可以订立PPP合同。

① 中伦注:指将合同授予中标人的所有规则和整个流程,而不仅仅是合同签署的环节。

après une analyse comparative des différentes options, à retenir le projet envisagé et à décider de lancer une procédure de passation d'un contrat de partenariat public-privé.	
CHAPITRE III: MODE DE SELECTION DU PARTENAIRE PRIVE	**第三章:社会资本的选择方式**
Article 14:	**第 14 条:**
Le mode de sélection d'un partenaire privé est soumis au respect des principes de liberté d'accès, d'égalité de traitement des candidats, de concurrence, d'objectivité des procédures et de transparence.	社会资本的选择方式须遵循自由参与、候选人平等待遇、竞争性、程序客观和透明的原则。
Section 1: Préparation des procédures	**第 1 节:程序的筹备**
Article 15:	**第 15 条:**
La préparation de la procédure de sélection des candidats dans le cadre des contrats de partenariat public-privé est initiée par l'autorité publique concernée avec l'assistance de la structure chargée de la promotion du partenariat public-privé.	相关公共权力机关在负责促进 PPP 的机构的协助下开展 PPP 合同候选人选择程序的筹备工作。
Toutefois, les démembrements de l'Etat bénéficient à leur demande de l'assistance de la structure chargée de la promotion du partenariat public-privé.	但是,国家下设机构可依申请获得负责促进 PPP 的机构的协助。
La sélection des candidats dans le cadre des contrats de partenariat public-privé se fait par appel à la concurrence.	通过竞争性程序选择 PPP 合同中的候选人。
Toutefois, la sélection d'un partenaire privé peut se faire sans procédure de mise en concurrence conformément à l'article 24 ci-dessous.	但是,根据下文第 24 条,可以不通过竞争性程序选择社会资本。

Section 2: Sélection du partenaire privé par appel à la concurrence	**第 2 节:通过竞争性程序选择社会资本**
Article 16:	**第 16 条:**
La sélection du partenaire privé est effectuée par appel à la concurrence à l'échelon national ou international en fonction de la complexité ou de l'envergure financière du projet.	根据项目的复杂性或融资规模,通过国内或国际范围内的竞争性程序来选择社会资本。
Le partenaire privé est sélectionné à l'issue d'un appel d'offres ouvert en une étape, précédé d'une procédure de pré-qualification ou d'un appel d'offres ouvert en deux étapes, précédé d'une procédure de pré-qualification.	通过一步式公开招标或两步式公开招标选择社会资本,该等公开招标之前均设有资格预审程序。
Les conditions de recours à la procédure en deux étapes sont précisées à l'article 23 ci-dessous.	下文第 23 条规定了适用两步式程序的条件。
Paragraphe 1: Pré-qualification des soumissionnaires	**第 1 段:投标人资格预审**
Article 17:	**第 17 条:**
L'autorité publique engage une procédure de pré-qualification afin d'identifier les soumissionnaires ayant les qualifications requises pour la phase suivante de la procédure.	公共权力机关启动资格预审程序,以确定有资质进入程序下一阶段的投标人。
Article 18:	**第 18 条:**
Les soumissionnaires peuvent adresser des demandes d'éclaircissement à l'autorité publique dans un délai fixé par voie réglementaire.	投标人可以在法规规定的期限内向公共权力机关请求澄清。
Article 19:	**第 19 条:**
Plusieurs entreprises peuvent se regrouper au sein d'un consortium pour présenter une offre.	多家企业可以组成一个联合体进行投标。

Les conditions de pré-qualification, d'admission, d'association des soumissionnaires et de publication sont précisées par voie réglementaire.	法规规定了资格预审、通过(资格预审)、投标人联合体和公告的条件。
Paragraphe 2: Procédures d'appel d'offres	**第 2 段:招标程序**
Article 20:	**第 20 条:**
L'autorité publique invite chaque candidat pré-qualifié à retirer le dossier d'appel d'offres afin de préparer son offre.	公共权力机关邀请每个通过资格预审的候选人领取招标文件,以便准备投标。
Article 21:	**第 21 条:**
L'offre contient l'ensemble des éléments constituant la réponse d'un candidat à un appel d'offres.	投标包含构成候选人对招标响应的全部内容。
Article 22:	**第 22 条:**
L'autorité publique peut, le cas échéant, recourir à une procédure en deux étapes pour solliciter les offres des soumissionnaires pré-qualifiés lorsqu'elle n'est pas en mesure de décrire dans le dossier d'appel d'offres les caractéristiques du projet.	如果公共权力机关无法在招标文件中描述项目特征,则其可以根据情况适用两步式程序以要求通过资格预审的投标人进行投标。
Article 23:	**第 23 条:**
En cas de procédure en deux étapes, les dispositions ci-après s'appliquent:	在两步式程序中,适用以下规定:
- lors de la première étape, les candidats pré-qualifiés sont invités à soumettre des offres initiales concernant le cahier des charges, les indicateurs de résultats, le montage financier ou juridique ou d'autres caractéristiques du projet;	- 在第一个步骤中,通过资格预审的候选人被邀请提交最初版投标文件,其包括任务书①、成果指标、项目的融资结构或法律结构或者其他特征;

① 中伦注:本质上为规定工作要求的一个文件,也有人翻译为"责任书""需求说明""任务单""计划书",我们统一翻译为"任务书"。

– au cours de la seconde étape, l'autorité publique invite chaque candidat préqualifié à soumettre une offre complète et définitive comprenant une offre technique détaillée et une offre financière.	– 在第二个步骤中，公共权力机关邀请每位通过资格预审的候选人提交完整的最终版投标文件，其包括详细的技术和财务方案。
Les offres sont évaluées par la commission de sélection dans les conditions fixées par voie réglementaire.	评选委员会根据法规规定的条件评标。
Section 3: Conditions d'attribution d'un contrat de partenariat public-privé sans procédure de mise en concurrence	**第 3 节：不通过竞争性程序授予 PPP 合同的条件**
Article 24:	**第 24 条：**
Sous réserve de l'approbation du Conseil des ministres ou de l'organe délibérant des démembrements de l'Etat, l'autorité publique est autorisée à négocier un contrat de partenariat public-privé sans recourir aux procédures prévues à la section 2 du chapitre III dans les cas suivants:	在获得部长委员会批准或国家下设机构决策部门批准的前提下，公共权力机关有权在以下情况中选择不适用第三章第 2 节规定的程序而签订 PPP 合同：
– lorsque, du fait de la nécessité urgente d'assurer la continuité du service, il n'est pas possible de recourir aux procédures prévues à la section 2 du chapitre III, l'urgence devant être motivée par des circonstances imprévisibles et indépendantes de la volonté de l'autorité publique porteuse du projet;	– 为了保障服务连续性，在紧急情况下无法适用第三章第 2 节规定的程序，且该紧急情况须由不可预见的且不取决于负责项目的公共权力机关的意志的情况造成；
– lorsqu'une seule source est en mesure de fournir le service demandé, par exemple lorsque la prestation du service exige l'utilisation d'un droit de propriété intellectuelle, de secrets professionnels ou d'autres droits exclusifs;	– 只有单一来源能够提供所要求的服务，例如，当服务的提供需要使用知识产权、商业秘密或其他排他性权利时；

– lorsqu'une invitation à la procédure de pré-qualification ou d'appel d'offres a été publiée sans résultat ou lorsqu'aucune proposition n'a satisfait aux critères d'évaluation énoncés dans le dossier d'appel d'offres et lorsqu'il est établi par l'autorité publique que la publication d'une nouvelle invitation à la procédure de pré-qualification ou d'un appel d'of-fres aurait peu de chance d'aboutir à l'attribution du projet dans les délais voulus.	– 已发布资格预审程序或招标程序的邀请但未收到任何响应或者没有提案符合招标文件中规定的评估标准,并且公共权力机关确定重新发布资格预审程序或招标程序的邀请不太可能导致在计划的期限内授予项目。
Section 4: Proposition spontanée	**第 4 节:自发提案**
Article 25:	**第 25 条:**
La proposition spontanée est une offre faite par une personne physique ou morale de droit privé et portant sur la réalisation d'un projet tel que défini à l'article 4 de la présente loi.	自发提案是由私法项下的自然人或法人提出的方案,其涉及本法第 4 条所定义的项目的实施。
Article 26:	**第 26 条:**
L'autorité publique est autorisée à examiner des propositions spontanées à condition que celles-ci ne se rapportent pas à un projet pour lequel elle a entamé ou annoncé des procédures de sélection.	公共权力机关有权审查自发提案,前提是所述自发提案与公共权力机关已经启动或宣布将要启动选择程序的项目无关。
Les modalités de sélection des propositions spontanées sont précisées par voie réglementaire.	自发提案的选择方式由法规规定。
Section 5: Confidentialité	**第 5 节:保密性**
Article 27:	**第 27 条:**
Aucune partie aux négociations ne peut divulguer à une tierce personne des informations techniques, des informations rel-	除非法律或司法裁判要求或者招标许可,否则参与谈判的任何一方均不得向第三方披露任何技术信息、价格信息或

atives aux prix ou d'autres informations concernant des discussions, communications et négociations ayant eu lieu, sauf si la loi ou une décision judiciaire l'exige ou si l'appel d'offres l'autorise.	与已进行的讨论、通信和谈判有关的其他信息。
Section 6: Avis d'attribution du contrat	**第 6 节:合同授予通知**
Article 28:	**第 28 条:**
Des négociations sont organisées à la suite des travaux de la commission de sélection. Ces négociations commencent avec le soumissionnaire jugé avoir présenté la meilleure offre définitive suivant une procédure de négociation définie par voie réglementaire.	谈判将在评选委员会的工作之后组织进行。将根据法规规定的谈判程序,开始与被认定为提交了最佳的最终版投标文件的投标人进行谈判。
L'autorité publique, à l'issue de la négociation, publie l'avis d'attribution du contrat dans des conditions fixées par voie réglementaire.	谈判结束后,公共权力机关根据法规规定的条件发布合同授予通知。
L'avis d'attribution du contrat notifié au candidat retenu à l'expiration du délai de recours n'a qu'un caractère provisoire jusqu'à l'approbation du contrat.	在申诉期限届满后向被选定的候选人发送的合同授予通知在合同被批准之前仅为临时性的。
Section 7: Conservation des actes et informations liés à la procédure de sélection et d'attribution	**第 7 节:与选择和授予程序有关的文书和信息的保存**
Article 29:	**第 29 条:**
L'autorité publique conserve les documents liés aux procédures de sélection et d'attribution pendant au moins la durée du contrat.	公共权力机关须至少在合同期限内保存与选择和授予程序有关的文件。

Section 8: Procédure de recours	**第8节:申诉程序**
Article 30:	**第30条:**
Les candidats soumissionnaires, attributaires peuvent introduire un recours gracieux ou hiérarchique devant l'autorité publique contre les procédures et décisions prises à l'occasion des procédures de passation du contrat de partenariat public-privé leur faisant grief.	投标候选人、中标人针对PPP合同缔结程序中对其不利的程序和决定,可向作出决定的公共权力机关提出申诉或向其上级提出申诉。
Article 31:	**第31条:**
A défaut d'un règlement devant l'autorité publique, les litiges peuvent être portés devant l'instance de recours non juridictionnel chargée des contrats publics.	在公共权力机关未能解决争议的情况下,可以将争议提交至负责公共合同的非司法救济机构处理。
Les décisions rendues par l'instance de recours non juridictionnel sont susceptibles de recours devant la juridiction administrative dans un délai de quinze jours à compter de leur notification sous peine de forclusion.	在收到非司法救济机构作出的决定通知后的15日内,可就该决定向行政法院提出申诉。
CHAPITRE IV: CONTENU DU CONTRAT DE PARTENARIAT PUBLIC-PRIVE	**第四章:PPP合同的内容**
Article 32:	**第32条:**
Le contrat de partenariat public-privé doit définir clairement son objet et comporter des clauses relatives:	PPP合同必须明确规定其目的并包括关于以下内容的条款:
- à sa durée;	- 合同期限;
- aux conditions d'installation du partenaire privé;	- 社会资本的设立条件;
- au régime juridique du site du projet, des biens et servitudes;	- 项目场地、资产和地役权的法律制度;

– aux arrangements financiers;	– 融资安排;
– aux sûretés potentielles;	– 可能涉及的担保;
– aux conditions dans lesquelles est établi le partage des risques entre la personne publique et son partenaire;	– 公法人与社会资本之间建立风险分担的条件;
– aux objectifs de performance assignés au partenaire privé;	– 分配给社会资本的绩效目标;
– aux conditions et aux modalités de détermination et de paiement de la rémunération des parties au contrat;	– 合同方回报的确定和支付的条件和方式;
– aux obligations du partenaire privé de garantir le respect de l'affectation des ouvrages et des équipements au service public et le respect des exigences du service public;	– 社会资本的义务,其涉及确保将工程和设备用于公共服务和确保遵守公共服务的要求;
– aux modalités de contrôle et de suivi de l'exécution du contrat par la personne publique;	– 公法人对于合同履行的监管和跟踪的方式;
– aux conditions de sous-traitance;	– 分包条件;
– aux dispositions applicables en cas de manquement à ses obligations, notamment en matière d'objectif de performance;	– 在违反其义务时,特别是在违反绩效目标时可适用的规定;
– aux conditions dans lesquelles il peut être procédé à la modification du contrat ou à sa résiliation;	– 变更或解除合同的条件;
– aux conditions de cession partielle ou totale du contrat;	– 部分或全部转让合同的条件;
– aux conditions de transfert d'un intérêt majoritaire dans la société titulaire du contrat;	– 被授予合同的公司中的多数股权转让的条件;

– aux conditions dans lesquelles en cas de défaillance du partenaire privé, la continuité du service public est assurée, notamment lorsque la résiliation du contrat est prononcée;	– 在社会资本违约,尤其是在宣布解除合同的情况下,保障公共服务连续性的条件;
– à l'obligation faite au titre du contrat de disposer d'une assurance pour la couverture des risques;	– 为防范风险而投保的合同义务;
– aux conditions dans lesquelles s'opèrent les études d'impact environnemental et des modalités de préservation de l'environnement;	– 环境影响研究的实施条件和环境保护方式;
– aux conséquences de la fin, anticipée ou non, du contrat, notamment en ce qui concerne la propriété des ouvrages et des équipements ainsi que les modalités de transfert;	– 合同提前终止或到期终止的后果,特别是工程和设备的权属以及移交方式;
– aux modalités de prévention et de règlement des litiges et notamment aux conditions dans lesquelles il peut être fait recours à l'arbitrage au niveau national ou international;	– 预防和解决争议的方式,特别是可以诉诸国内或国际仲裁的条件;
– aux obligations relatives au transfert de technologie, à la formation et à l'emploi de la main-d'œuvre burkinabè;	– 技术转让、培训和雇佣布基纳法索劳动力的义务;
– aux conditions de validité et d'entrée en vigueur du contrat;	– 合同生效和有效的条件;
– aux conditions d'exploitation de l'infrastructure incluant les conditions dans lesquelles le partenaire privé peut modifier le service afin de répondre aux besoins de l'autorité publique;	– 基础设施的运营条件,包括社会资本可以为满足公共权力机关需求而变更服务的条件;
– aux dispositions applicables en cas de manquement des obligations de l'Etat.	– 在国家未履行义务时可适用的规定。

CHAPITRE V：CONDITIONS D'EXECUTION DU CONTRAT DE PARTENARIAT PUBLIC-PRIVE	**第五章：PPP 合同的履行条件**
Article 33：	**第 33 条：**
Le contrat de partenariat public-privé est régi par le droit burkinabè sauf stipulation contraire du contrat.	PPP 合同受布基纳法索的法律管辖，但合同另有规定则从其规定。
Article 34：	**第 34 条：**
L'autorité publique ne peut exiger que le soumissionnaire retenu constitue une personne morale conformément aux lois burkinabè, qu'à la condition qu'une déclaration ait été faite à cet effet dans le dossier de pré-qualification et dans le dossier d'appel d'offres.	公共权力机关只有在已在资格预审文件和招标文件中作出相关声明的条件下，才可要求中标人根据布基纳法索的法律设立法人。
Article 35：	**第 35 条：**
L'autorité publique peut mettre à la disposition du partenaire privé le site du projet.	公共权力机关可以将项目场地移交给社会资本。
Il peut également s'engager à lui obtenir des facilités d'accès à la propriété de tiers, d'y passer, d'y effectuer des travaux et d'y installer des équipements.	公共权力机关还可以向社会资本承诺，给予其在第三方不动产上进入、通行、施工及安装设备的便利。
Toute expropriation de terrain pouvant être requise pour l'exécution du projet est effectuée conformément aux textes en vigueur au Burkina Faso.	实施项目可能需要的土地征用须根据布基纳法索现行的法律规定实施。
Article 36：	**第 36 条：**
Sous réserve de restrictions pouvant être indiquées dans le contrat de partenariat public-privé, le partenaire privé a le droit de constituer, sur l'un quelconque de ses biens ou droits, y compris sur ceux qui sont liés au projet, les sûretés nécessaires pour obtenir tout financement requis pour le projet.	在遵守 PPP 合同中可能存在的限制性规定的前提下，社会资本有权在其任何资产或权利上设立获得项目融资所必需的担保，所述资产或权利包括与项目相关的资产或权利。

Article 37 :	**第 37 条:**
Lorsqu'un contrat de partenariat public-privé confie au partenaire privé la conception des ouvrages, il est fait obligation à l'autorité publique d'identifier une équipe de maîtrise d'œuvre chargée du suivi de la conception des ouvrages et de leur réalisation, d'exiger un projet architectural, s'agissant des projets relatifs aux bâtiments et aux ouvrages d'arts, afin de connaître la qualité globale des ouvrages concernés.	当 PPP 合同委托社会资本进行工程设计时,公共权力机关有义务确定负责跟踪工程设计和工程实施的项目主管团队,并且公共权力机关有义务要求提供与建筑物和桥隧工程有关的项目的建设工程图,以了解相关工程的整体质量。
Lorsque l'autorité publique ne confie au partenaire privé qu'une partie de la conception des ouvrages, elle peut elle-même faire appel à une équipe de maîtrise d'œuvre pour la partie de la conception qu'elle assume.	当公共权力机关仅委托社会资本进行部分的工程设计时,公共权力机关可以自行求助监理工程师团队设计其负责的部分。
CHAPITRE VI : DUREE, PROROGATION, RESILIATION OU EXPIRATION DU CONTRAT DE PARTENARIAT PUBLIC-PRIVE	**第六章:PPP 合同的期限、延期、解除或届满**
Section 1 : Durée, prorogation et renouvellement du contrat de partenariat public-privé	**第 1 节:PPP 合同的期限、延期和续期**
Article 38 :	**第 38 条:**
Tout contrat de partenariat public-privé doit être limité dans sa durée. Celle-ci doit tenir compte de la nature des prestations demandées au partenaire privé et de l'investissement qu'il devra réaliser et ne peut dépasser la durée normale de l'amortissement des réalisations ou installations lorsque les ouvrages sont financés par le partenaire privé. Les montants des	PPP 合同的期限必须是有限的。该期限的确定必须考虑要求社会资本提供的产品和服务的性质以及社会资本须进行的投资,并且当工程由社会资本提供资金时,该期限不得超过正常的投资回收期。须明确投资金额和资金来源。

investissements et les sources du financement doivent être clairement déterminés.	
Article 39 :	**第 39 条：**
La durée ne peut être prorogée que lorsque le partenaire privé est contraint, pour la bonne exécution du service public ou l'extension de son champ géographique ou à la demande de l'autorité publique, de réaliser des travaux non prévus au contrat initial, de nature à modifier l'économie générale du projet et qui ne pourraient pas être amortis pendant la durée restante du contrat, que par une augmentation de prix manifestement excessive.	为了公共服务的良好实施或扩大公共服务的地理范围或应公共权力机关的要求,社会资本不得不实施原始合同中未规定的工程,其导致更改项目的整体经济性,并且除非通过明显过高的价格上涨的方式,该等工程才能在合同剩余期限中收回投资的情形下,PPP 合同期限才可予以延长。
La durée de prorogation doit être strictement limitée aux délais nécessaires au rétablissement des conditions de continuité de service ou de l'équilibre financier du contrat. Cette prorogation ne peut intervenir qu'une seule fois et doit être justifiée dans un rapport établi par le partenaire privé et faire l'objet d'un avenant au contrat de partenariat public-privé dans les mêmes conditions d'approbation que le contrat initial.	延长的期限必须严格限于恢复服务连续性或合同财务平衡所必需的期限。延期只能发生一次,必须由社会资本编写的报告证明其合理性,并且延期须通过 PPP 合同的补充协议予以实施,该等补充协议的批准条件与原始合同相同。
Un extrait du contrat de partenariat public-privé est publié au Journal officiel du Faso. Cet extrait comporte le nom et la qualité des parties au contrat ainsi que l'objet, la durée, la consistance du partenariat et les clauses concernant les usag ers.	PPP 合同摘要须在布基纳法索官方公报上公布。该摘要须包含合同各方的名称和资质,合作的宗旨、期限和内容以及与用户有关的条款。

Article 40:	**第 40 条:**
Le contrat de partenariat public-privé peut être renouvelé une fois à condition que le partenaire privé présente une nouvelle offre technique et financière évaluée et approuvée dans les mêmes conditions d'approbation que le contrat initial.	如果社会资本提交了新的技术和财务方案,且该等方案在与原始合同相同的批准条件下经过评估和批准,则 PPP 合同可以续期一次。
Section 2: Résiliation du contrat de partenariat public-privé	**第 2 节:PPP 合同的解除**
Article 41:	**第 41 条:**
L'autorité publique peut résilier le contrat de partenariat public-privé dans les cas suivants:	在下列情况下,公共权力机关可以解除 PPP 合同:
- l'insolvabilité du partenaire privé;	- 社会资本丧失清偿能力;
- le manquement grave à ses obligations contractuelles;	- 社会资本严重违反其合同义务;
- les raisons impérieuses d'intérêt général.	- 涉及公共利益的迫切原因。
Article 42:	**第 42 条:**
Le partenaire privé ne peut demander la résiliation du contrat de partenariat public-privé que dans les cas suivants:	社会资本仅在以下情形中有权要求解除 PPP 合同:
- un manquement grave de l'autorité publique à ses obligations contractuelles;	- 公共权力机关严重违反其合同义务;
- une absence d'accord lorsque sont réunies les conditions de révision du contrat de partenariat public-privé;	- 在 PPP 合同的修订条件满足时,无法达成一致意见;
- une absence d'accord sur une révision du contrat en cas d'engagement de dépenses substantiellement plus importantes ou de réception d'une contrepartie sensiblement plus faible du fait d'actes ou d'omissions de l'autorité publique.	- 在公共权力机关的作为或不作为导致的支出大幅增加或收益明显减少的情况下,未能对合同修订达成一致意见。

Article 43:	**第 43 条:**
L'une ou l'autre partie a le droit de résilier le contrat de partenariat public-privé lorsque l'exécution de ses obligations est rendue impossible par des cas de force majeure.	任何一方有权在不可抗力情形导致其无法履行义务的情况下解除 PPP 合同。
Les parties ont en outre le droit de résilier le contrat par consentement mutuel.	此外,双方有权合意解除合同。
Article 44:	**第 44 条:**
En cas de résiliation, et s'il y a lieu, l'une ou l'autre partie reçoit une juste indemnisation en fonction des dépenses engagées ou des pertes subies.	在解除合同的情况下,任何一方可根据已支出的费用或遭受的损失获得合理的补偿。
CHAPITRE VII: REGLEMENT DES DIFFERENDS	**第七章:争议解决**
Article 45:	**第 45 条:**
Les différends entre les parties nés de l'exécution du contrat de partenariat public-privé sont réglés à l'amiable.	各方因 PPP 合同履行而产生的争议(首先应当)通过友好协商解决。
A défaut d'un règlement amiable, le différend peut être porté soit devant la juridiction nationale compétente soit devant un tribunal arbitral national ou international.	如果未能通过友好协商解决,争议可以提交至有管辖权的国家司法机关或者本国或国际仲裁庭。
Article 46:	**第 46 条:**
Lorsque le partenaire privé fournit des services à la population ou exploite des ouvrages accessibles à la population, l'autorité publique peut lui exiger l'établissement de mécanismes simplifiés et efficaces pour traiter les réclamations émanant de ses clients ou d'usagers du service public.	当社会资本向民众提供服务或运营对民众开放的工程时,公共权力机关可要求社会资本建立简单且有效的机制来处埋其客户或公共服务用户的请求。

CHAPITRE VIII: DISPOSITIONS FISCALES, DOUANIERES, FONCIERES, DOMANIALES ET DE CHANGE	**第八章:税收、海关、土地、财产和外汇规定**
Section 1: Régime fiscal et douanier	**第 1 节:税收和海关制度**
Article 47:	**第 47 条:**
En plus des avantages prévus par les régimes fiscal et douanier et par les lois et règlements en vigueur, les partenaires privés peuvent bénéficier d'autres avantages ou facilitations en fonction de la nature de l'investissement ou du projet à réaliser.	除了现行的税收和海关制度以及法律法规规定的优惠待遇外,社会资本还有权根据待实施的项目或投资的性质享受其他优惠或便利。
Section 2: Régime foncier et domanial	**第 2 节:土地和财产制度**
Article 48:	**第 48 条:**
Les opérations foncières et domaniales réalisées dans le cadre des contrats de partenariat public-privé sont soumises aux lois et règlements en vigueur.	在 PPP 合同框架内实施的土地和财产操作受现行法律法规的规制。
Article 49:	**第 49 条:**
Lorsque le contrat emporte une occupation du domaine public, il vaut autorisation d'occupation de ce domaine pour sa durée.	当合同导致占用公产时,需要获得对该公产在占用期间内的占用许可。
Le titulaire du contrat a, sauf stipulation contraire de ce contrat, des droits réels sur les ouvrages et équipements qu'il réalise.	合同持有人对其实施的工程和设备享有物权,但合同另有规定则从其规定。
Ces droits lui confèrent les prérogatives et obligations du propriétaire dans les conditions et les limites définies par les clauses du contrat ayant pour objet de garantir l'intégrité et l'affectation du domaine public.	在合同保证公产的完整性和规定用途的条款所规定的条件和限制下,该等权利赋予合同持有人所有权人的特权和义务。

Section 3: Régime de change	第3节:外汇制度
Article 50:	**第50条:**
Les transactions opérées sous le régime des contrats de partenariat public-privé sont soumises au régime de change en vigueur et bénéficient des garanties qui s'y rattachent.	PPP合同的制度下进行的交易受现行外汇制度的规制,并享有相关保证。
CHAPITRE IX:SANCTIONS	**第九章:处罚**
Article 51:	**第51条:**
Les fonctionnaires ou contractuels de l'autorité publique, convaincus de corruption, de collusion, d'incitation à la corruption, de tentative de corruption ou qui commettent ou favorisent des actes frauduleux à l'égard des soumissionnaires et des partenaires privés lors des procédures de passation, d'approbation, d'exécution, de suivi, de contrôle ou du règlement des contrats de partenariat public-privé, sont suspendus ou radiés de toute commission ou de toute structure chargée des contrats publics, sans préjudice des poursuites judiciaires et disciplinaires auxquelles ils s'exposent.	在PPP合同缔结、批准、履行、跟踪、监管或结算程序期间,公共权力机关的公务员或聘任制公务员被证实存在贪污、共谋、教唆行贿、贪污未遂或者实施或帮助实施对投标人和社会资本的欺诈行为的,由负责公共合同的委员会或机构对其处以停职或撤职,且不影响其面临的司法诉讼和纪律处罚。
Article 52:	**第52条:**
Les inexactitudes délibérées constatées dans les attestations ou justifications contenues dans les offres entraînent la suspension temporaire de un① an à cinq ans ou l'exclusion de leurs auteurs de toute participation à des contrats publics. Cette décision est prise par le ministre chargé des finances sur rapport de l'instance de recours non juridictionnel de règlement des différends.	若在投标(方案)包含的各种证明中发现存在故意提供的不准确信息,将导致提供信息的候选人在1年至5年内被临时禁止或永久禁止缔结公共合同。财政部部长将根据解决争议的非司法机构的报告作出该决定。

① 中伦注:原文如是。

Lorsque de telles inexactitudes sont constatées après notification de l'approbation du contrat ou à tout moment de son exécution, l'autorité publique signataire du contrat de partenariat public-privé peut prononcer la résiliation du contrat aux frais et risques du partenaire privé après avis préalable de l'instance chargée du règlement des différends.	在通知合同批准之后或在合同履行的任何时刻发现存在不准确信息,签署 PPP 合同的公共权力机关有权在事先征求争议解决机构的意见之后宣布解除合同,并由社会资本承担费用和风险。
Article 53:	**第 53 条:**
Les candidats aux contrats de partenariat public-privé, convaincus de corruption, d'incitation à la corruption, de tentative de corruption ou qui commettent ou favorisent des actes frauduleux à l'égard des agents publics chargés des procédures de passation, d'élaboration, d'approbation, d'exécution, de suivi, de contrôle ou de règlement des contrats de partenariat public-privé, encourent, sans préjudice des poursuites judiciaires auxquelles ils s'exposent, une suspension ou une exclusion de tout contrat public sur rapport de l'instance de recours non juridictionnel de règlement des différends.	PPP 合同候选人被证实存在行贿、教唆贪污、行贿未遂或者实施或帮助实施对负责 PPP 合同的缔结、制定、批准、履行、跟踪、监管或结算程序的公职人员的欺诈行为的,在不影响其面临的司法诉讼的前提下,根据解决争议的非司法机构的报告,将被临时禁止或被永久禁止签署任何公共合同。
CHAPITRE X: DISPOSITIONS TRANSITOIRES ET FINALES	**第十章:过渡规定和最终规定**
Article 54:	**第 54 条:**
Les contrats de partenariat public-privé conclus avant la date de promulgation de la présente loi restent en vigueur pour la durée pour laquelle ils ont été signés.	在本法颁布日期之前签订的 PPP 合同在其规定的期限内仍然有效。

Les contrats de partenariat public-privé dont les avis ont été publiés avant l'entrée en vigueur de la présente loi, restent soumis au régime en vigueur au moment de la date de publication des avis. Leur exécution reste également soumise aux dispositions du régime antérieur sauf, accord express des parties constaté par un avenant soumettant leur contrat à la présente loi.	在本法生效之前已经公布(合同授予)通知的 PPP 合同仍应受到在(合同授予)通知发布之日有效的制度的规制。除非各方通过补充协议明示同意将其 PPP 合同适用本法,否则该等 PPP 合同的履行须遵守先前制度的规定。
Article 55:	**第 55 条:**
La présente loi sera exécutée comme loi de l'Etat.	本法将作为国家法律实施。

République du Burundi

Loi n°1/14 du 27 avril 2015 portant régime général
des contrats de partenariat public-privé

布隆迪共和国

2015 年 4 月 27 日第 1/14 号
关于政府与社会资本合作合同的基本制度的法律

LE PRESIDENT DE LA REPUBLIQUE;	布隆迪共和国总统;
Vu la Constitution de la République du Burundi;	鉴于《布隆迪共和国宪法》;
Vu le Code Général des Impôts et Taxes tel que modifié jusqu'à ce jour;	鉴于截至目前①最新修订的《税法总则》;
Vu la loi n°1/01 du 4 février 2008 portant Code des marchés publics du Burundi;	鉴于2008年2月4日第1/01号关于布隆迪《公共合同法典》的法律;
Vu la loi n°1/24 du 10 septembre 2008 portant Code des investissements du Burundi;	鉴于2008年9月10日第1/24号关于布隆迪《投资法典》的法律;
Vu la loi n°1/35 du 4 décembre 2008 portant cadre organique des finances publiques, tel que modifié à ce jour;	鉴于截至目前最新修订的2008年12月4日第1/35号关于公共财政的组织架构的法律;
Vu la loi n°1/23 du 24 septembre 2009 déterminant les avantages fiscaux prévus par la loi n°1/24 du 10 septembre 2008 portant code des investissements du Burundi;	鉴于2009年9月24日第1/23号关于确定2008年9月10日第1/24号关于布隆迪《投资法典》的法律所规定的税收优惠的法律;
Vu la loi n°1/06 du 25 mars 2010 portant régime juridique de la concurrence;	鉴于2010年3月25日第1/06号关于竞争的法律制度的法律;
Vu la loi n°1/09 du 30 mai 2011 portant Code des sociétés privées et à participation publique;	鉴于2011年5月30日第1/09号关于《私营公司和国家参股公司法典》的法律;
Vu la loi n°1/13 du 9 août 2011 portant révision du Code foncier du Burundi, tel que modifié à ce jour;	鉴于截至目前最新修订的2011年8月9日第1/13号关于修订布隆迪《土地法典》的法律;
Vu la loi n°1/01 du 09 février 2012 portant révision de la loi n°1/03 du 19 février 2009 relative à l'organisation de la privatisation des entreprises à participation publique, des services et des ouvrages publics;	鉴于2012年2月9日第1/01号涉及修订2009年2月19日第1/03号关于国家参股企业、公共服务和公共工程的私有化组织的法律;
Vu la loi n°1/21 du 15 octobre 2013 portant Code minier du Burundi;	鉴于2013年10月15日第1/21号关于布隆迪《矿业法典》的法律;

① 中伦注:本法律中的"截至目前"是指截至2015年4月27日之前。

Vu la loi n°1/02 du 7 janvier 2014 portant Code des Assurances au Burundi;	鉴于2014年1月7日第1/02号关于布隆迪《保险法典》的法律；
Vu la loi n°1/22 du 25 juillet 2014 portant réglementation de l'action récursoire et directe de l'Etat et des communes contre leurs mandataires et leurs préposés;	鉴于2014年7月25日第1/22号关于国家和市镇对其受托人及其工作人员的代位追偿权和代位求偿权规定的法律；
Vu la loi n°1/33 du 28 novembre 2014 portant révision de la loi n°1/02 du 25 janvier 2010 portant organisation de l'administration communale;	鉴于2014年11月28日第1/33号涉及修订2010年1月25日第1/02号关于市镇级行政组织的法律；
Vu la loi n°1/01 du 16 janvier 2015 portant révision de la loi n°1/07 du 26 avril 2010 portant Code de commerce;	鉴于2015年1月16日第1/01号涉及修订2010年4月26日第1/07号关于《商法典》的法律；
Le Conseil des Ministres ayant délibéré;	部长委员会已审议；
L'Assemblée Nationale et le Sénat ayant adopté;	国民议会和参议院已通过；
PROMULGUE:	颁布如下规定：
CHAPITRE I: DE L'OBJET ET DES DEFINITIONS	**第一章：立法宗旨和定义**
Article 1: La présente loi fixe les règles générales des procédures applicables par les autorités contractantes à la passation, à l'exécution, au suivi et à l'évaluation des contrats de partenariat public-privé.	**第1条**：本法规定了缔约机关缔结[①]、履行、跟踪和评估政府与社会资本合作合同（以下简称PPP合同）适用的程序的基本规则。
Article 2: Au sens de la présente loi, on entend par:	**第2条**：在本法中，作出以下定义：

① 中伦注：指将合同授予中标人的所有规则和整个流程，而不仅仅是合同签署的环节。

Autorité(s) contractante(s): l'Etat, les collectivités territoriales, les établissements publics ou toute autre personne morale de droit public ou de droit privé agissant pour le compte d'une personne morale de droit public ainsi que les personnes morales bénéficiant des droits spéciaux ou exclusifs;	**缔约机关**:指国家、地方行政机关、公共机构或任何其他为了公法人的利益行事的公法人或私法人以及享有特殊权利或排他性权利的法人;
Cocontractant: une personne de droit privé se voyant confier tout ou partie des opérations par une autorité contractante de marchés publics;	**PPP 签约人**:指由缔约机关委托全部或部分公共合同业务的私法人;
Contrat de partenariat: un contrat administratif qui régit les relations entre une autorité contractante et un cocontractant et inclut un partage des risques liés aux activités confiées au contractant tels que visées à l'article 3 de la présente loi;	**PPP 合同**:指规制缔约机关与 PPP 签约人之间关系的行政合同,其中包括与委托至 PPP 签约人的本法第 3 条所述的经营活动相关的风险分担(机制);
Dialogue compétitif: une procédure par laquelle une commission de passation du contrat de partenariat engage un dialogue avec chacun des candidats intéressés à participer à cette procédure en vue de définir les moyens techniques, de montage juridique et financier les mieux à même de répondre aux besoins de l'autorité contractante et sur la base desquels les candidats sélectionnés seront invités à remettre une offre;	**竞争性对话**:指一种程序,通过该程序,PPP 合同缔结委员会与有意向参与此程序的每个候选人进行对话,以便确定能够最好地满足缔约机关需求的技术手段、法律方案和财务方案,缔约机关将邀请被选定的候选人根据该等技术手段、法律方案和财务方案而提交(总)方案;
Offre spontanée: une procédure par laquelle toute personne physique ou morale peut adresser de façon spontanée à l'autorité contractante un projet de contrat de partenariat, selon les conditions fixées aux articles 33 et suivants de la présente loi;	**自发提案**:指一种程序,通过该程序,在本法第 33 条及之后各条规定的条件下,任何自然人或法人均可自发地向缔约机关提交 PPP 合同草案;

Partenariat public-privé: un mode de collaboration contractuel par lequel une autorité contractante confie au cocontractant aux termes d'un contrat de partenariat tout ou partie des activités visées à l'article 3 de la présente loi.	**政府与社会资本合作(以下简称 PPP)**: 指一种通过签订合同约定的合作模式，通过该合作模式，缔约机关将根据本法第 3 条规定的经营活动的部分或全部通过 PPP 合同委托给 PPP 签约人。
CHAPITRE II: DU CONTRAT DE PARTENARIAT	**第二章:PPP 合同**
Section 1: De la nature du contrat de partenariat et des modalités de rémunération du cocontractant	**第 1 节:PPP 合同的性质和 PPP 签约人获得回报的方式**
Article 3: Le contrat de partenariat peut porter en tout ou en partie sur la conception, le financement, la construction ou la transformation, l'exploitation, la gestion, l'entretien ou la maintenance d'ouvrages, d'équipements ou de biens immatériels nécessaires à la fourniture d'un service public ainsi que d'autres prestations de services concourant à l'exercice, par la personne publique, de la mission de service public dont elle est chargée.	**第 3 条**:PPP 合同可涉及公共服务和其他服务的提供所需的工程、设备或无形资产的全部或部分的设计、融资、建设或改造、运营、管理、维护或保养，所述其他服务指对公法人实施其负责的公共服务任务提供辅助性的服务。
Article 4: Les activités visées à l'article 3 sont confiées au cocontractant pour une période déterminée en fonction de la durée d'amortissement des investissements réalisés par celui-ci, des prestations qui lui sont demandées ainsi que des modalités de financement retenues.	**第 4 条**:第 3 条所述的经营活动在固定的期间内委托给 PPP 签约人，该固定的期间根据 PPP 签约人的投资回收期、要求其提供的产品和服务以及选定的融资方式而定。
Article 5: Le cocontractant peut assurer la maîtrise d'ouvrage des travaux à réaliser en fonction du type de contrat de partenariat conclu avec la personne publique.	**第 5 条**:根据与公法人签订的 PPP 合同的类型，PPP 签约人可以履行待实施工程的业主责任。

Article 6: Le cocontractant peut se voir céder, sous réserve de l'accord éventuel des autres parties concernées, tout ou partie des contrats passés par la personne publique pouvant concourir à l'exécution de sa mission.	**第 6 条**:在其他相关方同意的前提下,PPP 签约人可以受让公法人签订的能够辅助其实施任务的合同的全部或部分。
Article 7: La rémunération du cocontractant s'effectue selon l'une ou plusieurs des modalités suivantes:	**第 7 条**:PPP 签约人的回报根据以下方式中的一种或多种方式而确定:
1° Un paiement lié à des objectifs de performance et versé par l'autorité publique pendant toute la durée du contrat de partenariat;	1° 由公共权力机关在 PPP 合同的整个期限内付费,付费的金额与绩效目标挂钩;
2° Une redevance prélevée directement par le cocontractant sur les montants collectés auprès des usagers ou sur les recettes d'exploitation de l'ouvrage ou du service dont il a la charge;	2°由 PPP 签约人从向用户收取的费用中或从其负责的工程或服务的运营收入中直接提取的使用费;
3° Un paiement de l'autorité contractante d'un montant fixe complété par un montant variable correspondant à un pourcentage des recettes d'exploitation du service ou de l'ouvrage public dont il a la charge.	3°缔约机关的付费包括固定金额和可变金额,可变金额对应的是其负责的公共服务或公共工程的一定百分比的运营收入。
Article 8: La rémunération du cocontractant telle que décrite à l'article 7 de la présente loi peut être complétée, le cas échéant, par des recettes annexes provenant de la valorisation du domaine public ou de l'exploitation alternative des ouvrages ou équipement objet du contrat de partenariat, sous réserve que cette activité ne soit pas contraire à la finalité du contrat de partenariat.	**第 8 条**:本法第 7 条所述的 PPP 签约人的回报可视情况由附属性收入进行补充,该附属性收入来自于公产的增值或作为 PPP 合同标的的工程或设备的其他运营,前提是该等经营活动不得违反 PPP 合同的目的。

Section 2: De l'Agence d'Appui à la Réalisation des contrats de partenariat	**第 2 节:PPP 合同实施支持局**
Article 9: Il est créé un service public expert dénommé Agence d'Appui à la Réalisation des contrats de partenariat.	**第 9 条:**已设立名为 PPP 合同实施支持局的专业的公共服务机构。
Les attributions de l'Agence d'Appui à la Réalisation des contrats de partenariat, son organisation et son fonctionnement sont fixés par décret.	法令规定 PPP 合同实施支持局的职权、组织和运作。
Article 10: L'Agence d'Appui à la Réalisation des contrats de partenariat intervient, conjointement avec l'autorité contractante, à tous les stades d'un contrat de partenariat, notamment lors de l'évaluation préalable du projet de partenariat, de la sélection des cocontractants, de la négociation et du suivi des contrats de partenariat.	**第 10 条:**在 PPP 合同的全部阶段中特别是在 PPP 项目的预先评估期间,PPP 合同实施支持局与缔约机关共同选定 PPP 签约人、进行 PPP 合同的谈判和跟踪。
Article 11: Tout projet de partenariat doit faire l'objet d'une évaluation préalable par l'Agence d'Appui à la Réalisation des contrats de partenariat sanctionnée par un avis d'opportunité.	**第 11 条:**任何 PPP 项目均须由 PPP 合同实施支持局进行预先评估,并出具适当性意见。
La poursuite de tout projet de partenariat et notamment l'initiation d'une procédure de sélection d'un cocontractant est conditionnée par l'obtention préalable d'un avis d'opportunité favorable de l'Agence d'Appui à la Réalisation des contrats de partenariat.	任何 PPP 项目的开展,特别是 PPP 签约人的选择程序的启动,都须事先获得 PPP 合同实施支持局肯定的适当性意见。
L'avis d'opportunité de l'Agence d'Appui à la Réalisation des contrats de partenariat doit être motivé et comporter des indications dont la nature est fixée par décret.	PPP 合同实施支持局的适当性意见须说明理由,并且应包括法令规定的信息。

Section 3: Des conditions de recours au contrat de partenariat	**第 3 节:适用 PPP 合同的条件**
Article 12: Les contrats de partenariat ne peuvent être conclus que si la procédure d'évaluation menée par l'Agence d'Appui à la Réalisation des contrats de partenariat détermine:	**第 12 条:**只有 PPP 合同实施支持局实施的评估程序确定存在以下内容,方可签订 PPP 合同:
1° Que compte tenu de la complexité du projet, la personne publique n'est pas objectivement en mesure de définir seule et à l'avance les moyens techniques pouvant répondre à ses besoins ou d'établir le montage financier ou juridique du projet;	1°鉴于项目的复杂性,公法人客观上不能自行和事先确定能够满足其需求的技术手段或建立项目的融资结构或法律结构;
2° Les motifs① de caractère économique, financier, juridique et administratif qui ont conduit à la procédure d'évaluation après une analyse comparative, notamment en termes de coût global, de retombées économiques, de performance et de partage des risques entre l'autorité contractante et le cocontractant, d'options alternatives et de protection de l'environnement et de développement durable.	2°经比较分析后,尤其是在比较分析总成本、经济影响、绩效、缔约机关和 PPP 签约人之间的风险分担、替换性选择(方案)、环境保护和可持续发展方面后,导致实施评估程序的经济、财务、法律和行政方面的原因。
CHAPITRE III: DE LA PROCEDURE DE PASSATION DES CONTRATS DE PARTENARIAT	**第三章:PPP 合同的缔结程序**
Section 1: Des modalités de passation des contrats de partenariat	**第 1 节:PPP 合同的缔结方式**
Article 13: Toute passation d'un contrat de partenariat donne lieu à la mise en place, par l'Agence d'Appui à la Réalisation des contrats de partenariat, d'une commission ad hoc composée d'au moins:	**第 13 条:**缔结 PPP 合同时,PPP 合同实施支持局须成立特设委员会,该特设委员会至少由以下人员组成:

① 中伦注:我们认为此处表述可能有误。合理的表述应当是,"导致适用 PPP 合同的经济、财务、法律和行政方面的原因"。

1° Un représentant de l'autorité contractante;	1° 缔约机关的一名代表;
2° Un représentant de l'Agence d'Appui à la Réalisation des contrats de partenariat;	2° PPP 合同实施支持局的一名代表;
3° Un représentant du Ministère chargé des finances.	3° 财政部的一名代表。
Article 14: En dehors des domaines de compétence exclusive de l'Agence d'Appui à la Réalisation des contrats de partenariat, la commission ad hoc est compétente pour:	**第 14 条**:在 PPP 合同实施支持局的专属管辖权范围之外,特设委员会有权:
1° Conduire la procédure de passation du contrat de partenariat;	1° 开展 PPP 合同的缔结程序;
2° Sélectionner le cocontractant;	2° 选定 PPP 签约人;
3° Négocier les termes du contrat de partenariat avec le cocontractant.	3° 与 PPP 签约人一起对 PPP 合同的条款进行谈判。
La commission ad hoc prend ses décisions à la majorité des deux tiers des membres présents.	特设委员会的决定以其出席成员人数的三分之二多数作出。
Article 15: Un contrat de partenariat ne peut être signé par l'autorité contractante qu'après accord du Ministre en charge des finances.	**第 15 条**:经财政部部长同意后,缔约机关方可签署 PPP 合同。
L'accord du Ministre est réputé acquis à défaut de réponse expresse dans un délai de trois mois à compter de la date de transmission qui lui a été faite du contrat.	若在合同提交至财政部部长之日起三个月内未收到明示回复,则视为已获得财政部部长的同意。
Article 16: La passation d'un contrat de partenariat est soumise aux principes de liberté d'accès à la commande publique, d'égalité de traitement des candidats et de transparence des procédures tels qu'édictés par le Code des marchés publics.	**第 16 条**:PPP 合同的缔结须遵守《公共合同法典》所规定的公共采购自由参与原则、候选人平等待遇原则和程序透明原则。

Article 17: La passation d'un contrat de partenariat s'effectue selon l'une des procédures suivantes:	**第 17 条**:PPP 合同的缔结根据下述程序中的任意一个程序实施:
1° L'appel d'offres ouvert précédé d'une procédure de pré-qualification;	1° 具有前置的资格预审程序的公开招标;
2° L'appel d'offres restreint;	2° 限制性招标;
3° Le dialogue compétitif.	3° 竞争性对话。
L'Agence d'Appui à la Réalisation des contrats de partenariat est seule habilitée à décider, pour chaque projet de partenariat, laquelle des trois procédures précitées est applicable.	对于每个 PPP 项目,PPP 合同实施支持局是有权决定适用上述三种程序中的哪种程序的唯一机构。
Article 18: En matière de contrat de partenariat, tout appel d'offres ouvert ou restreint relève du régime général visé par les dispositions pertinentes du Code des marchés publics.	**第 18 条**:对于 PPP 合同的任何公开招标或限制性招标都适用《公共合同法典》的相关条款规定的基本制度。
Toutefois, la procédure de pré-qualification est conduite par la commission ad hoc qui est la seule habilitée à initier la procédure d'appel d'offres ou d'appel à candidature, à préparer les dossiers y afférents, à conduire, le cas échéant, la phase de pré-qualification, à analyser les offres, à sélectionner le cocontractant potentiel ainsi qu'à négocier et à conclure des contrats de partenariat avec le cocontractant.	但是,资格预审程序由特设委员会开展,特设委员会是唯一有权启动招标程序或招标邀请程序、准备相关文件、开展资格预审阶段(如有)、分析投标、选定潜在的 PPP 签约人以及与 PPP 签约人进行合同谈判和签署 PPP 合同的机构。
Article 19: L'autorité contractante peut à tout moment mettre fin à la procédure d'appel d'offres, sans que cette décision puisse faire l'objet d'un quelconque recours de la part des soumissionnaires, sauf si cette décision intervient après adjudication et avant signature du contrat de partenariat.	**第 19 条**:缔约机关可以随时终止招标程序,投标人不能对该终止决定进行任何的申诉,除非该决定在裁定中标人之后且在 PPP 合同的签署之前作出。

Dans ce dernier cas, l'adjudicataire peut bénéficier d'une indemnité financière forfaitaire à la condition que le principe et le montant de celle-ci aient été fixés dans l'appel d'offres.	在申诉的情况下,如果经济补偿的原则和金额已在招标中规定,中标人可获得一笔定额的经济补偿。
Article 20: Les cas d'inéligibilité au contrat de partenariat sont ceux prévus par les dispositions pertinentes du Code des marchés publics.	**第 20 条**:无资格被授予 PPP 合同的情形由《公共合同法典》中的相关条款进行规定。
Article 21: La commission ad hoc peut recourir au dialogue compétitif aux fins de sélectionner le cocontractant si, compte tenu de la complexité du projet de partenariat, elle n'est pas en mesure, seule et à l'avance, de définir les moyens techniques pouvant répondre à ses besoins ou d'établir le montage financier ou juridique du projet considéré.	**第 21 条**:如果考虑到 PPP 项目的复杂性,在特设委员会不能自行和事先确定能够满足其需求的技术方案或建立相关项目的融资结构或法律结构的情况下,特设委员会可以使用竞争性对话来选择 PPP 签约人。
Article 22: La commission ad hoc peut discuter avec les candidats de tous les aspects du contrat et chaque candidat est entendu dans des conditions d'égalité.	**第 22 条**:特设委员会可与候选人讨论合同的全部内容,并在平等的条件下听取每位候选人的意见。
La commission ad hoc ne peut donner à certains candidats des informations susceptibles de les avantager par rapport à d'autres, ni révéler aux autres candidats des solutions proposées ou des informations confidentielles communiquées par un candidat dans le cadre de la discussion sans l'accord de celui-ci.	特设委员会不可向某些候选人提供能够使该等候选人获得优势的信息,也不得未经候选人的同意向其他候选人披露该候选人在讨论时提出的方案或保密信息。
Article 23: La commission ad hoc poursuit les discussions avec les candidats jusqu'à ce qu'elle soit en mesure d'identifier la ou les solutions susceptibles de répondre à ses besoins, le cas échéant, après les avoir comparées.	**第 23 条**:特设委员会继续与候选人持续进行讨论,直至在对比不同的方案后确定出能够满足其需求的一个或多个方案。

Article 24: La commission ad hoc peut prévoir que les discussions se déroulent en phases successives au terme desquelles seules sont retenues les propositions répondant le mieux aux critères fixés dans l'avis d'appel à candidature.	**第 24 条**:特设委员会可以规定讨论以连续的阶段进行,在讨论之后只保留最好地符合招标邀请公告中规定的标准的提案。
Le recours à cette possibilité doit avoir été indiqué dans ledit avis.	适用该等情形应在前述招标邀请公告中规定。
Article 25: Lorsque la commission ad hoc estime que la discussion est arrivée à son terme, elle en informe les candidats qui ont participé à toutes les phases de la consultation et les invite à remettre leur offre finale sur base de la ou des solutions présentées et spécifiées au cours du dialogue compétitif dans un délai qui ne peut être inférieur à un mois. L'offre finale doit comprendre tous les éléments nécessaires à l'exécution du contrat de partenariat.	**第 25 条**:当特设委员会认为讨论已经结束时,其通知参与全部磋商阶段的候选人,并邀请该等候选人在不少于一个月的期限内,以在竞争性对话中提出和详细确定的一个或多个方案为基础来提交最终版投标文件。最终版投标文件应包括履行 PPP 合同所需的全部内容。
Article 26: La Commission ad hoc définit les conditions d'exécution du contrat de partenariat, et, le cas échéant, précise les critères d'attribution du contrat de partenariat définis dans l'avis d'appel à candidature.	**第 26 条**:特设委员会规定 PPP 合同的履行条件,并视情况对在招标邀请公告中规定的 PPP 合同的授予标准进行明确。
Article 27: La commission ad hoc peut demander des clarifications, des précisions, des compléments ou des perfectionnements concernant les offres déposées par les candidats ainsi que la confirmation de certains des engagements, notamment financiers, qui y figurent.	**第 27 条**:特设委员会可要求候选人对其提交的投标进行澄清、明确、补充或改进,并确认投标中的某些承诺,尤其是财务承诺。

Toutefois, ces demandes ne peuvent pas avoir pour effet de modifier les éléments fondamentaux de l'offre ou des caractéristiques essentielles du contrat de partenariat dont la variation est susceptible de fausser la concurrence ou d'avoir un effet discriminatoire.	但是,此类请求不可导致变更投标的基本要素或 PPP 合同的基本特征,如果该变更可能导致不正当竞争或具有歧视性的效果。
Section 2: De la sélection du cocontractant	**第 2 节:PPP 签约人的选择**
Article 28: La sélection du cocontractant s'effectue de la manière suivante:	**第 28 条:** 按照下述方式选择 PPP 签约人:
1° La publication préalable des appels à candidature ou des avis d'appel d'offres conformément aux dispositions pertinentes du Code des marchés publics;	1° 根据《公共合同法典》的有关规定,预先公布招标邀请公告或招标公告;
2° La négociation du contrat de partenariat comportant les termes devant y être inclus tels qu'énoncés à l'article 37 de la présente loi;	2° 对应包含诸如本法第 37 条所规定的条款的 PPP 合同进行谈判;
3° La signature du contrat de partenariat.	3° PPP 合同的签署。
Article 29: Les critères d'attribution portent principalement sur la qualité globale des ouvrages, des équipements ou des biens immatériels, le coût de l'offre, les objectifs de performance, de disponibilité ou la capacité du candidat à se conformer aux spécifications techniques définis en fonction de l'objet du contrat de partenariat et la part d'exécution du contrat que le candidat s'engage à confier à des entreprises et à des artisans locaux tels que définis par le Code des marchés publics.	**第 29 条:** 授予标准主要涉及工程、设备或无形资产的整体质量、方案成本、绩效目标、可用性目标或候选人遵守根据 PPP 合同标的所确定的技术规范的能力、候选人承诺根据《公共合同法典》委托当地企业和手工业者履行 PPP 合同的份额。

La valeur technique et le caractère innovant de l'offre, le délai de réalisation des ouvrages ou des équipements, leur qualité esthétique ou fonctionnelle peuvent également être retenus comme critères d'attribution en rapport avec l'objet du contrat.	方案的技术价值和创新性、工程或设备的实施期限、美观性或功能性也可作为与合同目标相关的授予标准。
Pour les bâtiments, les offres comportent nécessairement un projet architectural.	对于建筑物而言,投标必须包括建设工程图。
Article 30: Le contrat de partenariat est attribué au candidat qui a présenté l'offre jugée économiquement la plus avantageuse, par application des critères définis dans l'avis d'appel à candidature ou l'avis d'appel d'offres et le cas échéant, précisés dans la procédure de dialogue compétitif prévue aux articles 21 à 25 de la présente loi.	**第 30 条**:根据招标邀请公告或招标公告中规定的标准或在本法第 21 条至第 25 条规定的竞争性对话程序中明确规定的标准(若适用),PPP 合同须授予至提交了被认定为经济上最有利的方案的候选人。
Article 31: La rémunération du cocontractant substantiellement liée aux résultats d'exploitation de l'ouvrage ou du service public fourni, doit, dans le cadre d'une convention de délégation de service public telle que définie par le Code des marchés publics, faire partie des critères d'attribution du contrat de partenariat.	**第 31 条**:诸如在《公共合同法典》规定的公共服务委托协议的框架内,主要与工程或所提供公共服务的运营结果相关的 PPP 签约人的回报应作为 PPP 合同的授予标准之一。
Section 3: De la procédure particulière en cas d'offre spontanée du cocontractant	**第 3 节:PPP 签约人提交自发提案情况下的特殊程序**
Article 32: Un tiers peut adresser à une autorité contractante une offre spontanée portant sur la réalisation d'un projet de contrat de partenariat.	**第 32 条**:第三方可以向缔约机关提出关于 PPP 合同项目实施的自发提案。
Il procède, dans ce cas, aux études préalables lui permettant de présenter un projet éligible.	在这种情况下,第三方进行预先研究,以便提出有资格被选定的项目。

Article 33: Une offre spontanée n'est recevable que si l'autorité contractante n'a pas fait état, à la date de la présentation de l'offre, de son intention, même éventuelle, de réaliser un tel projet.	**第 33 条**:若缔约机关在自发提案提交之日未表现其实施或可能实施自发提案涉及的项目的意图,则自发提案方可被受理。
L'Agence d'Appui à la Réalisation des contrats de partenariat évalue la recevabilité de l'offre spontanée. Les modalités d'appréciation de la recevabilité des offres spontanées sont précisées par décret.	PPP 合同实施支持局评估自发提案的可受理性。自发提案的可受理性的评估方式由法令规定。
Article 34: L'offre spontanée déclarée recevable est examinée par l'autorité contractante. Lorsque cette dernière entend lui donner suite, elle organise un appel d'offres dans les conditions prévues au présent chapitre.	**第 34 条**:被宣布为可受理的自发提案由缔约机关审查。当缔约机关打算接受该自发提案并开展后续工作时,其会根据本章规定的条件来组织招标。
Article 35: Le candidat auteur de l'offre spontanée confie les études préalables qu'il a réalisées à l'Agence d'Appui à la Réalisation des contrats de partenariat afin qu'elle les mette à disposition de tous les candidats. Le candidat, auteur de l'offre spontanée, participe à l'appel d'offres dans les mêmes conditions que les autres candidats.	**第 35 条**:提交自发提案的候选人将其进行的预先研究提交给 PPP 合同实施支持局,以便 PPP 合同实施支持局向所有候选人提供该预先研究。提交自发提案的候选人与其他候选人在相同的条件下参与招标。
Article 36: Le candidat qui a présenté l'offre spontanée à laquelle l'autorité contractante a donné suite peut bénéficier d'une rémunération équitable de son offre dans le cas où le marché ne lui est pas attribué selon les modalités suivantes:	**第 36 条**:若候选人提交了自发提案,缔约机关接受该等自发提案并且开展后续工作,而该候选人未被授予合同,则其可根据如下方式获得一笔公允的报酬:
1° Octroi d'un bonus dont le montant est précisé dans l'appel d'offres lors de l'évaluation des offres soumises par les candidats;	1° 授予一笔在招标中评估全部候选人提交的投标时规定金额的奖金;

2° Perception d'un montant équitable des études réalisées par lui à l'appui de son offre si celle-ci n'a pas été retenue;	2° 若候选人未中标,则获取其为了支持其投标而进行的研究所花费的公允的金额;
3° Dans l'un et l'autre cas, il appartient au candidat dont l'offre est retenue de payer ce montant, lequel est arrêté par l'Agence d'Appui à la Réalisation des contrats de partenariat.	3° 在上述两种情况下,中标的候选人须支付该金额,该金额由 PPP 合同实施支持局确定。
CHAPITRE IV: DES CLAUSES OBLIGATOIRES DU CONTRAT DE PARTENARIAT	**第四章:PPP 合同的必备条款**
Article 37: Tout contrat de partenariat doit comporter des clauses relatives:	**第 37 条**:任何 PPP 合同均须包括涉及以下内容的条款:
1° A sa durée;	1° 合同期限;
2° Aux conditions dans lesquelles le partage des risques entre la personne publique et le cocontractant est établi;	2° 在公法人和 PPP 签约人之间建立风险分担的条件;
3° Aux objectifs de performance assignés au cocontractant ou aux spécifications, aux normes et aux standards techniques, économiques, commerciaux et environnementaux auxquels le cocontractant est tenu de se conformer, notamment en ce qui concerne la qualité des prestations de services, la qualité des ouvrages et des équipements, les conditions dans lesquelles ils sont mis à la disposition de la personne publique et, le cas échéant, leur niveau de fréquentation;	3° 分配给 PPP 签约人的绩效目标,或其必须遵守的技术、经济、商业和环境方面的规范、标准和准则,尤其包括服务提供的质量、工程和设备的质量、将工程和设备移交给公法人的条件以及工程和设备的使用量(若适用);
4° A l'identité de l'équipe de maîtrise d'œuvre chargée de la conception des ouvrages et du suivi de leur réalisation lorsque le contrat de partenariat confie au cocontractant tout ou partie de la conception;	4° 当 PPP 合同将全部或部分的设计委托给 PPP 签约人时,负责工程设计和跟踪工程实施的项目主管团队的身份确定;

5° Aux conditions de validité et d'entrée en vigueur du contrat;	5° 合同有效和生效条件;
6° Aux modalités d'obtention des permis, des licences et des autorisations nécessaires à l'exécution du contrat;	6° 履行合同所需的各种许可、执照和批准的获得方式;
7° Au statut juridique du cocontractant et, le cas échéant, des conditions d'établissement de la société de projet, signataire du contrat de partenariat;	7° PPP 签约人的法律地位以及项目公司(若需要)的设立条件、PPP 合同的签署方;
8° A la rémunération du cocontractant, aux conditions dans lesquelles sont pris en compte et distingués, pour son calcul, les coûts d'investissement, de fonctionnement et de financement et, le cas échéant, les recettes que le cocontractant peut être autorisé à se procurer en exploitant le domaine, les ouvrages, les équipements ou les biens immatériels dans le cadre des activités qui ne correspondent pas aux missions de service public de la personne publique et qui ne leur portent pas préjudice, aux motifs et aux modalités de ses variations pendant la durée du contrat et aux modalités de paiement, notamment aux conditions dans lesquelles:	8° 1)PPP 签约人的回报;2)为了计算该回报,将投资成本、运营成本、融资成本以及 PPP 签约人可被允许通过在公法人的公共服务任务之外且不对该公共服务任务造成不良影响的经营活动期间运营财产、工程、设备或无形资产而获得的收入考虑在内和区分开来的条件;3)在合同期限内报酬浮动的原因和方式;以及4)报酬的支付方式,尤其是与以下内容相关的条件:
- les sommes dues par la personne publique à son cocontractant sont versées chaque année;	- 公法人每年须向 PPP 签约人支付的费用;
- le cocontractant verse une redevance calculée sur les recettes d'exploitation de l'ouvrage ou du service fourni;	- PPP 签约人支付根据工程的运营收入或提供服务的收入所计算的使用费;
- la rémunération du cocontractant est calculée et prélevée directement sur les recettes d'exploitation;	- 根据运营收入计算并从中直接提取的 PPP 签约人的酬金;

– les sommes dont le cocontractant est redevable au titre de pénalités ou de sanctions font l'objet d'une compensation.	– 将 PPP 签约人欠付的处罚或制裁涉及的罚金进行抵消的条件。
9° Aux modalités de tarification et de structure tarifaire en fonction du mode de partenariat envisagé;	9° 根据拟议的合作方式来确定的定价方式和费率结构;
10° Aux obligations du cocontractant ayant pour objet de garantir le respect de l'affectation des ouvrages et des équipements au service public dont l'autorité contractante est chargée ainsi que le respect des exigences du service public;	10° PPP 签约人的义务,其涉及确保将工程和设备用于缔约机关负责的公共服务以及遵守公共服务要求;
11° Aux garanties, aux engagements, aux porte-forts et aux autres sûretés devant être fournis par les parties au contrat;	11° 须由合同各方提供的各种担保、承诺、保证和其他类型的担保;
12° Aux modalités de contrôle et de suivi par la personne publique de l'exécution du contrat, notamment du respect des objectifs de performance, des obligations relatives au transfert de technologie, de la formation et de l'emploi de la maind'œuvre nationale ainsi que des conditions dans lesquelles le cocontractant fait appel à d'autres entreprises pour l'exécution du contrat et respecte son engagement d'attribuer une partie du contrat à des petites et moyennes entreprises et à des artisans locaux visés à l'article 29 alinéa 1er;	12° 公法人对合同履行的监管和跟踪方式,尤其是涉及达成绩效目标、履行技术转让义务、遵守本国劳动力的培训和雇佣义务以及 PPP 签约人委托其他企业来履行合同的情况并且承诺将部分的合同授予至第 29 条第 1 款规定的当地中小型企业和当地手工业者的义务的遵守;

13° A l'obligation faite au cocontractant, lorsqu'il est fait appel à des sous-traitants pour la construction des ouvrages et des équipements, de constituer une caution leur garantissant le paiement de leurs prestations au fur et à mesure de la réalisation des travaux;	13° 当委托分包商建造工程和设备时,PPP 签约人提供担保的义务,旨在担保随着工程的实施而对分包商提供的工程和设备付款;
14° Aux dispositions applicables en cas de manquement par le cocontractant à ses obligations, notamment le non-respect des objectifs de performance ou des spécifications techniques;	14° 在 PPP 签约人违反其义务尤其是未达成绩效目标或不遵守技术规范时适用的规定;
15° Aux conditions dans lesquelles les parties peuvent renégocier un avenant au contrat selon un échéancier déterminé ou, faute d'accord, la personne publique peut, par une décision unilatérale modifier certains aspects du contrat ou le résilier, notamment pour tenir compte de l'évolution des besoins de la personne publique, des innovations technologiques ou des modifications dans les conditions de financement obtenues par le cocontractant;	15° 合同方可以根据确定的时间表重新协商合同的补充协议的条件,或者在没有达成一致的情况下,公法人可以通过单方面决定修改合同的某些内容或解除合同的条件,以便可考虑到公法人的需求的变化、技术革新或由 PPP 签约人获得的融资条件的变更;
16° Au contrôle que la personne publique exerce sur la cession partielle ou totale du contrat;	16° 公法人对合同的全部转让或部分转让实施的监管;
17° Aux conditions dans lesquelles la continuité du service public est assurée en cas de défaillance du cocontractant, notamment lorsque la résiliation du contrat est prononcée;	17° 在 PPP 签约人违约的情况下,特别是在宣布解除合同时,保障公共服务的连续性的条件;

18° Aux modalités de transfert à la personne publique au terme du contrat des ouvrages ou des équipements, le cas échéant;	18° 在合同期限届满时,将工程或设备移交给公法人的方式(如需);
19° A l'obligation faite au titre du contrat de souscrire une assurance pour la couverture des risques incombant au co-contractant;	19° PPP 签约人投保以防范风险的合同义务;
20° Aux conditions dans lesquelles s'opèrent les études d'impact environnemental et social et aux modalités de protection de l'environnement ainsi que du patrimoine culturel burundais;	20° 实施环境和社会影响研究的条件,以及保护环境和布隆迪文化遗产的方式;
21° Aux conséquences de la fin, anticipée ou non, du contrat notamment en ce qui concerne la propriété des ouvrages, des équipements ou des biens immatériels ainsi que, le cas échéant, la compensation due;	21° 合同提前终止或到期终止的后果,尤其是关于工程、设备或无形资产的权属的方面及应支付的补偿金(如有);
22° Aux modalités de prévention et de règlement des litiges et aux conditions dans lesquelles les parties peuvent recourir à l'arbitrage.	22° 预防和解决争议的方式以及双方可将争议诉诸仲裁的条件。
CHAPITRE V: DU REGIME FONCIER, DOMANIAL ET FISCAL	**第五章:土地、财产和税收制度**
Article 38: Les opérations foncières et domaniales réalisées dans le cadre d'un contrat de partenariat sont soumises aux lois et règlements en vigueur.	**第 38 条**:在 PPP 合同框架内实施的土地和财产操作受现行法律法规的规制。
Article 39: Lorsque le contrat de partenariat emporte occupation du domaine public, il vaut autorisation d'occupation pour sa durée.	**第 39 条**:当 PPP 合同导致占用公产时,需要获得对该公产在占用期间内的占用许可。

Le cocontractant a des droits réels sur les ouvrages et les équipements qu'il réalise sauf stipulation contraire du contrat de partenariat.	PPP 签约人对其实施的工程和设备享有物权,但合同另有规定则从其规定。
Ces droits lui confèrent les prérogatives et les obligations du propriétaire dans les conditions et les limites définies par le contrat de partenariat.	在 PPP 合同所规定的条件和限制下,该等权利赋予 PPP 签约人所有权人的特权和义务。
Article 40: Lorsque le cocontractant est autorisé à valoriser une partie du domaine de la personne publique dans le cadre du contrat de partenariat, il est procédé, s'il y a lieu, à une délimitation des biens appartenant au domaine public.	**第 40 条**:当 PPP 签约人获准在 PPP 合同的框架内将公法人的部分公产进行增值时,则 PPP 签约人须对属于公产的资产进行界定。
Article 41: L'autorité contractante peut autoriser le cocontractant à consentir des baux dans les conditions du droit privé, en particulier des baux à construction ou des baux emphytéotiques pour les biens relevant du domaine privé et à y constituer tous types de droits réels à durée limitée en conformité avec les dispositions pertinentes du Code foncier.	**第 41 条**:针对属于私产的资产,缔约机关可授权 PPP 签约人在私法规定的条件下订立租约(尤其是建筑租约或长期租约)并在其上根据《土地法典》的相关规定设置各类有期限的物权。
L'accord de l'autorité contractante doit être expressément formulé pour chacun des baux ou droits consentis au cocontractant. Ces derniers peuvent être consentis pour une durée excédant celle du contrat de partenariat avec l'accord de l'autorité contractante.	针对 PPP 签约人签订的每份租约或享有的每项权利,缔约机关应作出其明示同意。经缔约机关同意,前述租约或权利的期限可超出 PPP 合同的期限。
Article 42: Le contrat de partenariat public-privé précise le régime fiscal et douanier qui lui est applicable conformément aux lois et règlements en vigueur.	**第 42 条**:根据现行法律法规,PPP 合同明确规定可对其适用的税收和海关制度。

CHAPITRE VI: DU SUIVI DU CONTRAT DE PARTENARIAT	**第六章:PPP 合同的跟踪**
Article 43: Un rapport annuel établi par le cocontractant est adressé à l'autorité contractante avec copie à l'Agence d'Appui à la Réalisation des contrats de partenariat afin de permettre le suivi de l'exécution du contrat.	**第 43 条:** PPP 签约人编制的年度报告应提交给缔约机关,并将副本发送至 PPP 合同实施支持局,以便跟踪合同的履行情况。
Article 44: Tout contrat de partenariat doit faire l'objet d'un audit périodique par l'Agence d'Appui à la Réalisation des contrats de partenariat.	**第 44 条:** 任何 PPP 合同均须接受 PPP 合同实施支持局的定期审计。
La nature et les modalités de cet audit sont précisées par décret.	审计的性质和方式由法令予以明确。
Article 45: La personne publique est fondée à prendre des sanctions à l'encontre du cocontractant défaillant, sans préjudice des poursuites judiciaires exer-cées contre celui-ci, s'il est constaté, après notification du contrat ou à tout moment de son exécution que:	**第 45 条:** 如果在通知合同之后或在履行合同的任何时候发现以下情况,公法人有权对违约的 PPP 签约人进行处罚,且不影响 PPP 签约人面临的司法诉讼:
1° Le cocontractant a dissimulé ou manipulé les informations ayant déterminé sa sélection;	1° PPP 签约人隐瞒或篡改了导致其被选定的一些信息;
2° Les clauses du contrat de partenariat ne sont pas respectées de son propre fait.	2° 因为 PPP 签约人个人行为导致 PPP 合同的条款未被遵守。
Les sanctions applicables et la procédure y relative sont fixées conformément aux dispositions du Code des marchés publics en vigueur au moment de l'adjudication du contrat de partenariat.	适用的处罚和相关的程序根据在选定 PPP 合同的中标人时有效的《公共合同法典》的规定而确定。

CHAPITRE VII: DES DISPOSITIONS TRANSITOIRES ET FINALES	**第七章:过渡规定和最终规定**
Article 46: Les contrats conclus avant la date de promulgation de la présente loi restent valides pour leur durée. Ils restent régis par les lois et règlements sous lesquels ils ont été établis.	**第 46 条**:在本法颁布之日前缔结的合同在其期限内继续有效。所述合同仍受其订立时的适用法律法规的规制。
Article 47: Toutes dispositions antérieures contraires à la présente loi sont abrogées.	**第 47 条**:与本法相悖的任何在先规定均被废除。
Article 48: La présente loi entre en vigueur le jour de sa promulgation.	**第 48 条**:本法自颁布之日即行生效。

République du Cameroun

Loi n°2006/012 du 29 décembre 2006 portant régime général des contrats de partenariat

喀麦隆共和国

2006 年 12 月 29 日第 2006/012 号
关于合作合同的基本制度的法律

CHAPITRE 1: DISPOSITIONS GENERALES	**第一章:总则**
Art. 1er: La présente loi fixe le régime général des contrats de partenariat.	**第 1 条**:本法规定合作合同的基本制度。
Art. 2:	**第 2 条**:
(1) Le contrat de partenariat régit, dans le cadre des projets d'une très grande envergure technique et financière, les relations de partenariat entre:	(1)在技术和财务规模很大的项目中,合作合同规制以下两者之间的合作关系:
- les personnes publiques et une ou plusieurs autres personnes publiques;	- 公法人和其他的一个或多个公法人;
- les personnes publiques et une ou plusieurs autres personnes privées.	- 公法人和其他的一个或多个私法人。
(2) Le contrat de partenariat est un contrat par lequel l'Etat ou l'un de ses démembrements confie à un tiers, pour une période déterminée, en fonction de la durée d'amortissement des investissements ou des modalités de financements retenues, la responsabilité de tout ou partie des phases suivantes d'un projet d'investissement:	(2)合作合同是指一种合同,通过该等合同,国家或其一个下设机构根据投资回收期或选定的融资方式,在固定期间内委托第三方负责投资的项目的下列阶段的全部或部分:
- la conception des ouvrages ou équipe-ments nécessaires au service public;	- 公共服务所需的工程或设备的设计;
- le financement;	- 融资;
- la construction;	- 建设;
- la transformation des ouvrages ou équipements;	- 工程或设备的改造;
- l'entretien ou la maintenance;	- 维护或保养;
- l'exploitation ou la gestion.	- 运营或管理。

(3) Le cas échéant, d'autre prestations de services concourant à l'exercice, par la personne publique, de la mission de service public dont elle est chargée, peuvent également être confiées à un tiers dans le cadre d'un contrat de partenariat.	(3) 如有必要,其他为公法人实施其负责的公共服务任务提供辅助性的服务也可以在合作合同的框架内委托给第三方。
Art. 3: Le cocontractant de la personne publique assure la maîtrise d'ouvrage des travaux à réaliser. Il peut se voir confier tout ou partie de la conception des ouvrages.	**第 3 条**:公法人的合作合同签约人负责履行待实施的工程的业主责任。合作合同签约人可被委托负责工程的全部或部分的设计。
Art. 4: Sous réserve des dispositions de la présente loi, ainsi que celles prévues dans les clauses du contrat de partenariat, les entreprises opératrices et leurs sous-traitants sont soumis aux règles de droit commun.	**第 4 条**:在遵守本法规定以及合作合同条款规定的前提下,经营(项目的)企业及其分包商受一般法的规定的规制。
CHAPITRE 2: DU CONTENU ET DES CONDITIONS DE RECOURS AU CONTRAT DE PARTENARIAT	**第二章:合作合同的内容和适用条件**
Section I: Du contenu du contrat de partenariat	**第一节:合作合同的内容**
Art. 5: Le contrat de partenariat comporte nécessairement les clauses relatives:	**第 5 条**:合作合同必须包括与以下内容相关的条款:
– à sa durée;	– 合同期限;
– aux conditions dans lesquelles est établi le partage des risques entre la personne publique et son cocontractant;	– 在公法人及其合作合同签约人之间建立风险分担的条件;

- aux objectifs de performance assignés au cocontractant, notamment en ce qui concerne la qualité des prestations de services, la qualité des ouvrages et des équipements, les conditions dans lesquelles ils sont mis à la disposition de la personne publique, et, le cas échéant, leur niveau de fréquentation;	- 分配给合作合同签约人的绩效目标,特别是提供服务的质量,工程和设备的质量,向公法人移交工程和设备的条件以及工程和设备的使用量(若适用);
- à la rémunération du cocontractant, aux conditions dans lesquelles sont pris en compte et distingués, pour son calcul, les coûts d'investissement, de fonctionnement et de financement et, le cas échéant, les recettes que le cocontractant peut être autorisé à se procurer en exploitant les ouvrages ou les équipements pour répondre à d'autres besoins que ceux de la personne publique contractante, aux motifs et modalités de ses variation pendant la durée du contrat et aux modalités de paiement, notamment aux conditions dans lesquelles, chaque année, les sommes dues par la personne publique à son cocontractant et celles dont celui-ci est redevable au titre de pénalités ou de sanctions font l'objet d'une compensation;	- 1)合作合同签约人的回报;2)为了计算该回报,将投资成本、运营成本和融资成本以及合作合同签约人可被允许通过运营工程或设备以满足共同签约的公法人的需求之外的其他需求而获得的收入考虑在内和区分开来的条件;3)在合同期限内报酬浮动的原因和方式;以及4)报酬的支付方式,尤其是将公法人每年须对其合作合同签约人支付的费用和合作合同签约人欠付的处罚或制裁涉及的罚金进行抵消的条件;
- aux obligations du cocontractant ayant pour objet de garantir le respect de l'affection des ouvrages et des équipements au service public dont la personne publique contractante est chargée et le respect des exigences du service public;	- 合作合同签约人的义务,其涉及确保将工程和设备用于共同签约的公法人负责的公共服务以及遵守公共服务要求;

– aux modalités de contrôle et de suivi par la personne publique de l'exécution du contrat, notamment du respect des objectifs de performance, ainsi que des conditions dans lesquelles le cocontractant fait appel à d'autres entreprises pour l'exécution du contrat, et notamment des conditions dans lesquelles il respecte son engagement d'attribuer une partie du contrat à des petites et moyennes entreprises et à des artisans;	– 公法人对合同履行的监管和跟踪方式，尤其是涉及达成绩效目标、合作合同签约人借助其他企业履行合同的条件及其将部分合同授予中小型企业和手工业者的承诺的遵守情况；
– à l'obligation faite au titulaire du contrat de partenariat, lorsqu'il est fait appel à des sous-traitants pour la construction des ouvrages et des équipements, de constituer une caution leur garantissant le paiement de leurs prestations au fur et à mesure de la réalisation des travaux;	– 当借助分包商来建造工程和设备时，合作合同持有人提供担保的义务，旨在担保随着工程的实施而对分包商的提供的产品和服务付款；
– aux dispositions applicables en cas de manquement à ses obligations, notamment le non-respect par le cocontractant des objectifs de performance;	– 在合作合同签约人违反其义务，尤其是在未达成绩效目标时适用的规定；
– aux conditions dans lesquelles il peut être procédé, par avenant ou, faute d'accord, par une décision unilatérale de la personne publique, à la modification de certains aspects du contrat ou à sa résiliation, notamment pour tenir compte de l'évolution des besoins de la personne publique, d'innovations technologiques ou de modifications dans les conditions de financement obtenues par le cocontractant;	– 通过补充协议或未达成协议时通过公法人的单方决定而修改合同某些要素或解除合同的条件，以便可考虑到公法人需求的变化、技术革新或合作合同签约人获得的融资条件的变更；

– au contrôle qu'exerce la personne publique sur la cession partielle ou totale du contrat;	– 公法人对合作合同的部分或全部转让进行的监管;
– aux conditions dans lesquelles, en cas de défaillance du cocontractant, la continuité du service public est assurée, notamment lorsque la résiliation du contrat est prononcée;	– 当合作合同签约人违约时,尤其当合同被宣布解除时,保障公共服务连续性的条件;
– aux modalités de transfert à la personne publique, au terme du contrat, des ouvrages ou des équipements;	– 在合同期限届满时,向公法人移交工程或设备的方式;
– à l'obligation faite au titulaire du contrat de disposer d'une assurance pour la couverture des risques;	– 合同持有人投保以防范风险的义务;
– aux conditions dans lesquelles s'opèrent les études d'impact environnemental et des modalités de sa préservation;	– 实施环境影响研究的条件和保护环境的方式;
– aux conséquences de la fin, anticipée ou non du contrat, notamment en ce qui concerne la propriété des ouvrages et des équipements;	– 合同提前终止或到期终止的后果,尤其是关于工程和设备的权属的方面;
– aux modalités de prévention et de règlement des litiges et aux conditions dans lesquelles il peut le cas échéant être fait recours à l'arbitrage avec l'application de la loi camerounaise;	– 预防和解决争议的方式,以及视情况适用喀麦隆法律将争议诉诸仲裁的条件;
– aux obligations relatives au transfert de technologie, à la formation et à l'emploi de la main d'œuvre camerounaise;	– 关于技术转让的义务和对喀麦隆劳动力的培训和雇佣的义务;
– aux conditions de validité et d'entrée en vigueur du contrat.	– 合同有效和生效的条件。

Section II: Des conditions de recours au contrat de partenariat	第二节:合作合同的适用条件
Art. 6:	第 6 条:
(1) Le contrat de partenariat ne peut être conclu que pour la réalisation de projets pour lesquels, une évaluation effectuée par la personne publique avant le lancement de la procédure de passation:	(1) 只有针对在启动缔结[①]程序前由公法人进行评估且评估具有以下内容的项目,才能签订合作合同:
– montre que, compte tenu de la complexité du projet, la personne publique n'est pas en mesure de définir seule et à l'avance les moyens techniques pouvant répondre à ses besoins ou d'établir le montage financier ou juridique du projet, ou bien que le projet présente un caractère d'urgence;	– 评估表明,考虑到项目的复杂性,公法人无法自行和事先确定能够满足其需求的技术方案,或者建立项目的融资结构或法律结构,或者项目具有紧急性;
– expose avec précision les motifs de caractère économique, financier, juridique et administratif qui l'ont conduite, après une analyse comparative, notamment en termes de coût global, de performance et de partage des risques, de différentes options, à retenir le projet envisagé et à décider de lancer une procédure de passation d'un contrat de partenariat;	– 在进行比较分析(特别是在不同选择(方案)的总成本、绩效、风险分担方面的比较分析)之后,评估详细描述了导致选定拟议项目并决定启动合作合同的缔结程序的经济、财务、法律和行政方面的原因;
(2) La procédure d'appel à concurrence est nécessairement précédée par l'avis motivé du ministre en charge des finances.	(2)(开展)竞争性程序之前必须获得财政部部长出具的附理由的审批意见。

① 中伦注:指将合同授予中标人的所有规则和整个流程,而不仅仅是合同签署的环节。

Art. 7: L'évaluation prévue à l'article 6 ci-dessus relève de la compétence d'un organisme expert, dont l'organisation et le fonctionnement sont fixés par décret du président de la République.	**第7条:**上文第6条规定的评估属于专家机构的职权范围,其组织和运作由喀麦隆共和国总统令确定。
CHAPITRE 3: DU MODE DE SELECTION DU COCONTRACTANT ET DES CONDITIONS D'EXECUTION DU CONTRAT DE PARTENARIAT.	**第三章:合作合同签约人的选择方式和合作合同的履行条件**
Section I: Du mode de sélection du cocontractant	**第一节:合作合同签约人的选择方式**
Art. 8:	**第8条:**
(1) La passation d'un contrat de partenariat est soumise aux principes de liberté d'accès, d'égalité de traitement des candidats, d'objectivité des procédures, de concurrence et de transparence.	(1)合作合同的缔结须遵守自由参与、候选人平等待遇、程序客观、竞争性和透明的原则。
(2) L'appel public à la concurrence est initié par l'autorité publique. Il est précédé d'une publicité permettant la présentation de plusieurs offres concurrentes dans les conditions fixées par décret.	(2)竞争性公开招标由公共权力机关发起。在此之前须进行招标公告,以便允许根据法令规定的条件提交多个竞争性的投标。
(3) Toutefois, même en cas de candidature unique, son examen reste soumis à la procédure prévue à l'article 9 ci-dessous.	(3)然而,即使在仅存在一个候选人的情况下,仍需根据下文第9条规定的程序对其进行审查。
Art. 9:	**第9条:**
(1) La sélection du cocontractant s'effectue à travers les phases suivantes:	(1)合作合同签约人的选择通过以下几个阶段进行:
– la présélection;	– 预选;
– le dialogue de pré-qualification;	– 资格预审后的对话;

- l'adjudication.	- 裁定中标人。
(2) La présélection consiste à retenir, sur la base des pièces produites par les candidats, les offres les plus qualifiées techniquement et financièrement pour répondre aux besoins de la personne publique.	(2) 预选在于根据候选人提交的文件而选择技术上和财务上最佳的投标以满足公法人需求。
(3) Le dialogue de pré-qualification est une concertation engagée par la personne publique avec les candidats présélectionnés, afin de définir les moyens techniques, ainsi que le montage juridique et financier les mieux à même de répondre à ses besoins. Il permet par ailleurs de s'assurer de l'expérience et des capacités professionnelles avérées des candidats.	(3) 资格预审后的对话是由公法人与通过预选的候选人进行的商讨,以确定能够最好地满足公法人需求的技术手段以及法律结构和融资结构。资格预审后的对话还确保了解候选人实际的经验和业务能力。
(4) L'adjudication est l'aboutissement de la procédure de sélection des offres par la désignation du cocontractant.	(4) 裁定中标人标志着投标选择程序的结束,其最终选定合作合同签约人。
(5) Les modalités de sélection des cocontractants de la personne publique sont fixées par décret.	(5) 公法人的合作合同签约人的选择方式由法令规定。
Art. 10:	**第 10 条:**
(1) Le contrat est attribué au candidat qui a présenté l'offre économiquement la plus avantageuse.	(1) 合同授予给提交了经济上最有利的方案的候选人。
(2) Parmi les critères d'attribution, figurent nécessairement le coût de l'offre, les objectifs de performance définis en fonction de l'objet du contrat et la part d'exécution du contrat que le candidat s'engage à confier à des petites et moyennes entreprises et à des artisans locaux.	(2) 授予标准必须包括:方案成本、根据合同标的确定的绩效目标和候选人承诺委托给当地中小企业和手工业者履行的合同的份额。

(3) D'autres critères, en rapport avec l'objet du contrat peuvent être retenus, notamment la valeur technique et le caractère innovant de l'offre, le délai de réalisation des ouvrages ou équipements, leur qualité esthétique ou fonctionnelle.	(3)可采用与合同标的有关的其他标准，特别是方案的技术价值和创新性、工程或设备的实施期限及其美观性或功能性。
Art. 11:	**第 11 条:**
(1) Ne peuvent soumissionner à un contrat de partenariat:	(1)以下主体不能参与合作合同的投标:
- les personnes morales dont les dirigeants ont fait l'objet, depuis moins de cinq ans, d'une condamnation définitive, pour crime ou délit;	- 其管理人员在五年之内曾因犯罪(重罪或轻罪)而被最终定罪的法人;
- les personnes morales en état de liquidation judiciaire ou admises au redressement judiciaire ou ayant fait l'objet de procédures équivalentes régies par un droit étranger;	- 处于司法清算状态或被允许进行司法重整或处于外国法律管辖的同等程序的法人;
- les personnes morales qui, au 31 décembre de l'année précédant celle au cours de laquelle a lieu le lancement de la consultation, ne se sont pas acquitté de leurs obligations sociales et fiscales.	- 在磋商启动年度前一年的 12 月 31 日，尚未履行其社会和税务义务的法人。
(2) Les dispositions du présent article sont applicables aux personnes morales qui se portent candidates ainsi qu'à celles qui sont membres d'un groupement de candidats.	(2)本条规定适用于作为候选人的法人和联合体候选人成员中的法人。
Art. 12:	**第 12 条:**
(1) Dès qu'elle a choisi l'attributaire du contrat, la personne publique informe les autres candidats du rejet de leur offre.	(1)公法人选定合同的中标人之后,便通知其他候选人其投标被拒绝。

(2) Le contrat est notifié à l'attributaire avant tout commencement d'exécution.	(2)在开始履行合同之前,应将合同通知给中标人。
(3) Quand elle renonce à poursuivre la passation du contrat, la personne publique en informe les candidats. Ces derniers peuvent dans ce cas prétendre à une compensation selon les modalités fixées par décret.	(3)当公法人拒绝继续缔结合同时,公法人将该情形通知候选人。候选人可在此情形下根据法令规定的方式主张补偿。
Section II: Des conditions d'exécution du contrat de partenariat	**第二节:合作合同的履行条件**
Art. 13:	**第 13 条:**
(1) Lorsqu'un contrat de partenariat confie au cocontractant tout ou partie de la conception des ouvrages, il est fait à la personne publique contractante d'identifier une équipe de maîtrise d'œuvre chargée de la conception des ouvrages et du suivi de leur réalisation, d'exiger un projet architectural, s'agissant des offres relatives aux bâtiments et aux ouvrages d'art, afin de connaître la qualité globale des ouvrages concernés comme critère d'attribution du contrat.	(1)当合作合同将全部或部分的工程设计委托给合作合同签约人时,签订合作合同的公法人有义务确定负责设计工程和跟踪工程实施的项目主管团队,并且在与建筑物和桥隧工程相关的投标中要求提供建设工程图,以便了解作为合同授予标准的相关的工程的整体质量。
(2) Lorsque la personne publique ne confie au cocontractant qu'une partie de la conception des ouvrages, elle peut elle-même faire appel à une équipe de maîtrise d'œuvre pour la partie de la conception qu'elle assume.	(2)当公法人仅将部分的工程设计委托给合作合同签约人时,公法人可以自行求助监理工程师团队实施其负责部分的设计。

CHAPITRE 4: DISPOSITIONS FISCALES, FINANCIERES, FONCIERES ET DOMANIALES	**第四章:税收、财务、土地和财产规定**
Section I: Du régime fiscal et financier	**第一节:税收和财务制度**
Art. 14: Les contrats de partenariat et les prestations du cocontractant de la personne publique sont soumis à un régime fiscal, financier et comptable spécifique et stable fixé par la loi.	**第 14 条:**合作合同和公法人的合作合同签约人的提供的产品和服务受到法律规定的特定且稳定的税收、财务和会计制度的规制。
Art. 15: Les transactions opérées sous le régime des contrats de partenariat sont soumises au régime des changes en vigueur au Cameroun et bénéficient des garanties qui s'y rattachent.	**第 15 条:**根据合作合同制度进行的交易受喀麦隆现行的外汇制度的规制,并享有与其相关的保证。
Section II: Du régime foncier et domanial	**第二节:土地和财产制度**
Art. 16: Les opérations foncières et domaniales réalisées dans le cadre d'un contrat de partenariat sont soumises aux lois et règlements en vigueur au Cameroun.	**第 16 条:**在合作合同的框架内实施的土地和财产操作受喀麦隆现行法律法规的规制。
Art. 17: Lorsque le contrat emporte occupation du domaine public, il vaut autorisation d'occupation de ce domaine pour sa durée. Le titulaire du contrat a, sauf stipulation contraire de ce contrat, des droits réels sur les ouvrages et équipements qu'il réalise. Ces droits lui confèrent les prérogatives et obligations du propriétaire, dans les conditions et les limites définies par les clauses du contrat ayant pour objet de garantir l'intégrité et l'affectation du domaine public.	**第 17 条:**当合同导致占用公产时,需要获得对该公产在占用期间内的占用许可。合同持有人对其实施的工程和设备享有物权,但合同另有规定则从其规定。在旨在保证公产的完整性和规定用途的合同条款规定的条件和限制下,该等权利赋予合同持有人所有权人的特权和义务。

CHAPITRE 5: DES SANCTIONS	**第五章:处罚**
Art. 18:	**第 18 条:**
(1) La personne publique est fondée à prendre des sanctions à l'encontre du cocontractant fautif sans préjudice des poursuites judiciaires contre celui-ci, s'il est constaté après notification du contrat ou à tout moment de son exécution que:	(1)若在将合同通知给合作合同签约人后或在履行合同的任何时候发现以下情况,公法人有权对有过错的合作合同签约人进行处罚,且不影响其可能面临的司法诉讼:
– le partenaire a volontairement dissimulé ou manipulé les informations ayant déterminé sa sélection;	–社会资本故意隐瞒或篡改了导致其被选定的一些信息;
– les clauses du contrat ne sont pas respectées de son fait.	–因为社会资本的个人行为导致合同条款未被遵守。
(2) Les sanctions applicables et la procédure y relative sont déterminées par décret.	(2)适用的处罚和相关程序由法令规定。
CHAPITRE 6: DISPOSITIONS DIVERSES, TRANSITOIRES ET FINALES	**第六章:其他规定、过渡规定和最终规定**
Art. 19: Les modalités de désignation de la personne habilitée à signer les contrats de partenariat, au nom de l'Etat ou de l'un de ses démembrements sont fixées par décret.	**第 19 条:**有权以国家或其一个下设机构的名义签署合作合同的人的指定方式由法令规定。
Art. 20: Les contrats de partenariat conclus avant la date de promulgation de la présente loi restent en vigueur pour la durée pour laquelle ils ont été contractés.	**第 20 条:**在本法颁布之前签订的合作合同在其合同期限内仍然有效。
Art. 21: Les modalités d'application de la présente loi sont fixées par décret.	**第 21 条:**本法的实施方式由法令规定。
Art. 22: La présente loi sera enregistréc et publiée suivant la procédure d'urgence puis insérée au journal officiel en français et en anglais.	**第 22 条:**本法按照紧急程序登记和公布,之后在官方公报上以法文和英文发布。

République de Côte d'Ivoire

Décret n°2018-358 du 29 mars 2018 portant règles relatives aux contrats de partenariats public-privé

科特迪瓦共和国

2018 年 3 月 29 日第 2018-358 号

关于政府与社会资本合作合同的规定的法令

Chapitre 1 – Dispositions générales	第一章　总则
Art. 1. – Au sens du présent décret, on entend par:	**第 1 条:** 在本法令中,作出以下定义:
(a) dialogue compétitif, la procédure par laquelle, compte tenu de la complexité du projet, l'autorité contractante, objectivement dans l'impossibilité de définir les moyens techniques pouvant répondre à ses besoins, ou d'établir le montage financier ou juridique du projet, conduit un dialogue avec les candidats admis à y participer en vue de définir ou de développer une ou plusieurs solutions de nature à répondre à ses besoins et sur la base de laquelle ou desquelles les participants au dialogue seront invités à remettre une offre;	(a) **竞争性对话:** 指一种程序,通过该程序,考虑到项目的复杂性,缔约机关客观上无法确定能够满足其需求的技术手段或者无法建立项目的法律结构或融资结构,从而与有资格参与的候选人展开对话以便确定或者研究出一个或多个满足其需求的方案,对话参与人将被邀请根据该等方案提交(总)方案;
(b) opérateur, toute personne physique ou morale, ou groupement de personnes, physiques ou morales, qui conclut ou propose de conclure un contrat de PPP avec une autorité contractante;	(b) **经营者:** 指任何与缔约机关签署或提出与缔约机关签署 PPP 合同的自然人或法人或者自然人联合体或法人联合体;
(c) contrat de Partenariat Public-Privé, en abrégé contrat de PPP, l'un des contrats visés à l'article 3 du présent décret.	(c) **政府与社会资本合作(以下简称 PPP)合同:** 缩写为 PPP 合同,系指本法令第 3 条规定的合同之一。
Art. 2. – Le présent décret détermine les règles relatives aux contrats de PPP conclus dans le cadre de la mise en œuvre des projets de développement à réaliser.	**第 2 条:** 本法令规定在待实现的开发项目的实施中签订的 PPP 合同的相关规则。

Il prescrit les modalités d'encadrement des actions des autorités contractantes dans la conduite des projets, décline les procédures y afférentes et fixe les mécanismes de suivi des contrats de PPP.	其规定缔约机关在项目开展中的行为的规范方式、介绍相关程序并确定 PPP 合同的跟踪机制。
Art. 3. – Un contrat de PPP s'entend de l'un des contrats suivants:	**第 3 条**:PPP 合同指以下合同之一:
(a) un contrat par lequel une autorité contractante confie à un opérateur, pour une période déterminée, en fonction de la durée d'amortissement des investissements ou des modalités de financement retenues, une mission globale ayant pour objet:	(a)一种合同,通过该等合同,根据投资回收期或者选定的融资方式,缔约机关在固定期间内将整体任务委托至经营者,该等整体任务涉及:
– la construction, la transformation, la rénovation, la réhabilitation, l'aménagement, le démantèlement ou la destruction d'infrastructures, d'ouvrages, de bâtiments d'équipements ou de biens immatériels nécessaires à un service public ou une mission d'intérêt général;	– 公共服务或涉及公共利益的任务所需的基础设施、工程、建筑、设备或无形资产的建设、改造、翻新、翻修、整治、拆除或拆毁;
– et tout ou partie de leur financement;	– 及其全部或部分的融资;
(b) un contrat par lequel une autorité contractante confie à un opérateur une mission globale associant l'exploitation ou la maintenance à la réalisation ou à la conception-réalisation de prestations, afin de remplir des objectifs chiffrés de performance définis notamment en termes de niveau d'activité, de qualité de service ou d'efficacité. Le contrat comporte des engagements de performance mesurables;	(b)一种合同,通过该等合同,缔约机关将一项整体任务委托至经营者,所述整体任务将提供的产品和服务的运营或维护与产品和服务的实施或设计 - 实施相结合,以便实现尤其是在经营活动、服务质量或效率方面已确定的量化的绩效目标。合同包括可衡量的绩效承诺;

(c) un contrat par lequel une autorité contractante confie l'exécution de travaux ou la gestion d'un service à un opérateur à qui est transféré un risque lié à l'exploitation de l'ouvrage ou du service en contrepartie soit du droit d'exploiter l'ouvrage ou le service qui fait l'objet du contrat, soit de ce droit assorti d'un prix. La part de risque transférée à l'opérateur implique une réelle exposition aux aléas du marché, de sorte que toute perte potentielle supportée par l'opérateur ne doit pas être purement nominale ou négligeable. L'opérateur assume le risque d'exploitation lorsque, dans des conditions d'exploitation normales, il n'est pas assuré d'amortir les investissements ou les coûts qu'il a supportés, liés à l'exploitation de l'ouvrage ou du service.	(c)一种合同,通过该等合同,缔约机关委托经营者从事工程的实施或服务的管理,所述经营者承担与工程或服务的运营相关的风险,作为对价,其可以获得运营作为合同标的的工程或服务的权利或者获得该权利连同一笔报酬。转移给经营者的风险的部分意味着其真正暴露在市场风险中,因此经营者承担的任何潜在损失都不能单纯是名义上的或是可以忽视的。在正常运营条件下,如果经营者无法确保与工程或服务运营有关的其承担的成本或投资得到摊销,则经营者承担运营风险。
Lorsque l'autorité contractante confie l'exécution de travaux, à un opérateur, l'exécution des travaux consiste à:	当缔约机关委托一个经营者施工时,施工包括:
- soit l'exécution des travaux, soit la conception et l'exécution de travaux;	-施工或工程设计与施工;或者
- soit la réalisation, soit la conception et la réalisation, par quelque moyen que ce soit, d'un ouvrage répondant aux exigences fixées par l'autorité contractante.	-通过任何方式实施或设计和实施符合缔约机关规定的要求的工程。

Lorsque l'autorité contractante confie la gestion d'un service, à un opérateur, le contrat peut consister, soit à déléguer la gestion d'un service public, soit à construire un ouvrage, soit à acquérir des biens nécessaires au service.	当缔约机关委托一个经营者负责管理服务,合同可包括委托管理公共服务或者建设工程或者购置服务所需的资产。
Art. 4. – Les dispositions particulières suivantes sont applicables aux contrats visés à l'article 3 (a) du présent décret.	**第 4 条:**以下特别规定适用于本法令第 3 条第(a)项所规定的合同。
La mission globale de l'opérateur peut également avoir pour objet:	经营者的整体任务也可以涉及:
– tout ou partie de la conception des infrastructures, ouvrages, bâtiments, équipements ou biens immatériels;	– 基础设施、工程、建筑物、设备或无形资产的部分或全部的设计;
– l'entretien, la maintenance, la gestion ou l'exploitation des infrastructures, ouvrages, bâtiments, équipements ou biens immatériels ou une combinaison de ces éléments;	– 基础设施、工程、建筑物、设备或无形资产或者其组合的维护、保养、管理或运营;
– la gestion d'une mission, de service public ou des prestations de services concourant à l'exercice, par l'autorité contractante, de la mission de service public dont elle est chargée.	– 任务、公共服务的管理或对缔约机关实施其负责的公共服务任务提供辅助性的服务的提供。
L'opérateur assure la maitrise d'ouvrage de l'opération à réaliser.	经营者负责履行待实施的业务的业主责任。
La rémunération de l'opérateur fait l'objet d'un paiement par l'autorité contractante. Elle est liée à des objectifs de performance assignés à l'opérateur.	经营者的回报由缔约机关支付。报酬与分配给经营者的绩效目标相关联。

L'autorité contractante peut donner mandat à l'opérateur pour encaisser, en son nom et pour son compte, le paiement par l'usager de prestations exécutées en vertu du contrat de PPP.	缔约机关可以委托经营者以其名义并为其利益向用户收取根据 PPP 合同所对其提供的产品和服务的费用。
La rémunération de l'opérateur peut être complétée par des recettes provenant d'activité annexes.	经营者的回报可以由来自于附属性经营活动的收入来补充。
Art. 5. – Les dispositions particulières suivantes sont applicables aux contrats visés à l'article 3 (b) du présent décret.	**第 5 条:**以下特别规定适用于本法令第 3 条第(b)项所规定的合同。
La durée du contrat tient compte des délais nécessaires à la réalisation de ces objectifs et des engagements qui constituent son objet.	合同期限取决于达成绩效目标以及实现构成合同标的的承诺所需的时间。
Le contrat fixe le prix de l'ensemble des prestations et les modalités de rémunération de l'opérateur.	合同规定了所有提供的产品和服务的价格以及经营者获得回报的方式。
La rémunération de l'exploitation et de la maintenance est liée à l'atteinte de performances mesurées, fixées dans le contrat pour toute sa durée d'exécution.	运营和维护的回报与在合同的整个履行期限内对合同规定的绩效的达成情况有关。
Art. 6. – Les dispositions particulières suivantes sont applicables aux contrats visés à l'article 3 (c) du présent décret.	**第 6 条:**以下特别规定适用于本法令第 3 条第(c)项所规定的合同。
L'opérateur assure la maitrise d'ouvrage de l'opération à réaliser lorsqu'il lui est confié la réalisation d'un ouvrage.	在经营者被委托实施工程时,经营者负责履行待实施的工程的业主责任。

Les montants et les modes de calcul des droits d'entrée et des redevances versées par l'operateur à l'autorité contractante doivent être précisés dans les contrats. Le contrat détermine les tarifs à la charge des usagers et précise l'incidence sur ces tarifs des paramètres ou indices qui déterminent leur évolution.	合同须规定入场费和经营者向缔约机关支付的使用费的数额和计算方式。合同规定向用户收取的费用并明确决定费用变化的参数或指数对该等费用的影响。
Le contrat est limité dans sa durée. Cette durée est déterminée par l'autorité contractante en fonction de la nature et du montant des prestations ou des investissements demandés à l'opérateur.	合同的期限是有限的。该期限由缔约机关根据要求经营者提供的产品和服务或投资的性质和金额决定。
Art. 7. – Les contrats de PPP peuvent être conclus dans tous les domaines de l'activité économique, sociale et culturelle, tant du secteur marchand que non-marchand.	**第 7 条**:无论是在商业还是非商业领域中,在经济、社会和文化活动的所有领域中都可以签订 PPP 合同。
Chapitre 2 – Cadre institutionnel	**第二章:机构框架**
Art. 8. – Il est créé une unité nationale en charge des Partenariats Public-Privé, dénommée Comité National de Pilotage des Partenariats Public-Privé, en abrégé CNP-PPP, placée sous l'autorité du Premier Ministre.	**第 8 条**:已在总理之下设立一个负责 PPP 的国家级单位,其名称为 PPP 国家指导委员会,缩写为 CNP-PPP。
Les attributions, l'organisation et le fonctionnement du CNP-PPP sont déterminés par décret pris en Conseil des Ministres.	CNP-PPP 的职权、组织和运作由部长委员会颁布的法令规定。
Chapitre 3 – Principes constitutifs du cadre de gouvernance des PPP	**第三章:PPP 管理框架的基本原则**
Art. 9. – Les principes constitutifs du cadre de gouvernance des PPP sont:	**第 9 条**:PPP 管理框架的基本原则如下:

(a) le libre accès aux procédures de passation et l'égalité de traitement des candidats;	(a) 缔结[①]程序的自由参与和候选人的平等待遇;
(b) la transparence des procédures à travers leur rationalité et leur traçabilité;	(b) 通过程序的合理性和可追溯性实现程序透明;
(c) le caractère concurrentiel des procédures;	(c) 程序的竞争性;
(d) l'optimisation de la dépense publique dans les choix contractuels et financiers;	(d) 通过合同和融资的选择实现公共开支的优化;
(e) la promotion des PPP comme outil de développement d'un tissu d'entreprises ivoiriennes sur l'ensemble du territoire, notamment des petites et moyennes entreprises, de croissance et d'emploi, en particulier à travers l'insertion des jeunes et le renforcement des compétences et des capacités des acteurs locaux;	(e) 通过增加年轻人就业以及增强当地经营者的能力和技能,将 PPP 推广为全国范围内的科特迪瓦企业组织(尤其是中小型企业)的发展、经济增长和促进就业的工具;
(f) l'équilibre économique, financier et social des intérêts des parties aux contrats de PPP, tant dans le développement du projet que dans l'exécution du contrat au service de ses bénéficiaires ou usagers;	(f) 在项目开展中以及在合同(该合同旨在为用户或其受益者服务)的履行中,PPP 合同双方的利益在经济、财务和社会方面的平衡;
(g) la répartition optimale des risques du projet de partenariat, ainsi que des bénéfices générés dans le cadre de l'exécution des contrats de PPP;	(g) 对合作项目的风险的最优化分配以及履行 PPP 合同产生的利润;
(h) la gestion équilibrée des flux financiers générés par le contratde PPP.	(h) 对 PPP 合同产生的资金流的平衡管理。

① 中伦注:指将合同授予中标人的所有规则和整个流程,而不仅仅是合同签署的环节。

Chapitre 4 – Procédures de passation des contrats de PPP	**第四章:PPP 合同的缔结程序**
Art. 10. – Les autorités contractantes identifient, en liaison avec le ministère en Charge du Plan, le ministère en charge du budget et le CNP-PPP, les projets susceptibles d'être développés sous forme de PPP.	**第 10 条:** 缔约机关与规划部、预算部和 CNP-PPP 一起确定能够通过 PPP 形式开展的项目。
Les projets ainsi identifiés donnent lieu à réalisation d'études préalables de faisabilité ainsi qu'à leur inscription sur la liste de projets de PPP publiée par le CNP-PPP.	如此确定的项目都需要进行预先可行性研究,以及将其列入 CNP-PPP 发布的 PPP 项目清单。
En tout état de cause, le principe du recours au PPP pour le développement de chaque projet fait l'objet, au regard notamment de l'ensemble de ces études, d'une approbation préalable de la part du CNP-PPP.	在任何情况下,通过 PPP 来开展的每个项目均需获得 CNP-PPP 根据所述预先可行性研究等内容作出的事先批准。
Art. 11. – Les autorités contractantes choisissent le mode de passation des contrats de PPP et élaborent les documents de consultation et les projets de contrats, avec l'appui du CNP-PPP.	**第 11 条:** 在 CNP-PPP 的协助下,缔约机关选择 PPP 合同的缔结方式,编制澄清文件和合同草案。
Le choix de la procédure de passation des contrats de PPP, les documents de consultation et les projets de contrats, ainsi que leurs évolutions durant ces procédures, sont soumis à l'avis préalable du CNP-PPP.	PPP 合同缔结程序的选择、澄清文件和合同草案以及这些事项在所涉及程序中的改变都应预先获得 CNP-PPP 的审批意见。

Section 1 – Les modes de passation des contrats de PPP	**第 1 节:PPP 合同的缔结方式**
Art. 12. – Les procédures de passation des contrats de PPP sont régies par les dispositions du présent décret ainsi que par les dispositions non-contraires du Code des marchés publics.	**第 12 条**:PPP 合同的缔结程序受本法令以及《公共合同法典》中不与本法令相悖的规定的规制。
Art. 13. – Le présent décret consacre l’appel d’offres comme le mode de passation privilégié des contrats de PPP. L’appel d’offres peut être ouvert ou restreint, en une ou deux étapes, et peut consister en un appel d’offres international ou un appel d’offres national.	**第 13 条**:本法令将招标作为 PPP 合同的优选的缔结方式。招标可为公开招标或限制性招标,一步式招标或两步式招标,国际招标或国内招标。
Les procédures de passation des contrats de PPP peuvent faire l’objet d’une phase préalable de présélection.	在 PPP 合同的缔结程序之前可设有预选阶段。
Pour les contrats de PPP visés à l’article 3 (a) et (b) du présent décret, la proposition ayant été jugée économiquement la plus avantageuse donne lieu à une mise au point ou à une négociation finale, dans les conditions définies par les documents de la consultation. Dans le premier cas, l’autorité contractante peut néanmoins prévoir, pour l’attribution des contrats visés à l’article 3 (a) du présent décret, que les modalités de financement indiquées dans l’offre finale sont négociables.	对于本法令第 3 条(a)和(b)项规定的 PPP 合同,根据澄清文件规定的条件,与提交了被认定为经济上最有利的方案的候选人将进行合同定稿或最终谈判。在进行合同定稿的情况下,对于本法令第 3 条(a)项规定的 PPP 合同的授予,缔约机关可以规定最终版方案中的融资方式是可协商的。

Pour les contrats de PPP visés à l'article 3 (c) du présent décret, la proposition ayant été jugée la plus compétitive et la mieux adaptée aux besoins de l'autorité contractante, donne lieu à une négociation finale si les documents de consultation l'ont prévu. La négociation ne peut toutefois porter sur l'objet du contrat, les critères d'attribution ou les conditions et caractéristiques minimales indiquées dans les documents de la consultation.	对于本法令第 3 条(c)项规定的 PPP 合同,如果澄清文件有所规定,将对被认为最具竞争力且最好地响应缔约机关需求的方案进行最终谈判。然而,谈判不得涉及合同标的、授予标准或者澄清文件中规定的最低条件和特征。
En tout état de cause, pour l'attribution des contrats visés à l'article 3 du présent décret, la négociation ne saurait avoir pour effet de remettre en cause les conditions de mise en concurrence en exonérant l'autorité contractante de l'obligation de respecter le principe du choix de l'offre, économiquement la plus avantageuse ou la plus compétitive et la mieux adaptée aux besoins de l'autorité contractante, ni conduire un bouleversement de l'économie générale du contrat de PPP telle qu'elle résulterait de l'offre retenue.	无论如何,对于本法令第 3 条规定的合同的授予,谈判不得通过免除缔约机关须遵守的方案选择原则的义务从而导致对竞争性程序的条件(情况)提出质疑,该方案选择原则即为选择经济上最有利或最具竞争力且最好地满足缔约机关需求的方案,谈判也不得导致被选定的方案所对应的 PPP 合同的整体经济性被破坏。
Sous-section 1 – La procédure d'appel d'offres ouvert	**第 1 子节:公开招标程序**
Art. 14. – Dans la procédure d'appel d'offres ouvert, toute entreprise intéressée peut présenter sa candidature.	**第 14 条**:在公开招标程序中,任何有意向的公司都可竞标。

Dans cette procédure, il peut être recouru à une phase de présélection dans laquelle aucun dialogue ne peut avoir lieu avec les candidats, excepté pour des éclaircissements. Trois candidats au minimum doivent être présélectionnés à ce stade de la procédure.	在公开招标程序中,可设有一个预选阶段,在该阶段中不得与候选人进行任何对话,但进行澄清除外。在公开招标程序的预选阶段中,须至少预选出 3 名候选人。
Si seulement deux candidatures sont retenues, la procédure peut être poursuivie dès lors que les conditions de publicité et de concurrence ont été respectées.	如果只有 2 名候选人被选定,只要已遵守公告和竞争的条件,公开招标程序就可以继续进行。
Art. 15. – La procédure d'appel d'offres ouvert peut se faire en une ou deux étapes. La première étape consiste à recevoir uniquement les propositions techniques du candidat. A la deuxième étape, les soumissionnaires retenus soumettent leurs propositions finales accompagnées de leur offre financière.	**第 15 条**:公开招标程序可以以一步式或两步式的方式开展。在第一步中,仅接收候选人的技术方案。在第二步中,被选定的投标人提交附有其财务方案的最终方案。
Lorsqu'une seule offre conforme a été déposée, l'autorité contractante peut décider d'engager une négociation directe avec le soumissionnaire même dans le cas où les documents de consultation ne l'ont pas prévu.	如果只收到一个合格的投标,即使澄清文件未做出相关规定,缔约机关也可决定与投标人进行直接谈判。
Sous-section 2 – La procédure d'appel d'offres restreint	**第 2 子节:限制性招标程序**
Art. 16. – L'autorité contractante peut recourir à la procédure de l'appel d'offres restreint lorsque:	**第 16 条**:在下列情形中,缔约机关可以采用限制性招标程序:
(a) les besoins à satisfaire relèvent de travaux, de fournitures ou de services spécialisés ou requièrent une technique particulière;	(a) 待满足的需求涉及专业的工程、供给或服务或者需要特定的技术;

(b) les besoins à satisfaire relèvent de travaux, de fournitures ou de services spécialisés auxquels peu de candidats sont capables de répondre.	(b)待满足的需求涉及专业的且只有少量候选人可提供的工程、供给或服务。
Le nombre de candidats consultés dans la procédure d'appel d'offre restreint est compris entre trois et cinq.	在限制性招标程序中,被咨询的候选人数量在3至5个之间。
Le recours à la procédure d'appel d'offres restreint doit être motivé et subordonné à l'autorisation du Ministre Chargé du budget, après avis du CNP-PPP.	采用限制性招标程序须说明理由,并且在征求CNP-PPP的意见后须获得预算部部长的批准。
Art. 17. – La procédure d'appel d'offres restreint peut se faire en une ou deux étapes. La première étape consiste à recevoir uniquement les propositions techniques du candidat. A la deuxième étape, les soumissionnaires retenus soumettent leurs propositions finales accompagnées de leur offre financière.	**第17条**:限制性招标可以以一步式或两步式的方式开展。第一步仅涉及接收候选人的技术方案。在第二步中,被选定的投标人提交附有财务方案的最终方案。
Section 2 – Les dérogations aux modes de passations des contrats de PPP	**第2节:PPP合同缔结方式的例外**
Art. 18. – Les contrats de PPP peuvent être passés, à titre dérogatoire, en ayant recours:	**第18条**:PPP合同可以通过以下例外的方式缔结:
(a) au dialogue compétitif prévu à l'article 19 du présent décret;	(a)本法令第19条规定的竞争性对话;
(b) à la procédure de négociation directe dans les cas prévus à l'article 20 du présent décret.	(b)本法令第20条规定的直接谈判程序。
Le recours à tout mode de passation dérogatoire doit être exceptionnel, justifié par l'autorité contractante et autorisé au préalable par le Ministre Chargé du budget, après avis du CNP-PPP.	采用任何例外的缔结方式只能是特殊情况,缔约机关须说明理由,且在征求CNP-PPP的意见后须获得预算部部长的事先批准。

Art. 19. – L'autorité contractante peut recourir au dialogue compétitif dans les conditions prévues par une charte élaborée par le CNP-PPP et approuvée par décret.	**第 19 条**:缔约机关可以在 CNP-PPP 编制并且被法令批准的法规规定的条件下来采用竞争性对话。
Art. 20. – Il peut être recouru à la procédure de négociation directe:	**第 20 条**:缔约机关可以采用直接谈判程序的情形为:
(a) lorsque l'urgence impérieuse, motivée par des circonstances imprévisibles ou de force majeure, ne permettant pas de respecter les délais prévus dans les procédures d'appel d'offres ou de dialogue compétitif, nécessite une intervention immédiate;	(a)由意外事件或不可抗力引起的重大紧急情况导致无法遵守在招标程序或竞争性对话程序中规定的期限,需要立即采取行动的情形;
(b) lorsque le projet concerne la défense ou la sécurité nationale;	(b)项目涉及国防或国家安全的情形;
(c) lorsqu'une seule source est en mesure de fournir le service demandé, notamment lorsque la prestation du service exige l'utilisation d'un droit de propriété intellectuelle, de secrets professionnels ou d'autres droits exclusifs dont une ou plusieurs personnes ont la propriété ou la possession;	(c)只有单一来源能够提供所要求的服务的情形,尤其是,服务的提供需要利用一人或多人拥有或支配的知识产权、商业秘密或其他排他性权利;
(d) lorsque les prestations ne peuvent être confiées qu'à un opérateur déterminé pour des raisons artistiques, techniques ou d'investissements préalables importants;	(d)由于艺术、技术或预先的重大投资的原因,产品和服务的提供仅可委托至特定的经营者;

(e) lorsqu'une procédure de présélection ou d'appel d'offres a été infructueuse, ou qu'une seule offre conforme été déposée dans le cas prévu à l'article 14, et lorsque de l'avis de l'autorité contractante, une nouvelle procédure de présélection ou d'appel d'offres aurait peu de chances d'aboutir à l'attribution du contrat PPP dans les délais voulus.	(e)预选程序或招标程序未成功,或在第14条规定的情形下只有一个合格的投标被提交,且缔约机关认为,在预计的期限内不太可能通过新的预选程序或招标程序授予PPP合同。
Toute procédure de négociation directe est mise en œuvre dans le respect d'un document de cadrage élaboré par l'autorité contractante et soumis à l'approbation préalable du CNP-PPP.	任何直接谈判程序均按缔约机关编制的并经CNP-PPP事先批准的规范性文件实施。
Section 3 – Instruction des propositions	**第3节:提案审查**
Art. 21. – La commission compétente de l'autorité contractante compare et évalue chaque proposition conformément aux critères d'évaluation, à l'importance relative accordée à chacun d'eux et à la procédure d'évaluation prévue dans les documents de la consultation.	**第21条:**根据评估标准、每个评估标准的相对重要性和澄清文件中规定的评估程序,缔约机关的主管委员会比较和评估每个提案。
Cette évaluation, tient compte aussi bien des aspects techniques et financiers que du potentiel de développement économique et social offert par la proposition du candidat.	该评估既会考虑候选人提案中的技术内容和财务内容也会考虑候选人提案带来的经济和社会发展的潜力。
Les candidats doivent justifier, le cas échéant, d'un plan de financement suffisamment réaliste dans leur proposition.	根据情况,候选人须在其提案中证明其融资计划的切实可行性。

Art. 22. – Les autorités contractantes sont autorisées à examiner des propositions spontanées d'opérateurs susceptibles d'être développées dans le cadre de contrats de PPP, à condition que ces propositions se rapportent à un projet qui n'est pas inscrit sur la liste des projets de PPP publiée par le CNP-PPP et pour lequel elles n'ont pas entamé ni annoncé une phase de pré-qualification, un appel d'offres ni un dialogue compétitif.	**第 22 条**：缔约机关被允许审查经营者自发做出的可能通过以 PPP 合同形式开展的自发提案，前提是该等自发提案涉及的项目未被列入 CNP-PPP 公布的 PPP 项目名单中，且未针对该等自发提案涉及的项目启动或宣布启动资格预审程序、招标或竞争性对话。
A peine de rejet, les propositions spontanées doivent être accompagnées des informations préliminaires techniques et financières correspondantes permettant à l'autorité contractante d'apprécier la pertinence de la proposition.	自发提案需附有相应的初步的技术和财务信息，以便缔约机关评估提案的适当性，否则自发提案将被拒绝。
La passation du contrat de PPP reposant sur une proposition spontanée donne en principe lieu à un appel d'offres ou à un dialogue compétitif dans les conditions prévues par le présent décret. Les autorités contractantes prennent alors les dispositions nécessaires pour concilier l'égalité de traitement des soumissionnaires et le respect des droits de propriété intellectuelle ainsi que des droits attachés au secret en matière industrielle et commerciale de l'opérateur à l'origine de la propositions spontanée.	基于自发提案而缔结 PPP 合同原则上须根据本法令规定的条件进行招标或竞争性对话。缔约机关采取必要措施以便在候选人的平等待遇和对知识产权以及发起自发提案的经营者的工商业方面的秘密所涉及的权利和知识产权的保护中找到平衡。
A titre dérogatoire, la passation du contrat de PPP reposant sur une proposition spontanée peut donner lieu à une procédure de négociation directe autorisée au préalable par le Ministre chargé du Budget, après avis du CNP-PPP.	作为例外情况，在征求 CNP-PPP 的意见后且在获得预算部部长的事先批准后，基于自发提案的 PPP 合同的缔结可通过直接谈判程序进行。

Art. 23. – La commission compétente de l'autorité contractante invite le soumissionnaire dont la proposition relative à l'attribution de l'un des contrats visés à l'article 3 (a) et (b) du présent décret, a été jugée économiquement le plus avantageuse, à une mise au point ou une négociation finale incluant, le cas échéant, la négociation des modalités de financement indiquées dans l'offre finale.	**第 23 条:**若候选人针对本法令第 3 条(a)和(b)项规定的任一合同的授予作出了提案且该提案被认定为经济上最有利,则缔约机关的主管委员会邀请作出该提案的投标人进行合同定稿或者最终谈判,如适用,该最终谈判包括对最终版投标文件中列明的融资方式进行谈判。
La commission compétente de l'autorité contractante invite le soumissionnaire dont la proposition relative à l'attribution d'un contrat visé à l'article 3 (c) du présent décret, a été jugée la plus compétitive et la mieux adaptée aux besoins de l'autorité contractante à une négociation du contrat de PPP.	若投标人针对本法令第 3 条(c)项规定的合同的授予作出了提案且该提案被认定为最具竞争力且能够最好地满足缔约机关的需求,则缔约机关的主管委员会邀请该候选人对 PPP 合同进行谈判。
Art. 24. – La mise au point ou la négociation est conduite par le comité de négociation constitué par l'autorité contractante, avec l'appui du CNP-PPP. Au terme de la mise au point ou de la négociation, l'autorité contractante soumet le projet de contrat de PPP à l'avis de non-objection du CNP-PPP. Il est ensuite signé par l'opérateur retenu et par l'autorité contractante.	**第 24 条:**在 CNP-PPP 的支持下,缔约机关成立的谈判委员会开展合同定稿或谈判。在合同定稿或谈判结束后,缔约机关将 PPP 合同草案提交给 CNP-PPP 审批以期获得非反对意见。缔约机关和被选定的经营者随后签署 PPP 合同。
Les contrats de PPP passés par l'Etat et les autorités contractantes autres que les collectivités territoriales sont approuvés par décret pris en Conseil des Ministres.	国家和地方行政机关以外的缔约机关缔结的 PPP 合同由部长委员会颁布的法令批准。

Les contrats de PPP passés par les collectivités territoriales sont contresignés par leur tutelle puis approuvés par le Ministre chargé du Budget.	地方行政机关缔结的 PPP 合同由其主管机构会签,然后由预算部部长批准。
Le CNP-PPP, au terme de ces formalités, assure la publication d'un avis d'attribution du contrat PPP qui désigne son titulaire et comporte un résumé de ses principales clauses.	在完成上述手续之后,CNP-PPP 将发布 PPP 合同的授予通知,该通知写明合同的持有人,并包括其主要条款的摘录。
Chapitre 5 – Le contrat de PPP	**第五章:PPP 合同**
Section 1 – Le contenu du contrat de PPP	**第 1 节:PPP 合同的内容**
Art. 25. – Les contrats de PPP sont rédigés selon la réglementation en vigueur. Ils contiennent, au minimum, des clauses relatives:	**第 25 条**:PPP 合同根据现行法规编写。其至少包括涉及以下内容的条款:
(a) à l'objet, au périmètre des missions confiées et leur description;	(a) 合同的标的,被委托的任务的范围及其描述;
(b) aux conditions de fourniture des services et, le cas échéant, l'étendue de l'exclusivité des droits conférés par le contrat;	(b) 服务的提供条件,以及合同授予的权利的排他性范围(如适用);
(c) au régime juridique des biens et aux modalités d'occupation domaniale, notamment sur les droits réels conférés, le cas échéant, à l'opérateur, conformément à la législation applicable;	(c) 根据适用法律,资产的法律制度和财产占用的方式,尤其是关于授予经营者的物权的法律制度(如适用);
(d) aux droits et obligations des parties, notamment sur les informations confidentielles;	(d) 各方的权利和义务,尤其是关于保密信息的权利和义务;

(e) à la durée du contrat, aux conditions de sa prorogation, ainsi que les droits et obligations des parties à son expiration;	(e)合同的期限,合同延期的条件以及合同期限届满时各方的权利和义务;
(f) aux objectifs de performance assignés à l'opérateur, le cas échéant;	(f)分配给经营者的绩效目标(如适用);
(g) aux conditions de modification du contrat par voie d'avenant;	(g)通过补充协议变更合同的条件;
(h) aux conditions et conséquences du partage et du transfert des risques entre les parties;	(h)在双方之间的风险分担和转移的条件和结果;
(i) aux garanties et autres suretés, notamment celles constituées conformément à l'Acte Uniforme relatif à l'organisation des sûretés de l'OHADA, ainsi que les polices d'assurance que le titulaire est tenu de souscrire auprès d'assureurs domiciliés en Côte d'Ivoire;	(i)各种担保,尤其是根据《OHADA 担保统一法》而设置的担保,以及 PPP 合同持有人有义务向住所地在科特迪瓦的保险公司认购的保险单;
(j) à la rémunération de l'opérateur et ses modalités de détermination;	(j)经营者的回报及其确定方式;
(k) le cas échéant, aux conditions dans lesquelles l'autorité contractante constate que les investissements ont été réalisés conformément aux prescriptions du contrat;	(k)缔约机关确认投资已经按照合同规定而实施的条件(如适用);
(l) à la désignation de l'organe ou des organes en charge du contrôle de l'exécution du contrat, aux modalités de suivi et de contrôle de l'exécution du contrat et, le cas échéant, de sa régulation économique et financière;	(l)指定负责监管合同履行的一个或多个机构,跟踪和监管合同履行的方式以及(如适用)对合同的经济和财务方面进行管控;

(m) à la force majeure, à l'imprévision, au fait du prince, aux sujétions techniques imprévues et à leurs conséquences, notamment financières;	(m) 不可抗力、意外事件、国家任意行为、情势变更以及该等因素导致的后果,尤其是财务方面的后果;
(n) aux sanctions et pénalités pour manquement aux obligations contractuelles;	(n) 对不履行合同义务的制裁和处罚;
(o) aux conditions et conséquences de la fin, anticipée ou non, du contrat, sur la propriété des ouvrages et le cas échéant, le transfert des technologies;	(o) 合同提前终止或到期终止的条件及其对工程的权属和技术转让(如适用)的后果;
(p) aux conditions de continuité du service en cas de défaillance de l'opérateur, notamment lorsque la résiliation est prononcée;	(p) 在经营者违约的情况下,尤其是在宣布解除合同时,保障服务连续性的条件;
(q) aux modalités de contrôle par l'autorité contractante d'une cession du contrat et de l'évolution de l'actionnariat de l'opérateur;	(q) 缔约机关对于合同转让和对于经营者股权变更的监管方式;
(r) aux modalités de gestion des actifs du projet, des coûts et des flux financiers qu'il génère, de leur répartition entre les parties au contrat et de leur affectation à la mise en œuvre du projet;	(r) 项目资产及项目产生的成本和资金流的管理方式,成本和资金流在合同各方之间和在项目实施上的分配方式;
(s) au droit applicable et aux modalités de prévention et de règlement des différends et aux conditions dans lesquelles il peut, le cas échéant, être fait recours à l'arbitrage ou à d'autres modes alternatifs de règlement des différends.	(s) 适用法律、预防和解决争议的方式,以及在适当情况下诉诸仲裁或其他替代性的争议解决方式的条件。

Art. 26. – Le contrat peut prévoir des clauses de révisions pour prendre en compte les modifications de la réglementation applicable en matière fiscale et douanière qui ont pour effet de modifier substantiellement l'équilibre économique et financier du contrat de PPP et les paramètres du modèle financier du contrat de PPP.	**第 26 条**:合同中可以包含修订条款,以考虑到税务和海关的适用法规的变化,且该等变化会对 PPP 合同的经济和财务平衡以及 PPP 合同财务模型的参数造成实质性变更。
Section 2 – Le suivi de l'exécution des contrats de PPP	**第 2 节:对 PPP 合同的履行的跟踪**
Art. 27. – Sans préjudice des pouvoirs exercés par les organes de contrôle et autres autorités de l'Etat, l'autorité contractante dispose, en liaison avec le CNP-PPP, d'une manière permanente, de tous pouvoirs de contrôle pour s'assurer sur pièce et sur place de la bonne exécution du contrat de PPP.	**第 27 条**:在不影响国家监管机构和其他权力机关行使权力的前提下,缔约机关与 CNP-PPP 一起永久地拥有一切监管权利以便通过文件审查或现场访查的方式确保 PPP 合同的良好履行。
Les contrats de PPP font l'objet d'audits périodiques réalisés par les autorités contractantes. Pour procéder à ces audits, celles-ci peuvent solliciter l'appui du CNP-PPP.	PPP 合同由缔约机关进行定期审计。缔约机关为了进行所述审计可请求 CNP-PPP 进行协助。
En tout état de cause, l'opérateur produit chaque année un rapport comportant notamment les comptes retraçant la totalité des opérations afférentes à l'exécution du contrat de PPP et une analyse de la qualité d'ouvrages ou des services.	无论如何,经营者须每年编写报告,其中包括显示所有与 PPP 合同的履行有关的交易的账目,以及对工程或服务质量的分析。

Section 3 – Modifications, révisions et avenants du contrat de PPP	**第 3 节：PPP 合同的变更、修订和补充协议**
Art. 28. – En vertu du principe de l'équilibre économique et financier des contrats de PPP, en cas de rupture ou de déséquilibre économique, il peut être procédé à des modifications ou à des révisions du contrat de PPP.	**第 28 条：**根据 PPP 合同的经济和财务平衡原则，如果发生经济性崩溃或经济性失衡，可以对 PPP 合同进行变更或修订。
A cet effet, le contrat de PPP prévoit les circonstances dans lesquelles le contrat peut être modifié, ainsi que les procédures à suivre le cas échéant.	为此，PPP 合同规定了可以变更合同的情形以及在此情形下应遵循的程序。
Art. 29. – Les contrats de PPP peuvent faire l'objet d'un avenant visant à modifier:	**第 29 条：**PPP 合同可通过补充协议来变更：
(a) l'étendue du périmètre d'activité de l'opérateur ou de ses obligations contractuelles;	(a) 经营者的经营范围或其合同义务的范围；
(b) les conditions financières dans les hypothèses prévues à l'article 26 du présent décret;	(b) 在本法令第 26 条规定的假设情形下的财务条件；
(c) la durée du contrat PPP pour les motifs suivants:	(c) PPP 合同的期限，但修改须出于以下原因：
- pour des motifs d'intérêt général;	– 由于公共利益的原因；
– pour des motifs de retard d'achèvement des travaux ou d'interruption de la gestion des services dus à la survenance d'évènements imprévisibles et étrangers à la volonté des parties au contrat;	– 由于发生不可预见且不取决于合同双方意志的事件而延误工程完工或中断服务管理的原因；

– lorsque l'opérateur est contraint pour la bonne exécution du service objet du contrat et à la demande de l'autorité contractante ou après son approbation, de réaliser de nouveaux travaux non prévus au contrat initial et de nature à modifier l'économie générale du contrat.	– 为了作为合同标的的服务得到良好履行，应缔约机关要求或在其批准后，经营者不得不实施原始合同中未规定的新工程，并且所述新工程将改变合同的整体经济性。
La durée de prorogation est limitée dans ces cas aux délais nécessaires au rétablissement de l'équilibre financier du contrat PPP et à la préservation de la continuité du service public.	在该等情况下，延长的期限仅限于恢复PPP 合同的财务平衡和保障公共服务连续性所需的时间。
Tout avenant est soumis aux formalités et à l'obligation de publication mentionnées à l'article 24 du présent décret.	任何补充协议均须遵循本法令第 24 条所述的手续和公布义务。
Section 4 – Résiliation du contrat de PPP et indemnisation	**第 4 节：PPP 合同的解除和赔偿**
Art. 30. – Les contrats de PPP conclus par l'Etat et les personnes morales de droit public, à l'exception des collectivités territoriales et des sociétés à participation publique majoritaire, peuvent faire l'objet d'une résiliation dans les conditions définies par le contrat.	**第 30 条：**由国家和公法人（除地方行政机关和国家控股公司外）签订的 PPP 合同可以按照合同规定的条件解除。
En ce qui concerne les collectivités territoriales, la compétence de résiliation appartient, selon le cas, à l'organe exécutif délibérant ou à l'organe exécutif collégial.	就地方行政机关而言，解除权视情况而定属于有评议程序的执行部门或者集体决策的执行部门的职权。
Dans le cas des sociétés à participation publique majoritaire, la résiliation du contrat de PPP relève de la compétence du conseil d'administration ou de l'organe en tenant lieu.	在国家控股公司的情形下，PPP 合同的解除属于董事会或者类似机构的职权。

Art. 31. – La résiliation d'un contrat de PPP, qu'elle soit à l'initiative de l'autorité contractante ou de l'opérateur privé, est faite conformément aux procédures en vigueur.	**第 31 条**:缔约机关或者私营经营者提出的 PPP 合同的解除须按照现行有效的程序进行。
Les parties ont, en outre, le droit de résilier le contrat de PPP par consentement mutuel.	此外,双方有权通过合意而解除 PPP 合同。
Section 5 – Règlement des différends	**第 5 节:争议解决**
Art. 32. – Le contrat de PPP est régi par le droit ivoirien sauf stipulation contraire prévue dans le contrat.	**第 32 条**:PPP 合同受科特迪瓦法律规制,除非合同另有规定。
Art. 33. – Les différends litiges né à l'occasion de la passation des PPP sont régis par les articles 167, 168, 170 et 171 du Code des marchés publics.	**第 33 条**:PPP 合同的缔结过程中产生的争议受《公共合同法典》第 167、168、170 和 171 条的规制。
Tout différend entre l'autorité contractante et l'opérateur est régie conformément aux mécanismes de règlement des différends, tels que convenus par les parties dans le contrat de PPP.	缔约机关和经营者之间的任何争议均应按照 PPP 合同中各方约定的争议解决机制进行解决。
Chapitre 6 – Dispositions diverse, transitoire et finales	**第六章:其他规定、过渡规定和最终规定**
Art. 34. – Les engagements annuels pris par l'Etat au titre des contrats de PPP sont comptabilisés dans le budget de l'Etat.	**第 34 条**:国家在 PPP 合同中作出的每年的承诺计入国家预算中。
Art. 35. – Le présent décret s'applique à compter de sa date d'entrée en vigueur aux contrats de PPP pour lesquels une procédure de passation est engagée.	**第 35 条**:本法令自其生效之日起适用于已经开展缔结程序的 PPP 合同。
Art. 36. – Sont abrogées les dispositions du décret n° 2012-1151 du 19 décembre 2012 relatif aux contrats de partenariats public-privé.	**第 36 条**:2012 年 12 月 19 日的第 2012-1151 号关于 PPP 合同的法令的全部规定均被废除。

Art. 37. – Le Premier Ministre, Ministre du Budget et du Portefeuille de l'Etat et le Ministre de l'Economie et des Finances, assurent, chacun en ce qui le concerne, l'exécution du présent décret qui sera publié au Journal officiel de la République de Côte d'Ivoire.	**第 37 条:**总理、国家预算和国库部部长以及经济和财政部部长根据其职权分别确保本法令的实施,本法令将在科特迪瓦共和国的官方公报上发布。

République de Djibouti

Loi n°2017-186 du 29 mai 2017 relative aux partenariats public-privé

吉布提共和国

2017 年 5 月 29 日第 2017-186 号
关于政府与社会资本合作的法律

Titre 1 – Dispositions générales	第一编 – 总则
Art. 1. – Objet	**第 1 条 – 宗旨**
La présente loi fixe le régime juridique et le cadre institutionnel des Partenariats Public Privé (PPP ou Contrat de PPP) en République de Djibouti.	本法规定了吉布提共和国政府与社会资本合作(以下简称 PPP 或 PPP 合同)的法律制度和机构框架。
Tout PPP doit être passé conformément aux dispositions de la présente loi.	任何 PPP(合同)都必须根据本法的规定缔结。
Art. 2. – Définitions	**第 2 条 – 定义**
Pour l'application de la présente loi et des textes réglementaires qui en découlent, les définitions ci-après sont admises :	为了本法和由本法产生的法规的实施,作出以下定义:
Accord de Garantie : le terme «Accord de Garantie» désigne la convention conclue entre le Gouvernement de la République de Djibouti et le Partenaire ou tout établissement financier participant au financement du projet, par laquelle l'Etat s'engage à pallier à une défaillance de paiement de l'Autorité Contractante.	**担保协议**:指吉布提共和国政府与社会资本或任何参与项目融资的金融机构之间缔结的协议,根据该等担保协议,国家承诺对缔约机关的支付违约进行补救。
Affermage : Le terme «Affermage» désigne le contrat par lequel une Autorité Contractante confie à un Partenaire, appelé fermier, l'exploitation d'un service public au moyen des ouvrages existant pour une période déterminée.	**租赁**:指缔约机关委托社会资本(承租人)在固定期间内通过现有的工程来运营公共服务的合同。
Le Partenaire exploite le service à ses risques et périls et se rémunère à l'aide des redevances perçues sur les usagers selon des conditions tarifaires et leurs modalités d'évolution fixées dans le contrat. Le Partenaire est dispensé des investissements initiaux.	社会资本在自行承担风险的条件下运营服务,并根据合同中规定的费率条件及其调整方式向用户收取使用费而获得报酬。社会资本无需进行初始投资。

Le contrat d'affermage définit les obligations de service public (continuité, égalité) à la charge du Partenaire.	租赁合同确定由社会资本承担的公共服务义务(连续性、平等性)。
Attributaire Pressenti: Le terme « Attributaire Pressenti» désigne le soumissionnaire avec lequel l'Autorité Contractante procède à la finalisation du contrat à l'issue de la procédure de passation.	**预中标人**:指缔约机关在缔结程序[①]结束时与之进行合同定稿的投标人。
Attributaire: Le terme « Attributaire » désigne le soumissionnaire retenu à l'issue de la procédure de passation.	**中标人**:指在缔结程序结束后被选定的投标人。
Autorité Contractante: Le terme «Autorité Contractante» désigne la personne morale visée à l'article 3.2 pour le compte de laquelle l'ouvrage est réalisé ou le service est rendu dans le cadre d'un PPP.	**缔约机关**:指第3.2条所述的法人,在PPP的框架下,为该等法人实施工程,或者为该等法人提供服务。
Bail Emphytéotique Administratif: Le terme «Bail Emphytéotique Administratif» désigne le bail emphytéotique par lequel une Autorité Contractante accorde un droit réel susceptible d'hypothèque sur un bien immobilier relevant de son domaine public. Ce bail doit être consenti pour plus de dix-huit années et ne peut dépasser quatre-vingt-dix-neuf ans. Il ne peut se prolonger par tacite reconduction.	**行政长期租约**:指一种长期租约,缔约机关通过该等长期租约对属于其公产的不动产授予可抵押的物权。此租约的期限必须超过18年,且不得超过99年。其不能通过默示的方式自动延期。

① 中伦注:指将合同授予中标人的所有规则和整个流程,而不仅仅是合同签署的环节。

Biens de Reprise: Le terme « Biens de Reprise » désigne l'ensemble des biens meubles et immeubles appartenant au Partenaire nécessaires mais non indispensables au fonctionnement du service, dont la propriété est transférée à l'Autorité Contractante à l'expiration du PPP moyennant une compensation versée par cette dernière au Partenaire.	**可收购资产**:指属于社会资本的全部动产和不动产,该等动产和不动产是服务运营所需的但并非是不可或缺的,其所有权可在 PPP 结束后转移至缔约机关,相应地,缔约机关须向社会资本支付补偿。
Biens de Retour: Le terme «Biens de Retour» désigne l'ensemble des biens meubles et immeubles nécessaires à l'exécution du service dans le cadre d'un PPP Concessif.	**待返还资产**:指在特许经营 PPP 框架下实施服务所需的全部动产和不动产。
Les Biens de Retour appartiennent à l'Autorité Contractante dès leur acquisition ou leur construction par le Partenaire et lui sont restitués gratuitement à l'expiration du PPP.	待返还资产自社会资本将其购置或建造时起属于缔约机关,且在 PPP 期限届满时无偿返还至缔约机关。
Biens Propres: Le terme «Biens Propres» désigne l'ensemble des biens meubles et immeubles appartenant au Partenaire, accessoires au fonctionnement du service.	**自有资产**:指属于社会资本的所有动产和不动产,该等动产和不动产对于服务运营是附属性的。
Les Biens Propres appartiennent au Partenaire dès leur acquisition ou leur construction et demeurent sa propriété à l'expiration du PPP.	自有资产自其被购置或被建造时即属于社会资本,且在 PPP 结束时其所有权仍属于社会资本。
Cellule Projet PPP: le terme « Cellule Projet PPP» désigne la commission mise en place par une Autorité Contractante en charge de la mise en œuvre du projet durant les phases d'élaboration, de passation et d'exécution du PPP.	**PPP 项目处**:指由缔约机关设立的委员会,其负责在 PPP 的制定、缔结和履行阶段中的项目实施。

La composition type d'une Cellule Projet PPP sera fixée par voie réglementaire.	PPP 项目处的典型的构成方式将由法规规定。
Commission de régulation des PPP: Le terme « Commission de régulation des PPP » désigne l'entité disposant de compétences élargies en matière de contrôle de l'exécution et de la régulation des PPP conformément aux dispositions de l'article 10 de la présente loi.	**PPP 管控委员会**:指根据本法第 10 条的规定在 PPP 的履行和调整的监管方面拥有广泛的权限的单位。
Commission Nationale des Marchés Publics: Le terme «Commission Nationale des Marchés Publics» désigne l'entité définie par la loi n°53/AN/09/6ème L portant Code des Marchés Publics dont les compétences en matière du contrôle de la passation des PPP sont exposées à l'article 11.	**国家公共合同委员会**:指关于《公共合同法典》的第 53/AN/09/6ème L 号法律所定义的单位,其监管 PPP 的缔结的权限在第 11 条中规定。
Concession: Le terme « Concession » désigne un contrat par lequel une Autorité Contractante confie l'exécution de travaux ou la gestion d'un service public ou d'intérêt général à un Partenaire, appelé Concessionnaire, dont la rémunération consiste soit (i) dans le droit d'exploiter l'ouvrage ou le service objet du contrat, soit (ii) dans ce droit assorti d'un prix. Ce contrat implique le transfert au Partenaire du risque lié à l'exploitation de cet ouvrage ou de ce service.	**特许权**:指缔约机关委托被称为特许权人的社会资本实施工程或者管理公共服务或涉及公共利益的服务的合同,特许权人的回报由以下内容构成:(1)运营作为合同标的的工程或服务的权利,或(2)该权利连同一笔酬金。该合同规定将与该等工程或服务的运营相关的风险转移至社会资本。

La part de risque transférée au Partenaire implique une réelle exposition aux aléas du marché, de sorte que toute perte potentielle supportée par le Concessionnaire ne doit pas être purement nominale ou négligeable. Le Concessionnaire assume le risque d'exploitation lorsque, dans des conditions d'exploitation normales, il n'est pas assuré d'amortir les investissements ou les coûts qu'il a supportés, liés à l'exploitation de l'ouvrage ou du service.	转移至社会资本的风险的部分意味着其真正暴露在市场风险中,因此特许权人承担的任何潜在损失都不能单纯是名义上的或是可以忽视的。在正常运营条件下,如果特许权人无法确保其承担的与工程或服务运营有关的成本或投资得到摊销,则特许权人承担运营风险。
Concession de Service: Le terme «Concession de Service» désigne la Concession ayant pour objet la gestion d'un service.	**服务特许经营:**指涉及管理服务的特许权。
Lorsqu'elle a pour objet la gestion d'un service public, elle est qualifiée de Concession de service public.	当该特许权涉及管理公共服务时,其被称为公共服务特许经营。
Le concessionnaire peut être chargé de construire un ouvrage ou d'acquérir des biens nécessaires au service.	特许权人可负责建设工程或购置服务所需的资产。
Concession de Travaux: Le terme «Concession de Travaux» désigne la Concession qui a pour objet:	**工程特许经营:**指涉及如下内容的特许权:
• soit l'exécution, soit la conception et l'exécution de travaux;	• 施工或工程设计与施工;或者
• soit la réalisation, soit la conception et la réalisation d'un ouvrage répondant aux exigences fixées par l'Autorité Contractante.	• 实施或设计和实施符合缔约机关规定的要求的工程。
La Concession de Travaux peut également porter sur la réalisation d'une opération d'aménagement.	工程特许经营也可涉及整治业务的实施。[1]

① 中伦注:主要指土地整治、水土整治等工程。

Conseil De Développement Economique: désigne l'instance créée par le Décret n°2016-242/PRE du 10 septembre 2016 portant mise en place d'un Conseil de Développement Economique de Djibouti.	**经济发展委员会**:指2016年9月10日颁布的第2016-242/PRE号关于设立吉布提经济发展委员会的法令设立的机构。
Dialogue compétitif: le terme de «Dialogue compétitif» désigne la procédure de passation d'un PPP prévue à l'article 25. Le dialogue compétitif repose sur un programme fonctionnel présentant les besoins et décrivant les attentes, notamment en termes de résultats à atteindre, de l'Autorité Contractante.	**竞争性对话**:指第25条规定的PPP的缔结程序。竞争性对话以一个开展计划为基础,该开展计划表明了缔约机关的需求并说明了其期望,特别是在要取得的成果方面的期望。
Délégation de service public: Le terme de «Délégation de service public» désigne tout PPP Concessif par lequel une Autorité Contractante confie à un Partenaire la gestion d'un service public.	**公共服务委托**:指缔约机关委托社会资本管理公共服务的特许经营PPP。
Offre Spontanée: Le terme « Offre Spontanée» désigne la proposition spontanée, formulée par une personne physique ou morale de droit privé à son initiative à une Autorité Contractante en vue de conclure un PPP et répondant aux conditions prévues par l'article 33.	**自发提案**:指私法项下的自然人或法人主动向缔约机关提出的为了缔结PPP的自发的方案,并且该方案须满足第33条规定的条件。
Partenaire: Le terme « Partenaire » désigne l'opérateur économique titulaire d'un PPP.	**社会资本**:指持有PPP的经营者。

PPP à Paiement Public: Le terme «PPP à Paiement Public» désigne le PPP par lequel une Autorité Contractante confie à un Partenaire, pour une période déterminée, une mission globale pouvant inclure le financement d'investissements nécessaires à un service public ou à un service d'intérêt général, la construction ou la transformation d'ouvrages ou d'équipements ou d'autres investissements (y compris immatériels), leur entretien, leur maintenance et/ou leur exploitation ou gestion sur toute la durée du PPP.	**政府付费 PPP**：指缔约机关在固定期间内将一项整体任务委托至社会资本的PPP，该整体任务可包括在PPP的整个期限内为公共服务或涉及公共利益的服务所需的投资提供资金以及对工程或设备或其他投资（包括无形投资）的建设或改造、维护、保养和/或运营或管理。
La rémunération du Partenaire est assurée par l'Autorité Contractante sur toute la durée du PPP. Cette rémunération est liée à des objectifs de performance, notamment liée à la disponibilité de l'ouvrage ou du service, et peut intégrer des Recettes Annexes.	在PPP的整个期限内，缔约机关确保社会资本的回报。该回报与绩效目标有关，特别是与工程或服务的可用性有关，并可能包括附属性收入。
Le Partenaireassure la maîtrise d'ouvrage des travaux à réaliser.	社会资本负责履行待实施的工程的业主责任。
PPP Concessif: Le terme «PPP Concessif» désigne le PPP par lequel une Autorité Contractante confie, pour une période déterminée, l'exécution de travaux ou la gestion d'un service public ou d'intérêt général dont elle a la responsabilité, à un Partenaire dont la mission peut porter sur le financement, la construction, l'entretien et l'exploitation à ses risques et périls de l'ouvrage ou du service afin, s'agissant d'un ouvrage, d'en transmettre la propriété à l'Autorité Contractante à terme convenu.	**特许经营 PPP**：指缔约机关在固定期间内将工程的实施或其负责的公共服务或涉及公共利益的服务的管理委托至社会资本的PPP，社会资本的任务可能包括工程或服务的融资、建设、维护和运营并由社会资本自担风险以便（在涉及工程的情况下）在约定的期限届满后将工程的所有权转移至缔约机关。

La rémunération du Partenaire est ainsi substantiellement liée au résultat de l'exploitation du service ou de l'ouvrage et provient majoritairement de recettes d'exploitation, le plus souvent perçues directement auprès des usagers.	因此,社会资本的回报实质上取决于服务或工程的运营成果,并主要来自通常直接向用户收取的运营收入。
L'Autorité Contractante conserve le contrôle de la gestion du service.	缔约机关保留对服务管理的监管权。
Les tarifs applicables aux usagers et leurs modalités d'évolution sont fixés lors de la signature du PPP.	适用于用户的费率及其调整方式在签署 PPP 时进行确定。
Recettes Annexes: Le terme « Recettes Annexes » désigne toute recette tirée de l'exploitation des ouvrages ou des équipements pour répondre à d'autres besoins que ceux de l'Autorité Contractante que le Partenaire peut être autorisé à percevoir. Les recettes ainsi générées doivent notamment permettre de réduire le montant de l'investissement réalisé dans le cadre d'un PPP.	**附属性收入**:指社会资本可以被批准收取的为了满足缔约机关需求之外的需求而运营工程或设备产生的收入。由此产生的收入须允许减少在 PPP 的框架下实施的投资额。
Régie Intéressée: Le terme « Régie Intéressée » désigne le contrat ayant pour objet de confier la gestion et l'entretien d'un ouvrage ou d'un service préexistant, à un opérateur économique moyennant une rémunération limitée dans son ensemble et composée d'une prime de base et de primes et pénalités de gestion déterminées en fonction des résultats d'exploitation de l'ouvrage ou du service.	**公共事业管理**:指旨在将事先存在的工程或服务的管理和维护委托给经营者的合同,该委托对应的回报为整体限定的,包括根据工程或服务的运营结果而确定的基本报酬以及管理的奖惩。

Société d'économie mixte-PPP（SEM-PPP）: Le terme «SEM-PPP» désigne la société de droit djiboutien créée conjointement par l'opérateur déclaré attributaire et l'Autorité Contractante chargée de réaliser un PPP conformément aux dispositions de l'article 34 de la présente loi.	**公私合营公司-PPP（SEM-PPP）**:指由被宣布作为中标人的经营者和缔约机关根据吉布提法律共同设立的公司,该公司负责根据本法第34条的规定实施PPP。
Unité PPP: Le terme « Unité PPP » désigne la structure chargée d'intervenir sur tout projet de PPP conformément aux dispositions de l'article 6 de la présente loi.	**PPP局**:指根据本法第6条的规定负责介入任何PPP项目的机构。
Art. 3. – Champ d 'application	**第3条－适用范围**
Art. 3. 1. Un partenariat public privé (PPP) est un accord écrit à long terme de droit administratif entre un opérateur économique et une Autorité Contractante, pour la réalisation de travaux, d'un ouvrage ou d'une infrastructure ou la fourniture d'un service d'intérêt général ou qui contribue au service public, pour lequel la partie privée supporte un certain nombre de risques et des responsabilités de gestion et d'exploitation ainsi que tout ou partie du financement.	第3.1条　PPP(政府与社会资本合作)是经营者与缔约机关之间达成的行政法性质的长期书面协议,其目的为实施工程、建设或基础设施或者提供涉及公共利益的服务或有助于公共服务的服务,其中社会资本承担一定量的风险、管理和运营的责任以及全部或部分融资。
Un PPP est soit un PPP à Paiement Public soit un PPP Concessif.	PPP采取政府付费PPP的模式或者采取特许经营PPP的模式。
Art. 3. 2. La présente loi s'applique aux PPP conclus par l'Etat, les agences et entreprises publiques (établissements publics administratifs, les établissements publics à caractère industriel et commercial, les sociétés d'État, les sociétés d'écono-mie mixte dont le capital est détenu majoritairement directement ou indirectement par l'État) ainsi que par les collectivités locales.	第3.2条　本法适用于国家、公共机构和国有企业(公共行政机构、工商业性质的公共机构、国有公司、由国家直接或间接控股的公私合营公司)以及地方行政机关缔结的PPP。

Lorsque la réalisation d'un projet relève d'une Autorité Contractante qui ne dispose pas des compétences et moyens nécessaires pour recourir à un PPP, cette dernière peut confier, par convention, à une autre personne publique visée à l'alinéa précédent, la mission, au nom et pour son compte, de réaliser l'évaluation préalable, conduire la procédure de passation, signer le PPP et, éventuellement, en suivre l'exécution.	如果项目的实施属于缔约机关的权限，而该缔约机关不具备使用 PPP 的必要能力和资金，则该缔约机关可通过协议委托前款所述的另一公法人以其名义并为其利益进行预先评估、开展缔结程序、签署 PPP 以及跟踪 PPP 的履行（如有必要）。
Lorsque la réalisation d'un projet relève simultanément de la compétence de plusieurs personnes publiques, ces dernières peuvent désigner par convention celle d'entre elles qui réalisera l'évaluation préalable, conduira la procédure de passation, signera le PPP et, éventuellement, en suivra l'exécution. Cette convention précise les conditions de ce transfert de compétences et en fixe le terme.	当一个项目的实施同时属于多个公法人的权限范围时，该等公法人可通过协议指定其中一个公法人进行预先评估、开展缔结程序、签署 PPP 以及跟踪 PPP 的履行（如有必要）。该协议明确规定权限转移的条件并确定转移期限。
Art. 3. 3. Un PPP peut être conclu dans tous les secteurs de la vie économique et sociale, notamment en matière d'aménagement économique et urbain, d'eau et d'assainissement, d'énergie, de gestion des déchets ou encore de transport.	第 3.3 条　在经济和社会生活的所有领域，尤其是经济和城市整治、水资源和水处理、能源、废物管理或交通领域，均可缔结 PPP。
Art. 4. – Conditions de recours	**第 4 条 – 适用条件**
Art. 4. 1. Il peut être recouru à un PPP dans les conditions de la présente loi pour toute opération relevant de la commande publique lorsque les conditions cumulatives suivantes sont satisfaites :	第 4.1 条　在本法规定的条件中，在符合下列所有条件的情况下，可在属于公共采购的任何活动中适用 PPP：

• lorsque le projet est d'intérêt général ou de service public;	• 项目涉及公共利益或涉及公共服务;
• lorsque le projet est économiquement et socialement avantageux y compris s'agissant du respect des objectifs de développement durable;	• 项目在经济和社会方面是有利的,在关于遵守可持续发展目标方面也是有利的;
• lorsque le projet est soutenable budgétairement;	• 项目在预算上是可承受的;
• lorsque le recours à un PPP est plus avantageux que les autres contrats de la commande publique, notamment en allégeant immédiatement et sur la durée la charge pour les finances publiques, soit par le recours au PPP concessif, soit par la génération de Recettes Annexes; et	• 适用 PPP 比其他公共采购合同更有利,特别是因为通过适用特许经营 PPP 或产生附属性收入可立即在相应期限内减轻公共财政的负担;和
• lorsqu'une étude de marché démontre que le PPP est susceptible de présenter un intérêt pour des opérateurs économiques.	• 市场研究表明 PPP 可能会引起经营者的兴趣。
Art. 4. 2. – Par principe, le recours au PPP Concessif est privilégié.	第 4. 2 条 – 原则上,应优先适用特许经营 PPP 的模式。
Dans le cadre de l'évaluation préalable visée à l'article 15, les raisons objectives pour lesquelles le recours à un PPP Concessif n'a pas été retenu doivent être motivées.	在第 15 条规定的预先评估中,必须说明没有适用特许经营 PPP 模式的客观原因。
Titre 2 – Cadre institutionnel	**第二编 – 机构框架**
Art. 5. – Principes de gouvernance	**第 5 条 – 管理原则**
Le cadre institutionnel des PPP est caractérisé par la séparation entre les fonctions opérationnelles, d'assistance, de contrôle a priori et a posteriori et de régulation sectorielle.	PPP 的机构框架的特点是运营职责、支持职责、事前和事后监管职责和部门监管职责之间的分离。

Art. 6. – Unité PPP	**第 6 条 – PPP 局**
Il est créé une Unité PPP, structure rattachée au Ministère de l'Economie et des Finances. Sur tout projet de PPP, quelle que soit l'Autorité Contractante, l'Unité PPP a pour mission:	PPP 局是附属于经济与财政部的下设机构。在任何 PPP 项目中,无论缔约机关为何,PPP 局的任务如下:
• de veiller à la mise en œuvre, à l'évaluation, à la supervision et à la mise à jour de la politique nationale et de la réglementation en matière de PPP;	• 关注国家政策和 PPP 方面的法规的实施、评估、监管和更新;
• de formuler au Ministre chargé de l'Economie et chargé des Finances des propositions d'adaptation du cadre juridique et institutionnel nécessaires à la mise en œuvre de la politique nationale en matière de PPP;	• 向经济与财政部部长提出实施 PPP 方面的国家政策所需的法律和机构框架的调整提案;
• d'assister le Gouvernement pour la définition de la politique PPP et la réglementation en matière de PPP;	• 协助政府制定 PPP 政策和 PPP 方面的法规;
• de centraliser les demandes de lancement de PPP adressées par les Autorités Contractantes et de dresser la liste des projets susceptibles d'être développés en PPP;	• 汇总缔约机关提出的启动 PPP 的请求,并编制一份能够以 PPP 模式开展的项目的清单;
• d'assister les Autorités Contractantes à l'occasion de la définition, de la préparation, de la passation et du suivi de l'exécution des projets PPP;	• 在 PPP 项目的确定、筹备、缔结和履行的跟踪中协助缔约机关;
• de promouvoir les PPP sur le territoire de la République de Djibouti; et	• 在吉布提共和国境内推广 PPP;
• de travailler au renforcement des capacités des Autorités Contractantes en matière de PPP;	• 增强缔约机关在 PPP 方面的能力;

• d'établir des modèles de contrats de PPP (PPP à paiement public, concession de services, concession de travaux, régie intéressée, contrat d'affermage, etc.) rédigés en langue française et en langue anglaise.	• 制定法文和英文版的 PPP 合同模板（政府付费 PPP、服务特许经营、工程特许经营、公共事业管理、租赁合同等）。
L'Unité PPP peut recourir à des experts nationaux et internationaux chargés de l'assister dans le cadre de sa mission.	PPP 局可以由本国和国际专家协助其执行任务。
Les modalités de fonctionnement, d'organisation et d'intervention de l'Unité PPP ainsi que le contrôle de son action sont fixées par voie réglementaire.	PPP 局的运作、组织和介入方式以及对其行为的监管由法规规定。
Art. 7. – Fonds PPP	**第 7 条 – PPP 基金**
Il est créé un fonds de financement des études préalables au lancement d'un PPP désigné comme le «Fonds PPP».	PPP 基金为 PPP 的启动所需的预先研究提供资金。
Le Fonds PPP est une structure dédiée au soutien économique et financier des PPP et rattachée à l'Unité PPP. Ce fonds est financé notamment par le budget de l'Etat, par toute contribution publique, nationale ou internationale ainsi que par les partenaires techniques et financiers de la République de Djibouti. Ce fonds pourra également être financé par une redevance dont le montant sera déterminé par voie réglementaire sur chaque contrat de PPP signé.	PPP 基金是一个专门为 PPP 提供经济和财务支持并附属于 PPP 局的机构。该基金主要是由国家预算、任何公共、国家或国际的投入以及吉布提共和国的技术和融资合作方提供资金。该基金还可通过使用费提供资金，法规对每份 PPP 合同规定使用费的金额。
Le Fonds PPP a notamment pour objet:	PPP 基金的设立目的如下：

• de contribuer au financement des études juridiques, techniques et financières lancées par une Autorité Contractante obligatoires pour déterminer la faisabilité de la mise en œuvre d'un PPP;	• 为缔约机关发起的为确定实施 PPP 的可行性而作出的法律、技术和财务方面的强制性研究提供资金;
• de participer au financement du renforcement des capacités des Cellules Projet PPP au sein des Autorités Contractantes; et	• 为缔约机关内部的 PPP 项目处的能力强化建设提供资金;和
• de manière générale, de soutenir l'action de l'Unité PPP dans la mise en œuvre de la politique en matière de PPP sur le territoire de la République de Djibouti.	• 支持 PPP 局在吉布提共和国境内执行 PPP 方面的政策。
Les modalités de financement, notamment par l'instauration d'une redevance sur les contrats de PPP signés, de gouvernance, de fonctionnement, d'organisation et d'intervention du Fonds PPP sont fixées par voie réglementaire.	PPP 基金的资金提供(特别是通过对已签署的 PPP 合同设立使用费)、管理、运作、组织和介入的方式通过法规规定。
Art. 8. – Organismes coordinateurs nationaux	**第 8 条 – 国家协调机构**
Art. 8. 1. Le Conseil des Ministres	第 8. 1 条　部长委员会
Le Conseil des Ministres est l'Instance d'approbation des projets et des contrats en matière de PPP.	部长委员会是批准 PPP 项目和合同的机构。
A ce titre, le Conseil des Ministres est chargé de:	因此,部长委员会负责:

• la priorisation, par décret, des projets PPP conformément aux objectifs de développement économique et social, sur proposition du Ministre en charge de l'Economie et en charge des Finances après avis du Conseil de Développement Economique;	• 在征求经济发展委员会的意见之后，根据经济与财政部部长的提议，通过法令根据经济和社会发展目标对 PPP 项目赋予优先权；
• l'approbation, par décret, du recours à un PPP par une Autorité Contractante dans le délai d'un mois à compter de la date de la transmission par l'Autorité Contractante de l'évaluation préalable accompagnée de l'avis de l'Unité PPP et de l'avis sur la soutenabilité budgétaire;	• 在缔约机关提交附随 PPP 局的审批意见和对预算承受能力的审批意见的预先评估之日起一个月内，通过法令批准缔约机关适用 PPP；
• l'approbation, par décret, du PPP après la signature dudit contrat par l'Autorité Contractante et le Partenaire. Le contrat de PPP transmis au Conseil des Ministres est accompagné de l'avis sur la soutenabilité budgétaire et de celui de l'Unité PPP ainsi que de celui de la Commission Nationale des Marchés Publics. Le Conseil des Ministres se prononce dans le délai maximum d'un mois à compter de la date de transmission du contrat de PPP signé et des avis susmentionnés.	• 在缔约机关和社会资本签署合同后，通过法令批准 PPP。提交至部长委员会的 PPP 合同附随对预算承受能力的审批意见、PPP 局的审批意见以及国家公共合同委员会的审批意见。部长委员会应在已签署的 PPP 合同和上述批准提交之日起最迟一个月内作出决定。
Art. 8. 2. Le Ministère en charge de l'Economie et en charge des Finances	第 8.2 条　经济与财政部
Le Ministère en charge de l'Economie et en charge des Finances:	经济与财政部负责：

• s'assure de la cohérence de la liste des projets susceptibles d'être développés en PPP élaborée par l'Unité PPP conformément à la politique de développement économique et social. Dans les trente jours suivant la transmission, par l'Unité PPP, de la liste des projets susceptibles d'être développés en PPP, il lui appartient de valider; après consultation du Conseil de Développement Economique cette liste ou de communiquer à l'Unité PPP ses observations afin que la liste définitive soit conforme à la politique de développement économique et social;	• 确保PPP局编制的能够以PPP模式开展的项目清单符合经济和社会发展政策。在PPP局向经济与财政部提交能够以PPP模式开展的项目的清单之日起30日内,经济与财政部须在征求经济发展委员会意见后使该清单生效,或者向PPP局通报其意见以保证最终版清单符合经济和社会发展政策;
• apprécie les conséquences sur l'économie, et le développement économique et social et vérifie que l'ensemble du processus d'adoption et de validation du PPP a été suivi.	• 评估对经济以及经济和社会发展的影响,并确认PPP的通过和生效的全部程序的遵守情况。
• vise le contrat PPP accompagné de tous les avis prévus par la présente loi avant la transmission au Conseil des Ministres par l'Autorité Contractante.	• 在缔约机关将该等PPP合同提交给部长委员会之前,审批附有本法规定的全部审批意见的PPP合同。
Il relève de la compétence du Ministère en charge de l'Economie et en charge des Finances d'adresser au Conseil des Ministres les évaluations et avis émis par l'Unité PPP dans le cadre d'un PPP.	经济与财政部负责向部长委员会提交PPP局在PPP框架内作出的评估和审批意见。
Art. 9. – Autorité Contractante	**第9条 – 缔约机关**
Pour tout projet PPP, chaque Autorité Contractante met en place une Cellule Projet PPP chargée de la mise en œuvre du projet durant les phases d'élaboration, de passation et d'exécution du PPP en étroite collaboration avec l'Unité PPP.	对于任何PPP项目,每个缔约机关应设立一个PPP项目处,该PPP项目处与PPP局密切合作,负责在PPP的制定、缔结和履行阶段的项目实施。

L'Autorité Contractante par l'intermédiaire du Ministère dont elle relève est notamment chargée de présenter conjointement avec le Ministre en charge de l'Economie et en charge des Finances au Conseil des Ministres le résultat de l'évaluation préalable ainsi que le PPP signé à l'issue de la procédure de passation.	缔约机关应通过其隶属的部和经济与财政部部长共同向部长委员会提交预先评估的结果以及缔结程序结束时签署的PPP(合同)。
Art. 10. – Commission de Régulation des PPP	**第 10 条 – PPP 管控委员会**
Art. 10. 1. La Commission de Régulation des PPP est une Autorité Administrative Autonome (AAA) rattachée au Président de la République disposant de compétences élargies en matière de régulation et de suivi de l'exécution des PPP. Elle est notamment chargée de:	第 10.1 条　PPP 管控委员会是隶属于吉布提共和国总统的独立行政机构(AAA),在监管和跟踪 PPP 的履行方面拥有广泛的权限。PPP 管控委员会尤其负责以下事项:
• recueillir et trancher toute contestation déposée par un soumissionnaire évincé avant la signature du PPP par l'Autorité Contractante, sans préjudice pour ce soumissionnaire de déposer un recours devant le tribunal administratif;	• 受理并解决在缔约机关签署 PPP 之前被淘汰的投标人所提出的任何质疑,且不影响该投标人向行政法院提起诉讼;
• de proposer toute évolution de la réglementation applicable aux PPP après avis de l'Unité PPP.	• 在征求 PPP 局的意见后,对适用于 PPP 的法规提出任何修改建议。
Art. 10. 2. Les modalités de fonctionnement, d'organisation et d'intervention de la Commission de régulation des PPP sont fixées par voie réglementaire.	第 10.2 条　PPP 管控委员会的运作、组织和介入方式通过法规规定。

Art. 11. – Commission Nationale des Marchés Publics	**第 11 条 – 国家公共合同委员会**
Art. 11. 1. La Commission Nationale des Marchés Publics est une entité disposant de compétences élargies en matière de contrôle de la passation des PPP. Elle est notamment chargée de:	第 11. 1 条　国家公共合同委员会是一个在监管 PPP 的缔结方面拥有广泛权限的实体。其尤其负责以下事项:
• contrôler le respect des procédures de passation de tout PPP par une Autorité Contractante;	• 监管缔约机关对 PPP 的缔结程序的遵守;
• rendre un avis sur le respect de ces procédures de passation avant signature du Contrat de PPP par une Autorité Contractante;	• 在缔约机关签署 PPP 合同之前,就该等缔结程序的遵守情况提出审批意见;
Art. 11. 2. Les modalités de fonctionnement, d'organisation et d'intervention de la Commission Nationale des Marchés Publics sont fixées par voie réglementaire.	第 11. 2 条　国家公共合同委员会的运作、组织和介入方式通过法规规定。
Art. 12. – Suivi, Evaluation et audit de la politique PPP	**第 12 条 – PPP 政策的跟踪、评估和审计**
Un rapport d'évaluation de la Politique PPP de l'année écoulée est préparé annuellement. Il comprend:	每年应编写一份关于过去一年的 PPP 政策的评估报告。该评估报告须包含以下内容:
• une partie préparée par l'Unité PPP relative au suivi de la politique PPP;	• 由 PPP 局制订的关于 PPP 政策的跟踪;
• une partie préparée par la Cour des Comptes relative à l'audit financier et comptable de la politique PPP; et	• 由审计法院制订的关于 PPP 政策的财务和会计审计;和
• une partie préparée par la Commission Nationale des Marchés Publics portant sur l'évaluation des procédures de passation des PPP;	• 由国家公共合同委员会制订的关于 PPP 缔结程序的评估;

• une partie préparée par la Commission de Régulation des PPP portant sur l'évaluation de l'exécution des PPP.	• 由 PPP 管控委员会制订的关于 PPP 履行的评估。
Il appartient à l'Unité PPP de consolider ces différents rapports afin qu'un rapport unique sur la politique PPP reprenant l'ensemble des rapports susmentionnés soit remis au Conseil des Ministres par le Ministre en charge de l'Economie et en charge des Finances et transmis au Parlement avant le 31 mars de l'année qui suit l'année faisant l'objet de l'évaluation.	PPP 局有责任合并该等不同的报告,以便经济与财政部部长向部长委员会提交一份涵盖上述所有报告的关于 PPP 政策的报告,并在被评估年度的次年 3 月 31 日之前将其提交议会。
Titre 3 – Principes généraux, identification, conditions de recours, modes de passation et procédures d'attribution	**第三编 – 基本原则、识别、适用条件、缔结方式和授予程序**
Chapitre 1 – Conditions de lancement de la procédure	**第一章 – 程序启动条件**
Section 1 – Identification et définition préalables des projets et besoins	**第 1 节 – 项目和需求的事先识别和定义**
Art. 13. – Identification des projets	**第 13 条 – 项目的识别**
Il appartient aux Autorités Contractantes d'adresser à l'Unité PPP la liste des projets qu'elles considèrent comme susceptibles d'être mis en œuvre dans le cadre de PPP.	缔约机关有责任向 PPP 局提交其认为可能以 PPP 模式实施的项目清单。
L'Unité PPP établit la liste des projets susceptibles d'être développés en PPP sur la base de critères suivants:	PPP 局根据以下标准制定能够以 PPP 模式开展的项目清单:
• (i) l'intérêt stratégique et social du projet au niveau local, régional et national,	• (i)项目在当地、区域和国家层级的战略和社会利益,
• (ii) l'intérêt d'un montage en PPP pour ce projet,	• (ii)项目以 PPP 模式实施的优势,

• (iii) l'attractivité potentielle du projet pour le secteur privé,	• (iii)项目对私营部门的潜在吸引力，
• (iv) le stade d'avancement du projet,	• (iv)项目的进展阶段，
• (v) l'impact potentiel du projet sur l'emploi et le secteur privé djiboutien.	• (v)该项目对吉布提就业和私营部门的潜在影响。
Cette liste fait l'objet d'une approbation par le Ministère en charge de l'Économie et en charge des Finances conformément aux objectifs de développement économique et social.	该清单须由经济与财政部根据经济和社会发展目标进行批准。
Art. 14. – Priorisation des projets	**第 14 条 – 项目的优先级**
Le caractère prioritaire des projets est déterminé par le Conseil des Ministres sur proposition du Ministre en charge de l'Économie et en charge des Finances.	部长委员会根据经济与财政部部长的建议确定项目的优先级。
A ce titre, le Conseil des Ministres peut notamment retenir l'impact déterminant du projet sur le développement national ou sur les finances publiques.	在确定项目优先级时，部长委员会尤其可以考虑该项目对国家发展或公共财政的决定性影响。
Seuls les projets considérés comme prioritaires par le Conseil des Ministres peuvent faire l'objet d'une évaluation préalable.	只有部长委员会认定优先的项目才能进行预先评估。
Section 2 – Evaluation des projets	**第 2 节 – 项目评估**
Art. 15. – Obligation de réaliser une évaluation préalable	**第 15 条 – 进行预先评估的义务**
Tout projet à l'occasion duquel le recours à un PPP est envisagé donne lieu à la réalisation, par l'Autorité Contractante assistée de l'Unité PPP, d'une évaluation préalable.	在 PPP 局的协助下，缔约机关须对准备适用 PPP 的任何项目进行预先评估。
L'évaluation préalable porte, pour chaque projet, sur l'examen du respect des conditions de recours à un PPP prévues à l'article 4.	对每个项目的预先评估都需审查是否遵守了第 4 条规定的适用 PPP 的条件。

L'évaluation préalable doit notamment comporter:	预先评估应主要包含以下内容:
• une analyse comparative, juridique et financière, des contrats susceptibles d'être mises en œuvre dans le cadre du projet afin de mettre en évidence les avantages du recours à un PPP par rapport aux autres techniques de la commande publique ainsi que le partage des risques;	• 对能够在项目框架内实施的合同进行法律和财务方面的比较分析以突出适用 PPP 相对于其他公共采购方法的优势以及风险分担;
• une analyse de la soutenabilité budgétaire du projet;	• 对项目的预算承受能力进行分析;
• une analyse des impacts économiques, environnementaux et sociaux du projet.	• 对项目的经济、环境和社会影响进行分析。
Seuls les projets pour lesquels l'évaluation préalable démontre le respect des critères posés à l'article 4.1 peuvent donner lieu à transmission des conclusions de cette évaluation au Conseil des Ministres conformément à l'article 17.	只有预先评估证明符合第 4.1 条规定的标准的项目,才可根据第 17 条的规定将评估结论提交至部长委员会。
Section 3 – Avis et autorisations préalables	**第 3 节 – 事先的审批意见和许可**
Art. 16. – Avis de l'Unité PPP	**第 16 条 – PPP 局的审批意见**
L'Autorité Contractante doit soumettre à l'Unité PPP les conclusions de l'évaluation préalable réalisée, que celle-ci conclut à la faisabilité du projet dans le cadre d'un PPP ou non.	缔约机关应向 PPP 局提交已进行的预先评估的结论,而 PPP 局判定该项目在 PPP 框架内是否具有可行性。
L'Unité PPP émet un avis consultatif sur les conclusions de l'évaluation préalable, notamment au regard des critères de recours aux PPP prévus par l'article 4 dans le délai de quinze jours suivant la date de transmission de l'évaluation préalable par l'Autorité Contractante.	PPP 局应在缔约机关提交预先评估之日起 15 日内就预先评估的结论发表咨询性意见,该咨询性意见尤其根据第 4 条规定的适用 PPP 的标准而作出。

L'avis de l'Unité PPP peut comprendre des réserves que l'Autorité Contractante doit lever ou, en cas d'opposition à ces réserves, l'Autorité Contractante doit motiver les raisons pour lesquelles elle n'entend pas les lever avant toute transmission de l'évaluation préalable au Conseil des Ministres.	PPP局的审批意见可包括保留意见,缔约机关必须针对该等保留意见而作出补正,或者在反对该等保留意见的情况下,在向部长委员会提交预先评估之前,缔约机关必须证明其不想对该等保留意见作出补正的合理性。
L'absence d'émission d'avis dans le délai mentionné au deuxième alinéa est considérée comme un avis sans réserve.	未在第2款规定的期限内作出审批意见的,视为无保留的审批意见。
Dans l'hypothèse où l'évaluation préalable démontre que les critères posés à l'article 4 ne sont pas remplis, l'Unité PPP émet un avis indiquant que le projet ne peut faire l'objet d'un PPP. Cet avis est communiqué par le Ministère en charge de l'Economie et en charge des Finances au Conseil des Ministres.	若预先评估表明未满足第4条规定的标准,PPP局应作出审批意见,说明项目不能适用PPP。该审批意见由经济与财政部告知部长委员会。
Art. 17. – Validation des conclusions de l'évaluation préalable	**第17条 – 预先评估结论的生效**
Le Conseil des Ministres procède à la validation des conclusions de l'évaluation préalable communiquée par l'Autorité Contractante et accompagnée de l'avis de l'Unité PPP et de l'avis consultatif du ministère chargé des Investissements.	部长委员会负责使由缔约机关对其提交的并附有PPP局的审批意见和投资部的咨询性意见的预先评估结论生效。
En l'absence d'avis de l'Unité PPP dans le délai mentionné à l'article 16, il appartient à l'Autorité Contractante d'apporter la preuve de la communication de l'évaluation préalable.	在PPP局未在第16条所述期限内出具审批意见的情况下,缔约机关应提供提交预先评估的证据。
En l'absence de validation par le Conseil des Ministres, le projet ne peut donner lieu à un PPP.	未经部长委员会确认,项目不能适用PPP开展。

Chapitre 2 – Procédures de passation	**第二章 – 缔结程序**
Art. 18. – Principes généraux de passation	**第 18 条 – 缔结的基本原则**
Les procédures de passation des PPP respectent, comme tout contrat de la commande publique, les principes de liberté d'accès, d'égalité de traitement des soumissionnaires, de transparence des procédures et d'efficacité ainsi que de confidentialité des propositions et des offres.	PPP 的缔结程序与公共采购合同相同,均须遵循自由参与、投标人平等待遇、程序透明、高效以及提案和投标的保密性的原则。
La Commission Nationale des Marchés Publics veille au respect de ces principes par les Autorités Contractantes.	国家公共合同委员会应监督缔约机关遵守该等原则的情况。
Art. 19. – Groupements d'entreprises	**第 19 条 – 企业联合体**
Plusieurs entreprises peuvent se regrouper au sein d'un groupement pour présenter une offre.	多家企业可以组成一个联合体来投标。
Une même entreprise ne peut être membre que d'un seul groupement soumissionnaire.	一个企业只能是一个投标联合体的成员。
Art. 20. – Les différentes procédures de passation	**第 20 条 – 不同的缔结程序**
Art. 20. 1. La procédure d'Appel d'offres en une étape est la procédure par laquelle l'Autorité Contractante choisit l'offre économiquement la plus avantageuse, sans négociation, sur la base de critères objectifs préalablement portés à la connaissance des soumissionnaires.	第 20. 1 条　一步式招标程序是指缔约机关根据之前告知投标人的客观标准,不经谈判便选择经济上最有利的方案的程序。
Art. 20. 2. La procédure d'Appel d'offres en deux étapes est la procédure de droit commun en matière de PPP.	第 20. 2 条　两步式招标程序是关于 PPP 的一般法项下的程序。

Art. 20. 3. Par exception, l'Autorité Contractante peut recourir soit à la procédure de dialogue compétitif dans les conditions prévues à l'article 25 soit à la procédure négociée dans les conditions prévues à l'article 26.	第20.3条　作为例外,缔约机关可以在第25条规定的条件下使用竞争性对话程序,或者在第26条规定的条件下使用谈判程序。
Art. 20. 4. Les modalités de mise en œuvre de ces procédures de passation sont fixées par voie réglementaire.	第20.4条　该等缔结程序的实施方式由法规规定。
Art. 21. – Procédure de pré-qualification	**第21条 – 资格预审程序**
Art. 21. 1. La procédure de pré-qualification a pour objet la présélection, par l'Autorité Contractante, de soumissionnaires qui seront amenés à formuler une offre dans le cadre de la procédure retenue.	第21.1条　资格预审程序旨在由缔约机关预先选择候选人,以便被预先选择的候选人根据选定的程序准备其方案。
Art. 21. 2. Quelle que soit la procédure, l'Autorité Contractante peut mettre en œuvre une procédure de pré-qualification des soumissionnaires fondée sur les capacités techniques, financières ainsi que sur les moyens humains et matériels dont disposent les soumissionnaires.	第21.2条　无论采用何种程序,缔约机关均可基于候选人具备的技术和财务能力以及人力和物力资源来实施候选人资格预审程序。
Art. 21. 3. La procédure de pré-qualification donne lieu à la publication par l'Autorité Contractante d'un avis de pré-qualification.	第21.3条　在资格预审程序中,缔约机关须发布资格预审公告。
Art. 21. 4. L'Autorité Contractante peut décider de limiter le nombre de soumissionnaires admis à présenter une offre. Une telle décision est mentionnée dans l'avis de pré-qualification. Cet avis détermine un nombre minimum de candidats admis à présenter une offre et peut également fixer un nombre maximum. Ce nombre	第21.4条　缔约机关可决定限制获准投标的投标人数量并在资格预审公告中提及该决定。资格预审公告确定获准投标的候选人最低人数,还可以设定最高人数。该最低人数不得少于三个投标人。若符合资格预审公告规定的候选人资格选择标准的投标人的人数低于最低人数,缔约机关可仅与被选定的投标人

minimum ne peut être inférieur à trois soumissionnaires. Lorsque le nombre de soumissionnaires satisfaisant aux critères de sélection des candidatures prévus dans l'avis de pré-qualification est inférieur au nombre minimum, l'Autorité Contractante peut continuer la procédure avec les seuls soumissionnaires sélectionnés.	继续开展程序。
Art. 22. – Publication de l'avis d'appel à la concurrence	**第 22 条 – 发布竞争性程序公告**
Art. 22. 1. A l'exception de la procédure négociée, toute procédure de passation d'un PPP donne lieu à la publication, par l'Autorité Contractante, d'un avis d'appel à la concurrence.	第 22.1 条　在任何 PPP 缔结程序中，缔约机关都须发布竞争性程序公告，但在谈判程序中除外。
Art. 22. 2. L'Autorité Contractante procède à la mise en œuvre d'une publicité adaptée aux caractéristiques du projet, et notamment à son objet, à son montant, au degré de concurrence entre les entreprises concernées et aux conditions dans lesquelles il est passé.	第 22.2 条　缔约机关应根据项目特点（特别是项目的目的、项目标的额、相关企业之间的竞争程度和缔结条件）而发布公告。
A ce titre, l'Autorité Contractante peut procéder à la publication d'un avis d'appel à la concurrence dans un journal légal ou professionnel permettant d'assurer le respect des principes de liberté d'accès à la commande publique, d'égalité de traitement des soumissionnaires et de transparence des procédures.	因此，缔约机关可在法律或专业期刊上发布竞争性程序公告，以确保遵守公共采购的自由参与、投标人平等待遇和程序透明原则。
Art. 22. 3. L'avis d'appel à la concurrence comporte à minima les éléments suivants :	第 22.3 条　竞争性程序公告至少包含以下要素：
• l'identification de l'Autorité Contractante ;	• 缔约机关的确定；

• l'objet et la nature de la procédure;	• 程序的目的和性质;
• le lieu d'exécution et de livraison des prestations à réaliser;	• 待提供的产品或服务的实施和交付地点;
• les caractéristiques essentielles du projet (nature, étendue, durée, cautionnement, modalités de financement...);et	• 项目的基本特征(性质、范围、期限、担保、融资方式等);和
• les conditions de participation (capacités techniques, financières, moyens humains et matériels et références des soumissionnaires, forme juridique des groupements candidats, nombre minimum et/ou maximum de soumissionnaires admis en cas de mise en œuvre d'une procédure de pré-sélection, délais et modalités de remise des offres...).	• 参与条件(技术和财务能力、人力和物力资源以及投标人的能力证明、联合体候选人的法律形式、通过预选程序的获准提交方案的候选人的最低和/或最高人数、提交方案的期限和方式等)。
Art. 22. 4. Les autres dispositions relatives à la publication de l'avis d'appel à la concurrence sont fixées par voie réglementaire.	第 22. 4 条　与发布竞争性程序公告有关的其他规定通过法规规定。
Art. 23. – La procédure d'Appel d'offres en une étape	**第 23 条 – 一步式招标程序**
Art. 23. 1. Dans le cadre de l'appel d'offres en une étape, l'Autorité Contractante procède à la publication, dans un journal habilité, d'un avis d'appel à la concurrence contenant une description du projet et de ses caractéristiques essentielles ainsi que l'endroit où le dossier de consultation peut être retiré.	第 23. 1 条　在一步式招标中,缔约机关应在具有资质的期刊上发布竞争性招标公告,其中应载有对项目和项目基本特征的说明以及领取澄清文件的地点。
Art. 23. 2. Le contenu du dossier de consultation est fixé par voie réglementaire.	第 23. 2 条　澄清文件的内容通过法规规定。

Art. 23. 3. Les soumissionnaires déposent, dans le délai prévu par le dossier de consultation, une offre technique détaillée ainsi qu'une offre financière.	第23.3条　投标人应当在澄清文件规定的期限内,提交详细的技术方案和财务方案。
Art. 23. 4. L'Autorité Contractante examine les propositions de chaque soumissionnaire et peut, si elle l'estime nécessaire, demander aux soumissionnaires des précisions ou informations complémentaires dans le respect du principe d'égalité de traitement des soumissionnaires.	第23.4条　缔约机关应审查每个投标人的方案,并可在其认为必要时,在遵守投标人平等待遇的原则的情况下要求投标人提供补充性的细节或信息。
Art. 23. 5. Sur la base des critères objectifs préalablement portés à la connaissance des soumissionnaires dans le dossier de consultation, l'Autorité Contractante procède à l'évaluation et au classement des offres.	第23.5条　缔约机关应当根据之前在澄清文件中告知投标人的客观标准对方案进行评估和排名。
Art. 23. 6. Le soumissionnaire ayant présenté l'offre la mieux classée est désigné Attributaire.	第23.6条　提交的方案排名最高的投标人为中标人。
Art. 24. – La procédure d'Appel d'offres en deux étapes	**第24条 – 两步式招标程序**
Art. 24. 1. Dans le cadre de l'appel d'offres en deux étapes, l'Autorité Contractante invite les soumissionnaires potentiels à présenter des offres techniques sans indication de prix sur la base des termes de référence précisés dans le dossier de consultation.	第24.1条　在两步式招标中,缔约机关邀请潜在投标人根据澄清文件中明确的参考条款提交不包含价格的技术方案。
Art. 24. 2. Le contenu du dossier de consultation est fixé par voie réglementaire.	第24.2条　澄清文件的内容通过法规规定。

Art. 24. 3. L'Autorité Contractante examine les proposition techniques initiales de chaque soumissionnaire et peut, si elle l'estime nécessaire, demander aux soumissionnaires des précisions ou informations complémentaires dans le respect du principe d'égalité de traitement des soumissionnaires.	第24.3条　缔约机关审查每个投标人的原始的技术方案,并在其认为必要时,在遵守投标人平等待遇的原则的情况下可要求投标人提供补充性的细节或信息。
Art. 24. 4. L'Autorité Contractante procède à la définition de ses besoins définitifs et à la fixation des normes et spécifications techniques exigées au vu des solutions techniques proposées par les soumissionnaires.	第24.4条　缔约机关应根据投标人提出的技术方案,确定其最终需求和所需的技术标准和规范。
L'Autorité Contractante peut apporter des modifications au dossier de consultation initial sous réserve du respect des principes de la commande publique.	缔约机关可在遵守公共采购原则的前提下,修改原始的澄清文件。
L'Autorité Contractante transmet aux soumissionnaires le dossier de consultation modifié.	缔约机关应将修改后的澄清文件发送给投标人。
Art. 24. 5. Chaque soumissionnaire est invité, par l'Autorité Contractante, à soumettre une offre finale et définitive comprenant une offre technique détaillée ainsi qu'une offre financière sur la base du dossier de consultation modifié par l'Autorité Contractante.	第24.5条　缔约机关应邀请每个投标人根据缔约机关修改后的澄清文件提交最终版的确定的投标文件,其中包括详细的技术方案和财务方案。
Art. 24. 6. Sur la base des critères objectifs préalablement portés à la connaissance des soumissionnaires dans le dossier de consultation, l'Autorité Contractante procède à l'évaluation et au classement des offres.	第24.6条　缔约机关应当根据之前在澄清文件中告知投标人的客观标准,对方案进行评估和排名。

Art. 24. 7. Le soumissionnaire ayant présenté l'offre la mieux classée est désigné Attributaire.	第 24. 7 条　提交了排名最高的方案的投标人为中标人。
Art. 25. – La procédure de dialogue compétitif	**第 25 条 – 竞争性对话程序**
Art. 25. 1. A titre exceptionnel, l'Autorité Contractante peut recourir à la procédure de dialogue compétitif lorsqu'au moins une des conditions suivantes est satisfaite:	第 25. 1 条　作为特例,缔约机关可在至少满足下列条件之一的情况下使用竞争性对话程序:
• l'Autorité Contractante n'est pas en mesure de définir seule et à l'avance les moyens techniques susceptibles de répondre à ses besoins;	• 缔约机关无法自行和事先确定能够满足其需求的技术手段;
• l'Autorité Contractante n'est pas en mesure de définir seule et à l'avance le montage juridique ou financier du projet;	• 缔约机关无法自行和事先确定项目的法律结构或融资结构;
• le projet présente un degré de complexité technique, juridique ou financier tel que seuls certains opérateurs sont en mesure de réaliser les prestations attendues.	• 该项目具有一定程度的技术、法律或财务复杂性,以至于只有某些经营者能够提供所需的产品和服务。
Art. 25. 2. Tous les aspects du PPP peuvent être discutés séparément avec chaque soumissionnaire sélectionné en préservant la confidentialité des propositions présentées par ces soumissionnaires.	第 25. 2 条　在保障被选择的候选人提交的方案的保密性前提下,可以分别与每个该等候选人讨论 PPP 的所有方面的内容。
Art. 25. 3. L'Autorité Contractante ne peut révéler aux autres soumissionnaires les informations confidentielles ou les solutions proposées par un soumissionnaire dans le cadre du dialogue compétitif.	第 25. 3 条　缔约机关不得向其他投标人披露任何候选人在竞争性对话中提交的保密性信息或方案。

Art. 25.4. Le dialogue compétitif peut se dérouler en phases successives de manière à réduire le nombre de solutions à discuter, en appliquant les critères d'attribution définis dans l'avis d'appel à la concurrence ou dans un autre document de la consultation.	第25.4条　通过适用竞争性程序公告或其他澄清文件中规定的授予标准，竞争性对话可以在连续的阶段中进行，以减少需要讨论的方案的数量。
Art. 25.5. L'Autorité Contractante peut prévoir le versement de primes aux soumissionnaires non-retenus dont les offres ont été les mieux classées.	第25.5条　缔约机关可规定向方案排名最高但未被选定的一个或多个候选人支付补偿金。
Art. 25.6. Les autres dispositions relatives à la procédure de dialogue compétitif sont fixées par voie réglementaire.	第25.6条　与竞争性对话程序有关的其他规定通过法规规定。
Art. 26. – La procédure négociée	**第26条 – 谈判程序**
Art. 26.1. A titre exceptionnel, l'Autorité Contractante peut recourir à la procédure négociée avec un seul soumissionnaire lorsqu'au moins une des conditions suivantes est satisfaite:	第26.1条　作为特例，缔约机关可在至少满足下列条件之一的情况下，仅与一名候选人进行谈判程序：
• le projet présente un intérêt stratégique pour la défense nationale ou la sécurité publique ou dont l'exécution doit s'accompagner de mesures particulières de sécurité lorsque la protection de l'intérêt supérieur de l'État l'exige;	• 项目对于国防或公共安全具有战略利益，或如果保护国家最高利益有需要，项目的实施必须同时采取特别的安全措施；
• en cas d'urgence résultant d'évènements imprévisibles pour l'Autorité Contractante;	• 在缔约机关无法预料的意外事件产生的紧急情况中；

Est considéré comme un événement imprévisible tout événement résultant de circonstances extérieures à l'autorité Contractante entrainant une situation d'urgence incompatible avec les délais exigés par d'autres procédures de passation prévues par la présente loi.	任何由于缔约机关之外的情况造成的、导致不能遵守本法规定的其他缔结程序所要求的期限的紧急情况的事件应被认定为意外事件。
• le projet nécessite l'emploi d'un brevet d'invention, d'une licence ou de droits exclusifs détenus par un seul opérateur;	• 项目需使用唯一的经营者所持有的发明专利、许可或者排他性权利;
• en cas d'infructuosité d'une procédure d'Appel d'offres ou d'une procédure de dialogue compétitif;	• 在招标程序或竞争性对话程序不成功的情况下;
• en cas de réponse favorable de l'Autorité Contractante à une Offre Spontanée dans les conditions prévues à l'article 33.7.	• 在缔约机关根据第 33.7 条规定的条件对自发提案作出肯定答复的情况下。
Art. 26.2. Tout recours à la procédure négociée doit faire l'objet d'une autorisation expresse du Conseil des Ministres à la date de validation des conclusions d'une évaluation préalable conformément aux dispositions de l'article 17.	第 26.2 条　适用谈判程序必须在根据第 17 条规定的预先评估结论生效之日获得部长委员会的明示授权。
Art. 26.3. Les modalités de la procédure négociée sont fixées par voie réglementaire.	第 26.3 条　进行谈判程序的方式通过法规规定。
Art. 27. – Critères d'attribution	**第 27 条 – 授予标准**
Art. 27.1. En vue de l'attribution du PPP, l'Autorité Contractante se fonde sur une pluralité de critères non discriminatoires et liés à l'objet du projet.	第 27.1 条　缔约机关根据与项目的目的有关的多项非歧视性标准而授予 PPP。

A ce titre, les critères suivants sont obligatoires:	因此,以下标准是强制性标准:
• le coût global de l'offre;	• 方案的总成本;
• la valeur technique de l'offre;	• 方案的技术价值;
• le calendrier d'exécution du projet;	• 项目的实施时间表;
• le partage des risques et les engagements de performance définis en fonction de l'objet du PPP;	• 根据 PPP 的目的制定的风险分担和绩效承诺;
• le recours à des entreprises locales et les modalités du transfert de compétences;	• 与当地企业合作和技能转让的方式;
• le potentiel de développement socio-économique local;	• 对当地的社会经济发展潜力;
• les conséquences en matière de développement durable.	• 对可持续发展造成的后果。
L'autorité Contractante peut prévoir tout autre critère, notamment le caractère innovant de l'offre, lié à l'objet du PPP.	缔约机关可就与 PPP 的目的有关的任何其他标准,特别是在方案的创新性方面作出规定。
Art. 27. 2. Les critères d'attribution sont pondérés. Si l'Autorité Contractante démontre qu'une telle pondération est objectivement impossible, ils sont hiérarchisés.	第 27.2 条　授予标准是加权的。若缔约机关证明这种加权在客观上是不可能的,该等标准则是分级的。
Art. 28. – Désignation de l'Attributaire Pressenti	**第 28 条 – 预中标人的选定**
A l'issue d'une procédure de passation, l'Autorité Contractante procède au classement des offres reçues.	在缔结程序结束后,缔约机关对收到的方案进行排名。
Le soumissionnaire classé premier au regard de critères retenus par l'Autorité Contractante est désigné Attributaire Pressenti.	根据缔约机关选定的标准,排名第一的候选人被指定为预中标人。

L'Autorité Contractante informe l'ensemble des soumissionnaires de ce classement.	缔约机关将该排名通知所有候选人。
Art. 29. – Finalisation du PPP	**第 29 条 – PPP 的定稿**
Art. 29. 1. L'Autorité Contractante peut procéder à la finalisation du PPP avec l'Attributaire Pressenti en vue d'arrêter les termes définitifs de ce contrat.	第 29.1 条　缔约机关可与预中标人进行 PPP 的定稿,以便最终确定 PPP 合同的条款。
Cette finalisation ne saurait en aucun cas permettre la modification des caractéristiques essentielles du projet ou de l'offre du soumissionnaire ayant formulé l'offre économiquement la plus avantageuse et ne doit pas conduire à remettre en cause le classement effectué.	该定稿无论如何不得变更项目的基本特征或提交经济上最有利的方案的投标人的投标的基本特征,也不应导致对已进行的排名提出质疑。
En cas d'échec de la finalisation avec l'Attributaire Pressenti, l'Autorité Contractante peut engager une phase de finalisation avec le soumissionnaire classé deuxième.	如果未能与预中标人对 PPP 进行定稿,缔约机关可与排名第二的候选人进入定稿阶段。
A l'issue de la finalisation du PPP, l'Autorité Contractante désigne l'Attributaire et notifie aux soumissionnaires évincés le rejet de leur offre.	在 PPP 被定稿后,缔约机关指定中标人,并通知被淘汰的投标人其投标被拒绝。
Art. 29. 2. La désignation en tant qu'Attributaire ne crée aucun droit à indemnisation en cas d'arrêt ultérieur de la procédure de passation.	第 29.2 条　如果缔结程序之后被终止,中标人的选定不会对其产生任何获得赔偿的权利。
Art. 30. – Constitution d'une société de projet de droit djiboutien	**第 30 条 – 根据吉布提法律设立项目公司**
L'Attributaire, sauf s'il s'agit d'une société de droit djiboutien, doit constituer une société de droit djiboutien préalablement à la signature du contrat de PPP.	除非中标人是吉布提公司,否则在签署 PPP 合同之前,中标人应根据吉布提法律设立(项目)公司。

Art. 31. – Transmission pour avis et visa	第 31 条 – 审批流程
Art. 31. 1. A l'issue de la phase de finalisation, l'Autorité Contractante adresse pour avis le projet de contrat de PPP à l'Unité PPP. Elle transmet également pour avis consultatif à la Commission Nationale des Marchés Publics et au Ministère chargé des Investissements ce projet de contrat de PPP accompagné de tous les éléments relatifs à la procédure de passation suivie.	第 31.1 条　在定稿阶段结束时，缔约机关将 PPP 合同草案提交给 PPP 局以获得其出具的审批意见。缔约机关还向国家公共合同委员会和投资部提交该 PPP 合同草案并附随与其履行的缔结程序相关的所有内容以征求其咨询性意见。
L'Unité PPP se prononce sur le respect des conclusions de l'évaluation préalable.	PPP 局宣布 PPP 合同草案是否符合预先评估的结论。
Art. 31. 2. Dès réception des avis prévus à l'article 31. 1, il appartient à l'Autorité Contractante par l'intermédiaire du Ministère dont elle relève de transmettre le contrat de PPP accompagné des avis de l'Unité PPP ainsi que de celui de la Commission Nationale des Marchés Publics au Ministère en charge de l'Economie et en charge des Finances.	第 31.2 条　在收到第 31.1 条所规定的审批意见后，缔约机关通过其所隶属的部向经济与财政部提交附有 PPP 局和国家公共合同委员会的审批意见的 PPP 合同。
Le Ministère en charge de l'Economie et en charge des Finances appose son visa sur le contrat, au vu des différents avis rendus, après vérification de la conformité du PPP aux objectifs de développement économique et social du pays et après vérification du respect du processus d'instruction prévu par la présente loi.	在核实 PPP 符合国家经济及社会发展目标以及核实遵守本法规定的审查程序之后，经济与财政部根据所提出的各种审批意见对合同进行批准。

Le visa peut être assorti de réserves qui seront présentées par le Ministère en charge de l'Economie et des finances① en Conseil des Ministres lors de l'examen du PPP.	批准可能附有保留意见,其由经济与财政部在 PPP 被审查时在部长委员会上提出。
Le refus de visa doit être motivé au regard des compétences exercées par le Ministère en charge de l'Economie et en charge des Finances.	经济与财政部应当依职权说明拒绝批准的理由。
L'absence de visa dans un délai de 15 jours suivant la date de transmission au Ministre de l'Economie et des Finances vaut refus de visa.	在向经济与财政部部长提交之日起 15 日内未作出批准,则视为拒绝批准。
Dans l'hypothèse où le Ministre de l'Economie et des Finances accorde son visa, le contrat de PPP est communiqué au Conseil des Ministres dans les conditions prévues à l'article 32.	若经济与财政部部长作出批准,PPP 合同根据第 32 条规定的条件被提交给部长委员会。
Art. 32. – Approbation du PPP et entrée en vigueur	**第 32 条 – PPP 的批准和生效**
Art. 32. 1. L'Autorité Contractante par l'intermédiaire du Ministère dont elle relève transmet au Conseil des Ministres pour approbation le contrat de PPP signé par l'Attributaire visé par le Ministre de l'Economie et des Finances, accompagné des avis de l'Unité PPP et de celui ainsi que de celui de la Commission Nationale des Marchés Publics.	第 32. 1 条　缔约机关通过其所隶属的部向部长委员会提交经济与财政部部长批准的、中标人签署的 PPP 合同并随附 PPP 局和国家公共合同委员会的审批意见,以征求部长委员会的批准。
La décision d'approbation est notifiée à l'Autorité Contractante qui est autorisée à signer le contrat de PPP.	批准决定须通知被授权签署 PPP 合同的缔约机关。

① 中伦注:这里原文可能有误,应为 le Ministère en charge de l'Economie et en charge des Finances,但不影响意思,故不作修改。

Art. 32. 2. Le contrat de PPP entre en vigueur dès la publication du décret d'approbation du contrat de PPP signé.	第32.2条　已签署的PPP合同的批准法令一经公布,该合同即生效。
Art. 32. 3. Le refus d'approbation par le Conseil des Ministres met un terme à la procédure.	第32.3条　若部长委员会拒绝批准,程序即告终止。
Chapitre 3 – Cas des offres spontanées	**第三章 – 自发提案的情形**
Art. 33. – Conditions d'admissibilité d'une Offre Spontanée	**第33条 – 自发提案的受理条件**
Art. 33. 1. Un opérateur économique peut adresser à une Autorité Contractante une Offre Spontanée présentant les caractéristiques suivantes:	第33.1条　经营者可向缔约机关提出具有以下特征的自发提案:
• Un financement du projet robuste et principalement privé supérieur à un seuil fixé par voie réglementaire;	• 项目融资稳健且主要来自于社会资本,融资额大于法规规定的阈值;
• Un projet innovant avec des engagements de performance de l'opérateur;	• 项目具有创新性并具备经营者的绩效承诺;
• Un projet qui induit des emplois et qui prévoit un niveau de sous-traitance des opérateurs nationaux au-delà de certains seuils fixés par voie réglementaire.	• 项目创造就业,且向本国经营者的分包程度超过法规规定的一些阈值。
Une Offre Spontanée ne peut être déposée pour des projets pour lesquels des études ont déjà été lancées par l'Autorité Contractante.	对于缔约机关已经启动研究的项目,不能提交自发提案。
Une Autorité Contractante n'est jamais tenue de donner suite à une Offre Spontanée.	缔约机关有权不接受自发提案,并不开展后续工作。

Art. 33. 2. Toute Offre Spontanée doit être accompagnée de tout élément permettant à l'Autorité Contractante d'apprécier la pertinence du projet présenté par le porteur du projet, et notamment des études préalables réalisées par l'opérateur privé mettent en évidence la préfaisabilité et la compétitivité du projet.	第33.2条　任何自发提案必须附有使得缔约机关能够评估项目发起人提交的项目的合适性的各种内容，尤其须包括私营经营者进行的突出项目的可行性和竞争力的初步研究。
La forme et le contenu des Offres Spontanées sont fixés par voie réglementaire.	自发提案的形式和内容通过法规规定。
Art. 33. 3. L'Offre Spontanée ne peut donner lieu à la signature d'un engagement, notamment de confidentialité, ou d'exclusivité, par l'Autorité Contractante avant que l'Unité PPP ne se soit prononcée sur le respect de critères mentionnés ci-dessus. Tout engagement donné en méconnaissance de ces dispositions sera réputé nul. Tout engagement pris par l'Autorité Contractante doit prévoir la levée de la confidentialité ou de l'exclusivité en cas d'échec des discussions avec le porteur du projet dans les conditions prévues aux articles 33.5, 33.7 et 33.8.	第33.3条　在PPP局宣布确定符合上述标准之前，缔约机关不得就自发提案签署承诺函，尤其是保密性承诺函或排他性承诺函。任何无视该等规定作出的承诺将被视为无效。缔约机关作出的任何承诺应规定，若根据第33.5、33.7和33.8条的条件与项目发起人进行讨论失败，则解除保密性或排他性。
Art. 33.4. La décision de l'Autorité Contractante de poursuivre les discussions avec le porteur du projet ne peut être prise qu'après la décision du Conseil des Ministres d'inscrire l'Offre Spontanée sur la liste des projets prioritaires conformément aux dispositions de l'article 14.	第33.4条　只有在部长委员会根据第14条的规定决定将自发提案列入优先项目清单之后，缔约机关才能决定继续与项目发起人进行讨论。

En l'absence d'inscription de l'Offre Spontanée sur cette liste, le projet est réputé refusé.	若自发提案未被列入该清单,则该项目视为被拒绝。
Art. 33. 5. A compter de la décision favorable du Conseil des Ministres, le porteur du projet est chargé, à ses frais, de réaliser des études plus approfondies afin de permettre à l'Autorité Contractante de conduire l'évaluation préalable prévue à l'article 15.	第 33.5 条　自部长委员会批准后,项目发起人负责自费进行更深入的研究,以使缔约机关能够进行第 15 条所规定的预先评估。
Ces études doivent être préparées par des bureaux d'études, conseils financiers et juridiques et tout autre intervenant extérieurs au porteur de projet. Le porteur du projet doit indiquer lors du dépôt de l'Offre Spontanée le montant de ces études et ce montant devra être dument justifié.	该等研究必须由研究机构、财务顾问和法律顾问以及项目发起人以外的其他参与者筹备。项目发起人在提交自发提案时必须说明该等研究花费的金额,且必须有充分的理由证明该金额的合理性。
L'opérateur privé doit également céder gratuitement à l'Autorité Contractante les droits d'utilisation par cette dernière des résultats de ces études en cas d'échec de la procédure prévue à l'article 26.	私营经营者还应在第 26 条规定的程序失败时无偿转让给缔约机关使用该等研究结果的权利。
En cas de refus du porteur du projet de réaliser ces études, l'Autorité Contractante pourra décider de lancer une des procédures de passation prévues aux articles 23, 24 ou 25 de la présente loi.	若项目发起人拒绝进行该等研究,缔约机关可决定启动本法第 23、24 或 25 条规定的缔结程序中的一种。
Art. 33. 6. L'Offre Spontanée doit faire l'objet d'une évaluation préalable dans les conditions prévues par les dispositions de l'article 15 de la présente loi.	第 33.6 条　自发提案应在本法第 15 条规定的条件下进行预先评估。

Art. 33. 7. Lorsque l'Autorité Contractante entend répondre favorablement à une Offre Spontanée, elle peut recourir à une procédure négociée avec le porteur du projet dans les conditions prévues à l'article 26 de la présente loi.	第33.7条　若缔约机关打算接受自发提案，其可在本法第26条规定的条件下与项目发起人适用谈判程序。
Art. 33. 8. En cas d'échec de la procédure négociée, l'Autorité Contractante peut mettre en œuvre une procédure de mise en concurrence dans les conditions prévues aux articles 23, 24 ou 25 de la présente loi.	第33.8条　在谈判程序失败的情况下，缔约机关可在本法第23、24或25条规定的条件下实施竞争性程序。
Le porteur du projet peut participer à cette procédure sous réserve du respect de traitement équitable de l'ensemble des soumissionnaires.	在遵守全体候选人的平等待遇的前提下，项目发起人可参与该竞争性程序。
La mise en œuvre d'une telle procédure donnera lieu à indemnisation au profit du porteur de projet en cas de signature d'un PPP avec une société autre que le porteur du projet.	在与项目发起人以外的公司签署PPP合同的情况下，实施竞争性程序将导致项目发起人获得补偿。
Chapitre 4 – La Société d'Economie Mixte-PPP (SEM-PPP)	**第四章 – 公私合营公司 – PPP(SEM-PPP)**
Art. 34. – Définition d'une SEM-PPP	**第34条 – 公私合营公司 – PPP(SEM-PPP)的定义**
Dans le cadre de ses compétences, une Autorité Contractante peut créer, avec au moins un actionnaire opérateur économique, sélectionné après une mise en concurrence une entité commune:	在其权限范围内，缔约机关可与实施竞争性程序之后挑选的至少一名经营者股东创建一个共同实体：
• dont le capital est détenu conjointement par l'Autorité Contractante et le ou les opérateur(s) privé(s); et	• 该共同实体的资本由缔约机关和一名或多名私营经营者共同持有；

• à laquelle est confiée un PPP par l'Autorité Contractante.	• 缔约机关授予该共同实体 PPP。
Hormis la contribution aux capitaux ou aux autres actifs, l'apport des opérateurs privés consiste en la participation active à l'exécution du PPP attribué à l'entité à capital mixte et/ou à la gestion de l'entité à capital mixte.	除了对资本或其他资产的出资之外，私营经营者的贡献还包括积极参与授予至公私合营公司的 PPP 的履行和/或对公私合营公司的管理。
Art. 35. – Objectifs justifiant le recours à la SEM-PPP	**第 35 条 – 证明适用公私合营公司 – PPP 合理性的目的**
LE TITRE III de la présente loi est applicable au recours à une SEM PPP.	本法第三编适用于公私合营公司 – PPP 的适用。
L'Autorité Contractante doit, préalablement au recours à une SEM-PPP, définir les objectifs justifiant sa prise de participation au capital de la société de projet dans le cadre de l'évaluation préalable réalisée conformément aux dispositions de l'article 15.	在适用公私合营公司 – PPP 之前，在根据第 15 条的规定实施的预先评估中，缔约机关应确定证明其入股项目公司合理性的目的。
Art. 36. – Procédure de passation en cas de recours à la SEM-PPP	**第 36 条 – 在适用公私合营公司 – PPP 情况下的缔结程序**
La procédure de passation en cas de recours à la SEM-PPP peut être l'une des procédures prévues aux articles 23, 24, 25 ou 26 de la présente loi.	在适用公私合营公司 – PPP 的情况下的缔结程序可以是本法第 23、24、25 或 26 条规定的任何一种程序。
Dans le cadre de la procédure de passation retenue, il appartient à l'Autorité Contractante de communiquer à l'ensemble des soumissionnaires les éléments relatifs à la constitution de la SEM-PPP, notamment les projets de statuts et de pacte d'actionnaires.	在选定的缔结程序中，缔约机关向所有候选人通报与公私合营公司 – PPP 的设立有关的内容，包括章程草案和股东协议。
La procédure de passation sera définie par voie réglementaire.	缔结程序将通过法规规定。

Titre 4 – Contenu d'un contrat de PPP	第四编 – PPP 合同的内容
Art. 37. – Principes/Equilibre financier	**第 37 条 – 原则/财务平衡**
Le contrat de PPP est fondé sur le principe de la liberté contractuelle dans les conditions et limites prévues par la présente loi.	在本法所规定的条件和限制下,PPP 合同以契约自由原则为基础。
Le contrat de PPP définit les critères de l'équilibre financier du PPP.	PPP 合同确定 PPP 财务平衡的标准。
Le contrat de PPP comporte une ou plusieurs clauses permettant d'anticiper ou d'organiser les conséquences des événements susceptibles d'affecter l'équilibre financier du PPP et introduisant des mécanismes d'ajustement automatiques permettant d'apporter une certaine flexibilité au PPP durant toute la durée d'exécution du PPP.	PPP 合同包含一个或多个条款,该(等)条款允许对能够影响 PPP 财务平衡的事件的后果作出预防或安排,并且引入自动调整机制,使 PPP 在 PPP 的整个履行期限内具有一定的灵活性。
Art. 38. – Objectifs de performance	**第 38 条 – 绩效目标**
Le contrat de PPP fixe les objectifs de performance que le Partenaire se doit d'atteindre, les indicateurs permettant de mesurer ces objectifs ainsi que les modalités de leur contrôle.	PPP 合同规定社会资本必须达成的绩效目标、能够衡量该等目标的指标及其监管方式。
Art. 39. – Partage des risques	**第 39 条 – 风险分担**
Le PPP fixe les conditions dans lesquelles le partage des risques est établi entre l'Autorité Contractante et le Partenaire, y compris ceux résultant de l'imprévision et de la force majeure dans le respect de l'équilibre économique du PPP.	PPP 合同规定缔约机关与社会资本之间在遵守 PPP 经济平衡的前提下建立风险分担的条件,包括由于意外事件和不可抗力而产生的风险的分担。

Les risques sont pris en charge par la partie jugée la mieux à même de les supporter de manière à minimiser leurs coûts au regard de l'intérêt général et des caractéristiques du projet.	根据公共利益和项目特点，风险由被认定为能够最好地承担风险的一方承担，以便将风险成本降至最低。
Art. 40. – Durée et prorogation	**第 40 条 – 期限和延期**
Art. 40. 1. La durée du PPP est limitée dans le temps.	第 40.1 条　PPP 的期限是有限的。
La durée du PPP est déterminée en fonction de la durée d'amortissement des investissements ou des modalités de financement retenue.	PPP 的期限根据投资回收期或选定的融资方式而定。
Toute clause de reconduction automatique ou tacite est prohibée et est réputée nulle.	任何自动或默示续期条款均是被禁止的且被视为无效。
Art. 40. 2. Seuls les travaux ou prestations complémentaires indispensables à la bonne exécution du service ou imposés par l'Autorité Contractante et ne pouvant être amortis pendant la durée restante du PPP justifient la prorogation du PPP.	第 40.2 条　为了服务的良好履行或经缔约机关要求的而必须实施额外的工程或提供额外的产品和服务，且该等工程或提供的产品和服务在 PPP 的剩余期限内不能得到摊销，在此情形下才能合理地对 PPP 进行延期。
Art. 41. – Régime des biens	**第 41 条 – 资产制度**
Art. 41. 1. Les Biens de Retour appartiennent à l'Autorité Contractante dès leur acquisition ou leur construction par le Partenaire.	第 41.1 条　待返还资产一经社会资本购置或建造即属于缔约机关所有。
Les Biens de Retour sont restitués à l'Autorité Contractante dans les conditions prévues par le PPP à son expiration.	待返还资产在 PPP 期限届满时根据 PPP 规定的条件返还给缔约机关。
Art. 41. 2. A l'expiration du PPP, les Biens de Reprise peuvent revenir à l'Autorité Contractante moyennant une compensation versée par cette dernière au Partenaire dans les conditions prévues par le PPP.	第 41.2 条　在 PPP 期限届满时，可收购资产的所有权可转移至缔约机关，但缔约机关须在 PPP 规定的条件下向社会资本支付相应的补偿。

Art. 41. 3. Les Biens Propres sont et demeurent la propriété du Partenaire à l'expiration du PPP.	第 41.3 条　在 PPP 期限届满时，自有资产是社会资本的资产，之后也是社会资本的资产。
Art. 42. – Clauses obligatoires	**第 42 条 – 必备条款**
Doivent obligatoirement figurer dans tout PPP les clauses relatives:	任何 PPP 必须包含与以下内容有关的条款：
• à son objet;	• PPP 的目的；
• aux obligations du Partenaire;	• 社会资本的义务；
• à sa durée;	• PPP 的期限；
• aux objectifs de performance;	• 绩效目标；
• au partage des risques;	• 风险分担；
• à la rémunération du Partenaire;	• 社会资本的回报；
• aux engagements financiers de l'Autorité Contractante;	• 缔约机关的财务承诺；
• aux garanties d'exécution;	• 履约担保；
• aux modalités de contrôle de l'Autorité Contractante et aux obligations de reporting du Partenaire;	• 缔约机关的监管方式和社会资本的汇报义务；
• aux sanctions, défaillance du Partenaire et pénalités;	• 惩罚、社会资本的违约以及处罚；
• aux conditions de validité et d'entrée en vigueur du PPP;	• PPP 的有效和生效的条件；
• au régime des biens;	• 资产制度；
• au régime fiscal et douanier;	• 税收和海关制度；
• aux conditions de sous-traitance;	• 分包的条件；
• à l'obligation du Partenaire de disposer d'une assurance adaptée;	• 社会资本投保的义务；
• aux conditions dans lesquelles il peut être procédé à la modification ou à la résiliation du PPP;	• PPP 的变更或解除的条件；

• aux modalités d'indemnisation en cas de survenance d'événements extérieurs aux parties;	• 由合同方之外的原因发生的事件的赔偿方式;
• aux conditions de cession totale ou partielle du PPP;	• PPP 的全部或部分转让的条件;
• aux conditions de transfert d'un intérêt majoritaire dans la société titulaire du PPP;	• 持有 PPP 的公司的多数股权的转让条件;
• à la continuité du service en cas de défaillance du Partenaire;	• 社会资本违约时服务的连续性;
• au respect de la législation sociale;	• 对于劳动法的遵守;
• aux dispositions applicables en cas de manquement de l'Autorité Contractante à ses obligations;	• 缔约机关未履行其义务时的适用规定;
• au règlement des litiges.	• 争议解决。
Titre 5 – Exécution du PPP	**第五编 – PPP 的履行**
Art. 43. – Modification du PPP	**第 43 条 – PPP 的变更**
Le PPP précise les conditions dans lesquelles il peut être procédé à la modification de certaines de ses clauses à la demande de l'une ou des deux parties.	PPP 具体规定了应一方或双方的要求可以变更其中某些条款的条件。
Toute modification du PPP devra faire l'objet d'une approbation préalable par l'Autorité Contractante et devra également être soumise à l'approbation du Conseil des Ministres après avis de l'Unité PPP. Les modifications apportées au PPP ne peuvent avoir pour effet de modifier la nature du projet ou d'affecter substantiellement les caractéristiques essentielles de ce projet.	PPP 的任何变更都必须获得缔约机关的事先批准,且必须在征求 PPP 局的意见后提交部长委员会批准。PPP 的变更不能改变项目的性质,也不能对项目的基本特征产生实质性的影响。

Art. 44. – Cession du PPP	**第 44 条 – PPP 的转让**
Le Partenaire peut céder, totalement ou partiellement, le PPP à un tiers dans les conditions définies par ce contrat.	在 PPP 合同规定的条件下，社会资本可以将 PPP 全部或部分转让给第三方。
Le tiers auquel le PPP est cédé doit présenter des garanties financières, techniques et juridiques suffisantes et, selon le contrat en cause, être en mesure d'assurer la continuité du service public.	受让 PPP 的第三方必须提供足够的财务、技术和法律保障，并且根据具体的合同，能够确保公共服务的连续性。
Toute cession, totale ou partielle, du contrat de PPP par le Partenaire à un tiers doit faire l'objet d'une approbation préalable de l'Autorité Contractante et devra également être soumise à l'approbation du Conseil des Ministres après avis de l'Unité PPP dans les mêmes délais que ceux prévus à article 16.	社会资本向第三方全部或部分转让 PPP 应获得缔约机关的事先批准，且应在征求 PPP 局的意见后须经部长委员会批准，该等批准的期限与第 16 条规定的期限相同。
L'approbation de cette cession par l'Autorité Contractante entraine la subrogation du cessionnaire dans les droits et obligations du cédant.	缔约机关批准转让导致受让人代替转让人享有其权利并承担其义务。
Toute cession du contrat de PPP, si elle est autorisée, ne peut, en tout état de cause, intervenir qu'à l'issue d'un délai prévu contractuellement. Ce délai ne peut être inférieur à deux ans à compter de la signature du contrat.	被批准的 PPP 合同的转让在任何情况下都只能在合同规定的期限届满之后进行。该期限不得短于两年，自合同签署之日起算。
Art. 45. – Cession de participations	**第 45 条 – 转让出资**
Le Partenaire peut céder, totalement ou partiellement, ses participations dans la société de projet Partenaire à un tiers dans les conditions définies par le PPP.	社会资本可以根据 PPP 确定的条件将其在合作项目公司中全部或部分的出资转让给第三方。

Toute cession, totale ou partielle, des participations de l'Attributaire dans la société de projet Partenaire à un tiers doit faire l'objet d'une approbation préalable de l'Autorité Contractante devra également être soumise à l'approbation du Conseil des Ministres après avis de l'Unité PPP.	中标人向第三方全部或部分转让其在合作项目公司中的出资均须获得缔约机关的事先批准,且须在征求 PPP 局的意见后经部长委员会批准。
L'approbation de cette cession par l'Autorité Contractante entraine la subrogation du cessionnaire dans les droits et obligations du cédant.	缔约机关批准转让导致受让人代替转让人享有其权利并承担其义务。
Toute cession de participations, si elle est autorisée, ne peut, en tout état de cause, intervenir qu'à l'issue d'un délai prévu contractuellement. Ce délai ne peut être inférieur à deux ans à compter de la signature du contrat.	被批准的出资的转让在任何情况下都只能在合同规定的期限届满之后进行。该期限不得短于两年,自合同签署之日起算。
Art. 46. – Résiliation du PPP	**第 46 条 – PPP 的解除**
Le PPP peut être résilié en cas de force majeure prolongée, de raisons impérieuses d'intérêt général, de manquement grave du Partenaire ou de l'Autorité Contractante à ses obligations contractuelles dans les conditions définies par les stipulations du PPP ou encore en cas d'accord des parties.	在持续不可抗力、出于公共利益的迫切原因、社会资本或缔约机关在 PPP 规定的情形中严重违反合同义务或双方同意的情况下,可解除 PPP。
Le PPP détermine l'indemnisation perçue par chaque partie dans chacun des cas de résiliation ainsi que les modalités de versement de cette indemnisation.	PPP 确定各种解除情形中各方获得的赔偿以及该赔偿的支付方式。

Art. 47. – Droit de substitution	**第 47 条 – 替代权**
L'Autorité Contractante peut convenir avec les entités octroyant un financement pour un projet, ou avec le Partenaire, de la substitution à ce dernier d'une nouvelle entité en charge de l'exécution du PPP en vigueur en cas de manquements graves du Partenaire ou de la survenance d'autres événements pouvant justifier la résiliation de ce contrat.	缔约机关可与为项目提供资金的实体或与社会资本达成协议，在社会资本严重违约或发生可以证明解除本合同的合理性的其他事件时，以一个新的实体取代社会资本，以便负责履行现行有效的 PPP。
Art. 48. – Sûretés	**第 48 条 – 担保**
Le Partenaire a le droit de constituer, sur l'un de ses biens ou droits, y compris sur ceux qui sont liés au projet, les sûretés nécessaires pour obtenir tout financement requis par le projet, en particulier les suivantes :	社会资本有权在其资产或权利（包括与项目相关的资产或权利）上设置所需的担保，以获得项目所需的任何融资，尤其是以下担保：
• sûretés sur les biens meubles ou immeubles lui appartenant ou sur ses droits sur les biens du projet ;	• 在其动产或不动产上或者在其对项目资产的权利上设置担保；
• cession ou nantissement du produit ou des créances qui lui sont dues par l'Autorité Contractante en contrepartie des prestations ou services fournies ou des investissements réalisés.	• 转让或质押缔约机关应该向其支付的产品或者债权，该等产品或者债权的对价是其提供的产品或服务或者实施的投资。
Dans l'hypothèse de la réalisation d'investissements par le Partenaire, l'Autorité Contractante peut s'engager au paiement irrévocable au bénéfice des entités octroyant un financement de tout ou partie du montant de la créance relative à ces investissements. Cet engagement est conditionné à la constatation que les investissements ont été réalisés conformément aux prescriptions du PPP.	在社会资本实施投资的情况下，缔约机关可承诺向提供融资的实体不可撤销地支付与投资有关的全部或部分债权金额。该承诺作出的条件是认定投资已根据 PPP 规定实施。

Les actionnaires de la société de droit djiboutien titulaire du PPP ont le droit de nantir les actions qu'ils obtiennent de la société cocontractante ou de constituer sur elles toute autre sûreté.	持有 PPP 的吉布提公司的股东有权质押其从该公司获得的股份,或在该等股份上设置任何其他担保。
Art. 49. – Garantie de l'Etat	**第 49 条 – 国家担保**
Art. 49. 1. Le PPP peut donner lieu à la mise en œuvre d'un mécanisme de garantie de l'Etat en cas de défaillance de paiement de l'Autorité Contractante.	第 49.1 条　在缔约机关支付违约的情况下,PPP 可导致实施国家担保机制。
Art. 49. 2. Dans cette hypothèse, l'Autorité Contractante procède à la création d'un compte séquestre sur lequel est provisionné l'équivalent de six mois de paiement dû au Partenaire.	第 49.2 条　在这种情况下,缔约机关须设立一个代管账户,并在其中注入金额相当于应付给社会资本六个月的款项的金额。
Art. 49. 3. En cas de défaut de paiement de l'Autorité Contractante et à l'issue de l'épuisement des fonds séquestrés, la garantie de l'Etat pourra être mise en jeu.	第 49.3 条　在缔约机关不付款的情况下,且在代管账户中的资金用尽后,便可实施国家担保。
Art. 49. 4. Les modalités de création du compte séquestre visé à l'article 49. 2 sont définies par l'Accord de Garantie, approuvé par une loi.	第 49.4 条　第 49.2 条规定的代管账户的设立方式由法律批准的担保协议进行规定。
Titre 6 – Régime fiscal et douanier	**第六编 – 税收和海关制度**
Art. 50. – Régime fiscal et douanier	**第 50 条 – 税收和海关制度**
Les avantages prévus par les régimes fiscal et douanier ainsi que par les lois et règlements en vigueur sont accordés au Partenaire.	社会资本享有税收和海关制度以及现行法律法规所规定的优惠。
Les Titulaires de PPP ne peuvent pas bénéficier du régime prévu au titre de la loi portant Code des Zones Franches.	PPP 的持有人不能享受《免税区法典》规定的制度。

Titre 7 – Régime foncier et domanial	第七编 – 土地和财产制度
Art. 51. – Opérations foncières et domaniales	**第 51 条 – 土地和财产操作**
Les opérations foncières et domaniales réalisées en application de la présente loi sont soumises aux lois et règlements en vigueur.	根据本法实施的土地和财产交易须遵守现行法律法规。
Art. 52. – Autorisation d'occupation du domaine public	**第 52 条 – 公产的占用许可**
Lorsque le PPP emporte occupation du domaine public, il vaut autorisation d'occupation du domaine public jusqu'à son expiration ou sa résiliation.	当 PPP 导致占用公产时，需获得对公产的占用许可，许可的有效期应直至 PPP 期限届满或解除。
Cette autorisation peut prendre la forme d'un Bail Emphytéotique Administratif.	该许可可采用行政长期租约的形式。
Cette occupation du domaine public donne lieu à la perception de la redevance annuelle, sauf clause contraire insérée dans le contrat de PPP.	除非 PPP 合同中另有规定，否则对公产的占用需按年缴纳使用费。
Titre 8 – Résolution des différends	**第八编 – 争议解决**
Chapitre 1 – Droit applicable et compétence juridictionnelle	**第一章 – 适用法律和司法管辖权**
Art. 53. – Droit applicable	**第 53 条 – 适用法律**
Les PPP sont des contrats administratifs soumis au droit djiboutien.	PPP 是行政合同，其适用吉布提的法律。
Art. 54. – Compétence juridictionnelle	**第 54 条 – 司法管辖权**
Le contentieux de la passation et de l'exécution des PPP relève de la compétence de la juridiction administrative sous réserve des dispositions des Chapitres 2 et 3 du présent Titre.	在遵守本编第二章和第三章的规定的前提下，PPP 的缔结和履行产生的争议属于行政法院的管辖范围。

Chapitre 2 – Règlement des différents	**第二章 – 争议解决**
Art. 55. – Recours relatifs à la passation du PPP	**第 55 条 – 与 PPP 的缔结有关的申诉**
Art. 55. 1. Les contestations relatives à la procédure de passation d'un PPP sont obligatoirement portées devant Commission de Régulation des PPP, dans un délai de quinze jours suivant la notification du rejet de l'offre d'un soumissionnaire.	第 55.1 条　与 PPP 的缔结程序有关的异议必须在候选人被通知其方案被拒绝后的 15 日内向 PPP 管控委员会提起。
La Commission de Régulation des PPP doit se prononcer dans un délai de trente jours suivant la réception de ladite contestation.	PPP 管控委员会应在收到异议后的 30 日内作出决定。
Le dépôt d'une telle contestation suspend la procédure de signature du PPP, et ce jusqu'à la date de la décision de la Commission de Régulation des PPP.	异议的提交将暂停 PPP 的签署程序直至 PPP 管控委员会作出决定之日。
Art. 55. 2. Seuls les soumissionnaires ayant effectivement participé à la procédure de passation d'un PPP sont habilités à soumettre une telle contestation.	第 55.2 条　只有实际参与 PPP 的缔结程序的候选人才有权提出此等异议。
Art. 55. 3. En cas de rejet de sa contestation, le soumissionnaire peut saisir le Tribunal administratif.	第 55.3 条　在异议被驳回的情况下，候选人可向行政法院起诉。
Art. 56. – Règlement des différends pendant l'exécution du PPP	**第 56 条 – PPP 履行期间的争议解决**
Tout différent entre l'Autorité Contractante et le Partenaire est réglé par les mécanismes de règlement des différends convenus par les parties dans le PPP.	缔约机关与社会资本之间的任何争议通过 PPP 中各方商定的争议解决机制进行解决。
Les différends seront réglés de préférence à l'amiable.	争议优先通过友好协商的方式进行解决。

En l'absence de règlement amiable du différend, le PPP pourra prévoir que les parties auront recours à l'arbitrage en application de l'article 58 de la présente loi. En l'absence de clause prévoyant le recours à l'arbitrage, le différend est tranché par le tribunal administratif.	若通过友好协商不能解决争议,PPP 可规定各方可适用本法第 58 条的规定提请仲裁。不存在仲裁条款的情况下,争议由行政法院进行审理。
Art. 57. – Règlement des différends avec les usagers	**第 57 条 – 与用户的争议解决**
Lorsque le Partenaire fournit des services à la population ou exploite des ouvrages accessibles aux usagers, l'Autorité Contractante peut exiger qu'il établisse des mécanismes simplifiés et efficaces pour traiter les réclamations émanant de ses clients ou des usagers de l'ouvrage.	当社会资本向公众提供服务或运营对用户开放的工程时,缔约机关可要求社会资本建立简单且有效的机制,以处理来自其客户或工程的用户的诉求。
A défaut de règlement à l'amiable, les juridictions nationales sont compétentes pour trancher les différends entre les usagers et le Partenaire.	若通过友好协商不能解决争议,本国司法机关有权管辖用户与社会资本之间的争议。
Chapitre 3 – Arbitrage	**第三章 – 仲裁**
Art. 58. – Arbitrage	**第 58 条 – 仲裁**
Sans préjudice de l'exercice des voies de recours prévues par les textes en vigueur, l'Autorité Contractante et le Partenaire peuvent insérer dans le PPP une clause permettant le recours à la procédure d'arbitrage pour régler un différend survenu à l'occasion de l'exécution du PPP.	在不影响现行法律法规规定的申诉方法的实施的情况下,缔约机关和社会资本可在 PPP 合同中设置一项条款,该条款允许通过仲裁程序解决在 PPP 的履行中产生的争议。
Toute clause par laquelle l'Autorité Contractante renoncerait à son privilège d'immunité est considérée comme valide sauf en cas de questions touchant à la Défense, à la Sûreté ou à la Souveraineté Nationale.	缔约机关放弃其豁免权的任何条款均被视为有效,但涉及国防、国家安全或国家主权的事项除外。

Titre 9 – Dispositions diverses	第九编 – 其他规定
Art. 59. – Langues	**第 59 条 – 语言**
Le contrat doit obligatoirement être rédigé en langue française.	合同必须以法文编写。
Dans le cas où celui-ci est également ré digé en langue anglaise, seule la version française du contrat fait foi.	在合同同时用英文编写的情况下,仅以法文版本为准。
Art. 60. – Dispositions d'application	**第 60 条 – 适用规定**
Des textes réglementaires déterminent, en tant que de besoin, les dispositions de toute nature nécessaires à l'application de la présente loi.	法规根据需要确定本法的实施所需的任何性质的规定。
Art. 61. – Dispositions finales	**第 61 条 – 最终规定**
La présente loi, qui abroge toutes dispositions antérieures contraires, sera enregistrée et publiée au Journal Officiel de la République de Djibouti.	本法废除任何相反的在先规定,其将在吉布提共和国官方公报上记载和公布。
Art. 62. – Date d'entrée en vigueur	**第 62 条 – 生效日期**
La présente loi entre en vigueur six mois après la date de publication au Journal officiel de la République de Djibouti.	本法自其在吉布提共和国官方公报公布之日的六个月后生效。
Toutefois, la présente loi ne s'applique pas aux procédures de consultation relatives aux PPP, dont l'avis d'appel à la concurrence a été publié antérieurement à la date d'entrée en vigueur de la présente loi, ou figurant sur la liste des projets en cours de consultation à la date de la mise en vigueur de la loi fixée par décret.	然而,本法不适用于在本法生效日期之前已发布竞争性程序公告的 PPP 的磋商程序,也不适用于在法令所规定的法律生效之日在项目清单中的正在磋商的 PPP 的磋商程序。

République Gabonaise

Ordonnance n°22/PR/2015 du 11 août 2015 relative aux partenariats public-privé

加蓬共和国

2015 年 8 月 11 日第 22/PR/2015 号

关于政府与社会资本合作的法令

Vu la Constitution;	鉴于《宪法》;
Vu la loi n°010/2015 du 14 juillet 2015 autorisant le Président de la République à légiférer par ordonnances pendant l'inter-session parlementaire;	鉴于2015年7月14日第010/2015号授权加蓬共和国总统在议会休会期间通过法令立法的法律;
Vu la loi organique n°20/2014 du 21 mai 2015 relative aux lois de finances et à l'exécution du budget;	鉴于2015年5月21日第20/2014号关于财政法和预算执行的组织法;
Vu la loi n°14/1998 du 23 juillet 1998 instituant la charte des investissements en République Gabonaise;	鉴于1998年7月23日第14/1998号制定加蓬共和国投资宪章的法律;
Vu le décret n°0332/PR/MEEDD du 28 février 2013 portant attributions et organisation du ministère de l'Economie, de l'Emploi et du Développement Durable, ensemble les textes modificatifs subséquents;	鉴于2013年2月28日第0332/PR/MEEDD号关于经济、就业和可持续发展部的职权和组织的法令以及后续的全部修订条文;
Vu le décret n°0254/PR/MEEDD du 19 juin 2012 portant Code des Marchés Publics;	鉴于2012年6月19日第0254/PR/MEEDD号关于《公共合同法典》的法令;
Vu le décret n° 033/PR du 24 janvier 2014 portant nomination du Premier Ministre, Chef du Gouvernement;	鉴于2014年1月24日第033/PR号关于任命总理(政府首脑)的法令;
Vu le décret n°0353/PR du 03 octobre 2014 fixant la composition du Gouvernement de la République;	鉴于2014年10月3日第0335/PR号关于加蓬共和国政府组成的法令;
Le Conseil d'Etat consulté;	已向最高行政法院咨询;
Le Conseil des Ministres entendu;	部长委员会表示同意;
Ordonne:	本法令规定:

Article 1er: La présente ordonnance fixe le cadre d'élaboration, de signature et d'exécution des contrats et conventions conclus au titre de la mise en œuvre des partenariats public-privé, ci-après désignés contrats de partenariat public-privé, en abrégé CPPP.	**第 1 条**:本法令规定在实施政府与社会资本合作(以下简称 PPP)中所缔结的合同和协议(以下简称 PPP 合同,缩写为 CPPP)的编制、签署和履行的框架。
Elle s'applique à tous les contrats et conventions relevant de ces partenariats, à l'exclusion des contrats conclus entre les personnes de droit public.	本法令适用于属于 PPP 范围的全部合同和协议,但在公法人之间签订的合同除外。
Article 2: Les contrats et conventions de partenariat public-privé ne sont pas soumis aux dispositions du code des marchés publics.	**第 2 条**:PPP 合同和协议不受《公共合同法典》规定的规制。
Ils dérogent, en tant que de besoin, aux dispositions des textes en vigueur ayant un lien avec les contrats administratifs de droit commun.	如有需要,PPP 合同和协议可以与一般法项下的行政合同相关的现行法律规定相悖。
Chapitre 1er: De l'objet et du champ d'application des partenariats public-privé	**第一章:PPP 的宗旨和适用范围**
Article 3: Les contrats et convention de partenariats public-privé ont essentiellement pour objet de permettre à l'autorité publique contractante de confier à la personne privée pour une période déterminée:	**第 3 条**:PPP 合同和协议实质上旨在允许签约的公共权力机关在固定期间内委托私人实施:
- la conception, le financement, la réalisation, l'exploitation, la gestion, l'entretien ou la maintenance d'un projet ou bien;	- 项目或资产的设计、融资、实施、运营、管理、维护或保养;

- tout ou partie des ouvrages, équipements, biens immatériels ou toutes prestations de service concourant à l'exercice des missions de service public relevant du champ de compétence de l'autorité publique contractante concernée.	- 全部或部分的工程、设备、无形资产或对相关的签约公共权力机关职权范围内的公共服务任务的执行提供辅助的其他的服务提供。
Article 4: Les contrats et conventions partenariats public-privé peuvent être conclus dans tous les secteurs, notamment lorsque:	**第 4 条**:可以在各领域签订 PPP 合同和协议,特别是在下列情形中:
- la collectivité publique intéressée estime ne pas être en mesure seule de définir à l'avance les moyens techniques répondant à ses besoins ou d'établir le montage financier ou juridique du projet;	- 有意向的公共行政机关认为其无法自行和事先确定能够满足其需求的技术手段或建立项目的融资结构或法律结构;
- le projet présente un caractère d'urgence se traduisant en particulier par la nécessité de rattraper un retard préjudiciable à l'intérêt général affectant la réalisation d'équipements collectifs ou l'exercice d'une mission de service public, quelles que soient les causes de ce retard, ou de faire face à une situation imprévisible;	- 项目具有紧急性,该紧急性尤其表现为(1)需要弥补损害公共利益的延误,该等延误影响公共设备的实施或公共服务任务的执行,而无论该等延误的产生原因为何,或者(2)需要面对不可预见的情形;
- les caractéristiques du projet et les exigences du service public présentent un rapport coût/avantage plus favorable que ceux d'autres contrats de la commande publique.	- 项目的特征和公共服务的要求具有比其他公共采购合同更佳的成本/优势比。
Chapitre II: Des définitions	**第二章:定义**
Article 5: Au sens de la présente ordonnance et des textes pris en son application, on entend par:	**第 5 条**:在本法令及其实施条文中,作出如下定义:

– **Appel d'offres**: procédure par laquelle, la personne publique choisit, après appel à la concurrence, l'offre économiquement la plus avantageuse, sur la base de critères objectifs portés à la connaissance des candidats;	– **招标**:指一种程序,通过该等程序,公法人在竞争性招标之后根据告知候选人的客观选择标准来选择经济上最有利的方案;
– **Appel d'offres infructueux**: appel d'offres au terme duquel, soit aucune offre n'a été remise à l'expiration de la date limite de dépôt des offres, soit il n'a été proposé que des offres non conformes ou insuffisantes;	– **招标失败**:指在招标结束时,在投标截止日期到达时未收到任何投标,或者收到的仅为不合格的或不完备的投标;
– **Autorité contractante**: l'Etat, la collectivité locale, l'établissement public, la société d'Etat ou tout autre organisme de droit public ayant le pouvoir de conclure un contrat de partenariat public-privé;	– **缔约机关**:指国家、地方行政机关、公共机构、国有公司或有权签订 PPP 合同的公法项下的其他任何机构;
– **Contrat de partenariat public-privé**: toute convention par laquelle l'Etat, une collectivité locale, un établissement public, une société d'Etat ou tout autre organisme de droit public confie à un tiers, pour une période déterminée, en fonction de la durée d'amortissement des investissements ou des modalités de financement retenues, une mission globale relative à la conception, à la construction ou la transformation, l'entretien, la maintenance, l'exploitation ou la gestion d'ouvrages, d'équipements ou de biens immatériels nécessaires au service public, ainsi que tout ou partie de leur financement, à l'exception de toute participation au capital;	– **PPP 合同**:指一种协议,通过该等协议,国家、地方行政机关、公共机构、国有公司或其他任何公法项下的机构将一项整体任务在固定期间内委托给第三方,所述期间根据投资回收期或选定的融资方式而定,所述整体任务涉及公共服务所需的工程、设备或无形资产的设计、建设或改造、维护、保养、运营或管理及其全部或部分的融资,但任何形式的出资除外;

- **PPP institutionnel**: toute convention entre des partenaires publics et privés, en vue de créer une entité commune à capital mixte pour réaliser un objectif de service public.	- **PPP 制度**:指在政府和社会资本之间缔结的各种协议,其旨在设立一个公私合营实体以实现公共服务的目标。
- **Cocontractant**: personne privée qui concourt à l'exercice de tout ou partie d'une mission de service public dans le cadre d'un contrat de partenariat public-privé conclu avec une autorité contractante;	- **PPP 签约人**:指在与缔约机关签订的 PPP 合同中,协助执行全部或部分的公共服务任务的私人;
- **Coût global de l'offre**: somme des coûts actualisés liés à la conception, au financement, à la construction ou à la transformation, à l'entretien, à la maintenance, à l'exploitation ou à la gestion d'ouvrages, d'équipements ou de biens immatériels, les prestations de services prévus pour la durée du contrat.	- **方案总成本**:指在合同期限内所规定的与工程、设备、无形资产的设计、融资、建设或改造、维护、保养、运营或管理有关的或与服务提供有关的贴现的成本总额。
- **Dialogue compétitif**: situation dans laquelle une personne publique se trouvant dans l'impossibilité de définir seule et à l'avance les moyens techniques pouvant répondre à ses besoins ou d'établir le montage financier ou juridique du projet donnant lieu au service objet du contrat de Partenariat Public-Privé, a recours à des tiers afin d'identifier, de définir les moyens permettant de satisfaire au mieux les besoins identifiés;	- **竞争性对话**:指公法人在无法自行和事先确定能够满足其需求的技术手段或建立项目的融资结构或法律结构的情形下适用的程序,所述技术手段、融资结构或法律结构是 PPP 合同标的的服务所需的,公法人因此求助于第三方以便识别并确定能够最好地满足其需求的方式;

– **Offre économiquement la plus avantageuse**: offre conforme aux spécifications techniques et juridiques, présentant globalement les meilleures conditions de réalisation du projet au regard des critères économiques et qualitatifs, portant notamment, sur le coût global de l'offre, les objectifs de performance, les exigences du développement durable, le caractère technique innovant de l'offre et le cas échéant les mesures prises pour la promotion des petites et moyennes entreprises nationales;	– **经济上最有利的方案**：指符合技术规范和法律规范的投标，其在总体上具有项目在经济和质量标准方面的实施的最佳条件，所述最佳条件包括但不限于方案总成本、绩效目标、可持续发展要求、方案的技术创新性以及为促进本国中小型企业的发展而采取的措施（若适用）；
– **Offre spontanée**: proposition à l'initiative d'un opérateur privé relative à l'exécution d'un contrat de partenariat public-privé qui n'est pas soumise en réponse à un appel à concurrence publié par l'autorité contractante dont la conclusion ne peut intervenir qu'après réalisation de l'évaluation préalable;	– **自发提案**：指由私营经营者主动提出的关于履行 PPP 合同的提案，该提案的提交不是针对缔约机关公布的竞争性程序邀请而作出的响应，在竞争性程序邀请中，缔约机关只能在实施预先评估后进行（PPP 合同的）签订；
– **Procédure négociée**: procédure de passation de contrat lorsque:	– **谈判程序**：指在以下情形中适用的合同缔结①程序：
– le service ne peut être réalisé ou exploité, pour des considérations techniques ou juridiques, que par un seul opérateur privé;	– 出于技术或法律方面的考量，服务仅能由唯一的私营经营者实施或运营；
– l'urgence résultant d'événements imprévisibles pour la personne publique;	– 由公法人无法预料的意外事件而产生的紧急情况；

① 中伦注：指将合同授予中标人的所有规则和整个流程，而不仅仅是合同签署的环节。

– les raisons de défense nationale ou de sécurité publique;	– 出于国防或公共安全的原因;
– **Urgence impérieuse**: situation d'urgence rendant impossible le respect des délais de mise en concurrence, et dans laquelle le lien de causalité entre l'évènement imprévisible et l'urgence impérieuse qui en résulte est apparent;	– **重大紧急情况**:指导致不可能遵守竞争性程序的期限的紧急情况,并且该等紧急情况明显地是由意外事件所导致;
– **Soumissionnaire**: personne ou groupe de personnes privées qui présentent une offre concernant un projet de partenariat public-privé.	– **投标人**:指针对 PPP 项目投标的私人或私人联合体。
Chapitre III: Du cadre institutionnel	**第三章:组织架构**
Article 6: Le cadre institutionnel des PPP comprend:	**第 6 条**:PPP 的组织架构包括:
– l'organe de pilotage;	– 指导机构;
– l'organe d'évaluation des offres;	– 评标机构;
– l'organe de contrôle;	– 监督机构;
– l'organe de régulation.	– 管控机构。
Les attributions et l'organisation de ces organes sont fixées par voie réglementaire	该等机构的职权和组织由法规规定。
Chapitre IV: Des types de partenariats public-privé	**第四章:PPP 的类型**
Article 7: Le PPP peut être conclu notamment sous les formes suivantes:	**第 7 条**:PPP 可按照下述形式签订:
– le contrat de partenariat;	– 合作合同;
– le partenariat institutionnel.	– 机构合作。

Section 1: Du contrat de partenariat	第 1 节:合作合同
Sous-section 1: Des caractéristiques du contrat de partenariat	第 1 子节:合作合同的特征
Article 8: La personne publique et son cocontractant déterminent librement, par des dispositions appropriées, les conditions et les modalités de leur partenariat.	**第 8 条**:公法人和与其一起签订 PPP 合同的签约人按照相关规定自由决定其合作的条件和方式。
Article 9: La durée du contrat est fixée en tenant compte du délai prévisible pour l'amortissement de l'investissement à réaliser, des modalités de financement retenues et de la nature de la prestation.	**第 9 条**:基于待实施的投资的投资回收期、选定的融资方式和提供的产品和服务的性质而确定合同期限。
Cette durée ne peut excéder trente ans, sauf lorsque la complexité, les caractéristiques techniques, économiques, comptables et financières du projet ne permettent pas raisonnablement l'amortissement intégral du coût de l'investissement concerné dans ce délai.	合同期限不得超过 30 年,除非项目的复杂性、技术特征、经济特征、会计特征和财务特征理论上使得无法在此期限内全部收回相关投资成本。
Article 10: Le cocontractant de la personne publique assure la maîtrise d'ouvrage des travaux à réaliser.	**第 10 条**:与公法人一起签订 PPP 合同的签约人负责履行待实施工程的业主责任。
Il est rémunéré:	PPP 签约人的回报:
- soit directement par la personne publique contractante;	- 由缔约公法人直接支付;或者
- soit par la perception directe, sur mandat ou pouvoir da la personne publique contractante, du prix des prestations payées par les usagers.	- 根据缔约公法人的委托或授权,从用户对产品和服务支付的费用中直接提取。

Article 11: Lorsque la réalisation d'un projet relève simultanément de la compétence de plusieurs personnes publiques, ces dernières peuvent désigner, par convention, celle d'entre elles qui est chargée de réaliser l'évaluation préalable, de conduire la procédure de passation, signer le contrat et, éventuellement, en suivre l'exécution.	**第 11 条**:当项目的实施同时属于多个公法人的职权范围时,所述多个公法人可通过协议指定其中一个公法人负责实施预先评估、开展缔结程序、签署合同以及跟踪合同的履行(若适用)。
Cette convention précise les conditions de ce transfert de compétences et en fixe le terme.	前述协议规定了该等职权转移的条件并为其设定了期限。
Sous section 2: Des clauses obligatoires du contrat de partenariat	**第 2 子节:合作合同的必备条款**
Article 12: Sont obligatoirement insérées dans tout contrat ou convention de partenariat public-privé les clauses relatives:	**第 12 条**:下述条款必须包含在任何 PPP 合同或协议中:
– à l'objet du contrat;	– 合同标的;
– à la durée;	– 合同期限;
– aux objectifs de performance assignés au cocontractant;	– 分配给 PPP 签约人的绩效目标;
– aux exigences de développement durable;	– 可持续发展要求;
– aux exigences de qualité, de sécurité et de pérennité;	– 质量、安全和连续性要求;
– au partage des risques entre la personne publique et son cocontractant;	– 在公法人和与其签订 PPP 合同的签约人之间的风险分担;
– aux modalités de financement;	– 融资方式;
– aux modalités de rémunération du cocontractant;	– PPP 签约人获取回报的方式;
– à l'équilibre du contrat en cas d'imprévision et de force majeure;	– 在出现意外事件和不可抗力时合同的平衡;

–à la modification du contrat ou à sa résiliation;	–合同的变更或解除;
–au contrôle par la personne publique de l'exécution des obligations du partenaire privé; aux sanctions et pénalités applicables en cas de manquement de l'une des parties à ses obligations;	–公法人对社会资本履行义务的监管;任一方未能履行其义务时可适用的制裁和处罚;
–aux conditions de recours à la sous-traitance;	–进行分包的条件;
–au contrôle de la personne publique sur la cession partielle ou totale du contrat;	–公法人对全部或部分转让合同的监管;
–aux conditions de substitution du contrat;	–合同中替代权(适用)的条件;
–aux sûretés et garanties;	–各种担保和保证;
–aux conséquences de la fin, anticipée ou non, du contrat;	–合同提前终止或到期终止的后果;
–au régime juridique des biens ou la propriété des ouvrages, équipements ou biens immatériels;	–资产的法律制度或者工程、设备或无形资产的所有权(权属);
–aux assurances que les parties doivent contracter;	–各方的投保义务;
–aux modalités de prévention et de règlement des différends;	–争议的预防和解决方式;
–au personnel, dans le respect de la législation du travail;	–符合劳动法的员工相关规定;
–à l'entrée en vigueur du contrat.	–合同的生效。
Section 2: Du partenariat institutionnel[①]	**第 2 节:机构合作**
Article 13: Le PPP institutionnel peut notamment revêtir la forme:	**第 13 条:**PPP 机构合作可采用下述形式:

① 中伦注:如后述可见,机构合作是指合同型的合作和法人型的合作。

– d'une société d'économie mixte;	– 公私合营公司;
– d'un groupement d'intérêt économique;	– 经济利益集团①;
– d'une prise de participation dans le capital d'une entreprise publique existante et qui exécute une commande publique.	– 在进行公共采购的现有的国有企业中进行参股。
Un simple apport de fonds par un bailleur privé à une entreprise publique ne constitue pas un PPP institutionnel.	私人融资方向国有企业的单纯提供资金不构成 PPP 机构合作。
Article 14: Les autres dispositions relatives aux PPP institutionnels sont fixées par voie réglementaire.	**第 14 条**:关于 PPP 机构合作的其他规定由法规规定。
Chapitre V: De l'évaluation préalable	**第五章:预先评估**
Article 15: Tout projet de partenariat fait l'objet d'une évaluation préalable destinée à en déterminer les avantages et les inconvénients.	**第 15 条**:任何合作项目都需要进行预先评估,以便确定其优势和劣势。
Cette évaluation préalable porte sur l'examen des conditions juridiques, économiques, financières et techniques du projet.	该预先评估审查项目的法律、经济、财务和技术条件。
Article 16: L'évaluation préalable est réalisée à la diligence de l'organe de pilotage. Ses résultats font l'objet d'un rapport soumis à l'autorité contractante.	**第 16 条**:指导机构负责进行预先评估。其结果以报告形式提交至缔约机关。
Article 17: Les autres dispositions relatives à l'évaluation préalable sont fixées par voie règlementaire.	**第 17 条**:关于预先评估的其他规定由法规规定。

① 中伦注:经济利益集团(GIE)是 OHADA 统一法规定的一种不同于公司的企业形式,是具有法人资格的集团,其成员数量至少为两个。在成员之间可共同进行某些经营活动,以便改善经营活动的结果,而不影响各个成员之间的独立性。经济利益集团的目的专门为,在一定时间内通过一切适当的方式,促进或发展其成员的经济活动,改善经济活动的结果,经济利益集团的活动需要附属于其成员的经济活动,并且其经济活动相对于其成员的经济活动为附属性的。

Article 18: La passation du contrat de Partenariat Public-Privé est soumise aux principes de liberté d'accès, d'égalité de traitement, d'objectivité, de concurrence et de transparence des procédures et du respect des règles de bonne gouvernance.	**第 18 条**:基于自由参与原则、平等待遇原则、客观原则、竞争性原则和程序透明原则以及遵守良好治理规则的原则来缔结 PPP 合同。
Elle est précédée d'un appel public à la concurrence permettant la présentation de plusieurs offres dans des conditions prévues par voie réglementaire.	PPP 合同的缔结的前置程序为竞争性程序邀请,其允许在法规规定的条件下提交多个方案。
L'avis d'appel public à la concurrence doit mentionner la procédure choisie.	竞争性程序邀请公告应提及选定的程序。
Section 1: De la sélection des candidats	**第 1 节:选择候选人**
Article 19: Ne peuvent soumissionner à un contrat de partenariat:	**第 19 条**:下述主体不能作为合作合同的候选人:
- les personnes en état de liquidation judiciaire ou admises au redressement judiciaire ou ayant fait l'objet de procédures équivalentes en vigueur à l'étranger;	- 处于司法清算状态或被允许进行司法重整或正处于国外同等程序的人;
- les entreprises affiliées aux consultants ayant contribué à préparer tout ou partie des dossiers d'appel d'offres;	- 曾参与准备全部或部分招标文件的顾问的关联企业;
- les personnes qui ont fait l'objet, depuis moins de cinq ans, d'une condamnation définitive pour l'une des infractions prévues par le Règlement n° 01/03 CEMAC/UMAC portant prévention et répression du blanchiment des capitaux et du finance du terrorisme en Afrique centrale et la loi n° 2/2003 du 7 mai 2003 instituant un régime de prévention et de répression de l'enrichissement illicite en République Gabonaise;	- 在 5 年之内曾因第 01/03 CEMAC/UMAC 号关于在中部非洲预防和控制洗钱活动和资助恐怖主义的法规和 2003 年 5 月 7 日第 2/2003 号关于建立在加蓬共和国预防和控制非法牟利的制度的法律中所规定的任何违法行为而被最终定罪的人;

– les personnes qui, au 31 décembre de l'année précédant celle au cours de laquelle a lieu le lancement de la consultation, n'ont pas souscrit les déclarations leur incombant en matière fiscale et sociale ou ne se sont pas acquittées des impôts et cotisations exigibles à cette date.	– 在磋商启动年度前一年的12月31日，未作出其应当进行的税务和社会方面的申报或未缴纳在该日期应当缴纳的各种税费和分摊金的人。
Les dispositions du présent article sont applicables aux personnes morales qui se portent candidates ainsi qu'à celles qui sont membres d'un groupement de candidats.	本条的规定适用于具有候选人身份的法人，也适用于联合体候选人的成员。
Section 2 : Des procédures de passation	**第2节：缔结程序**
Article 20 : Les procédures de passation des contrats et conventions de PPP comprennent :	**第20条：** PPP合同和协议的缔结程序包括：
– l'appel d'offres ;	– 招标；
– le dialogue compétitif ;	– 竞争性对话；
– la procédure négociée ;	– 谈判程序；
– l'offre spontanée.	– 自发提案；
Sous-section 1 : De l'appel d'offres	**第1子节：招标**
Article 21 : L'avis d'appel public à la concurrence marque le lancement de la procédure d'appel d'offres.	**第21条：** 竞争性公开招标公告标志着招标程序的启动。
Il doit être publié dans une ou plusieurs publications nationales ou internationales et peut renvoyer à un règlement de consultation pour préciser certaines de ses dispositions.	竞争性公开招标公告必须在一个或多个本国或国际出版物上公布，并可参考引用某一澄清规则以明确其中的一些规定。

Article 22: L'avis et son règlement de consultation doivent contenir une description complète des objectifs et performances attendus du projet ainsi que ses aspects économiques, juridiques, financiers et techniques.	**第 22 条**:竞争性公开招标公告及其澄清规则必须包含项目的预期绩效标准的完整描述以及项目的经济、法律、财务和技术方面的内容。
Y sont également définis, les critères de sélection des candidatures et les critères d'attribution du contrat. Ces critères de candidature portent notamment sur les capacités professionnelles et les garanties que présente le cocontractant.	竞争性公开招标公告及其澄清规则还须确定候选人选择标准和合同授予标准。该等候选人选择标准尤其包括 PPP 签约人具有的专业能力及其所提供的担保。
Article 23: L'avis d'appel public à la concurrence prévoit la possibilité pour les soumissionnaires de se constituer en consortium.	**第 23 条**:竞争性公开招标公告规定投标人可以组成联合体。
Sauf disposition contraire contenue dans l'avis d'appel public à la concurrence, chaque membre d'un consortium ne peut participer, directement ou indirectement, à plus d'un consortium.	除非竞争性公开招标公告另有规定,否则联合体的每个成员不得直接或间接参加多于一个联合体。
Toute violation expose les soumissionnaires à la disqualification du consortium et de ses différents membres.	任何违反上述规定的行为导致候选人所在联合体及其组成成员丧失资格。
Article 24: Lorsqu'un partenaire au développement participe au financement de tout ou partie de biens immatériels, d'ouvrages ou d'équipements faisant l'objet d'un contrat de partenariat, la procédure d'appel d'offres décrite ci-dessus peut faire l'objet d'ajustements arrêtés d'accord parties entre ce partenaire et la République Gabonaise.	**第 24 条**:如果发展合作方参与全部或部分的作为合作合同标的的无形资产、工程或设备的融资,则上述招标程序可通过该合作方与加蓬共和国之间商定的调整决定而进行调整。

Article 25: La procédure d'évaluation est conduite par l'autorité contractante assistée par la commission d'appel d'offres, dans les conditions fixées par voie réglementaire.	**第 25 条**:评估程序应由缔约机关在招标委员会的协助下根据法规规定的条件而实施。
Article 26: Les autres dispositions relatives à la procédure d'appel d'offres sont fixées par voie réglementaire.	**第 26 条**:关于招标程序的其他规定由法规规定。
Sous-section 2: Du dialogue compétitif	**第 2 子节:竞争性对话**
Article 27: En cas de recours au dialogue compétitif, le délai entre la date de publication de l'avis d'appel public à la concurrence et la date limite de réception des candidatures est d'au moins quarante jours.	**第 27 条**:在采用竞争性对话的情况下,在竞争性程序邀请公告的发布之日和接收候选人资格申请截止日期之间的期限至少为 40 日。
Article 28: La personne publique établit la liste des entreprises et des groupements d'entreprises admis à participer au dialogue compétitif, en se conformant aux critères de sélection des candidatures figurant dans l'avis d'appel public à la concurrence.	**第 28 条**:公法人根据竞争性程序邀请公告中规定的候选人选择标准编制获准参加竞争性对话的企业和企业联合体的清单。
Article 29: Sur la base du programme fonctionnel qu'elle a établi par rapport à ses besoins et ses objectifs, la personne publique engage un dialogue avec chacun des candidats afin de définir les moyens techniques et le montage juridique et financier les mieux à même de répondre à ses besoins.	**第 29 条**:基于公法人自己的需求和目标建立开展计划,公法人与每个候选人进行对话以确定能够最好地满足其需求的技术手段以及法律结构和融资结构。
Article 30: La personne publique examine avec chaque candidat tous les aspects du contrat, sans donner à certains candidats des informations susceptibles de les avantager par rapport à d'autres.	**第 30 条**:公法人与每位候选人一起审查合同的全部内容,而不给予任何候选人能够使其获得竞争优势的信息。

Elle ne peut révéler aux autres candidats des solutions proposées ou des informations confidentielles fournies par un candidat dans le cadre de ces échanges.	公法人不得将对话中提出的方案或保密信息披露给其他候选人。
Article 31： La personne publique échange avec les candidats jusqu'à ce qu'elle soit en mesure d'identifier la ou les solutions susceptibles de répondre à ses besoins après les avoir comparées.	**第 31 条：**公法人与候选人对话，直至公法人能够在比较全部方案之后确定能够满足其需求的一个或数个方案为止。
Elle peut prévoir que les échanges se déroulent en phases successives au terme desquelles seules seront retenues les propositions répondant au mieux aux critères fixés dans l'avis d'appel public à la concurrence ou dans le règlement de consultation.	公法人可安排在连续阶段中进行对话，在对话结束之后，仅保留能够最好地满足竞争性程序邀请公告和澄清规则中规定的标准的提案。
Le recours à cette possibilité doit avoir été indiqué dans l'avis d'appel public à la concurrence dans le règlement de la consultation.	适用竞争性对话的前提是必须在竞争性程序邀请公告和澄清规则中规定采用竞争性对话。
Article 32： Lorsqu'elle estime que les consultations sont arrivées à leur terme, la personne publique en informe les candidats qui ont participé à toutes les phases de ces consultations.	**第 32 条：**当公法人认为磋商已经结束时，则将其通知已参与该等磋商的全部阶段的候选人。
Elle invite les candidats à remettre leur offre finale sur la base de la ou des solutions présentées et spécifiées au cours du dialogue, dans un délai qui ne peut être inférieur à un mois.	公法人邀请候选人在不少于一个月的期限内提交其最终方案，此最终方案以在对话期间提交和详细说明的一种或多种方案为基础。

Elle définit les conditions d'exécution du contrat, y compris celles de ses clauses qui prévoient une évolution, pendant la durée du contrat, des droits et obligations du cocontractant et, le cas échéant, précise les critères d'attribution du contrat définis dans l'avis d'appel public à la concurrence ou dans le règlement de la consultation.	公法人确定合同的履行条件,其中包括在合同期限内 PPP 签约人权利义务变化的条款的履行条件,并且明确在竞争性程序邀请公告或澄清规则中规定的合同授予标准(如适用)。
Article 33: Il peut être prévu, dans l'avis d'appel public à la concurrence ou le règlement de la consultation, une prime allouée à tous les candidats ou à ceux dont les offres ont été les mieux classées, notamment lorsque les demandes de la personne publique impliquent un investissement significatif.	**第 33 条:**在竞争性程序邀请公告或在澄清规则中可规定,特别是在公法人的需求要求大额投资的情况下,对所有候选人或投标排名在最前的候选人授予一笔补偿金。
Article 34: Les autres dispositions relatives au dialogue compétitif sont fixées par voie réglementaire.	**第 34 条:**关于竞争性对话的其他规定由法规规定。
Sous-section 3: De la procédure Négociée	**第 3 子节:谈判程序**
Article 35: La procédure négociée a un caractère exceptionnel. Elle intervient après publication d'un avis d'appel public à la concurrence, dans les seuls cas suivants:	**第 35 条:**谈判程序具有特别的性质。在发布竞争性程序邀请公告之后,仅在下述情形中适用谈判程序:
- lorsque l'urgence résulte d'événements imprévisibles pour la personne publique;	- 当出现公法人不可预见的意外事件导致发生紧急情况时;
- lorsque le montant du contrat à réaliser est inférieur à un seuil fixé par voie réglementaire.	- 当待实施的合同的标的额低于法规规定的阈值时。
Article 36: Les autres dispositions relatives à la procédure négociée sont fixées par voie réglementaire.	**第 36 条:**关于谈判程序的其他规定由法规规定。

Sous-section 4 : De l'offre spontanée	**第 4 子节:自发提案**
Article 37 : L'offre spontanée est faite à la personne publique par l'opérateur privé porteur d'idées innovantes sur le plan technique, économique ou financier utiles à la réalisation d'un projet.	**第 37 条:**自发提案指私营经营者提交至公法人的提案,该私营经营者持有项目实施所需的技术、经济或财务方面的创新性意见。
L'opérateur visé à l'alinéa 1er ci-dessus, qui dispose des capacités techniques, professionnelles et financières appropriées, et qui ne se trouve pas dans un cas d'exclusion est admis à participer aux procédures de passations des contrats et des conventions PPP.	上述第 1 款规定的具有合适的技术能力、专业能力和财务能力,并且不属于被排除的情形的经营者被允许参加 PPP 合同和协议的缔结程序。
Article 38 : La communication à la personne publique d'une idée innovante, qui serait suivie du lancement d'une procédure de contrat de partenariat, peut donner lieu au versement d'une prime forfaitaire, selon les modalités déterminées par voie réglementaire.	**第 38 条:**向公法人提交创新性意见,之后可能启动合作合同的程序,(公法人)可以对此根据法规规定的方式支付一笔定额补贴。
Article 39 : Une offre spontanée n'est recevable que si l'autorité publique n'a pas fait état, à la date de la présentation de l'offre, de son intention, même éventuelle, de réaliser un tel projet.	**第 39 条:**若公共权力机关在收到自发提案之日未表现其实施或可能实施自发提案涉及的项目的意图,则自发提案方可被受理。
Article 40 : L'offre spontanée est soumise à l'évaluation préalable par l'autorité contractante.	**第 40 条:**自发提案须经缔约机关预先评估。
L'auteur de l'offre spontanée peut participer à l'appel d'offre, dans les mêmes conditions que les autres soumissionnaires.	自发提案的发起人可以在与其他投标人同等的条件下参与招标。

Dans le cas où l'auteur de l'offre n'est pas retenu en tant qu'attributaire, à l'issue de l'appel d'offres, la personne publique peut lui verser une prime forfaitaire dont les conditions sont fixées dans le règlement d'appel d'offres.	如果自发提案的发起人没有被选定为中标人,则在招标结束时,公法人可以根据招标规则确定的条件向其支付一笔定额补贴。
Article 41: Les autres dispositions relatives à l'offre spontanée sont fixées par voie réglementaire.	**第 41 条**:关于自发提案的其他规定由法规规定。
Section 3: De l'attribution du contrat de Partenariat Public-Privé	**第 3 节:PPP 合同的授予**
Article 42: Le contrat est attribué au candidat qui a présenté l'offre économiquement la plus avantageuse selon les critères fixés dans le dossier d'appel public à la concurrence.	**第 42 条**:根据竞争性公开招标文件中设定的标准将合同授予至提出经济上最有利的方案的候选人。
Article 43: Les critères d'attribution du contrat doivent être pondérés ou hiérarchisés si l'autorité contractante démontre que la pondération est objectivement impossible.	**第 43 条**:合同的授予标准须是加权的,如果缔约机关证明合同的授予标准在客观上不可能是加权的,则其可是分级的。
Parmi les critères d'attribution, figurent nécessairement le coût global de l'offre, les objectifs de performance définis en fonction de l'objet du contrat, en particulier en matière de développement durable, et la part d'exécution du contrat que le candidat s'engage à confier à des petites et moyennes entreprises ou à des artisans de droit gabonais.	在授予标准中,必须包括方案总成本、根据合同标的而设定的绩效目标(尤其是可持续发展方面的绩效目标)以及候选人承诺委托加蓬法律项下的中小型企业或手工业者履行的合同的份额。

D'autres critères, en rapport avec l'objet du contrat, peuvent être retenus, notamment la valeur technique et le caractère innovant de l'offre, le délai de réalisation des ouvrages, équipements ou biens immatériels, leur qualité architecturale, esthétique ou fonctionnelle.	也可采用与合同标的相关的其他标准，尤其是方案的技术价值和创新性；工程、设备或无形资产的实施期限及其建筑、外观或功能方面的质量。
Article 44: La personne publique peut demander au candidat ayant remis l'offre la plus avantageuse de clarifier des aspects de son offre ou de confirmer les engagements figurant dans celle-ci.	**第 44 条：**公法人可要求提交了最有利的方案的候选人澄清其方案的内容或确认在其方案中的义务。
En tout état de cause, ces demandes ne peuvent avoir pour effet de modifier les éléments fondamentaux de l'offre ou les caractéristiques essentielles d'offre dont la variation est susceptible de fausser la concurrence ou d'avoir un effet discriminatoire.	无论如何，此类要求不得导致变更方案的基本内容或变更方案的基本特征，且该等变更可能导致不正当竞争或具有歧视性效果。
Article 45: Dès qu'elle a désigné l'attributaire du contrat, la personne publique informe tous les candidats de cette décision.	**第 45 条：**公法人在选定 PPP 合同持有人之后立即将该决定通知全部候选人。
Le contrat ne peut, à peine de nullité, être signé avant l'expiration des délais de recours prévus par la présente ordonnance.	PPP 合同不可在本法令规定的申诉期限届满之前签署，否则合同无效。
Article 46: L'expiration des délais de recours ouvre droit à la signature de la convention.	**第 46 条：**申诉期限届满后方可签署 PPP 合同（协议）。
Si la personne publique renonce à cette signature du contrat ou de la convention, elle en informe l'attributaire en indiquant les motifs de cette décision au plus tard dans les cinq jours francs qui suivent l'ouverture du droit à la signature.	如果公法人决定放弃签署 PPP 合同或协议，其最晚须在可以签署之日的次日起起算的 5 日内通知中标人该放弃决定并说明理由。

Article 47: Le contrat est notifié à l'attributaire avant tout commencement d'exécution.	**第 47 条**:在开始履行 PPP 合同之前,将 PPP 合同通知中标人。
Dans un délai de trente jours à compter de cette notification, la personne publique publie un avis d'attribution au Journal Officiel ou dans un journal d'annonces légales agréé.	自通知之日起 30 日内,公法人在官方公报或经批准发布法律公告的刊物上发布授予公告。
Cet avis d'attribution est établi conformément au modèle établi par arrêté du ministre chargé de l'Economie.	该授予公告根据经济部部长发布的法令编制的模板而制定。
Article 48: Une fois signés, les contrats et conventions de partenariat et leurs annexes sont communiqués aux autorités administratives dans des conditions fixées par voie réglementaire.	**第 48 条**:合作合同和协议及其附件一经签署即须在法规规定的条件下提交至行政机关。
Les informations et documents communiqués ne sont utilisés qu'à des fins de recensement et d'analyse économique.	被提交的信息和文件仅用于审查和经济分析之用。
Les mentions figurant dans ces contrats qui sont couvertes par le secret, notamment en matière industrielle et commerciale, ne peuvent être divulguées.	该等合同中的保密内容,尤其是工商业方面的保密内容不得被披露。
Section 4: Des exceptions	**第 4 节:例外情形**
Article 49: Par dérogation aux dispositions relatives à l'appel public à la concurrence, et sous réserve de l'approbation du Conseil des Ministres, l'autorité contractante est autorisée à négocier un contrat de partenariat public privé, sans recourir aux procédures prévues ci-dessus, dans les cas suivants:	**第 49 条**:作为关于竞争性程序邀请的规定的例外,且在部长委员会批准的前提下,缔约机关被许可无需适用上述所规定的程序而在下述情形中进行 PPP 合同的谈判:
- lorsque le projet concerne la sécurité ou la défense nationale;	- 当项目涉及国家安全或国防时;

– lorsqu'un seul opérateur est en mesure de fournir le service demandé;	– 当仅有一个经营者有能力提供需要的服务时；
– lorsque la procédure d'appel d'offres a été publiée sans résultat;	– 当招标程序被公布且无结果时；
– lorsqu'aucune offre n'a satisfait aux critères d'évaluation énoncés dans l'appel d'offres et que l'autorité contractante juge qu'une nouvelle invitation à l'appel d'offres aura peu de chance d'aboutir à l'attribution du projet dans les délais requis.	– 当没有任何投标满足招标中列出的评估标准时，且缔约机关认定（发起）新的招标邀请不太可能在预计的期限内导致授予项目。
Section 5: De la confidentialité et de la conservation des actes	**第 5 节：保密性和文书保存**
Article 50: L'autorité contractante traite les offres de manière à éviter la divulgation de leur contenu aux soumissionnaires concurrents.	**第 50 条：**缔约机关处理投标时须避免将投标内容披露给共同竞争的候选人。
Tous échanges, communications et négociations ayant lieu entre l'autorité contractante et un soumissionnaire sont confidentiels, sauf à l'égard des autorités administratives indépendantes investies des pouvoirs de contrôle et d'enquête et de l'autorité judiciaire dans le cadre d'une enquête ou d'une décision de justice.	在缔约机关和候选人之间进行的任何交流、通信和谈判都是保密的，但向拥有监管和调查权力的独立行政机关披露以及司法机关在调查或司法决定中要求披露的情况除外。
Article 51: L'autorité contractante conserve pendant une durée de dix ans, à compter de l'attribution du contrat de partenariat, les informations liées aux procédures de sélection et d'attribution.	**第 51 条：**自合作合同授予之日起 10 年内，缔约机关应保存与选择和授予程序有关的信息。

Chapitre VII: Du régime Juridique et des sûretés	**第七章[1]:法律制度和担保制度**
Article 52: Pendant la durée du contrat ou de la convention, le partenaire privé dispose de droits réels sur les ouvrages et équipements qu'il réalise, dans les limites et conditions définies par le contrat.	**第 52 条:**在 PPP 合同或协议的期限内,社会资本对于其实施的工程和设备在合同规定的限制和条件下享有物权。
A l'expiration du contrat, les biens visés à l'alinéa premier ci-dessus sont de plein droit transférés à l'autorité contractante.	在 PPP 合同期限届满后,本条上述第 1 款规定的资产应依法转移至缔约机关。
Article 53: Le cocontractant a le droit de constituer, afin de faciliter le financement du projet, des sûretés et garanties sur les actifs acquis ou réalisés dans le cadre de l'exécution du contrat en nantissant les produits et les créances provenant du contrat ou en constituant toute autre sûreté appropriée, sans préjudice de toute règle de droit interdisant la constitution de sûreté sur un bien public ou faisant partie du domaine public, notamment:	**第 53 条:**在不影响任何禁止在公共资产或属于公产的资产上设置担保的法律规定实施的前提下,为方便项目的融资,PPP 签约人有权通过质押来自于合同的产品和债权或者设置任何其他合适的担保,从而在其履行合同的过程中购置或实施的资产上设置担保或保证,尤其是:
- des sûretés sur les biens meubles ou immeubles lui appartenant ou sur ses droits sur les biens du projet;	- 在其拥有的动产或不动产上或者其对于项目资产的权利上设置担保;
- des nantissements du produit ou des créances qui lui sont dues au titre de l'utilisation de l'ouvrage ou des services qu'il fournit.	- 产品质押或因使用其提供的工程或服务而产生的债权的质押。

① 中伦注:原文如是,这里编号存在问题。

Chapitre VIII: De l'exécution des contrats de partenariat	**第八章:合作合同的履行**
Article 54: L'opérateur du projet ou le titulaire du contrat de partenariat, sélectionné à l'issue de la procédure de passation prévue par la présente ordonnance, est responsable personnellement de son exécution. Il peut confier, à ses risques, la réalisation de certaines de ses obligations à des tiers placés sous sa responsabilité.	**第 54 条**:本法令规定的缔结程序结束后选择的项目经营者或合作合同持有人亲自负责项目的履行。其可在自担风险和责任的前提下将其某些义务的履行委托给第三方。
Article 55: Le cocontractant établit chaque année un rapport d'étape que l'autorité compétente présente à la collectivité publique responsable du projet.	**第 55 条**:PPP 签约人每年编制一份进度报告,主管权力机关向负责该项目的公共行政机关提交该进度报告。
Ce rapport contient notamment:	该进度报告包括但不限于:
– pendant la phase de conception-construction, les points essentiels de la réalisation;	– 在设计 – 建设阶段,实施的要点;
– pendant la phase d'exploitation, les éléments essentiels du service rendu pendant l'année écoulée et, en particulier, les valeurs obtenues pour les indicateurs de performance.	– 在运营阶段,上一年度中已提供的服务的要点,特别是在绩效指标上取得的价值。
Article 56: Un suivi régulier de l'exécution des obligations du titulaire du contrat de partenariat nécessaire au bon fonctionnement du contrat est exigé, notamment lorsque des ouvrages doivent être remis à la collectivité au terme du contrat.	**第 56 条**:必须对于合作合同持有人的为了合同的良好运行所必需的义务的履行进行定期跟踪,特别是在合同期限届满后必须向行政机关移交工程的情况下。

Article 57: Les mécanismes de rémunération du cocontractant contenus dans le contrat et résultant de la mise en œuvre des dispositions des articles 10 et 13 ci-dessus, sont assurés conformément aux dispositions des textes en vigueur, notamment par les comptables publics.	**第 57 条**:合同中所包含的且根据上述第 10 条和第 13 条的规定而制定的 PPP 签约人的回报机制根据现行法律法规的规定而保障,尤其由公共财政保障。
Article 58: Les droits et obligations visés dans la présente section sont complétés par ceux expressément contenus dans les autres dispositions de la présente ordonnance.	**第 58 条**:本节所规定的权利和义务由本法令其他规定中明确包含的权利和义务补充。
Chapitre IX: De la cession ou du transfert du contrat de partenariat	**第九章:合作合同的转让或转移**
Article 59: Les droits et obligations du cocontractant découlant du contrat de partenariat ne peuvent être cédés à des tiers sans le consentement préalable et écrit de l'autorité contractante, sous peine de nullité de cette cession.	**第 59 条**:未经缔约机关事先书面同意,PPP 签约人在合作合同项下的权利和义务不得转让至第三方,否则该等转让无效。
Le contrat de partenariat peut énoncer les conditions dans lesquelles l'autorité contractante donne son consentement à une cession de ces droits et obligations, y compris l'acceptation par le nouveau cocontractant de toutes les obligations contractées au titre de ce contrat et la production par lui de preuves qu'il possède les capacités techniques et financières nécessaires pour fournir le service.	合作合同可列出缔约机关同意该等权利和义务转让的条件,所述条件包括新的 PPP 签约人接受该合同项下的全部合同义务并且由新的 PPP 签约人提供其具有提供服务所需的技术能力和财务能力的证明。
Article 60: L'opérateur du projet ne peut transférer le contrat de partenariat à un tiers qu'avec l'accord préalable de l'autorité contractante, et dans les conditions prévues par le contrat.	**第 60 条**:经缔约机关事先同意后,项目经营者方可在合同规定的条件下将合作合同转让至第三方。

Le contrat de partenariat peut notamment prévoir un transfert, soit au profit des institutions ayant financé tout ou partie du projet, soit au profit d'un tiers proposé par ces institutions.	合作合同可规定转让条款,或者向为项目提供全部或部分资金的机构进行转让,或者向该等融资机构所提议的第三方进行转让。
Le tiers, auquel le contrat de partenariat est transféré, doit présenter des garanties financières, techniques et juridiques suffisantes et être, selon le contrat en cause, capable d'assurer la continuité du service et l'égalité des usagers devant le service public.	受让合作合同的第三方必须提供足够的财务、技术和法律担保,并且能够根据具体的合作合同确保服务的连续性和用户在公共服务中的平等待遇。
Article 61: Sauf stipulations contraires du contrat de partenariat, un intérêt majoritaire dans la société contractante ne peut être transféré à des tiers sans le consentement de l'autorité contractante.	**第 61 条**:除非合作合同另有规定,否则未经缔约机关的同意,缔约公司的多数股权不得转让至第三方。
Le contrat de partenariat énonce les conditions dans lesquelles ce consentement peut être donné.	合作合同规定该同意的作出条件。
Article 62: L'autorité contractante peut convenir avec les entités octroyant un financement pour un projet d'infrastructure ou avec le cocontractant de prévoir la substitution à ce dernier d'une nouvelle entité ou personne désignée pour exécuter le projet dans le cadre du contrat de partenariat en vigueur en cas de manquement grave du cocontractant initial, de survenance d'autres évènements pouvant autrement justifier la résiliation du contrat, ou dans d'autres cas similaires.	**第 62 条**:缔约机关可与授予基础设施项目融资的实体或者 PPP 签约人共同约定,若 PPP 签约人严重违约、出现需要解除合作合同的其他情形或者在其他类似情形下,指定新的实体或人替代 PPP 签约人在已生效的合作合同的框架内实施项目。

Chapitre X: De la résiliation du contrat de partenariat	**第十章:合作合同的解除**
Article 63: Le contrat de partenariat peut être résilié par voie judiciaire, à l'initiative du cocontractant en cas de manquement grave de l'autorité contractante, de déséquilibre financier du projet imputable à cette autorité ou de force majeure.	**第 63 条**:在缔约机关严重违约、因缔约机关原因导致项目财务失衡或不可抗力的情形下,经 PPP 签约人主张,合作合同可通过司法途径解除。
Il peut, dans tous les cas, être résilié par décision de l'autorité contractante notamment:	缔约机关可决定解除合作合同,包括但不限于在以下情形中:
- en cas de faute grave de l'opérateur du projet;	- 项目经营者的重大过错;
- pour cause d'intérêt général;	- 为了公共利益的原因;
- pour cause de force majeure.	- 由于不可抗力的原因。
Article 64: La résiliation du contrat peut donner lieu à l'allocation de dommages et intérêts ou à des compensations financières couvrant les charges effectivement exposées par le cocontractant.	**第 64 条**:合同解除可能产生支付覆盖 PPP 签约人实际花费的损害赔偿金或经济补偿金。
Article 65: L'opérateur du projet a la possibilité de contester, devant la juridiction compétente, la résiliation du contrat de partenariat ainsi que le montant de l'indemnité fixée par l'autorité contractante.	**第 65 条**:项目经营者有权就解除合作合同和缔约机关设定的赔偿金额向有管辖权的司法机关提出质疑。
Les contestations en matière de résiliation du contrat portent exclusivement sur la remise en cause par le cocontractant du montant de l'indemnité, des dommages et intérêts ou de la compensation financière fixée par l'autorité contractante.	合同解除方面的质疑仅限于 PPP 签约人对于缔约机关设定的赔偿金额、损害赔偿金额或经济补偿金额的质疑。

Chapitre XI: Du régime fiscal, douanier et domanial	**第十一章:税收、海关和财产制度**
Article 66: Le régime fiscal et douanier des contrats de partenariat public-privé fait l'objet de négociations en fonction de la nature du projet, du montant des investissements envisagés et des engagements du cocontractant, notamment en matière d'emploi de la main d'œuvre locale et de la sous-traitance avec les PME locales.	**第 66 条**:根据项目的性质、预计投资额和 PPP 签约人的承诺(特别是在雇用当地劳工方面和向当地中小型企业分包方面的承诺)对 PPP 合同的税收和海关制度进行谈判。
Article 67: Lorsque le contrat emporte occupation du domaine public, il vaut autorisation d'occupation de ce domaine pour sa durée.	**第 67 条**:当 PPP 合同导致占用公产时,需要获得对该公产在占用期间内的占用许可。
La redevance annuelle due au titre de cette occupation peut faire objet de négociation.	可对因占用所应支付的年度使用费进行谈判。
Article 68: Lorsque le titulaire du contrat est autorisé à valoriser une partie du domaine de la personne publique dans le cadre du contrat de partenariat, cette dernière procède à une délimitation des biens appartenant au domaine public.	**第 68 条**:当合同持有人被许可在合作合同框架内将公法人的部分财产进行增值时,则公法人将对属于公产的资产进行界定。
Dans ce cas, la personne publique peut autoriser le titulaire à consentir des baux dans les conditions du droit privé, en particulier des baux à construction ou des baux emphytéotiques, pour les biens qui appartiennent au domaine privé, et à y constituer tous types de droits réels à durée limitée.	在该情况下,针对属于私产的资产,公法人可许可 PPP 合同持有人在私法规定的条件下订立租约(尤其是建筑租地合同或长期租约),并在其上设置各类有期限的物权。

Ces baux ou droits peuvent être consentis pour une durée excédant celle du contrat de partenariat, sur accord de l'autorité contractante.	经缔约机关的同意,前述租约或权利的期限可超过合作合同的期限。
Chapitre XII: Du règlement des litiges	**第十二章:争议解决**
Article 69: Sans préjudice de l'exercice des voies de recours prévues par les textes en vigueur, les parties peuvent convenir dans le contrat de recourir à la procédure d'arbitrage pour régler un différend qui peut survenir lors de la conclusion du contrat, de son exécution ou de sa résiliation.	**第 69 条**:在不影响行使现行法律法规所规定的申诉途径的前提下,合同方可在合同中约定通过仲裁程序解决合同签订、履行或解除时可能产生的争议。
Le contrat doit, dans ce cas, spécifier le tribunal arbitral compétent.	在该情况下,合同应明确主管仲裁庭。
Le contrat peut prévoir une procédure de règlement amiable, de conciliation ou de médiation, préalablement à tout recours arbitral ou judiciaire.	合同可规定在通过仲裁或司法途径解决争议之前,进行友好协商解决、和解或调解。
Article 70: Les contestations relatives à la sélection du soumissionnaire sont formulées auprès de l'organe de régulation.	**第 70 条**:有关选择候选人的质疑向管控机构提出。
Seuls les soumissionnaires au projet sont habilités à le saisir d'une contestation. Celle-ci doit être adressée dans les 15 jours calendaires qui suivent la notification de la décision du choix de l'adjudicataire.	仅项目的候选人有资格向管理机构提出质疑。质疑须自选定合同持有人的决定通知之日起 15 个日历日内提出。
Article 71: L'organe de régulation statue à bref délai au plus tard dans les 30 jours qui suivent la date de réception de la réclamation, suivant la procédure qu'il fixe, sur les contestations ayant pour objet de faire corriger, avant la signature du contrat de partenariat, des irrégularités	**第 71 条**:为了在合作合同签署之前修正候选人选择程序的开展中所发现的不合规情形且投标人对该等不合规情形提出了质疑,管控机构应自收到请求之日起的 30 日内根据其设定的程序尽快作出裁决。

observées dans la conduite de la procédure de sélection du soumissionnaire.	
La signature du contrat de partenariat ne peut avoir lieu avant la notification de la décision de l'organe de régulation.	在管控机构通知决定之前，不能签署合作合同。
Les décisions de l'organe de régulation sont susceptibles de recours devant la juridiction administrative compétente.	（若对管控机构的决定不满），则可针对管理机构的决定向有管辖权的行政法院提起申诉。
Article 72: Les autres dispositions régissant la procédure applicable devant l'organe de régulation sont fixées par voie réglementaire.	**第 72 条**：关于管控机构的适用程序的其他规定由法规规定。
Article 73: Lorsque le cocontractant fournit des services à la population ou exploite des ouvrages accessibles à la population, l'autorité contractante peut exiger de lui qu'il établisse des mécanismes simplifiés et efficaces pour traiter les réclamations émanant de ses clients ou d'usagers de l'ouvrage.	**第 73 条**：当 PPP 签约人向公众提供服务或运营对公众开放的工程时，缔约机关可要求 PPP 签约人建立简单且有效的机制来处理来自其客户或工程用户的请求。
Chapitre XIII: Des dispositions diverses et finales	**第十三章：其他规定和最终规定**
Article 74: L'autorité contractante peut établir des relations contractuelles directes avec les institutions ayant financé tout ou partie du projet.	**第 74 条**：缔约机关可与为项目提供全部或部分的资金的机构建立直接的合同关系。
Article 75: Des textes réglementaires déterminent, en tant que de besoin, les dispositions de toute nature nécessaires à l'application de la présente ordonnance.	**第 75 条**：法规根据需要设定实施本法令所需的任何性质的规定。
Article 76: La présente ordonnance, qui abroge toutes dispositions antérieures contraires, sera enregistrée, publiée selon la procédure d'urgence et exécutée comme loi de l'Etat.	**第 76 条**：本法令废除与本法令相悖的全部在先规定，并根据紧急程序作为国家法律登记并公布。

République de Madagascar

Loi n°2015-039 sur le partenariat public-privé

马达加斯加共和国

第 2015-039 号关于政府
与社会资本合作的法律

EXPOSE DES MOTIFS	立法宗旨
L'Etat a confirmé sa volonté de développer les Partenariats Publics Privés ("PPP") dans une démarche qui allie la mise en place d'un cadre favorable au développement du secteur privé, la construction et la réhabilitation d'infrastructures clés, le renforcement de la capacité des collectivités locales, tout en veillant aux volets sociaux et environnementaux.	国家确认其开展政府与社会资本合作(以下简称"PPP")的意愿,采用的方法是在监督(PPP 的)社会和环境方面的影响的同时,将建立有利于私营部门发展的(法律)框架,建设和翻修关键基础设施,加强地方行政机关的能力相结合。
Pour compléter ses ressources financières et face à ses besoins croissants en matière d'infrastructures et de prestations de services publics, l'Etat souhaite disposer d'outils de financement additionnels et favoriser la contribution du secteur privé au développement, notamment en matière d'infrastructures et de logistique. A cet effet, l'Etat veut s'appuyer sur les compétences et ressources du secteur privé afin de réaliser les programmes sectoriels d'investissement public de l'Etat et d'améliorer la qualité des services publics fournis.	为了在财政资源有限的前提下面对在基础设施和公共服务提供方面的不断增长的需求,国家希望利用额外的融资工具,并增强私营部门对发展的参与,特别是在基础设施和物流方面。为此,国家希望借助私营部门的能力和资源以实现国家的公共投资的部门计划,并提高提供的公共服务的质量。

Madagascar dispose d'une réglementation en matière de commande publique, et notamment la loi n°2004-009 portant Code des marchés publics. Désormais avec cette loi sur le PPP, il est permis d'avoir recours à une panoplie complète de projets de partenariats publics privés, Le Code des marchés publics ne s'applique cependant aux Délégations de Services Publics («DSP») que pour un nombre très limité de ses dispositions (articles 4 et 15 à 21) qui ne sont autrement réglementées que par des dispositions sectorielles relatives aux concessions. Ces lois sectorielles qui se réfèrent aux concessions sont également d'un usage limité car elles ne prévoient pas notamment les modalités de passation.	马达加斯加具有关于公共采购的法规，例如第 2004-009 号关于《公共合同法典》的法律。今后，《公共合同法典》和《政府与社会资本合作法》一起允许构成适用于 PPP 项目的完整的法律制度。《公共合同法典》适用于公共服务委托（"DSP"）的条款数量非常有限（第 4 条和第 15 条至第 21 条），此外公共服务委托（"DSP"）仅由各产业部门与特许经营相关的规定规制。该等涉及特许经营的部门法的应用也较有限，尤其因为其未具体规定缔结程序[①]。
Les insuffisances du Cadre juridique	**法律框架的不足**
Le Code des marchés publics ne permet pas le financement privé d'infrastructures dans des conditions de sécurité juridique suffisantes par des contrats de partenariat public privé de type concession ou par des contrats de type "Conception, Exploitation, Transfert" ("CET") ou ses multiples formes dérivées qui concourent également au financement privé de projets d'infrastructures.	《公共合同法典》不允许通过特许经营类型的 PPP 合同，或者通过"设计、运营、转让"（"CET"）类型的合同及其多种衍生形式（此等衍生形式同样会有助于基础设施项目的私人融资），在具有充足的法律安全性的条件下由社会资本对基础设施提供融资。

① 中伦注：指将合同授予中标人的所有规则和整个流程，而不仅仅是合同签署的环节。

Le Code interdit même l'utilisation de techniques contractuelles innovantes et globales, telle que celle appelée "contrat de partenariat", selon laquelle un partenaire privé peut financer, concevoir, réaliser une infrastructure d'intérêt public et soit l'exploiter pour le compte de l'entité publique, soit seulement l'assister dans cette exploitation par des services de maintenance ou d'opération, dans les deux cas sans délégation du service public. Le titulaire du contrat de partenariat est essentiellement rémunéré par la personne publique cocontractante pour la mise à disposition de l'investissement par une sorte de loyer fixé contractuellement et pour les services rendus tout au long de l'exécution du contrat, en tenant compte des performances.	《公共合同法典》还禁止使用创新的和全球性的合同技术，例如所谓的"合作合同"，基于此等合同，社会资本可以对于涉及公共利益的基础设施提供资金、进行设计、进行实施，并且或者为了公共实体的利益对其进行运营，或者通过在运营中通过提供维护服务或运营服务而仅对公共实体的运营提供辅助，在此两种情况中公共服务均未被委托。对于合作合同的持有人所提供的投资以及在合同整个履行期间所提供的服务，持有人的回报主要由签订 PPP 合同的公法人对其支付，回报通过约定的酬金而支付并根据业绩而定。
Au plan sectoriel la plus grande partie des secteurs concernés par les infrastructures et en particulier l'eau, l'énergie et les transports a été en partie libéralisée et autorise à présent l'implication du secteur privé dans certaines de ces activités notamment par l'octroi de concessions. Ces législations sectorielles ne contiennent cependant pas de dispositions sur la passation des PPP qu'une loi nationale multisectorielle organisant la passation des PPP pourrait apporter. Une telle loi assurerait une politique cohérente de développement contrôlé des infrastructures nécessaires au développement du pays.	在部门方面，与基础设施有关的大多数部门，特别是与水、能源和交通有关的部门已实现部分自由化，允许私营部门例如通过特许经营的方式来参与其中的某些活动。然而，这些部门法并未包含关于 PPP 缔结的相关条款，而一个跨部门的规范 PPP 缔结的国家法律可以弥补这方面的空白。此等法律可保障与国家发展所需的基础设施的受监管的发展一致的政策。

(i) **Optimiser la dépense publique**	(i) **最优化公共支出**
Le PPP est un montage juridico-financier innovant qui favorisera le financement en grandes et moyennes infrastructures structurantes pour la population et pour le développement de l'économie malgache.	PPP 是一种新型的法律–融资结构,其将促进作为马达加斯加的经济发展和关系民生的大中型基础设施的融资。
La présente loi a donc pour objectif que la passation des PPP soit réalisée dans la plus grande transparence et dans des conditions socio-économiques efficaces afin de mettre en concurrence les candidats potentiels et d'obtenir le meilleur engagement possible de la part des partenaires privés, d'assurer la faisabilité financière et économique et la soutenabilité budgétaire des projets retenus, le tout dans un objectif d'optimisation des dépenses publiques.	因此,本法旨在 PPP 的缔结在最大程度的公开透明原则下,且在有效的社会经济条件下实施,以便使潜在候选人参与竞争,使社会资本最大程度地参与,保障选定的项目财务和经济的可行性和预算承受能力,从而最优化公共支出。
(ii) **Faciliter le financement privé**	(ii) **为私人融资提供便利**
Des dispositions spécifiques, telles que la cession de créances, l'accord direct ou la substitution et la création de fonds de développement, de garantie ou de viabilité sont prévues afin de faciliter le financement des infrastructures par des institutions financières nationales et internationales.	为了方便本国和国际金融机构为基础设施提供融资,设置了特别规定,如债权转让、直接协议或者发展资金、保障资金或者可行性缺口补助的设立和替代。
Les projets réalisés dans le cadre d'un PPP sont en outre éligibles à l'ensemble des dispositifs en place pour l'incitation et l'assistance aux investissements ainsi qu'aux avantages fiscaux qui pourraient être prévus par la loi.	在 PPP 框架下实现的项目也可享用吸引和辅助投资的全部现行机制以及法律可能规定的税收优惠。

Les modes contractuels concernés	相关合同签订模式
La présente loi concerne d'une part les financements de projet dans le cadre juridique des concessions traditionnelles avec délégation de service public y compris les formes plus récentes des contrats de type "Construction, Exploitation, Transfert" ("CET") et toutes ses formes dérivées et d'autre part les contrats de partenariat et autres formes de contrat répondant à la définition de PPP avec ou sans délégation du service public.	本法律一方面涉及在传统的特许经营的法律框架内具有公共服务委托的项目融资,其中包括最新的"建设、运营、转让"("CET"①)类型的合同的形式及其所有衍生形式,另一方面涉及合作合同和符合 PPP 的定义的其他形式的合同,而无论其是否具有公共服务委托。
- La concession et l'affermage	**- 特许经营和租赁**
Les concessions considérées comme des PPP au sens de la présente loi sont les concessions de travaux ou de services qui sont des contrats par lesquels une personne publique confie à un titulaire l'exécution de travaux ou la prestation de services en lui offrant notamment en contrepartie le droit d'exploiter les ouvrages ou les services, à charge pour le titulaire de supporter tout ou partie du risque d'exploitation.	被认为是本法意义上的 PPP 的特许经营是工程或服务的特许经营,通过特许经营合同,公法人委托项目持有人实施工程或提供服务,同时可例如作为对价向项目持有人授予运营工程或服务的权利,而项目持有人负责承担全部或部分的运营风险。
A l'inverse, les concessions de bien public ou de domaine public et les autorisations d'occupation temporaire du domaine public, sans obligation d'investissement et sans cahier des charges exprimant les exigences de la personne publique en ce qui concerne l'usage du bien ou du domaine, ne sont pas considérées comme des PPP.	相反地,不具有投资义务,且不具有表明公法人关于资产或者财产使用方面的需求的任务书②的公共资产或者公产的特许经营及公产临时占用的授权不被认为是 PPP。

① 中伦注:此处的 CET 与上文的 CET 的内容不同,原文如是。

② 中伦注:本质上为规定工作要求的一个文件,也有人翻译为"责任书""需求说明""任务单""计划书",我们统一翻译为"任务书"。

De même les licences qui au sens de la présente loi ne sont que de simples autorisations d'exercice d'activité octroyées unilatéralement par l'autorité publique compétente, si certains critères de qualification sont réunis alors que l'opérateur économique conserve la liberté de renoncer à la fourniture de travaux ou de services, ne répondent pas à la définition de PPP et n'entrent donc pas dans le cadre d'application de la présente loi.	同样,在本法意义上的许可只是主管公共权力机关在符合某些资格标准的前提下单方面授予关于开展业务活动的授权,而经营者保留放弃提供工程或服务的自由,该等许可不符合 PPP 的定义,因此不属于本法的适用范围。
En revanche, les contrats qualifiés de licence donnant accès à des droits exclusifs à un nombre limité de candidats avec négociation d'un cahier des charges et obligation de fourniture de travaux ou de services jusqu'au terme de la licence et qui participent au financement privé d'infrastructure, entrent dans le cadre de la présente loi.	然而,一种被认定为许可的合同,该等合同使有限数量的候选人能够获得排他性权利,并且具有对于任务书的谈判及提供工程或服务直到许可期限届满的义务且参与对基础设施的私人融资,其属于本法的适用范围。
Les contrats d'affermage, par lesquels le titulaire supporte certaines obligations de gros entretien, de maintenance lourde ou de renouvellement et supporte un risque d'exploitation, entrent également dans le cadre de la présente loi bien que la personne publique prenne en charge l'essentiel des investissements.	租赁合同,通过租赁合同,尽管公法人负责大部分的投资,项目持有人承担某些重大维护、重大保养或更新的义务并承担一定程度的运营风险,其同样属于本法的适用范围。
Un contrat de concession ou tout autre contrat de cession de droits exclusifs entre deux personnes publiques, considéré comme un contrat interne (in house), n'entre pas dans le cadre de la présente loi.	两个公法人之间的特许经营合同或任何其他排他性权利的转让合同被视为内部合同(in-house),其不属于本法的适用范围。

La présente loi en revanche ne sera pas applicable aux cessions de participation de sociétés publiques bénéficiaires de concession ou de droits exclusifs. Ces cessions sont assujetties aux dispositions afférentes aux privatisations qui n'entrent pas dans le cadre de la présente loi.	然而,本法律不适用于享有特许经营权或排他性权利的国有公司的股权的转让。该等转让受关于私有化的规定的规制,而不属于本法的适用范围。
– Le contrat de type CET et ses formes dérivées	**– CET 类型的合同及其衍生形式**
Les contrats de type Construction, Exploitation, Transfert ("CET") sont des PPP par lesquels un titulaire s'engage à assurer et financer la conception, la construction et l'exploitation d'une infrastructure avant son transfert à titre gratuit à l'entité publique en fin de contrat. Le contrat CET (" BOT " Build-Operate-and-Transfer en anglais) fait l'objet d'une multitude de déclinaisons, qui répondent également à la définition de PPP.	建设、运营、转让("CET")类型的合同是PPP,其中项目持有人承诺确保基础设施的设计、建设以及运营及对基础设施的设计、建设以及运营提供资金,并在合同结束时无偿转让给公共实体。CET 合同(英文为"BOT"合同,其意思为建设、运营和转让)有很多符合 PPP 的定义的衍生形式。
– Le contrat de partenariat	**– 合作合同**
La présente loi concerne également les contrats dits «de partenariat» qui sont des PPP essentiellement rémunérés par la personne publique par une sorte de loyer en contrepartie de la disponibilité de l'infrastructure, auquel s'ajoute la rémunération des services rendus pendant toute la durée du contrat.	本法还涉及被称为"合作合同"的合同,这种 PPP 合同主要由公法人通过支付酬金形式的回报作为基础设施的可用性的对价,且在合同的整个期限内对提供的服务另行支付报酬。

Ce mode de financement d'infrastructures essentiellement sociales (écoles, hôpitaux, bâtiments publics, etc.) ou non rentables est aujourd'hui de plus en plus développé dans le monde et peut être très utile pour le pays. Il requiert cependant une attention toute particulière et un contrôle renforcé dans la mesure où il engage directement, bien que de façon différée, le paiement de ces investissements, par des budgets publics.	这种大体上具有社会性的基础设施(学校、医院、公共建筑等)或非营利性的基础设施的融资方式目前在世界上的发展越来越完善,可能对国家大有裨益。然而,需要对该融资方式特别关注和加强监管,因为该融资方式直接通过公共预算支付这些投资(尽管支付是延期的)。
Ces contrats PPP obligent de ce fait à une plus grande préparation notamment par une évaluation comparative préalable et à une vigilance accrue en cours de contrat.	因此,该等 PPP 合同需要进行更多的筹备工作,如通过预先的比较评估,并且在合同期限内需要提高警惕。
Un tel dispositif permettrait à Madagascar de s'engager dans de grands travaux d'infrastructures, nécessaires à son développement économique et social ne pouvant pas être actuellement réalisés de manière satisfaisante, pour l'ensemble des parties prenantes, au moyen d'un marché public ou d'une simple délégation de service public.	这种机制允许使马达加斯加参与到其社会和经济发展需要的基础设施的大型工程中,全部利益相关方目前还不能通过公共采购的方式或仅通过公共服务委托的方式合格地实施所述基础设施的大型工程。
Le cadre institutionnel	**机构框架**
Le cadre institutionnel des PPP est placé sous la haute autorité du Président de la République et piloté par le Comité National PPP chargé d'assister le gouvernement dans la définition de sa politique et des stratégies PPP.	PPP 的机构框架由毛里塔尼亚共和国总统亲自监管且由国家 PPP 委员会进行指导,国家 PPP 委员会负责协助政府制定 PPP 的政策和策略。

Cette politique sera mise en œuvre au niveau national par une entité spécialisée autonome dénommé "Unité PPP" qui sera notamment chargée d'assister toute personne publique, à sa demande, dans le cadre de ses projets de PPP.	该政策将由一个被称为"PPP 局"的自主管理的专门单位在国家范围实施,PPP 局将负责根据公法人的要求在其 PPP 项目的框架下对其协助。
Des correspondants PPP nommés au sein de chaque administration de l'Etat, des établissements publics ou des collectivités territoriales concernés par un ou plusieurs projets PPP seront les interlocuteurs privilégiés de l'Unité PPP et le point focal de l'Unité PPP dans ces divers démembrements de l'Etat.	在国家的每个行政机构、公共机构或地方行政机关中任命与一个或多个 PPP 项目相关的 PPP 联络人是 PPP 局优选的联络与对话机构和 PPP 局在国家的这些不同的机构中的联络点。
La procédure de passation s'effectuera sous le contrôle de l'Autorité de Régulation des Marchés Publics (ARMP).	缔结程序将在公共合同管控委员会(ARMP)的监管下进行。
Le ministère en charge des finances vérifiera la soutenabilité financière et budgétaire des projets présentés.	财政部将检查被提交的项目的财务和预算承受能力。
Les autorités de régulation sectorielles demeureront pleinement compétentes pour les activités de leur secteur.	部门管控机关持续完全有权对其部门的活动进行监管。
Tel est l'objet de la présente loi.	上述内容为本法的宗旨。
ASSEMBLEE NATIONALE **Loi n°2015-039 sur le Partenariat Public Privé**	**国民议会** **第 2015-039 号 关于政府与社会资本合作的法律**
L'Assemblée nationale a adopté en sa séance du 09 décembre 2015, la loi dont la teneur suit:	国民议会在 2015 年 12 月 9 日的会议上通过了内容如下的法律:

TITRE PREMIER – DISPOSITIONS GENERALES	第一编 – 总则
Article premier. – Objet	**第 1 条 – 立法宗旨**
La présente loi a pour objet de définir le cadre juridique et institutionnel de passation et d'exécution des Partenariats public privé dans des conditions socioéconomiques efficaces et transparentes, conformément au principe de bonne gouvernance et en vue de l'optimisation des dépenses publiques.	本法的立法宗旨在于，根据良好治理的原则并且为了优化公共支出，在高效和透明的社会经济条件下确定 PPP 的缔结和履行的法律和机构框架。
Art. 2. – Définitions	**第 2 条 – 定义**
Au sens de la présente loi,	在本法中，作出如下定义：
– "**Accord direct**" désigne les accords conclus directement par les personnes publiques, l'Etat ou ses démembrements et une institution financière participant au financement des projets de PPP ou à l'octroi de garanties afférentes aux obligations de la Personne publique au titre des contrats PPP tels que visés à l'article 45.	–"**直接协议**"：指公法人、国家或其下设机构与金融机构直接签订的协议，所述金融机构参与 PPP 项目的融资或为公法人在 PPP 合同项下的义务提供担保，第 45 条对直接协议作出规定。
– "**Affermage**", désigne un contrat essentiellement de type locatif pour lequel la Personne publique supporte les obligations d'investissement, de gros entretien et de maintenance lourde et pour lequel le fermier titulaire supporte le risque d'exploitation et prend en charge l'entretien courant et éventuellement le renouvellement des équipements ou installations.	–"**租赁**"：指租赁类型的合同，其中公法人承担投资、重大维护和重大保养的义务，而承租人（项目持有人）承担运营风险并负责设备或设施的日常维护以及更新（如需）。

– “**Affilié**” désigne toutes entités, organisations ou individus qui contrôlent ou sont contrôlés effectivement l’un par l’autre ou sont contrôlés par un même tiers ou associés à d’autres entités, organisations ou individus sous un même contrôle ou avec un propriétaire commun.	–“**关联方**”:指任何单位、组织或个人,其中一方控制另一方或被另一方控制,或者其共同被同一第三方控制或与受同一方控制或具有共同所有权人的其他单位、组织或个人相关联。
– “**Approvisionnement public**” désigne toute forme de commande publique permettant l’acquisition ou la construction d’ouvrages ou de services par la Personne publique, contribuant ou non au service public.	–“**公共供应**”:指任何形式的公共采购,其允许公法人购置或建设工程或服务,而无论该工程或服务是否有助于公共服务。
– “**Autorité de Régulation des Marchés Publics**” ou “ARMP ” désigne l’autorité instituée par la loi N° 2004-009 du 24 juin 2004 portant Code des marchés publics.	–“**公共合同管控委员会**”或“**ARMP**”:指2004年6月24日第2004-009号关于《公共合同法典》的法律设定的权力机关。
– “ **Commission d’Appel d’Offres** ” désigne la commission désignée par la Personne publique afin de procéder au suivi de la procédure de passation dont les attributions sont précisées par décret.	–“**招标委员会**”:指公法人指定的委员会,其负责对缔结程序进行跟踪,招标委员会的职权由法令规定。
– “**Concessions**” désigne les concessions de travaux ou de service qui sont des contrats par lesquels une Personne publique confie à un titulaire l’exécution de travaux ou de la prestation de services en lui offrant notamment en contrepartie le droit d’exploiter les ouvrages ou les services, à charge pour le titulaire de supporter tout ou partie du risque d’exploitation.	–“**特许经营**”:指工程或服务的特许经营,公法人通过签订合同委托持有人实施工程或提供服务,作为对价公法人例如向项目持有人授予运营工程或服务的权利,而项目持有人承担全部或部分的运营风险。

– **“Contrats de partenariat”** sont des PPP pour lesquels la rémunération du titulaire provient majoritairement de la Personne publique au titre de la disponibilité des investissements conçus, réalisés et financés par le titulaire, de leurs performances et des services d'opération et de maintenance rendus tout au long de la période contractuelle par le titulaire pour le compte de la Personne publique.	– **“合作合同”**:指 PPP,其中项目持有人的回报主要由公法人支付,回报根据项目持有人在合同的整个期间内为了公法人的利益而设计、实施和提供资金的投资的可用性、其绩效以及提供的运营和维护的服务而定。
– **“Construction, Exploitation, Transfert” (“CET”) (ou “BOT” en langue anglaise)** désigne un contrat par lequel l'autorité contractante confie à un opérateur la construction, le financement, l'exploitation et l'entretien d'infrastructures lequel opérateur reçoit en contrepartie sa rémunération sur les tarifs payés par les usagers, afin de recouvrer ses coûts; l'usager peut être une Personne publique, unique bénéficiaire de la production ou du traitement; l'installation est transférée à la Personne publique à l'expiration du contrat.	– **“建设、运营、转让”(“CET”)(或英文缩写“BOT”)**:指一种合同,通过该等合同,缔约机关委托经营者实施基础设施的建设、融资、运营和维护,作为对价,所述经营者从用户支付的款项中获得回报以收回其成本;用户可以是公法人,其为生产或加工的唯一受益人;设施在合同期限届满时移交至公法人。
– **“Délégation de service public”**, désigne les contrats pour lesquels l'autorité contractante délègue à une personne physique ou morale la réalisation des prestations de service public, comportant ou non un investissement préalable, lorsque la rémunération du délégataire est principalement constituée par les redevances payées par les usagers de service.	– **“公共服务委托”**:指一种合同,其中缔约机关委托自然人或法人来提供公共服务,同时受托人的回报主要由服务用户支付的使用费构成,其包括或不包括预先投资。

– "**Droit d'exclusivité**": la détention d'un droit d'exclusivité confère au candidat une situation de monopole de droit qui écarte automatiquement la concurrence, et par voie de conséquence le recours à l'appel d'offres ou toute autre forme de mise en concurrence.	–"**排他性权利**":拥有排他性权利的候选人具有合法的垄断地位,该合法垄断地位自动排除竞争,因此无需进行招标或任何其他形式的竞争性程序。
– "**Etude de préfaisabilité**" désigne l'étude sommaire technique, économique, financière, environnementale, sociale, juridique et administrative réalisée afin d'évaluer l'intérêt potentiel du projet ainsi que la pertinence de la forme de contrat envisagé entre les différentes formes d'approvisionnement public disponibles, telle que visée à l'article 8 de la présente loi.	–"**预可行性研究**":指为评估项目的潜在利益以及评估在可选的多种公共供应形式中拟采用的合同形式的合适性而进行的技术、经济、财务、环境、社会、法律和行政方面的概括性研究,具体参考本法第 8 条所述。
– "**Etude de faisabilité**" désigne l'étude préalable obligatoire pour tout contrat PPP visant à démontrer la faisabilité technique, économique, financière, environnementale, sociale, juridique et administrative du projet sous forme de PPP, telle que prévue à l'article 8 de la présente loi. L'étude de faisabilité comprend une étude d'impact économique, social et environnemental, et un plan de remédiation éventuelle.	–"**可行性研究**":指任何 PPP 合同均须进行的强制性的预先研究,其旨在证明 PPP 项目的技术、经济、财务、环境、社会、法律和行政方面的可行性,具体参考本法第 8 条所述。可行性研究包括经济、社会和环境影响研究以及补救方案(如需要)。
– "**Etude de soutenabilité financière et budgétaire**" désigne un ensemble de procédures visant à vérifier la capacité pour la Personne publique de faire face à l'ensemble des engagements financiers issus du contrat pour l'ensemble de sa durée.	–"**财务和预算承受能力研究**":指一套程序,其旨在检验公法人在合同的整个期限内实现合同规定的全部财务承诺的能力。

– **“Etablissement public”** désigne les établissements prévus par, la loi n° 98-031 du 20 janvier 1999 portant définition des établissements publics et des règles concernant la création de catégorie d’établissements publics.	– **“公共机构”**:指 1999 年 1 月 20 日第 98-031 号关于定义公共机构和建立公共机构类别的规则的法律中规定的机构。
– **“Formes dérivées des contrats CET”**, désigne d’autres formes de montage juridico financier répondant à la définition de PPP au sens de la présente loi. Ces formes dérivées des contrats CET, sont désignées par de multiples acronymes d’origine anglo-saxons-DBFO, BOO, BTO, DOT, ROT, ROO et autres, qui reflètent l’objet du contrat suivant qu’il s’agit de construction neuve, de réhabilitation, d’extension ou d’amélioration, ou qui signalent un régime différent de propriété, avec ou sans transfert de celle-ci à différents stades du projet, ou d’autres particularités.	– **“CET 合同的衍生形式”**:指符合本法中的 PPP 定义的其他形式的法律－融资结构。CET 合同的衍生形式由多个源自英语的首字母缩写——DBFO, BOO, BTO, DOT, ROT, ROO 等指代,该等衍生形式反映了涉及新建、翻修、延展或改进的合同标的,或者反映了不同的所有权制度(即在项目的不同阶段是否存在所有权转移)或其他特殊内容。
– **“Licence”** désigne une autorisation d’exercer une activité en considération de certaines qualifications requises et dont l’octroi peut être soumis à un cahier des charges non négociable précisant les conditions d’exercice de l’activité, alors que l’opérateur économique conserve la liberté de renoncer à la fourniture de travaux ou de services.	– **“许可”**:指在具有某些所需的资质的前提下,对实施某项经营活动的授权,并且许可的授予可能受到明确规定经营活动实施条件的不可商议的任务书的规制,而经营者保留放弃提供工程或服务的权利。

– **“Offre irrecevable”** désigne une offre irrégulière, qui ne remplit pas les conditions stipulées dans le dossier d'appel d'offres, soit incomplète car ne contenant pas toutes les pièces ou renseignements requis, soit inappropriée car sans rapport avec le besoin de la Personne publique.	– **“不可受理投标”**:指不符合招标文件规定的条件的不合格的投标,其或因为不包含要求提供的全部文件或信息而不完整,或因为与公法人的需求无关而不合适。
– **“Offre inacceptable”** désigne une offre dont les conditions techniques, économiques, sociales, juridiques, environnementales, financières ou autres ne sont pas favorables à la Personne publique, dont les conditions d'exécution du PPP méconnaissent la législation et la réglementation en vigueur, ou qui est contraire à la législation et la réglementation en vigueur.	– **“不可接受投标”**:指技术、经济、社会、法律、环境、财务或其他方面的条件不符合公法人要求的投标,该等投标的 PPP 的实施条件违反现行法律法规,或者该等投标本身违反现行法律法规。
– **“Personne publique ”** désigne soit l'Etat, soit une collectivité territoriale, soit un établissement public décidant de confier à un tiers la réalisation des missions prévues par le contrat PPP.	– **“公法人”**:指国家、地方行政机关或公共机构,其决定委托第三方实施 PPP 合同中规定的任务。
– **“PPP” ou “ partenariat public privé”** désigne un contrat quelque soit sa forme ou sa dénomination, par lequel une Personne publique, confie à un tiers, pour une période déterminée, en fonction de la durée d'amortissement des investissements ou des modalités de financement retenus, une mission ayant pour objet:	– **“PPP”或“政府与社会资本合作”**:指一种合同(无论其形式或名称为何),通过该等合同,公法人根据投资回收期或者选定的融资方式,在固定期间内将某项任务委托至第三方,而该任务的目标为:

• tout ou partie du financement, d'infrastructures, ouvrages, équipements ou de biens immatériels, nécessaires au service public, ainsi que,	• 公共服务所需的全部或部分的融资、基础设施、工程、设备或无形资产,
• tout ou partie de leur construction, réhabilitation, transformation, entretien, maintenance, exploitation, ou gestion, avec ou sans délégation de services public.	• 及其全部或部分的建设、翻修、改造、维护、保养、运营或管理,而无论具有或不具有公共服务的委托。
– **"Titulaire"** désigne la société commerciale de droit malgache cocontractante de la Personne publique en charge des missions prévues par le PPP.	– **"项目持有人":**指马达加斯加法律下的商业公司,其与公法人共同签订 PPP 合同并负责 PPP 规定的任务。
Art. 3. – Champ d'application général et sectoriel	**第 3 条 – 一般适用范围和部门适用范围**
Les dispositions de la présente loi s'appliquent à l'ensemble des secteurs économiques et sociaux y compris ceux gérés par des réglementations particulières, à l'exclusion du secteur minier et des hydrocarbures.	本法的规定适用于全部经济和社会部门,包括由特别规则管理规制的部门,但不包括矿业部门和碳氢化合物部门。
Les dispositions de la présente loi s'appliquent à l'ensemble des personnes publiques au sens de la présente loi.	本法的规定适用于本法项下的所有公法人。
Sur avis favorable de l'Unité PPP, peuvent être volontairement soumis à l'ensemble des dispositions de la présente loi:	在征求 PPP 局并获得肯定性的审批意见后,以下项目可自愿遵守本法的所有规定:
– Les projets de PPP relevant d'une procédure simplifiée en vertu des seuils prévus par l'article 10;	– 根据第 10 条规定的阈值适用简化程序的 PPP 项目;

– Tout projet qui ne rentre pas dans le champ d'application général et sectoriel tel que défini au présent article mais que la Personne publique concernée souhaite soumettre au régime des PPP.	– 任何不属于一般适用范围和部门适用范围的项目，该等项目例如属于本条中规定的项目并且有关的公法人希望其适用 PPP 制度。
Dans les cas prévus à l'alinéa ci-dessus, lorsque l'assistance de l'Unité PPP est sollicitée, cette dernière s'assure du respect des procédures prévues par la présente loi.	在上款规定的情形中，当要求 PPP 局提供协助时，PPP 局须确保遵守本法规定的程序。
Les dispositions de la présente loi s'appliquent à l'ensemble des contrats répondant à la définition de PPP au sens de la présente loi quel que soit la forme ou la dénomination du contrat.	本法的规定适用于符合本法的 PPP 定义的所有合同，而无论合同的形式或名称为何。
Sont ainsi régis par la présente loi, quelle que soit l'appellation utilisée:	无论名称为何，以下内容均受本法规制：
– les Concessions traditionnelles avec délégation de service public;	– 具有公共服务委托的传统的特许经营；
– les contrats de type "Construction, Exploitation, Transfert" ("CET") et toutes leurs formes dérivées;	– "建设、运营、转让"（"CET"）类型的合同及其所有衍生形式；
– les contrats d'affermage sauf ceux visés par le paragraphe suivant;	– 租赁合同，但下段所述租赁合同除外；
les contrats de partenariat.	– 合作合同。
Sont exclus du champ d'application de la présente loi:	以下内容不在本法的适用范围之内：
– les contrats de prêt ou les opérations de type crédit-bail;	– 借款合同或融资租赁类型的业务；
– les contrats de service et d'assistance technique ou de cession de savoir-faire;	– 服务和技术协助合同或技术转让合同；

– les contrats d'opération et maintenance, les contrats de gestion, les régies et les formes de concession, d'affermage ou d'autorisation d'occupation temporaire, sans obligation d'investissement et sans délégation de service public, n'apportant aucun concours au financement d'infrastructure ou à leur renouvellement ou ne contribuant pas directement ou indirectement à la délivrance d'un service par la personne publique;	– 不包括投资义务也不包括公共服务委托的运营和维护合同、管理合同、公共事业管理[①]以及特许经营、租赁或临时占用许可的形式，其未向基础设施融资或基础设施更新提供任何帮助，也未直接或间接地帮助公法人提供服务；
– les contrats de concession ou de cession de droits exclusifs entre deux personnes publiques;	– 两个公法人之间的特许经营合同或排他性权利的转让合同；
– les autorisations de type «licence»;	– "许可"类型的批准；
– les autorisations d'occupation temporaire du domaine public sans obligation d'investissement.	– 在不涉及投资义务的情况下临时占用公产的许可。
Le simple financement d'une infrastructure, l'acte de construction lui-même ou de simples prestations de service d'opération, maintenance ou autre sans participation au risque global de construction et d'exploitation n'entrent pas dans le champ d'application de la présente loi.	在不承担建设和运营的整体风险的前提下，为基础设施单纯提供融资、建设行为本身或者单纯提供运营服务、保养服务或其他服务不属于本法的适用范围。
TITRE II – LE CADRE INSTITUTIONNEL	**第二编 – 机构框架**
Art. 4. – Le cadre institutionnel PPP	**第 4 条 – PPP 的机构框架**
Le cadre institutionnel des PPP est placé sous l'autorité du Président de la République. Il comprend un Comité National PPP, une Unité PPP ainsi que des correspondants PPP nommés au sein de chaque	PPP 的机构框架由马达加斯加共和国总统管辖。其包括国家 PPP 委员会、PPP 局以及在国家的每个行政机关中任命的 PPP 联络人、与一个或多个 PPP 项目有关的公共机构或地方行政机关。

① 中伦注：此处指私营企业或个人对公共事业的管理，管理人分享经营利润但不承担亏损。

administration de l'Etat, des établissements publics ou des collectivités territoriales concernés par un ou plusieurs projets PPP.	
L'ARMP, le ministère en charge des finances et les autorités de régulation sectorielle interviennent chacun en ce qui les concerne dans le contrôle de la passation des contrats de PPP, l'évaluation de la soutenabilité financière et budgétaire des projets présentés, et la régulation sectorielle des PPP.	公共合同管控委员会(ARMP)、财政部和部门监管机构各自负责 PPP 合同的缔结的监管、所提交的项目的财务和预算承受能力评估以及 PPP 的部门管控。
Art. 5. Le Comité National PPP	**第 5 条 – 国家 PPP 委员会**
Il est créé un Comité National PPP dont le rôle est:	建立国家 PPP 委员会,其职责为:
– l'élaboration de la politique nationale de développement des PPP, et	– 制定发展 PPP 的国家政策;和
– l'assistance au gouvernement pour l'orientation de ses décisions stratégiques et de sa politique en matière de PPP.	– 协助政府为其关于 PPP 的战略性决策和政策确定方向。
Les attributions, l'organisation et le fonctionnement du Comité National PPP sont précisés par décret.	国家 PPP 委员会的职权、组织和运作由法令规定。
Art. 6. L'Unité PPP	**第 6 条 – PPP 局**
Il est créé une Unité PPP qui:	建立 PPP 局,其负责以下事项:
– assiste toute Personne publique au niveau national, régional et municipal dans l'étude de préfaisabilité et la passation des contrats PPP,	– 协助国家、区域和市镇范围的任何公法人进行预可行性研究和 PPP 合同的缔结,
– s'occupe du développement et de la promotion des projets PPP à Madagascar, de l'information du public,	– 负责在马达加斯加发展和推广 PPP 项目以及对公众提供信息,

– effectue le suivi et l'évaluation de la pratique des PPP à Madagascar.	– 在马达加斯加跟踪和评估 PPP 的实施。
Sans préjudice des compétences d'un régulateur au plan sectoriel, les missions dévolues par la présente loi à l'Unité PPP sont accomplies par celle-ci en accord avec les principes et missions fixés par les réglementations applicables aux secteurs économiques.	在不影响部门监管机构的职能的前提下,PPP 局行使本法授予给 PPP 局的职权须同时遵守适用于各经济部门的法规规定的原则和职权。
Les attributions, l'organisation et le fonctionnement de l'Unité PPP sont précisés par décret.	PPP 局的职权、组织和运作由法令规定。
TITRE III – REGLES APPLICABLES A LA SELECTION DES PROJETS ET A LA DESIGNATION DES TITULAIRES	**第三编 – 选择项目和任命项目持有人的适用规则**
Art. 7. – Principes généraux de la passation	**第 7 条 – 缔结的基本原则**
Quel que soit le type de PPP, le montant des investissements ou des revenus escomptés du projet ou la durée des contrats PPP concernés, la passation des PPP, respecte les principes généraux suivant:	无论 PPP 的类型、项目的投资金额或项目的预期收入金额或相关的 PPP 合同的期限为何,PPP 的缔结都须遵循以下基本原则:
– le principe de la liberté d'accès à la commande publique,	– 公共采购的自由参与原则,
– le principe de l'égalité de traitement des candidats,	– 候选人平等待遇原则,
– le principe de la transparence des procédures.	– 程序透明原则。

La liberté d'accès des candidats nécessite une publicité adaptée et la mise en place de toute mesure garantissant l'égalité d'accès à l'information pour tous les opérateurs économiques.	候选人的自由参与(原则)需要适当的宣传并且采取一切措施来确保全部经营者可平等地获取信息。
L'égalité de traitement repose sur la fixation de critères clairs et précis, y compris le cas échéant des critères socio-économiques ou environnementaux en complément des critères techniques, de qualité, de performance, financiers ou autres, permettant l'objectivité et l'impartialité des choix par la Personne publique.	平等待遇(原则)以制定明确且精准的标准为基础,所述标准除了包括技术、质量、绩效、财务或其他的标准外,还可根据情况包括社会经济标准或环境标准,以及公法人作出选择的中立性。
L'obligation de transparence dans la procédure de passation consiste, pour la Personne publique, à garantir en faveur de tout candidat, la définition à l'avance d'un ensemble de règles claires et le respect de ces règles par tous, ainsi que la publication des résultats de la procédure.	在缔结程序中的透明义务在于,公法人为任何候选人提前确定一套明确的规则,并确保规则被所有人遵守以及公布程序的结果。
Ces principes permettent d'assurer l'efficience du contrat PPP et la bonne utilisation des deniers et des biens publics.	该等原则允许确保 PPP 合同的效力以及公款和公共资产的妥善使用。
Ils exigent:	该等原则要求:
- une définition préalable des besoins de l'usager ou de l'acheteur public;	- 事先确定用户或政府/公共购买方的需求;
- une planification rigoureuse des opérations de mise à la concurrence;	- 严格规划竞争性程序;
- le respect des obligations de publicité et de mise en concurrence et	- 遵守公告和竞争性程序的义务;和
- le choix de l'offre évaluée comme étant socio-économiquement la plus avantageuse.	- 选择被评估为在社会经济方面最有利的方案。

Art. 8. – Procédure préparatoire des projets PPP	**第 8 条 – PPP 项目的准备程序**
Avant de s'engager dans un projet PPP, la Personne publique concernée doit effectuer une étude de préfaisabilité technique, économique, financière, environnementale, sociale, juridique et administrative afin d'évaluer l'intérêt potentiel du projet.	在开展 PPP 项目之前，相关公法人须进行技术、经济、财务、环境、社会、法律和行政方面的预可行性研究，以评估项目的潜在利益。
Les conditions et modalités de cette étude ainsi que le modèle type de rapport d'étude de préfaisabilité sont fixées par décret.	预可行性研究的条件和方式以及预可行性研究报告的模板由法令规定。
Art. 9. – Etude de faisabilité et de soutenabilité financière et budgétaire	**第 9 条 – 可行性研究以及财务和预算承受能力研究**
Pour tout projet PPP, une étude de faisabilité émanant de la Personne publique est obligatoire. Sur la base de cette étude de faisabilité, la Personne publique prépare une étude de soutenabilité financière et budgétaire et la transmet avec l'étude de faisabilité à l'Unité PPP.	对于任何 PPP 项目，公法人都必须进行可行性研究。在该可行性研究的基础上，公法人另行开展财务和预算承受能力研究，并将其与可行性研究一起提交至 PPP 局。
En tout état de cause, tout au long du processus, la Personne publique et l'Unité PPP peuvent solliciter le ministère en charge des finances pour émettre des recommandations en vue de la soutenabilité financière et budgétaire du projet.	无论如何，在整个过程中，公法人和 PPP 局可以请求财政部提出关于项目的财务和预算承受能力的建议。
Avant signature et en cas de renégociation ou de modification, tout contrat PPP ou ses avenants impliquant les finances publiques est soumis à l'avis favorable du ministère en charge des finances pour approbation, sous peine de nullité telle que prévue à l'article 48 de la présente loi.	在签署之前和在重新谈判或变更的情况下，任何涉及公共财政的 PPP 合同或其补充协议都须获得财政部的肯定性的审批意见以被批准，否则其根据本法第 48 条的规定而无效。

Art. 10. – Procédures relatives aux projets de moindre envergure	**第 10 条 – 小规模项目的程序**
Les procédures prévues à l'article 8 et à l'article 9 ne s'imposent cependant pas aux personnes publiques pour les PPP considérés comme des petits projets de courte durée, dont le montant d'investissement attendu, le revenu estimé devant être généré tout au long de la vie du contrat PPP ou le risque encouru et la durée ne dépassent pas les seuils fixés par décret.	对被认定为短期小型项目的 PPP 而言，公法人无需进行第 8 条和第 9 条规定的程序，所述短期小型项目的预期投资额、在 PPP 合同的整个生命周期内应当产生的预期收入或承担的风险和期限不超过法令规定的阈值。
Pour ces projets PPP de moindre importance et de courte durée, dans une optique de réduction de coûts et de délais de passation, la Personne publique peut procéder par voie d'appel à la concurrence suivant des règles de procédures simplifiées qui ne sont pas assujetties aux obligations d'études préalables, aux clauses obligatoires et aux règles de procédure et de publication fixées à la présente loi, selon les modalités précisées par décret.	对于该等短期小型 PPP 项目，为了减少成本和缩短缔结时间，根据法令规定的方式，公法人可以按照简化的程序规则进行竞争性程序邀请，所述简化的程序规则不受本法规定的预先研究、必备条款和程序规则和公示规则的规制。
Le respect des principes régissant les contrats PPP et leur passation ainsi que les exclusions figurant aux articles 7, 11 et 33 de la présente loi s'imposent néanmoins à ces projets pour lesquels les dispositions du Code des Marchés Publics s'appliquent s'il y a lieu à titre supplétif avec également pour objectif l'optimisation et la maitrise des dépenses publiques.	本法第 7、11 和 33 条中规定的关于 PPP 合同及其缔结的原则和排除性规定的遵守对该等短期小型 PPP 项目仍然适用。为了最优化和控制公共支出，《公共合同法典》的规定亦可对该等项目补充适用。
Art. 11. – Interdiction de soumissionner	**第 11 条 – 禁止投标**
Ne peuvent soumissionner à un PPP:	以下主体禁止投标 PPP：

– les personnes physiques ou morales en état de liquidation des biens et les personnes physiques dont la faillite personnelle a été prononcée;	– 处于资产清算的自然人或法人以及宣告个人破产的自然人;
– les personnes physiques ou morales admises en redressement judiciaire qui ne peuvent justifier qu'elles ont été habilitées à poursuivre leur activité;	– 被允许进行司法重整的自然人或法人,其无法证明有资格继续从事其业务;
– les personnes physiques ou morales qui n'ont pas souscrit à leurs obligations fiscales, parafiscales ou sociales à la date limite fixée pour le dépôt des candidatures;	– 在提交候选人资格的截止日期之日,未履行税务义务、准税务义务或社会义务的自然人或法人;
– les personnes physiques ou morales qui ont fait l'objet d'une condamnation pénale ou d'une sanction prononcée par l'ARMP pour atteinte à la réglementation des marchés publics;	– 因违反公共合同的规定而被刑事定罪或受公共合同管控委员会(ARMP)制裁的自然人或法人;
– les personnes sous le coup d'une mesure de suspension des activités commerciales ou d'une procédure judiciaire pour l'une des raisons mentionnées ci-dessus;	– 因上述任何一项原因,受到暂停从事经营活动的处罚措施或处于司法程序的人;
– les personnes disqualifiées à la suite d'une procédure administrative de suspension ou de radiation;	– 由(暂停或注销某人资格的)行政程序导致被取消资格的人;
– les entreprises dans lesquelles un membre de la Commission d'Appel d'Offres possède des intérêts financiers ou personnels de quelque nature que ce soit;	– 招标委员会的成员有任何形式的财务利益或个人利益在其中的企业;
– les prestataires de services et les entreprises Affiliées aux prestataires de services ayant contribué à préparer tout ou partie des dossiers d'appel d'offres;	– 参与制定全部或部分的招标文件的服务提供方及其关联公司;

– les entreprises dont l'un des cadres dirigeant a exercé une fonction de direction au sein de la Personne publique ou d'une entité publique affiliée au cours des trois dernières années.	–在过去三年中，其任一高管在公法人或与公法人关联的公共实体中承担过管理职责的企业。
Art. 12. – Projet d'initiative privé	**第12条–自发项目**
Lorsque la Personne publique est saisie d'un projet PPP par une entreprise ou un groupement d'entreprises issues du secteur privé qui ne se réfère pas à un projet déjà engagé ou figurant dans les plans de développement à l'échelon national, régional ou local ou dans les projets de la Personne publique, et si celle-ci envisage, après réalisation d'une pré-étude indépendante de l'initiateur du projet d'y donner suite éventuellement sous la forme d'un PPP, elle conduit la procédure de passation du PPP dans les conditions prévues par la présente loi.	当私营部门的企业或企业联合体将PPP项目提交给公法人时，且该PPP项目与已经启动的项目或者列入国家、区域或当地层面的发展计划中的项目或公法人规划的项目无关，如果公法人在进行独立于项目发起人的预先研究后，打算以PPP的形式对该项目开展后续工作，则其在本法规定的条件下开展PPP缔结程序。
Dès lors que l'auteur du projet de PPP ne se trouve dans aucun des cas d'exclusion mentionnés à l'article 11 et possède les capacités techniques, professionnelles et financières suffisantes, il est admis à participer aux procédures de passation précitées qui devront préserver les droits de propriété intellectuelle éventuels et respecter la confidentialité des informations fournies par l'initiateur du projet pour ne pas porter préjudice aux principes généraux de la passation énoncés à l'article 7 de la présente loi.	如果PPP项目的发起人不属于第11条所述的任何被排除的情况，并且具有足够的技术、专业和财务能力，其被允许参与上述缔结程序，所述缔结程序必须保护知识产权且对项目发起人提供的信息保密，以便不违反本法第7条规定的缔结的基本原则。

La Personne publique doit prévoir le remboursement par le titulaire et au profit des initiateurs privés de projets retenus, de tout ou partie des coûts de développement dûment justifiés qu'ils auraient encourus pour un projet qui ne leur serait pas attribué. Ce remboursement est effectué dans les conditions et limites fixées par décret après approbation de l'Unité PPP.	公法人必须规定,如果自发项目的发起人其项目被选定但最终未获得项目,则项目持有人补偿该等未中标的发起人为开展项目所产生的全部或部分的经合理证明的开发成本。该补偿在 PPP 局批准后,在法令规定的条件和限制下而实施。
Nonobstant les dispositions de l'article 24 de la présente loi, le projet d'initiative privé ne peut en aucun cas faire l'objet d'une procédure de gré à gré.	尽管存在本法第 24 条的规定,自发项目在任何情况下都不能适用议标程序。
Art. 13. – Participation d'un organisme international	**第 13 条 – 国际组织的参与**
Lorsqu'un organisme international participe au financement d'une infrastructure faisant l'objet d'un PPP, la procédure de passation du contrat peut faire l'objet d'ajustements pour tenir compte des procédures propres à cet organisme international.	如果一个国际组织参与了通过 PPP 进行的基础设施的融资,则合同缔结程序可被调整以考虑该国际组织专有的程序。
Ces mesures d'ajustement sont discutées par la Personne publique cocontractante avec l'organisme international et sont soumises à l'avis de la Commission d'appel d'offres. Ces mesures d'ajustement sont décrites dans l'avis d'appel public à la concurrence mentionné à l'article 17 de la présente loi.	该等调整措施由签订 PPP 合同的公法人与国际组织共同商定,并提交给招标委员会出具审批意见。该等调整措施在本法第 17 条所述的竞争性程序邀请公告中有所描述。

Art. 14. – Compétence simultanée de plusieurs personnes publiques	**第 14 条 – 多个公法人的权限竞合**
Lorsque la réalisation d'un projet relève simultanément de la compétence de plusieurs personnes publiques, celles-ci peuvent désigner, par convention et sur proposition de l'Unité PPP, celle d'entre elles qui conduira la procédure de passation, signera le contrat PPP et, éventuellement, en suivra l'exécution. Cette convention précise les conditions de ce transfert de compétences, d'information des personnes publiques compétentes sur la passation et l'exécution du projet et en fixe le terme.	当项目的实施同时属于多个公法人的权限时，该等公法人可以通过协议和按照 PPP 局的提议，指定其中一个公法人开展缔结程序、签署 PPP 合同并跟踪 PPP 合同的履行（如需）。该协议明确了所述权限转移的条件、将项目的缔结和履行向具有权限的公法人通知的条件并确定权限转移的期限。
TITRE IV – LES PROCEDURES DE PASSATION DES CONTRATS	**第四编 – 合同缔结程序**
Art. 15. – Les responsables de la passation des contrats	**第 15 条 – 合同缔结的负责方**
Les intervenants au niveau du secteur public dans le processus de passation d'un PPP sont:	在 PPP 的缔结过程中，公共部门的介入方为：
– La Personne publique;	– 公法人；
– La Commission d'Appel d'Offres;	– 招标委员会；
– L'Unité PPP;	– PPP 局；
– Le Ministère en charge des finances;	– 财政部；
– L'Autorité de Régulation des Marchés Publics, le cas échéant, le régulateur du secteur concerné.	– 公共合同管控委员会（ARMP），以及相关部门的监管机构（如存在）。
En l'absence de délégation spécifique, le représentant de la Personne publique est:	在无具体授权的情况下，公法人的代表为：
– Pour l'Etat, le Ministre ordonnateur compétent au regard du ministère destinataire du contrat PPP;	– 对于国家而言，PPP 合同对应的部委的主管负责部长；

– Pour les Provinces, le Chef de Province;	– 对省而言,省长;
– Pour les Régions, le Chef de Région;	– 对区域而言,区域首长;
– Pour les Communes, le Maire;	– 对市镇而言,市长(镇长);
– Pour les Etablissements Publics, le directeur de l'Etablissement public.	– 对公共机构而言,公共机构的主管。
Art. 16. – Les différents modes et procédures de passation des contrats PPP	**第 16 条 – 缔结 PPP 合同的不同模式和程序**
Les différents modes de passation des contrats PPP peuvent être effectués selon les procédures suivantes:	缔结 PPP 合同的不同模式可以按照以下程序进行:
– appel d'offres, ouvert ou restreint;	– 公开招标或限制性招标;
– gré à gré;	– 议标;
– dialogue compétitif.	– 竞争性对话。
Le choix de ces modes est déterminé suivant les critères définis de l'article 18 à l'article 25 de la présente loi. La procédure d'appel d'offres, ouvert est la règle en matière de PPP et les autres modes ne peuvent s'appliquer que dans les cas spécifiquement prévus à la présente loi.	根据本法第 18 条至第 25 条规定的标准来确定该等模式的选择。PPP 原则上适用公开招标程序,其他模式只适用于本法特别规定的情况。
Art. 17. – La publicité préalable	**第 17 条 – 预先公告**
Chaque PPP passé par appel d'offres ouvert ou par la procédure de Dialogue compétitif est précédé d'un avis spécifique d'appel public à la concurrence établi conformément à un modèle type fixé par voie réglementaire et publié selon des modalités fixées par décret.	在通过公开招标或竞争性对话程序缔结每个 PPP 之前,都须参照法规规定的模板编制具体的公开的竞争性程序公告,并按照法令规定的方式发布该公告。
Selon la procédure choisie, l'avis d'appel public à la concurrence précise les critères de pré-qualification à l'appel d'offres ou les critères d'attribution du contrat.	根据所选择的程序,竞争性程序邀请公告明确了招标的资格预审标准或合同的授予标准。

La Personne publique publie l'avis dans la presse écrite habilitée à recevoir des annonces légales ainsi que sur le site internet de l'Unité PPP. Toutefois, pour les projets PPP inférieurs aux seuils fixés par Décret, la publication pourra se faire par voie d'affichage et sur le site internet de l'Unité PPP.	公法人在有资格发布法律公告的纸质媒体上以及 PPP 局的网站上发布公告。但是,对于低于法令规定的阈值的 PPP 项目,可以通过张贴公告和在 PPP 局的网站上发布公告来完成公示。
Art. 18. – La procédure d'appel d'offres	**第 18 条 – 招标程序**
L'appel d'offres est une procédure concurrentielle par laquelle, la Personne publique choisit, conformément aux dispositions de la présente loi et dans les dispositions fixées par un dossier d'appel d'offres préalablement défini et mis à la disposition de tout candidat intéressé ou pré-qualifié, l'offre socio-économique la plus avantageuse.	招标是一种竞争性程序,通过该程序,公法人根据本法的规定和在预先编制的招标文件中预先设置的规定来选择社会经济方面最有利的方案,所述招标文件被提供给任何有意向或通过资格预审的候选人。
L'appel d'offres peut être ouvert ou restreint.	招标可为公开招标或限制性招标。
Il est dit «ouvert» lorsque tout candidat peut remettre une offre. L'appel d'offres ouvert peut intégrer une phase de pré-qualification;	当任何候选人都可以投标时,该等招标被称为"公开"招标。公开招标可包括资格预审阶段;
Il est dit «restreint» lorsque seuls peuvent remettre une offre les candidats qui y ont directement été invités par la personne publique.	仅公法人直接邀请的候选人能够投标时,该等招标被称为"限制性"招标。
L'appel d'offres, ouvert ou restreint, peut être organisé en une ou plusieurs étapes.	无论是公开招标还是限制性招标都可通过一个或多个步骤来组织。

Art. 19. – Appel d'offres ouvert sans pré-qualification	**第 19 条 – 不具有资格预审的公开招标**
L'appel d'offres ouvert sans pré-qualification est la procédure par laquelle la Personne publique invite à travers un avis d'appel public à la concurrence prévu à l'article 17 de la présente loi tout candidat intéressé à soumettre une offre, et choisit, conformément aux dispositions de la présente loi et dans les conditions fixées par un dossier d'appel d'offres préalablement défini et mis à la disposition des candidats intéressés, l'offre socio-économique la plus avantageuse.	在不具有资格预审的公开招标程序中，公法人通过本法第 17 条规定的竞争性公开招标公告来邀请任何有意向的候选人投标，并根据本法的规定且在预先编制的招标文件的规定的条件下选择社会经济方面最有利的方案，所述招标文件被提供给有意向的候选人。
Les modalités de l'appel d'offre ouvert sans pré-qualification sont précisées par décret.	不具有资格预审的公开招标的方式由法令规定。
Art. 20. – Appel d'offres ouvert avec pré-qualification	**第 20 条 – 具有资格预审的公开招标**
L'appel d'offres ouvert avec pré-qualification est la procédure par laquelle la Personne publique invite les candidats pré-qualifiés à soumettre une offre, et choisit, conformément aux dispositions de la présente loi et dans les conditions fixées par un dossier d'appel d'offres préalablement défini et mis à la disposition des candidats pré-qualifiés, l'offre socio-économique la plus avantageuse.	在具有资格预审的公开招标程序中，公法人邀请通过资格预审的候选人投标，并根据本法的规定且在预先编制的招标文件规定的条件下，选择社会经济方面最有利的方案，所述招标文件被提供给通过资格预审的候选人。
La phase de pré-qualification a pour objet d'éliminer les candidats n'ayant pas l'aptitude à exécuter un PPP de manière satisfaisante compte tenu notamment de sa longue durée, de sa taille ou de sa complexité.	资格预审阶段的目的在于，考虑到 PPP 的期限长、规模或复杂性等因素，排除那些没有能力实施 PPP 的候选人。

Les modalités de la procédure d'appel d'offres ouvert avec pré-qualification sont précisées par décret.	具有资格预审的公开招标程序的实施方式由法令规定。
Art. 21. – Appel d'offres restreint	**第 21 条 – 限制性招标**
L'appel d'offres est dit restreint lorsque seuls peuvent remettre des offres les candidats que la Personne publique a décidé de consulter. La Personne publique doit au moins consulter trois candidats. Aux fins de l'établissement de la liste restreinte, la publication d'un avis d'appel à manifestation d'intérêt est facultative.	如果只有公法人决定咨询的候选人可以投标,则该等招标是限制性招标。公法人必须至少咨询三名候选人。为了确定限制性候选人名单,可考虑发布征求意向通知书。
Il ne peut être procédé à un appel d'offres restreint que sur proposition motivée de la Personne publique et après avis favorable de l'Autorité de Régulation des Marchés Publics quant à la composition de la liste restreinte et la pertinence de la procédure. En tout état de cause, la procédure d'appel d'offres restreint ne peut être justifiée que dans les cas suivants:	限制性招标只能在公共合同管控委员会(ARMP)对限制性候选人名单的构成和限制性招标程序的合适性出具肯定性的审批意见后,根据公法人的附理由的要求适用限制性招标程序。无论如何,限制性招标程序只能在以下情况中适用:
– lorsque les montants estimés des investissements du projet, des revenus escomptés ou des risques encourus ainsi que de la durée du PPP sont inférieurs aux seuils fixés par décret;	– 当项目的预计投资额、预期收入或承担的风险以及 PPP 的期限低于法令规定的阈值时;
– lorsque les prestations, objet du contrat revêtent un caractère confidentiel qui ne peut objectivement pas faire l'objet d'une publication sans risque de trouble à l'ordre public;	– 当作为合同标的的提供的产品和服务具有保密性质时,为了避免产生扰乱公共秩序的风险,其客观上不能被公布;
– lorsqu'il s'agit de faire exécuter des prestations et/ou des travaux en urgence en lieu et place d'un prestataire défaillant;	– 当需要替代违约服务提供方紧急地提供产品和服务和/或实施工程时;

– lorsque seul un petit nombre d'entreprises consultées par la Personne publique sont susceptibles d'exécuter le PPP.	– 当只有公法人咨询的少数企业能够实施 PPP 时。
Le dossier d'appel d'offres dont le contenu est précisé par décret est transmis à l'ensemble des candidats inscrits sur la liste restreinte. Le choix de l'offre évaluée comme étant socio-économiquement la plus avantageuse s'effectue dans les conditions fixées par le dossier d'appel d'offres et conformément aux dispositions de la présente loi.	招标文件的内容由法令明确规定,并发送至列于限制性候选人名单上的全部候选人。在招标文件规定的条件下,并根据本法的规定来选择被评估为在社会经济方面最有利的方案。
Art. 22. – Sélection en deux étapes	**第 22 条 – 两步式选择法**
Dans le cas de PPP d'une certaine complexité ou lorsque la Personne publique souhaite faire son choix sur la base de critères de performance ou de niveau de satisfaction des spécifications fonctionnelles requises, la Personne publique peut demander aux candidats de présenter des propositions techniques permettant de satisfaire au mieux ses exigences. Le PPP fait alors l'objet d'une attribution en deux étapes, au choix de la Personne publique selon les modalités précisées par Décret. Cette procédure est envisageable aussi bien pour un appel d'offres ouvert que restreint.	在较复杂的 PPP 中,或者当公法人希望根据绩效标准或根据所要求的功能性规范的符合程度做出选择时,公法人可以要求候选人提交能够最好地满足其要求的技术方案。公法人可以根据法令规定的方式选择分两个步骤授予 PPP。公开招标和限制性招标都可分两个步骤进行。
La remise, l'ouverture et l'examen des propositions, ainsi que le choix de l'offre évaluée comme socio-économiquement la plus avantageuse s'effectuent dans les conditions fixées par le dossier d'appel d'offres et conformément aux dispositions de la présente loi.	方案的提交、开启和审查以及被评估为社会经济方面最有利的方案的选择均应在招标文件规定的条件下并按照本法的规定来实施。

Art. 23. – Interruption d'un processus d'appel d'offres	**第 23 条 – 招标过程中断**
La Personne publique peut à tout moment décider de ne pas donner suite à un appel d'offres pour des motifs d'intérêt général. A cet effet, elle doit publier un avis d'interruption, dans la même forme que l'avis initial d'appel public à la concurrence, qui mentionne le(s)dit(s) motif(s) l'ayant conduit à ne pas donner suite à la procédure.	为了公共利益的原因,公法人可随时决定中断招标。为此,公法人必须以与最初发布的竞争性公开招标公告通知相同的形式发布中断通知,其中包括中断招标程序的原因。
La personne publique, après avis de la Commission d'Appel d'Offres déclare un appel d'offres infructueux:	公法人在征求招标委员会的意见后,宣布招标失败的情况如下:
1) lorsqu'aucune offre n'a été remise à l'expiration de la date limite de remise des offres;	1)在投标的截止日期到达之后仍然未提交任何投标的;
2) lorsque l'examen des offres laisse apparaître que toutes les offres sont irrecevables ou inacceptables;	2)当投标审查结果显示所有投标均为不可受理投标或不可接受投标时;
3) lorsque, dans le cadre d'un appel d'offres restreint, une seule offre a été remise.	3)在限制性招标的情况下,只有一个投标被提交。
Elle en avise immédiatement tous les candidats. La Personne publique procède à une analyse des raisons de l'échec de l'appel d'offres et décide s'il faut abandonner le processus ou démarrer une nouvelle procédure d'appel d'offres dans des conditions identiques ou modifiées.	公法人立即通知所有候选人招标失败。公法人对招标失败的原因进行分析,并决定是否必须放弃招标程序或在相同或变更后的条件下启动新的招标程序。

Art. 24. – La procédure de gré à gré	第 24 条 – 议标程序
La procédure est dite de gré à gré lorsque la Personne publique engage directement les discussions qui lui paraissent utiles et attribue ensuite le PPP à un candidat pré-identifié à l'avance.	议标程序指，公法人根据需要直接进行商议，然后将 PPP 授予给预先确定的候选人。
Il ne peut être passé de PPP de gré à gré que dans les cas suivants :	通过议标程序缔结的 PPP 须在以下情况中进行：
– pour les PPP portant sur des prestations devant être tenues secrètes pour des raisons de sécurité publique ou de défense nationale ;	– 出于公共安全或国防的原因，提供的产品和服务必须保密的 PPP；
– pour les PPP qui ont fait l'objet de deux appels d'offres consécutifs identiques ou améliorés, infructueux ;	– 对于已连续两次进行相同或有改进的招标但招标失败的 PPP；
– pour les PPP pour lesquels l'urgence impérieuse résultant de circonstances imprévisibles pour la Personne publique n'est pas compatible avec les délais exigés par les procédures d'appel d'offres, et notamment lorsqu'il s'agit de faire exécuter des prestations en lieu et place d'un Titulaire défaillant ou encore lorsqu'il est nécessaire de faire face à des situations d'urgence impérieuse relevant d'une catastrophe naturelle ou technologique ;	– 对于因公法人不可预见的情况导致的重大紧急情况而使得无法遵守招标程序所要求的期限的 PPP，特别是在代替违约项目持有人提供产品和服务时，或当需要面对自然灾害或技术灾难导致的重大紧急情况时；
– pour les PPP destinés à répondre à des besoins qui, pour des raisons tenant à la détention d'un Droit d'exclusivité ou d'un droit minier ou pétrolier, ne peuvent faire l'objet de solutions alternatives par d'autres techniques, une localisation différente ou l'acquisition de ces droits ;	– 对于一些用于满足需求的 PPP，其由于持有排他性权利或矿权或石油权的原因，不能通过其他的技术、不同的地点或获得该等权利而适用替代性的方案；

– Pour les PPP relevant de cas d'exception dûment motivés par l'intérêt public et sur autorisation accordée par décret pris en conseil des ministres;	– 对于一些属于例外情况的PPP,其由于公共利益的合理需要且须得到部长委员会颁布的法令的许可;
– pour des prestations qui complètent celles ayant précédemment fait l'objet d'un premier PPP exécuté par le même Titulaire.	– 由相同的项目持有人对在先的PPP中的产品和服务的提供而进行的补充性的产品和服务的提供。
Le recours aux contrats complémentaires n'est possible qu'à la condition que le contrat initial ait été passé selon la procédure d'appel d'offres et pour des prestations qui ne figurent pas dans le PPP initialement conclu mais qui sont devenues nécessaires, à la suite d'une circonstance imprévue et extérieure aux parties, à la bonne exécution des prestations et qu'elles ne peuvent être techniquement séparées du PPP principal à la condition que les termes et conditions du contrat complémentaire proposé soient au moins aussi favorable que l'engagement initial et tiennent compte des gains de productivité résultant de ce contrat. Le montant cumulé estimé du revenu des prestations complémentaires ne doit pas dépasser 20% des revenus initialement estimés, ramenés à leur valeur actuelle ajustée en fonction du taux d'inflation, et il en va de même pour la valeur estimée des investissements du projet principal. Ce contrat complémentaire ne doit pas dépasser les seuils de montant maximum ou la durée qui auraient initialement justifié une procédure simplifiée.	只有在按照招标程序缔结原始合同的情况下,并且仅对于一些产品和服务的提供,该等产品和服务的提供在最初缔结的PPP中未纳入,并且由于非合同双方引起的、合同双方不可预见的情况导致产品和服务的提供的良好实施需要该等(补充性的)产品和服务的提供,并且在拟议的补充性合同的条款和条件不比原始合同的承诺更加不利的条件下,所述(补充性的)产品和服务的提供在技术上不能与主要的PPP(合同)分割,并考虑到补充性合同带来的生产率提高,才可能适用补充性合同。补充性的产品和服务的提供的收入预计累计金额不得超过初始预计收入的20%,并根据通货膨胀率调整为其当时的价值,对主项目投资的估值也适用此规定。此补充性合同不得超过可能最初导致适用简化程序的最大金额的阈值或期限。

Dans tous les cas, le recours à cette procédure doit faire l'objet d'un avis favorable de l'ARMP après examen d'un dossier soumis par la Personne publique.	在所有情况下,在审查公法人提交的文件后,采用此程序必须得到公共合同管控委员会(ARMP)出具的肯定性审批意见。
Art. 25. La procédure de dialogue compétitif	**第 25 条 – 竞争性对话程序**
La procédure de dialogue compétitif est une procédure réservée à la Personne publique pour tout PPP de nature particulièrement complexe au-dessus des seuils minimum d'investissement ou de revenu escompté prévus par décret lorsque la Personne publique n'est pas en mesure de définir les moyens permettant de satisfaire leurs besoins ou d'évaluer les solutions que le marché peut offrir sur les plans technique, financier ou juridique.	竞争性对话程序是一种仅公法人有权采用的程序,其用于任何具有高度复杂性、超过法令规定的投资最低值或预计收入最低值的 PPP,其中公法人无法确定允许满足其需求的手段或从技术、融资或法律层面评估市场可以提供的方案。
La Personne publique engage un dialogue avec chacun des candidats sur la base du programme des besoins qu'elle a établi pour le projet, dont l'objet est de définir les moyens techniques et le montage juridique et financier les mieux à même de répondre à la complexité de ses besoins.	公法人根据其为项目建立的需求计划与每位候选人进行对话,其目的是确定能够最好地满足其复杂的需求的技术手段以及法律结构和融资结构。
Le recours à la procédure de dialogue compétitif peut intervenir directement ou en cours de procédure, dès lors que cette faculté a été prévue par la Personne publique dans le cahier des charges de l'appel d'offre ouvert ou restreint.	竞争性对话程序可以直接适用或在(其他招标)程序的过程中适用,前提是公法人在公开或限制性招标的任务书中规定了适用竞争性对话程序的可能性。
Le recours à cette procédure doit être approuvé par l'ARMP.	采用此程序必须得到公共合同管控委员会(ARMP)的批准。
Les modalités de mise en œuvre de la procédure de dialogue compétitif sont fixées par décret.	法令规定了竞争性对话程序的实施方式。

Art. 26. – Critères d'attribution du contrat PPP	**第 26 条 – PPP 合同的授予标准**
Les critères d'attribution sont définis dans la version définitive du dossier d'appel d'offres communiqué au préalable aux candidats potentiels.	在预先发送至潜在候选人的最终版本的招标文件中确定了授予标准。
Parmi les critères d'attribution, figurent nécessairement:	授予标准必须包括:
– le coût global de l'offre qui comprend le coût et le montant du financement offert, le coût total des travaux ainsi que les charges liées à l'exploitation des ouvrages, installations et équipements, le montant des tarifs, redevances, honoraires, subsides ou loyers acquittés par les usagers et/ou la Personne publique contractante, ainsi que les autres recettes perçues par le Titulaire sur toute la durée du PPP,	– 方案总成本,其包括所提供的融资的成本和金额、工程总成本以及与工程、设施和设备的运营有关的费用、用户和/或签订 PPP 合同的公法人承担的费用、使用费、酬金、补贴或租金,以及项目持有人在 PPP 的整个期间获取的其他收入,
– les objectifs de performance définis en fonction de l'objet du contrat PPP,	– 根据 PPP 合同的标的制定的绩效目标,
– la robustesse du montage financier en fonction des résultats attendus,	– 根据预期结果而定的融资结构的稳健性,
– la répartition des risques entre les parties.	– 在合同各方之间的风险分担。
Peuvent également être pris en compte des critères d'ordre économique et social comme la part d'exécution du contrat PPP que le candidat s'engage à confier à des entreprises de droit malgache détenues majoritairement par des nationaux malgaches, ou à des artisans malgaches, ainsi que des critères environnementaux, sociaux et de gouvernance.	还可以将经济和社会秩序标准(例如,候选人承诺委托给马达加斯加国民控股的马达加斯加企业或马达加斯加手工业者履行的 PPP 合同的份额)以及环境、社会和治理标准纳入授予标准。

D'autres critères, en rapport avec l'objet du contrat PPP, peuvent être retenus, notamment la qualité technique et le caractère innovant de l'offre, le délai de réalisation des ouvrages ou équipements, leur qualité esthétique ou fonctionnelle.	可以采用与 PPP 合同标的相关的其他标准,特别是方案的技术质量和创新性、工程或设备的实施期限、工程或设备的美观性或功能性质量。
Art. 27. – Ouverture et évaluation des offres, adjudication provisoire et finalisation du contrat	**第 27 条 – 开标和评标,临时裁定中标人和合同的定稿**
Les modalités d'ouverture, d'évaluation, d'adjudication provisoires et de finalisation du contrat sont déterminées par décret.	开标、评标、临时裁定中标人和合同定稿的方式由法令确定。
Art. 28. – Information de l'attribution du contrat PPP et archivage	**第 28 条 – PPP 合同的授予通知和存档**
La Personne publique procède à l'information sur l'attribution du contrat PPP et à l'archivage selon des modalités précisées par décret.	公法人根据法令规定的方式对 PPP 合同的授予进行通知和存档。
TITRE V – LES GARANTIES	**第五编 – 担保**
Art. 29. – Garantie de soumission	**第 29 条 – 投标担保**
Pour être admis à présenter une offre, les candidats aux PPP doivent fournir une garantie de soumission.	为了被允许投标,参与 PPP 的候选人必须提供投标担保。
Le montant de la garantie de soumission est indiqué dans l'avis d'appel public à la concurrence et le dossier d'appel d'offres.	投标担保的金额在竞争性公开招标公告和招标文件中指明。
Il est fixé par la Personne publique en fonction du montant estimé de l'investissement du projet et sans pouvoir dépasser 5% du montant des investissements attendus.	投标保证金由公法人根据项目的预计投资额确定,且不得超过预计投资额的 5%。

La garantie de soumission est libérée au plus tard à son expiration ou au plus tard à la date de mise en vigueur du contrat PPP attribué.	投标担保最晚于其期限届满之日或最晚于授予的 PPP 合同生效之日解除。
Art. 30. – Garantie d'achèvement des investissements	**第 30 条 – 投资完成担保**①
Le Titulaire d'un PPP est tenu de fournir une garantie de bonne exécution des investissements prévus.	PPP 项目持有人须提供担保,以保证其按照计划投资。
Les termes et conditions de la garantie sont indiqués dans le projet de contrat joint au dossier d'appel d'offres.	担保的条款和条件规定在招标文件附随的合同草案中。
Lorsque les investissements concernés prévus au PPP sont achevés, la garantie doit être restituée. Le contrat PPP peut prévoir des modalités de réduction partielle des garanties en fonction des étapes de réalisation des investissements. Le contrat PPP peut également prévoir la substitution de cette garantie par la garantie des constructeurs retenus par le Titulaire pour ces investissements ou la cession de ces garanties au bénéfice des organismes prêteurs participant au financement du projet afin d'éviter le cumul des garanties.	当 PPP 项下的相关投资完成后,必须解除担保。PPP 合同可以规定根据投资的实施阶段而相应地部分减少担保的方式。PPP 合同还可以规定由 PPP 项目持有人为投资项目选定的建造商提供的担保来替代该担保,或者将建造商提供的担保转让至参与项目融资的贷款机构,以避免重复担保。

① 中伦注:我们认为应当理解为,此处的投资完成担保更接近于完工时或项目达到 COD 时担保,保证项目达到 COD 的担保,第 31 条规定的运营维护担保则是指项目达到 COD 之后在运营期间的担保。

Art. 31. – Garantie d'opération et maintenance	**第 31 条 – 运营和维护担保**
Le contrat PPP peut également prévoir des garanties d'opération et maintenance à mettre en place par le Titulaire à l'achèvement des investissements et renouvelables tout au long du contrat pour couvrir les obligations du Titulaire au cours de cette période d'opération, ainsi qu'une garantie de remise en état[①] à l'approche du terme de la période d'opération du PPP.	PPP 合同还可以规定项目持有人负责在投资完成时[②]设置在合同整个期限内可续期的运营和维护担保，以保证项目持有人在此运营期间履行义务，此外，PPP 合同还可以规定设置在 PPP 运营期间将要届满时的恢复原状担保。
Les termes et conditions de la garantie sont indiqués dans le projet de contrat joint au dossier d'appel d'offres.	担保的条款和条件规定在招标文件附随的合同草案中。
Art. 32. – Forme des garanties	**第 32 条 – 担保形式**
Les garanties de soumission et les garanties d'achèvement sont émises sous la forme de garanties bancaires à première demande ou de cautionnement.	投标担保和投资完成担保以见索即付银行保函或保证金的形式提交。
Les cautionnements sont établis dans les conditions définies par voie réglementaire.	保证金须在法规规定的条件下设置。
Les garanties d'opération et maintenance peuvent également prendre la forme de lettre de support ou de garantie d'actionnaire ou de maison mère de la société Titulaire, jugée satisfaisante par la Personne publique.	运营和维护担保也可以采取被公法人认可的支持函或项目持有人公司的股东或母公司的担保形式。

① 中伦注：相当于恢复到良好的运营状态的担保。

② 中伦注：如前述脚注所述，我们认为应当理解为，本处的投资完成时应当理解为完工时或达到 COD 的时候。

L'ensemble de ces garanties ou cautions peuvent être transférées aux institutions financières participant au financement des projets de PPP ou à l'octroi de garanties afférentes aux obligations de la Personne publique au titre des contrats PPP afin d'en alléger le coût.	所有这些担保或保证都可以转让至参与PPP项目融资的金融机构或者参与为公法人在PPP合同项下义务设置担保的金融机构,以降低其成本。
TITRE VI – LE CONTENU DES CONTRATS PPP	**第六编 – PPP合同的内容**
Art. 33. – Les principes régissant les contrats PPP	**第33条 – 规制PPP合同的原则**
Les contrats PPP et la documentation contractuelle relative aux PPP déterminent librement les droits et les obligations des parties et la façon dont les risques sont répartis entre le Titulaire et la Personne publique.	PPP合同和与PPP有关的契约性文件自由决定各方的权利和义务以及在项目持有人和公法人之间分配风险的方式。
Le contrat PPP fixe également les conditions dans lesquelles sont assurées en toutes circonstances la continuité du service public éventuellement concerné, l'égalité des usagers devant le service public dans de tels cas, et la neutralité financière[①] de ce service public vis-à-vis du Titulaire.	PPP合同还规定了在任何情况下保障相关公共服务的连续性、公共服务用户的平等待遇以及公共服务对项目持有人的财务上的中立性的条件。
Lors de la rédaction des contrats PPP, il y a lieu de tenir compte des principes du droit des contrats, du caractère administratif des contrats PPP, des principes contractuels internationalement reconnus et des pratiques internationales en matière de financement de projet et de PPP. Le	在编制PPP合同时,必须考虑合同法的原则、PPP合同的行政性质、国际通用的合同原则以及项目融资和PPP方面的国际惯例。PPP合同还必须包括内容由法令规定的必备条款。

① 中伦注:我们理解,财务中立性是指,项目持有人在财务收益上不应畸高或畸低;"neutralité financière de ce service public"解释为对使用者不得有歧视性的收费政策,但我们在此处更倾向是前者。

contrat PPP devra en outre comporter des clauses obligatoires dont le contenu est déterminé par décret.	
Afin de maximiser les bénéfices réciproques, le contrat PPP doit être basé sur les principes suivants, inhérents aux contrats PPP:	为了最大化互惠互利,PPP 合同(的签订)必须基于 PPP 合同固有的以下原则:
a) Accélération de la construction ou de la réhabilitation d'une infrastructure ou amélioration d'un service par l'allocation des responsabilités principales pour la conception, la construction, l'opération et la maintenance de l'infrastructure ou d'un service à un partenaire privé Titulaire, combiné à des paiements liés à la disponibilité de l'infrastructure ou à la fourniture du service;	a)通过将基础设施或服务的设计、建设、运营和维护的主要责任分配给社会资本项目持有人,来加速基础设施的建设或翻修或者改善服务,并且按照基础设施的可用性或提供的服务来对其支付报酬;
b) Optimisation de l'allocation des risques par leur attribution à la partie la mieux à même de le gérer ou du moins d'en supporter les coûts afin d'optimiser la dépense publique;	b)通过将风险分配给能够最好控制风险的一方或至少最有能力承担成本的一方来最优化风险分配,从而最优化公共支出;
c) Utilisation si possible de technologie de pointe et encouragement de solutions techniquement ou financièrement innovantes;	c)尽可能使用先进技术并鼓励技术或财务方面的创新方案;
d) Engagement actif et parfaite coopération de la Personne publique contractante avec les autres entités publiques et autorités gouvernementales concernées, à tous les niveaux de l'Etat et de ses démembrements, pour encourager la réalisation de l'infrastructure ou du service objet du PPP tout au long de la vie du contrat PPP;	d)签订 PPP 合同的公法人与国家及其各级下设机构层面的其他相关的公共实体和政府机关的完美合作和积极参与,以便在 PPP 合同的整个生命周期内促进作为 PPP 标的的基础设施或服务的实施;

e) Usage de mécanismes de paiement appropriés et fiables pour assurer le recouvrement des coûts et une juste rémunération du Titulaire; Utilisation de clauses contractuelles visant à l'optimisation de la dépense publique telles que celles visant à l'établissement de spécifications fonctionnelles sur base de performance, l'exigence de maintenance préventive pendant toute la durée de vie du contrat PPP ou les incitations pour améliorer la qualité du service.	e)使用适当和可靠的支付机制以确保项目持有人收回成本且获得合理的回报;使用旨在最优化公共支出的合同条款,例如针对基于绩效的功能性规范、在 PPP 合同的整个生命周期内的预防性维护要求或用于提高服务质量的激励措施而设置的合同条款。
Art. 34. – Redevabilité	**第 34 条 – 绩效评估**
La Personne publique ayant conclu un contrat PPP doit en effectuer une évaluation de performance, selon une périodicité et des modalités déterminées dans le contrat PPP. L'Unité PPP est destinataire de cette évaluation.	签订 PPP 合同的公法人必须根据 PPP 合同中确定的周期和方式对其进行绩效评估。该评估向 PPP 局作出。
Art. 35. – Rémunération du Titulaire d'un contrat PPP, hors contrat de partenariat	**第 35 条 – 合作合同以外的其他 PPP 合同的持有人的回报**
La rémunération du Titulaire d'un contrat PPP, autre qu'un contrat de partenariat, est librement déterminée par les stipulations du contrat qui peut fixer des plafonds en matière de tarif, redevances, honoraires, loyer, ou de prix de prestations ou de services et lesclauses d'indexation ou d'évolution tarifaires.	合作合同以外的 PPP 合同的持有人的回报由合同条款自由规定,合同条款可对费用、使用费、酬金、租金或提供的产品和服务的价格设定最高限额,也可设定指数条款或费率调整条款。

Il appartient au régulateur du secteur concerné ou en l'absence de régulateur, à la Personne publique concernée, assistée de tout expert de son choix de s'assurer de la régularité des calculs et autres modalités d'ajustement tarifaire prévues au contrat.	由相关部门的监管机构或在没有监管机构的情况下,由相关公法人在其选择的任何专家的协助下确保合同规定的费率调整的计算和其他规定的合规性。
Art. 36. – Rémunération du Titulaire d'un contrat de partenariat	**第 36 条 – 合作合同持有人的回报**
La rémunération du titulaire d'un contrat de partenariat fait l'objet d'un paiement par la Personne publique pendant toute la durée du contrat à compter de la réalisation de l'investissement correspondant et de sa mise en service.	合作合同持有人的回报由公法人在合同的整个期限内、从实现相应的投资及其投入运营开始支付。
La rémunération dans le cadre d'un contrat de partenariat est obligatoirement liée à des objectifs de performance assignés au contrat et à la disponibilité de l'investissement.	合作合同中的回报必须与分配给合同的绩效目标和投资的可用性相关联。
La personne publique peut donner mandat au Titulaire d'un contrat de partenariat d'encaisser, au nom et pour son compte, les recettes d'exploitation du service dont la Personne publique conserve la charge.	公法人可以委托合作合同的持有人以其名义并代表其收取公法人自身负责的服务的运营收入。
Peuvent venir en compensation de la rémunération versée par la Personne publique dans le cadre d'un contrat de partenariat:	在合作合同中,以下内容可以抵销公法人支付的回报:
– la perception, au moyen d'un mandat accordé par la Personne publique cocontractante, de redevances pour service rendu, perçues sur les usagers du service à moins que ces redevances soient convenues comme étant une partie intégrante aléatoire de sa rémunération,	– 由签订 PPP 合同的公法人委托向服务的用户收取提供的服务的使用费,除非该等使用费被约定为其回报的随机组成部分,

– les recettes annexes tirées par le Titulaire du contrat de l'exploitation, pour d'autres besoins que ceux de la Personne publique et sans porter préjudice à la continuité et l'exécution du service à la Personne publique, du domaine, des ouvrages ou des équipements dont il a la charge, à moins que ces recettes soient convenues comme étant une partie intégrante aléatoire de sa rémunération,	– 合同持有人从其负责的财产、工程或设备的运营中获得的附属性收入，所述运营用于公法人的需求以外的需求且不影响公法人提供的服务的连续性和实施，除非该等收入被约定为其回报的随机组成部分，
– les pénalités ou sanction au titre de l'exécution du contrat de partenariat.	– 合作合同的履行项下的处罚或制裁。
TITRE VII – DIVERS REGIMES APPLICABLES AUX PPP	**第七编 – 适用于 PPP 的各种制度**
Art. 37. – Régime des droits sur le domaine	**第 37 条 – 财产权利制度**
La Personne publique procède à une délimitation des biens appartenant au domaine public et au domaine privé, dans le respect des dispositions foncières applicables à Madagascar. Les opérations domaniales réalisées dans le cadre d'un PPP sont soumises aux lois et règlements en vigueur à Madagascar.	公法人根据马达加斯加的土地方面的适用规定来对于公产和私产进行划分。在 PPP 的框架下进行的财产操作受马达加斯加现行法律法规的规制。
Lorsque le contrat PPP emporte occupation du domaine public, il vaut autorisation d'occupation de ce domaine pour sa durée.	当 PPP 合同导致占用公产时，需要对该公产在占用期内的占用许可。
L'Etat s'interdit, pendant la durée du contrat PPP, d'accorder tout droit réel relatif aux terrains objets du contrat PPP à un autre que le Titulaire sans son accord préalable et écrit. Toute attribution de terrain en violation de cette interdiction est nulle.	在 PPP 合同期限内，未经项目持有人事先书面同意，国家禁止将与作为 PPP 合同标的的土地有关的任何物权授予给项目持有人以外的任何人。违反此禁止性规定的任何土地分配均无效。

En cas de travaux à effectuer sur un terrain relevant de la propriété privée et de refus du propriétaire d'accorder un droit sur le terrain nécessaire à l'exécution du contrat PPP, l'Etat engage une procédure d'expropriation et de déclaration d'utilité publique dans un délai d'un (1) mois calendaire après en avoir été saisi.	如果需要在私有土地上实施工程并且土地所有权人拒绝在履行 PPP 合同所需的土地上授予相应的权利,则国家在被提请后一(1)个日历月内启动征用和公共用途宣告程序。
Le titulaire peut consentir des baux dans les conditions du droit privé pour les biens qui appartiennent au domaine privé. La durée de ces baux ne peut dépasser la durée du PPP, sauf accord préalable et écrit de la Personne publique cocontractante.	项目持有人可以在私法的约束下对属于私产的资产签订租约。除非签订 PPP 合同的公法人事先书面同意,否则该等租约的期限不得超过 PPP 的期限。
Aux fins d'application de la présente loi, toute Personne même étrangère, peut se voir consentir un bail emphytéotique d'une durée supérieure à dix huit (18) ans et sans excéder quatre-vingt-dix-neuf (99) ans, librement transmissible.	为了实施本法,包括外国人的任何人都可以签订一份期限超过十八(18)年且不超过九十九(99)年的可自由转让的长期租约。
Art. 38. – Régime des biens	**第 38 条 – 资产制度**
Le contrat PPP décrit le régime de propriété des ouvrages et des biens, ainsi que leur sort en fin de contrat, anticipée ou non, dans le respect des dispositions de l'alinéa premier de l'article 37 de la présente loi.	在遵守本法第 37 条第 1 款规定的前提下,PPP 合同须明确工程和资产的权属制度,以及在合同提前终止或到期终止时对工程和资产进行的安排。

Le titulaire dispose de droits réels sur les biens, ouvrages et équipements qu'il a construit ou réhabilité. Ces droits lui confèrent les prérogatives et obligations du propriétaire, dans les conditions et les limites définies par les clauses du contrat PPP ayant pour objet de garantir l'intégrité et l'affectation du domaine public. Ces droits réels peuvent faire l'objet de sûretés dans les conditions prévues par la législation Malgache pour garantir les seuls besoins du financement des investissements du projet.	项目持有人对其建造或翻修的资产、工程和设备拥有物权。在保证公产的完整性和规定用途的 PPP 合同条款规定的条件和限制下,该等权利赋予持有人所有权人的特权和义务。可根据马达加斯加法律规定的条件用该等物权设置担保,其仅以担保项目投资的融资需求。
Le Titulaire est autorisé à valoriser le domaine, public ou privé, mis à sa disposition dans le cadre du PPP, notamment avec pour objet de réaliser des recettes annexes, telles que prévues à l'article 36.	项目持有人有权对在 PPP 中供其使用的公产或私产进行增值,尤其是为了实现第 36 条规定的附属性收入。
Art. 39. – Régime des cessions de créances	**第 39 条 – 债权转让制度**
Les contrats PPP précisent les obligations de chaque partie, s'agissant des conditions de transfert des actifs en cours de contrat.	PPP 合同须规定各方在合同期限内关于资产转移条件的义务。
La cession d'une créance détenue par le Titulaire sur la Personne publique cocontractante au titre d'un contrat PPP ne peut porter que sur un pourcentage fixé par décret de la part de la créance correspondant à la rémunération due par la personne publique au seul titre des coûts d'investissements. Ceux-ci comprennent les coûts d'études et de conception, les coûts de construction et les frais financiers intercalaires.	将项目持有人在 PPP 合同项下对签订 PPP 合同的公法人持有的债权的转让仅限于法令规定的百分比的部分债权,该部分债权对应于公法人须单独对于投资成本支付的回报。所述投资成本包括研究和设计成本、建设成本和融资费用①。

① 中伦注:该短语最对应的英文表述为 interim finance/interest costs,我们认为主要是指项目 COD 之前的融资成本。

Aucune cession de créance détenue par le Titulaire sur la Personne publique cocontractante ne peut intervenir sans l'autorisation préalable et écrite de la Personne publique cocontractante et cette cession ne peut intervenir que pour les besoins du financement des investissements du projet.	未经签订 PPP 合同的公法人事先书面许可,不得转让项目持有人对签订 PPP 合同的公法人持有的债权,且此转让只能用于项目投资的融资需要。
Art. 40. – Régime fiscal, douanier et comptable	**第 40 条 – 税收、海关和会计制度**
Les contrats PPP sont soumis au régime fiscal, douanier et comptable de droit commun à Madagascar, y compris les bénéfices éventuels d'avantages accordés par la loi, ou tout autre régime d'incitation à l'investissement favorable à l'investisseur.	PPP 合同受马达加斯加一般法的税收、海关和会计制度的规制,其中包括法律可能赋予的优惠待遇,或任何其他有利于投资者的投资激励制度。
Le contrat PPP définit les modalités de gestion de la comptabilité du projet et des flux financiers qu'il génère, de leur répartition entre les parties au contrat, et de leur affectation à la mise en œuvre du projet et à son exécution.	PPP 合同规定项目的账簿及其产生的资金流的管理方式、资金流在合同各方之间的分配方式及其用于项目的实施和 PPP 合同的履行的方式。
Cette comptabilité doit être mise en œuvre selon un principe de transparence comptable entre les parties, d'obligation générale d'information notamment sur les modalités de calcul des coûts d'investissement ou d'exploitation, de nature à assurer d'une part, l'optimisation des dépenses publiques pour le développement des services en terme de coût et de qualité et de fournir d'autre part, les éléments d'appréciation de la réalité du coût de fourniture des services nécessaires au respect du principe d'équilibre économique et financier du contrat PPP tel que stipulé au contrat.	该账簿需要依据合同方之间的会计透明原则和一般通知义务原则(尤其是关于投资或运营成本计算方式的通知义务)而实施,以便一方面,在成本和质量上最优化用于发展服务的公共支出,另一方面,提供评估服务提供成本的真实性的内容,所述内容对于遵守合同规定的 PPP 合同的经济和财务平衡原则是必需的。

A cet effet, le contrat PPP précise les obligations du titulaire en termes de transmission des documents comptables, notamment analytiques et financiers, de la société de projet ainsi que les contrats qu'elle a pu passer avec des affiliés pour l'exécution du projet ou avec les prêteurs pour son financement.	为此目的,PPP 合同明确了项目持有人提供项目公司的会计文件(特别是分析和财务性的会计文件)方面的义务,以及项目公司可能已经与关联方缔结的用于项目的执行的合同或与贷款人签订的融资合同。
Art. 41. – Régime des investissements étrangers et des changes	**第 41 条 – 外商投资制度和外汇制度**
Les transactions opérées sous le régime des contrats PPP sont soumises au régime des changes en vigueur à Madagascar et bénéficient des garanties qui s'y attachent.	在 PPP 合同制度下进行的交易受马达加斯加现行的外汇制度的规制,并享有与其相关的保证。
Le Titulaire bénéficie de plein droit de l'ensemble des garanties prévues par les lois et règlements en matière d'investissement incluant notamment, pour toute la durée du contrat PPP, la libre conversion et le libre transfert des fonds destinés au règlement de toutes dettes contractées auprès de créanciers, fournisseurs ou sous-traitants non Malgaches, ainsi que des bénéfices à distribuer aux associés et actionnaires non Malgaches. Il en est de même, après l'expiration du contrat PPP, des fonds provenant de la liquidation d'actifs, après le règlement des taxes, droits de douanes et impôts applicables le cas échéant.	项目持有人有权享有法律和法规规定的与投资有关的所有保证,所述保证尤其包括在 PPP 合同的整个期限内用于清偿对非马达加斯加国籍的债权人、供应商或分包商的任何合同债务的资金以及分配给非马达加斯加国籍股东的利润的自由换汇和自由转账。在 PPP 合同期限届满后,来自于资产清算的资金在支付各种可能适用的税费、关税和税款后,同样适用所述原则。

Art. 42. – Régime des subventions et autres moyens de participation publique	**第 42 条 – 补贴制度和其他的国家参与制度**
Dans le cadre de tout PPP, l'Etat, une collectivité territoriale, ou un établissement public peut participer en partie, aux côtés de la Personne publique cocontractante, aux investissements, au moyen de subventions versées à la personne publique cocontractante en amont ou à différentes étapes du projet fixées au contrat PPP ou par une participation au capital de la société Titulaire du contrat PPP ou par des prêts, garanties ou tous autres moyens autorisés par la loi et mentionnés dans le Dossier d'appel d'offres au bénéfice du projet ou du Titulaire.	在任何 PPP 中,国家、地方行政机关或公共机构可以通过预先或在 PPP 合同规定的项目的不同阶段中向签订 PPP 合同的公法人支付补贴、通过 PPP 合同持有人公司的参股或者通过贷款、担保或在招标文件中提及且法律允许的其他任何对于项目或项目持有人有利的方式,与签订合同的公法人一起参与部分投资。
L'Etat, les collectivités territoriales, ou les établissements publics peuvent s'engager à acheter ou à garantir, l'achat de la production ou des services générés par des PPP ou un certain minimum de trafic ou de recettes, ou à rémunérer la disponibilité d'investissements et les services associés, ou à en garantir le paiement, pour les contrats de partenariat.	对于合作合同,国家、地方行政机关或公共机构可以承诺购买或承诺保证购买由 PPP 产生的产品或服务或者承诺保证一定的最低交易量或最低收入,或承诺对于投资的可用性和相关服务支付报酬,或承诺保证对其支付报酬。
Art. 43. – Régime de budgétisation et de comptabilisation des engagements de la Personne publique	**第 43 条 – 公法人承诺的预算和会计制度**
La Personne publique est tenue de publier chaque année une liste des PPP qu'elle prévoit de passer durant l'exercice budgétaire, quel que soit la forme de procédure envisagée, comprenant une	公法人必须每年公布其计划在该预算年度内缔结的 PPP 清单,而无论预计的程序形式为何,所述 PPP 清单包括其对于每个项目大体规定的关于付款、贷款、补贴或担保方面的承诺的详细描述说明。

description précise des engagements qu'elle prévoit globalement de prendre au titre de chaque projet, en terme de paiement, de prêt, de subvention ou de garantie.	
Cette même liste devra également mentionner de façon détaillée tous les engagements financiers ou de garantie de toute nature pris au titre de PPP de l'exercice en cours et des exercices antérieurs ayant des effets en termes de paiement ou de risque de garantie sur l'exercice budgétaire à venir.	该清单还须详细提及本预算年度和先前的预算年度关于 PPP 的任何类型的财务承诺或担保承诺,该等承诺在支付或担保风险方面将对下一个预算年度产生影响。
Cet avis général de passation des PPP fait l'objet d'une publication dans au moins un journal quotidien habilité à recevoir et publier les annonces légales ou sur le site internet du Ministère en charge des finances.	PPP 的缔结需要公告,该公告发表在至少一份有资质接受和发布法律公告的日报上或发表在财政部的网站上。
Le seuil maximum des engagements de l'Etat au titre des PPP ou à titre de garantie de l'exécution des PPP, pour une année considérée, doivent être explicitement mentionnés et inscrits dans la loi de Finances.	财政法必须明确提及且包括在特定的一年中国家在 PPP 项下的承诺或国家对 PPP 的履约担保的承诺的最高限度。
L'Etat ou un établissement public de l'Etat ne peut souscrire un engagement financier ou de garantie de toute nature au cours d'une année considérée ayant pour effet de faire dépasser un seuil annuel ou un seuil global d'engagement PPP de la Personne publique concernée par rapport à son budget, ou un engagement de l'Etat par rapport au budget de l'Etat, correspondant à des ratios maximum fixés par Décret.	国家或国家的公共机构在特定的一年之中不可以缔结导致超出相关公法人相对于其预算的年度阈值或 PPP 项下的承诺总阈值的任何形式的财务承诺或担保承诺,或者签署超出国家预算的国家承诺,其对应于法令规定的最大比例。

De même, une collectivité territoriale ou un établissement public territorial à l'échelon régional ou municipal ne peut souscrire un engagement financier ou de garantie quelconque au titre d'un contrat PPP qui aurait pour effet de faire dépasser un seuil annuel ou un seuil global d'engagement PPP de l'entité publique considérée par rapport à son budget, correspondant à des ratios maximum fixés par Décret.	同样地,地方行政机关或者地区或市镇范围的地方公共机构不得在 PPP 合同项下缔结可能导致超出相关公共实体相对于其预算的 PPP 承诺的年度限度或总限度的任何形式的财务承诺或担保承诺,其对应于法令规定的最大比例。
Le montant cumulé des engagements au titre de projet PPP individuellement au-dessous des seuils fixés par Décret devra être pris en compte pour le calcul des ratios d'engagement PPP.	低于法令规定阈值的单个 PPP 项目的承诺的累计金额应被算在内,以计算 PPP 承诺的比例。
TITRE VIII – DISPOSITIONS DIVERSES	**第八编 – 其他规定**
Art. 44. – Fonds de développement, de garantie ou de viabilité	**第 44 条 – 发展资金、保障资金或可行性缺口补助**
L'Etat se réserve la possibilité de créer ou d'autoriser la création par des entités publiques ou privées:	国家保留设立或授权公共实体或私营实体设立以下内容的权利:
– de fonds de développement visant à permettre de financer les études préalables et les opérations de lancement des projets PPP,	– 为 PPP 项目的预先研究和启动活动提供资金的发展资金,
– de fonds de garantie visant à prendre en charge les éventuelles conséquences financières de défaillance de Personne publique dans l'exécution d'un PPP,	– 为公法人在执行 PPP 中违约可能产生的财务后果提供保证的保障资金,

– ou de fonds de viabilité destiné à prendre en charge le différentiel de financement pour des projets insuffisamment rentables.	– 为照顾营利性较差的项目的资金缺口的可行性缺口补助。
Les conditions de création et d'intervention de ces fonds sont précisées par Décret.	法令规定了该等资金的设立和介入条件。
Art. 45. – Accord direct	**第 45 条 – 直接协议**
La Personne publique, l'autorité à laquelle elle est administrativement attachée ou l'Etat peuvent conclure des accords directs avec les institutions financières participant au financement des projets de PPP ou à l'octroi de garanties afférentes aux obligations de la Personne publique au titre des contrats PPP.	公法人、其行政上隶属的权力机关或国家可与参与 PPP 项目融资的金融机构或者授予与公法人在 PPP 合同项下的义务相关的担保的金融机构签订直接协议。
Ces accords directs peuvent avoir pour objet, notamment, de permettre aux prêteurs de régler avec la Personne publique directement les questions relatives à la substitution prévue à l'article 46 de la présente loi ou à la mise en jeu de sûretés afférentes aux actifs ou aux contrats.	该等直接协议的目的可涉及使贷款方能够直接与公法人解决本法第 46 条规定的替代问题或者与资产或合同有关的担保设置问题。
Art. 46. – Substitution	**第 46 条 – 替代**
Le contrat PPP et l'Accord Direct peuvent prévoir les conditions et modalités dans lesquelles les prêteurs ayant participé au financement et/ou au refinancement des investissements peuvent se substituer ou substituer une entité qualifiée de leur choix au Titulaire initial dans les droits et obligations résultant du contrat PPP en cas de défaillance du titulaire ou de défaut au titre du contrat PPP ou des accords de financement ou de garantie y afférents.	PPP 合同和直接协议可以规定以下行为的条件和方式：在发生在 PPP 合同或者相关融资协议或担保协议项下项目持有人不能履约或违约的情况下，参与投资的融资和/或再融资的贷款方可以自行替代或以其选择的合格实体替代原始的项目持有人来行使 PPP 合同产生的权利和履行 PPP 合同产生的义务。

A cet effet, nonobstant toute disposition législative ou réglementaire contraire, notamment en cas de liquidation du Titulaire initial, la substitution emporte dévolution à la nouvelle entité desdits droits et obligations, y compris des droits d'occupation et de superficie, ainsi que des installations et infrastructures nécessaires à la poursuite du PPP.	为此,无论存在任何相反的法律或法规规定,特别是在原始项目持有人清算的情况下,替代将上述权利和义务转移至新实体,其包括占用权和地上权,以及PPP的持续开展所需的设施和基础设施。
Le tiers, à qui le contrat PPP est transféré, le cas échéant, par le prêteur bénéficiaire de la clause de substitution, devra présenter des garanties financières, techniques et juridiques suffisantes et être, en outre, capable d'assurer la continuité du service transféré et l'égalité des usagers devant ce service.	在贷款方通过替代条款将PPP合同转让至第三方的情况下,该等第三方必须提供充分的财务、技术和法律保障,并且能够确保被转让的服务的连续性以及服务用户的平等待遇。
Art. 47. – Résiliation	**第47条 – 解除**
Le contrat PPP peut être résilié par anticipation d'un commun accord ou, à l'initiative de l'une des parties, en cas de faute grave de l'autre partie, de force majeure, ou de bouleversement de son équilibre financier, dans les conditions définies au contrat.	在合同规定的条件下,双方可以通过合意提前解除PPP合同,或者由合同任意一方提前解除(解除情形包括合同另一方发生重大过错、出现不可抗力或其财务平衡被打破)。
Le contrat PPP peut être résilié unilatéralement par la Personne publique pour une raison d'intérêt public. La mise en œuvre de ce pouvoir de résiliation implique que la Personne publique puisse d'une part démontrer l'existence d'un motif d'intérêt général justifiant la légitimité de cette résiliation et d'autre part indemniser le Titulaire de l'intégralité de son préjudice et de son manque à gagner.	为了公共利益的原因,公法人可以单方解除PPP合同。实施这种解除权要求公法人能够证明存在公共利益原因以证实该解除的合法性且公法人须补偿项目持有人的全部损失及其可得利益损失。

Le contrat PPP fixe les modalités d'indemnisation due à chaque partie dans chacun des cas de résiliation.	PPP 合同规定在每种解除情况中应向各方支付赔偿的方式。
Art. 48. – Nullité du contrat PPP	**第 48 条 – PPP 合同的无效**
La nullité d'un contrat PPP ne peut résulter que de la violation des dispositions des articles 7, 9, 11, 21, et 24 de la présente loi ou de la violation d'une disposition expresse régissant la validité des contrats.	只有违反本法第 7、9、11、21 和 24 条的规定或有关合同有效性的明确规定，才会导致 PPP 合同无效。
Toute pratique de corruption et infractions assimilées constitue un motif suffisant pour justifier l'annulation du contrat PPP et pour engager les actions appropriées devant des juridictions civiles et/ou pénales, selon le cas.	任何腐败行为和类似违法行为都能构成撤销 PPP 合同的充分理由，并视情况导致在民事法院和/或刑事法院提起相关的诉讼。
Art. 49. – Litiges liés aux projets PPP	**第 49 条 – 与 PPP 项目相关的争议**
Tout litige né directement ou en relation avec la passation d'un PPP est soumis à la juridiction administrative compétente.	由 PPP 的缔结直接产生的或与其有关的任何争议均受有管辖权的行政法院管辖。
Tout litige né directement ou en relation avec l'exécution, la résiliation, l'annulation ou l'interprétation d'un contrat PPP, est soumis aux mécanismes de règlement des différends tels que convenus par les parties dans le contrat.	由 PPP 合同的履行、解除、撤销或解释直接产生的或与其相关的任何争议均受诸如合同双方约定的争议解决机制的规制。
A cet effet, le recours à une procédure d'arbitrage nationale ou internationale est autorisé au titre de la présente loi. A défaut, le litige est soumis à la juridiction administrative compétente.	为此，本法允许适用本国或国际仲裁程序。在不存在仲裁条款的情况下，争议将提交至有管辖权的行政法院。

Art. 50. – Dispositions transitoires	**第 50 条 – 过渡规定**
Les dispositions de la présente loi sont applicables à toutes les opérations dont l'avis d'appel public à la concurrence mentionné à l'article 17 a été publié postérieurement à l'entrée en vigueur de la loi.	本法的规定适用于在本法生效后发布第 17 条规定的竞争性程序邀请公告的 PPP 的所有活动。
Les opérations de passation de PPP pour lesquelles une publication d'avis d'appel public à la concurrence ou d'appel d'offres ou de demande de candidature ou d'expression d'intérêt a été effectuée préalablement à l'entrée en vigueur de la présente loi, se poursuivront dans les conditions initialement prévues, sauf accord contraire des parties.	对于在本法生效之前已发布竞争性程序邀请公告或招标公告或候选人邀请公告或意向表示公告的 PPP 缔结活动，除非当事人另有约定，否则应在原始规定的条件下继续执行。
Les opérations pour lesquelles un contrat PPP aurait été signé préalablement à la mise en vigueur de la présente loi dans une forme qui ne viole pas les dispositions légales applicables à la date de cette signature produiront tous leurs effets jusqu'à leur terme, mais ne pourront être prolongées ou renouvelées que dans les conditions prévues à la présente loi, sauf si les conditions de cette extension ou de ce renouvellement ont été expressément prévues dans le contrat PPP en cause auquel cas ces stipulations s'appliqueront.	PPP 合同可能在本法生效前签订，且签订的形式不违反签订日的适用法律的规定，那么所述 PPP 合同项下的活动将保持有效直至期限届满，但只能在本法规定的条件下延期或续期，除非在 PPP 合同中明确规定该延期或续期的条件，并且这些延期或续期的规定可以适用于该情形。
Art. 51. – Le Code des marchés publics n'est applicable aux PPP que dans les cas visés spécifiquement par la présente loi.	**第 51 条** –《公共合同法典》仅在本法特别规定的情况中适用于 PPP。
Art. 52. – Des textes réglementaires sont pris, en tant que de besoin, pour fixer les modalités d'application de la présente loi.	**第 52 条** – 如果需要，通过法规确定本法的适用方式。

Art. 53. – La présente loi sera publiée au Journal Officiel de la République.	**第 53 条** – 本法将在马达加斯加共和国官方公报上公布。
Elle sera exécutée comme loi de l'Etat.	本法将作为国家法律实施。
Art. 54. – En raison de l'urgence et conformément aux dispositions des articles 4 et 6 de l'Ordonnance n°62-041 du 19 Septembre 1962 relative aux dispositions générales de droit interne et de droit international privé, la présente loi entre immédiatement en vigueur dès sa publication par voie radiodiffusée, télévisée ou par affichage, indépendamment de son insertion au Journal Officiel de la République.	**第 54 条** – 由于情况紧急并按照 1962 年 9 月 19 日第 62-041 号关于国内法律和国际私法的一般规定的法令的第 4 条和第 6 条,本法通过广播、电视或张贴公布后立即生效,其生效与是否在马达加斯加共和国的官方公报公布无关。

République du Mali

Loi n°2016-061/du 30 décembre 2016 relative aux partenariats public-privé au Mali

马里共和国

2016 年 12 月 30 日第 2016-061 号
关于马里政府与社会资本合作的法律

L'Assemblée nationale a délibéré et adopté en sa séance du 16 décembre 2016	国民议会于2016年12月16日会议审议并通过
Le Président de la République promulgue la loi dont la teneur suit:	马里共和国总统颁布内容如下的法律:
CHAPITRE 1: DISPOSITIONS GENERALES	**第一章:总则**
Article 1er: Objet	**第1条:宗旨**
La présente loi établit le cadre juridique et institutionnel des partenariats public-privé.	本法为政府与社会资本合作(以下简称PPP)建立了法律和机构框架。
Article 2: Définitions	**第2条:定义**
Aux fins de la présente loi, on entend par:	在本法中,作出如下定义:
Autorité contractante, l'Etat, les collectivités territoriales et leurs établissements publics qu'ils soient à caractère administratif ou à caractère industriel et commercial; les organismes de droit public et de droit privé; les associations formées par une ou plusieurs autorités contractantes; les entreprises publiques exerçant une activité d'opérateurs de réseaux; le mandataire des autorités contractantes agissant en leur nom et pour leur compte.	**缔约机关**:指国家、地方行政机关及其行政或工商业性质的公共机构;公法和私法项下的机构;由一个或多个缔约机关组成的联合体;实施网络运营商经营活动的国有企业;以缔约机关名义并为缔约机关的利益行事的缔约机关的代理人。
Autorité porteuse de projet, l'autorité contractante en charge de la fonction opérationnelle visée à l'article 5: Autorité porteuse de projet.	**项目负责机关**:指负责第5条(项目负责机关)规定的业务职能的缔约机关。
Candidat, un opérateur économique qui manifeste son intérêt à participer ou qui est retenu par une autorité contractante pour participer à la procédure d'attribution d'un partenariat public-privé.	**候选人**:指表示有意向参与或被缔约机关选定参与PPP的授予程序的经营者。

Droits exclusifs, des droits accordés par une autorité compétente au moyen de toute loi, de tout règlement ou de toute disposition administrative publiée, compatible avec le Traité de l'Union Économique et Monétaire Ouest Africaine, ayant pour effet de réserver l'exercice d'une activité à un seul opérateur économique et d'affecter substantiellement la capacité des autres opérateurs économiques d'exercer cette activité.	**专有权**:指主管权力机关通过任何法律、法规或任何已公布的行政规定授予的、且符合《西非经济货币联盟条约》相关规定的权利,该等权利授予的效果是将经营活动的实施保留给唯一的经营者,并在实质上影响其他经营者实施该等经营活动的能力。
Entreprise publique exerçant une activité d'opérateurs de réseaux, l'entreprise publique qui exerce une activité d'opérateurs de réseaux fournissant un service au public notamment dans les domaines de la production, du transport ou de la distribution d'électricité, de gaz, de chaleur ou d'eau potable.	**实施网络运营商活动的国有企业**:指特别是在电力、天然气、热能或饮用水的生产、传输或分配领域为公众提供服务的、实施网络运营商活动的国有企业。
Est une entreprise publique, toute entreprise sur laquelle les autorités contractantes peuvent exercer, directement ou indirectement, une influence dominante, du fait de la propriété de cette entreprise, de la participation financière qu'elles détiennent ou des règles qui la régissent.	国有企业指缔约机关可直接或间接对其施加支配性影响的企业,该等支配性影响是由于缔约机关对该企业的所有权、对该企业的出资或规制该企业的规则所产生。
L'influence dominante est présumée lorsque les autorités contractantes, directement ou indirectement:	当缔约机关存在以下行为时,则认为具有支配性影响:
1 – Détiennent la majorité du capital souscrit de l'entreprise.	1 – 直接或间接持有企业多数认缴资本。
2 – Disposent de la majorité des voix attachées aux parts émises par l'entreprise.	2 – 直接或间接持有企业发行股份对应的多数表决权。

3 – Peuvent désigner plus de la moitié des membres de l'organe d'administration, de direction ou de surveillance de l'entreprise.	3 – 可以直接或间接任命企业的决策机构、管理机构或监督机构中过半数的成员。
Exécution de travaux, soit l'exécution, soit conjointement la conception et la réalisation, par quelque moyen que ce soit, d'un ouvrage répondant aux exigences définies par l'autorité contractante qui exerce une influence décisive sur le type d'ouvrage ou la conception de l'ouvrage.	**工程的实施**:指以任何方式实施或者设计和实施符合缔约机关确定的要求的工程,缔约机关对工程类型或工程设计具有决定性影响。
Offre spontanée, proposition non sollicitée de réalisation d'un projet en partenariat public-privé n'ayant pas fait l'objet d'une inscription dans un programme d'investissements et pour lequel l'autorité contractante n'a initié aucune procédure de passation.	**自发提案**:指主动提议以 PPP 模式实施的未列入投资计划的且缔约机关尚未对其启动任何缔结程序①的项目的提案。
Opérateur économique, toute personne morale ou groupement de personnes morales, y compris des associations temporaires d'entreprises autres que celles pouvant être qualifiées d'autorités contractantes, qui offre l'exécution de travaux ou d'ouvrages, la fourniture de produits ou la prestation de services sur le marché.	**经营者**:指任何法人或法人的联合体,包括不能被认定为缔约机关的企业的临时联合体(该等企业临时联合体实施工程、在市场上提供服务或供应产品)。

① 中伦注:指将合同授予中标人的所有规则和整个流程,而不仅仅是合同签署的环节。

Organisme de droit public et de droit privé, tout organisme créé pour satisfaire spécifiquement des besoins d'intérêt général ayant un caractère autre qu'industriel ou commercial, doté de la personnalité juridique, et dont soit l'activité est financée majoritairement par l'Etat, les collectivités territoriales ou d'autres organismes de droit public ou privé, soit la gestion est soumise à un contrôle par ces derniers, soit l'organe d'administration, de direction ou de surveillance est composé de membres dont plus de la moitié sont désignés par l'État, les collectivités territoriales ou d'autres organismes de droit public ou de droit privé.	**公法和私法机构**:指专门为满足公共利益需求而设立的非工业或商业性质的具有法人人格的任何机构,该机构具有以下特点:i)其活动主要由国家、地方权力机关或者其他公法或私法机构提供资金,或者ii)其管理受国家、地方行政机关或者其他公法或私法机构控制;或者iii)其决策机构、管理机构或监督机构中的过半数成员由国家、地方行政机关或其他公法或私法机构指定。
Organe en charge du contrôle a priori de la conformité des procédures de passation des contrats de la commande publique, organe chargé du contrôle *a priori* de la passation des contrats de la commande publique.	**负责事先监管公共采购合同缔结程序合规性的机构**:指负责事先监管缔结公共采购合同的机构。
Organe de régulation et de règlement des litiges des contrats de la commande publique, organe chargé du contrôle *a posteriori* des procédures de passation des contrats de la commande publique et de leur exécution.	**公共采购合同的管控和争议解决机构**:指负责事后监管公共采购合同缔结程序及其履行的机构。
Partenariat public-privé, désigne les contrats de la commande publique énumérés ci-après. Les partenariats public-privé relevant de la présente loi passés par des personnes morales de droit public sont des contrats administratifs.	**政府与社会资本合作(PPP)**:指下列公共采购合同。公法人缔结的本法项下的PPP是行政合同。

1 – **Concessions**, les contrats de concession sont les contrats conclus par écrit et à titre onéreux, par lesquels une ou plusieurs personnes publiques confient l'exécution de travaux ou la gestion d'un service public ou d'intérêt général à un ou plusieurs opérateurs économiques, la rémunération consistant soit dans le droit d'exploiter l'ouvrage ou le service qui fait l'objet du contrat, soit dans ce droit assorti d'un prix. Ils impliquent le transfert au concessionnaire d'un risque lié à l'exploitation de cet ouvrage ou de ce service.	1 – **特许经营**:指以书面形式订立的有偿合同,根据该等合同,一个或多个公法人将工程的实施或者公共服务或涉及公共利益的服务的管理委托至一个或多个经营者,回报为运营作为合同标的的工程或服务的权利,或者为该权利连同一笔酬金。该等合同要求向特许权人转移与该等工程或服务运营相关的风险。
La part de risque transférée implique une réelle exposition aux aléas du marché. Le concessionnaire assume le risque d'exploitation lorsque, dans les conditions d'exploitation normales, il n'est pas assuré d'amortir les investissements ou les coûts qu'il a supportés, liés à l'exploitation de l'ouvrage ou du service.	转移的风险的部分意味着真正暴露在市场风险中。如果在正常运营条件下无法确保与工程或服务运营有关的投资或其承担的成本的摊销,则特许权人承担运营风险。
2 – **Concession de travaux**, la concession qui a pour objet soit la réalisation, soit la conception et la réalisation d'un ouvrage répondant aux exigences fixées par l'autorité concédante. Le concessionnaire exerce la maîtrise d'ouvrage lorsqu'il réalise un ouvrage.	2 – **工程特许经营**:指涉及实施或者设计和实施符合授予特许的权力机关确定的要求的工程的特许经营。特许权人对其实施的工程履行业主责任。
3 – **Concession de service**, la concession qui a pour objet la gestion d'un service. Lorsqu'elle a pour objet la gestion d'un service public, elle est qualifiée de concession de service public.	3 – **服务特许经营**:指涉及服务管理的特许经营。如涉及公共服务管理,其被定性为公共服务特许经营。

Le concessionnaire peut être chargé de construire un ouvrage ou d'acquérir des biens nécessaires au service.	特许权人可负责建设工程或购置服务所需的资产。
4 – **Concession de service d'intérêt général sans service public**, la concession qui a pour objet la gestion d'un service qui n'est pas un service public.	4 – **非公共服务的涉及公共利益的服务的特许经营**:指涉及管理不是公共服务的服务的特许经营。
5 – **Concession de service avec service public**, la concession qui a pour objet la gestion d'un service public.	5 – **公共服务的服务特许经营**:指涉及管理公共服务的特许经营。
6 – **Affermage**, la concession de service public qui a pour objet la gestion d'un ouvrage existant, en vue d'assurer la fourniture d'un service public, le partenaire privé ne réalisant pas les investissements initiaux.	6 – **租赁**:指涉及管理现有工程以确保提供公共服务且社会资本未进行初始投资的公共服务的特许经营。
7 – **Régie intéressée**, la concession de service public qui a pour objet la gestion d'un ouvrage existant. Le gestionnaire bénéficie d'un mandat de la personne publique pour encaisser, en son nom et pour son compte, les paiements versés par les usagers en contrepartie du service public rendu. Sa rémunération, versée par la personne publique, est liée aux objectifs de performance. Le risque d'exploitation lui est substantiellement transféré.	7 – **公共事业管理**:指涉及管理现有工程的公共服务的特许经营。管理人受公法人委托,代表公法人并为公法人的利益收取用户支付的作为提供的公共服务的对价的费用。管理人的回报由公法人支付,并且与绩效目标挂钩。运营风险实质上被转移至管理人。

8 – **Contrat mixte**, les concessions qui ont pour objet à la fois des travaux et des services. Ils sont des concessions de travaux ou des concessions de service si l'objet principal porte soit sur des travaux soit sur des services. Lorsqu'ils portent à la fois sur un service et un service public, ils sont des concessions de service avec service public si leur objet principal porte sur la gestion d'un service public.	8 – **混合合同**:指同时涉及工程和服务的特许经营。若该合同的主要标的是工程或服务,则其为工程特许经营或服务特许经营。在该合同同时涉及服务与公共服务时,若其主要目的涉及公共服务的管理,则其为公共服务的服务特许经营。
9 – **Partenariat à paiement public**:	9 – **政府付费型合作**:
a – Le partenariat à paiement public désigne le contrat par lequel une autorité contractante confie à un tiers, pour une période déterminée, une mission globale ayant pour objet la conception, la construction ou la transformation, l'entretien, la maintenance, l'exploitation ou la gestion d'ouvrages, d'équipements ou de biens immatériels nécessaires au service public ou à l'exercice d'une mission d'intérêt général, ainsi que tout ou partie de leur financement.	a – 政府付费型合作指缔约机关在固定期间内将一项整体任务委托至第三方的合同,所述整体任务涉及公共服务或执行涉及公共利益的任务所需的工程、设备或无形资产的设计、建设或改造、维护、保养、运营或管理及其全部或部分的融资。
Le contrat peut également avoir pour objet des prestations de services qui concourent au service public dont la personne publique à la charge voire l'exploitation du service[①]. Dans ce dernier cas, le risque d'exploitation de ce service est substantiellement conservé par la personne publique.	该等合同也可规定为公法人负责甚至运营的公共服务提供辅助性服务。在此情形下,该等服务的运营风险实质上由公法人承担。

① 中伦注:此处原文可能有问题。

b – La rémunération fait l'objet d'un paiement par la personne publique pendant toute la durée du contrat, laquelle est liée aux objectifs de performance.	b – 回报由公法人在合同的整个期限内支付,并且与绩效目标挂钩。
Le partenariat à paiement public peut prévoir un mandat de la personne publique au partenaire privé pour encaisser, en son nom et pour son compte, le paiement par l'usager final des prestations revenant à cette dernière.	政府付费型合作可规定,由公法人委托社会资本代表其并为其利益收取由提供的产品和服务的最终用户支付的费用,该等费用归公法人所有。
c – Le partenaire privé assure la maîtrise d'ouvrage des travaux à réaliser.	c – 社会资本负责待实施工程的项目管理。
d – La personne publique peut prendre en charge une partie du préfinancement et participer au capital de la société en charge de la mission.	d – 公法人可承担部分前期融资,并在负责任务的公司[①]中参股。
Partenaire privé, un opérateur économique ou un groupement d'opérateurs économiques qui se voit confier un partenariat public-privé.	**社会资本:**指被授予 PPP 的经营者或者经营者联合体。
Personne publique, les autorités contractantes.	**公法人:**指缔约机关。
Point focal partenariat public-privé, le référent de l'autorité porteuse de projet, assurant l'interface entre l'autorité porteuse de projet et l'unité des partenariats public-privé.	**PPP 联络点:**指确保在项目负责机关与 PPP 局之间对接的项目负责机关的联络方。
Société dédiée, la société constituée par le titulaire d'un partenariat public-privé.	**专门公司:**指由 PPP 持有人设立的公司。
Soumissionnaire, un opérateur économique qui a présenté une offre.	**投标人:**指投标的经营者。

① 中伦注:我们理解,负责任务的公司应当为负责执行 PPP 项目的项目公司。

Unité des partenariats public-privé, l'organisme expert national des partenariats public-privé.	**PPP 局**:指 PPP 的国家级的专业机构。
Article 3: Champ d'application	**第 3 条:适用范围**
Ⅰ – La présente loi s'applique aux partenariats public-privé tels que définis à l'article 2: Définitions, sous réserve des exclusions visées au III du présent article.	Ⅰ – 本法适用于在第 2 条(定义)中定义的 PPP,但本条第 III 款所涵盖的例外情形除外。
Ⅱ – Les partenariats public-privé financés par des ressources extérieures sont soumis aux dispositions de la présente loi, dans la mesure où elles ne sont pas contraires aux accords de financement.	Ⅱ – 由外部财源提供资金的 PPP 在不违反融资协议的前提下须受本法规定的规制。
Ⅲ – La présente loi ne s'applique pas aux partenariats public-privé qui présentent les caractéristiques suivantes:	Ⅲ – 本法不适用于具有以下特征的 PPP:
Les partenariats public-privé de défense ou de sécurité, lorsque la protection des intérêts essentiels de sécurité de l'État, définis conformément à la réglementation en vigueur, est incompatible avec des mesures de publicité. ①	涉及(国家)防卫或(国家)安全方面的 PPP,若为了保护根据现行法规确定的国家安全的根本利益不能适用公开措施。
1 – Les partenariats public-privé conclus avec des entités avec lesquelles les autorités contractantes entretiennent des relations de « quasi-régie », répondant aux conditions suivantes:	1 – 满足以下条件的与缔约机关维持准官办关系②的实体缔结的 PPP:

① 中伦注:我们认为本段的编号有问题,应该与下段是并列关系。

② 中伦注:缔约机关与之有关系的实体,如果与该等实体缔结合同,则不适用本法。

a) L'autorité contractante exerce sur la personne morale concernée un contrôle analogue à celui qu'elle exerce sur ses propres services. Une autorité contractante est réputée exercer sur une personne morale un contrôle analogue à celui qu'elle exerce sur ses propres services, si elle exerce une influence décisive à la fois sur les objectifs stratégiques et sur les décisions importantes de la personne morale contrôlée.	a)缔约机关对相关法人行使与其对内部部门类似的控制权。如果缔约机关对受控制的法人的战略目标和重大决策同时具有决定性影响,则其被视为对该法人行使与其对内部部门类似的控制权。
b) La personne morale contrôlée réalise plus de 80% de son activité dans le cadre des tâches qui lui sont confiées par l'autorité contractante qui la contrôle ou par d'autres personnes morales qu'elle contrôle.	b)受控制的法人实施的80%以上的经营活动属于控制该法人的缔约机关或缔约机关控制的其他法人向其委托的任务。
c) La personne morale contrôlée ne comporte pas de participation directe de capitaux privés, à l'exception des formes de participation de capitaux privés sans capacité de contrôle ou de blocage requises par la loi qui ne permettent pas d'exercer une influence décisive sur la personne morale contrôlée.	c)受控制的法人不包括私人资本的直接出资,但未对受控制的法人产生决定性影响的、不具有控制权或否决权的法律规定的私人资本出资形式除外。
CHAPITRE II: CADRE INSTITUTIONNEL	**第二章:机构框架**
Article 4: Principes généraux de gouvernance	**第4条:治理的基本原则**
Le cadre institutionnel est caractérisé par la séparation des fonctions suivantes, de manière à garantir l'absence de risques de conflits d'intérêts, le chevauchement	机构框架的特点是将下列职能分开,以确保不存在利益冲突风险、职权重叠及保证机构参与者的自主性和独立性:

d'attributions, l'autonomie et l'indépendance des acteurs institutionnels:	
1 – La fonction opérationnelle est assurée par l'autorité porteuse de projet;	1 – 项目负责机关负责业务实施;
2 – La fonction d'évaluation du processus de mise en œuvre d'un partenariat public-privé et d'expertise est assurée par l'unité des partenariats public-privé;	2 – PPP 局负责 PPP 的实施过程的评估和提供专业意见;
3 – La fonction de contrôle budgétaire est assurée par le Ministre en charge des Finances;	3 – 财政部部长负责预算控制;
4 – La fonction d'analyse des candidatures et des offres est assurée par une commission d'appel d'offres, pouvant être assistée par une sous-commission technique;	4 – 招标委员会负责对候选人资格和投标(方案)进行分析,招标委员会可获得下设的技术委员会的协助;
5 – La fonction de contrôle *a priori* de la passation des contrats de la commande publique est assurée par l'organe en charge du contrôle a priori de la conformité des procédures de passation des contrats de la commande publique;	5 – 负责事先监管公共采购合同缔结程序合规性的机构负责公共采购合同的缔结的事先监管;
6 – La fonction de contrôle *a posteriori* des procédures de passation des contrats de la commande publique et de leur exécution est assurée par l'organe de régulation et de règlement des litiges des contrats de la commande publique;	6 – 公共采购合同的管控和争议解决机构负责公共采购合同的缔结程序及其履行的事后监管;
7 – La fonction de régulation sectorielle est assurée par les organes de régulation sectorielle.	7 – 部门监管机构负责监管各部门。

Article 5: Autorité porteuse de projet	**第 5 条:项目负责机关**
L'autorité porteuse de projet est responsable de l'identification et de la définition des projets susceptibles d'être développés en partenariat public-privé, de leur évaluation technique, économique, financière et juridique, de la conduite des procédures de passation, de la mise au point ou négociation des contrats et de leur suivi et contrôle.	项目负责机关负责识别和确定可通过 PPP 开展的项目以及负责该等项目的技术、经济、财务和法律评估、缔结程序的开展、合同的定稿或谈判以及对合同的跟踪和监管。
Article 6: L'unité de partenariat public-privé est l'organisme expert national. Elle apporte son expertise aux différentes étapes de la mise en œuvre d'un investissement public en émettant les avis visés par la présente loi.	**第 6 条:** PPP 局是国家级的专业机构。PPP 局通过出具本法规定的审批意见,为政府投资实施的各个阶段提供其专业知识。
CHAPITRE III: CONDITIONS PREALABLES A LA PASSATION	**第三章:缔结的前提条件**
SECTION I: DEFINITION ET IDENTIFICATION DES PROJETS	**第一节:项目的确定和识别**
Article 7: Définition et inscription des projets dans un programme d'investissements	**第 7 条:** 在投资计划中确定和列入项目
Ⅰ. Les autorités contractantes identifient les projets susceptibles d'être développés en partenariat public-privé. Cette procédure d'identification nécessite la réalisation d'une étude de définition des besoins et d'une étude préliminaire technique, juridique, économique et environnementale. Les projets identifiés sont inscrits dans le programme d'investissements des autorités contractantes.	Ⅰ. 缔约机关识别可通过 PPP 开展的项目。该项目识别的程序要求实施需求确定研究和技术、法律、经济和环境的初步研究。已确定的项目列入缔约机关的投资计划中。

Pour l'État, le processus d'identification des projets est réalisé en collaboration avec le Ministère chargé du Plan, le Ministère en charge des Finances, le Ministère chargé des Investissements et l'unité des partenariats public-privé.	国家与规划部、财政部、投资部和 PPP 局共同合作以开展项目识别的程序。
Ⅱ. Les programmes d'investissements font l'objet d'une publication par voie électronique par les autorités contractantes.	Ⅱ. 投资计划由缔约机关以电子方式公布。
SECTION II: CONDITIONS DE LANCEMENT DE LA PROCEDURE	**第二节:程序启动条件**
Article 8: Conditions de recours	**第 8 条:适用条件**
Ⅰ. Seuls les projets inscrits au programme d'investissements et ayant fait l'objet de l'étude préalable visée à l'article 9: Évaluation préalable de la présente loi peuvent être réalisés en partenariat public-privé.	Ⅰ. 只有列入投资计划且已经过本法第 9 条(预先评估)规定的预先评估的项目才能通过 PPP 实施。
Ⅱ. En dérogation à l'obligation d'inscription au programme d'investissements, peuvent être réalisés en partenariat public-privé dans les conditions fixées par voie réglementaire, les offres spontanées et les contrats passés selon la procédure négociée directe faisant suite à une urgence résultant de circonstances imprévisibles pour l'autorité contractante et n'étant pas de son fait.	Ⅱ. 作为项目须列入投资计划的例外,在发生缔约机关不可预见的且非由缔约机关引起的紧急情况后,自发提案和通过直接谈判程序缔结的合同可在法规规定的条件下通过 PPP 开展。
Article 9: Évaluation préalable	**第 9 条:预先评估**
L'évaluation préalable au lancement d'une procédure de passation comprend:	缔结程序启动前的预先评估包括:

Une analyse démontrant que le projet présente une utilité économique et sociale pour la collectivité ainsi qu'un bilan environnemental positif.	证明项目对社区有经济和社会效用和正面的环境影响的分析。
Une analyse du mode de réalisation du projet en partenariat public-privé démontrant un bilan plus favorable que celui des autres modes de la commande publique.	证明以 PPP 实施项目的模式较于其他公共采购模式更加有利的分析。
Pour les concessions, l'évaluation doit également confirmer que le risque d'exploitation transféré au partenaire est tenable sur la durée de la concession.	对于特许经营,评估还必须确定转让给社会资本的运营风险在特许经营期限内是可承受的。
1 – Une analyse de la soutenabilité budgétaire, appréciant les conséquences du projet sur les finances publiques et sur la disponibilité des crédits et, lorsqu'il emporte occupation du domaine public ou privé des personnes publiques, sa compatibilité avec les orientations de la politique immobilière de celles-ci. Elle est complétée, au terme de la procédure de passation, pour tenir compte de l'offre du soumissionnaire retenu.	1 – 预算承受能力的分析,以估计项目对公共财政和信用额度的影响,以及当项目导致占用公法人的公有或私有财产时,该项目是否与公法人不动产政策方针相符。该分析应在缔结程序结束时予以补足,以便考虑到被选定的投标人的方案。
Article 10: Mécanisme de financement des études	**第 10 条:研究的资金提供机制**
Un mécanisme de financement des études visées aux articles 7: Définition et inscription des projets dans un programme d'investissements et 9: Évaluation préalable est mis en place par voie réglementaire.	第 7 条(在投资计划中确定和列入项目)和第 9 条(预先评估)规定的研究的资金提供机制通过法规设立。

SECTION III: AVIS ET AUTORISATIONS PREALABLES AU LANCEMENT DE LA PROCEDURE	**第三节:程序启动前的审批意见和许可**
Article 11: Avis préalables au lancement de la procédure	**第 11 条:程序启动前的审批意见**
Ⅰ – L'évaluation préalable doit être transmise pour avis:	Ⅰ – 预先评估应发送至以下部门以出具审批意见:
1 – A l'unité des partenariats public-privé. Elle émet un avis conforme sur l'analyse des aspects économique, social et environnemental et sur l'analyse du mode de réalisation du projet visées aux 1° et 2° de l'article 9: Évaluation préalable. Pour les projets relevant d'un domaine sectoriel réglementé, cet avis tient compte de l'avis de l'autorité de régulation sectorielle concernée.	1 – PPP 局。PPP 局就第 9 条(预先评估)第 1 款和第 2 款涉及的经济、社会和环境方面的分析以及项目开展模式的分析作出批复。对于属于受管制的部门领域的项目,该审批意见应将相关部门监管机构的意见考虑在内。
2 – Au Ministre en charge des Finances. Il émet un avis conforme sur l'analyse de la soutenabilité budgétaire du projet visée au 3°① de l'article 9: Évaluation préalable.	2 – 财政部部长。财政部部长就第 9 条(预先评估)第 3 款涉及的项目预算承受能力的分析作出批复。
3 – Aux organes de régulation sectorielle, si les spécifications techniques de l'évaluation préalable portent sur un projet relevant d'un domaine sectoriel réglementé. Cet avis est transmis à l'unité des partenariats public-privé.	3 – 部门监管机构(如果预先评估的技术规范涉及受管制部门领域的项目)。该审批意见须发送至 PPP 局。
Ⅱ – Les délais dans lesquels sont rendus les avis sont fixés par voie règlementaire.	Ⅱ – 出具审批意见的期限由法规规定。

① 中伦注:这里的编号可能是引用错误,但原文如是,故不作更改。

Article 12：Autorisations préalables au lancement de la procédure	**第 12 条：程序启动前的许可**
Le lancement de la procédure de passation des partenariats public-privé est précédé d'une autorisation, émise sur la base des avis mentionnés à l'article 11：Avis préalables au lancement de la procédure：	启动 PPP 的缔结程序之前，应取得在第 11 条（程序启动前的审批意见）规定的审批意见基础上所出具的许可：
1 – Pour l'État, l'autorisation est donnée par le Premier ministre.	1 – 国家的许可由总理出具。
2 – Pour les collectivités territoriales, l'autorisation est donnée par l'assemblée délibérante ou l'organe délibérant.	2 – 地方行政机关的许可由合议议会或合议机构出具。
3 – Pour les autres autorités contractantes, l'autorisation est donnée par l'organe décisionnel.	3 – 其他缔约机关的许可由决策机关出具。
CHAPITRE IV：DISPOSITIONS PARTICULIERES RELATIVES A LA PASSATION	**第四章：关于缔结的特别规定**
SECTION I：PROCEDURES DE PASSATION	**第一节：缔结程序**
Article 13：Procédures de droit commun	**第 13 条：一般法程序**
Ⅰ – Un partenariat public-privé est passé par appel d'offres ouvert précédé obligatoirement d'une préqualification des candidats.	Ⅰ – PPP 通过公开招标的方式缔结，在公开招标之前须对候选人进行资格预审。
1 – Un partenariat public-privé est passé par appel d'offres ouvert en une étape lorsque la personne publique est en mesure de définir les prestations objets du contrat par référence aux normes, agréments techniques ou spécifications nationaux ou communautaires détaillés, ou à défaut par	1 – 若公法人能够参照详细的国家或国家共同体级别的标准、技术认可或规范来确定作为合同标的的产品和服务的提供，或在前述标准不存在的情况下参照国际上的标准、技术认可或规范，并且具有明确的绩效标准或成果指标，则 PPP 通过一步式公开招标的方式缔结。

référence à des normes ou agréments techniques ou spécifications internationaux et dispose des critères de performance ou d'indicateurs de résultats précis.	
2 – Un partenariat public-privé est passé par appel d'offres en deux étapes lorsque le contrat envisagé est complexe ou que la personne publique n'est pas en mesure de définir seule et à l'avance les moyens techniques répondant à ses besoins ou d'établir le montage financier ou juridique.	2 – 若拟议的合同较为复杂,或公法人无法自行和事先确定满足其需求的技术手段或建立融资结构或法律结构,则 PPP 通过两步式招标的方式缔结。
3 – Les conditions et les modalités de mise en œuvre des procédures de passation mentionnées au 1 du présent article sont fixées par voie règlementaire.	3 – 实施本条第 1 款所述的缔结程序的条件和方式由法规规定。
Article 14: Procédures dérogatoires	**第 14 条:例外程序**
Ⅰ – Par exception, un partenariat public-privé peut être passé:	Ⅰ – 作为例外,PPP 可通过以下方式缔结:
Selon une procédure d'appel d'offres restreint sans publicité préalable. Un appel d'offres est dit restreint lorsque seuls les candidats que l'autorité contractante a décidé de consulter peuvent remettre une offre. Le nombre minimal de candidats retenu est de trois (03).	通过不进行事先公告的限制性招标程序签订。限制性招标是指,只有缔约机关决定咨询的候选人有权投标的招标。被选定的候选人的人数最少为三(3)人。
Selon une procédure négociée directe sans mise en concurrence préalable.	通过不设前置的竞争性程序的直接谈判程序签订。
A la suite de la présentation d'une offre spontanée.	在提交自发提案后签订。

Ⅱ – Les hypothèses et les modalités de mise en œuvre des procédures dérogatoires mentionnées au I du présent article sont fixées par voie règlementaire.	Ⅱ – 实施本条第Ⅰ款所述的例外程序的假设和方式通过法规规定。
SECTION II: GARANTIES DE PROCEDURE	**第二节:程序保障**
Article 15: Principes généraux	**第 15 条:基本原则**
La passation des partenariats public-privé est soumise aux principes de liberté d'accès à la commande publique, d'égalité de traitement des candidats et de transparence des procédures.	PPP 的缔结必须遵守公共采购自由参与、候选人平等待遇和程序透明的原则。
Article 16: Publicité préalable	**第 16 条:事先公告**
A l'exception des procédures dérogatoires, les procédures de passation sont précédées d'une publicité dans des conditions définies par voie règlementaire afin de susciter la plus large concurrence.	除例外程序外,在缔结程序之前均须在法规规定的条件下进行公告,使得竞争能够被最广泛地参与。
Article 17: Conditions de participation	**第 17 条:参与条件**
Ⅰ – Ne peuvent soumissionner à un partenariat public-privé:	Ⅰ – 以下人员不得参与 PPP 的竞争:
1 – Les personnes qui n'ont pas acquitté les droits, taxes, impôts, cotisations, contributions, redevances ou prélèvements de quelque nature que ce soit, au 31 décembre de l'année précédant, celle au cours de laquelle a lieu le lancement de la consultation ou souscrit les déclarations y afférentes.	1 – 截至启动磋商年度的上一年度的 12 月 31 日未足额缴纳各种类的税费、税金、税款、分摊金、捐税、使用费或预扣税金或未作出相关声明的人。
2 – Les personnes qui sont en état de liquidation de biens ou de faillite personnelle.	2 – 处于资产清算或个人破产状态的人。

3 – Les personnes qui ont été reconnues coupables d'infraction à la règlementation de la commande publique ou qui sont exclues des procédures de passation par une décision de justice devenue définitive en matière pénale, fiscale ou sociale ou par une décision de l'organe de régulation et de règlement des litiges des contrats de la commande publique.	3 – 因违反公共采购法规而被认定有罪，或因法院在刑事、税务或社会方面的最终裁决，或因公共采购合同的管控和争议解决机构的决定而被禁止参加缔结程序的人。
Les dispositions du présent article sont applicables au candidat qu'il se présente seul ou en groupement, ainsi qu'à tous les tiers opérateurs sur lesquels le candidat s'appuie pour justifier de ses capacités, quel que soit le lien juridique.	本条规定适用于单独或以联合体形式参与竞争的候选人，也适用于候选人赖以证明其能力的第三方经营者（不论二者间的法律关系为何）。
Ⅱ – Sous réserve que le candidat ne fasse pas l'objet d'une interdiction de soumissionner mentionnée au I du présent article, l'autorité contractante ne peut imposer aux candidats que des conditions de participation à la procédure de passation propres à garantir qu'ils disposent:	Ⅱ – 在候选人不属于本条第 I 款所述的禁止参与竞争情形的前提下，缔约机关只能对候选人参加缔结程序设置特别的限制条件，以确保该等候选人：
1 – de la capacité juridique à déposer une candidature.	1 – 具有提交候选人资格的法律行为能力。
2 – Des capacités professionnelles, techniques et financières suffisantes.	2 – 具有足够的专业、技术和财务能力。

Article 18 : Groupement momentané d'opérateurs économiques	**第 18 条:经营者的临时联合体**
Des groupements d'opérateurs économiques peuvent participer à la procédure de passation d'un partenariat public-privé. Chaque membre d'un groupement ne peut participer à une procédure de passation, directement ou indirectement, qu'au titre d'un seul groupement. La violation de cette règle entraîne la disqualification du groupement et de ses différents membres.	经营者联合体可以参加 PPP 的缔结程序。联合体的每个成员只能以一个联合体的名义直接或间接参加一个缔结程序。违反此规则将导致该联合体及其各成员的投标资格被取消。
Article 19 : Critères d'attribution	**第 19 条:授予标准**
Ⅰ – Les partenariats public-privé sont attribués sur la base de critères objectifs qui respectent les principes énoncés à l'article 15 : Principes généraux de la présente section. Les critères doivent permettre d'identifier l'offre économiquement la plus avantageuse pour l'autorité contractante.	Ⅰ – PPP 根据遵循本节第 15 条(基本原则)所述的原则的客观标准而被授予。该等标准必须能够确定对缔约机关而言在经济上最有利的方案。
Ⅱ – Ces critères doivent être obligatoirement liés à l'objet du contrat et non discriminatoires, et peuvent concerner, par exemple, le potentiel de développement socio-économique du projet, le respect des normes environnementales et le caractère innovant. Ils sont accompagnés d'exigences qui permettent de vérifier les informations fournies par les candidats.	Ⅱ – 该等标准必须与合同标的相关联,不得具有歧视性,可以涉及例如项目的社会经济发展潜力、环境标准的遵守和创新性。该等标准须附随允许核实候选人所提供的信息的要求。

Ⅲ – Parmi les critères d'attribution, figure nécessairement la part d'exécution du contrat que le candidat s'engage à confier à des petites et moyennes entreprises et à des artisans.	Ⅲ –授予标准须包括候选人承诺将向中小型企业和手工业者委托履行的合同的份额。
Article 20: Information des candidats évincés	**第 20 条:被排除的候选人的信息**
Les motifs de rejet des candidats et des soumissionnaires dont la candidature ou l'offre n'a pas été retenue leur sont obligatoirement communiqués, ainsi que les caractéristiques de l'offre du candidat retenu.	必须向未通过候选人资格审查或方案未被选定的候选人和投标人披露其被拒绝的理由以及被选定的候选人的方案的特征。
Article 21: Confidentialité	**第 21 条:保密性**
Dans le respect du secret des affaires, l'autorité contractante ne peut divulguer les informations qui lui ont été communiquées à titre confidentiel, sauf accord préalable du candidat ou du soumissionnaire.	出于保护商业秘密的目的,未经候选人或投标人事先同意,缔约机关不得披露其获取的保密信息。
SECTION III: OBLIGATIONS RELATIVES A L'ACHEVEMENT DE LA PROCEDURE DE PASSATION	**第三节:与缔结程序的完成相关的义务**
Article 22: Autorisations préalables à la signature	**第 22 条:签署前的批准**
Ⅰ – Les contrats passés par l'État et ses établissements publics sont approuvés, avant leur signature, par le Ministre chargé de l'Économie et des Finances, sur la base de l'avis de l'unité des partenariats public-privé sur le contrat.	Ⅰ –国家及其公共机构缔结的合同在签署之前,须由经济和财政部部长根据 PPP 局对合同的审批意见进行批准。

Ⅱ – Les contrats passés par les collectivités territoriales et leurs établissements publics sont approuvés, avant leur signature, par les autorités visées aux 2° de l'article 12 : Autorisations préalables au lancement de la procédure et par leur autorité de tutelle en application des textes qui les régissent, sur la base de l'avis de l'unité des partenariats public-privé sur le contrat.	Ⅱ – 地方行政机关及其公共机构缔结的合同在签署之前，须由第 12 条（程序启动前的许可）第 2 款规定的机关及其监督机关根据适用的法律法规，基于 PPP 局对合同的审批意见进行批准。
Ⅲ – Les contrats passés par les autres autorités contractantes sont approuvés, avant leur signature, par les autorités visées aux 3° de l'article 12 : Autorisations préalables au lancement de la procédure sur la base de l'avis de l'unité des partenariats public-privé sur le contrat.	Ⅲ – 其他缔约机关缔结的合同在签署之前，由第 12 条（程序启动前的许可）第 3 款规定的机关根据 PPP 局对合同的审批意见进行批准。
Ⅳ – Les contrats passés par les autorités contractantes autres que l'État et ses établissements publics, bénéficiant d'un concours financier ou d'une garantie de l'État, sont également approuvés, avant leur signature, par le Ministre chargé de l'Économie et des Finances.	Ⅳ – 由国家及其公共机构以外的缔约机关在获得国家的财政支持或国家担保的情况下缔结的合同，在签署之前也须由经济和财政部部长进行批准。

CHAPITRE V: EXECUTION DU CONTRAT	**第五章:合同的履行**
SECTION I: CONTENU DU CONTRAT	**第一节:合同的内容**
Article 23: Principes généraux	**第 23 条:基本原则**
Le contrat détermine les conditions dans lesquelles le partenaire privé a droit au maintien de l'équilibre financier du contrat en cas de survenance d'évènements imprévisibles et extérieurs au partenaire privé, de nature à bouleverser l'économie du contrat. Le maintien de l'équilibre financier ne doit pas affecter substantiellement le partage des risques tel qu'il résulte du contrat.	合同确定社会资本有权在发生不可预见、不由社会资本导致且会破坏合同经济性的事件时维持合同财务平衡的条件。维持财务平衡不得对合同产生的风险分担产生实质性影响。
Article 24: Clauses minimales	**第 24 条:必备条款**
Le contrat doit comporter des clauses relatives:	合同必须包括与以下内容相关的条款:
1 – A l'objet, la description et le périmètre des missions confiées.	1 – 被委托任务的目的、描述和范围。
2 – A la durée.	2 – 合同期限。
3 – Aux conditions de partage et de transfert des risques entre les parties.	3 – 在合同各方之间的风险分担和风险转移条件。
4 – Aux obligations du partenaire privé en matière de responsabilité sociétale de l'entreprise.	4 – 社会资本在企业社会责任方面的义务。
5 – Aux objectifs de performance assignés au partenaire privé, notamment en ce qui concerne la qualité des ouvrages, équipements ou biens immatériels, la qualité des prestations de service, le cas échéant, leur niveau de fréquentation.	5 – 分配给社会资本的绩效目标,特别是关于工程、设备或无形资产的质量、提供服务的质量及其使用量(如适用)方面的绩效目标。

6 – A la rémunération du partenaire privé:	6 – 社会资本的回报:
a – Pour les concessions, les recettes issues de l'exploitation et leur décomposition, les modalités de leur variation et les subventions publiques éventuelles.	a – 针对特许经营,来自运营的收入及收入的构成,收入的变化方式和可能的公共补贴。
b – Pour les partenariats à paiement public, le prix global du service rendu facturé à l'autorité contractante et sa décomposition, les modalités de sa variation, les modalités de paiement, notamment les conditions dans lesquelles, chaque année, les sommes dues par l'autorité contractante à son partenaire privé, et celles dont celui-ci est redevable au titre de pénalités ou de sanctions, font l'objet de compensation.	b – 针对政府付费型合作,向缔约机关收取的所提供服务的总价及其构成和变化方式、支付方式尤其是将缔约机关每年应向其社会资本支付的费用和社会资本欠付的处罚或制裁涉及的罚金进行抵销的条件。
7 – Aux coûts d'investissement qui comprennent les coûts d'étude, de conception, les coûts annexes à la construction et les frais financiers intercalaires, les coûts de fonctionnement et des coûts de financement; le cas échéant, les recettes annexes garanties par le partenaire privé à l'autorité contractante, que le partenaire privé peut être autorisé à se procurer en exploitant les ouvrages, équipements ou biens immatériels, à l'occasion d'activités étrangères à ses missions de service.	7 – 投资成本,其包括研究成本、设计成本、建设成本和融资费用[①]、运行成本和融资成本;由社会资本向缔约机关保证的、社会资本被许可在其服务任务以外的经营活动中运营工程、设备或无形资产获得的附属性收入(如适用)。

① 中伦注:该短语最对应的英文表述为 interim finance/interest costs,我们认为主要是指项目 COD 之前的融资成本。

8 – Aux modalités d'occupation domaniale dans les conditions précisées à l'article 26 : *Droits réels.*	8 – 在第 26 条(物权)规定的条件下进行的占用财产的方式。
9 – Aux conditions, le cas échéant, dans lesquelles l'autorité contractante constate que les investissements ont été réalisés conformément aux prescriptions du contrat.	9 – 缔约机关认定投资按照合同要求而实施的条件(如有)。
10 – Aux garanties et autres sûretés constituées notamment conformément à l'Acte Uniforme relatif à l'organisation des sûretés de l'OHADA et, s'agissant des nantissements de créances, leur notification au comptable de l'autorité contractante.	10 – 特别是根据《OHADA 担保组织统一法》而设置的保证和其他担保,以及在涉及债权质押时向缔约机关财务发送的债权质押通知。
11 – Aux modalités de contrôle par l'autorité contractante de l'exécution du contrat, notamment du respect des objectifs de performance et de la production des comptes et rapports d'exécution dans les conditions prévues à l'article 33 : Obligations du Partenaire Privé.	11 – 缔约机关对于合同履行的监管方式,尤其是对于是否达成绩效目标和在第 33 条(社会资本的义务)所规定的条件下编制账目和履行报告的监管方式。
12 – Aux modalités de contrôle par l'autorité contractante d'une éventuelle cession du contrat et, le cas échéant, de l'évolution de l'actionnariat de la société dédiée qui pourrait être constituée pour l'exécution du contrat.	12 – 缔约机关对于可能发生的合同转让的监管方式,以及对于为了履行合同所设立的专门公司的股权变更的监管方式(如适用)。
13 – Aux sanctions et pénalités pour manquement aux obligations contractuelles.	13 – 未履行合同义务时适用的处罚和制裁。

14 – Aux conditions de modification du contrat par voie d'avenant pour tenir compte notamment de l'évolution des besoins, des changements législatifs ou règlementaires et des innovations technologiques dans les conditions prévues à l'article 35 : Modification du contrat.	14 – 由于需求变更、法律或法规变更和技术创新,须在第 35 条(合同变更)所规定的条件下通过补充协议变更合同的条件。
15 – A la force majeure, l'imprévision, le fait du prince, les sujétions techniques imprévues et leurs conséquences sur l'exécution du contrat, dont les conséquences financières.	15 – 不可抗力、意外事件、国家任意行为、情势变更及其对于合同履行的后果,其中包括财务方面的后果。
16 – Aux conditions de résiliation du contrat par l'autorité contractante notamment pour faute du partenaire privé, pour un motif d'intérêt général ou à la suite d'un cas de force majeure, et le cas échéant aux conditions d'indemnisation qui correspondant, selon les cas, à la juste valeur des ouvrages réalisés en application du contrat, aux dépenses engagées ou aux pertes subies par l'une ou l'autre des parties.	16 – 为了公共利益的原因或者在出现不可抗力情况之后,在社会资本出现过错或其他情况下,缔约机关解除合同的条件以及赔偿条件(如适用),赔偿视情况对应根据合同所实施工程的公允价值、一方或另一方支出的费用或者遭受的损失。
17 – Aux conditions de continuité du service en cas de défaillance du partenaire privé, notamment lorsque la résiliation est prononcée.	17 – 在社会资本违约或其他情况下(特别是宣布解除合同时)保持服务连续性的条件。
18 – Aux conséquences de la fin anticipée ou non du contrat, notamment celles relatives à la propriété des ouvrages et au transfert de technologie.	18 – 合同提前终止或到期终止的后果,尤其是与工程所有权和技术转让相关的后果。

19 – Aux modalités de prévention et de règlement des litiges et aux clauses de rendez-vous.	19 – 争议的预防和解决方式以及会面规定。
Cette liste n'est pas limitative.	该清单不是穷尽列举的。
Article 25: Durée du contrat	**第 25 条:合同期限**
Ⅰ – La durée du contrat est déterminée en fonction de la nature des prestations demandées, des délais nécessaires à la réalisation des objectifs et des engagements de performance, de la durée d'amortissement des investissements à réaliser lorsque des investissements sont à la charge du partenaire privé et des modalités de financement.	Ⅰ – 合同的期限取决于被要求提供的产品和服务的性质、实现目标所需的期限和绩效承诺,由社会资本负责的待实施投资的投资回收期和融资方式。
Ⅱ – Un partenariat public privé peut être prolongé dans les conditions de l'article 35: Modification du contrat.	Ⅱ – PPP 可在第 35 条(合同变更)中规定的条件下延期。
Article 26: Droits réels	**第 26 条:物权**
Ⅰ – Lorsque le contrat emporte occupation du domaine de l'autorité contractante, il vaut autorisation d'occupation de ce domaine pour sa durée. Le partenaire privé a, sauf stipulation contraire du contrat, des droits réels sur les ouvrages et les équipements qu'il réalise.	Ⅰ – 当合同导致占用缔约机关的财产时,需要获得在占用期限内占用该等财产的占用许可。社会资本对于其实施的工程和设备享有物权,除非合同另有规定。
Ⅱ – Les droits réels, ouvrages et équipements ne peuvent être hypothéqués que pour garantir les emprunts contractés par le partenaire privé en vue de financer la réalisation, la modification, l'extension, l'entretien ou le renouvellement des ouvrages et équipements réalisés dans le cadre du contrat.	Ⅱ – 仅可为担保社会资本偿还为合同项下的工程和设备的实施、变更、延展、维护或更新提供资金的借款而在物权、工程和设备上设置抵押。

Article 27 : Régime des biens	第 27 条:资产制度
I – Pour les concessions avec service public, les biens sont classés en biens de retour, biens de reprise et biens propres. Le contrat définit les catégories de biens qui sont utilisés par le partenaire privé pendant toute la durée du contrat.	I – 对于公共服务的特许经营,资产被分为待返还资产、可收购资产和自有资产。由合同确定社会资本在合同整个期限内使用的资产的类别。
1 – Sont considérés comme des biens de retour les terrains, ouvrages, équipements et biens meubles mis à la disposition gratuitement par l'autorité contractante au partenaire privé pendant toute la durée du contrat ou réalisés ou acquis par ce dernier, qui sont affectés et nécessaires au service public objet du contrat.	1 – 下列资产被认定为待返还资产:在合同整个期限内由缔约机关无偿交由社会资本使用或者由社会资本实施或购置的土地、工程、设备和动产等资产,该等资产为提供作为合同标的的公共服务所需且用于该等公共服务。
Sont également considérés comme des biens de retour, les terrains relevant du domaine public dont l'occupation par le partenaire privé a été autorisée par le contrat.	合同许可社会资本占用的属于公产的土地也属于待返还资产。
Ils ne peuvent faire l'objet d'une cession ou d'une garantie que dans les conditions mentionnées dans la présente loi. Ils doivent revenir gratuitement, en bon état d'usage, à l'autorité contractante à la fin du contrat, libres de tous droits ou hypothèques.	待返还资产仅可在本法规定的条件下被转让或在其上设置担保。在合同终止时,待返还资产须无偿地、在良好的使用状态下返还给缔约机关,且在其上未设置任何权利或抵押。
2 – Sont considérés comme des biens de reprise, les biens meubles utiles, sans être nécessaires, au bon fonctionnement du service public objet du contrat et pouvant devenir, au terme du contrat, la propriété de l'autorité contractante si cette dernière exerce sa faculté de reprise.	2 – 对作为合同标的的公共服务的良好运行有用但非必需的动产被认定为可收购资产,合同期限届满后,如果缔约机关行使其收购权,可收购资产的权属归于缔约机关。

3 – Sont considérés comme des biens propres, les biens meubles qui demeurent la propriété du partenaire privé au terme du contrat.	3 – 合同期限届满后,所有权仍然属于社会资本的动产被认定为自有资产。
Ces biens doivent être identifiés selon leurs catégories et annexés au contrat.	该等资产须根据其类别予以识别并附在合同之后。
4 – Pour les concessions et les partenariats à paiement public sans service public, les biens réalisés ou acquis par le partenaire privé font, le cas échéant, retour en bon état d'usage à l'autorité contractante dans les conditions prévues au contrat.	4 – 针对特许经营和非公共服务的政府付费型合作,由社会资本实施或购置的资产可在合同规定的条件下且在良好的使用状态下返还至缔约机关。
5 – Pour les partenariats à paiement public avec service public, les biens acquis ou réalisés sur le domaine public, par le partenaire privé, pour l'exécution du contrat, sont transférés de droit au terme du contrat à l'autorité contractante en bon état d'usage.	5 – 针对公共服务的政府付费型合作,由社会资本在公产基础上为履行合同而实施或购置的资产在合同期限届满后,须在良好的使用状态下依法转移至缔约机关。
SECTION II: DROITS ET OBLIGATIONS DE L'AUTORITE CONTRACTANTE	**第二节:缔约机关的权利和义务**
Article 28: Obligations de l'autorité contractante	**第 28 条:缔约机关的义务**
L'autorité contractante prend toutes les mesures découlant de ses obligations contractuelles et nécessaires à la bonne exécution du contrat.	缔约机关须采取由合同义务产生的及合同的良好履行所需的一切措施。

Article 29: Contrôles, rapports et publications	**第 29 条:监管、报告和公告**
Outre le contrôle exercé par l'Etat et les organismes habilités en vertu de la législation en vigueur:	除了国家和有资质的机构根据现行法律实施的监管以外:
1 – L'autorité contractante, en lien avec l'unité des partenariats public-privé, vérifie dans les conditions définies par le contrat, les modalités de suivi de la réalisation des prestations, notamment, les objectifs de performance, la qualité des prestations et les conditions dans lesquelles le partenaire privé fait appel à d'autres entreprises pour l'exécution du contrat.	1 – 缔约机关与 PPP 局一同在合同所规定的条件项下确认对产品和服务的提供的跟踪方式,尤其是绩效目标、提供的产品和服务的质量和社会资本通过其他企业履行合同的条件。
Le contrôle de l'exécution intervient en cours et à la fin de chacune des phases d'exécution des missions prévues par le contrat et donne lieu à un compte rendu.	在合同规定任务的每个履行阶段期间内和结束后对履行进行监管,并编写报告。
2 – L'autorité contractante exige du partenaire privé un rapport annuel, dont le contenu est fixé par voie règlementaire. Il est adressé chaque année à l'autorité contractante, laquelle les transmet à l'organe de régulation et de règlement des litiges des contrats de la commande publique ainsi qu'à l'unité des partenariats public-privé. Ils sont disponibles sur le site internet des autorités contractantes.	2 – 缔约机关要求社会资本提交年报,所述年报的内容由法规规定。该年报每年被提交至缔约机关,缔约机关将其转交给公共采购合同的管控和争议解决机构以及 PPP 局。年报可在缔约机关的网站上查阅。
3 – Le contrat prévoit, le cas échéant, les conditions de nomination d'un expert indépendant par l'autorité contractante afin de contrôler l'exécution du contrat.	3 – 合同可规定缔约机关指定独立专家来监管合同履行的条件(如适用)。

Article 30 : Audit	**第 30 条:审计**
Les partenariats public-privé font l'objet d'un audit périodique réalisé par les organes habilités selon les modalités définies par les textes qui les gouvernent. L'audit porte sur les conditions et modalités de préparation, de passation et d'exécution du contrat.	有资质的机构根据相关法律法规规定的方式对 PPP 进行定期审计。审计内容为合同的筹备、缔结和履行的条件和方式。
Article 31 : Droits de l'autorité contractante	**第 31 条:缔约机关的权利**
I – L'autorité contractante peut résilier le contrat pour défaut d'exécution, pour force majeure et, lorsque l'autorité contractante est une personne morale de droit public, pour un motif d'intérêt général.	I – 当缔约机关是公法人时,为了公共利益的原因,缔约机关可由于(对方)未履行义务、不可抗力的原因解除合同。
Le contrat détermine les cas de manquements graves qui conduisent à la déchéance du partenaire privé par l'autorité contractante. La déchéance ne peut intervenir qu'après une mise en demeure par lettre recommandée avec accusé de réception et restée sans effet à l'issue d'un délai raisonnable fixé dans le contrat.	合同规定导致社会资本被缔约机关撤销资格的重大违约情形。只有在使用附回执的挂号信催告后且重大违约的情形在合同规定的合理期限内仍未解决时,才可撤销资格。
Avant le délai précédant la date de la décision de déchéance, les créanciers déclarés conformément à la règlementation en vigueur, sont informés par lettre recommandée avec accusé de réception, pour leur permettre d'exercer leur droit de substitution du partenaire privé défaillant.	在撤销资格决定作出之日之前的期限届满之前,须通过附回执的挂号信通知已根据现行法规申报债权的债权人,以允许其行使替代权以替代违约的社会资本。

L'autorité contractante dispose de la faculté d'imposer d'autres mesures coercitives en cas de manquement grave du partenaire privé, telle que la mise en régie à ses frais et risques, pour une période provisoire. Au-delà de la période provisoire, la résiliation du contrat peut être décidée par l'autorité contractante si le partenaire privé ne justifie pas des moyens nécessaires pour reprendre l'exécution du contrat jusqu'à son terme.	在社会资本重大违约的情况下,缔约机关有权采取其他强制性措施,例如缔约机关在临时期间内接管并自担费用和风险。临时期间届满之后,如果社会资本不能证明其具有必要的能力来重新履行合同直至合同期限届满,则缔约机关可决定解除合同。
Ⅱ – L'autorité contractante peut, selon les cas, demander la modification du contrat, pour adapter le service dans le meilleur intérêt du public, ou pour tenir compte de l'évolution de ses besoins, dans les conditions prévues à l'article 35 : Modification du contrat.	Ⅱ – 根据第 35 条(合同变更)中规定的条件,为了公共利益最大化而改进服务或者考虑到其需求的变化,缔约机关可视情况要求变更合同。
Article 32 : Mécanismes de financement des projets et de garantie des engagements contractuels des autorités contractantes	**第 32 条:项目融资机制和缔约机关合同承诺担保机制**
Des mécanismes de financement des projets et de garantie des engagements contractuels des autorités contractantes sont mis en place par voie règlementaire.	项目融资机制和缔约机关合同承诺担保机制通过法规规定。
SECTION III : DROITS ET OBLIGATIONS DU PARTENAIRE PRIVE	**第三节:社会资本的权利和义务**
Article 33 : Obligations du partenaire privé	**第 33 条:社会资本的义务**
Ⅰ – Le partenaire privé prend toutes les mesures découlant de ses obligations contractuelles et nécessaires à la bonne exécution du contrat.	Ⅰ – 社会资本须采取由其合同义务产生的及合同的良好履行所需的一切措施。

Ⅱ – Le partenaire privé est tenu de transmettre à l'autorité contractante le rapport annuel visé à l'article 29 : Contrôles, rapports et publications dans les conditions fixées par voie règlementaire.	Ⅱ – 社会资本须根据法规规定的条件向缔约机关提交第 29 条(监管、报告和公告)中规定的年报。
Article 34 : Droits du partenaire privé	**第 34 条:社会资本的权利**
Ⅰ – Lorsque dans l'exercice de ses prérogatives, l'autorité contractante, personne morale de droit public, résilie le contrat pour un motif d'intérêt général, le partenaire privé a droit à une juste compensation comprenant les coûts induits ainsi que le manque à gagner dont les conditions de détermination sont définies par le contrat.	Ⅰ – 在缔约机关行使特权时,如果缔约机关作为公法人出于公共利益的原因解除合同,社会资本有权获得合理补偿,该合理补偿包括产生的成本和可得利益,确定补偿的条件由合同规定。
Ⅱ – Le partenaire privé peut avoir droit à une indemnité lorsque les conséquences d'un évènement imprévisible, extérieur aux parties et irrésistible sont de nature à bouleverser l'économie du contrat et ne constituent pas un obstacle définitif à la poursuite de l'exécution du contrat.	Ⅱ – 当不可预见、不由合同各方所导致且不可抗拒的事件所导致的结果虽未构成合同继续履行的决定性障碍但却破坏合同的经济性时,社会资本有权获得补偿。
Ⅲ – Le partenaire privé a droit à une indemnisation, lorsqu'un acte de l'autorité contractante, pris en tant que puissance publique, a pour conséquence une augmentation de ses obligations, à la condition qu'un tel acte ne soit raisonnablement pas prévisible et que la défaillance du partenaire privé n'en soit pas la cause.	Ⅲ – 当缔约机关以公权力名义作出的行为导致社会资本的义务增加时,如果该等行为并非可以合理预见且并非由于社会资本违约造成,则社会资本有权获得赔偿。

Ⅳ – Le contrat précise les modalités de révision des clauses relatives à la survenance des évènements visés au Ⅱ et Ⅲ du présent article.	Ⅳ – 合同规定本条第Ⅱ款和第Ⅲ款规定的事件发生时条款的修订方式。
SECTION X: REGLES RELATIVES A L'EXECUTION DU CONTRAT	**第十节[①]:合同履行的相关规定**
Article 35: Modification du contrat	**第35条:合同的变更**
Ⅰ – Une modification du contrat en cours d'exécution ne peut pas être substantielle. A défaut, une nouvelle procédure d'attribution est nécessaire.	Ⅰ – 不得对正在履行的合同进行实质性变更。如果需要,须进行新的授予程序。
Une modification est considérée comme substantielle dans les conditions suivantes:	在以下情形中,变更被认定为实质性变更:
1 – Lorsqu'elle introduit des conditions qui, si elles avaient été incluses dans la procédure initiale d'attribution, auraient permis la sélection d'un autre candidat que celui retenu initialement.	1 – 引入特定条件:如果在初始授予程序中包括了变更所引入的条件,将导致选定其他候选人而非最初被选定的候选人。
2 – Lorsqu'elle modifie l'équilibre économique du contrat en faveur du partenaire privé.	2 – 该等变更更改了合同的经济平衡,使其有利于社会资本。
3 – Lorsqu'elle modifie considérablement le champ d'application du contrat.	3 – 该等变更大幅变更了合同的适用范围。
Ⅱ – Par dérogation au Ⅰ du présent article, une modification substantielle ne nécessite pas de nouvelle procédure d'attribution lorsque les conditions cumulatives suivantes sont réunies:	Ⅱ – 作为本条第Ⅰ款的例外,当同时满足以下全部条件时,实质性变更不需要进行新的授予程序:

① 中伦注:原文如是,这里编号存在问题。

1 – Soit la modification est rendue nécessaire à l'exécution du contrat par des circonstances que l'autorité contractante diligente ne pouvait pas prévoir; soit la modification est rendue nécessaire, lorsqu'elle ne peut être techniquement ou économiquement séparée du contrat initial et est strictement nécessaire à son parfait achèvement.	1 – 因主动提出实质性变更的缔约机关无法预见的情况导致合同的变更对于合同的履行是必需的,或者变更不能在技术上或经济上与原合同分离并且对于合同的良好完成是绝对必需的。
2 – La modification ne change pas la nature globale du contrat.	2 – 变更不得改变合同的整体性质。
3 – L'éventuelle augmentation de prix ne dépasse pas 30% du montant du contrat initial.	3 – 可能发生的价格上涨不超过原合同金额的 30%。
4 – Les modifications visées au Ⅱ du présent article peuvent donner lieu à une prorogation de la durée du contrat dans ce cas. La limitation visée au 3° ci-dessus ne s'applique pas.	4 – 本条第Ⅱ款规定的变更可导致在该情形下合同期限的延长。上述第 3 项规定的限制(在该情形下)不适用。
Ⅲ – Les modifications font l'objet d'un avenant au contrat initial, après avis de l'organe en charge du contrôle a priori de la conformité des procédures de passation des contrats de la commande publique et de l'unité des partenariats public-privé.	Ⅲ – 在征求负责事先监管公共采购合同缔结程序合规性的机构和 PPP 局的意见之后,通过原合同的补充协议实施变更。
Article 36: Cession du contrat	**第 36 条:合同的转让**
Le contrat ne peut être cédé en totalité ou en partie sans l'accord explicite de l'autorité contractante, dans les conditions fixées dans le contrat.	经缔约机关明示同意,方可在合同规定的条件下部分或全部转让合同。

Article 37 : Sous-contrats	第 37 条:分包合同
Ⅰ – Le partenaire privé peut confier, sous sa responsabilité, l'exécution des services ou travaux objet du contrat à un tiers. Les sous-contrats sont transmis, pour information, à l'autorité contractante.	Ⅰ – 社会资本可在自担责任的条件下,将作为合同标的的服务或工程的实施委托给第三方。分包合同须提交给缔约机关备案。
Ⅱ – Dans les documents de la consultation, l'autorité contractante doit demander au candidat ou au soumissionnaire d'indiquer, dans son offre, la part éventuelle du partenariat public-privé qu'il a l'intention de confier à un tiers.	Ⅱ – 在澄清文件中,缔约机关须要求候选人或投标人在其方案中指明其打算委托给第三方的 PPP 的份额。
Ⅲ – Le partenaire privé constitue, à la demande de tout prestataire auquel il est fait appel pour l'exécution du contrat, un cautionnement auprès d'un organisme financier afin de garantir au prestataire qui en fait la demande le paiement des sommes dues.	Ⅲ – 应为履行合同而委托的服务提供方的要求,社会资本须通过融资机构设置担保,以保证提出要求的服务提供方能够获得应付款项的支付。
Ⅳ – Le partenaire privé s'engage à confier à des petites et moyennes entreprises ou à des artisans une part minimale de l'exécution du contrat, dans des conditions fixées par voie réglementaire.	Ⅳ – 在法规规定的条件下,社会资本承诺将向中小企业或手工业者委托最低限度的份额的合同履行。

CHAPITRE VI: REGLEMENT DES DIFFERENDS	**第六章:争议解决**
Article 38: Règlement des différends nés de la passation	**第 38 条:由缔结产生的争议的解决**
Ⅰ – En cas de manquement aux obligations de publicité et de mise en concurrence, les candidats ou les soumissionnaires peuvent introduire un recours gracieux ou hiérarchique devant l'autorité contractante.	Ⅰ – 在违反公告和竞争性程序的义务的情况下,候选人或者投标人可向缔约机关提出申诉或向其上级提出申诉。
Ⅱ – A défaut d'un règlement devant l'autorité contractante, les litiges sont portés devant l'organe de régulation et de règlement des litiges des contrats de la commande publique.	Ⅱ – 如果缔约机关无法解决争议,该等争议须提交至公共采购合同的管控和争议解决机构。
Ⅲ – Les décisions prises par l'organe de régulation et de règlement des litiges des contrats de la commande publique sont susceptibles d'un recours en plein contentieux en application du Ⅱ du présent article.	Ⅲ – 就公共采购合同的管控和争议解决机构根据本条第Ⅱ款规定所作出的决定可提出完全管辖权之诉[①]。
Ⅳ – Les procédures de règlement des différends en matière de passation sont fixées par voie réglementaire.	Ⅳ – 法规规定与缔结相关的争议的解决程序。
Article 39: Règlement des différends nés de l'exécution	**第 39 条:由履行产生的争议的解决**
Ⅰ – Le contrat prévoit les modalités de prévention et de règlement des litiges.	Ⅰ – 合同规定了争议的预防和解决方式。

① 中伦注:完全管辖权之诉系指法国行政法官行使全部审判权力的诉讼。法官对行政机关的决定不仅可作撤销判决,而且可以作变更判决,可以判决行政机关负赔偿责任,可以审判行政机关的单方面行为、双方行为、法律行为和事实行为。

Ⅱ – Avant toute action contentieuse, l'autorité contractante ou le partenaire privé saisit l'organe de régulation et de règlement des litiges des contrats de la commande publique aux fins d'une conciliation.	Ⅱ – 在进行任何诉讼程序之前，缔约机关或社会资本须提请公共采购合同的管控和争议解决机构进行调解。
Ⅲ – En cas d'échec de la procédure de conciliation, le litige peut être soumis à la juridiction nationale compétente, ou à un tribunal arbitral dans les conditions prévues par l'Acte Uniforme de l'OHADA relatif à l'arbitrage, ou à tout autre arbitrage international, à condition qu'une clause compromissoire ait été expressément prévue dans le contrat.	Ⅲ – 若调解程序失败，争议可提交至有管辖权的国家司法机关，或者根据《OHADA 仲裁统一法》规定依条件将争议提交至仲裁庭，或者提交至任何其他国际仲裁庭（前提为合同中已明确规定仲裁条款）。
CHAPITRE VII: DISPOSITIONS DIVERSES	**第七章：其他规定**
Article 40: Régime fiscal, comptable et douanier	**第 40 条：税收、会计和海关制度**
Ⅰ – Sans préjudice des dispositions prévues par la présente loi, les partenariats public-privé sont soumis aux textes existants en matières fiscales, comptables et douanières.	Ⅰ – 在不影响本法规定实施的前提下，PPP 受税收、会计和海关方面现行法律法规的规制。
Ⅱ – Les autorisations d'engagement couvrent, dès l'année où les contrats sont conclus, la totalité de l'engagement juridique lié au partenariat public-privé.	Ⅱ – 从合同签署的当年起，预算使用许可将覆盖与 PPP 相关的全部法律承诺。
Ⅲ – Les engagements financiers sont consolidés dans les comptes budgétaires des autorités contractantes conformément aux textes en vigueur.	Ⅲ – 根据现行法律法规，财务承诺在缔约机关的预算账户并表处理。

Article 41 : Sanction des violations commises par les agents publics, des candidats et des soumissionnaires	**第 41 条:公职人员、候选人和投标人的违规处罚**
Ⅰ – Les autorités contractantes prennent les mesures appropriées permettant de lutter contre la fraude, le favoritisme et la corruption et de prévenir, de détecter et de corriger les conflits d'intérêts pouvant survenir lors des procédures d'attribution.	Ⅰ – 缔约机关将采取一切必要的措施以打击欺诈、徇私舞弊和腐败,并预防、发现和纠正在授予程序期间可能发生的利益冲突。
Ⅱ – Les violations aux règles en matière de lutte contre la corruption commises par les agents publics, les candidats et les soumissionnaires à un partenariat public-privé sont passibles des sanctions prévues par les textes en vigueur.	Ⅱ – 公职人员、候选人和投标人违反 PPP 的反腐败相关规定的,将根据现行法律法规予以处罚。
Article 42 : Loi applicable	**第 42 条:适用法律**
Le contrat de partenariat public-privé est régi par le droit malien.	PPP 合同受马里法律规制。
Article 43 : Modification des textes	**第 43 条:条文变更**
Ⅰ – Les compétences de la Direction Générale des Marchés Publics et Délégations de Service Public visée par la Loi n°08-022 du 23 juillet 2008 portant création de la Direction Générale des Marchés Publics et Délégations de Service Public et par la présente loi en tant qu'«Organe en charge du contrôle a priori de la conformité des procédures de passation des contrats de la commande publique» sont étendues à tous les contrats de la commande publique, à compter de l'entrée en vigueur de la présente loi.	Ⅰ – 从本法生效起,2008 年 7 月 23 日第 08-022 号关于创设公共合同和公共服务委托总局的法律所规定的公共合同和公共服务委托总局(在本法中被称为"负责事先监管公共采购合同缔结程序合规性的机构")的权限范围延伸至覆盖全部公共采购合同。

Ⅱ – Les compétences de l'Autorité de Régulation des Marchés publics et Délégations de Service Public visée par la Loi n°08-023 du 23 juillet 2008, modifiée, relative à l'Autorité de Régulation des Marchés Publics et Délégations de Service Public et par la présente loi en tant qu'«Organe de régulation et de règlement des litiges des contrats de la commande publique» sont étendues à tous les contrats de la commande publique, à compter de l'entrée en vigueur de la présente loi.	Ⅱ – 从本法生效起,2008 年 7 月 23 日经修订第 08-023 号关于公共合同和公共服务委托监管机构的法律规定的公共合同和公共服务委托监管机构(在本法中被称为"公共采购合同的管控和争议解决机构")的权限范围延伸至覆盖全部公共采购合同。
CHAPITRE VIII: DISPOSITIONS TRANSITOIRES ET FINALES	**第八章:过渡规定和最终规定**
Article 44: Dispositions transitoires et finales	**第 44 条:过渡规定和最终规定**
Ⅰ – La présente loi s'applique aux partenariats public-privé pour lesquels une consultation est engagée ou un avis d'appel public à la concurrence a été envoyé à la publication avant son entrée vigueur. Leur exécution reste soumise aux dispositions du régime antérieur sauf accord exprès des parties.	Ⅰ – 本法适用于在其生效之前已经开启磋商或者已经发布竞争性程序邀请公告的 PPP。除非双方明确同意,该等 PPP 的实施仍受在先制度规定的规制。
Ⅱ – La présente loi abroge toutes dispositions antérieures contraires.	Ⅱ – 本法废除任何在先的与本法相悖的规定。
Article 45: Entrée en vigueur	**第 45 条:生效**
La présente loi entre en vigueur le lendemain de sa publication au Journal officiel de la République du Mali.	本法于其在马里共和国官方公报公布的次日生效。

Royaume du Maroc

Loi n°86-12 relative aux
contrats de partenariat public-privé

摩洛哥王国

第 86-12 号关于政府与社会资本合作
合同的法律

TITRE 1　DISPOSITIONS GÉNÉRALES	第一编：总则
Article 1　Définition	**第 1 条　定义**
Le contrat de partenariat public-privé est un contrat de durée déterminée, par lequel une personne publique confie à un partenaire privé la responsabilité de réaliser une mission globale de conception, de financement de tout ou partie, de construction ou de réhabilitation, de maintenance et/ou d'exploitation d'un ouvrage ou infrastructure ou de prestation de services nécessaires à la fourniture d'un service public.	政府与社会资本（以下简称“PPP”）合同是一种具有固定期限的合同，根据该合同，公法人委托社会资本负责一项整体任务，所述整体任务涉及工程或基础设施的设计、全部或部分融资、建设或翻修、维护和/或运营或者提供公共服务所需的服务的提供。
Au sens de la présente loi, on entend par:	在本法中，作出以下定义：
– Personne publique: l'Etat, établissements publics de l'Etat et les entreprises publiques;	–公法人：国家、国家公共机构和国有企业；
– Partenaire privé: personne morale de droit privé, y compris celle dont le capital est détenu partiellement ou totalement par une personne publique.	–社会资本：私法项下的法人，包括由公法人持有部分或全部资本的法人。
Article 2　Évaluation préalable	**第 2 条　预先评估**
Les projets pouvant faire l'objet d'un contrat de partenariat public-privé doivent répondre à un besoin préalablement défini par la personne publique concernée.	能够适用 PPP 合同的项目须满足相关公法人预先确定的需求。
Ils doivent faire l'objet d'une évaluation préalable. Cette évaluation devra inclure une analyse comparative des autres formes de réalisation du projet, pour justifier le recours aux contrats de partenariat public-privé.	该等项目须经过预先评估。该评估应包括与其他的项目实施形式的比较分析，以证明适用 PPP 合同的合理性。

Cette évaluation doit tenir compte, notamment, de la complexité du projet, de son coût global pendant la durée du contrat, du partage des risques y afférents, du niveau de performance du service rendu, de la satisfaction des besoins des usagers et du développement durable ainsi que des montages financiers du projet et de ses modes de financement.	该等评估必须特别考虑到项目的复杂性、合同期限内的项目总成本、相关风险的分担、所提供的服务的绩效水平、用户需求的满意度和可持续发展以及项目的融资结构及其融资方式。
Les conditions et les modalités de l'évaluation préalable des projets de contrats de partenariat public-privé et sa validation sont fixées par voie réglementaire.	PPP 合同项目的预先评估的条件和方式及其生效由法规规定。
TITRE 2 PROCEDURES D'ATTRIBUTION	**第二编:授予程序**
Article 3 Principes généraux	**第 3 条 基本原则**
La passation du contrat de partenariat public-privé est soumise aux principes de liberté d'accès, d'égalité de traitement, d'objectivité, de concurrence, de transparence et du respect des règles de bonne gouvernance.	PPP 合同的缔结[①]应遵循自由参与、平等待遇、客观性、竞争性、公开透明和遵守良好治理规则的原则。
La procédure de passation du contrat de partenariat public-privé fait l'objet d'une publicité préalable.	PPP 合同的缔结程序须预先公布。
Toute procédure de passation du contrat de partenariat public-privé fait l'objet d'un règlement d'appel à la concurrence.	PPP 合同的任何缔结程序须遵守竞争性招标的规则。

① 中伦注:本法中的“合同缔结”指将合同授予中标人的所有规则和整个流程,而不仅仅是合同签署的环节。

Article 4　Modes de passation	**第 4 条　缔结模式**
Les contrats de partenariat public-privé sont passés selon la procédure du dialogue compétitif, de l'appel d'offres ouvert, de l'appel d'offres avec présélection ou de la procédure négociée dans les conditions fixées respectivement aux articles 5, 6 et 7 ci-dessous.	按照下述第 5 条、第 6 条和第 7 条分别规定的条件,应依照竞争性对话程序、公开招标程序、附带资格预审的招标程序或谈判程序缔结 PPP 合同。
Les modalités et les conditions d'application de ces modes de passation et celles afférentes à la pré-qualification des candidats, sont fixées par voie réglementaire.	该等缔结模式的实施条件和方式以及与候选人资格预审相关的实施条件和方式由法规规定。
Article 5　Dialogue compétitif	**第 5 条　竞争性对话**
Le dialogue compétitif est une procédure qui permet à la personne publique, sur la base d'un programme fonctionnel et d'un règlement d'appel à la concurrence établi par elle, et suite à un avis de publicité, d'engager des discussions avec des candidats en vue d'identifier la ou les solutions susceptibles de répondre à ses besoins.	竞争性对话是一种程序,该程序允许公法人在进行公告后且在其制定的开展计划和竞争性规则的基础上与候选人进行讨论,以便确定能够满足其需求的一个或多个方案。
Dans le cas où la personne publique ne peut objectivement définir seule et à l'avance les moyens techniques pouvant répondre aux besoins du projet objet du contrat de partenariat public-privé ou d'en établir le montage financier ou juridique, elle peut recourir à la procédure du dialogue compétitif.	如果公法人客观上无法自行和事先确定能够满足作为 PPP 合同目的的项目的需求的技术手段或为其建立融资或法律结构,则公法人可以采用竞争性对话程序。
Le dialogue compétitif avec les candidats porte sur tous les points du projet. La personne publique peut, dans le règlement de consultation, réduire le nombre de candidats par étapes successives et continuer le dialogue sur la base d'une liste restreinte.	与候选人的竞争性对话涉及项目的所有要点。公法人可以在澄清规则中,分阶段逐步减少候选人人数,并根据限制性名单继续进行谈判。

Au terme des discussions, la personne publique invite les candidats à remettre leurs offres finales sur la base de la ou des solution(s) arrêtée(s) au cours du dialogue. La ou les solution (s) doivent être traduites dans le cahier des charges accompagnant le règlement de consultation.	在讨论结束时,公法人邀请候选人根据对话期间商定的一个或多个方案提交其最终方案。该等一个或多个方案必须反映在附随澄清规则的任务书①中。
La personne publique peut demander des clarifications, des précisions, des compléments ou des perfectionnements concernant les offres déposées par les candidats ainsi que la confirmation de certains engagements, notamment financiers, qui y figurent. Cependant, ces demandes ne peuvent avoir pour effet de modifier des éléments fondamentaux de l'offre ou caractéristiques essentielles dont la variation est susceptible de fausser la concurrence ou d'avoir un effet discriminatoire.	公法人可以要求候选人对提交的投标进行澄清、明确、补充或改进,以及对其中出现的某些承诺(尤其是财务承诺)进行确认。但是,该等要求不能导致方案的基本要素或本质特征的改变,且该等改变可能会导致产生不正当竞争或产生歧视性效果。
La personne publique choisit l'offre économiquement la plus avantageuse dans les conditions prévues à l'article 8 ci-dessous.	公法人根据下述第 8 条规定的条件选出经济上最有利的方案。
La personne publique peut prévoir l'allocation de primes aux candidats dont les offres ont été les mieux classées mais non retenues. Le nombre des candidats à primer ne peut être supérieur à trois.	公法人可对于方案排名领先但是最终未被选定的候选人支付补贴。被支付补贴的候选人数量不得超过 3 人。
Les modalités de détermination desdites primes sont fixées par voie réglementaire.	上述补贴的确定方式由法规规定。

① 中伦注:本质上为规定工作要求的文件,也有人翻译为"责任书""需求说明""任务单""计划书",我们统一翻译为"任务书"。

En aucun cas, les informations confidentielles ou les solutions proposées, communiquées par un candidat dans le cadre de la procédure du dialogue compétitif ne peuvent être révélées aux autres candidats sans l'accord préalable écrit de celui-ci.	未经候选人事先书面同意,在任何情况下都不得将候选人在竞争性对话程序中传达的保密信息或提供的方案透露给其他候选人。
Article 6　Appel d'offres	**第 6 条　招标**
L'appel d'offres ouvert est une procédure par laquelle la personne publique choisit, suite à un appel public à la concurrence, l'offre économiquement la plus avantageuse telle que prévue à l'article 8 ci-dessous.	公开招标是指,在发布竞争性招标公告之后,公法人选出下述第 8 条规定的经济上最有利的方案的程序。
L'appel d'offres avec présélection est une procédure qui permet à la personne publique d'arrêter au préalable la liste des candidats admis à déposer des offres.	具有资格预审的招标是指,允许公法人预先确定获准投标的候选人名单的程序。
Après remise des offres finales des candidats, la personne publique peut demander des clarifications, des précisions, des compléments ou des perfectionnements concernant les offres déposées par les candidats ainsi que la confirmation de certains engagements, notamment financiers, qui y figurent. Cependant, ces demandes ne peuvent avoir pour effet de modifier des éléments fondamentaux de l'offre ou des caractéristiques essentielles du contrat dont la variation est susceptible de fausser la concurrence ou d'avoir un effet discriminatoire.	在候选人提交最终方案之后,公法人可以要求候选人对提交的方案进行澄清、明确、补充或改进,以及对其中包括的某些承诺(尤其是财务承诺)进行确认。但是,该等要求不能导致方案的基本要素或合同的本质特征的改变,且该等改变可能会导致产生不正当竞争或产生歧视性效果。

Article 7　Procédure négociée	**第 7 条　谈判程序**
Un contrat de partenariat public-privé peut être passé, par voie de procédure négociée, dans les cas suivants:	在以下情形下,PPP 合同可通过谈判程序缔结:
- le service ne peut être réalisé ou exploité, pour des considérations techniques ou juridiques, que par un seul opérateur privé;	- 出于技术原因或法律原因,服务仅可由唯一的私营经营者实施或运营;
- l'urgence résultant d'événements imprévisibles pour la personne publique;	- 由公法人不可预见的事件导致的紧急情况;
- les raisons de défense nationale ou de sécurité publique.	- 出于国防或公共安全的原因。
Par dérogation aux dispositions de l'article 3 ci-dessus, la procédure négociée peut ne pas faire l'objet de publicité préalable et/ou de règlement d'appel à la concurrence.	作为上述第 3 条的规定的例外,谈判程序可能不会适用预先公告和/或竞争性招标规则。
Article 8　Offre économiquement la plus avantageuse	**第 8 条　经济上最有利的方案**
Dans toutes les procédures de passation de contrats de partenariat public-privé, le contrat est attribué au candidat qui présente l'offre économiquement la plus avantageuse sur la base des critères arrêtés préalablement.	在 PPP 合同的所有缔结程序中,合同将根据预先确定的标准授予给提交了经济上最有利的方案的候选人。
Le règlement d'appel à la concurrence mentionne les critères économiques et qualitatifs à retenir pour évaluer les offres. Ces critères doivent être objectifs, non discriminatoires, ayant un rapport avec l'objet du contrat de partenariat public-privé et avec les caractéristiques du projet et portent, notamment, sur la	竞争性规则规定用于评估方案的经济和质量标准。该等标准必须是客观的、非歧视性的,且与 PPP 合同的目的和项目的特征有关,尤其是与实现绩效目标的能力、投标的总成本、可持续发展的要求、项目对社会和环境的影响、方案的技术创新性,以及在法规规定的条件下为了优待本国企业而采取的措施和国产原

capacité de réalisation des objectifs de performance, le coût global de l'offre, les exigences du développement durable, l'impact social et environnemental du projet, le caractère technique innovant de l'offre et, le cas échéant, les mesures prises pour la préférence en faveur de l'entreprise nationale et le taux d'utilisation d'intrants d'origine nationale et ce dans les conditions fixées par voie réglementaire.	材料的使用率(如适用)。
Dès que l'attributaire du contrat de partenariat public-privé est choisi, la personne publique informe, dans un délai n'excédant pas soixante (60) jours, les autres candidats du rejet de leurs offres.	在 PPP 合同的中标人被选定后,公法人在六十(60)天期限内通知其他候选人其方案被拒绝。
Article 9　Offre spontanée	**第 9 条　自发提案**
La personne publique peut être saisie d'un projet d'idées innovantes sur le plan technique, économique ou financier, par un opérateur privé dit «porteur d'idée» en vue de le réaliser dans le cadre d'un contrat de partenariat public-privé.	私人经营者即所谓的"提议者"可以在技术、经济或财务层面上向公法人提交创新型项目,以期在 PPP 合同的框架内实施该项目。
La personne publique décide d'accepter, de modifier ou de rejeter le projet d'idées innovantes, sans encourir aucune responsabilité vis-à-vis du porteur d'idée concerné. Elle informe ce dernier de sa décision finale, dans un délai déterminé.	公法人决定接受、修改或拒绝创新型项目,且对相关提议者不承担任何责任。公法人在确定的期限内将其最终决定通知该提议者。
Les modalités et conditions de dépôt d'un projet d'idées innovantes sont fixées par voie réglementaire.	提交创新型项目的方式和条件由法规规定。

Dans le cas où la personne publique décide de donner suite à l'offre spontanée, elle procède à la réalisation de l'évaluation préalable mentionnée à l'article 2 ci-dessus et lance la procédure du dialogue compétitif ou la procédure d'appel d'offres, prévues respectivement par les articles 5 et 6 ci-dessus ou, le cas échéant, selon la procédure négociée dans les conditions fixées par voie réglementaire.	如果公法人决定接受自发提案并对其开展后续工作，其将进行上述第 2 条所述的预先评估，并启动上述第 5 条和第 6 条中分别规定的竞争性对话程序或招标程序，或者视情况在法规规定的条件下启动谈判程序。
Le porteur d'idée peut être admis à participer aux procédures de dialogue compétitif ou d'appel d'offres s'il dispose des capacités techniques, professionnelles et financières requises.	如果提议者具有所需的技术、专业和财务能力，则可获准参加竞争性对话或招标程序。
Dans le cas où le porteur d'idée n'est pas retenu en tant qu'attributaire, à l'issue de la procédure du dialogue compétitif ou de l'appel d'offres, la personne publique peut lui verser une prime forfaitaire. Cette prime ne peut être cumulée avec celle prévue à l'article 5 ci-dessus.	如果在竞争性对话或招标程序结束后，提议者没有被选中，公法人可向其支付一笔定额补贴。该补贴不能与上述第 5 条所规定的补贴叠加。
La personne publique peut également recourir à la procédure négociée avec le porteur d'idée conformément à l'article 7 ci-dessus lorsqu'il s'avère, dans le cadre de l'évaluation préalable, que l'offre spontanée répond à un besoin urgent, qu'elle revêt un caractère innovant et qu'elle est sur le plan financier compétitive.	如果在预先评估中发现自发提案满足迫切的需求、具有创新特性且在财务方面具有竞争力，则根据上述第 7 条的规定，公法人也可以与提议者进入谈判程序。
Dans ce cas, le porteur d'idée n'a droit à aucune prime s'il n'a pas été choisi après recours à la procédure négociée.	在该情况下，如果在适用谈判程序后提议者未被选中，则提议者无权获得任何补贴。

Les conditions d'octroi de la prime forfaitaire ainsi que le délai maximum pour répondre au porteur d'idée concerné, sont fixés par voie réglementaire.	授予定额补贴的条件和对相关提议者的最迟回复期限由法规规定。
Article 10 Approbation du contrat de Partenariat public-privé	**第 10 条 PPP 合同的批准**
Les contrats de partenariat public-privé passés par l'Etat sont approuvés par décret.	国家签订的 PPP 合同通过法令批准。
Les contrats de partenariat public-privé passés par les Etablissements Publics de l'Etat sont approuvés par leur conseil d'administration et validés par les autorités de tutelle.	国家公共机构签订的 PPP 合同由其董事会批准并由其主管权力机关批准生效。
Les contrats de partenariat public-privé passés par les Entreprises Publiques sont approuvés conformément à leurs statuts.	国有企业签订的 PPP 合同须根据其章程进行批准。
Le contrat de partenariat public-privé approuvé est notifié à l'attributaire avant tout commencement de l'exécution.	在开始履行合同之前,须将经批准的 PPP 合同通知 PPP 合同的被授予人。
Article 11 Communication sur le contrat	**第 11 条 合同的通知**
La personne publique procède à la publication d'un extrait du contrat de partenariat public-privé avec le décret d'approbation dudit contrat lorsqu'il s'agit des contrats de partenariat public-privé passés par l'Etat.	当 PPP 合同由国家签订时,公法人负责公布 PPP 合同的摘要和批准该合同的法令。
Le modèle dudit extrait est fixé par voie réglementaire.	法规规定该等摘要的模板。

TITRE 3 CLAUSES DU CONTRAT	第三编:合同条款
Article 12 Clauses et mentions obligatoires	**第 12 条 必备条款和内容**
Le contrat de partenariat public-privé fixe les droits et obligations des parties contractantes et comporte nécessairement et en particulier les clauses et mentions suivantes:	PPP 合同规定合同方的权利和义务,并且必须包括以下条款和内容:
1 – la désignation des parties contractantes;	1 – 合同方的描述;
2 – l'objet du contrat de partenariat public-privé;	2 – PPP 合同的标的;
3 – la durée du contrat de partenariat public-privé;	3 – PPP 合同的期限;
4 – les objectifs de performance assignés au partenaire privé;	4 – 分配给社会资本的绩效目标;
5 – les modalités de financement;	5 – 融资方式;
6 – les modalités de rémunération du partenaire privé;	6 – 社会资本获得回报的方式;
7 – le partage des risques entre les parties;	7 – 在合同方之间的风险分担;
8 – le personnel;	8 – 人员;
9 – l'équilibre du contrat de partenariat public-privé en cas d'imprévision ou de force majeure;	9 – 在发生意外事件或不可抗力情况下 PPP 合同的平衡;
10 – les modalités et mécanismes de suivi et de contrôle de l'exécution du contrat de partenariat public-privé;	10 – 跟踪和监管 PPP 合同履行的方式和机制;

11 – les pénalités en cas de non-respect des clauses du contrat de partenariat public-privé et intérêts moratoires en cas de retard dans le paiement de la rémunération;	11 – 违反 PPP 合同条款的处罚和延迟支付回报时的延期利息;
12 – la référence aux normes marocaines lorsqu'elles existent;	12 – 对摩洛哥标准(如有)的参考;
13 – les conditions de sous-traitance;	13 – 分包条件;
14 – la substitution;	14 – 替代;
15 – la cession et les conditions de changement de l'actionnariat du partenaire privé;	15 – 社会资本股权转让和股权变更的条件;
16 – les conditions de modification du contrat de partenariat public-privé;	16 – PPP 合同的变更条件;
17 – le régime juridique des biens;	17 – 资产法律制度;
18 – les sûretés et garanties;	18 – 担保和保证;
19 – les assurances que le partenaire privé doit contracter;	19 – 社会资本须购买的保险;
20 – la modalité de règlement des litiges;	20 – 争议解决方式;
21 – les cas et conditions de résiliation;	21 – 解除情形和条件;
22 – la date de la mise en œuvre du contrat de partenariat public-privé.	22 – PPP 合同的实施日期。
Article 13 Durée du contrat de partenariat public-privé	**第 13 条 PPP 合同的期限**
La durée du contrat de partenariat public-privé est fixée en tenant compte selon le cas notamment de l'amortissement des investissements à réaliser, des modalités de financement retenues et de la nature des prestations fournies.	PPP 合同期限的确定须考虑待实施投资的回收、选定的融资方式以及所提供产品或服务的性质。

Elle doit être comprise entre cinq et trente ans et exceptionnellement, portée jusqu'à cinquante ans, en fonction de la complexité, des caractéristiques techniques, économiques, comptables et financières du projet.	PPP 合同的期限必须在五至三十年之间，并且在例外情况下可延长至五十年，该期限根据项目的复杂性和技术、经济、会计和财务特性而定。
Article 14　Objectifs de performance	**第 14 条　绩效目标**
Le partenaire privé doit, lors de la fourniture des services, objet du contrat, respecter le principe de l'égalité entre les usagers et de la continuité du service.	社会资本在提供作为合同标的的服务时，须遵守用户平等和服务连续性的原则。
Le contrat de partenariat public-privé fixe les objectifs de performance assignés au partenaire privé, notamment, en ce qui concerne la qualité des services, la qualité des ouvrages, équipements et, le cas échéant, leur niveau de fréquentation par les usagers. Le contrat fixe, également, la façon de les mesurer et les modalités de leur suivi et contrôle.	PPP 合同规定分配给社会资本的绩效目标，该等绩效目标尤其涉及服务质量、工程质量、设备质量以及用户的利用程度（如适用）。合同还规定了对该等绩效目标的衡量方式以及对其进行跟踪和监管的方式。
Le contrat de partenariat public-privé prévoit, aussi, les conditions dans lesquelles lesdites prestations sont mises à la disposition de la personne publique.	PPP 合同还规定将产品或服务移交给公法人的条件。
Article 15　Modalités de rémunération du partenaire privé	**第 15 条　社会资本获得回报的方式**
Le contrat de partenariat public-privé fixe les conditions et les modalités de rémunération des services rendus par le partenaire privé pendant la durée du contrat. Lesdites conditions doivent prévoir la disponibilité du service considéré et le respect des objectifs de performance.	PPP 合同规定在合同期限内，对于社会资本提供的服务的回报进行支付的方式和条件。该等条件必须规定有关服务的可用性以及绩效目标的遵守。

La rémunération du partenaire privé est effectuée en totalité ou en partie par la personne publique.	由公法人部分或全部支付社会资本的回报。
Le contrat de partenariat public-privé peut prévoir que le partenaire privé soit rémunéré en partie par les usagers et/ou par les recettes découlant de l'exploitation des ouvrages, biens et équipements relevant du projet.	PPP 合同可以规定,社会资本的部分回报由用户支付和/或由项目相关的工程、财产和设备的运营产生的收入支付。
Article 16　Partage des risques	**第 16 条　风险分担**
Le contrat de partenariat public-privé fixe les conditions dans lesquelles est établi le partage des risques entre la personne publique et le partenaire privé y compris ceux résultant de l'imprévision et de la force majeure, dans le respect de l'équilibre dudit contrat tel que défini à l'article 17 ci-dessous.	在遵守下述第 17 条所确定的合同平衡的条件下,PPP 合同规定在公法人和社会资本之间建立风险分担的条件,包括意外事件和不可抗力造成的风险分担。
Les risques liés aux différentes phases du projet doivent être identifiés et décomposés. Ils sont pris en charge par la partie jugée capable de les supporter de manière à minimiser leurs coûts en prenant en considération l'intérêt général et les caractéristiques du projet.	必须分别确定与项目不同阶段相关的风险。在考虑公共利益和项目特点的情况下,风险由被认定为能够承担风险的一方承担,从而将成本降至最低。
Article 17　Équilibre du contrat	**第 17 条　合同平衡**
Le contrat de partenariat public-privé détermine les conditions dans lesquelles la personne publique et le partenaire privé ont droit au maintien de l'équilibre du contrat en cas de survenance d'événements imprévus ou en cas de force majeure.	在发生意外事件或不可抗力的情形下,PPP 合同规定公法人和社会资本有权保持合同平衡的条件。

Article 18　Contrôle de l'exécution du contrat de partenariat public-privé	**第 18 条　PPP 合同履行的监管**
La personne publique contrôle l'exécution du contrat de partenariat public-privé et la façon dont le partenaire privé respecte, notamment, les objectifs de performance et la qualité de service convenus, ainsi que les conditions dans lesquelles le partenaire privé fait appel à d'autres entreprises pour l'exécution du contrat.	公法人监管 PPP 合同的履行,以及社会资本对约定的绩效目标和服务质量的遵守方式,以及社会资本借助其他企业履行合同的条件。
Le contrat de partenariat public-privé prévoit les modalités d'exercice de ce contrôle.	PPP 合同规定该监管的实施方式。
La personne publique peut se faire assister par tout expert de son choix.	公法人可获取由其选择的任何专家的协助。
Le partenaire privé met, à cet effet, à la disposition de la personne publique tout document ou information nécessaire pour le contrôle de l'exécution du contrat de partenariat public-privé.	为此,社会资本将对监管 PPP 合同的履行所需的任何文件或信息提供给公法人。
Il rend compte, de façon régulière, à la personne publique de l'exécution du contrat de partenariat public-privé par un rapport annuel qu'il lui transmet.	社会资本通过定期向公法人提交年度报告而向其报告 PPP 合同履行的情况。
Article 19　Pénalités pour non-respect des clauses du contrat et intérêts moratoires	**第 19 条　违反合同条款的处罚和延期利息**
Le contrat de partenariat public-privé prévoit les clauses relatives aux pénalités applicables en cas de manquement du partenaire privé à ses obligations, et en particulier, en cas de non-respect des objectifs de performance.	PPP 合同规定在社会资本违约时适用的处罚条款,特别是未达到绩效目标的情形下的处罚。

Préalablement à l'application desdites pénalités, la personne publique doit, dans les conditions prévues par le contrat de partenariat public-privé, mettre en demeure le partenaire privé pour se conformer aux obligations contractuelles objet du manquement.	在实施上述处罚之前,公法人须在 PPP 合同规定的条件下,催告社会资本遵守被违反的合同义务。
Le contrat de partenariat public-privé prévoit les modalités de calcul des pénalités et détermine les conditions par lesquelles elles seront déduites de la rémunération du partenaire privé ou payées directement au partenaire public.	PPP 合同规定罚金计算方式,并确定将罚金从社会资本的回报中扣除或者直接向公法人支付罚金的条件。
Le contrat de partenariat public-privé prévoit le versement d'intérêts moratoires par la personne publique en cas de retard dans le paiement de la rémunération.	PPP 合同规定在延迟支付回报时公法人须支付延期利息。
Article 20 Sous-traitance	**第 20 条 分包**
Le partenaire privé peut sous-traiter une partie des missions, relative au projet, qui lui ont été confiées, dans les conditions fixées par le contrat.	在合同规定的条件下,社会资本可将其被委托的项目相关任务的部分进行分包。
Toutefois, il ne peut sous-traiter la totalité du contrat.	然而,社会资本不能将整个合同进行分包。
Le partenaire privé est tenu d'informer la personne publique des contrats de sous-traitance qu'il a conclus tout au long de l'exécution du contrat de partenariat avant de procéder à l'exécution desdits contrats.	社会资本须通知公法人其在合同整个的履行期间内签署的分包合同,之后方可履行所述分包合同。
Le partenaire privé ne peut sous-traiter avec les entreprises qui ne respectent pas les lois en vigueur, notamment celles relatives aux obligations fiscales et sociales.	社会资本不得向不遵守现行法律的企业进行分包,尤其是不遵守税务和社会方面义务的企业。

Les contrats de sous-traitance sont soumis aux différentes dispositions des lois en vigueur.	分包合同受到现行法律各种规定的规制。
Le partenaire privé demeure seul responsable, vis-à-vis de la personne publique, des obligations qu'il a réalisées lui-même ou celles réalisées par ses sous-traitants.	对于社会资本自身履行的义务及其通过分包商履行的义务,仅社会资本须就该等义务向公法人负责。
Article 21 Substitution du partenaire privé	**第 21 条 社会资本的替代**
La personne publique peut, pour assurer la continuité du service public, procéder à la substitution du cocontractant par un autre partenaire privé, notamment, dans les cas suivants:	在以下情形中,公法人为了保障公共服务的连续性,可以使另一个社会资本替代签约的社会资本:
– le manquement grave et dûment constaté aux obligations, notamment, en termes d'objectifs de performance assignés au partenaire privé;	– 已经正式证实的对义务的严重违反,尤其是在分配给社会资本的绩效目标方面;
– la survenance d'autres événements pouvant justifier la résiliation anticipée du contrat.	– 发生能够证明提前解除合同的合理性的其他事件。
Cette substitution s'effectue dans les mêmes conditions d'exécution du contrat initial.	该替代在与原始合同的履行条件相同的条件下实施。
Le contrat de partenariat public-privé prévoit les modalités par lesquelles la personne publique procède à la substitution du partenaire privé.	PPP 合同规定了公法人进行社会资本的替代的方式。

La personne publique peut procéder, également, à la substitution du partenaire privé à la demande des organismes de financement du projet en cas de manquement, dûment constaté du partenaire privé à ses obligations, susceptible de porter atteinte au principe de continuité du service public vis-à-vis desdits organismes.	在项目融资机构的要求下,如果社会资本被正式证实违反能够导致公共服务的连续性受到影响的义务,公法人也可进行社会资本的替代。
Article 22 Cession du contrat de partenariat public-privé	**第 22 条 PPP 合同的转让**
Le partenaire privé ne peut céder le contrat de partenariat public-privé à un tiers, en totalité ou en partie, sans l'accord écrit de la personne publique.	在未获得公法人书面许可的情况下,社会资本不得将 PPP 合同的部分或全部转让给第三人。
Le contrat de partenariat public-privé fixe les conditions et les modalités de mise en œuvre de ladite cession.	PPP 合同规定上述转让的实施条件和方式。
En cas de cession du contrat de partenariat public-privé, le partenaire privé cessionnaire se subroge au partenaire privé cédant dans tous ses droits et obligations.	在 PPP 合同被转让的情形下,受让的社会资本代替出让的社会资本承担其全部权利和义务。
Article 23 Modification du contrat de partenariat public-privé	**第 23 条 PPP 合同的变更**
Le contrat de partenariat public-privé fixe les clauses pouvant faire l'objet de modification.	PPP 合同规定可以被变更的条款。
Il précise, également, les conditions dans lesquelles il est procédé à ladite modification sur demande de l'une des deux parties. Toutefois, aucune modification ne peut être effectuée sans l'accord préalable de la personne publique.	PPP 合同同时规定,根据双方中任何一方的要求而进行上述变更的条件。然而未经公法人的事先同意不得进行任何变更。

Toute modification apportée au contrat doit faire l'objet d'un avenant et ne peut changer la nature du projet ou aboutir à un bouleversement de l'équilibre du contrat.	任何对合同的变更须通过补充协议的方式实施,并且不得改变项目的性质或导致合同的平衡被打破。
Les avenants aux contrats de partenariat public-privé sont approuvés dans les mêmes conditions prévues par l'article 10 ci-dessus.	PPP 合同的补充协议的批准条件与上述第 10 条规定的条件相同。
Article 24 Régime juridique des biens	**第 24 条 资产法律制度**
Les biens réalisés ou acquis par le partenaire privé, dans le cadre et pour l'exécution du contrat de partenariat public-privé et qui sont nécessaires à l'exploitation et à la continuité du service public, sont transférés de droit à la propriété de la personne publique à l'expiration du contrat de partenariat public-privé, quelle qu'en soit la cause.	在 PPP 合同的框架中和为了 PPP 合同的履行,社会资本实施或购置的公共服务的运营和连续性所需的资产将在 PPP 合同期限届满①时依法移交至公法人所有,而无论 PPP 合同的终止理由为何。
Le contrat fixe les conditions de ce transfert.	合同规定该等移交的条件。
Le partenaire privé dispose au cours de l'exécution du contrat de partenariat public-privé, sauf stipulation contraire, de droits réels sur les ouvrages et équipements qu'il réalise, dans les limites et les conditions ayant pour objet de garantir l'intégrité et l'affectation du domaine public.	在保障公产的完整性和规定用途的限制和条件下,在 PPP 合同的履行期间,若无相反规定,社会资本对其实施的工程和设备享有物权。
Lesdites limites et conditions sont fixées par le contrat de partenariat public-privé.	PPP 合同规定上述限制和条件。

① 中伦注:我们认为此处法文表述有误,“合同期限届满”应为“合同终止”。

Article 25　Sûretés	**第 25 条　担保**
Le partenaire privé peut, sur autorisation de la personne publique et dans le respect des dispositions légales en vigueur consentir des sûretés aux organismes de financement sur les actifs acquis ou réalisés dans le cadre de l'exécution du contrat de partenariat public-privé, en nantissant les produits et les créances provenant du contrat ou en constituant toute autre sûreté appropriée, sans préjudice de toute disposition législative interdisant la constitution de sûreté sur un bien public ou faisant partie du domaine public.	在不影响任何禁止在公共资产或属于公产的资产上设置担保的法律规定的实施的前提下,社会资本可在公法人的许可下,并且在遵守现行法律规定的前提下,通过质押来源于合同的收益和债权或者设置其他任何适当形式的担保,用其在 PPP 合同的履行中已购置或实施的资产为融资机构提供担保。
Article 26　Cas et conditions de résiliation du contrat de partenariat public-privé	**第 26 条　PPP 合同的解除情形和解除条件**
Le contrat de partenariat public-privé peut être résilié par anticipation et en commun accord en cas de force majeure, de bouleversement de l'équilibre du contrat de partenariat public-privé, pour un motif d'intérêt général ou résilié à l'amiable.	PPP 合同可通过友好协商的方式被解除,或者在不可抗力、PPP 合同的平衡被打破的情形下,出于公共利益的原因,PPP 合同可经双方同意提前解除。
Il peut être résilié par la personne publique en cas de faute grave de la part du partenaire privé.	如果社会资本出现重大过错,公法人可解除 PPP 合同。
Le contrat de partenariat public-privé détermine les caractéristiques de la faute grave, les cas de force majeure et de bouleversement de l'équilibre du contrat ainsi que les conditions de sa résiliation.	PPP 合同规定重大过错、不可抗力和合同平衡被打破的特征及其解除条件。
Le contrat détermine également les indemnités dues en cas de résiliation pour force majeure ou bouleversement de l'équilibre ou en cas de résiliation à l'amiable.	合同还规定在不可抗力或平衡被打破或友好协商解除合同的情形下应支付的赔偿金。

Article 27 Modalités de règlement des litiges	**第 27 条 争议解决方式**
Le contrat de partenariat public-privé prévoit, pour le règlement des litiges, de recourir à des procédures de conciliation, de médiation conventionnelle, d'arbitrage ou judiciaire.	PPP 合同规定的争议解决方式包括和解、调解、仲裁或诉讼程序。
Le contrat de partenariat public-privé peut prévoir une procédure de conciliation préalablement à tout recours à la médiation conventionnelle, à l'arbitrage ou à la procédure judiciaire.	PPP 合同可规定在调解、仲裁或诉讼程序之前预先进行和解程序。
Dans le cas de recours à la procédure de médiation conventionnelle ou d'arbitrage, le contrat de partenariat public-privé doit spécifier le médiateur ou le tribunal arbitral compétent.	在适用调解程序或仲裁程序时,PPP 合同须规定主管调解员或仲裁庭。
Article 28 Audit	**第 28 条 审计**
Les contrats de partenariat public-privé font l'objet d'audit.	PPP 合同须进行审计。
L'audit porte sur les conditions et modalités de préparation, d'attribution et d'exécution du contrat de partenariat public-privé.	审计涉及 PPP 合同的制备、授予和履行的条件和方式。
TITRE 4 DISPOSITIONS DIVERSES	**第四编:其他规定**
Article 29 Date d'entrée en vigueur	**第 29 条 生效日**
La présente loi entre en vigueur à compter de la date de publication au «Bulletin officiel» des textes réglementaircs pris pour son application et dans tous les cas, six mois après sa publication au Bulletin officiel.	本法自其实施法规在《官方公报》上公布之日起生效,并且无论如何在官方公报上公布本法之日的六个月后生效。

Toutefois, la présente loi ne s'applique pas aux procédures de consultation relatives aux contrats de partenariat public-privé, lancées antérieurement à la date d'entrée en vigueur de la présente loi.	然而,本法不适用于在本法生效日之前已启动的与 PPP 合同相关的磋商程序。

République Islamique de Mauritanie

Loi n°2017-006 du 6 février 2017 relative au partenariat public-privé (PPP)

毛里塔尼亚伊斯兰共和国

2017 年 2 月 6 日第 2017-006 号

关于政府与社会资本合作(PPP)的法律

CHAPITRE PREMIER: DISPOSITIONS GENERALES	**第一章:总则**
Article Premier: Définitions	**第1条:定义**
Au sens de la présente loi:	在本法中,作出如下定义:
Autorité contractante: désigne l'État, les collectivités territoriales, les établissements publics, les sociétés à capitaux publics ou toute autre personne morale de droit public ou de droit privé agissant pour le compte d'une personne morale de droit public ou bénéficiant du concours financier ou de la garantie de l'État ou d'une personne morale de droit public, pour le compte de laquelle, l'ouvrage est réalisé ou le service est rendu dans le cadre d'un PPP.	**缔约机关**:指国家、地方行政机关、公共机构、国有公司或任何其他公法人或任何其他为公法人利益行事或享有国家或公法人的财务支持或担保的私法人,在PPP的框架内,缔约机关被代表实施工程或者提供服务。
Cellule PPP: désigne la structure visée à l'Article 07 de la présente loi.	**PPP局**:指本法第7条所规定的组织机构。
Comité Technique d'Appui: désigne l'instance visée à l'Article 06 de la présente loi.	**技术支持委员会**:指本法第6条所规定的机构。
Comité Interministériel: désigne l'instance visée à l'Article 05 de la présente loi.	**部际委员会**:指本法第5条所规定的机构。
Contrat de PPP: désigne le contrat administratif de partenariat public-privé (en abrégé PPP), conclu entre l'Autorité contractante et une personne morale de droit privé ou de droit public (opérateur éco-nomique), portant sur une mission globale relative à un ouvrage d'intérêt général ou d'utilité publique et/ou portant sur l'exploitation d'un service public. Le Contrat de PPP couvre les notions de PPP concessif et de PPP à paiement public.	**PPP合同**:指缔约机关和经营者(私法人或公法人)之间签订的政府与社会资本合作(以下简称"PPP")的行政合同,其涉及具有公共利益或公共用途的工程的整体任务和/或涉及公共服务的运营。PPP合同包含特许经营PPP和政府付费PPP。

PPP concessif: désigne le Contrat de PPP par lequel une Autorité contractante confie, pour une période déterminée, une mission globale portant sur l'exécution de travaux d'utilité publique et/ou la gestion d'un service public dont elle a la responsabilité. Ce contrat recouvre les délégations de service public de type concession et affermage.	**特许经营 PPP**:指一种 PPP 合同,缔约机关通过该合同在固定期间内将一项整体任务进行委托,所述整体任务涉及其负责的公共用途工程的实施和/或公共服务的管理。该合同涵盖特许经营和租赁类型的公共服务委托。
La mission du Titulaire peut porter sur la conception, la construction, la réhabilitation, tout ou partie du financement, l'entretien et l'exploitation d'une infrastructure, d'un ouvrage, d'équipements ou de biens immatériels ou d'un service public à ses risques et périls. Sa rémunération est celle prévue à l'article 28.	项目持有人的任务可涉及自担风险进行基础设施、工程、设备或无形资产或公共服务的设计、建造、翻修、全部或部分融资、维护和运营。项目持有人的回报由第 28 条规定。
PPP à paiement public: désigne le Contrat de PPP par lequel une Autorité contractante confie au Titulaire, pour une période déterminée, une mission globale pouvant inclure tout ou partie du financement d'investissements nécessaires à un service public ou à un service d'intérêt général, la conception, la construction ou la réhabilitation d'ouvrages ou d'équipements ou d'autres investissements (y compris immatériels), leur entretien, leur maintenance et/ou leur gestion sur toute la durée du contrat. Le Titulaire du PPP à paiement public n'exploite pas directement le service public. Sa rémunération est celle prévue à l'Article 28.	**政府付费 PPP**:指一种 PPP 合同,缔约机关通过该合同在固定期间内将一项整体任务委托至项目持有人,所述整体任务可包括在整个合同期限内的公共服务或涉及公共利益的服务所需投资的全部或部分融资、工程或设备或其他投资(包括非实物性投资)的设计、建造或翻修、维护、保养和/或管理。政府付费 PPP 的项目持有人不直接地运营公共服务。项目持有人的回报由第 28 条规定。

Recettes annexes: désigne toute recette tirée de l'exploitation des ouvrages et/ou des équipements supports du service public ou de l'activité d'intérêt général, pour répondre à d'autres besoins que ceux de l'Autorité contractante que le Titulaire peut être autorisé à percevoir. Ces recettes sont prises en compte pour la fixation de la rémunération du Titulaire.	**附属性收入**:指项目持有人可获准收取的、为了满足缔约机关的需求之外的其他需求而运营作为公共服务或涉及公共利益的活动的基础的工程和/或设备从而产生的任何收入。为了确定项目持有人的回报,该等收入也被计算在内。
Titulaire: désigne l'opérateur économique, personne morale de droit privé ou de droit public, titulaire du Contrat de PPP dont le régime est prévu au Titulaire du Contrat de PPP à l'Article 09 de la loi.	**项目持有人**:指持有 PPP 合同的经营者(私法人或公法人),其制度在本法第 9 条关于 PPP 合同的项目持有人中进行规定。
Article 2: Objet	**第 2 条:宗旨**
La loi a pour objet de définir le régime juridique et le cadre institutionnel des Contrats de PPP en Mauritanie.	本法旨在确定毛里塔尼亚的 PPP 合同的法律制度和机构框架。
Article 3: Champ d'application	**第 3 条:适用范围**
Cette loi s'applique à tous les secteurs de la vie économique et sociale en Mauritanie sous réserve des dispositions applicables à la Zone Franche de Nouadhibou, ainsi qu'aux autorisations, conventions, licences et contrats déjà réglementés dans les secteurs suivants:	本法适用于毛里塔尼亚的经济和社会生活的所有部门,但适用于努瓦迪布自由贸易区的规定以及在下述部门已受规制的许可、协议、证书和合同除外:
- le secteur minier;	- 矿业部门;
- le secteur des hydrocarbures bruts;	- 原油部门;
- le secteur des télécommunications;	- 电信部门;
qui restent régis, pour ce qui est de la Zone Franche par sa législation propre et pour ce qui est des secteurs précités par leurs législations sectorielles.	针对自由贸易区,其由专有法律所规制;针对前述领域,其由部门法律规制。

Les dispositions de la présente loi sont d'ordre public, sauf pour les Contrats de PPP transfrontaliers et les Contrats de PPP passés en application d'accords de financement ou de traités internationaux qui sont soumis aux dispositions de la présente loi, dans la mesure où leurs dispositions ne sont pas contraires à celles des accords et traités internationaux.	本法规定是强制性规定,但对于受本法规制的跨境 PPP 合同和根据融资协议或国际条约缔结的 PPP 合同而言不是强制性规定,只要该等合同的规定不违反国际条约和协议的规定。
Plusieurs personnes publiques peuvent conclure un Contrat de PPP. Dans ce cas, elles désignent par convention entres elles, la personne publique mandatée pour réaliser l'évaluation préalable, conduire la procédure de mise en concurrence, signer le Contrat de PPP et éventuellement, en suivre l'exécution.	多个公法人可签订一个 PPP 合同。在该情况下,该多个公法人之间通过协议在其之间指定一个被委托的公法人以便实施预先评估、开展竞争性程序、签署 PPP 合同和跟踪 PPP 合同的履行。
Article 4: Conditions de recours	**第 4 条:适用条件**
Le recours au Contrat de PPP est subordonné au respect préalable des trois conditions cumulatives suivantes:	PPP 合同的适用须事先同时满足以下三个条件:
- le projet doit être d'intérêt général ou porter sur un service public;	- 项目须涉及公共利益或者针对公共服务;
- le projet doit être efficient, en ce qu'il est économiquement et socialement plus avantageux que les autres contrats de la commande publique;	- 项目应是高效的,即相较于其他公共采购合同,适用 PPP 合同在经济层面和社会层面更具有优势;
- le projet doit être soutenable budgétairement et financièrement.	- 项目在预算层面和财务层面应是可承受的。

CHAPITRE 2: CADRE INSTITUTIONNEL	**第二章:机构框架**
Article 5: Comité Interministériel	**第 5 条:部际委员会**
Il est créé auprès du Premier Ministre, un Comité Interministériel en charge du développement des partenariats public-privé en Mauritanie.	在总理之下设立一个负责在毛里塔尼亚开展 PPP 的部际委员会。
Les attributions, l'organisation et le fonctionnement du Comité Interministériel sont fixées par voie d'Arrêté du Premier Ministre.	部际委员会的职权、组织和运作由总理颁布的法令规定。
Article 6: Comité Technique d'Appui	**第 6 条:技术支持委员会**
Il est créé auprès du Ministre chargé de l'Economie, un Comité Technique d'Appui en charge du développement des partenariats public-privé en Mauritanie dont le budget est assuré par les ressources publiques et par ses ressources propres déterminées par voie réglementaire.	在经济部部长之下设立一个负责在毛里塔尼亚发展 PPP 的技术支持委员会,其预算由法规确定的公共资源和自有资源保障。
Les attributions, l'organisation et le fonctionnement du Comité Technique d'Appui sont fixées par Arrêté du Ministre chargé de l'économie.	技术支持委员会的职权、组织和运作由经济部部长颁布的法令规定。
Article 7: Cellule PPP	**第 7 条:PPP 局**
Il est créé la Cellule PPP, organe rattaché au Ministère en charge de l'Economie dont les attributions, l'organisation et le fonctionnement sont fixées par voie réglementaire.	设立隶属于经济部的 PPP 局,其职权、组织和运作由法规规定。

La Cellule PPP est l'organe opérationnel chargé d'assister et d'apporter son expertise au Comité Technique d'Appui et aux Autorités contractantes dans les missions d'identification, de préparation, de développement et d'exécution du contrat.	PPP 局是负责在合同的识别、制备、开展和履行的任务中协助技术支持委员会和缔约机关并向其提供专业意见的运行机构。
La Cellule PPP peut faire appel à des experts indépendants pour l'assister dans sa mission.	PPP 局可求助于独立专家以协助履行其任务。
Article 8 : Autorité contractante	**第 8 条:缔约机关**
Sous réserve des attributions et compétences des organes en charge des PPP visés aux Articles 5, 6, 7 et 14 de la présente loi, l'Autorité contractante désigne et met en place au sein de son organisation, une unité de gestion du projet intervenant durant les phases de préparation, de mise en concurrence et d'exécution du Contrat de PPP en lien avec le Comité technique d'appui.	在遵守本法第 5 条、第 6 条、第 7 条和第 14 条所规定的负责 PPP 的机构的职权和权限的前提下,缔约机关应在其组织内部指定并设立一个项目管理单位,该项目管理单位与技术支持委员会在 PPP 合同的制备、竞争和履行阶段共同介入。
Article 9 : Titulaire du Contrat de PPP	**第 9 条:PPP 合同的项目持有人**
Le Titulaire du Contrat de PPP est obligatoirement une société de droit mauritanien.	PPP 合同的项目持有人必须是毛里塔尼亚法律项下的公司。
Le groupement d'entreprises soumissionnaire à un Contrat de PPP doit obligatoirement constituer une société dédiée au projet de droit mauritanien en cas d'attribution du contrat.	在被授予合同的情况下,投标 PPP 合同的企业联合体必须设立毛里塔尼亚法律项下的专门的项目公司。

Le dossier de consultation des entreprises prévoit l'obligation ou non pour le Titulaire du Contrat de PPP de constituer une société de projet, de droit mauritanien, dédiée spécifiquement à la mise en œuvre du Contrat de PPP, objet de la consultation.	针对(投标的)企业的澄清文件规定,PPP合同的项目持有人具有或不具有设立毛里塔尼亚法律项下的项目公司的义务,所述项目公司专门用于作为澄清对象的PPP合同的履行。
L'Autorité contractante n'est pas habilitée à prendre des participations dans la société de projet du Titulaire.	缔约机关无资格在项目持有人的项目公司中参股。
CHAPITRE 3: REGLES DE PASSATION DES CONTRATS	**第三章:合同的缔结[①]规则**
Article 10: Principes généraux	**第10条:基本原则**
Les règles de passation des Contrats de PPP reposent sur les principes de liberté d'accès à la commande publique, d'égalité de traitement des candidats et de transparence des procédures.	PPP合同的缔结规则建立在公共采购的自由参与、候选人平等待遇和程序透明的原则之上。
La mise en œuvre des Contrats de PPP s'effectue dans le respect des principes généraux des finances publiques en Mauritanie.	PPP合同的履行须在遵守毛里塔尼亚公共财政基本原则的前提下进行。
Article 11: Identification et priorisation des projets en Contrat de PPP	**第11条:PPP合同涉及的项目的识别和优先级设定**
Les projets de Contrats de PPP sont identifiés par les Autorités contractantes en liaison avec la Cellule PPP.	PPP合同涉及的项目由缔约机关与PPP局一起确定。
Sur la base de l'étude de préfaisabilité prévue à l'Article 12, les projets de Contrats de PPP sont priorisés par le Comité Interministériel, sur proposition du Comité Technique d'Appui.	根据第12条规定的预可行性研究,PPP合同涉及的项目由部际委员会根据技术支持委员会的提议设定优先级。

① 中伦注:本法中的"合同缔结"指将合同授予中标人的所有规则和整个流程,而不仅仅是合同签署的环节。

L'identification et la priorisation des Contrats de PPP sont réalisées conformément à la réglementation relative à la programmation de l'investissement public en Mauritanie.	PPP 合同的识别和优先级设定根据与毛里塔尼亚公共投资计划相关的规定而实施。
Article 12: Étude de préfaisabilité	**第 12 条:预可行性研究**
Avant de s'engager dans un projet de Contrat de PPP et préalablement à l'évaluation préalable visée à l'Article 13, ci-après, l'Autorité contractante doit effectuer une étude de préfaisabilité technique, économique, financière, environnementale, sociale, juridique et administrative afin d'évaluer l'intérêt potentiel du projet et l'impact estimé sur le budget de l'Autorité contractante.	在开始 PPP 合同涉及的项目之前且在第 13 条规定的预先评估之前,缔约机关须实施技术、经济、财务、环境、社会、法律和行政方面的预可行性研究,以便评估项目的潜在利益和对缔约机关预算的预计影响。
L'étude de préfaisabilité définit notamment les paramètres de l'étude d'impact environnementale et sociale devant obligatoirement être réalisée par l'initiateur du projet sous le contrôle de la personne publique compétente ou pour son compte. Le contenu de l'étude de préfaisabilité est précisé par voie réglementaire.	预可行性研究确定环境和社会影响研究的参数,所述环境和社会影响研究必须由项目发起人在主管公法人的监管下或代表主管公法人实施。预可行性研究的内容由法规明确。
Article 13: Évaluation préalable et de soutenabilité budgétaire	**第 13 条:预先评估和预算承受能力评估**
Tout projet de Contrat de PPP dont l'étude de préfaisabilité visée à l'Article 12 a conclu en la faisabilité du projet, donne lieu à la réalisation par l'Autorité contractante avec l'appui obligatoire de la Cellule PPP, d'une évaluation préalable et de soutenabilité budgétaire.	任何 PPP 合同涉及的项目,只要其根据本法第 12 条规定的预可行性研究已得到项目具有可行性的结果,则缔约机关必须在 PPP 局的协助下实施预先评估和预算承受能力评估。

L'évaluation préalable et de soutenabilité budgétaire a pour objet l'appréciation de l'éligibilité du recours au Contrat de PPP au regard des conditions imposées par l'Article 04. Elle comporte obligatoirement:	预先评估和预算承受能力评估的目的在于评估根据本法第 4 条所规定的条件适用 PPP 合同的可行性。预先评估和预算可持续性评估必须包括:
- une analyse comparative des autres formes de réalisation du projet pour justifier le recours au Contrat de PPP. L'analyse comparative porte obligatoirement sur les motifs de caractère économique, financier, juridique et administratif qui justifient que l'Autorité contractante s'engage dans la procédure de passation d'un Contrat de PPP par rapport aux autres modes opératoires de la commande publique;	- 对实施项目的其他形式进行比较分析,以说明适用 PPP 合同的理由。比较分析必须涉及说明缔约机关适用 PPP 合同的缔结程序而不是公共采购的其他操作模式的经济、财务、法律和行政方面的理由;
- une analyse de soutenabilité budgétaire et financière permettant de vérifier la capacité pour l'Autorité contractante de faire face à l'ensemble des engagements financiers issus du contrat durant toute sa durée. Les conclusions de l'analyse portant sur la soutenabilité budgétaire et financière doivent être soumises pour avis conforme au Ministère en charge du Budget avant l'approbation formelle de l'évaluation préalable et de soutenabilité budgétaire et financière. Les modalités de saisine et d'approbation par le Ministère en charge du Budget sont fixées par voie réglementaire;	- 预算和财务承受能力分析允许核实缔约机关在合同整个期限内履行源自合同的全部财务承诺的能力。预算和财务可持续性分析的结论必须在正式批准预先评估和预算承受能力评估之前提交至预算部部长以获得其批复。提请预算部部长及预算部部长批准的方式由法规规定;

- une analyse de l'impact social, économique et en matière de développement durable de la mise en œuvre du projet;	- 项目实施的社会、经济影响分析和可持续发展分析;
- une préconisation sur la procédure de mise en concurrence à mettre en œuvre dans les conditions de la présente loi.	- 在本法条件下实施竞争性程序的建议。
L'évaluation préalable et de soutenabilité budgétaire doit être approuvée formellement par le Comité Interministériel sur proposition du Comité Technique d'Appui.	预先评估和预算承受能力评估须由部际委员会根据技术支持委员会的提议正式批准通过。
Article 14: Modes de passation des contrats	**第 14 条:合同的缔结模式**
14.1 La procédure de passation d'un Contrat de PPP doit respecter nécessairement les principes généraux énoncés à l'Article 10 de la présente loi. La Commission Nationale de Contrôle des Marchés Publics s'assure du respect de ces principes et des dispositions de la présente loi par le Comité Technique d'Appui et les Autorités contractantes.	14.1 PPP 合同的缔结程序必须遵守本法第 10 条规定的基本原则。国家公共合同监管委员会确保技术支持委员会和缔约机关遵守该等原则和本法的规定。
14.2 Le Comité Technique d'Appui est en charge de la passation des Contrats de PPP pour le compte et en lien avec les Autorités contractantes; il s'assure du respect des principales étapes suivantes prévues par la loi et qui seront précisées par voie réglementaire, quel que soit le mode de passation:	14.2 技术支持委员会负责为缔约机关的利益并且与缔约机关合作以缔结 PPP 合同;无论缔结方式为何,技术支持委员会确保遵守本法规定的下述主要步骤,下述步骤将由法规予以明确:
- la publication du ou des avis de publicité requis;	- 公布所需的一个或多个公示意见;

– la préparation du document de consultation et du projet de contrat avec ses annexes;	– 制备澄清文件、合同及其附件的草案;
– la réception et l'analyse des candidatures et des offres;	– 受理和分析候选人资格和投标;
– l'identification de l'attributaire pressenti et la finalisation du projet Contrat de PPP;	– 确定预中标人并对 PPP 合同草案定稿;
– la décision d'attribution du Contrat de PPP par l'organe compétent de l'Autorité contractante;	– 缔约机关的主管机构作出授予 PPP 合同的决定;
– la demande d'avis de non objection de la Commission Nationale de Contrôle des Marchés Publics;	– 申请国家公共合同监管委员会出具非反对意见;
– la demande d'autorisation d'attribution du Contrat de PPP au Comité Interministériel si besoin;	– 如有需要,向部际委员会申请批准授予 PPP 合同;
– la notification d'attribution à l'attributaire pressenti et aux soumissionnaires dont l'offre est rejetée;	– 向预中标人和投标被拒绝的投标人发送授予通知;
– la signature du Contrat de PPP;	– PPP 合同的签署;
– la publication d'un avis d'attribution.	– 授予通知的公布。
14. 3 Selon les recommandations de l'évaluation préalable et de soutenabilité budgétaire, la procédure de mise en concurrence pour l'attribution d'un Contrat de PPP peut être l'appel d'offres ouvert ou avec présélection, en une ou deux étapes. L'appel d'offres en deux étapes est la procédure de droit commun pour l'attribution d'un Contrat de PPP.	14.3 根据预先评估和预算承受能力评估的建议,授予 PPP 合同的竞争性程序可为一步式或两步式的公开招标或设置预选的招标。两步式招标是一般法项下 PPP 合同的授予程序。

Par exception, l'Autorité contractante peut recourir soit à la procédure de dialogue compétitif dans les conditions de l'Article 18, soit à la procédure négociée dans les conditions de l'Article 19.	作为例外,缔约机关可在本法第 18 条的条件下适用竞争性对话程序,也可在本法第 19 条的条件下适用谈判程序。
Sauf le cas de procédure négociée, la procédure de passation du Contrat de PPP fait l'objet d'une mesure de publicité préalable au niveau national et/ou international.	PPP 合同的缔结程序须进行全国和/或国际范围的预先公告,但谈判程序的情况除外。
Article 15: Pré-qualification	**第 15 条:资格预审**
La procédure de pré-qualification permet au Comité Technique d'Appui d'arrêter au préalable la liste des candidats invités à remettre des offres.	资格预审程序允许技术支持委员会预先确定被邀请投标的候选人名单。
Un avis de pré-qualification est publié par le Comité Technique d'Appui qui énumère les critères de présélection techniques, financiers, économiques et en ressources humaines. Une liste de documents devant être fournis par les candidats figure dans l'avis de pré-qualification pour permettre d'apprécier les capacités des candidats au regard des critères précités.	技术支持委员会发布资格预审公告,其中列举技术、财务、经济和人力资源方面的预选标准。在资格预审公告中规定候选人应提供的文件清单,以便允许根据所述标准来评估候选人的能力。
Le temps laissé aux candidats pour répondre à un avis de pré-qualification est d'au moins trente jours à compter de sa publication.	候选人答复资格预审公告的时间为自公告发布之日起至少 30 日。

Le Comité Technique d'Appui détermine dans l'avis de présélection le nombre minimum et maximum de candidats qui seront admis à présenter une offre. Si le nombre minimum de candidats sélectionnés n'est pas atteint, le Comité Technique d'Appui peut décider de continuer la procédure avec les seuls candidats sélectionnés dès lors que les conditions de publicité et de concurrence ont été respectées.	技术支持委员会在预选通知中确定被允许投标的候选人的最多人数和最少人数。如果未达到被选择的候选人的最少人数,在满足公布条件和竞争条件的前提下,技术支持委员会可决定与仅有的被选择的候选人继续进行程序。
Le Comité Technique d'Appui invite les candidats dont elle retient la demande de pré-qualification, à présenter une offre dans les conditions et selon les modalités de la procédure présentées dans le dossier de consultation.	技术支持委员会邀请资格预审申请已被接受的候选人在澄清文件中载明的条件中并且根据在澄清文件中载明的程序提交投标文件。
Article 16: Dossier de consultation	**第 16 条:澄清文件**
Un dossier de consultation, élaboré par le Comité Technique d'Appui en lien avec l'Autorité contractante et le cas échéant, en lien avec une autorité de régulation.	澄清文件由技术支持委员会与缔约机关以及管控权力机关(视情况)一起制定。
Le dossier de consultation est transmis aux candidats admis à présenter une offre selon la procédure de sélection choisie.	根据选定的选择程序,澄清文件被发送至获准投标的候选人。
La Cellule PPP élabore des modèles de dossiers de consultation pour les Contrats de PPP à l'attention des Autorités contractantes.	PPP 局为缔约机关编制 PPP 合同澄清文件的模板。
Article 17: Appel d'offres ouvert	**第 17 条:公开招标**
L'appel d'offres ouvert est la procédure par laquelle tout candidat intéressé peut soumettre une demande de pré-qualification ou une offre.	通过公开招标程序,任何有意向的候选人均可提交资格预审申请或投标。

Le Comité Technique d'Appui choisit, suite à un appel public à la concurrence, l'offre économiquement la plus avantageuse telle que prévue à l'Article 22.	在竞争性公开招标之后，技术支持委员会选择第 22 条所规定的经济上最有利的方案。
L'appel d'offres ouvert peut être précédé d'une pré-qualification.	公开招标之前可进行资格预审。
L'appel d'offres en une étape est adapté aux projets simples justifiant la remise simultanée des offres techniques et financières.	一步式招标适用于证实可同时提交技术方案和财务方案的简单项目。
L'appel d'offres ouvert peut être réalisé en deux étapes. La première étape consiste à ne recevoir que les offres techniques des candidats sans indication de prix, sur la base des principes généraux tels que la conception, la fonctionnalité, la disponibilité du service ou des normes de performance en fonction de la nature du contrat, et sous réserve de précisions et d'ajustements ultérieurs d'ordre technique et/ou financiers, intervenant dans le cadre de discussions menées avec le Comité Technique d'Appui et l'Autorité contractante.	公开招标可通过两个步骤来实施。第一个步骤涉及仅接收候选人的技术方案（其中不含报价），所述技术方案基于服务的设计、功用性、可用性的基本原则或者根据合同性质而定的绩效标准而制定，且该等技术方案在与技术支持委员会和缔约机关所进行的讨论中进行后续的财务层面和/或技术层面的明确和修改。
A la suite de l'évaluation des offres au titre de la première étape, les candidats qui satisfont au minimum acceptable des critères de qualification et qui ont soumis une offre techniquement conforme sont invités à participer à une seconde étape au cours de laquelle ils présentent des propositions techniques définitives assorties de prix, sur la base du dossier d'appel d'offres éventuellement révisé par le Comité Technique d'Appui et l'Autorité contractante.	在第一个步骤的评标之后，满足最低可接受的资格标准且提交合格技术方案的候选人被邀请参加第二个步骤，在第二个步骤中，所述候选人根据招标文件提交附有价格的最终技术方案，该等招标文件视情况可能被技术支持委员会和缔约机关修改。

L'appel d'offres avec présélection en deux étapes est la procédure de droit commun pour les Contrats de PPP.	设有预选的两步式招标是针对 PPP 合同的一般法项下的程序。
Article 18: Dialogue compétitif	**第 18 条:竞争性对话**
18.1 Le dialogue compétitif est une procédure réservée à certains projets complexes pour lesquels le Comité Technique d'Appui et l'Autorité contractante disposent des moyens et capacités suffisants pour mener à bien ladite procédure. Le recours à la procédure de dialogue compétitif est justifié dans le cadre de l'évaluation préalable et de soutenabilité budgétaire et financière soumise à autorisation dans les conditions de l'Article 13 de la présente loi.	18.1 竞争性对话是专用于某些复杂项目的程序,对于该等项目,技术支持委员会和缔约机关具有足够的资源和能力来良好地实施所述程序。在预先评估和预算与财务承受能力评估的框架内,适用竞争性对话程序被证实是合理的,该预先评估和预算和财务承受能力评估须在本法第 13 条的条件下被批准。
18.2 Le dialogue compétitif est une procédure par laquelle le Comité Technique d'Appui et l'Autorité contractante procèdent à une pré-qualification dans les conditions de l'Article 15 ci-dessus, puis engagent un dialogue avec chacun des candidats sur la base du programme des besoins qu'elle a établi pour le projet. Le dialogue compétitif a pour objet de définir les moyens techniques et le montage juridique et financier les mieux à même de répondre à ses besoins.	18.2 通过竞争性对话程序,技术支持委员会和缔约机关在本法上述第 15 条规定的条件下进行资格预审,然后根据缔约机关为项目制订的需求计划与每个候选人进行对话。竞争性对话旨在确定最能满足其需求的技术手段、法律结构和融资结构。
18.3 Le règlement de dialogue fixe le nombre de phases et les modalités d'organisation du dialogue compétitif.	18.3 对话规则规定竞争性对话的阶段数量和组织方式。

Un comité de dialogue compétitif sera mis en place par le Comité Technique d'Appui. Chaque membre du comité de dialogue compétitif est soumis au strict respect de la confidentialité des échanges et des informations durant la procédure.	技术支持委员会将设立一个竞争性对话委员会。竞争性对话委员会的每个成员须在程序期间严格遵守沟通和信息的保密性。
18.4 Le comité de dialogue compétitif peut discuter avec les candidats de tous les aspects du Contrat de PPP.	18.4 竞争性对话委员会可与候选人讨论 PPP 合同的全部内容。
Chaque candidat est entendu dans des conditions de stricte égalité. Le comité de dialogue compétitif ne peut donner à certains candidats des informations susceptibles de les avantager par rapport à d'autres. Il ne peut révéler aux autres candidats des solutions proposées ou des informations confidentielles communiquées par un candidat dans le cadre de la discussion sans l'accord de celui-ci.	在严格平等的条件下听取每个候选人的意见。竞争性对话委员会不得给予某些候选人能够使其相较于其他候选人更有优势的信息。未经候选人的同意,竞争性对话委员会也不得向其他候选人披露该等候选人在讨论中提供的方案或保密信息。
Le comité de dialogue compétitif poursuit les discussions avec les candidats jusqu'à ce qu'il soit en mesure d'identifier la ou les solutions, au besoin après les avoir comparés, qui sont susceptibles de répondre à ses besoins.	竞争性对话委员会与候选人持续讨论,直至经比较后确定能够满足其需求的一个或多个方案。
Il peut prévoir que les discussions se déroulent en phases successives au terme desquelles seules sont retenues les propositions répondant le mieux aux critères fixés dans l'avis d'appel public à la concurrence ou dans le règlement de consultation. Le recours à cette possibilité doit avoir été indiqué dans l'avis d'appel public à la concurrence ou dans le règlement de la consultation.	竞争性对话委员会可规定,讨论可连续进行,讨论结束后仅保留最佳响应竞争性程序公告或澄清规则所规定标准的方案。该规定的适用须在竞争性公开招标公告或澄清规则中明确。

18.5 Lorsqu'il estime que la discussion est arrivée à son terme, le comité de dialogue compétitif en informe les candidats qui ont participé à toutes les phases de la consultation. Il invite les candidats à remettre, dans un délai qui ne peut être inférieur à un mois, leur offre finale sur la base de la ou des solutions présentées et spécifiées au cours du dialogue.	18.5 当竞争性对话委员会认为讨论结束时,竞争性对话委员会通知已参加全部磋商阶段的候选人。其邀请该等候选人在不能少于一个月的期限内提交其最终方案,该等最终方案根据竞争性对话期间所提出和详细说明的一个或多个方案而作出。
Ces offres comprennent tous les éléments nécessaires à l'exécution du contrat.	该等最终方案包括合同履行所需的全部内容。
18.6 Le comité de dialogue compétitif peut demander des clarifications, des précisions ou des compléments concernant les offres déposées par les candidats ainsi que la confirmation de certains des engagements, notamment financiers qui y figurent. Cependant, ces demandes ne peuvent avoir pour effet de modifier les éléments fondamentaux de l'offre ou des caractéristiques essentielles du contrat, dont la variation est susceptible de fausser la concurrence ou d'avoir un effet discriminatoire.	18.6 竞争性对话委员会可要求对于候选人提交的方案进行澄清、明确或补充以及确认某些承诺,尤其是在投标中的财务承诺。但是,该等申请不得变更方案的基本要素或者合同的基本特征,且该等变更能够产生不正当竞争或者具有歧视性效果。
18.7 Afin de compenser en partie l'investissement des candidats dans la préparation d'une offre et de permettre ainsi une meilleure concurrence, une prime peut être prévue pour les candidats dont l'offre finale a été jugée recevable mais qui n'est pas retenue. Le Comité Technique d'Appui fixe le montant de la prime dans le règlement de consultation.	18.7 为了部分补偿候选人在准备投标中的投资并且保证更充分的竞争,可授予最终方案被认定为是可受理但未被选中的候选人一笔补偿金。技术支持委员会在澄清规则中确定该补偿金的数额。

Article 19: Procédure négociée	第 19 条:谈判程序
Le recours à une procédure négociée sans publicité, ni mise en concurrence, n'est possible que dans les cas limitatifs suivants:	仅在下列情形中,可适用无需公告、非竞争性的谈判程序:
- lorsque les besoins ne peuvent être satisfaits pour des considérations techniques ou juridiques, que par une prestation nécessitant l'emploi d'un brevet d'invention, d'une licence ou de droits exclusifs détenus par un seul opérateur;	- 基于技术因素或者法律因素的考虑,当提供的工程或服务必须使用由唯一经营者持有的发明专利、许可或者排他性权利以满足需求时;
- dans des circonstances exceptionnelles en réponse à des catastrophes naturelles;	- 在自然灾害导致的特殊情况下;
- pour les contrats conclus entre une Autorité contractante et un contractant sur lequel elle exerce un contrôle comparable à celui qu'elle exerce sur ses propres services ou qui réalise l'essentiel de ses activités pour lui à condition que, même si ce contractant n'est pas une autorité, il applique, pour répondre à ses besoins, les dispositions prévues par la présente loi;	- 针对缔约机关和签约人之间签订的合同,当缔约机关对签约人行使与其对自身部门类似的控制权时或当签约人主要为缔约机关行事时,并且即使该签约人不是权力机关,为满足缔约机关的需求,签约人适用本法规定;
- des raisons de défense nationale ou de sécurité publique.	- 基于国防或者公共安全的理由。
Lorsqu'une Autorité contractante entend conclure un Contrat de PPP par le biais d'une procédure négociée, elle doit réaliser une évaluation préalable et de soutenabilité budgétaire qui conclue en la nécessité de recourir à une procédure négociée.	当缔约机关拟通过谈判程序来签订 PPP 合同时,其须实施预先评估和预算承受能力评估,并且所述预先评估和预算承受能力评估得出的结论为须适用谈判程序。

Article 20 : Contrat complémentaire	**第 20 条:补充合同**
Il peut être passé un contrat complémentaire à un contrat déjà exécuté, ou en cours d'exécution, dans la mesure où le recours à la libre concurrence ne présente pas des avantages supérieurs et si les prestations ne figurent pas dans le contrat initialement conclu mais sont devenues nécessaires à la suite d'une circonstance imprévue, à l'exécution du service ou à la réalisation de l'ouvrage à condition que ces services ou travaux complémentaires ou de nature analogue ne puissent être techniquement ou économiquement séparés du contrat principal sans inconvénient majeur pour l'Autorité contractante, et qu'aucun autre opérateur ne puisse garantir de solution respectant les exigences visées aux alinéas précédents.	若适用自由竞争(机制)不具有较大优势,且若提供的服务或工程未包含在最初缔结的合同中但因不可预见的情形而变得对于服务的履行或工程的实施是必需的,前提是该等补充性的或类似的服务或者工程不能在技术上和经济上与主合同分离且不对缔约机关产生较大不便,且无其他经营者可确保提供符合上述条款规定的要求的方案,则可针对已经履行的合同或正在履行的合同缔结补充合同。
Le montant du contrat complémentaire ne peut dépasser en termes d'engagements financiers pour l'Autorité contractante vingt pour cent du montant du contrat initial.	针对缔约机关的财务承诺而言,补充合同中的金额不得超出原合同的 20%。
Article 21 : Offre spontanée	**第 21 条:自发提案**
21.1 Conditions de prise en compte des offres spontanées	21.1 受理自发提案的条件
Une Autorité contractante ne peut prendre en compte une offre spontanée que sous les conditions cumulatives suivantes :	只有在同时满足以下条件时,缔约机关方可受理自发提案:
- le projet n'est pas en cours d'étude par une personne publique et aucune procédure de mise en concurrence n'est entamée ;	- 该项目并非公法人正在进行研究的项目且未启动任何竞争性程序;

– les conditions de recours prévues à l'Article 04 de la présente loi sont réunies;	–满足本法第4条所规定的适用条件;
– une décision du Conseil des Ministres autorise l'intégration du projet dans le portefeuille de projets d'investissements publics.	–部长委员会的决定批准将该项目纳入公共投资项目中。
21.2 Traitement des offres spontanées	21.2 自发提案的处理
L'Autorité contractante réalise le projet autorisé sous les conditions énumérées ci-dessus. Sur la base d'une évaluation préalable et de soutenabilité budgétaire favorable à la réalisation du projet en Contrat de PPP:	缔约机关在满足上述条件的情况下实施经批准的项目。基于以PPP合同形式实施项目的有利的预先评估和预算承受能力评估:
– elle lance un appel d'offres ou un dialogue compétitif auquel l'opérateur peut soumissionner. S'il n'est pas retenu, l'Autorité contractante pourra lui verser une indemnité spéciale pour avoir contribué à la faisabilité du projet;	–缔约机关发起招标或者竞争性对话,经营者可进行投标或参与竞争。如果经营者未被选中,则缔约机关可向其支付一笔专用补偿金,以补偿其为项目可行性所作出的贡献;
– soit l'Autorité contractante a recours à la procédure négociée si elle estime que l'offre spontanée revêt un caractère innovant et qu'elle est sur le plan financier compétitive ou qu'elle est justifiée au titre d'un droit exclusif du soumissionnaire.	–或者若缔约机关认为自发提案具有创新性且自发提案在财务方面具有竞争力或由于自发提案的发起人具有排他性权利,则缔约机关适用谈判程序。
Si la négociation n'aboutit pas, la procédure est jugée sans suite et l'opérateur n'a pas droit à une indemnité.	如果谈判未成功,程序被认定为无后续,则经营者无权主张补偿。

Article 22: Critères d'évaluation	**第 22 条:评估标准**
Le contrat est attribué au candidat qui a présenté l'offre économiquement la plus avantageuse, par application des critères définis dans l'avis d'appel public à la concurrence ou le règlement de la consultation.	根据竞争性公开招标公告或澄清规则中所确定的标准,合同授予至提交了经济上最有利的方案的候选人。
Les critères d'attribution ne sont obligatoirement pondérés qu'en cas de dialogue compétitif.	仅在竞争性对话的情况下,该等授予标准才是加权的。
Parmi les critères d'attribution, figurent notamment le coût global de l'offre et les objectifs de performance définis en fonction de l'objet du contrat, en particulier en matière de développement durable et de mise en œuvre de clauses sociales ainsi que la qualité du service. Il peut être pris en compte la part d'exécution du contrat que le candidat s'engage à confier à des entreprises de droit mauritanien détenues majoritairement par des nationaux maurit aniens.	授予标准包括但不限于方案的总成本和根据合同标的所确定的绩效目标,特别是在可持续发展层面和社会条款实施层面的绩效目标以及服务的质量。授予标准也可以考虑候选人承诺向毛里塔尼亚籍人控股企业委托履行的合同份额。
D'autres critères, en rapport avec l'objet du contrat, peuvent être retenus.	授予标准中可保留与合同标的有关的其他标准。
Article 23: Attribution du contrat de PPP	**第 23 条:PPP 合同的授予**
Le Comité Technique d'Appui et l'Autorité contractante déterminent l'offre la plus avantageuse sur la base des critères d'attribution visés dans les conditions de l'Article 22 de la présente loi et invitent l'attributaire pressenti à finaliser le contrat sans que cela n'aboutisse à une modification de l'offre retenue et du classement des offres.	技术支持委员会和缔约机关根据本法第 22 条规定的条件中设定的授予标准来确定最有利的方案,并且邀请预中标人进行合同的定稿,但这不会导致被选定的方案和方案排名的变更。

La mise au point du contrat ne doit en aucun cas aboutir à la modification des caractéristiques essentielles du projet ou de l'offre de l'attributaire pressenti et ne doit pas conduire à remettre en cause le classement effectué des offres.	在任何情况下，合同定稿不得导致项目或预中标人的方案的基本特征的变更，且不得导致对已进行的方案的排名产生质疑。
Si la procédure de mise au point du contrat avec l'attributaire pressenti n'aboutit pas, le Comité Technique d'Appui et l'Autorité contractante engagent la finalisation du contrat avec le soumissionnaire classé deuxième, sauf à considérer la procédure comme étant infructueuse.	如果与预中标人定稿合同的程序未成功，技术支持委员会和缔约机关与排名第二的投标人共同定稿合同，除非认定招标程序失败。
Au terme de la finalisation du contrat, le Comité Technique d'Appui et l'organe compétent pour engager l'Autorité contractante désignent l'attributaire pressenti et informent l'ensemble des soumissionnaires non retenus du rejet de leurs offres.	在合同定稿结束时，技术支持委员会和缔约机关的负责部门指定预中标人并通知全部未被选中的投标人其投标被拒绝。
Conformément à l'Article 14 de la présente loi, le Comité Technique d'Appui soumet pour non objection dans les conditions précisées par voie réglementaire le projet d'attribution du contrat à la Commission Nationale de Contrôle des Marchés Publics.	根据本法第 14 条的规定，技术支持委员会在法规规定的条件下向国家公共合同监管委员会提交合同授予计划以便获得其非反对意见。
A réception de l'avis de non objection de la Commission Nationale de Contrôle des Marchés Publics, le Comité technique d'appui notifie au Ministre en charge du Budget le contrat définitif et l'engagement budgétaire induit.	自收到国家公共合同监管委员会的非反对意见之日起，技术支持委员会将最终版合同和产生的预算承诺通知预算部部长。

Concomitamment à la notification prévue à l'alinéa précédent, le Comité Technique d'Appui soumet le choix de l'attributaire pressenti et le contrat finalisé à l'approbation du Comité Interministériel et, le cas échéant, au régulateur, sauf dérogation.	与前款所规定的通知同时,技术支持委员会将预中标人的选择和最终版合同提交至部际委员会和监管机构(视情况)申请批准,除非有例外规定。
Le Contrat de PPP est signé en respectant un délai minimum de quinze jours suivant l'envoi aux candidats non retenus de la notification du rejet de leur offre, sous réserve d'une éventuelle saisine de l'instance prévue à l'Article 42 par un soumissionnaire évincé.	自向未被选中的候选人发出其投标被拒绝的通知之日起最少 15 日的期限内,被拒绝的投标人可向本法第 42 条所规定的机构提起申诉,该期限届满后未申诉的,PPP 合同将被签署。
En l'absence de recours et après avoir obtenu la dernière des autorisations requises, le Comité Technique d'Appui publie un avis d'attribution dans un délai maximum de trente jours à compter de la signature du contrat.	若未发生申诉且在获得最后所需的许可后,自合同签署之日起最长 30 日的期限内,技术支持委员会发布授予通知。
L'Autorité contractante est tenue de transmettre le contrat signé à la Cellule PPP dans le mois qui suit sa signature.	自合同签署之日起 1 个月内,缔约机关应向 PPP 局提交已签署的合同。
Article 24: Groupement de candidats	**第 24 条:候选人联合体**
Plusieurs entreprises peuvent constituer un groupement conjoint et solidaire pour présenter une offre. En cas d'attribution du Contrat de PPP à un groupement d'entreprises candidat, ledit groupement dispose d'un délai de trente jours à compter de la date d'attribution du Contrat de PPP pour constituer une société de projet de droit mauritanien qui se substituera dans les droits et obligations du groupement au titre de son offre.	多个企业可组成一个共同且连带的联合体来投标。若将 PPP 合同授予至候选人企业联合体的情况下,自 PPP 合同授予之日起30 日内,所述联合体须设立毛里塔尼亚法律项下的项目公司,该项目公司替代联合体享有其在投标项下的权利并承担其义务。

Une même entreprise ne peut être membre que d'un seul groupement soumissionnaire.	一家企业仅可为一个投标联合体中的成员。
Article 25 : Clauses et mentions obligatoires	**第 25 条:必备条款和内容**
Les Contrats de PPP sont rédigés selon le principe de la liberté contractuelle sous réserve de respecter la réglementation en vigueur et de comporter les clauses et mentions obligatoires suivantes :	PPP 合同根据契约自由原则起草,但其需要遵守现行法规并且包括以下必备条款和内容:
– l'objet du Contrat de PPP ;	– PPP 合同的标的;
– la durée du Contrat de PPP ;	– PPP 合同的期限;
– le régime des biens ;	– 资产制度;
– les objectifs de performance ;	– 绩效目标;
– les modalités de financement ;	– 融资方式;
– les modalités de rémunération du Titulaire ;	– 项目持有人获得回报的方式;
– le partage des risques entre les parties et les obligations en résultant ;	– 在合同方之间的风险分担和由此产生的义务;
– le régime des assurances ;	– 保险制度;
– les garanties d'exécution du Contrat de PPP ;	– PPP 合同的履约担保;
– le personnel dédié à l'entretien, la gestion et l'exploitation de l'ouvrage et/ou du service public ;	– 专门负责工程和/或公共服务的维护、管理和运营的人员;
– l'équilibre du Contrat de PPP en cas d'imprévision ou de force majeure ;	– 在意外事件或不可抗力的情形下的 PPP 合同的平衡;
– les modalités et mécanismes de suivi et de contrôle de l'exécution du Contrat de PPP ;	– 履行 PPP 合同的跟踪和监管的方式和机制;

– les pénalités en cas de non-respect des clauses du Contrat de PPP et intérêts moratoires en cas de retard de paiement de la rémunération du Titulaire;	– 未遵守 PPP 合同的条款时的罚金和延期向项目持有人支付回报时的延期利息;
– le régime fiscal et douanier;	– 税收和海关制度;
– la modification du contrat;	– 合同的变更;
– la cession du contrat et la substitution du Titulaire;	– 合同转让和项目持有人的替代;
– les cas et conditions de résiliation du Contrat de PPP;	– PPP 合同的解除情形及解除条件;
– les modalités de règlement des litiges.	– 争议解决方式。
CHAPITRE 4: EXECUTION DU CONTRAT	**第四章:合同的履行**
Article 26: Durée du contrat	**第 26 条:合同期限**
La durée du contrat est fixée en tenant compte, le cas échéant, de l'amortissement des investissements à réaliser, des modalités de financement retenues et de la nature des prestations fournies.	在确定合同的期限时需考虑待实施投资的回收、选定的融资方式和所提供的工程或服务的性质。
Le Contrat de PPP n'est pas renouvelable.	PPP 合同不可续期。
Toutefois, il peut exceptionnellement être prorogé pour une durée ne dépassant pas deux ans en cas de force majeure, d'évènements imprévisibles et pour assurer la continuité du service public sur avis favorable préalable du Comité Interministériel, sur proposition du Comité Technique d'Appui.	但是,在不可抗力、意外事件的情形下且为了保障公共服务的连续性,在技术支持委员会的提议下,在部际委员会作出事先的肯定性审批意见后,PPP 合同可延长不超过两年的期限。

Article 27 : Maîtrise d'ouvrage et objectifs de performance	**第 27 条:业主责任和绩效目标**
Le Titulaire du Contrat de PPP est en charge de la maîtrise d'ouvrage.	PPP 合同的项目持有人负责履行业主责任。
Le Titulaire du Contrat de PPP s'engage sur des critères de performance du service et des ouvrages dont les caractéristiques sont annexées au contrat.	PPP 合同的项目持有人承诺达到服务和工程的绩效标准,服务和工程的特征在合同附件中规定。
Article 28 : Rémunération du Titulaire	**第 28 条:项目持有人的回报**
La rémunération du Titulaire est fonction du type de Contrat de PPP.	项目持有人的回报根据 PPP 合同类型确定。
Rémunération dans le cas d'un PPP concessif	**特许经营 PPP 中的回报**
S'il s'agit d'un PPP concessif, la rémunération du Titulaire est liée aux résultats de l'exploitation du service ou de l'ouvrage. Les tarifs applicables aux usagers et leurs modalités d'évolution sont fixés et régulés par la partie publique.	针对特许经营 PPP,项目持有人的回报取决于服务或工程的运营结果。政府方确定并调整适用于用户的费率及其变化方式。
Le titulaire peut être tenu au versement d'une redevance à l'Autorité contractante telle que déterminée par le contrat. Si les recettes d'exploitation ne permettent pas d'assurer la rentabilité et l'équilibre économique du contrat, elles peuvent être complétées par le versement de subventions par l'Autorité contractante ou toute autre opérateur.	项目持有人可能有义务向缔约机关支付一笔由合同规定的使用费。如果运营收入不能确保合同的盈利性和经济平衡,则其可由缔约机关或任何其他经营者所支付的补贴进行补充。
Rémunération dans le cas d'un PPP à paiement public	**政府付费 PPP 中的回报**
S'il s'agit d'un PPP à paiement public, la rémunération du Partenaire est assurée par l'Autorité contractante sur toute la durée du contrat.	针对政府付费 PPP,缔约机关确保在合同的整个期限内向社会资本支付回报。

Cette rémunération consiste dans le paiement d'un loyer qui peut être fonction des objectifs de performance, notamment liés à la disponibilité de l'ouvrage ou du service, et peut être minimisé, le cas échéant, par la réalisation de Recettes annexes que le Titulaire peut être autorisé à percevoir de l'exploitation pour d'autres besoins que ceux de l'Autorité contractante, du domaine, des ouvrages ou des équipements dont il a la charge.	该等回报由取决于绩效目标而支付的酬金,尤其是与工程或服务可用性相关的绩效目标,且该等酬金可视情况因项目持有人被许可收取的附属性收入而进行扣减,该等附属性收入来自于为了满足缔约机关的需求之外的需求而运营缔约机关负责的财产、工程或设备。
Le contrat peut donner mandat au Titulaire d'encaisser, au nom et pour le compte de la personne publique, le paiement par l'usager final de prestations revenant à cette dernière.	合同可委托项目持有人以公法人的名义并为公法人利益收取提供的工程或服务的最终用户支付的款项,该款项最终归于公法人。
Article 29: Partage des risques	**第 29 条:风险分担**
Les risques liés aux différentes phases du projet doivent être identifiés et décomposés en fonction du type de contrat.	应根据合同类型分别确定与项目的各个阶段相关的风险。
Le Contrat de PPP fixe les obligations des parties résultant de la répartition des risques afin d'affecter les risques à la partie jugée la mieux à même de les supporter de manière à minimiser leurs coûts en prenant en considération l'intérêt général et les caractéristiques du projet.	PPP 合同确定合同方由风险分配产生的义务,以便将风险分配至被认定为最适合承担该风险的一方,以便在考虑到公共利益和项目特征的情况下最小化风险成本。
Article 30: Équilibre du contrat de partenariat	**第 30 条:合作合同的平衡**
Le Contrat de PPP détermine les conditions et les modalités dans lesquelles le Titulaire a droit au maintien de l'équilibre économique du contrat, notamment en cas de survenance d'évènements imprévus ou en cas de force majeure.	PPP 合同确定尤其是在发生意外事件或不可抗力情形时项目持有人有权维持合同经济平衡的条件和方式。

Article 31 : Régime des garanties	**第 31 条:担保制度**
Le Contrat de PPP détermine les garanties que le Titulaire doit fournir à l'Autorité contractante dans les différentes phases d'exécution du contrat.	PPP 合同确定在履行合同的不同阶段中项目持有人应提供至缔约机关的担保。
Le Contrat de PPP peut prévoir des modalités de réduction partielle de la garantie au fur et à mesure de la réalisation conforme de l'obligation garantie.	PPP 合同可规定随着被担保义务的适当履行而部分减少担保的方式。
Le dossier de consultation des entreprises précise la nature exacte des garanties qui sont demandées aux candidats à un Contrat de PPP. Les garanties doivent être conformes à la législation mauritanienne.	针对(投标的)企业的澄清文件明确 PPP 合同的候选人被要求提供担保的实际性质。担保须符合毛里塔尼亚法律。
Sous réserve de l'autorisation préalable de l'Autorité contractante, les garanties pour les opérations de maintenance peuvent également prendre la forme de lettre de support ou de garantie d'actionnaire ou de la maison mère du Titulaire.	在缔约机关事先许可的前提下,维护活动的担保也可采取项目持有人的股东或母公司出具的支持函或担保函的形式。
Pour les projets d'infrastructures dont la réalisation est jugée prioritaire par l'Etat, l'Etat peut apporter une garantie selon les règles de finances publiques en vigueur en Mauritanie afin de faciliter le financement dudit projet.	对于被国家认定为须优先实施的基础设施项目,国家可根据毛里塔尼亚现行的公共财政规则来提供担保以便为前述项目的融资提供便利。
Article 32 : Modification du contrat	**第 32 条:合同的变更**
Le Contrat de PPP prévoit les conditions dans lesquelles il peut être modifié. Toute modification du Contrat de PPP devra être approuvée par l'Autorité contractante après avis favorable préalable du Comité Interministériel sur proposition du Comité Technique d'Appui selon le montant et la	PPP 合同规定合同变更的条件。PPP 合同的任何变更根据变更的金额和性质,在部际委员会根据技术支持委员会的提议作出事先的肯定性审批意见后,应由缔约机关批准,且该等变更将通过附加条款的形式实现。

nature de la modification et sera formalisée par voie d'avenant.	
Toutes modifications du Contrat de PPP ne peuvent avoir pour effet de modifier la nature du projet ou d'affecter substantiellement les caractéristiques essentielles.	PPP 合同的所有变更均不得导致改变项目的性质或本质上改变其基本特征。
Le montant de l'avenant ne peut dépasser en termes d'engagements financiers pour l'Autorité contractante vingt pour cent du montant du contrat initial.	针对缔约机关的财务承诺而言,附加条款中的金额不得超出原合同的 20% 。
Article 33: Suivi du contrat	**第 33 条:合同的跟踪**
33.1 Nonobstant l'intervention éventuelle du régulateur, l'Autorité contractante doit contrôler que le Titulaire respecte bien ses obligations au titre du Contrat de PPP.	33.1 尽管监管机构可根据情况介入,缔约机关应监管项目持有人良好履行其在 PPP 合同项下的义务。
Les modalités d'exercice de ce contrôle sont prévues dans le Contrat de PPP. L'Autorité contractante peut se faire assister par tout expert de son choix pour effectuer lesdits contrôles.	在 PPP 合同中规定该等监管的实施方式。缔约机关可自行选择任何专家来协助其实施所述监管。
33.2 Le Titulaire du Contrat de PPP a l'obligation de produire un rapport annuel et de le transmettre à l'Autorité contractante dans les six mois de la clôture de chaque année civile.	33.2 PPP 合同的项目持有人有义务编制年报,并且有义务在每个日历年结束后 6 个月内将所述年报提交至缔约机关。
Le retard dans la transmission ou la transmission d'un rapport incomplet est constitutif d'une faute et est susceptible de donner lieu à des pénalités à l'encontre du Titulaire.	延迟提交或者提交不完整的年报均构成过错,并且可能导致处罚项目持有人。
Le Comité Interministériel et le Comité Technique d'Appui, ainsi que la Cellule PPP peuvent demander aux Autorités contractantes les rapports annuels de suivi de chaque contrat de PPP.	部际委员会和技术支持委员会以及 PPP 局可要求缔约机关提供每个 PPP 合同的跟踪年报。

33.3 La Cellule PPP réalisera chaque année un audit sur les conditions et modalités de préparation, d'attribution et d'exécution des Contrats de PPP. Cet audit sera transmis pour avis au Comité Technique d'Appui et pour information au Comité Interministériel et sera ensuite publié sur le site de l'Autorité de Régulation des Marchés Publics.	33.3 PPP 局每年对于 PPP 合同的制备、授予和履行的条件和方式进行审计。该审计(结果)将提交至技术支持委员会审批,并且提交至部际委员会备案,且随后将在公共合同管控委员会的网站上公布。
Article 34: Substitution du Titulaire et accord direct	**第 34 条:项目持有人的替代和直接协议**
34.1 Le Contrat de PPP peut prévoir, qu'à la demande des prêteurs ayant participé au financement et/ou au refinancement des investissements du Contrat de PPP, d'insérer dans le Contrat de PPP une clause de substitution du Titulaire par un autre opérateur privé en cas de défaillance du Titulaire dans l'exécution de ses obligations ou d'évènement extérieur pouvant justifier la résiliation anticipée du Contrat de PPP.	34.1 基于已参与 PPP 合同投资的融资和/或再融资的贷款方的申请,PPP 合同可在其中规定项目持有人的替代条款,根据该替代条款,在项目持有人履行其义务时违约或发生能够导致 PPP 合同提前解除的外部事件时,由另一私营经营者替代项目持有人。
Nonobstant toute disposition législative contraire, la substitution emporte dévolution à la nouvelle entité desdits droits et obligations, y compris des droits d'occupation et de superficie, ainsi que des installations et infrastructures nécessaires à la poursuite du Contrat de PPP.	尽管存在任何相反的立法规定,该替代导致将上述权利和义务转移至新的实体,上述权利和义务包括占用权和地上权以及履行 PPP 合同所需的设施和基础设施。
Le tiers, à qui le Contrat de PPP est transféré, doit présenter des garanties financières, techniques et juridiques suffisantes et être, en outre, capable d'assurer la continuité du service transféré et l'égalité de traitement des usagers devant ce service.	接受 PPP 合同转移的第三方须提供充分的财务、技术和法律担保且有能力确保被转移的服务的持续性和用户在该服务中的平等待遇。

34.2 L'Autorité contractante peut conclure des accords directs avec les prêteurs participant au financement du Contrat de PPP. Ces accords directs peuvent avoir pour objet, notamment, de permettre aux prêteurs de régler avec l'Autorité contractante les questions relatives à la substitution prévue au paragraphe 34.1 du présent Article 34 ou à la mise en jeu de sûretés afférentes aux actifs, contrats ou titres de la société de projet.	34.2 缔约机关可与参与 PPP 合同融资的贷款方签订直接协议。该等直接协议的目的可包括允许贷款方与缔约机关解决与本法第 34 条第 34.1 款所规定的替代相关的问题,或者解决与项目公司的资产、合同或者权证相关的担保设置的问题。
Article 35: Cession du contrat: Sous-traitance	**第 35 条:合同的转让 – 分包**
Le Titulaire ne peut céder le Contrat de PPP à un tiers, en totalité ou en partie, sans l'accord écrit préalable de l'Autorité contractante, ainsi que de toute personne publique ayant compétence pour autoriser la signature du contrat de PPP.	未经缔约机关和有权批准签署 PPP 合同的任何公法人的事先书面同意,项目持有人不得将 PPP 合同全部或部分转让至第三方。
Le tiers auquel le Contrat de PPP est cédé doit fournir des garanties juridiques, financières et techniques suffisantes au moins équivalentes à celles fournies par le cessionnaire lors de l'attribution du contrat cédé.	受让 PPP 合同转让的第三方须提供充分的法律、财务和技术担保,前述担保至少与转让人①在被转让的合同授予之时提供的担保相当。
En cas de cession du Contrat de PPP, le cessionnaire est subrogé au cédant dans tous ses droits et obligations.	在转让 PPP 合同的情况下,受让人替代转让人以享有其所有权利并承担其所有义务。
Il est interdit de sous-traiter la totalité du contrat. Le Contrat de PPP prévoit les conditions de recours à la sous-traitance par le Titulaire.	禁止转包整个合同。PPP 合同规定项目持有人可进行分包的条件。

① 中伦注:此处原文疑有误,或指原来合同的初始"受让人",无论如何,按照上下文意思应翻译为转让人。

Article 36: Stabilité de l'actionnariat de la société projet	**第 36 条:项目公司股权结构的稳定性**
Lorsque le Titulaire du Contrat de PPP a créé pour les besoins du contrat une société de projet, il doit s'engager dans le contrat à garantir à l'Autorité contractante une stabilité de la participation au capital des actionnaires d'origine sur toute ou partie de la durée du contrat.	当 PPP 合同的项目持有人为了合同需要而设立一家项目公司时,其应在合同中承诺向缔约机关保证在合同的整个或部分期限内原始股东的参股的稳定性。
Toute cession totale ou partielle des participations au capital conformes aux engagements de stabilité visés à l'alinéa précédent devra nécessairement obtenir l'agrément préalable de l'Autorité contractante qui ne pourra s'y opposer que pour juste motif et dans un délai prévu au contrat. Le cessionnaire des participations est substitué dans les droits et obligations du cédant.	符合前款规定的稳定性承诺而进行的参股的全部或部分转让应获得缔约机关的事先批准,而缔约机关仅能基于正当理由且在合同规定的期限内拒绝批准。参股的受让人替代转让人享有其权利并承担其义务。
Article 37: Régime foncier et domanial	**第 37 条:土地和财产制度**
Les opérations foncières et domaniales réalisées dans le cadre de l'exécution d'un Contrat de PPP sont soumises aux lois et règlements en vigueur en Mauritanie.	在 PPP 合同的履行中实施的土地和财产操作受到毛里塔尼亚现行法律法规的规制。
Lorsque le Contrat de PPP emporte occupation du domaine public, il vaut autorisation d'occupation du domaine public pour la durée du contrat.	当 PPP 合同导致占用公产时,无需再获得对该公产在合同期限内的占用许可。
Dans ce cas, une redevance d'occupation du domaine public est à prévoir. Cette redevance peut être symbolique.	在该情况下将收取占用该公产的使用费。该使用费可为象征性的。

Si le Titulaire est autorisé à valoriser l'emprise foncière de l'ouvrage ou de l'équipement objet du contrat, l'Autorité contractante procède, s'il y a lieu et dans la mesure du possible, à un bornage et à un classement des biens appartenant au domaine public.	如果项目持有人经授权对作为合同标的的工程或设备所在的土地区域进行增值,如果需要,则缔约机关在可能的情况下进行边界的划定并对属于公产的资产进行分类。
L'Autorité contractante peut autoriser le Titulaire à consentir des baux dans les conditions du droit privé pour les biens qui appartiennent au domaine privé pour une durée qui peut être supérieure à la durée du Contrat de PPP.	针对属于私产的资产,缔约机关可授权项目持有人在私法的条件下签订租约,所述租约的期限可超过 PPP 合同的期限。
L'accord de l'Autorité contractante doit être expressément formulé pour chacun des baux consentis par le titulaire.	针对项目持有人所签订的每一份租约,缔约机关必须明确表示同意。
Article 38: Régime des biens	**第 38 条:资产制度**
Le Contrat de PPP détermine le régime des biens meubles et immeubles en fonction du type de contrat.	PPP 合同根据合同类型确定动产和不动产的制度。
- Pour un PPP concessif, le contrat distingue le régime des biens en fonction de leur nature. Les biens de retour sont ceux qui sont nécessaires à l'exécution du service. Ils appartiennent à l'Autorité contractante ab initio et lui sont restitués gratuitement à l'expiration du Contrat de PPP. Les biens de reprise sont ceux qui appartiennent au Titulaire et qui sont nécessaires mais non indispensables au fonctionnement du service. Leur propriété peut être cédée à l'Autorité contractante à l'expiration du Contrat de PPP moyennant une compensation dont les modalités sont	- 针对特许经营 PPP,合同根据资产的性质来确定资产制度。待返还资产是服务的履行所必需的资产。待返还资产自始属于缔约机关,并在 PPP 合同期限届满时无偿返还至缔约机关。可收购资产是属于项目持有人的资产,其对于服务的运行是所需的但并非不可或缺的。在 PPP 合同期限届满时,在支付一笔补偿金的前提下,可收购资产的所有权可以转让至缔约机关,该等补偿金的方式在合同中规定。自有资产是属于项目持有人的资产,其对于服务运行是附属性的。在合同期限届满时,自有资产的所有权仍归项目持有人。

déterminées au contrat. Les biens propres sont ceux qui appartiennent au Titulaire et qui sont accessoires au fonctionnement du service. Ils demeurent la propriété du Titulaire à l'expiration du Contrat.	
– Pour un PPP à paiement public, le Titulaire détient des droits réels sur les ouvrages et les équipements qu'il réalise, sauf stipulation contraire du Contrat de PPP. Ces droits lui confèrent les prérogatives et les obligations du propriétaire dans les conditions et limites définies par le Contrat de PPP ayant pour objet de garantir l'intégrité et l'affectation du domaine public. A l'expiration du Contrat de PPP les biens sont restitués à l'Autorité contractante dans les conditions prévues au contrat.	– 针对政府付费 PPP,项目持有人对其实施的工程及设备享有物权,除非 PPP 合同作出相反规定。在 PPP 合同规定的条件和限制下,该等权利赋予项目持有人所有权人的特权和义务,其目的在于保证公产的完整性和规定用途。在 PPP 合同期限届满时,资产在合同规定的条件下返还至缔约机关。
Article 39: Régime des sûretés	**第 39 条:担保制度**
Le Contrat de PPP peut prévoir, sous réserve de l'autorisation préalable du Comité Interministériel sur proposition du Comité Technique d'Appui et du respect de la législation en vigueur, l'attribution par le Titulaire de sûretés aux organismes de financements sur les actifs acquis ou réalisés dans le cadre de l'exécution du Contrat de PPP, en nantissant les produits et les créances provenant du contrat ou en constituant toute autre sûreté appropriée, sans préjudice de toute disposition législative interdisant la constitution de sûreté sur un bien public ou faisant partie du domaine public.	在遵守现行法律和部际委员会在技术支持委员会的提议下作出事先许可的前提下,PPP 合同可以规定项目持有人通过质押来源于合同的收益和债权或者设置任何其他适当的担保,从而在 PPP 合同的履行中获得或购置的资产之上为融资机构设置担保,但是不得影响任何禁止在公共资产或属于公产的资产上设置担保的法律规定。

Article 40: Résiliation du contrat	**第 40 条:合同解除**
Le Contrat de PPP détaille les différents cas de résiliation possible du contrat et les modalités d'indemnisation du cocontractant le cas échéant. Le contrat doit notamment prévoir les cas de résiliation pour faute, pour force majeure, pour motif d'intérêt général et d'un commun accord entre les parties.	PPP 合同具体规定能够解除合同的不同情况以及对 PPP 签约人的赔偿方式(如适用)。合同必须规定的解除合同的情形包括:过错、不可抗力、公共利益原因和合同双方合意解除的情形。
CHAPITRE 5: DISPOSITIONS DIVERSES	**第五章:其他规定**
Article 41: Régime fiscal et financier	**第 41 条:税收和财务制度**
Le contrat est régi en matière de fiscalité par la législation en vigueur en Mauritanie. Le cas échéant, le Titulaire pourra bénéficier d'un agrément au Code des investissements dont le régime sera celui en vigueur au moment de l'attribution du Contrat de PPP.	合同受毛里塔尼亚关于税收的现行法律规制。如有必要,项目持有人可适用授予 PPP 合同时现行《投资法典》所规定的批准制度。
Article 42: Règlement des litiges	**第 42 条:争议解决**
42.1 Pendant la phase de passation du Contrat de PPP:	42.1 在 PPP 合同的缔结阶段中:
La Commission de règlement des différends de l'Autorité de Régulation des Marchés Publics est exclusivement compétente pour statuer sur les différends relatifs à la procédure d'attribution des Contrats de PPP, sans préjudice des recours éventuels devant les juridictions compétentes ou, le cas échéant, devant les organes de régulation sectorielle.	针对 PPP 合同授予程序相关的争议,仅公共合同管控委员会的争端解决委员会有权作出裁决,但不得影响将争议提交至主管法院或部门管控机构(视情况)的可能性。

Le recours devant la Commission de règlement des différends s'effectue dans un délai de quinze jours suivant notification du rejet de l'offre d'un soumissionnaire.	自通知投资人方案被拒绝之日起15日内,投标人可向争端解决委员会提起申诉。
La Commission de règlement des différends se prononce dans un délai qui ne saurait excéder trente jours suivant la réception de la contestation.	争端解决委员会应自收到申诉后不超过30日的期限内作出决定。
A réception de la contestation par la Commission de règlement des différends, la procédure de signature du Contrat de PPP prévue est suspendue, et ce jusqu'à la date de la décision de ladite Commission.	自争端解决委员会收到申诉之日起,PPP合同的签署程序将中止,直至争端解决委员会作出决定之日。
En cas de rejet de sa contestation par la Commission de règlement des différends, le soumissionnaire peut saisir le tribunal compétent en matière administrative; le recours devant le tribunal n'est pas suspensif.	如果争端解决委员会驳回其申诉,投标人可以将该事项提交至主管行政法院;向法院的申诉不具有中止效力。
42.2 Pendant l'exécution du Contrat de PPP:	42.2 在PPP合同的履行中:
Pendant l'exécution du Contrat de PPP, les litiges entre les parties sont réglés par les mécanismes de règlement des différends convenus dans le contrat. Le contrat doit privilégier la conciliation, la médiation et l'arbitrage au recours devant la juridiction compétente en matière administrative.	在PPP合同的履行中,双方之间的争议通过合同中约定的争端解决机制解决。合同须规定在诉诸主管行政法院前优先进行和解、调解和仲裁。
Les différends entre le Titulaire et les usagers d'un service public dont l'exploitation est confiée au Titulaire, sont portés devant l'autorité de régulation compétente et le cas échéant devant les instances judiciaires.	在项目持有人和项目持有人被委托运营的公共服务的用户之间的争端提交至主管的管控权力机关和司法机构(视情况)解决。

CHAPITRE 6: DISPOSITIONS FINALES	**第六章:最终规定**
Article 43: Entrée en vigueur de la loi	**第 43 条:本法的生效**
La présente loi entre en vigueur le jour de sa promulgation.	本法自其颁布之日起生效。
Article 44: Dispositions transitoires et finales	**第 44 条:过渡规定和最终规定**
Sont abrogées toutes les dispositions antérieures contraires à la présente loi.	废除与本法相悖的全部在先规定。
Toutefois, les contrats en cours et conclus avant la date de promulgation de la présente loi restent valides pour leur durée à l'exception des règles relatives à leur modification pour lesquelles les dispositions de la nouvelle loi s'appliqueront. Ils restent régis par les lois et règlements sous lesquels ils ont été établis.	但是,在本法颁布之日前正在履行的合同和已签订的合同在其期限内持续有效,但关于合同变更的规则应适用新法的规定。在本法颁布之日前正在履行的合同和已签订的合同继续受其签订时的法律和法规的规制。

République Du Niger

Loi n°2018-40 du 05 juin 2018 portant
régime des contrats de partenariat public-privé

尼日尔共和国

2018 年 6 月 5 日第 2018-40 号
关于政府与社会资本合作合同制度的法律

CHAPITRE PREMIER: DES DISPOSITIONS GÉNÉRALES	**第一章:总则**
SECTION 1: DES DÉFINITIONS ET DU CHAMP D'APPLICATION	**第 1 节:定义和适用范围**
Article premier: Au sens de la présente loi, on entend par:	**第 1 条:**在本法中,作出以下定义:
Appel d'offres: procédure par laquelle l'autorité contractante choisit, après mise en concurrence, la proposition conforme jugée économiquement la plus avantageuse, en fonction de critères préétablis et mentionnés dans le dossier d'appel d'offres.	**招标:**指一种程序,通过该程序,缔约机关在进行竞争性程序之后,根据招标文件中所载的预先确定的标准选择被认定为经济上最有利的合格的方案。
Appel d'offres infructueux: appel d'offres au titre duquel, selon l'avis de la commission d'appel d'offres compétente, soit aucune offre n'a été remise à l'expiration de la date limite de dépôt des offres, soit il n'a été proposé que des offres irrecevables ou non conformes.	**招标失败:**指在招标活动中,根据主管招标委员会的意见,在投标截止日期到达之后仍旧没有任何投标,或者投标不可受理或不符合规定。
Autorité contractante: personne morale de droit public qui a le pouvoir de conclure un Contrat de Partenariat Public-Privé avec l'opérateur économique privé retenu pour l'exécution d'un projet relevant du champ d'application de la présente loi.	**缔约机关:**指有权与被选定实施属于本法适用范围的项目的私营经营者签订政府与社会资本合作(以下简称"PPP")合同的公法人。
Bien immatériel: bien ou une valeur économique n'ayant pas de réalité physique et qui est constitué essentiellement par la mise à disposition d'une capacité technique ou intellectuelle ou d'une connaissance.	**无形资产:**指不具有实物形态的资产或者经济价值,其主要表现为技术能力或智力或者知识的提供。

Biens de reprise: biens, créés dans le cadre du développement du projet, considérés comme faisant partie intégrante du contrat, sans être indispensables à l'exploitation du service. Ils restent la propriété du titulaire du contrat pendant toute sa durée et n'entrent dans la propriété de l'autorité contractante que si cette dernière en décide le rachat au terme du contrat. Ils sont aussi appelés «biens affectés d'une clause de reprise facultative au bénéfice de l'autorité contractante».	**可收购资产**:指在项目开展中产生的资产,所述资产被认为是合同的组成部分,且不是服务运营所必需的资产。在合同的整个期限内,所述资产的所有权一直属于合同持有人,除非缔约机关决定在合同期限届满时将其收购,否则所述资产不属于缔约机关所有。该等资产也被称为“可由缔约机关按照收购条款进行收购的资产”。
Biens de retour: biens indispensables à l'exploitation du service public, qu'ils soient mis à la disposition du titulaire du contrat ou acquis par ce dernier, considérés comme partie intégrante du contrat et qui reviennent de plein droit et gratuitement à l'autorité contractante en fin de contrat, sauf si ce dernier en décide autrement. Ils sont aussi appelés «biens affectés d'une clause de retour au bénéfice de l'autorité contractante».	**待返还资产**:指供合同持有人使用或由其购置的公共服务运营所必需的资产,所述资产被认为是合同的组成部分,并且在合同终止后依法自动无偿归于缔约机关所有,除非缔约机关另行作出决定。该等资产也被称为“根据返还条款返还给缔约机关的资产”。
Cocontractant: personne morale de droit privé qui contracte avec l'autorité contractante à l'effet d'exécuter un projet relevant du champ d'application de la présente loi.	**签约人**:指与缔约机关签订合同以便实施属于本法适用范围的项目的私法人。
Comité d'orientation: organe chargé de la régulation du système de passation des contrats de partenariat ainsi que du règlement des litiges liés à la passation ou à l'exécution de tels contrats.	**指导委员会**:指负责管控合作合同的缔结[①]制度以及解决与合作合同的缔结和履行相关的争议的机构。

① 中伦注:本法中的“合同缔结”指将合同授予中标人的所有规则和整个流程,而不仅仅是合同签署的环节。

Contrat de Partenariat Public-Privé: contrat par lequel une autorité contractante confie à un opérateur économique, personne morale de droit privé, pour une période déterminée, en fonction de la durée d'amortissement des investissements ou des modalités de financement retenues, une mission ayant pour objet la construction ou la transformation, l'entretien, la maintenance, l'exploitation ou la gestion d'ouvrages, d'équipements ou de biens immatériels nécessaires au service public dont l'autorité contractante a la charge, ainsi que tout ou partie de leur financement.	**PPP 合同**:指一种合同,通过该合同,缔约机关在固定期间内将一项任务委托至私法人(私营经营者),所述期间根据投资回收期或者选定的融资方式而定,所述任务包括缔约机关负责的公共服务所需的工程、设备或无形资产的建设或改造、维护、保养、运营或管理及其全部或部分的融资。
Il peut également avoir pour objet tout ou partie de la conception de ces ouvrages, équipements ou biens immatériels ainsi que des prestations de services concourant à l'exercice, par l'autorité contractante, de la mission de service public dont elle est chargée.	PPP 合同还可包括该等工程、设备或无形资产的全部或部分的设计以及为缔约机关实施其负责的公共服务任务提供辅助性的服务。
Le cocontractant de la personne publique assure la maîtrise d'ouvrage des travaux à réaliser.	与公法人签订合同的签约人负责履行待实施工程的业主责任。
Domaine public: ensemble des biens qui appartiennent à une autorité publique et qui lui sont rattachés par la loi, ou qui sont affectés à l'usage direct du public, ou affectés à un service public pourvu qu'en ce cas ils fassent l'objet d'un aménagement indispensable à l'exécution des missions de ce service public.	**公产**:指根据法律规定属于公共权力机关或被分配直接用于公共用途或者被分配用于公共服务的全部资产,在被分配用于公共服务的情况中,所述资产对于该等公共服务任务的执行是必需的。

Entreprise communautaire: entreprise dont le siège social est situé dans un État membre de l'Union Économique et Monétaire Ouest Africaine (UEMOA).	**联盟企业**:指总部位于西非经济货币联盟中任一成员国的企业。
Offre spontanée: proposition à l'initiative d'un opérateur privé relative à l'exécution d'un contrat de partenariat qui n'est pas soumise en réponse à un appel à concurrence publié par l'autorité contractante. Le projet concerné par l'offre spontanée n'est inscrit ni totalement, ni partiellement dans le Plan d'investissements Publics (PIP) de l'Etat.	**自发提案**:指由私营经营者主动提出的关于履行合作合同的提案,该提案不是针对缔约机关发布的竞争性程序邀请进行的答复。自发提案涉及的项目的全部或部分均未列入国家公共投资计划。
Plan d'investissement Public: instrument de planification stratégique qui constitue le cadre de référence du programme des investissements publics.	**公共投资计划**:指战略性计划制定工具,其构成公共投资规划的参考框架。
Structure d'Appui au Partenariat Public-Privé (SAPPP): organisme en charge des Partenariats et ayant pour mission de valider les évaluations préalables des projets préparés par les autorités contractantes, de fournir un appui aux entités du secteur public dans la préparation, la négociation et le suivi des Projets de Partenariats Public Privé et d'en assurer la vulgarisation et la promotion.	**PPP 支持局**:指负责 PPP 的机构,其任务为使缔约机关实施的项目预先评估生效,并且在 PPP 项目的筹备、谈判和跟踪中为公共部门的实体提供支持以及确保 PPP 的普及和推广。
Urgence: situation particulièrement grave résultant d'un évènement imprévisible et extérieur à l'autorité contractante qui cause un retard préjudiciable à l'intérêt général affectant fondamentalement la réalisation d'équipements collectifs ou l'exercice d'une mission de service public et qui exige une réaction diligente de la part de l'autorité contractante.	**紧急情况**:指由非缔约机关造成的意外事件导致的特别严重的情况,该情况将造成损害公共利益的延误且该延误从根本上影响公用设施的实施或公共服务任务的履行,该情况需要缔约机关方面的主动积极应对。

Urgence impérieuse: situation d'urgence rendant impossible le respect des délais de mise en concurrence, et dans laquelle le lien de causalité entre l'évènement imprévisible et l'urgence impérieuse qui en résulte, est apparent.	**重大紧急情况**：指导致不可能遵守竞争性程序的期限的紧急情况，并且该等紧急情况明显地是由意外事件所导致。
Article 2: La présente loi s'applique aux Contrats de partenariat Public-Privé conclus par l'État, une collectivité territoriale, un établissement public, une société à participation publique majoritaire, une société d'État et tout autre organisme ou personne morale de droit public, ainsi que les associations formées par ces personnes morales.	**第 2 条**：本法适用于由国家、地方行政机关、公共机构、国家控股公司、国有公司及其他公法项下的机构或公法人以及由该等法人组成的联合体所签订的 PPP 合同。
Les contrats portant sur des investissements d'un montant inférieur à un seuil fixé par décret pris en Conseil des Ministres ainsi que les contrats passés par les collectivités territoriales sont soumis aux dispositions de la présente loi, sous réserve d'adaptations prévues par décret pris en Conseil des Ministres.	所涉及的投资额小于部长委员会法令规定的阈值的合同和地方行政机关缔结的合同均受本法规定的规制，但部长委员会法令可对其进行调整。
Les dispositions de la présente loi s'appliquent à tous les secteurs de la vie économique et sociale. Pour les secteurs soumis à une réglementation particulière, notamment les secteurs de l'énergie, du pétrole, des mines et des télécommunications, les dispositions de la présente loi s'y appliquent dans le respect de la loi spécifique.	本法的规定适用于经济和社会生活的全部部门。对于受特别规定规制的部门，尤其是能源、石油、矿业和电信部门，本法的规定在遵守特别法的前提下实施。

Sont également exclus du champ d'application de la présente loi, les contrats qui concernent spécifiquement les besoins de défense et de sécurité nationales qui exigent le secret ou pour lesquels la protection des intérêts essentiels de l'État est incompatible avec des mesures de publicité, sauf si cela est envisagé dans le cadre d'une négociation directe.	专门涉及国防需求和国家安全需求的合同不属于本法的适用范围,所述合同需要保密,或者为了保护国家基本利益而不可采取公开措施,除非在直接谈判中作出相反的规定。
La présente loi ne s'applique pas aux contrats passés par une autorité contractante avec une personne morale de droit public ou avec une société à participation publique majoritaire de l'État du Niger.	本法不适用于缔约机关与公法人或者尼日尔国家控股公司之间缔结的合同。
CHAPITRE II: DU CADRE INSTITUTIONNEL DES CONTRATS DE PARTENARIAT	**第二章:合作合同的机构框架**
Article 3: Le cadre institutionnel est composé de	**第3条**:机构框架由以下机构构成:
- la Structure d'Appui au Partenariat Public-Privé;	- PPP 支持局;
- le Ministère en charge des finances;	- 财政部部长;
- l'Autorité contractante.	- 缔约机关。
Article 4: Il est créé une Structure d'Appui au Partenariat Public-Privé chargée de:	**第4条**:建立 PPP 支持局,其负责:
- fournir un appui aux parties au contrat dans la préparation, la négociation et le suivi des contrats de partenariat;	- 在合作合同的筹备、谈判和跟踪中对合同各方提供支持;
- évaluer l'étude de faisabilité des projets préparés par l'autorité contractante ou le promoteur d'une offre spontanée;	- 对缔约机关实施的或者自发提案的发起人实施的项目可行性研究进行评估;

– exercer les fonctions de contrôle de l'exécution des CPPP sur toute leur durée;	–在 PPP 合同的整个期限内对 PPP 合同的履行实施监管职能;
– engager toute procédure visant à la résiliation d'un contrat de partenariat en cas de non-respect des clauses contractuelles;	–在不遵守合同条款的情形下启动解除合作合同的任何程序;
– vulgariser et assurer la promotion des Partenariats Public-Privé.	–普及和确保推广 PPP。
La composition, l'organisation et le fonctionnement de la Structure d'Appui au Partenariat Public-Privé sont fixés par décret pris en Conseil des Ministres.	PPP 支持局的构成、组织和运作由部长委员会法令规定。
Article 5: Le Ministre chargé des Finances donne un avis conforme sur:	**第 5 条**:财政部部长对以下内容作出批复:
– l'identification du projet par rapport au Programme d'investissement Public et à la politique générale de développement économique de l'État;	–识别项目是否符合公共投资计划和国家经济发展基本政策;
– l'évaluation préalable du projet;	–项目的预先评估;
– l'impact du projet sur la soutenabilité budgétaire, y compris sur la viabilité de la dette publique;	–项目对预算承受能力的影响,其中包括对于公共债务可持续性的影响;
– toute modification ayant un impact sur l'économie générale du projet.	–对项目整体经济性有影响的任何变更。
Article 6: L'Autorité contractante, est responsable	**第 6 条**:缔约机关负责:
– d'identifier le projet conformément au Programme d'Investissement Public;	–根据公共投资计划识别项目;

- de procéder à l'évaluation préalable ayant pour objet de comparer les différents modes de la commande publique envisageables pour la réalisation du projet;	- 进行预先评估以比较可用于实施项目的公共采购的不同模式;
- de réaliser l'étude de faisabilité du projet à soumettre à l'évaluation de la Structure d'Appui au Partenariat Public-Privé et à l'évaluation de la soutenabilité budgétaire du Ministre chargé des Finances;	- 实施项目可行性研究以便将其提交至 PPP 支持局评估,并且提交至财政部部长评估预算承受能力;
- de préparer et soumettre au Ministre chargé des Finances, les documents d'appel d'offres du projet évalué.	- 制定经过评估的项目的招标文件,并将其提交至财政部部长。
Article 7: Une Commission ad hoc d'ouverture des plis et d'évaluation des offres est constituée par l'Autorité contractante en relation avec la Structure d'Appui au Partenariat Public-Privé.	**第 7 条**:缔约机关和 PPP 支持局联合建立开标和评标特设委员会。
La composition et le fonctionnement de la Commission ad hoc sont précisés par voie règlementaire.	特设委员会的构成和运作由法规规定。
CHAPITRE III: DES CARACTÉRISTIQUES, DE LA FORME ET DU CONTENU DES CONTRATS DE PARTENARIAT PUBLIC - PRIVE	**第三章:PPP 合同的特征、形式和内容**
Article 8: Le cocontractant est rémunéré dans le cadre d'un Contrat de Partenariat Public-Privé suivant les modalités ci-après:	**第 8 条**:PPP 合同中的签约人按照以下方式获得回报:
• le recouvrement des recettes issues des paiements effectués par les usagers du service;	• 来自于服务用户的付款的收入;

• les versements de loyers par la personne publique pendant toute la durée du contrat. Cette rémunération est liée à des objectifs de performance assignés au cocontractant ou à la disponibilité des ouvrages et/ou des équipements.	• 在合同的整个期限内由公法人支付的酬金。该回报与分配给签约人的绩效标准相关,或者与工程和/或设备的可用性相关。
• Le paiement par les usagers avec participation de la personne publique.	• 用户和公法人共同支付。
Le contrat de partenariat peut prévoir un mandat de l'autorité contractante au cocontractant pour encaisser, au nom et pour le compte de la personne publique, le paiement par l'usager final de prestations revenant à cette dernière.	合作合同可规定,缔约机关委托签约人以公法人的名义并且为公法人利益收取服务或工程的最终用户的付款,该付款最终归公法人所有。
Article 9: Lorsque la réalisation d'un projet relève simultanément de la compétence de plusieurs personnes publiques, ces dernières peuvent désigner par convention celle d'entre elles qui réalise l'évaluation préalable, conduit la procédure de passation, signe le contrat et, éventuellement, en suit l'exécution. Cette convention précise les conditions de ce transfert de compétences et en fixe le terme.	**第 9 条**:当一个项目的实施同时属于多个公法人的权限范围时,该等公法人可以通过协议指定其中一个公法人来进行预先评估、开展缔结程序、签署合同并在需要时跟踪合同的履行。该协议规定权限移交的条件并为其设定期限。
Article 10: Les contrats PPP comprennent, par ordre de primauté, la convention, le cahier des charges et les annexes.	**第 10 条**:PPP 合同根据优先顺序包括协议、任务书①和附件。

① 中伦注:本质上为规定工作要求的文件,也有人翻译为"责任书""需求说明""任务单""计划书",我们统一翻译为"任务书"。

La convention définit les principales obligations contractuelles et les droits des parties, notamment les conditions dans lesquelles sont assurés la continuité du service public, l'égalité des usagers devant le service public, ainsi que les avantages administratifs, financiers ou fiscaux auxquels le cocontractant peut prétendre s'il y a lieu.	协议规定合同方主要的合同义务和权利,尤其是保障公共服务连续性、公共服务用户的平等待遇以及签约人在必要时可要求的行政、财务或者税收优惠的条件。
Le cahier des charges est constitué des clauses administratives et techniques définissant les conditions en matière de réalisation d'infrastructures, de travaux ou d'ouvrages d'utilité publique et d'exploitation ou de gestion du service délégué.	任务书由管理和技术方面的条款构成,所述条款规定用于公共用途的基础设施或工程的实施条件以及被委托服务的运营或管理条件。
L'élaboration du cahier des charges relève de la responsabilité de l'autorité contractante dans le cas d'un appel d'offres. En cas d'offre spontanée, elle relève de la responsabilité du cocontractant.	在进行招标的情况下,缔约机关负责制定任务书。在自发提案的情况下,签约人负责制定任务书。
Les annexes sont constituées de toutes les pièces jointes à la convention et au cahier des charges. Les documents annexes comportent en particulier un inventaire des biens meubles et immeubles mis à la disposition du cocontractant ainsi que la liste des noms du personnel et de la situation administrative au sein du service public dont la production et/ou la gestion est déléguée. L'offre technique et financière du cocontractant est jointe au contrat.	附件由附属于协议和任务书的全部文件构成。附属性文件特别包括供签约人使用的动产和不动产的清单,以及生产和/或管理被委托的公共服务中的人员名单和管理状况清单。签约人的技术和财务方案将附在合同之后。
Toute autre pièce à laquelle il est fait renvoi dans la convention ou le cahier des charges constitue une annexe.	附件中还包括协议中或任务书中参考的任何其他文件。

Article 11: Le contrat de partenariat comporte de manière explicite les clauses suivantes:	**第 11 条**:合作合同明确包括以下条款:
– l'objet du contrat;	– 合同标的;
– la durée du contrat;	– 合同期限;
– les conditions dans lesquelles est établi le partage des risques liés au projet;	– 项目相关风险的分担(机制)的建立条件;
– les modalités de répartition de biens de retour et de biens de reprise liés au projet;	– 与项目相关的可收购资产和待返还资产的分配方式;
– les conditions de transfert, au cours ou au terme du contrat, des infrastructures et des ouvrages et/ou des équipements liés au projet;	– 在合同期限内或者合同期限届满后,与项目相关的基础设施和工程和/或设备的移交条件;
– les objectifs de performance assignés à l'opérateur, en ce qui concerne la qualité des ouvrages, la qualité des prestations de services ou des infrastructures à réaliser;	– 分配至经营者的绩效目标,其涉及工程的质量、提供的服务或待实施的基础设施的质量;
– les conditions dans lesquelles les services, les ouvrages, les infrastructures ou les équipements sont mis à la disposition du public;	– 服务、工程、基础设施或设备供公众使用的条件;
– les conditions de rémunération du cocontractant qui résultent soit des redevances soit des versements perçus sur les usagers et/ou des versements effectués par l'autorité contractante;	– 签约人的回报条件,所述回报来自于使用费或者对用户收取的费用和/或缔约机关的付款;
– les obligations du cocontractant ayant pour objet de garantir le respect de l'affectation des ouvrages et équipements au service public dont l'autorité contractante est chargée, et le respect des exigences du service public;	– 签约人的义务,其包括确保工程和设备被分配用于缔约机关负责的公共服务和遵守公共服务要求;

– les modalités de contrôle par la personne publique de l'exécution du contrat en particulier les conditions dans lesquelles le cocontractant respecte son engagement d'attribuer une partie du contrat à des petites et moyennes entreprises et à des artisans locaux;	– 公法人对于合同履行的监管方式，尤其是签约人对将部分合同分包给当地中小型公司和手工业者的承诺的遵守情况；
– les modalités de prévention et du règlement des litiges et les conditions dans lesquelles il peut, le cas échéant, être fait recours à l'arbitrage;	– 预防和解决争议的方式，以及在必要时将争议提交仲裁的条件；
– La rémunération du cocontractant et les conditions dans lesquelles elle est calculée;	– 签约人的回报以及所述回报的计算条件；
– l'annexe fiscale précisant les facilités accordées pour la réalisation du projet;	– 对于项目的实施给予优惠的税务附件；
– les conditions dans lesquelles l'autorité contractante constate que les investissements ont été réalisés conformément aux prescriptions du contrat de partenariat;	– 缔约机关认定投资根据合作合同的规定而实施的条件；
– les sanctions et pénalités applicables en cas de manquement à ses obligations;	– 在违反义务时适用的处罚和制裁；
– les conditions dans lesquelles il peut être procédé par avenant ou, faute d'accord, par décision unilatérale de l'autorité contractante à la modification de certaines clauses du contrat ou à sa résiliation;	– 通过附加条款，或者在不能达成一致的情况下，通过缔约机关的单方决定变更合同某些条款或解除合同的条件；
– les conditions de cession partielle ou totale du contrat;	– 部分或全部转让合同的条件；

- le contrôle exercé par l'autorité contractante sur la cession partielle ou totale du contrat;	- 缔约机关对合同的部分或全部转让进行的监管;
- les conséquences de la fin, anticipée ou non, du contrat;	- 合同提前或到期终止的后果;
- les conditions dans lesquelles, en cas de défaillance du cocontractant, la continuité du service public est assurée, notamment lorsque la résiliation du contrat de partenariat est prononcée;	- 在签约人违约的情形下,尤其是在合作合同被宣布解除时,保障公共服务连续性的条件;
- les conditions dans lesquelles l'autorité contractante peut être amenée à demander au cocontractant, en plus de l'objet principal du contrat de partenariat, la réalisation de travaux et services connexes d'intérêt général.	- 缔约机关可要求签约人在合作合同的主要目的外还实施涉及公共利益的工程和服务的条件。
Le contrat comporte obligatoirement une annexe budgétaire retraçant l'ensemble des engagements au titre du contrat de partenariat. Cette annexe fait apparaître, en particulier, les composantes de la rémunération versée au cocontractant sur la durée du contrat.	合同必须包括描述合作合同项下全部承诺的预算附件。该附件尤其需阐明在合同期限内向签约人支付的回报的组成部分。
Le cocontractant constitue, à la demande de tout prestataire auquel il est fait appel pour l'exécution du contrat, un cautionnement auprès d'un organisme financier afin de garantir au prestataire qui en fait la demande, le paiement des sommes dues.	在被求助履行合同的任何服务提供者提出要求时,签约人须向金融机构提交保证金,以便向提出要求的服务提供者保证支付应付款项。

CHAPITRE IV: DES DROITS ET DES OBLIGATIONS DES PARTIES	**第四章:合同方的权利和义务**
SECTION 1: DES DROITS ET DES OBLIGATIONS DE L'AUTORITE CONTRACTANTE	**第1节:缔约机关的权利和义务**
Article 12: Les biens de retour reviennent obligatoirement à l'autorité contractante à la fin du contrat de partenariat. Ces biens se composent notamment des terrains, des bâtiments, des ouvrages, des installations, des matériels et des objets mobiliers mis à la disposition du cocontractant par l'autorité contractante ou acquis par le cocontractant dans les conditions fixées dans le contrat de partenariat.	**第12条**:待返还资产必须在合作合同终止时返还缔约机关。该等资产尤其包括由缔约机关提供给签约人使用的或者由签约人在合作合同规定的条件下获得的土地、建筑物、工程、设施、器材和动产。
Les biens de retour peuvent comporter les biens meubles qui, en raison de leur importance, contribuent substantiellement au fonctionnement du service délégué. Ces biens ne peuvent faire l'objet d'aucune cession, aliénation, location ou sûreté quelconque par le cocontractant pendant toute la durée du contrat, sous réserve des dispositions de l'alinéa précédent.	待返还资产可包括因其重要性而实质上有助于被委托服务的运作的动产。在遵守前款规定的前提下,签约人在合同的整个期限内不得将该等资产进行转让、让与、出租或设置任何担保。
Les contrats de partenariat peuvent comporter une clause prévoyant que les biens de retour, fassent l'objet d'une hypothèque, dont la validité ne peut excéder la durée du contrat.	合作合同可包括规定将待返还资产抵押的条款,抵押有效期不可超过合同期限。

Les biens de reprise, affectés au service public, pourront devenir en fin du contrat de partenariat, la propriété de l'autorité contractante, si cette dernière exerce la faculté de reprise prévue dans le contrat. Ces biens appartiennent au cocontractant pendant la durée du contrat, mais il ne peut les céder qu'en commun accord entre les deux (2) parties.	在合作合同终止时,如果缔约机关行使合同规定的收购权,被分配用于公共服务的可收购资产则归缔约机关所有。该等资产在合同期限内属于签约人,但签约人仅可在双方达成一致的情况下将其进行转让。
Article 13: Outre le contrôle exercé par l'État ou par d'autres autorités compétentes en vertu de la réglementation en vigueur, l'autorité contractante dispose à l'égard du cocontractant d'un pouvoir général de contrôle économique, financier, technique, social et de gestion inhérent aux engagements découlant du contrat.	**第 13 条**:除了由国家或其他主管权力机关根据现行法规实施的监管之外,缔约机关对签约人具有合同产生的承诺所固有的经济、财务、技术、社会和管理方面的综合监管权。
L'autorité contractante dispose, d'une manière permanente, de tous pouvoirs de contrôle pour s'assurer sur pièce et sur place de la bonne marche du projet et de la bonne exécution du contrat. Elle peut demander communication ou prendre connaissance de tout document détenu par le cocontractant ayant trait à l'exécution des opérations relatives au contrat.	缔约机关永久地拥有全部的监管权利以便通过文件审查或现场访查的方式确保项目的顺利运行以及合同的良好履行。缔约机关可以要求签约人向其提供或使其知悉签约人持有的与合同相关业务的履行有关的各种文件。
Le contrat précise la périodicité et les modes de contrôle que l'autorité contractante exerce sur l'exécution et le suivi du contrat ainsi que sur les documents techniques, comptables et financiers qui sont communiqués régulièrement par le cocontractant à l'autorité contractante.	合同规定缔约机关对合同的履行和跟踪以及签约人向缔约机关定期发送的技术、会计和财务文件进行监管的频率和模式。

L'autorité contractante peut faire procéder, à tout moment à des audits ou contrôles externes ou se faire assister par des experts ou agents officiellement désignés qu'il fait connaître au cocontractant.	缔约机关可随时进行外部的审计或监管,或者获得正式指定且通知签约人的专家和人员的协助。
L'autorité contractante assiste ou se fait représenter, à titre consultatif, aux séances du conseil d'administration ou de l'organe délibérant ainsi qu'aux assemblées générales de la société de projet. Elle reçoit communication d'un exemplaire des documents destinés aux participants à ces organes.	缔约机关以提供咨询的名义出席或派代表出席项目公司的董事会或决策机构的会议以及股东大会。缔约机关将收到向该等决策机构的参加者发放的文件的副本。
Des pénalités sont prévues dans le contrat de partenariat pour sanctionner les entraves aux contrôles exercés par l'autorité contractante ainsi que les manquements aux obligations contractuelles d'information et de communication mises à la charge du cocontractant.	合作合同中规定了对于妨碍缔约机关实施监管的处罚,以及对于不履行签约人承担的通知和传达的合同义务的处罚。
Article 14: Le contrat de partenariat prévoit l'ensemble des documents et informations à soumettre à l'autorité contractante pour le suivi et le contrôle de l'exécution du contrat et précise les pénalités encourues par le cocontractant en cas de non-respect de ces dispositions.	**第 14 条**:合作合同规定了须提交至缔约机关用于跟踪和监管合同履行的全部文件和信息,并且明确在违反该等规定时对签约人的处罚。
Article 15: Le contrat prévoit la tenue de réunions, à intervalles réguliers, entre l'autorité contractante, et le cocontractant pour évaluer l'état d'exécution dudit contrat.	**第 15 条**:合同规定在缔约机关和签约人之间定期举行会议,以便评估合同的履行状态。

Le contrat prévoit une évaluation commune chaque année et une éventuelle révision de certaines de ses stipulations, sans préjudice des clauses prévoyant les modalités de révisions périodiques.	在不影响规定定期修改方式的条款的实施的前提下,合同规定每年进行的共同评估和对合同某些条款可能进行的修改。
Le contrat peut autoriser l'autorité contractante et le cocontractant à réexaminer les conditions de fonctionnement et de l'exécution du projet, en vue de l'adapter aux besoins conformément au principe d'adaptabilité du service public et dans le respect de l'équilibre financier du contrat. Les propositions de révision sont soumises à l'avis de la Structure d'Appui au Partenariat Public-Privé et du Ministère en charge des Finances.	合同可批准缔约机关和签约人重新检查项目的运作和实施的状况,以便根据公共服务的适应性原则以及在遵守合同财务平衡的条件下根据需要调整项目。修改的提案须提交至 PPP 支持局和财政部进行审批。
Article 16: L'autorité contractante ne peut interférer dans la gestion du projet. Elle assure un environnement sécurisé sur le plan juridique et institutionnel, donne toute l'assistance administrative et les actes nécessaires à la mise en œuvre du projet.	**第 16 条:**缔约机关不得干涉项目管理。缔约机关确保在法律和体制层面的安全环境,提供项目实施所需的全部行政支持和措施。
L'Autorité contractante est tenue de respecter l'échéancier du paiement des rémunérations dues au cocontractant.	缔约机关须按时向签约人支付回报。
SECTION 2: DES DROITS ET DES OBLIGATIONS DU COCONTRACTANT	**第 2 节:签约人的权利和义务**
Article 17: Le cocontractant tient sa comptabilité conformément aux règles et procédures comptables régies par le système comptable en vigueur en République du Niger. La comptabilité du cocontractant fait ressortir l'intégralité du	**第 17 条:**签约人根据尼日尔共和国现行会计制度所规制的会计规则和程序进行记账。签约人的财务须明确记载缔约机关和/或签约人在项目中提供的全部财产,特别是待返还资产和可收购资产。

patrimoine mis dans le projet par l'autorité contractante et/ou le cocontractant comportant, en particulier, les biens de retour et les biens de reprise.	
Ces biens sont inscrits à l'actif immobilisé sur la base de leur valeur estimée au moment de leur mise à disposition au profit du cocontractant. Le cocontractant constate, dans sa comptabilité, les amortissements pour dépréciation, les amortissements de caducité et les provisions nécessaires pour maintenir le potentiel productif des installations et ouvrages délégués et permettre la reconstitution des capitaux investis.	该等资产以其交付至签约人时的估值计入固定资产。签约人在其财务中记录维持被委托的设施和工程的生产力及允许投资的资本重组所必需的折旧摊销、加速折旧以及准备金。
Si le cocontractant est cocontractant de plusieurs activités de service public en République du Niger, il établit des états de synthèse annuels séparés donnant une image fidèle du patrimoine, de la situation financière et des résultats de chaque activité déléguée.	如果签约人是尼日尔共和国公共服务的多项活动的签约人,其分别编制年度财务会计报告,所述财务会计报告真实体现每项被委托的活动的全部财产、财务情况和盈亏差额。
Le cocontractant assume la responsabilité du service public en respectant les principes d'égalité des usagers devant le service public, de continuité du service et de son adaptation aux évolutions technologiques, économiques et sociales en République du Niger.	签约人承担公共服务的责任,并同时遵守公共服务用户平等原则、服务持续性原则、与尼日尔共和国的技术、经济和社会变化相适应原则。
Pendant toute la durée du contrat, le cocontractant assure ses prestations au moindre coût, dans les meilleures conditions de sécurité, de qualité, de protection de l'environnement et de respect des principes de fourniture de service public.	在合同的整个期限内,签约人确保以最低的成本、在安全、质量和环保方面的最优条件下并且在遵守公共服务提供原则的前提下提供服务。

Article 18: Le contrat de partenariat peut autoriser, à titre accessoire, le cocontractant à sous-traiter à hauteur d'un quart (1/4) une partie des obligations qui lui incombent.	**第 18 条**:合作合同可允许签约人将其义务中最多四分之一(1/4)的义务分包。
Dans ce cas, le cocontractant demeure personnellement responsable envers l'autorité contractante et les tiers de l'accomplissement de toutes les obligations que lui impose le contrat de partenariat.	在该情形下,签约人自身就其在合作合同项下的全部义务的履行向缔约机关和第三人承担责任。
Les modalités et les conditions de la sous-traitance sont définies dans le contrat et peuvent faire l'objet de règlements annexes au contrat.	分包的方式和条件在合作合同中确定,也可在合同的附属性规定中进行确定。
Article 19: Les infractions commises par les usagers peuvent être constatées par les représentants assermentés du cocontractant dûment munis d'un titre attestant leur fonction.	**第 19 条**:用户的违法行为可由签约人的代表认定,所述代表按规定持有其职务凭证。
Article 20: Le cocontractant peut obtenir de l'autorité compétente un droit d'occupation du domaine public attaché au contrat pour toute sa durée. Dans ce cas, l'autorité contractante apporte son concours au cocontractant pour l'obtention dudit droit.	**第 20 条**:签约人可从主管权力机关获得在合同整个期限内对合同相关公产的占用权。在该情形下,缔约机关协助签约人获得所述权利。
Article 21: Tout cocontractant doit se constituer en société de projet régie par le droit nigérien, avant l'entrée en vigueur du contrat. Les actionnaires peuvent être des personnes physiques ou morales de droit public ou privé.	**第 21 条**:在合同生效之前,任何签约人须设立尼日尔法律规制的项目公司。股东可为自然人或公法人或私法人。

Les parts sociales ou actions, sauf celles cotées en bourse, prennent la forme nominative. La société de projet a pour objet exclusif la gestion du service public tel que défini dans le contrat de partenariat.	股份或者股票,除上市的股票之外须为记名的形式。项目公司的经营范围仅仅为管理在合作合同中定义的公共服务。
Toutefois, elle peut exploiter des activités complémentaires, commerciales ou industrielles nécessaires pour les usagers des services publics ou susceptibles de contribuer à une meilleure prestation. Ces activités sont autorisées et contrôlées par l'autorité contractante au même titre que les activités de service public.	然而,项目公司可开展公共服务用户所需的或者能够有助于提供更好的服务的补充性的商业性或工业性的经营活动。该等经营活动由缔约机关以与公共服务的经营活动相同的方式进行许可和监管。
Article 22: Sauf clause contraire du contrat de partenariat, le personnel relevant du service délégué est repris à la date de mise en vigueur du contrat par le cocontractant avec maintien de ses droits acquis.	**第 22 条**:除非合作合同中存在相反规定,被委托服务的相关工作人员在合同生效日被签约人接管,并且保留其既得权利。
Dans le cas où le cocontractant prévoit des réajustements significatifs des effectifs dudit personnel, les niveaux et modalités de ces réajustements doivent figurer dans le contrat de partenariat et ce, dans le respect de la législation en vigueur.	如果签约人希望对上述工作人员的人数进行较大的调整,该等调整的程度和方式须在合作合同中有所规定,并且须遵守现行法律。
La conclusion d'un contrat de partenariat ne dispense pas le cocontractant d'obtenir les autorisations légalement requises, notamment en matière d'urbanisme, d'occupation du domaine public, de sécurité et de protection de l'environnement.	签订合作合同并不豁免签约人获得法律要求的许可,尤其是在城市规划、公产占用、安全以及环境保护方面的许可。

Dès l'entrée en vigueur du contrat de partenariat et pour toute sa durée, le cocontractant a l'obligation de couvrir par des polices d'assurances, régulièrement souscrites, sa responsabilité civile et les risques qui peuvent découler de ses activités.	自合作合同生效后,并且在整个合同期限内,签约人有义务依法购买保单以覆盖其民事责任以及可能由其业务活动产生的风险。
Article 23: Le contrat de partenariat peut autoriser le cocontractant à collecter, pour le compte de l'autorité contractante ou de l'État, des taxes, redevances, fonds ou participations.	**第 23 条**:合作合同可允许签约人为缔约机关或国家的利益而收取各种税、使用费、资金或分摊费用。
Le contrat précise, le cas échéant, les modes de calcul et les modalités de paiement des droits d'entrée et des redevances versées par le cocontractant ainsi que les contributions ou les participations au financement du service public qui pourraient être versées par l'autorité contractante au cocontractant.	在需要时,合同可规定由签约人支付的入门费和使用费的计算方式和支付方式,以及可能由缔约机关向签约人支付的为公共服务提供资金的分担额或分摊费用。
Le contrat fixe les principes et les modalités de tarification ou de rémunération du service délégué ainsi que les conditions, les règles d'ajustement, de modification et de révision des tarifs ou de la rémunération.	合同规定被委托的服务的定价或回报的原则和方式,以及调整、变更和修改定价或回报的条件和规则。
Ces clauses tarifaires ou de rémunération tiennent compte, non seulement de l'équilibre financier du contrat de partenariat, mais aussi des gains de productivité, des économies découlant de l'amélioration de la gestion et du rendement du service public délégué.	定价或回报的相关条款不仅须考虑合作合同的财务平衡,还须考虑被委托的公共服务的管理和收益的改善所产生的生产力的提高和节约的实现。

CHAPITRE V: DES PROCEDURES DE PASSATION DES CONTRATS DE PARTENARIAT PUBLIC-PRIVÉ	**第五章:PPP 合同的缔结程序**
SECTION 1: DES CONDITIONS PRÉALABLES À LA CONCLUSION DES CONTRATS DE PARTENARIAT PUBLIC – PRIVÉ	**第 1 节:签订 PPP 合同的先决条件**
Article 24: Les contrats de partenariat donnent lieu à une évaluation préalable, réalisée par l'autorité contractante avec le concours de la Structure d'Appui au Partenariat Public-Privé, faisant apparaître les motifs de caractère économique, financier, juridique, technique et administratif qui conduisent l'autorité contractante à engager la procédure de passation d'un tel contrat.	**第 24 条**:合作合同需进行预先评估,所述预先评估由缔约机关在 PPP 支持局的协助下实施,其说明导致缔约机关采取 PPP 合同缔结程序的经济、财务、法律、技术和行政方面的原因。
Cette évaluation comporte une analyse comparative de différentes options, notamment en termes de coût global, de partage des risques et de performance, ainsi qu'au regard des préoccupations de développement durable.	该评估包括对不同选择(方案)进行比较分析,特别是从总成本、风险分担和绩效以及可持续发展问题的方面进行分析。
Lorsqu'il s'agit de faire face à une situation d'urgence impérieuse, cette évaluation peut être succincte.	当面临重大紧急情况时,该评估可被简化。
L'évaluation préalable est soumise à l'avis conforme du Ministre chargé des finances.	预先评估由财政部部长进行批复。
La Structure d'Appui au Partenariat Public-Privé, est chargée d'élaborer une méthodologie déterminant les critères relatifs à cette évaluation dans les conditions fixées par arrêté du Premier Ministre.	在总理颁布的法令规定的条件下,PPP 支持局负责制定与该评估相关的标准的确定方法。

Article 25: Les contrats de partenariat ne peuvent être conclus que si, au terme de l'évaluation préalable, au moins l'une des conditions suivantes est remplie:	**第 25 条**:在预先评估结束后,在满足以下条件中的至少一个条件时,方可签订合作合同:
• compte tenu de la complexité du projet, l'autorité contractante n'est pas objectivement en mesure de définir seule et à l'avance les moyens techniques répondant à ses besoins ou d'établir le montage financier ou juridique du projet;	• 考虑到项目的复杂性,缔约机关客观上无法自行和事先确定满足其需求的技术手段,或者建立项目的融资或法律结构;
• le projet présente un caractère d'urgence, lorsqu'il s'agit de rattraper un retard technologique préjudiciable à l'intérêt général affectant la réalisation d'équipements collectifs ou l'exercice d'une mission de service public;	• 项目存在紧急性,因为需要弥补损害公共利益的技术延误,该技术延误影响公用设施的实施或者公共服务任务的履行;
• compte tenu soit des caractéristiques du projet, soit des exigences du service public dont la personne publique est chargée, soit des insuffisances et difficultés observées dans la réalisation de projets comparables, le recours à un tel contrat présente un bilan entre les avantages et les inconvénients plus favorable que ceux d'autres contrats de la commande publique. Le critère du paiement différé ne saurait à lui seul être déterminant.	• 考虑到项目的特征、公法人负责的公共服务的需求或者在类似项目的实施中观察到的缺陷和困难,适用此类合同与适用公共采购的其他合同相比具有更多优势和更少不足。延迟支付的标准不单独导致适用合作合同。
Article 26: La procédure de passation des contrats de partenariat ne peut être engagée que sur autorisation du Premier Ministre, après avis favorables de la Structure d'Appui au Partenariat Public-Privé et du Ministre chargé des Finances.	**第 26 条**:合作合同的缔结程序需在总理作出许可、PPP 支持局和财政部部长出具肯定性审批意见之后方可展开。

SECTION 2: DE LA SÉLECTION DU COCONTRACTANT DU PROJET	**第 2 节:项目签约人的选择**
Article 27: La passation d'un contrat de partenariat est soumise aux principes de liberté d'accès, d'égalité de traitement des candidats et de transparence des procédures. Ces principes permettent d'assurer l'efficacité de la commande publique et la bonne utilisation des deniers publics.	**第 27 条:**合作合同的缔结需遵守自由参与、候选人平等待遇和程序透明原则。该等原则允许确保公共采购的有效性以及公款的妥善使用。
Elle est précédée d'une publicité permettant la présentation de plusieurs offres concurrentes dans des conditions prévues par la présente loi.	合作合同签订之前需进行公告,以便允许在本法规定的条件下提交多个具有竞争性的投标。
Article 28: Ne peuvent soumissionner à un contrat de partenariat:	**第 28 条:**以下主体不能投标合作合同:
• les personnes morales candidates qui ont fait l'objet d'une condamnation définitive pour une infraction liée à leurs activités professionnelles ou consistant en des déclarations fausses ou fallacieuses quant aux qualifications exigées d'elles pour l'exécution d'un contrat relatif à la commande publique;	• 被最终判决犯有与其业务活动有关的罪行的法人候选人,或者针对为了履行公共采购合同而要求其出具的资质作出虚假或误导性陈述的法人候选人;
• les personnes morales frappées d'une mesure temporaire d'interdiction d'obtenir des commandes publiques résultant d'une décision d'organe administratif habilité à cet effet, d'une juridiction ou d'une disposition législative;	• 因为主管行政机构的决定、法院裁判或立法规定而被暂时禁止获得公共采购的法人;

• les personnes en état de procédures collectives ou ayant fait l'objet de procédures équivalentes régies par un droit étranger;	• 处于集体程序①或处于外国法律规制的同等程序的人;
• les personnes qui, au 31 décembre de l'année précédant celle au cours de laquelle a lieu le lancement de la consultation, n'ont pas souscrit les déclarations leur incombant en matières fiscale et sociale ou n'ont pas acquitté les impôts et cotisations exigibles à cette date;	• 在磋商启动年度前一年的 12 月 31 日,未进行其应当进行的税务和社保申报或未按规定缴纳在该日期应缴的各种税费和分摊金的人;
• les personnes morales dont les dirigeants ont fait l'objet depuis moins de trois (3) ans, d'une condamnation définitive, pour crime ou délit.	• 其管理层人员在三(3)年内曾因犯罪(重罪或轻罪)而最终受到刑罚的法人。
Les dispositions de la présente loi sont applicables aux personnes morales qui se portent candidates ainsi qu'à celles qui sont membres d'un groupement candidat et aux tiers opérateurs sur lesquels le candidat s'appuie pour justifier de ses capacités et ce, quel que soit le lien juridique.	本法的规定适用于法人候选人和联合体候选人的成员以及候选人赖以证明其能力的第三方经营者,而无论其之间的法律关系为何。
Article 29: La passation d'un contrat de partenariat est soumise à l'obligation de mise en concurrence et de publicité.	**第 29 条**:合作合同的缔结需遵守竞争性义务和公告义务。
Toutefois, il peut être passé par entente directe ou par procédure négociée, selon les conditions définies par la présente loi.	然而,根据本法规定的条件,合作合同可通过直接协议或谈判程序而缔结。

① 中伦注:procédures collectives 翻译成"集体程序"只是字面上的翻译,该程序更加近似于困难企业重整的程序。

Sous réserve des dispositions contenues au chapitre 5 de la présente loi, la sélection du cocontractant est passée par appel d'offres en deux (2) étapes, précédée d'une pré-qualification.	在遵守本法第五章规定的前提下，通过事前设有资格预审的两步式招标选择签约人。
L'autorité contractante peut opter pour un appel d'offres en une (1) étape avec pré-qualification. Elle requiert, dans ce cas, l'avis de la Structure d'Appui au Partenariat Public-Privé sur la base d'une note justifiant le choix d'une telle procédure.	缔约机关可选择设有资格预审的一步式招标。在该情况下，缔约机关需要获得PPP支持局的审批意见，该审批基于证明选择此种程序的合理性的说明而作出。
Elle indique le choix de la procédure dans l'avis de publicité.	缔约机关在公告中说明选择的程序。
En cas d'Appel d'offres infructueux, il peut être procédé à un appel d'offres restreint dans des conditions précisées par décret pris en Conseil des Ministres.	在招标失败的情形下，缔约机关可在部长委员会的法令规定的条件下进行限制性招标。
SECTION 3: DE LA PROCÉDURE D'APPEL À LA CONCURRENCE	**第3节：招标程序**
Article 30: Le contrat de partenariat est attribué au candidat dont l'offre est évaluée la mieux-disante compte tenu des critères de sélection énoncés dans le dossier d'appel d'offres.	**第30条：**合作合同授予至方案被评估为最符合招标文件中列出的选择标准的候选人。
Plusieurs entreprises peuvent se regrouper au sein d'un groupement pour présenter une offre. Toutefois, une même entreprise ne peut être membre que d'un seul groupement candidat.	多个企业可组成联合体来提交投标。然而，同一个企业仅可为一个联合体候选人的成员。
Article 31: Les contrats de partenariat ne peuvent être conclus qu'avec un candidat ayant les capacités techniques et financières suffisantes.	**第31条：**合作合同仅可与具有足够的技术能力和财务能力的候选人签订。

La pré-qualification des candidats s'effectue exclusivement en fonction de leur capacité à exécuter le contrat et selon les critères suivants:	候选人的资格预审仅根据其履行合同的能力并且参照以下标准而进行:
– expérience technique spécifique;	–特定的技术经验;
– moyens matériels et humains dont les candidats disposent pour exécuter le contrat;	–候选人具有的用于履行合同的物力和人力资源;
– capacités financières.	–财务能力。
Pour apprécier les capacités des candidats au regard des critères précités, les renseignements ou documents suivants sont demandés aux candidats, notamment	为了根据所述标准评估候选人的能力,候选人须提供以下信息或者文件,包括但不限于:
– les références concernant des contrats similaires;	–类似合同的能力证明;
– la déclaration indiquant les effectifs, l'outillage, le matériel et les équipements techniques dont dispose le candidat pour l'exécution du contrat de partenariat;	–候选人具有的用于履行合作合同的工作人员、工具、器材和技术设备的声明;
– les états financiers certifiés et rapports annuels d'activités des trois (3) derniers exercices;	–最近三(3)个财政年度的经审计的财务报表和年度经营报告;
– la déclaration concernant le chiffre d'affaires global et le cas échéant, le résultat net concernant les prestations auxquelles se réfère le contrat, au cours des trois (3) derniers exercices;	–在最近三(3)个财政年度中合同所涉工程或服务的总营业额和净利润(如有)的申报;
– la déclaration appropriée de banque attestant la capacité financière ou la preuve de l'existence d'une ligne de crédit préalablement acceptée;	–银行资信证明或者预先许可的信贷额度的存在证明;
– la preuve d'une assurance pour les risques professionnels;	–防范职业风险的保险证明;

– le bilan ou extraits de bilan concernant les trois (3) dernières années, des opérateurs pour lesquels l'établissement des bilans est obligatoire en vertu des textes en vigueur;	– 对于法律强制要求编制资产负债表的经营者,最近三(3)年的资产负债表或资产负债表的摘录;
– les certificats de qualification professionnelle délivrés selon des critères objectifs et transparents par l'organisme officiel responsable de la certification des entreprises;	– 由负责企业认证的官方机构根据客观和透明的标准颁发的职业资格证书;
– l'attestation des autorités nigériennes ou étrangères établissant que le candidat est à jour de ses obligations fiscales et sociales;	– 尼日尔或外国权力机关出具的候选人已经履行其税务和社会义务的证明;
– l'attestation des autorités nigériennes ou étrangères établissant que le candidat, les principaux dirigeants de l'entreprise candidate ou l'entreprise candidate n'ont pas fait l'objet de condamnation pénale liée à leur activité professionnelle.	– 尼日尔或外国权力机关出具的候选人、候选企业的主要管理人员或候选企业未因其业务活动受到过刑事处罚的证明。
Lorsque plusieurs entreprises se présentent en groupement candidat, les conditions de préqualification s'appliquent en considération des capacités de chacun des membres du groupement en vue de déterminer si la combinaison de leurs qualifications permet de répondre aux besoins de toutes les phases du projet.	当多家企业组成联合体候选人投标时,资格预审条件的实施须考虑联合体各成员的能力,以确定该联合体候选人各成员的资质的组合是否可以满足项目所有阶段的需求。
Article 32: La procédure de pré-qualification est conduite par l'autorité contractante assistée par la commission d'appel d'offres. La commission se réunit à la demande de l'autorité contractante.	**第 32 条**:缔约机关在招标委员会的协助下开展资格预审程序。招标委员会应缔约机关的要求举行会议。

Un avis de pré-qualification est publié par l'autorité contractante. Cette publication est faite dans des organes de presse écrite, électronique ou audio-visuelle, nationale et/ou étrangère (selon qu'il s'agit d'un appel d'offres national ou international), spécialisée ou non. La diffusion de l'avis de pré-qualification est faite de façon à informer tous les candidats potentiels de l'existence du projet.	资格预审公告由缔约机关通过国内和/或国外(取决于是国内招标还是国际招标)的专业或非专业的纸质媒体、电子或视听媒体发布。资格预审公告的发布旨在通知所有潜在候选人项目的存在。
L'avis de pré-qualification contient au moins les informations suivantes:	资格预审公告至少包括以下信息:
- une description du projet objet du contrat de partenariat;	- 合作合同标的项目的描述;
- des indications éventuelles sur les autres éléments essentiels du projet;	- 关于项目其他要素的指示(如有);
- le lieu où le dossier de pré-qualification est retiré, le lieu du dépôt et la date à laquelle le dossier de pré-qualification est déposé.	- 资格预审文件的领取地点,资格预审文件的提交日期和提交地点。
Le temps laissé aux candidats pour répondre à un dossier de pré-qualification ne peut pas être inférieur à trente (30) jours.	留给候选人对于资格预审文件作出答复的时间不得少于三十(30)日。
Le dossier de pré-qualification est établi par l'autorité contractante. Il contient au moins les éléments suivants:	资格预审文件由缔约机关编制。其至少包括以下内容:
- l'ensemble des instructions relatives à l'établissement des demandes de pré qualification;	- 所有与资格预审申请有关的指示;
- une description de la structure contractuelle;	- 合同结构的描述;
- la liste des pièces et des autres informations demandées aux candidats pour qu'ils justifient de leur capacité;	- 要求候选人提供的证明其能力的文件和其他信息的清单;

– les critères précis aux termes desquels la pré-qualification est effectuée.	–进行资格预审的明确标准。
Un délai maximum de quarante-cinq (45) jours est accordé aux candidats pour le dépôt des dossiers de pré-qualification.	候选人具有最长四十五(45)日的期限来提交资格预审文件。
Ce délai peut être prorogé dans la limite maximale de quarante-cinq (45) jours par autorisation donnée par la Structure d'Appui au Partenariat Public-Privé sur demande motivée de l'autorité contractante.	在PPP支持局根据缔约机关的合理申请作出许可的情况下,该期限最长可另外延长四十五(45)日。
L'autorité contractante statue, après avis de la commission d'appel d'offres, sur la qualification de chaque candidat ayant présenté une demande. Elle statue uniquement sur la base des critères énoncés dans le dossier de pré-qualification.	缔约机关在征求招标委员会意见后,评定每位提交申请的候选人的资格。缔约机关仅根据资格预审文件中列出的标准作出评定。
L'autorité contractante établit la liste des entreprises et des groupements d'entreprises ayant soumissionné et qui sont admis à présenter leurs offres.	缔约机关编制一份已投标并获准投标的企业和企业联合体的清单。
La décision de l'autorité contractante fait l'objet d'un procès-verbal.	缔约机关的决定记入会议记录。
L'autorité contractante informe chaque candidat de la décision qu'elle a prise à son égard. Elle communique à tout candidat qui en fait la demande, dans un délai de quinze (15) jours suivant la notification de la décision, les motifs du rejet de sa candidature.	缔约机关应将作出的决定通知相应的每位候选人。在通知决定之后的十五(15)日内,缔约机关向提出申请但未通过资格预审的候选人解释其未通过资格预审的原因。

Le nombre des candidats à une procédure de pré-qualification ne peut être inférieur à trois (3) sauf si l'autorité contractante fournit la preuve à la Structure d'Appui au Partenariat Public-Privé, qu'en dépit des mesures de large publicité qu'elle a mise en œuvre et des efforts qu'elle a déployé pour susciter l'intérêt de candidats potentiels, il n'a pas été possible d'identifier au moins trois (3) candidats qui satisfont aux critères de pré-qualification.	资格预审程序的候选人数量不得少于三(3)人,除非缔约机关向 PPP 支持局提供证据证明,尽管其已经广泛宣传并努力吸引潜在候选人的兴趣,但仍然无法确定至少三(3)名符合资格预审标准的候选人。
Dans ce cas, sur autorisation de la Structure d'Appui au Partenariat Public-Privé, l'autorité contractante poursuit la procédure avec au moins deux (2) candidats pré-qualifiés.	在上述情况下,经 PPP 支持局许可后,缔约机关可以与至少两名通过资格预审的候选人继续进行该程序。
L'autorité contractante invite les candidats dont elle retient la demande de pré-qualification, à présenter une offre dans les conditions fixées aux articles 33, 34 et 35 de la présente loi.	缔约机关应邀请通过资格预审的候选人在本法第 33、34 和 35 条规定的条件下投标。
Article 33: L'autorité contractante transmet à chaque candidat pré-qualifié le dossier d'appel d'offres.	**第 33 条:**缔约机关向每位通过资格预审的候选人发送招标文件。
Les candidats pré-qualifiés disposent, pour déposer leur offre, d'un délai qui est fixé par le dossier d'appel d'offres et qui ne peut être inférieur à quarante-cinq (45) jours.	通过资格预审的候选人须在招标文件规定的期限内投标,该期限不得少于四十五(45)日。
Le dossier d'appel d'offres comporte un projet de contrat et les documents annexes qui indiquent au moins:	招标文件包括合同草案和附属性文件,其至少列明:
– le règlement de l'appel d'offres;	–招标规则;
– le projet de cahier des charges;	–任务书草案;

– les modèles d'annexes au contrat;	– 合同附件的模板;
– les modèles de garanties et de lettres à fournir;	– 待提供的担保和文书的模板;
– le programme fonctionnel détaillé;	– 详细的项目开展计划;
– le lieu et la date limite de dépôt des offres;	– 提交投标文件的地点和截止日期;
– le calendrier de l'examen des offres et toutes autres informations utiles.	– 评标的时间表和其他任何有用信息。
Les offres déposées doivent être signées par les candidats ou par leurs mandataires.	提交的投标文件须由候选人或其代表签字。
Article 34: Sous réserve des dérogations prévues à l'article 29 de la présente loi, l'examen des offres s'effectue en deux (2) étapes.	**第 34 条**:在遵守本法第 29 条规定的例外情况的前提下,评标应分两个步骤进行。
Dans une première étape, les candidats remettent à l'autorité contractante leurs propositions techniques, incluant leurs observations éventuelles sur le projet de contrat et le ou les cahiers des charges. L'autorité contractante examine les propositions techniques et a la possibilité de demander aux candidats toutes informations ou précisions complémentaires sur leur contenu.	在第一个步骤中,候选人向缔约机关提交其技术方案,该技术方案包括其对合同草案和一份或多份任务书可能存在的意见。缔约机关审查技术方案,并可要求候选人提供关于技术方案内容的任何补充性的信息或细节。
Des discussions peuvent s'engager entre l'autorité contractante et chacun des candidats. Le résultat des échanges est communiqué par l'autorité contractante à l'ensemble des candidats.	缔约机关可以与每个候选人进行讨论。缔约机关向全体候选人通知讨论结果。

L'autorité contractante assure l'égalité de traitement de tous les candidats. En particulier, elle s'abstient de fournir de manière discriminatoire des informations susceptibles d'avantager des candidats par rapport à d'autres ou de révéler les solutions proposées ou des informations confidentielles d'un candidat sans l'accord de celui-ci.	缔约机关确保平等对待全体候选人。具体而言,缔约机关不得以区别对待的方式向某些候选人提供可能使其获得优势的信息,也不得未经候选人同意披露其提出的方案或保密信息。
La commission d'appel d'offres est tenue informée par l'autorité contractante du déroulement de cette première étape.	缔约机关须通知招标委员会该第一个步骤的进展。
A l'issue de cette première étape, l'autorité contractante peut apporter des modifications aux spécifications initialement énoncées en ajustant les termes du dossier d'appel d'offres, du projet de contrat et de cahier (s) des charges.	在该第一个步骤结束时,缔约机关可通过调整招标文件、合同草案和任务书的条款来修改最初制定的规范。
Le dossier d'appel d'offres modifié est remis aux candidats qui disposent d'un délai ne pouvant être inférieur à quarante-cinq (45) jours pour déposer, auprès de la commission d'appel d'offres, une offre complète comprenant des propositions techniques détaillées, une offre financière ainsi qu'un projet de contrat définitif.	将修改后的招标文件提供给候选人,候选人应于不少于四十五(45)日的期限内向招标委员会提交一份包括详细的技术方案、财务方案和最终版合同草案的完整的投标文件。
Dans le cas d'un appel d'offres en une (1) étape au sens de l'article 29 ci-dessus, les candidats qui disposent d'un délai ne pouvant être inférieur à quarante-cinq (45) jours, déposent, auprès de la commission d'appel d'offres, une offre complète comprenant des propositions techniques détaillées, une offre financière ainsi qu'un projet de contrat.	对于上述第 29 条规定的一步式招标的情况,候选人具有不少于四十五(45)日的期限向招标委员会提交一份包括详细的技术方案、财务方案和合同草案的完整的投标文件。

Les offres sont évaluées par la commission d'appel d'offres dans les conditions fixées à l'article 36 de la présente loi.	招标委员会在本法第 36 条规定的条件下评标。
Article 35: L'offre contient l'ensemble des éléments constituant la réponse d'un candidat à l'appel d'offres.	**第 35 条**:投标文件包括构成候选人对招标的响应的全部内容。
Elle comporte un acte écrit aux termes duquel le candidat s'engage à respecter le contrat ainsi que le ou les cahiers des charges. Si le candidat est retenu, cet acte écrit devient une pièce constitutive du contrat.	投标须包括载明候选人承诺遵守合同和一份或多份任务书的书面文书。若候选人被选定,则该书面文书将成为合同的构成文件。
Les offres complètes des candidats sont placées sous pli cacheté portant l'indication de l'appel d'offres auquel elles se rapportent et contenant deux (2) enveloppes distinctes comportant, selon le cas, la mention "propositions techniques" et "offre financière" ainsi que le nom du candidat.	候选人的完整投标文件应用注明相关招标信息的信封密封,其中包含两个单独的信封,并根据情况注明"技术方案"、"财务方案"的字样以及候选人名称。
Les plis contenant les propositions techniques ou l'offre financière sont transmis, soit par la poste par pli recommandé, soit par porteur contre récépissé permettant de déterminer de façon certaine la date et l'heure de leur réception et de garantir leur confidentialité et leur authenticité.	包含技术方案或财务方案的信封可通过挂号信邮寄发送,也可以通过附回执的专人传递发送,以便确定收讫的日期和时间,并保证其保密性和真实性。
A leur réception, les plis sont enregistrés dans leur ordre d'arrivée sur un registre spécial. Seuls sont ouverts les plis qui ont été reçus au plus tard à la date et à l'heure limite indiquées dans le dossier d'appel d'offres.	收到信封后,按照到达顺序将其记录在专门的登记册中。只有在招标文件中指明的截止日期和时间之前收到的信封才会被开启。

Dans la première étape, les propositions techniques sont ouvertes en séance publique par un huissier de justice désigné par l'autorité contractante, en présence de celle-ci, du Ministère en charge des Finances, de la Structure d'Appui au Partenariat Public-Privé et des candidats ou de leurs mandataires invités à cet effet.	在第一个步骤中,由缔约机关指定的执达员在该缔约机关、财政部、PPP 支持局和候选人或为此目的邀请的候选人代表在场的情况下公开开启技术方案。
Dans la seconde étape, les offres financières sont ouvertes, en séance publique, par la commission d'appel d'offres en présence de l'autorité contractante, du Ministère en charge des Finances, de la Structure d'Appui au Partenariat Public-Privé et des candidats ou de leurs mandataires invités à cet effet.	在第二个步骤中,由招标委员会在缔约机关、财政部、PPP 支持局和候选人或为此目的邀请的候选人代表在场的情况下公开开启财务方案。
A l'issue de chaque ouverture de plis, il est établi un procès-verbal signé, pour la première étape, par un huissier de justice désigné par l'autorité contractante et, pour la seconde étape, par les membres de la commission d'appel d'offres.	在每次开标结束后,对于第一个步骤,由缔约机关指定的执达员签署会议记录,对于第二个步骤,由招标委员会成员签署会议记录。
Article 36: La commission d'appel d'offres procède à l'évaluation des offres complètes. Dans un premier temps, la commission évalue les propositions techniques et procède ensuite à une évaluation des offres financières des candidats dont les offres techniques ont été jugées conformes sur la seule base des critères financiers décrits dans le dossier d'appel d'offres.	**第 36 条:**招标委员会对完整的投标文件进行评估。首先,招标委员会对技术方案进行评估,然后对技术方案被评价为符合要求的候选人的财务方案仅根据招标文件中规定的财务标准进行评估。
Les offres financières des candidats ayant soumis des offres techniques évaluées non conformes ne sont pas ouvertes.	提交的技术方案被评价为不符要求的候选人的财务方案将不予开启。

Le contrat de partenariat est conclu avec le candidat ayant présenté l'offre économiquement la plus avantageuse sur la base de la combinaison optimale de différents critères d'évaluation prévus dans le dossier d'appel d'offres et pouvant être liés, notamment:	应与提交了被评价为经济上最有利的方案的候选人签订合作合同,该评价标准基于招标文件中规定的不同评价标准的最佳组合而定且可与以下内容相关:
– au coût, au montant et à la rationalité du financement offert;	– 所提供融资的成本、金额和合理性;
– à tout autre revenu que les équipements ou ouvrages sont susceptibles de procurer à l'autorité contractante;	– 设备或工程可能为缔约机关带来的任何其他收入;
– à la valeur de rétrocession des installations, le cas échéant;	– 设施的返还价值(如有);
– aux tarifs imposés aux usagers ou reversés à l'autorité contractante;	– 向用户收取的费用或返还至缔约机关的款项;
– à la valeur des paiements directs que l'autorité contractante est amenée à effectuer ainsi qu'aux modalités de leurs versements;	– 缔约机关直接支付的金额及其支付方式;
– à la qualité de l'organisation mise en place pour assurer la continuité des services rendus;	– 为保障提供服务的连续性而建立的组织的质量;
– aux spécifications et normes de performance prévues ou proposées;	– 预计或提议的绩效的规范和标准;
– au niveau de qualité des services;	– 服务质量水平;
– au potentiel de développement socioéconomique présenté par le projet;	– 项目具有的社会–经济发展潜力;
– au respect des normes environnementales et de développement durable;	– 对环境标准和可持续发展标准的遵守;
– à la part d'exécution du contrat que le candidat s'engage à confier à des entreprises et artisans locaux;	– 候选人承诺委托本地企业或本地手工业者履行的合同的份额;

– aux modalités de transfert de technologie et de transfert de compétences proposées;	–提议的技术转让和技能转让方式;
– au niveau d'utilisation des matériaux d'origine locale;	–使用本地来源的物料的程度;
– au niveau d'emploi de la main d'œuvre locale proposé.	–提议的雇佣本地劳动力的程度。
Les critères retenus sont énumérés dans le dossier d'appel d'offres et exprimés en termes monétaires ou sous la forme de critères éliminatoires.	选定的标准必须在招标文件中列出,并且必须以货币形式或以淘汰性标准的形式表示。
La commission d'appel d'offres classe toutes les offres conformes. Elle transmet ce classement ainsi que le procès-verbal de ses travaux à l'autorité contractante qui requiert l'avis favorable de la Structure d'Appui au Partenariat Public-Privé et du Ministre chargé des Finances.	招标委员会对所有合格的投标进行排名。招标委员会将该排名及其工作的会议记录提交至缔约机关,而缔约机关必须得到 PPP 支持局以及财政部部长的肯定性审批意见。
L'autorité contractante informe par écrit les candidats de leur classement.	缔约机关书面通知候选人其排名。
Article 37: Dans le cadre de l'évaluation des offres complètes, la commission d'appel d'offres prend en compte les incitations suivantes sauf dispositions plus avantageuses prévues par des textes législatifs ou réglementaires	**第 37 条**:在评估完整的投标文件中,招标委员会采用以下激励措施,但若存在法律或法规规定的更有利的激励措施则从其规定:
– une marge de préférence aux opérateurs ressortissants de l'espace UEMOA comprise entre 5 et 10% ;	–对属于西非经济货币联盟地区的经营者的优先幅度为 5% 至 10% ;
– une marge de préférence qui ne peut dépasser 10% aux groupements candidats comptant en leur sein un opérateur ressortissant de l'espace UEMOA;	–对包含一个属于西非经济货币联盟地区的经营者的联合体候选人的优先幅度不得超过 10% ;

- un traitement préférentiel de 5% minimum et de 10% au maximum cumulable avec les marges de préférence visées aux paragraphes précédents à tout candidat s'étant engagé fermement sous la forme d'une déclaration irrévocable, à sous-traiter au moins 30% de la valeur globale des marchés de fourniture et de travaux passés au titre de la mise en œuvre du contrat de partenariat aux entreprises communautaires.	- 对于任何以不可撤销声明的形式坚定承诺将以实施合作合同的名义而缔结的采购合同和工程合同的总价值的至少 30% 分包给属于西非经济货币联盟地区的企业的候选人,可享有最低 5% 至最高 10% 的优先待遇,并且所述优先待遇可与上述段落中所述的优先幅度累积。
Une marge de préférence qui ne peut dépasser 2% peut être accordée à tout candidat qui s'engage à favoriser la contractualisation avec des petites et moyennes entreprises de l'espace UEMOA ou avec des associations de petits opérateurs communautaires.	任何承诺优先与属于西非经济货币联盟地区的中小型企业或与该联盟内小型经营者协会签订合同的候选人,可以给予其不超过 2% 的优先幅度。
Les deux (2) premières marges de préférences ne sont pas cumulables.	所述 2% 的优先幅度与前述优先政策不可同时使用。
Article 38: L'autorité contractante, après avoir reçu le classement effectué par la commission d'appel d'offres ainsi que le procès-verbal de ses travaux, procède à la mise au point du contrat de partenariat avec le candidat classé premier en vue d'en arrêter les termes définitifs.	**第 38 条:** 缔约机关在收到招标委员会作出的排名及其工作会议记录后,应与排名第一的候选人进行合作合同的定稿,以便最终确定其条款。
Cette mise au point ne peut avoir pour effet de modifier les éléments fondamentaux de l'offre ou des caractéristiques essentielles du contrat de partenariat, dont la variation est susceptible de fausser la concurrence ou d'avoir un effet discriminatoire.	合同的定稿不得改变投标的基本要素或合作合同的基本特征,且该变化可能导致不正当竞争或具有歧视效果。

En cas d'échec de la mise au point, l'autorité contractante se réserve le droit de désigner le candidat suivant, après avis de la Structure d'Appui au Partenariat Public-Privé et d'engager une mise au point avec ce dernier.	若未能成功定稿,缔约机关有权在征求PPP 支持局意见后,指定下一位候选人与其对合同进行定稿。
La fin de la procédure de mise au point est sanctionnée par un procès-verbal établi par les soins de l'autorité contractante.	缔约机关编制的会议记录确认定稿程序的结束。
Le contrat de partenariat définitif, accompagné du procès-verbal de clôture de la mise au point et de l'annexe fiscale, le cas échéant, est transmis pour approbation au Ministère en charge des Finances, après avis de la Structure d'Appui au Partenariat Public-Privé.	在 PPP 支持局审批后,最终确定的合作合同以及定稿结束的会议记录和税务附件(如有)将提交至财政部批准。
Le contrat de partenariat, une fois approuvé par le Ministre chargé des Finances, est transmis au Premier Ministre pour avis de non-objection autorisant la signature du contrat.	合作合同一经财政部部长批准,即可提交至总理以获得签署合同的非反对意见。
Un extrait du contrat de partenariat fait l'objet d'une publication au Journal officiel à l'exception des clauses touchant au secret des affaires.	合作合同的摘录在官方公报上公布,但与商业秘密有关的条款不得公布。
L'autorité contractante peut mettre fin à la procédure d'appel d'offres après avis du Ministre chargé des Finances et de la Structure d'Appui au Partenariat Public-Privé. Cette décision ne peut faire l'objet d'aucun recours de la part des candidats. Néanmoins, le candidat retenu à la seconde étape peut, le cas échéant, bénéficier d'une indemnité forfaitaire.	缔约机关在征求财政部部长和 PPP 支持局意见后可终止招标程序。候选人不能对此决定提出申诉。但是,在第二个步骤中被选定的候选人可酌情获得一笔定额补偿。

Le montant de cette indemnité est déterminé par le Ministre chargé des Finances.	该补偿金金额由财政部部长确定。
SECTION 4: DE LA SOCIÉTÉ DE PROJET	**第 4 节:项目公司**
Article 39: Le cocontractant se constitue, dès l'entrée en vigueur du contrat et dans un délai maximum de trois (3) mois après la signature du contrat de partenariat, sous la forme d'une société de droit nigérien dont le capital est constitué au minimum de 20% d'apports provenant d'opérateurs économiques nationaux.	**第 39 条**:签约人必须在签署合作合同后最长三(3)个月的期限内设立尼日尔公司,且该公司的资本至少 20% 由尼日尔本国经营者的出资构成。
En tout état de cause, le cocontractant demeure le seul responsable de la gestion du projet.	无论如何,签约人是项目管理的唯一负责人。
L'offre des titres est effectuée par publicité de la personne publique ou mandat de placement auprès d'une personne agréée.	股份的发行由公法人进行公告或者由经批准的人代销。
Après fixation du prix des titres, la mise en vente a lieu pendant une période de quarante-cinq (45) jours. L'opérateur ou le tiers mandaté notifie à la Structure d'Appui au Partenariat Public-Privé la liste des acquéreurs, le nombre de titres acquis et leurs prix ainsi que le nombre de titres non cédés à l'expiration de cette période.	在确定股份价格后,销售将持续四十五(45)日。经营者或被委托的第三方应通知 PPP 支持局收购者的名单、所收购股份的数量及其价格以及在此期间届满时未转让的股份数量。

Les titres non acquis par des investisseurs nationaux au terme du délai indiqué à l'alinéa précédent restent la propriété du cocontractant, sauf si l'État du Niger décide de les acquérir provisoirement. Dans ce cas, l'État cède les titres à des opérateurs nationaux dans un délai de deux (2) ans ou les céder au cocontractant.	除非尼日尔国家决定暂时收购股份,否则在前款规定的期限届满时未被本国投资者收购的股份的权属仍属于签约人。在尼日尔国家决定暂时收购股份的情况下,国家必须在两年内将股份转让至本国经营者,或者将其转让至签约人。
CHAPITRE VI: DES PROCEDURES PARTICULIERES DE SELECTION DE L'OPERATEUR DU PROJET	**第六章:选择项目经营者的具体程序**
SECTION 1: DE L'OFFRE SPONTANÉE	**第 1 节:自发提案**
Article 40: Un opérateur privé a la possibilité d'adresser à une autorité contractante une offre spontanée.	**第 40 条**:私营经营者可以向缔约机关提交自发提案。
Dans ce cas, ledit opérateur réalise l'étude de faisabilité de manière à présenter un projet cohérent comportant des propositions techniques adéquates, ainsi que les solutions de financement correspondantes.	在此情形下,该私营经营者实施可行性研究,以提出包括合适的技术方案及相应的融资方案的合理的项目。
Une offre spontanée peut aussi porter sur la réalisation d'un projet dont les études ont été menées par l'autorité contractante lorsque ces études sont manifestement caduques ou lorsqu'elles ont été réalisées au moins soixante (60) mois avant la date de dépôt de l'offre spontanée.	自发提案也可涉及缔约机关已进行研究的项目的实施,前提条件为该等研究明显过时或是在自发提案提交日期的至少六十(60)个月之前完成的。
Elles font l'objet d'une procédure négociée sur autorisation donnée par le Premier Ministre, sur la base des avis du Ministre chargé des Finances et de la Structure d'Appui au Partenariat Public-Privé.	在总理根据财政部部长和 PPP 支持局的审批意见作出许可后,自发提案通过谈判程序展开。

Toutefois, il ne peut être accepté d'offre spontanée portant sur des projets pour lesquels une procédure d'appel d'offres est en cours.	然而,对于正在进行招标程序的项目,不得接受自发提案。
Article 41: L'offre spontanée ne peut être soumise que dans le cas d'un contrat de partenariat dont la rémunération du co-contractant provient exclusivement des usagers. Le contrat établi à la suite d'une offre spontanée ne peut en aucune manière faire l'objet d'une garantie de l'Etat.	**第 41 条**:只有针对签约人的回报仅来源于用户的合作合同,才可提交自发提案。基于自发提案订立的合同不得获得国家担保。
Les offres spontanées portent sur	自发提案涉及以下项目:
– un projet compétitif par rapport aux conditions générales du marché;	–相对于市场一般情况有竞争力的项目;
– un projet constituant une innovation technologique ou technique et fournissant des solutions économiques et écologiques viables indispensables à l'autorité contractante.	–构成科技或技术革新并为缔约机关提供不可或缺的经济和生态方面的可行解决方案的项目。
Dans tous les cas, le porteur du projet s'engage à réserver une part significative à l'emploi de la main d'œuvre locale, à favoriser le transfert de technologie et la sous-traitance aux opérateurs économiques nationaux.	在所有情况下,项目发起人必须承诺较大比例地雇佣本地劳动力,促进技术转让和向本国经营者分包。
Article 42: Le porteur de l'offre spontanée soumet à l'autorité contractante un dossier comportant au moins	**第 42 条**:自发提案的发起人向缔约机关提交一份文件,该文件至少包括:
– une note décrivant l'étendue et la durée des travaux à réaliser;	–待实施的工程的范围和期限的说明;
– la description des solutions techniques proposées;	–提出的技术方案的描述;

– la compétitivité du projet;	– 项目的竞争力;
– les avantages économiques et financiers attendus du projet;	– 项目预期的经济和财务优势;
– une analyse des risques liés au projet;	– 与项目有关的风险分析;
– un schéma de répartition et d'atténuation de ces risques entre les parties;	– 在各方之间的风险分配和降低风险的方案;
– le coût estimatif global du projet;	– 项目的预计总成本;
– un plan de financement du projet assorti d'un modèle financier prévisionnel;	– 附有预测的财务模型的项目融资计划;
– le détail des études complémentaires à réaliser ainsi que leur coût estimatif et leur mode et source de financement;	– 待实施的补充性研究的细节及其预估费用、其融资模式和来源;
– un avant-projet de contrat.	– 合同草案。
L'offre spontanée est accompagnée de documents attestant des capacités financières et techniques de l'opérateur à réaliser le projet proposé.	自发提案须附有证明经营者具有实施提议项目的财务和技术能力的文件。
Après examen de l'offre spontanée, notamment, en ce qui concerne la compétitivité du projet proposé ainsi que sa viabilité financière, l'autorité contractante peut demander des informations complémentaires, classer l'offre sans suite, ou décider de lui donner une suite favorable.	在审查自发提案后,特别是在提议项目的竞争力及其财务可行性方面,缔约机关可要求提供补充性信息、不对提案开展后续工作或者决定对其开展后续工作。
En cas d'acceptation de l'offre spontanée, l'autorité contractante saisit le Ministre chargé des Finances et la Structure d'Appui au Partenariat Public-Privé, pour examen et avis sur la base du dossier soumis par le porteur de l'offre spontanée.	如果接受自发提案,缔约机关须提请财政部部长和 PPP 支持局根据自发提案发起人提交的文件进行审查和审批。

Les avis du Ministre chargé des Finances et de la Structure d'Appui au Partenariat Public Privé interviennent au plus tard dans les quatre-vingt-dix (90) jours ouvrables suivants la réception de la demande.	财政部部长和 PPP 支持局在收到申请后的九十(90)个工作日内出具审批意见。
La Structure d'Appui au Partenariat Public-Privé, après avoir vérifié la conformité de l'offre à l'une des conditions indiquées à l'article 25 ci-dessus, émet un avis portant sur les points suivants	PPP 支持局在核实了自发提案符合第 25 条所述的任意一个条件后，就以下几点发表审批意见：
– la cohérence globale du projet et sa conformité à la politique de l'État;	– 项目的整体合理性及其对国家政策的遵守情况；
– la qualité et la pertinence des solutions techniques;	– 技术方案的质量和相关性；
– l'analyse coûts/avantages du projet;	– 项目的成本/优势分析；
– le taux de rentabilité économique du projet;	– 项目的经济效益率；
– la compétitivité du mode de financement;	– 融资方式的竞争力；
– la répartition rationnelle des risques entre les parties;	– 在各方之间的合理的风险分配；
– le potentiel de création d'emplois;	– 创造就业的潜力；
– les modalités de transfert de technologie;	– 技术转让方式；
– la qualité des montages contractuel et financier proposés.	– 提出的合同结构和财务结构的质量。
L'avis du Ministre chargé des Finances est émis dans les conditions définies à l'article 5 de la présente loi.	财政部部长根据本法第 5 条规定的条件发表审批意见。

Article 43: Sur la base des avis obtenus, le Premier Ministre autorise l'autorité contractante à procéder à la négociation du contrat avec le porteur de l'offre spontanée.	**第 43 条**:根据获得的审批结果,总理许可缔约机关与自发提案的发起人开展合同的谈判。
Le projet de contrat négocié accompagné de ses annexes et du procès-verbal de clôture des négociations est transmis au Ministre chargé des Finances qui dispose d'un délai de trente (30) jours pour émettre ses avis ou observations.	将经谈判的合同草案及其附件和谈判结束的会议记录提交至财政部部长,财政部部长在三十(30)日的期限内出具审批意见或建议。
En cas d'avis favorables, le Premier Ministre autorise l'autorité contractante à procéder à la signature du contrat avec le porteur de l'offre spontanée.	在获得肯定性审批意见之后,总理许可缔约机关和自发提案的发起人签署合同。
Une copie du contrat signé est transmise pour information au Ministère en charge des Finances et à la Structure d'Appui au Partenariat Public-Privé dans les quinze (15) jours suivant la signature.	经签署的合同副本将在签署后的十五(15)日内提交至财政部和 PPP 支持局进行备案。
Lorsqu'une offre spontanée fait l'objet de la négociation visée au présent article, il ne peut être accepté aucune autre offre portant sur le projet en question que dans le cas où l'échec des négociations entamées est sanctionné par un procès-verbal de clôture signé par les parties.	如果自发提案正在经历本条规定的谈判,则只有在双方签署的谈判结束的会议记录确认启动的谈判失败后,才能接受关于提议项目的其他提案。
SECTION 2: DE L'ENTENTE DIRECTE, DU CONTRAT COMPLÉMENTAIRE, DE L'AVENANT ET DES PROCÉDURES AMÉNAGÉES	**第 2 节:直接协议、补充合同、附加条款和调整程序**
Article 44: Un contrat régi par les dispositions de la présente loi peut être passé par entente directe par une autorité contractante, après les avis du Ministre	**第 44 条**:在下列特殊情况下,在财政部部长和 PPP 支持局出具审批意见后,可由缔约机关通过直接协议缔结受本法规定规制的合同:

chargé des Finances et de la Structure d'Appui au Partenariat Public-Privé dans les hypothèses exceptionnelles suivantes:	
• lorsque la réalisation ou l'exploitation d'un ouvrage ou d'installations se rapportant à un ouvrage doivent être réalisées dans des conditions présentant les caractères d'une urgence impérieuse, afin d'assurer la continuité du service public, dans des conditions de délais incompatibles avec la mise en œuvre de la procédure d'appel d'offres prévue par la présente loi, et que l'autorité contractante ne peut assurer elle-même le service. L'urgence impérieuse est motivée par des circonstances indépendantes de l'autorité contractante. Dans ce cas, le contrat a une durée qui ne peut être supérieure à deux (2) ans;	• 为了确保公共服务的连续性,工程或与工程相关的设施的实施或运营必须在重大紧急情况下进行,并且时间上不允许开展本法规定的招标程序,且缔约机关不能自行确保提供服务。重大紧急情况须由缔约机关之外的原因产生。在此情形下,合同期限不得超过两年;
• lorsque l'infrastructure ne peut être réalisée ou exploitée, pour des considérations techniques ou des raisons tenant à la protection de droits d'exclusivité, que par un seul opérateur économique.	• 由于技术原因或与排他性权利保护有关的原因,只能由唯一的经营者实施或运营基础设施。
Article 45: Un contrat complémentaire à un contrat de partenariat peut être passé par entente directe par une autorité contractante lorsqu'un projet en cours d'exécution a fait l'objet d'un contrat de partenariat et que pour des raisons de nécessité économique, sociale ou culturelle ou bien pour des motifs liés à des exigences de cohérence dans la gestion technique et financière du projet, l'autorité contractante décide de son extension.	**第 45 条**:当正在实施的项目是合作合同的标的时,并且出于经济、社会或文化需要的原因,或者出于与项目的技术和财务管理的合理性要求有关的原因,缔约机关决定扩展项目,缔约机关可以通过直接协议缔结合作合同的补充合同。

L'autorisation de passation du contrat complémentaire par entente directe est donnée par le Premier Ministre, sur la saisine de la Structure d'Appui au Partenariat Public-Privé, après avis du Ministre chargé des Finances. Les prestations complémentaires ne changent pas la nature globale du contrat.	在征求财政部部长意见后，总理经 PPP 支持局请示作出许可通过直接协议缔结补充合同。提供补充性的产品或服务不改变合同的总体性质。
Les avis et autorisations préalables doivent être sollicités sur présentation d'un rapport justifiant l'opportunité des travaux, fournitures ou prestations, objets de l'extension ainsi que de leur lien avec le projet initial.	必须通过提交报告以证明作为扩展标的的工程、供给或提供的产品或服务的适当性及其与初始项目的联系来申请事先的审批和许可。
Article 46: Sous réserve des dispositions de l'article 45 ci-dessus, toutes les modifications des travaux, fournitures, prestations ou délais du contrat initial à l'initiative du titulaire ou de l'autorité contractante font l'objet d'un accord préalable entre les parties par un avenant au contrat de partenariat.	**第 46 条**：在遵守第 45 条的规定的前提下，合同持有人或缔约机关提起的对原始合同的工程、供给、提供的产品或服务或期限的任何变更应由双方事先通过合作合同的附加条款达成一致而确定。
Les modifications ne peuvent être substantielles. A défaut, une nouvelle procédure d'attribution est nécessaire. Une modification est considérée comme substantielle:	变更不得是实质性的。如果需要进行实质性变更，则须启动新的授予程序。以下变更被认为是实质性变更：
- lorsqu'elle introduit des conditions qui, si elles avaient été incluses dans la procédure initiale d'attribution, auraient permis la sélection d'un autre candidat que celui initialement retenu;	- 变更引入了一些条件，如果该等条件被列入初始授予程序中，将允许选择最初选定的候选人以外的其他候选人；

– lorsqu'elle modifie l'équilibre économique du contrat de partenariat en faveur du partenaire pour un coût supérieur ou égal à 30% du montant initial de l'offre financière retenue;	– 变更将合作合同的经济平衡变更为有利于合作方，成本为选定的财务方案的初始金额的30%或以上；
– lorsqu'elle modifie considérablement le champ d'application du contrat de partenariat. Tel est notamment le cas, lorsque l'avenant a pour effet ou pour objet de substituer un autre contrat au contrat initial soit en bouleversant l'économie, soit en changeant l'objet.	– 变更大幅度改变合作合同的适用范围。例如，当附加条款导致或旨在使原始合同被另一个合同替换时，该替换将打破合同的经济平衡或者导致改变合同标的。
Tout avenant est préalablement autorisé par le Premier Ministre, après avis du Ministre chargé des Finances et de la Structure d'Appui au Partenariat Public-Privé.	在征求财政部部长和 PPP 支持局意见后，任何附加条款均须事先获得总理的许可。
Article 47: Lorsqu'un partenaire au développement, notamment un organisme international, participe au financement d'un ouvrage faisant l'objet d'un contrat de partenariat, objet de la présente loi, la procédure d'appel d'offres décrite à la section 3 du chapitre 5, peut faire l'objet d'ajustements pour tenir compte des procédures propres à ce partenaire au développement.	**第 47 条**：如果发展合作方[①]，尤其是国际机构，参与本法规定的合作合同的工程的融资，则第 5 章第 3 节所述的招标程序可作适当调整以便将该发展合作方特有的程序纳入考虑。
Les mesures d'ajustement sont discutées par l'autorité contractantc avec le partenaire au développement et sont soumises à l'avis du Ministre chargé des Finances.	该等调整措施由缔约机关和发展合作方共同商定并且提交至财政部部长审批。

① 中伦注：我们理解，此处的"发展合作方"主要是指能够提供资金支持的国际组织，例如世界银行等。

Ces mesures, qui ne peuvent avoir pour effet que de renforcer le dispositif interne de passation des contrats, sont décrites dans l'avis de pré-qualification et, selon les cas, mentionnés dans l'avis d'appel d'offres. Elles ne peuvent en aucun cas affaiblir les procédures décrites dans la présente loi.	该等调整措施只能强化合同缔结的内部机制,其在资格预审公告中作出说明,并且根据情况,在招标公告中可能也有所提及。该等调整措施不得以任何方式弱化本法所述程序。
CHAPITRE VII: DE L'EXECUTION DES CONTRATS DE PARTENARIAT, DES SANCTIONS ET DE LA RESILIATION	**第七章:合作合同的履行、处罚和解除**
Article 48: Le cocontractant est personnellement responsable de l'exécution du contrat de partenariat.	**第 48 条:**签约人亲自对合作合同的履行负责。
Il peut néanmoins confier la réalisation de certaines de ses obligations à des tiers placés sous sa responsabilité.	在自行承担责任的前提下,签约人可将部分义务的履行委托至第三方。
Article 49: Le contrat de partenariat est conclu à raison des qualités propres du cocontractant. Le contrat ne peut être cédé à un tiers, en totalité ou en partie, qu'avec l'accord écrit donné par l'autorité contractante après avis du Ministre chargé des Finances et de la Structure d'Appui au Partenariat Public-Privé.	**第 49 条:**合作合同的签署取决于签约人自身的资质。仅在征求财政部部长和 PPP 支持局意见后且缔约机关作出书面许可的情况下,合作合同的全部或部分方可被转让至第三方。
Si la cession est autorisée, le cessionnaire assume l'intégralité des obligations contractées par le cédant. Si la situation l'impose lors de la cession du contrat, il peut être envisagé une modification de certaines clauses du contrat, mais à condition que cette modification soit d'utilité publique et/ou contribue à l'amélioration des conditions d'efficacité et d'exécution effective du contrat.	如果转让被许可,受让方承担出让方向其转让的全部合同义务。在转让合同时,如果情况需要,可考虑变更合同的部分条款,但是该变更须为了公共用途和/或有助于改善合同的执行效率和实际履行。

En tout état de cause, le cocontractant ne peut céder à un tiers un contrat en cours d'exécution ou ses parts d'actions, qu'après avoir exécuté au moins 30% des travaux.	无论如何,只有在实施了至少30%的工程后,签约人方可将正在履行的合同或者其股份转让至第三方。
Article 50: Le contrat de partenariat peut prévoir des motifs de résiliation, notamment pour:	**第50条**:合作合同可规定合同解除的原因,尤其是以下原因:
- des manquements graves de l'autorité contractante: la résiliation est prononcée par le juge à la demande du cocontractant, dans les conditions prévues au chapitre 8 de la présente loi. Le cocontractant peut alors réclamer des dommages et intérêts à l'autorité contractante;	- 缔约机关重大违约:法官根据项目经营者的申请,在本法第八章规定的条件下宣布解除合同。签约人可以向缔约机关要求损害赔偿;
- une faute grave du cocontractant: l'autorité contractante prononce elle-même la résiliation du contrat de partenariat. L'autorité contractante peut rechercher devant le juge la responsabilité du cocontractant en raison des fautes qu'il a commises. Le contrat de partenariat peut néanmoins prévoir que, dans ce cas, l'autorité contractante verse une compensation financière liée à la récupération des infrastructures;	- 签约人的重大过错:缔约机关单方宣布解除合作合同。缔约机关可以向法官要求签约人对其所犯的过错承担责任。但是,合作合同可规定,在此情形下,缔约机关应支付与基础设施的回收相关的经济补偿;
- un motif d'intérêt général: la résiliation est alors prononcée par l'autorité contractante. Le cocontractant a, dans ce cas, droit à une indemnité couvrant les charges exposées et le manque à gagner;	- 公共利益原因:缔约机关宣布解除合同。在此情形下,签约人有权获得赔偿以覆盖已发生的费用和可得利益损失;

- un cas de force majeure: à l'initiative de chacune des parties, dans les conditions prévues par le contrat;	- 不可抗力情形:各方均可在合同规定的条件下提出解除合同;
- un cas de remise en cause de l'équilibre financier du projet résultant d'une action ou décision de l'autorité contractante. La résiliation est prononcée par le juge à la demande de l'opérateur du projet dans les conditions prévues au chapitre 8 de la présente loi. Le cocontractant peut alors réclamer des dommages et intérêts à l'autorité contractante.	- 在项目的财务平衡因缔约机关的行为或决定而被质疑的情况下,法官根据项目经营者的申请,在本法第八章规定的条件下宣布解除合同。签约人可以向缔约机关要求损害赔偿。
Le cocontractant a le droit de contester, devant une instance arbitrale ou les juridictions nationales, dans les conditions prévues au chapitre 8 ci-dessous, la résiliation du contrat de partenariat ainsi que le montant de l'indemnité qui lui est due par l'autorité contractante.	签约人有权在下述第八章规定的条件下向仲裁机构或本国法院对合作合同的解除以及缔约机关应对其支付的赔偿金额提出异议。
Toutefois le juge n'a pas le pouvoir d'annuler une décision de résiliation prise par l'autorité contractante; il peut seulement accorder une indemnité au cocontractant.	但是,法官无权撤销缔约机关作出的解除决定;其只能判决对签约人进行赔偿。
CHAPITRE VIII: DU REGLEMENT DES LITIGES ET DE L'AUDIT DES CONTRATS DE PARTENARIAT	**第八章:争议解决以及合作合同的审计**
SECTION 1: DU RÈGLEMENT DES LITIGES	**第 1 节:争议解决**
Article 51: Les contestations nées des procédures de sélection de l'opérateur du projet dans les contrats de partenariat sont portées devant la Structure d'Appui au Partenariat Public-Privé qui en fixe la procédure de recours.	**第 51 条:**在合作合同的项目经营者的选择程序中产生的异议须提交至 PPP 支持局,申诉程序由 PPP 支持局制定。

Seuls les candidats soumissionnaires évincés de la procédure de sélection de l'opérateur du projet dans les contrats de partenariat sont habilités à saisir la Structure d'Appui au Partenariat Public-Privé d'une contestation.	只有在合作合同的项目经营者的选择程序中被淘汰的投标候选人有权向 PPP 支持局提出异议。
Celle-ci est adressée dans les quinze (15) jours suivant la notification de la décision.	异议须在决定通知后的十五(15)日内提出。
La Structure d'Appui au Partenariat Public-Privé statue sur les contestations, au plus tard dans les trente (30) jours à compter de sa saisine. Les litiges liés à la passation du contrat de partenariat ne peuvent donner lieu qu'à une indemnisation du ou des candidats non retenus.	PPP 支持局在其被提请之后的三十(30)日内对异议作出裁决。与合作合同的缔结相关的争议只能导致对未中标的一个或多个候选人进行赔偿。
Article 52: Les litiges liés à l'exécution ou à l'interprétation des contrats de partenariat sont de la compétence des juridictions nigériennes ou des instances arbitrales, à défaut de règlement amiable.	**第 52 条**:如果通过友好协商不能解决,与合作合同的履行或解释有关的争议属于尼日尔法院或者仲裁机构的管辖范围。
L'arbitrage est mené conformément aux stipulations de la clause d'arbitrage contenue dans le contrat de partenariat.	仲裁按照合作合同中包含的仲裁条款的规定进行。
SECTION 2: DE L'EVALUATION ET DE L'AUDIT DES CONTRATS DE PARTENARIAT	**第 2 节:合作合同的评估和审计**
Article 53: Les contrats de partenariat font l'objet d'une évaluation périodique par la Structure d'Appui au Partenariat Public-Privé selon des modalités prévues par décret pris en Conseil des Ministres.	**第 53 条**:PPP 支持局按照部长委员会的法令规定的方式对合作合同进行定期评估。

Article 54: Les contrats de partenariat font l'objet d'un audit périodique par la Structure d'Appui au Partenariat Public-Privé selon des modalités prévues par décret pris en Conseil des Ministres.	**第 54 条:**PPP 支持局按照部长委员会法令规定的方式对合作合同进行定期审计。
CHAPITRE IX: DES DISPOSITIONS BUDGÉTAIRES	**第九章:预算规定**
Article 55: L'inscription budgétaire des opérations relatives aux Contrats de Partenariat Public-Privé est effectuée annuellement sous forme d'Autorisation d'Engagement (AE) et de Crédits de Paiement (CP) pendant toute la durée du contrat de partenariat.	**第 55 条:**与 PPP 合同相关业务的预算在合作合同的整个期限内以财务支出承诺许可和可支付额度的形式按年度列入预算。
Les autorisations d'engagement sont constatées lors de la phase de réalisation du projet et les crédits de paiement pendant la période de rémunération du cocontractant.	财务支出承诺许可在项目的实施阶段[①]中被确认,可支付额度在签约人的回报期被确认。
Article 56: Pour les Contrats de Partenariats Publics-Privés dont la rémunération est assurée par l'autorité contractante, y compris les versements de loyers, les autorisations d'engagement couvrent, dès l'année où les contrats sont conclus, la totalité de l'engagement juridique à concurrence des dépenses effectuées par le cocontractant au cours de l'exercice budgétaire.	**第 56 条:**对于回报由缔约机关支付(包括酬金的支付)的 PPP 合同,财务支出承诺许可从签订合同的当年起覆盖全部法律承诺,直至[②]签约人在预算年度所发生的费用。

① 中伦注:此处的"实施阶段"我们更倾向于认为是项目投入商业运营之前的建设阶段,而不是项目全部的实施阶段。

② 中伦注:此处的"直至"不是时间概念或者地理概念,而是指从额度上可以覆盖在预算年度内缔约人的所有支出。

Pour les contrats de partenariat dont la rémunération du cocontractant est assurée directement par les usagers, les engagements conditionnels de l'État sont constatés dans les comptes de garanties et d'avals.	对于签约人的回报由用户直接支付的合作合同,国家附条件的承诺在担保账户和保证账户中被确认。
CHAPITRE X: DES DISPOSITIONS FISCALES, FINANCIÈRES, FONCIÈRES ET DOMANIALES	**第十章:税收、财务、土地和财产规定**
SECTION 1: DU REGIME FISCAL	**第1节:税收制度**
Article 57: Le régime fiscal, financier et comptable, qui est spécifique, fixe et stable, ne s'applique pas	**第57条**:具体、确定和稳定的税收、财务和会计制度不适用于:
- aux prélèvements parafiscaux perçus dans un intérêt social spécifique;	- 为了特定的社会利益而收取的准财政税;
- aux impôts et taxes versés ou retenus à la source pour le compte d'autrui.	- 为他人代扣代缴的各种税费。
Article 58: Le régime fiscal applicable aux Contrats de Partenariat Public-Privé s'applique aux phases de conception, de réalisation et d'exploitation et/ou de gestion.	**第58条**:适用于PPP合同的税收制度适用于设计、实施、运营和/或管理阶段。
Le régime fiscal comprend la fiscalité de porte et la fiscalité intérieure.	税务制度包括关税制度和国内税收制度。
Article 59: En phase de conception et/ou de réalisation, les Projets de type Partenariat Public-Privé bénéficient pour leurs opérations d'une exonération totale des droits et taxes perçus par l'État y compris la Taxe sur la Valeur Ajoutée (TVA), sur les prestations de service, les travaux et services concourant directement à la réalisation du projet.	**第59条**:在设计和/或实施阶段,PPP项目的活动享有国家征收的各种税费的完全免除,其中包括对于服务提供、直接促进项目的实施的工程和服务而征收的增值税。

Toutefois, les parties et pièces détachées, les matières premières destinées aux projets ne bénéficient d'une exonération des droits et taxes de douane que lorsqu'elles ne sont pas disponibles au Niger.	然而,只有用于项目的零部件和原材料无法在尼日尔获得时,才免征该等零部件和原材料的关税。
En phase de conception et/ou de réalisation, les Projets de type Partenariat Public-Privé bénéficient de l'enregistrement gratuit des conventions et tous les actes passés par l'autorité contractante et le co-contractant dans le cadre du projet.	在设计和/或实施阶段,PPP 项目将享有缔约机关和签约人在项目框架内签订的协议和所有文书的免费登记。
Article 60: Les matériels et équipements, les matières premières, les parties et pièces détachées, les matériaux et fournitures destinés aux projets d'investissement sous le régime de Contrat de Partenariat Public-Privé, bénéficient uniquement de la mise à la consommation directe et sont exonérés des droits et taxes à l'importation à l'exception:	**第 60 条**:用于 PPP 合同制度项下的投资项目的器材和设备、原材料、零部件、物料和供给享受直接消费适用的关税制度①,并且免除进口税,但以下税项除外:
– des centimes additionnels communaux (CAC);	– 市镇附加税;
– du prélèvement communautaire de l'Union Africaine;	– 非洲联盟的联盟税;
– du prélèvement communautaire de la CEDEAO;	– 西非国家经济共同体的共同体税;
– du prélèvement communautaire de solidarité (PCS/UEMOA);	– 西非经济货币联盟的团结税;
– de la redevance statistique;	– 统计税;
– de la taxe de l'Organisation pour l'Harmonisation en Afrique du Droit des Affaires (OHADA).	– 非洲商法统一组织(OHADA)的税收。

① 中伦注:此处译文可能不准确,建议咨询专业的税务师。

Article 61: Les matériels et équipements professionnels, les engins, les machines et véhicules à usage spécial ou de chantier destinés de manière temporaire à la réalisation et/ou à l'exploitation des investissements dans le cadre d'un Contrat de partenariat Public-Privé bénéficient du régime d'admission temporaire.	**第 61 条**:在 PPP 合同框架内临时用于投资的实现和/或运营的专业器材和设备、器械、工地用或专用机械和车辆适用临时入境制度①。
Article 62: Les matériels et équipements, les matières premières, les parties et pièces détachées, les matériaux et fournitures importés, destinés aux projets d'investissement sous le régime de Contrats de Partenariat Public-Privé doivent, sous peine d'irrecevabilité, être accompagnés obligatoirement des documents ci-après:	**第 62 条**:用于 PPP 合同制度项下的投资项目的器材和设备、原材料、零部件、进口物料和供给,必须附有以下文件,否则不予受理:
- les connaissements, lettres de transport aérien ou de voiture;	- 提单、航空或陆运货运单;
- les factures, notes de fret et déclaration d'importation libellées au nom du titulaire du contrat et reprenant le numéro du contrat.	- 以合同持有人的名义开具的包括合同编号的发票、货运单和进口申报单。
Article 63: Les matériels et équipements ayant bénéficié des avantages prévus par la présente loi font l'objet d'un contrôle par les Administrations concernées.	**第 63 条**:享有本法规定优惠的器材和设备应受有关政府部门的监管。

① 中伦注:我们认为此处的临时入境制度相当于临时进口制度。

Les matériels et équipements, les matières premières, les parties et pièces détachées, les matériaux et fournitures importés destinés au projet d'investissement sous le régime de Contrat de Partenariat Public-Privé peuvent bénéficier de l'assouplissement des formalités d'inspection avant embarquement selon les modalités fixées par voie règlementaire.	用于 PPP 合同制度项下的投资项目的进口的器材和设备、原材料、零部件、物料和供给可根据法规规定的方式享有放宽的装运前检验手续。
Article 64: En phase d'exploitation et/ou de gestion, les Projets de type Partenariat Public-Privé bénéficient des avantages fiscaux ainsi qu'il suit:	**第 64 条**:在运营和/或管理阶段,PPP 项目享有税收优惠,具体如下:
- exonération de l'impôt Minimum Forfaitaire (IMF) pendant les deux (2) premières années d'exercice, y compris celle prévue à l'article 37.2 du Livre premier du Code Général des Impôts, pour les CPPP dont la durée est égale à cinq (5) ans;	- 对于期限为五(5)年的 PPP 合同,在前两个财政年度免征最低包干税,其中包括《税法典》第一卷第 37.2 条中所规定的税收豁免;
- exonération de l'impôt Minimum Forfaitaire (IMF) pendant les cinq (5) premières années pour les CPPP dont la durée est supérieure à 5 ans et inférieure ou égale à 15 ans, et des sept (7) premières années pour les CPPP dont la durée est supérieure à 15 ans, y compris celle prévue à l'article 37.2 du Livre premier du Code Général des Impôts;	- 对于期限超过 5 年但不超过 15 年的 PPP 合同,前五(5)个财政年度免征最低包干税,对于期限超过 15 年的 PPP 合同,前七(7)个财政年度免征最低包干税,其中包括《税法典》第一卷第 37.2 条所规定的税收豁免;
- exonération totale de la taxe professionnelle et de la taxe immobilière pendant toute la durée du CPPP;	- 在 PPP 合同的整个期限内免征营业税和不动产税;

- non application des impôts et taxes à caractère fiscal dont la création est intervenue après la signature du contrat;	-不适用合同签署后创设的具有税收性质的各种税费;
- réduction de cinquante pour cent (50%) du taux des droits et taxes perçus sur les carburants (gas-oil, fuel-oil) et toute autre source d'énergie utilisée dans les installations fixes. Cette exonération est accordée dans les limites d'un contingent fixé annuellement par l'autorité contractante en relation avec la Structure d'Appui au Partenariat Public-Privé les administrations fiscales et douanières comme utilisable dans ses installations. Ces autorités ont un pouvoir de contrôle sur l'utilisation du contingent accordé.	-对固定装置中使用的燃料(瓦斯油和燃料油)和任何其他能源征收的税费的税率减少50%。此等豁免的授予受缔约机关与PPP支持局、税收和海关政府部门一起每年设定的可在设施中使用的配额的限制。该等权力机关有权监管被授予的配额的使用。
Article 65: Toutes les obligations de déclaration prévues par le Code Général des Impôts ainsi que ses textes d'application s'imposent au cocontractant.	**第65条**:《税法典》及其实施条文中规定的所有申报义务均适用于签约人。
Article 66: Le déficit fiscal au terme d'un exercice peut être reporté successivement jusqu'au cinquième exercice qui suit celui de sa survenance.	**第66条**:一个财政年度末的财务亏损可以连续结转,直到财务亏损发生之年后的第五个财政年度为止。
SECTION 2: DU REGIME FINANCIER	**第2节:财务制度**
Article 67: Le Financement des projets d'investissement réalisés en Contrats de Partenariat Public-Privé peut s'effectuer selon les modalités ci-après:	**第67条**:通过PPP合同实施的投资项目的资金提供可按照以下方式进行:
- financement intégral par le cocontractant;	-完全由签约人提供资金;

– financement conjoint autorité contractante-cocontractant ;	– 由缔约机关和签约人共同提供资金；
– financement par un organisme tiers et le cocontractant.	– 由第三方机构和签约人提供资金。
En tout état de cause, la participation éventuelle de l'autorité contractante ne peut excéder 5% du montant global des investissements et ne peut être une condition de garantie pour la mobilisation du financement par le cocontractant.	无论如何，缔约机关根据情况提供的资金不得超过投资总额的 5%，并且该资金不得作为签约人调动资金的保证条件。
Le cocontractant ne peut utiliser le montant de la participation de l'autorité contractante qu'après avoir réalisé au moins 50% des travaux.	签约人仅可在工程实施超过 50% 之后使用缔约机关提供的资金。
Les CPPP faisant l'objet d'un financement intégral par le cocontractant et dont la rémunération est basée sur les paiements des usagers ne font l'objet d'aucune forme de garantie financière par l'Etat.	全部由签约人提供资金并且回报来源于用户支付的费用的 PPP 合同不得获得国家提供的任何形式的融资担保。
Quelle que soit sa forme de financement, le CPPP ne fait pas l'objet d'émission d'une garantie autonome ou souveraine de l'Etat.	不论其资金提供形式如何，PPP 合同都不得获得国家主权担保。
Article 68 : En application de la loi sur la lutte contre le blanchiment des capitaux et le financement du terrorisme, avant la conclusion de tout Contrat de Partenariat Public-Privé, l'autorité contractante adresse aux services compétents du Ministère des Finances, un dossier complet sur le partenaire privé et ses sources de financement.	**第 68 条：**根据《反洗钱和资助恐怖主义法》，在缔结任何 PPP 合同之前，缔约机关将关于社会资本及其资金来源的完整文件发送至财政部主管部门。

L'autorité contractante transmet ledit dossier aux services compétents du Ministère des Finances dès le moment où elle invite le cocontractant aux négociations du CPPP.	缔约机关在邀请签约人谈判 PPP 合同后立即将所述文件提交至财政部主管部门。
Article 69: Le dossier transmis aux services compétents du Ministère des Finances comprend notamment:	**第 69 条**:提交至财政部主管部门的文件包括但不限于:
- pour les personnes morales: le numéro d'immatriculation actuel au registre du commerce; le numéro d'identification fiscal; le numéro d'immatriculation au service de prévoyance sociale; l'attestation de régularité fiscale; la fiche d'enregistrement statistique; les statuts; un bref tableau présentant l'historique de la personne morale; le montant et composition du capital; les noms des principaux actionnaires ou associés;	- 对于法人:商业登记册中当前的注册号;税务识别号;社会保障部门的注册号;缴税证明;统计登记表;章程;记载法人历史的简要表格;资本的金额和构成;主要股东的姓名;
- pour les personnes physiques: le nom et numéro d'immatriculation au registre du commerce de l'établissement; le numéro d'identification fiscal; le numéro d'immatriculation au service de prévoyance sociale; l'attestation de régularité fiscale; la fiche d'enregistrement statistique; un bref tableau présentant l'historique de l'établissement; le casier judiciaire datant de moins de trois (3) mois.	- 对于自然人:自然人商业登记册中的姓名和注册号;税务识别号;社会保障部门的注册号;缴税证明;统计登记表;记载自然人设立的商业机构历史的简要表格;三(3)个月内开具的(无)犯罪记录。
Pour les candidats étrangers, ils doivent produire des documents analogues conformément à la réglementation en vigueur dans leurs pays d'origine.	对于外国候选人,他们必须按照其国籍国现行法规提供类似的文件。

A ce dossier, la personne publique joint l'ensemble des documents sur l'origine du financement et, le cas échéant, la liste des partenaires financiers et les actes attestant leur intention d'accompagner financièrement le projet.	在此文件中,公法人附上所有关于融资来源的全部文件,根据情况,还附有融资合作伙伴清单以及证明其有意为该项目提供融资支持的文书。
Si ces documents et pièces sont produits en langue étrangère, ils sont traduits en français et authentifiés par les autorités compétentes avant leur transmission aux services compétents du Ministère des Finances.	如果该等文件和文书是用外国语言撰写的,须将其翻译成法语并由主管权力机关进行认证,然后再将其提交至财政部的主管部门。
Article 70: Les services compétents du Ministère des Finances transmettent à la personne publique, dans les meilleurs délais, les informations et renseignements recueillis sur le partenaire privé et ses sources de financement. Ces informations et renseignements revêtent un caractère confidentiel.	**第 70 条:**财政部主管部门应尽快将收集到的有关社会资本及其融资来源的信息和资料发送至公法人。该等信息和资料是保密的。
Article 71: La signature du contrat de partenariat est subordonnée à la réception des informations et renseignements provenant des services compétents du Ministère des Finances.	**第 71 条:**合作合同的签署应在收到来自财政部主管部门的信息和资料之后进行。
Si ces informations et renseignements prouvent de manière non équivoque l'usage du blanchiment des capitaux et/ou le financement du terrorisme, l'autorité contractante met fin au processus, sans préjudice des poursuites judiciaires contre le partenaire privé et des dommages-intérêts pour l'État.	如果该等信息和资料明确证明涉及洗钱和/或资助恐怖主义,则缔约机关应终止程序,但不影响对社会资本提起诉讼和对国家进行损害赔偿。

SECTION 3: DES DISPOSITIONS FINANCIÈRES PARTICULIÈRES	**第3节:特别的财务规定**
Article 72: Les modalités financières de gestion, d'exploitation et de rémunération de l'investissement sont fixées conformément à la réglementation en vigueur.	**第72条**:管理、运营和投资回报的财务方式根据现行法规确定。
Le contrat de partenariat peut prévoir la possibilité pour le cocontractant de percevoir des revenus sur la base d'activités annexes. Ces revenus sont considérés comme des recettes de valorisation et à ce titre sont déduits du montant de rémunération dû au cocontractant.	合作合同可规定签约人可根据附属性活动获得收入。该等收入被视为增值性收入,因此应从应付给签约人的回报金额中扣除。
Article 73: Le coût total de l'investissement représente la seule composante susceptible de faire l'objet d'une cession de créance.	**第73条**:投资的总成本是唯一能够构成债权转让的组成部分。
Article 74: Les opérations foncières et domaniales réalisées dans le cadre d'un contrat de partenariat sont soumises aux lois et règlements en vigueur en République du Niger.	**第74条**:根据PPP合同进行的土地和财产操作应遵守尼日尔共和国现行法律和法规。
Lorsque le contrat concerne l'occupation du domaine public, il vaut autorisation d'occupation de ce domaine pour sa durée. L'opérateur du projet a, sauf stipulation contraire du contrat, des droits sur les ouvrages et équipement qu'il réalise.	当合同涉及对公产的占用时,需要获得对该公产在占用期内的占用许可。除合同另有规定外,项目经营者对其所实施的工程和设备拥有权利。
Ces droits lui confèrent les prérogatives et obligations d'usage, dans les conditions et les limites définies par les clauses du contrat ayant pour objet de garantir l'intégrité et l'affectation du domaine public.	在旨在保证公产的完整性和规定用途的合同条款所规定的条件和限制下,该等权利赋予项目经营者使用的特权和义务。

CHAPITRE XI: DES DISPOSITIONS TRANSITOIRES ET FINALES	**第十一章:过渡规定和最终规定**
Article 75: Les contrats de partenariat conclus avant la date de signature de la présente ordonnance restent en vigueur pour la durée pour laquelle ils ont été conclus.	**第 75 条:**在本法令签署之日之前签订的合作合同在其合同期限内保持有效。
Article 76: Les contrats en cours de négociation seront soumis aux dispositions strictes de la présente loi.	**第 76 条:**正在谈判的合同应遵守本法的严格规定。
Article 77: Sont abrogées toutes dispositions antérieures contraires à la présente loi notamment, la loi n° 2011-30 du 25 octobre 2011, ratifiant l'ordonnance n° 2011-07 du 16 septembre 2011, portant Régime général des Contrats de Partenariat Public-Privé en République du Niger et la loi n° 2014-02 du 31 mars 2014, portant Régime fiscal, financier et comptable, applicable aux Contrats de Partenariat Public-Privé.	**第 77 条:**废除所有违反本法的在先规定,特别是 2011 年 10 月 25 日第 2011-30 号关于尼日尔共和国 PPP 合同的基本制度的法律(其批准了 2011 年 9 月 16 日的第 2011-07 号法令)和 2014 年 3 月 31 日第 2014-02 号关于适用于 PPP 合同的税收、财务和会计制度的法律。
Article 78: La présente loi est publiée au Journal Officiel de la République du Niger et exécutée comme loi de l'Etat.	**第 78 条:**本法律在尼日尔共和国官方公报上发布,并作为国家法律实施。

République Démocratique du Congo

Loi n°18/016 du 09 juillet 2018 relative au partenariat public-privé

刚果民主共和国

2018 年 7 月 9 日第 18/016 号
关于政府与社会资本合作的法律

TITRE Ier: DES DISPOSITIONS GENERALES	第一编:总则
CHAPITRE 1er: DE L'OBJET, DU CHAMP D'APPLICATION ET DES DEFINITIONS	**第一章:宗旨、适用范围和定义**
Section 1ère: De l'objet	**第1节:宗旨**
Article 1er La présente loi définit le régime juridique applicable aux contrats de partenariat public-privé et fixe les règles et la procédure relatives à leur conclusion, leur exécution, leur suivi et à leur contrôle, le règlement de leur contentieux, le régime juridique des biens nécessaires à leur exécution, les régimes fiscal, douanier et parafiscal applicables ainsi que les obligations des parties.	**第1条** 本法规定了适用于政府与社会资本合作(以下简称"PPP")合同的法律制度,并规定了关于PPP合同的签订、履行、跟踪和监管的规则和程序、PPP合同的争议解决、履行PPP合同所必需的资产的法律制度、适用的税收制度、海关制度和准税收制度以及合同方义务。
Section 2: Du champ d'application	**第2节:适用范围**
Article 2 La présente loi s'applique à l'ensemble de contrats répondant à la définition du partenariat public-privé, quelle que soit la forme ou la dénomination.	**第2条** 本法适用于任何符合PPP合同定义的合同,而无论合同形式或名称为何。
Elle ne s'applique pas aux contrats passés entre une Autorité contractante et une autre personne morale de droit public ou une entreprise publique de droit congolais, ainsi qu'aux contrats de partenariat public-privé régis par des lois particulières.	本法不适用于在缔约机关和刚果民主共和国的其他公法人或刚果民主共和国的国有企业之间缔结的合同,也不适用于特别法规制的PPP合同。

Article 3 Suivant la particularité et les conditions qui entourent la réalisation du projet, les contrats de partenariat public-privé prennent la forme de contrats de délégation de service public ou de contrat de partenariat portant sur les infrastructures du domaine public comme celles du domaine privé de l'État.	**第 3 条** 根据项目实施的特殊性和情况，PPP 合同采取公共服务委托合同的形式或者涉及公产和国家私产的基础设施的合作合同的形式。
Le contrat de délégation de service public porte obligatoirement sur un service public et prend notamment l'une des formes ci-après：la concession, l'affermage et la régie intéressée.	公共服务委托合同必须涉及公共服务，且采取以下任一种形式：特许经营、租赁和公共事业管理。
Le contrat de partenariat porte notamment sur une mission globale de financement d'une infrastructure, sa conception, sa construction, son exploitation, son entretien à charge du partenaire privé.	合作合同尤其涉及由社会资本负责的基础设施的融资、设计、建设、运营和维护的整体任务。
Article 4 Les accords de longue durée, ayant pour objet l'exploitation des ressources naturelles, en contrepartie de la construction des infrastructures dans lesquels le partenaire privé a une mission globale notamment de financement et de conception d'ouvrages ou d'acquisition d'équi-pements, constituent des contrats de partenariat.	**第 4 条** 作为建设基础设施的交换而授予的以自然资源的开发为目的的长期合同，在该等长期合同中，社会资本负责融资和工程设计或设备采购的整体任务，此类合同也构成合作合同。
Article 5 Le contrat de partenariat public-privé dont l'objet porte sur un service public est un contrat administratif.	**第 5 条** 目的涉及公共服务的 PPP 合同为行政合同。
Section 3：Des définitions	**第 3 节：定义**
Article 6 Au sens de la présente loi, on entend par：	**第 6 条** 在本法中，作出以下定义：

1. **autorité contractante**: toute personne morale de droit public ou personne morale de droit privé dûment mandatée par une autorité publique compétente, qui, dans le cadre de ses attributions, confie à un tiers les opérations visées aux articles 3, 4 et 5 de la présente loi;	1. **缔约机关**:指被主管公共权力机关合法正式授权的任何公法人或私法人,其在自身职权范围内将本法第 3 条、第 4 条和第 5 条规定的业务委托至第三方;
2. **commande publique**: tout contrat passé par une personne publique pour la satisfaction de ses besoins préalablement définis;	2. **公共采购**:指公法人为满足其预先确定的需求而缔结的合同;
3. **contrat**: contrat de partenariat public-privé;	3. **合同**:指 PPP 合同;
4. **délégation de service public**: contrat par lequel une autorité publique compétente confie à une personne morale de droit privé, appelée délégataire, la gestion d'un service public relevant de sa compétence dont la rémunération est liée ou substantiellement assurée par les résultats de l'exploitation du service;	4. **公共服务委托**:指主管公共权力机关通过订立合同将其职权范围内的公共服务管理委托至私法人(该私法人被称为受托人),该私法人获得的回报与服务运营的结果相关或主要取决于服务运营的结果;
5. **dossier d'appel d'offres**: ensemble de documents contenant les renseignements nécessaires à l'élaboration de la soumission, en vue de l'attribution et de l'exécution d'un contrat de partenariat public-privé;	5. **招标文件**:指为了 PPP 合同的授予和履行而制定的载有制作标书所需信息的全部文件;
6. **loyer**: rémunération due au partenaire privé par l'Autorité contractante dans le cadre d'un contrat de partenariat;	6. **酬金**:指缔约机关在合作合同的框架内应支付给社会资本的回报;

7. **offre**: proposition comprenant un ensemble d'éléments techniques et financiers, inclus dans le dossier de soumission, en vue de la conclusion d'un contrat de partenariat public-privé;	7. **方案**:指投标文件中包含的载有一整套技术和财务要素的提案,该提案的目的在于签订 PPP 合同;
8. **opérateur économique**: toute personne physique ou morale de droit public ou privé, ou groupements des personnes intéressées par un contrat de partenariat public-privé;	8. **经营者**:指有意向缔结 PPP 合同的自然人、公法人或私法人,或者该等自然人或法人的联合体;
9. **offre spontanée**: offre d'un projet de partenariat public-privé présentée par un opérateur économique à une Autorité contractante sans qu'il n'ait été sollicité par cette dernière;	9. **自发提案**:指在缔约机关未提出要求的情况下,经营者向其提交的 PPP 项目的提案;
10. **partenaire privé**: tout opérateur économique avec lequel un contrat de partenariat public-privé a été conclu;	10. **社会资本**:指签订 PPP 合同的经营者;
11. **projet**: ensemble d'activités visant à répondre à un besoin dans un délai déterminé, avec des ressources limitées, lesquelles se traduisent notamment par la réalisation des travaux, infrastructures et/ou de toute autre prestation par un partenaire privé à la demande de l'Autorité contractante;	11. **项目**:指在确定的期限内使用有限的资源以满足某项需求的所有活动,该等活动的表现形式为社会资本应缔约机关的要求实施工程、基础设施和/或提供任何其他产品或服务;
12. **redevance**: somme due par le partenaire privé à l'Autorité contractante en contrepartie de l'occupation, de l'utilisation et/ou de l'exploitation d'un domaine ou d'une infrastructure publics;	12. **使用费**:指社会资本应向缔约机关支付的款项,以此作为占有、使用和/或运营公产或公共基础设施的对价;
13. **service public**: tout organisme ou toute activité d'intérêt général relevant de l'administration publique;	13. **公共服务**:指属于国家行政机关管辖范围的涉及公共利益的任何机构或任何活动;

14. **soumissionnaire**: opérateur économique qui dépose une offre à la demande de l'Autorité Contractante;	14. **投标人**:指应缔约机关要求投标的经营者;
15. **termes de référence**: ensemble d'indications, d'orientations et de directives succinctes contenues dans le cahier des charges en vue de la conclusion d'un contrat de partenariat public-privé.	15. **参考条款**:指为了签订 PPP 合同而制定的任务书①中所载的全部简明的指示、方针和指令。
CHAPITRE 2: DES PRINCIPES	**第二章:原则**
Article 7 Le contrat de partenariat public-privé est soumis aux principes suivants:	**第 7 条** PPP 合同受以下原则规制:
1. la concurrence dans son octroi;	1. PPP 合同授予的竞争性原则;
2. la transparence dans les procédures d'octroi et d'exécution d'un contrat de partenariat public-privé;	2. PPP 合同授予程序和履行程序的透明原则;
3. l'égalité de traitement des candidats et des soumissionnaires;	3. 候选人和投标人的平等待遇原则;
4. la légalité des prestations et l'égalité des usagers à l'accès au service public;	4. 提供的产品或服务的合法性和用户获得公共服务的平等性原则;
5. la promotion de l'expertise nationale;	5. 本国专业水平的促进原则;
6. la continuité et l'adaptation des services publics;	6. 公共服务的连续性和适应性原则;
7. la sécurisation des investissements privés;	7. 私人投资的安全性原则;
8. la performance et l'efficience des prestations.	8. 产品或服务的提供的高绩效和高效率原则。

① 中伦注:本质上为规定工作要求的文件,也有人翻译为“责任书”“需求说明”“任务单”“计划书”,我们统一翻译为“任务书”。

Article 8 Tout opérateur économique remplissant les conditions de choix prévues dans le dossier d'appel d'offres peut concourir et se voir attribuer un contrat de partenariat public-privé.	**第 8 条** 任何符合招标文件中规定的选择条件的经营者都可以参与竞争并被授予 PPP 合同。
Article 9 La transparence dans les procédures d'octroi et d'exécution du contrat de partenariat public-privé se traduit notamment par:	**第 9 条** PPP 合同的授予程序和履行程序中的透明原则表现为:
1. la diffusion suffisante et largement à l'avance des besoins par l'autorité contractante, de façon à garantir l'accès au contrat de partenariat public privé du plus grand nombre de candidats;	1. 缔约机关预先对需求进行充分且广泛的传播,以确保尽可能多的候选人参与 PPP 合同;
2. la possibilité de prendre connaissance des règles effectivement appliquées à travers des textes clairs, y compris l'usage de documents standards, qui facilitent le contrôle a priori et a posteriori du respect de ces règles;	2. 通过明确的文本(包括使用标准文件)而知悉实际适用的规则的可能性,以便事先和事后监管该等规则的遵守情况;
3. l'ouverture publique des offres et la publication des résultats qui permettent le contrôle de l'impartialité des procédures d'attribution des contrats;	3. 公开开标并公布结果以便监管合同授予程序的公正性;
4. le droit de recours en cas de non-respect des règles d'octroi et d'exécution du contrat;	4. 在不遵守合同授予和合同履行规则时的申诉权;
5. le bannissement de toute forme de fraude et de corruption dans l'octroi et l'exécution du contrat.	5. 在合同的授予和履行中禁止任何形式的欺诈和腐败。

Article 10 Sont interdites les dispositions qui, par leurs exigences particulières, écartent certaines catégories de candidats ou de soumissionnaires en se fondant sur des considérations contraires à la loi.	**第 10 条** 禁止合同条款基于与法律相悖的考量通过特殊要求将某类候选人或投标人排除在外。
Article 11 Les prestations prévues dans le contrat de partenariat public-privé sont, dans leur nature et leur objet, conformes aux lois et règlements en vigueur en République Démocratique du Congo.	**第 11 条** 在 PPP 合同中规定的所提供的产品或服务的性质和目标不得违反刚果民主共和国的现行法律法规。
Le partenaire privé garantit un accès et un traitement égal aux usagers du service public faisant l'objet du contrat.	社会资本确保作为合同标的的公共服务的用户平等地获得公共服务并享有平等的待遇。
Article 12 Sans préjudice des dispositions particulières, le partenaire privé privilégie le recrutement des nationaux à compétence égale à celui des étrangers.	**第 12 条** 在不影响特殊规定的情况下，社会资本优先雇佣能力同等的本国人而非外国人。
Le recrutement de sous-traitant s'opère conformément à la loi n° 17/001 du 8 février 2017 fixant les règles relatives à la sous-traitance.	分包商的雇佣必须根据 2017 年 2 月 8 日第 17/001 号关于分包的规定的法律实施。
Article 13 Les bénéficiaires des contrats partenariat public-privé financent des investissements à caractère social en faveur du personnel du projet et des com-munautés locales.	**第 13 条** PPP 合同的受益人对项目工作人员和当地社区提供社会投资。
Article 14 Lorsque le contrat de partenariat public-privé comporte une mission de service public, le partenaire privé s'engage à poursuivre son exécution sans interruption et à l'adapter au changement du contexte notamment technique, social, économique et environnemental.	**第 14 条** 当 PPP 合同包含公共服务的任务时，社会资本承诺持续不间断地履行 PPP 合同并根据技术、社会、经济和环境的背景变化而对 PPP 合同进行相应调整。

Article 15 Sans préjudice des dispositions ultérieures favorables, l'État garantit l'exécution effective du contrat, conformément à sa durée et aux engagements des parties, quels que soient les changements du cadre légal et réglementaire régissant ledit contrat ou les changements intervenus dans la direction de l'État ou de l'Autorité contractante.	**第 15 条** 无论合同的法律和监管框架作何变化或者国家或缔约机关的方针如何变更,在不影响适用更为有利的新规定的前提下,国家确保合同根据合同期限和合同方的承诺得到有效履行。
Un décret du Premier Ministre délibéré en Conseil des Ministres fixe les modalités d'octroi de cette garantie de l'État.	经部长委员会审议的总理法令规定该国家担保的授予方式。
Article 16 Le contrat de partenariat public-privé prévoit les objectifs de performance et d'efficience des prestations à atteindre par le partenaire privé. La performance est appréciée notamment en fonction de la qualité des prestations des services, du prix appliqué aux usagers, de la qualité, de la durabilité ainsi que de l'efficacité et de l'efficience des ouvrages, équipements et des installations.	**第 16 条** PPP 合同规定社会资本需达到的提供产品或服务的绩效目标和效率目标。绩效特别是从提供服务的质量、用户承担的价格以及工程、设备和设施的质量、持久性、效力和效率等方面进行评定。
TITRE II: DU CADRE INSTITUTIONNEL	**第二编:机构框架**
Article 17 Le cadre institutionnel du partenariat public-privé est constitué des institutions et organismes chargés de la conception du plan de développement national et de la gestion des investissements, de conseil, de conclusion, d'approbation, de régulation et de contrôle des partenariats publics-privés.	**第 17 条** PPP 的机构框架由负责制订国家发展计划和负责管理 PPP 的投资、咨询、签订、批准、管控和监管的机构和组织组成。

Il comprend:	机构框架包括:
1. le pouvoir central, la province et l'entité territoriale décentralisée;	1. 中央政府、省和地方政府;
2. l'Autorité contractante;	2. 缔约机关;
3. l'Etablissement public;	3. 公共机构;
4. l'Autorité de régulation des marchés publics;	4. 公共合同管控委员会;
5. l'Autorité approbatrice.	5. 批准机关。
Article 18 Le pouvoir central, la province et l'entité territoriale décentralisée, chacun dans les limites de ses compétences et attributions, conçoivent, proposent et mettent en œuvre le plan de développement, la politique et les stratégies dans le domaine de partenariat public-privé.	**第 18 条** 中央政府、省和地方政府各自在其能力和职权范围内设计、提议和实施在 PPP 领域中的发展计划、政策和策略。
Le Ministre ayant le Plan dans ses attributions coordonne le secteur de partenariat public-privé.	负责制订计划的部长协调 PPP 部门。
Le Gouvernement présente au Parlement un rapport annuel portant sur l'exécution des projets de partenariat public-privé.	政府将涉及 PPP 项目实施的年报提交至议会。
Article 19 Le Gouvernement crée un établissement public chargé de conseil, de la coordination des activités et de l'encadrement de la conclusion de contrat de partenariat public-privé.	**第 19 条** 政府设立一个公共机构,该公共机构负责活动的咨询、协调以及 PPP 合同签订的指导。
À ce titre, l'établissement public est chargé notamment de:	为此,该公共机构尤其负责:
1. appliquer la politique nationale en matière de partenariat public-privé et en élaborer le programme d'activités;	1. 实施 PPP 方面的国家政策并为其制订活动计划;

2. promouvoir le partenariat public-privé en République Démocratique du Congo;	2. 促进刚果民主共和国的 PPP;
3. constituer une base des données des projets de partenariat public-privé éligibles;	3. 构建适格 PPP 项目的数据库;
4. assister et conseiller l'Autorité contractante dans la préparation des projets de partenariat public-privé;	4. 在 PPP 项目的筹备中协助缔约机关并为其提供咨询;
5. valider les projets à réaliser dans le cadre de partenariat public-privé soumis par l'Autorité contractante;	5. 使缔约机关提交的以 PPP 形式实施的项目生效;
6. donner des avis sur les offres spontanées provenant des opérateurs économiques;	6. 就经营者的自发提案发表意见;
7. définir le cadre de dialogue avec les partenaires financiers extérieurs;	7. 确定与外部融资方对话的框架;
8. suivre, pour le compte de l'Autorité contractante, la réalisation des projets confiés au partenaire privé;	8. 为缔约机关利益而跟踪委托给社会资本的项目的实施情况;
9. évaluer la conformité des projets de partenariat au regard des politiques de l'État en matière économique, sociale et de développement des infrastructures ainsi qu'en matière des normes environnementales et d'aménagement du territoire;	9. 评估 PPP 项目是否符合经济、社会和基础设施发展方面的国家政策以及是否符合环境标准和国土整治标准;

10. proposer au Gouvernement, après avis conforme de l'Autorité de Régulation des Marchés Publics, la mise à jour de la réglementation sur le partenariat public-privé;	10. 在公共合同管控委员会作出批复之后,向政府提议更新关于 PPP 的法规;
11. transmettre au Gouvernement le rapport annuel sur les projets réalisés dans le cadre de partenariat public-privé.	11. 向政府提交以 PPP 形式实施的项目的年报。
Article 20 L'Établissement public relève du Ministre ayant le Plan dans ses attributions.	**第 20 条** 公共机构隶属于制订计划的部长。
Un décret du Premier Ministre, délibéré en Conseil des Ministres, fixe les règles d'organisation, de fonctionnement et de financement dudit établissement.	经部长委员会审议的总理法令规定上述机构的组织、运作和资金提供的规则。
Article 21 La régulation et le contrôle a priori et a posteriori de la procédure de conclusion du partenariat public-privé sont assurés par l'Autorité de régulation des marchés publics.	**第 21 条** 公共合同管控委员会负责 PPP 签订程序的事先和事后的管控和监管。
La gestion de contentieux d'attribution ou d'exécution des contrats de partenariat public-privé est assurée par le Comité de règlement de différends de l'Autorité de régulation des marchés publics.	公共合同管控委员会的争议解决委员会负责处理关于 PPP 合同的授予和履行方面的争议。
Article 22 Le contrat de partenariat public-privé est approuvé, suivant les seuils, par une Autorité compétente.	**第 22 条** 主管权力机关根据相应的标准批准 PPP 合同。
Un décret du Premier Ministre, délibéré en Conseil des Ministres, détermine les modalités d'approbation et les différentes catégories d'autorités approbatrices.	经部长委员会审议的总理法令规定批准方式及各类批准机关。

Article 23 L'exercice cumulé par une même institution ou un même organisme des fonctions de gestion, de régulation et d'approbation est strictement prohibé. Il emporte nullité des actes pris en violation de cette disposition sans préjudice des sanctions qui pourront être prononcées à l'encontre du contrevenant.	**第 23 条** 严禁同一机构或同一组织兼任管理、管控和批准职能。违反该规定作出的行为无效,且不影响对违规者将判处的惩罚。
TITRE III: DE LA CONCLUSION DU CONTRAT	**第三编:合同签订**
CHAPITRE 1: DES GENERALITES	**第一章:总则**
Article 24 La conclusion du contrat de partenariat public-privé est soumise aux préalables ci-après:	**第 24 条** 签订 PPP 合同须满足以下先决条件:
1. l'identification du projet et la réalisation d'une étude de faisabilité;	1. 识别项目并实施可行性研究;
2. l'évaluation de l'opportunité;	2. 评估适当性;
3. l'intégration des besoins dans le cadre d'un programme de développement et d'une programmation budgétaire;	3. 将需求纳入发展规划和预算计划中;
4. la planification d'un processus de mise en concurrence;	4. 规划竞争性程序的流程;
5. le respect des obligations de publicité et de transparence;	5. 遵守公开和透明义务;
6. le choix de l'offre économiquement la plus avantageuse.	6. 选择经济上最有利的方案。
Article 25 Le contrat de partenariat public-privé est conclu par appel d'offres.	**第 25 条** PPP 合同通过招标签订。
Il peut exceptionnellement être attribué selon la procédure de gré à gré dans les conditions définies par la présente loi.	作为例外,也可根据本法规定的条件通过议标程序授予 PPP 合同。

L'offre spontanée est admise dans les conditions prévues par la présente loi.	在本法规定的条件下接受自发提案。
Article 26 L'Autorité contractante, après avis de l'établissement public ou son délégué, choisit l'offre économiquement la plus avantageuse, évaluée sur la base de critères objectifs préalablement portés à la connaissance des candidats et exprimés en termes monétaires.	**第 26 条** 缔约机关在征求公共机构或公共机构代表的意见之后选择经济上最有利的方案,该选择以预先告知候选人的以货币形式表示的客观标准为评估标准。
CHAPITRE 2: DES CRITERES DE CHOIX DU PARTENAIRE PRIVE ET DE L'OFFRE ECONOMIQUEMENT LA PLUS AVANTAGEUSE	**第二章:社会资本和经济上最有利的方案的选择标准**
Article 27 Le choix du partenaire privé est opéré en tenant compte notamment des critères de qualification du candidat et d'évaluation de l'offre économiquement la plus avantageuse.	**第 27 条** 社会资本的选择须特别考虑候选人资质标准和经济上最有利的方案的评估标准。
Article 28 Les critères de qualification du candidat sont notamment:	**第 28 条** 候选人资质标准包括但不限于:
1. la régularité de l'existence juridique;	1. 作为法律实体存在的合法性;
2. la capacité professionnelle, financière et technique, notamment les effectifs, les installations et matériels dont dispose le candidat pour exécuter le contrat; en cas de groupement d'entreprises, les capacités de chacun de ses membres, en vue de déterminer si la combinaison de leurs qualifications permet de répondre aux besoins des opérations faisant l'objet du contrat;	2. 专业、财务和技术方面的能力,包括候选人可用于履行合同的员工、设施和物料;就企业联合体而言,其每个成员的能力,以确定其资质的组合是否能够满足作为合同标的的业务的需要;

3. les références concernant les contrats analogues;	3. 类似合同的能力证明;
4. l'absence de disqualification ou de condamnation du candidat, de ses dirigeants liée à leurs activités professionnelles;	4. 候选人及其管理人从未因其业务活动被取消资格或受到任何处罚;
5. la norme de qualité éventuelle sous laquelle le candidat est inscrit;	5. 候选人注册时可能依据的质量标准;
6. la situation régulière du candidat vis-à-vis de l'administration fiscale, douanière et des organismes de sécurité sociale.	6. 候选人在税务机关、海关机关和社保机构无违规违法记录。
Article 29 Les critères d'évaluation de l'offre économiquement la plus avantageuse sont notamment:	**第 29 条** 经济上最有利的方案的评估标准包括:
1. le coût d'investissement;	1. 投资成本;
2. les délais d'exécution;	2. 实施期限;
3. la qualité et la rationalité du montage financier et des sources de financement pour faire face aux engagements liés au contrat;	3. 用于履行合同承诺的融资结构和融资来源的质量和合理性;
4. l'aptitude à assurer la qualité et la continuité du service public;	4. 保证公共服务的质量和连续性的能力;
5. les spécifications et normes de performance prévues ou proposées;	5. 预计的或提议的绩效规范和标准;
6. les tarifs proposés aux usagers;	6. 向用户提议的价格;
7. les sommes éventuellement reversées à l'État ou à l'Autorité contractante;	7. 可能返还至国家或缔约机关的款项;
8. toute autre recette issue de l'exploitation des équipements et la valeur de rétrocession des installations au profit de l'Autorité contractante;	8. 来自设备运营的其他收入和向缔约机关返还的设施的价值;

9. les coûts divers, le montant du financement offert;	9. 各项成本、提供的融资金额;
10. le coût de fonctionnement des infrastructures ou matériels proposés;	10. 提供的基础设施或物料的运行成本;
11. la garantie de la durée de vie des infrastructures ou matériels proposés;	11. 提供的基础设施或物料的使用寿命保证;
12. l'impact environnemental;	12. 环境影响;
13. les modalités de transfert de technologie et des compétences aux congolais ou aux personnes morales de droit congolais;	13. 向刚果民主共和国籍的自然人或根据刚果民主共和国法律设立的法人转让技术和技能的方式;
14. l'utilisation plus ou moins accrue des compétences nationales.	14. 对本国技能不同程度的增加使用。
Article 30 Le contrat est attribué au candidat qualifié qui a présenté l'offre économiquement la plus avantageuse, compte tenu des critères de sélection légaux et ceux indiqués dans le dossier d'appel d'offres.	**第 30 条** 按照法定的选择标准和在招标文件中规定的选择标准,将合同授予至提交了经济上最有利的方案的有资格的候选人。
Article 31 Est interdit de soumissionner à un partenariat public-privé, tout opérateur économique:	**第 31 条** 禁止以下经营者参与 PPP 投标:
1. en état de liquidation des biens ou dont la faillite ou la déconfiture est prononcée;	1. 其正在进行资产清算或其宣布破产或无力清偿债务;
2. admis en redressement judiciaire qui ne peut justifier qu'il est habilité à poursuivre son activité;	2. 其被允许进行司法重整且不能证明其有资格继续营业;
3. qui n'a pas souscrit à ses obligations fiscales, parafiscales ou sociales à la date limite fixée pour le dépôt des candidatures;	3. 其在提交候选人资格截止日前未完全履行其税务、准税务或社会义务;

4. qui a fait l'objet d'une condamnation pénale ou d'une sanction prononcée par l'Autorité contractante pour atteinte à la réglementation des partenaires publics-privés;	4. 其曾因违反 PPP 的规定而受刑罚或受缔约机关的制裁;
5. sous le coup d'une mesure de suspension des activités commerciales ou d'une procédure judiciaire pour l'une des raisons mentionnées ci-dessus;	5. 其因上述任一原因而暂停营业或处于司法程序中;
6. disqualifié à la suite d'une procédure administrative de suspension ou de radiation.	6. 其因暂停或注销的行政程序而被取消资格。
Article 32 L'interdiction de soumissionner à un partenariat public-privé visée à l'article 32 de la présente loi s'applique aussi à:	**第 32 条** 本法第 32 条[①]涵盖的禁止投标 PPP 的规定同样适用于:
1. toute entreprise dans laquelle un membre de l'Autorité contractante ou délégante et toute personne qui possède les intérêts financiers ou personnels de quelque nature que ce soit;	1. 内部拥有缔约机关或委托机关的成员的任何企业以及具有任何性质的财务或个人利益的任何人;
2. tout prestataire de service et l'entreprise affiliée au prestataire de service ayant contribué à préparer tout ou partie des dossiers d'appel d'offres;	2. 曾参与制定部分或全部招标文件的服务提供者及其关联企业;
3. toute entreprise dont l'un des cadres dirigeants a exercé une fonction de direction au sein des organes chargés de conseil, de régulation, de gestion, de conclusion, de contrôle et d'approbation des partenariats publics-privés au cours des 3 dernières années.	3. 其高级管理人员在过去 3 年中在负责 PPP 的咨询、管控、管理、签订、监管和批准的机构中担任管理职务的任何企业。

① 中伦注:此处的第 32 条应为引用错误,我们认为应为第 31 条。

CHAPITRE 3: DE L'APPEL D'OFFRES ET DE LA QUALIFICATION	第三章:招标和资格
Article 33 L'appel d'offres est ouvert ou restreint. Il est précédé d'une procédure de pré-qualification.	**第 33 条** 招标可采用公开招标或限制性招标的形式。招标之前设有资格预审程序。
Article 34 Dans les procédures ouvertes ou restreintes, le délai de réception des candidatures ou des offres ne peut être inférieur à quarante-cinq jours calendriers à compter de la publication de l'avis de pré-qualification.	**第 34 条** 在公开招标或限制性招标程序中,接收候选人资格或方案的期限不得少于自资格预审公告发布之日起 45 个日历日。
La publicité est faite par insertion, dans les mêmes termes, dans la presse locale, nationale ou internationale ou sous mode électronique, selon un document modèle qui en fixe les mentions obligatoires. Cette obligation concerne également les avis de pré-qualification.	公告的方式为,按照规定了必备内容的模板文件在当地媒体、全国性媒体或国际媒体或在网络上进行公告。资格预审公告也须遵守该公告义务。
L'absence de publicité entraîne la nullité de la procédure.	未公告导致程序无效。
Article 35 L'avis de pré-qualification est publié par l'Autorité contractante dans des organes de presse écrite, électronique ou audiovisuelle, nationale ou étrangère, spécialisée ou non. La diffusion de l'avis de pré-qualification est faite de façon à informer tous les candidats potentiels de l'existence du projet.	**第 35 条** 缔约机关通过国内外专业或非专业纸质媒体、网络媒体或视听媒体发布资格预审公告。资格预审公告须广泛传播,使得所有潜在候选人都知悉该项目的存在。
L'avis de pré-qualification contient au moins les informations suivantes:	资格预审公告至少包括以下信息:
1. une description du projet, objet du contrat;	1. 项目描述,合同标的;

2. des indications éventuelles sur les autres éléments essentiels du projet;	2. 对项目其他要素的指示(如有);
3. le lieu de retrait du dossier de pré-qualification;	3. 资格预审文件的提取地点;
4. le lieu et la date du dépôt du dossier de pré-qualification;	4. 提交资格预审文件的地点和日期;
5. le prix d'achat du dossier de pré-qualification.	5. 资格预审文件的购买价格。
Article 36 L'Autorité contractante établit le dossier de pré-qualification qui contient les éléments suivants:	**第 36 条** 缔约机关编制的资格预审文件至少包括以下要素:
1. l'ensemble d'instructions relatives à l'établissement des demandes de pré-qualification;	1. 关于进行资格预审申请的全部指示;
2. la description de la structure contractuelle;	2. 合同结构的描述;
3. la liste des pièces et d'autres informations demandées aux candidats pour justifier leur capacité;	3. 要求候选人提供的证明其能力的文件清单和其他信息;
4. les critères précis de pré-qualification.	4. 资格预审的明确标准。
Une conférence peut être organisée avec les candidats avec, éventuellement, une visite de site.	可与候选人开会,若需要也可现场考察。
Article 37 L'Autorité contractante répond dans le délai fixé par les mesures d'application à toute demande d'éclaircissements qu'elle reçoit de la part d'un candidat. La réponse fournie est transmise à tous les candidats ayant retiré un dossier de pré-qualification ou un dossier d'appel d'offres sans indication de l'origine de la demande.	**第 37 条** 缔约机关在实施措施规定的期限内对其收到的候选人提出的澄清申请作出回复。作出的回复不注明该澄清申请的来源,且发送至获取资格预审文件或招标文件的全部候选人。

L'Autorité contractante statue, conformément aux critères énoncés dans le dossier de pré-qualification, sur la qualification de chaque candidat ayant présenté une demande.	根据在资格预审文件中列出的标准，缔约机关就每个提交申请的候选人是否通过资格预审作出决定。
Elle dresse la liste des candidats dont elle écarte la demande de pré-qualification ainsi que la liste de ceux dont elle retient la demande. L'Autorité contractante informe chaque candidat de la décision prise à son égard. Elle communique aux candidats non retenus les motifs du rejet de leurs candidatures.	缔约机关制定通过资格预审的候选人的清单和未通过资格预审的候选人清单。缔约机关向每个候选人告知其作出的决定。未通过资格预审的候选人则会被缔约机关告知未通过资格预审的原因。
Les candidats dont la demande de pré-qualification est retenue sont invités par l'Autorité contractante à présenter leurs offres dans les conditions prévues par la présente loi.	缔约机关邀请通过资格预审的候选人按照本法规定的条件提交其方案。
Article 38 La sélection se fait en une seule étape lorsque l'Autorité contractante dispose de spécifications techniques détaillées et de critères de performance ou d'indicateurs de résultats précis.	**第 38 条** 当缔约机关具有详细的技术规范和精确的绩效标准或成果指标时，将通过一个步骤完成选择。
Article 39 La sélection du partenaire privé peut également se faire en deux étapes. Les candidats pré-qualifiés remettent des propositions techniques sans indication de prix, sur la base de principes généraux de conception ou de normes de performance. Une fois les propositions reçues et examinées, l'Autorité contractante peut inviter, après avoir éventuellement révisé le dossier d'appel d'offres, les soumissionnaires pré-qualifiés à présenter les propositions techniques assorties d'un prix.	**第 39 条** 社会资本的选择也可通过两个步骤完成。通过资格预审的候选人根据设计的基本原则或绩效标准提交未标明价格的技术方案。一旦接收且审查完毕方案，缔约机关可在修订招标文件之后（如需），邀请通过资格预审的投标人提交其标明价格的技术方案。

Article 40 Le dossier d'appel d'offres comprend trois parties suivantes:	**第 40 条** 招标文件包括以下三个部分:
1. les instructions données aux candidats leur fixant les règles pour la participation à l'appel d'offres;	1. 提供给候选人的关于参与招标的规则的指示;
2. les spécifications techniques définissant les travaux, fournitures ou services, ou les termes de référence de la mission, objet du contrat;	2. 确定工程、供给或服务的技术规范或者作为合同标的的任务的参考条款;
3. le projet de contrat à signer contenant les droits et les obligations des parties.	3. 包括合同方权利和义务的待签署的合同草案。
Article 41 L'attribution du contrat de partenariat public-privé s'effectue sur la base de la combinaison optimale de différents critères d'évaluation prévus dans la présente loi et le dossier d'appel d'offres.	**第 41 条** PPP 合同的授予在本法和招标文件规定的不同的评估标准的最佳组合的基础上进行。
Article 42 À l'issue du processus de sélection, l'Autorité contractante et le candidat retenu engagent des négociations en vue d'arrêter les termes définitifs du contrat de partenariat.	**第 42 条** 在选择过程结束之后,缔约机关和被选定的候选人开展谈判以便最终确定 PPP 合同的条款。
Ces négociations sont obligatoires et ne peuvent avoir pour effet l'altération de critères de base d'attribution du contrat.	该等谈判必须进行并且不得改变授予合同的基础标准。
Article 43 Après négociation, le processus de conclusion du contrat suit la procédure ci-après:	**第 43 条** 在谈判后,合同签订过程按照以下程序进行:
1. l'avis de non objection du service chargé du contrôle a priori;	1. 负责事先监管的部门发表非反对意见;

2. la notification provisoire de l'attribution du contrat au candidat retenu et la notification du rejet des offres aux candidats non retenus par l'Autorité contractante;	2. 缔约机关向被选定的候选人临时通知授予合同和向未被选定的候选人通知其投标被拒绝;
3. le traitement des recours éventuels introduits par les candidats non retenus à l'organe chargé de la régulation;	3. 处理未被选定的候选人向管控机构的申诉(如有);
4. l'approbation du contrat par l'Autorité compétente à déterminer par décret du Premier Ministre délibéré en Conseil des Ministres.	4. 由部长委员会审议的总理法令确定的主管权力机关对合同进行批准。
Article 44 À titre exceptionnel, l'Autorité contractante peut également avoir recours à la procédure de gré à gré dans les cas suivants:	**第 44 条** 作为例外,缔约机关可在以下情况中采用议标程序:
1. lorsque la procédure d'appel d'offres lancée ne suscite aucune offre ou a été déclarée infructueuse à deux reprises;	1. 当发起的招标程序未吸引任何投标时,或当发起两次招标程序之后依然宣布招标失败时;
2. lorsque le projet ou l'infrastructure ne peut être réalisé ou exploité pour des considérations techniques ou des raisons tenant à la protection de droits d'exclusivité, que par un seul opérateur économique.	2. 当项目或基础设施出于技术原因或排他性权利保护的原因仅能被唯一的经营者实施或运营时。
Article 45 Le candidat peut présenter une offre spontanée à l'Autorité contractante portant sur la réalisation du projet de partenariat public-privé. Dans ce cas, le candidat procède aux études préalables lui permettant de présenter un projet cohérent.	**第 45 条** 候选人可向缔约机关提交涉及实施 PPP 项目的自发提案。在此情况下,候选人进行预先研究,以便其能够提交合理的项目。

Une offre spontanée n'est recevable que si l'Autorité contractante n'a pas fait état, à la date de la présentation de l'offre, de son intention, même éventuelle, de réaliser un tel projet ou ne peut mobiliser des capitaux à cet effet.	只有当缔约机关在提交提案之日未表示其实施(或可能实施)此种项目的意图或者无法为此目的而筹措资金时,才可受理自发提案。
L'Autorité contractante évalue la recevabilité de l'offre spontanée après avis conforme de l'établissement public évoqué à l'article 18 de la présente loi.	在本法第 18 条所述的公共机构作出批复之后,缔约机关对自发提案的可受理性进行评估。
L'offre spontanée qui a été déclarée recevable est examinée par l'Autorité contractante. Si cette dernière entend lui donner suite, elle organise un appel d'offres conformément aux dispositions de la présente loi.	被宣布为可受理的自发提案将由缔约机关进行审查。若缔约机关打算接受该自发提案并开展后续工作,则根据本法的规定组织招标。
Le candidat, auteur de l'offre spontanée, confie les études préalables qu'il a réalisées à l'Autorité contractante afin que celle-ci les mette à la disposition de tous les candidats. Le candidat, auteur de l'offre spontanée, participe à l'appel d'offres dans les mêmes conditions que les autres candidats.	提交自发提案的候选人将其实施的预先研究提交至缔约机关以便缔约机关将该预先研究提供至全部候选人。提交自发提案的候选人在与其他候选人相同的条件下参与招标。
Le candidat, qui a présenté une offre spontanée à laquelle l'Autorité contractante a donné suite, bénéficie d'une indemnité compensatoire des frais engagés.	提交了缔约机关决定开展后续工作的自发提案的候选人就所支出的费用享有补偿。
TITRE IV: DU REGIME JURIDIQUE DU CONTRAT DE PARTENARIAT PUBLIC-PRIVE	**第四编:PPP 合同的法律制度**
CHAPITRE 1: DES DISPOSITIONS COMMUNES	**第一章:总则**
Article 46 Le contrat de partenariat public-privé comporte les clauses suivantes:	**第 46 条** PPP 合同包括以下条款:

1. l'identité et la nationalité des parties;	1. 合同方身份和国籍;
2. le type de contrat de partenariat public-privé;	2. PPP 合同的类型;
3. l'objet du contrat;	3. 合同标的;
4. la durée du contrat et les modalités de sa prolongation;	4. 合同期限及其延期方式;
5. la nature et la description des activités couvertes;	5. 所涉活动的性质和描述;
6. le périmètre technique et géographique et les modalités de son extension;	6. 技术参数和地理边界及其扩展方式;
7. les modalités de financement et de remboursement du financement;	7. 融资方式和融资偿还方式;
8. les modalités de rémunération du partenaire privé;	8. 社会资本的回报方式;
9. la description claire et précise des droits et obligations des parties et les modalités de leur mise en œuvre;	9. 合同方权利和义务的清晰明确的描述及其行使和履行方式;
10. la nature juridique de la société de gestion, le montant de son capital, et l'identité de ses actionnaires, le cas échéant;	10. 管理公司的法律性质、资本额及其股东身份(如有);
11. la précision et l'énumération des permis et licences nécessaires pour que le partenaire privé puisse mettre en œuvre ses obligations contractuelles;	11. 明确列出社会资本能够履行其合同义务所需的许可和证照;
12. les facilités et garanties accordées par l'État au partenaire privé;	12. 国家为社会资本的提供的便利和担保;
13. l'inventaire des biens meubles et immeubles faisant partie du contrat, la nature juridique et le régime de propriété de chaque bien;	13. 合同项下动产和不动产的清单,每项资产的法律性质和权属制度;
14. les modalités de gestion et de transfert des biens, objet du contrat;	14. 作为合同标的的资产的管理和移交的方式;

15. les règles applicables en matière d'occupation du domaine public;	15. 关于占用公产的适用规则;
16. les contours de l'obligation d'investissement;	16. 投资义务的范围;
17. les conditions de validité et d'entrée en vigueur du contrat;	17. 合同有效和生效的条件;
18. les modalités et conditions de résiliation du contrat;	18. 解除合同的方式和条件;
19. les recours et sanctions relatives aux manquements aux obligations des parties;	19. 合同方不履行义务的救济和制裁;
20. les modalités de suivi-évaluation;	20. 跟踪－评估的方式;
21. les modalités de contrôle du contrat;	21. 合同监管方式;
22. les conditions de partage des risques.	22. 风险分担条件。
Article 47 Les parties respectent les engagements contractuels réciproques et les exécutent de bonne foi.	**第 47 条** 双方遵守各自的合同承诺并且诚信履行合同。
Article 48 Le partenaire privé exécute le contrat personnellement sauf si l'Autorité contractante l'autorise à sous-traiter une partie de ses obligations.	**第 48 条** 除非缔约机关允许社会资本将其部分义务分包,社会资本应亲自履行合同。
Article 49 Excepté le contrat dans lequel l'Autorité contractante assure la maitrise d'ouvrage des travaux et des équipements, le partenaire privé s'engage à assurer la totalité du financement convenu nécessaire à la réalisation du projet. Il est tenu de fournir à l'Autorité contractante le plan détaillé de financement et les sources de financement du projet.	**第 49 条** 除了缔约机关确保工程和设备的监理的合同之外,社会资本承诺确保实施项目所需的约定的全部融资。社会资本须向缔约机关提供详细的融资计划和项目融资来源。

En raison de la taille et de la complexité du projet, l'Autorité contractante ou l'État peut apporter au partenaire privé des appuis à caractère administratif.	根据项目的规模和复杂程度,缔约机关或国家可对社会资本提供行政性质的支持。
Article 50 Tout contrat de partenariat public-privé est limité dans sa durée.	**第 50 条** 任何 PPP 合同都具有期限。
La durée du contrat de partenariat public-privé est déterminée en fonction de la nature, de l'objet du contrat et du taux de rentabilité du projet afin de permettre au partenaire privé de recouvrer tous les coûts d'investissement, d'exploitation, d'entretien, les frais financiers et réaliser un bénéfice.	PPP 合同的期限取决于合同的性质、标的和项目盈利率,以使得社会资本能够收回全部的投资成本、运营成本、维护成本、融资费用并且实现盈利。
Article 51 La durée peut être prorogée, sur la base d'un avis motivé de l'Établissement public visé à l'article 19 de la présente loi et soumis à l'approbation de l'Autorité contractante, lorsque le partenaire privé est contraint, pour la bonne exécution du service public ou l'extension de son champ d'application géographique ou à la demande de l'Aut-orité publique, de réaliser des travaux non prévus au contrat initial, de nature à modifier l'économie générale du projet et qui ne pourraient être amortis pendant la durée restante du contrat, que par une augmentation de prix manifestement excessive.	**第 51 条** 为了公共服务的良好履行或扩大其地理实施范围,或者应公共权力机关的要求,社会资本不得不实施原合同中未规定的工程,该等工程将改变项目的整体经济性且只能通过大幅提高价格的方式才能在合同的剩余期限内逐步收回投资。在该情形下,在得到本法第 19 条所述的公共机构的附理由的审批意见并且经缔约机关批准后,PPP 合同的期限可被延长。

La durée de prorogation doit être strictement limitée aux délais nécessaires au rétablissement des conditions de continuité de service ou de l'équilibre financier du contrat. Cette prorogation ne peut intervenir qu'une seule fois et doit être justifiée dans un rapport établi par le partenaire privé et faire l'objet d'un avenant au contrat de partenariat public-privé dans les mêmes conditions d'approbation que le contrat initial.	延长的期限应当严格限制于恢复服务连续性或恢复合同的财务平衡所需的期限。延期仅可进行一次,并且社会资本须出具报告证明其合理性,延期须通过PPP合同的补充协议而实施,该补充协议的批准条件与原合同相同。
Article 52 La rémunération du partenaire privé dépend du type de contrat de partenariat public-privé.	**第 52 条** 社会资本的回报由 PPP 合同类型决定。
Elle peut comporter diverses modalités de paiement notamment l'exploitation de l'activité, objet du contrat, le paiement direct par l'Autorité contractante et/ou le produit d'exploitation de ressources naturelles convenues.	报酬可包括多种支付方式,例如作为合同标的的业务的运营、缔约机关直接支付的酬金和/或约定的自然资源的开采物。
Article 53 Le contrat de partenariat public-privé prévoit les mécanismes garantissant l'équilibre financier entre les parties suivant la nature et l'ampleur des risques encourus.	**第 53 条** PPP 合同设有根据承担的风险的性质和大小来确保在合同方之间的财务平衡的机制。
Article 54 L'Autorité contractante assure au partenaire privé une subvention d'équilibre pour les produits ou services vendus dans l'intérêt du service public à des prix inférieurs à ceux prévus dans le contrat.	**第 54 条** 缔约机关向社会资本保证,对于为了公共服务利益而销售的产品或服务,若其销售价格低于合同规定的价格,则给予社会资本补贴。

L'Autorité contractante indemnise équitablement le partenaire privé au cas où le transfert de l'ouvrage se fait en tout ou partie avant l'échéance prévue par le fait de l'Autorité contractante.	若社会资本由于缔约机关的行为在预定的期限届满之前将工程全部或部分移交至缔约机关,缔约机关对其进行公允的补偿。
Article 55 Pour la bonne exécution du contrat et sous réserve des lois en vigueur en République Démocratique du Congo, l'État s'engage envers les partenaires privés et ses sous-traitants directs à:	**第 55 条** 为了合同的良好履行且在遵守刚果民主共和国现行法律的情况下,国家向社会资本及其直接分包商承诺:
1. mettre à disposition effective des terrains, voie d'accès, réseaux, installations et équipements utilitaires disponibles et autres périmètres et installations nécessaires à la construction, à la réhabilitation des infrastructures et dépendances du projet et à leur exploitation;	1. 提供项目的基础设施和附属建筑物的建设、翻修和运营所必需的可用的土地、通道、网络、设施和实用设备以及其他周边和设施;
2. éliminer, le cas échéant, après études et évaluation, tout empêchement majeur au bon fonctionnement des opérations de partenariat;	2. 在研究和评估后消除任何妨碍合作业务正常运作的重大障碍(如有);
3. faciliter leur entrée et leur séjour en République Démocratique du Congo ainsi que pour leurs préposés;	3. 为社会资本及其直接分包商以及工作人员进入刚果民主共和国并在刚果民主共和国居留提供便利;
4. octroyer des autorisations, licences, attestations, certificats ou d'autres documents requis par une autorité com-pétente, congolaise ou étrangère, pour permettre la conclusion ou l'exécution des opérations de partenariat ou de toute convention et de ses annexes ou d'en retirer les résultats.	4. 授予刚果民主共和国或外国主管权力机关要求的各种授权、许可、证明、证书或其他文件,以便能够履行合作业务或签订任何协议及其附件或从中获得收益。

Article 56 Sous peine de résiliation du contrat, le partenaire privé étranger se constitue après la signature du contrat, soit en une société commerciale de droit congolais, soit en une succursale confor-mément à la législation congolaise en la matière.	**第 56 条** 在合同签署后,外国社会资本须根据刚果民主共和国法律设立商业公司或者根据刚果民主共和国相关法律设立分支机构,否则合同将被解除。
En cas de création d'une société de projet, le partenaire privé se constitue en une société de droit congolais après la signature du contrat pour la mise en œuvre du projet.	在设立项目公司的情况下,在签署合同之后,社会资本将设立刚果民主共和国法律项下的公司以便实施项目。
Les dispositions de l'alinéa 1er s'appliquent mutatis mutandis à tout sous-traitant direct du partenaire privé appelé à exécuter des prestations de service sur le territoire de la République Démocratique du Congo.	任何在刚果民主共和国境内提供服务的社会资本的直接分包商参照适用本条第 1 款的规定。
Article 57 En cas de manquement grave du partenaire privé ou de survenance d'un événement pouvant justifier la résiliation du contrat, l'Autorité contractante peut, s'il échet, convenir de la substitution du partenaire privé par les prêteurs aux fins de poursuivre la réalisation dudit contrat.	**第 57 条** 在社会资本严重违约或者在发生能够证明有理由解除合同的事件的情况下,若社会资本不能履行合同,缔约机关可同意由贷款方替代社会资本以便继续履行该合同。
Article 58 Le contrat de partenariat public-privé peut être résilié notamment pour les cas suivants:	**第 58 条** 若发生以下情形,则可解除 PPP 合同:
1. la force majeure dans les conditions prévues par le contrat;	1. 在合同规定条件下的不可抗力;
2. le consentement mutuel des parties aux conditions prévues au contrat;	2. 在合同规定条件下双方达成一致;

3. la faute grave ou la défaillance du partenaire privé;	3. 社会资本的重大过错或违约;
4. la faute grave de l'Autorité contractante ou le déséquilibre financier du fait de cette dernière.	4. 缔约机关的重大过错或缔约机关导致的财务失衡。
En cas de résiliation du contrat à l'initiative de l'Autorité contractante, une mise en demeure de 90 jours est adressée au partenaire privé, délai au-delà duquel l'Autorité contractante récupère les infrastructures et verse une indemnité financière compensatoire.	在缔约机关主动提出解除合同的情况下,缔约机关对社会资本的催告期为90日,该催告期届满后,缔约机关将收回基础设施并且支付经济补偿金。
Lorsque la résiliation est subséquente à l'initiative du partenaire privé du fait de l'Autorité contractante, le partenaire privé peut réclamer les dommages et intérêts à cette dernière.	当社会资本因为缔约机关的原因而主动提出解除合同时,社会资本可向缔约机关主张损害赔偿。
Article 59 La faute grave consiste notamment en:	**第59条** 重大过错包括:
– l'abus d'autorité ou de pouvoir dans le chef de l'Autorité contractante; – la fraude dans la formation et l'exécution du contrat par l'une des parties.	– 缔约机关的负责人滥用职权或滥用权力; – 一方在合同的成立和履行中欺诈。
Article 60 La résiliation du contrat de partenariat public-privé par l'Autorité contractante résulte notamment des cas de défaillance ci-après:	**第60条** 缔约机关基于以下违约情形解除PPP合同:
1. le non-respect par le partenaire privé de ses obligations contractuelles;	1. 社会资本不履行其合同义务;
2. le non-paiement par le partenaire privé de toute somme exigible aux termes des contrats de financements;	2. 社会资本未支付融资合同项下任何应付款项;

3. l'insuffisance des ressources financières du partenaire privé compromettant la réalisation ou l'exploitation de l'ouvrage ou nécessitant le report des échéances de remboursement des prêts;	3. 社会资本的融资来源不足,影响了工程的实施或运营,或者需要推迟贷款偿还日期;
4. l'abandon du projet par le partenaire privé;	4. 社会资本放弃项目;
5. la cessation des paiements du partenaire privé;	5. 社会资本停止付款;
6. le manque persistant et grave d'entretien et de maintenance de l'infrastructure et des équipements conformément aux dispositions du contrat;	6. 基础设施和设备持续且严重缺乏合同规定的维护和保养;
7. la violation par le partenaire privé des dispositions relatives aux obligations fiscales, sociales et du Code du travail;	7. 社会资本违反税务义务、社会义务相关规定和《劳动法》;
8. la violation de la législation et la réglementation en matière d'environnement;	8. 违反环境方面的法律法规;
9. la violation de l'obligation de continuité de services publics et de l'égalité des usagers devant le service public.	9. 违反公共服务的连续性义务和公共服务的用户平等义务。
Article 61 L'expropriation pour cause d'utilité publique n'est envisagée qu'en cas de risque naturel majeur ou pour des raisons relatives à la sécurité nationale.	**第 61 条** 只有在重大自然灾害风险的情况下或基于国家安全有关的原因,才考虑为公用事业而征用。
L'État garantit au partenaire privé une juste et équitable indemnisation en cas d'expropriation pour cause d'utilité publique.	国家向社会资本保证,在因公用事业而征用时,国家将向其支付公正和公允的补偿。

Article 62 À la fin du contrat, le partenaire privé transfère les infrastructures réalisées et équipements acquis à l'Autorité contractante dans l'état convenu au contrat. Au cas où l'évaluation du coût de transfert est faite par le partenaire privé, l'Autorité contractante procède à une contre-expertise.	**第 62 条** 在合同终止时,社会资本将实施的基础设施和购置的设备按合同约定的状态移交至缔约机关。如果移交成本的评估由社会资本进行,则缔约机关将进行复核鉴定。
Article 63 Avant le transfert de l'ouvrage, l'Autorité contractante s'assure notamment que, conformément au contrat:	**第 63 条** 在移交工程前,缔约机关确保以下事项已按照合同进行:
1. l'ouvrage est bien réalisé et entretenu;	1. 工程实施良好并且维护良好;
2. le personnel chargé de son exploitation a reçu la formation requise;	2. 负责运营工程的人员已接受必要的培训;
3. le transfert des technologies nécessaires rendant l'Autorité contractante en mesure de poursuivre elle-même l'exploitation de l'ouvrage est effectué conformément aux dispositions contractuelles.	3. 已根据合同规定,向缔约机关转让必要的技术,以便其能够自行继续运营工程。
Article 64 Au terme de la période d'exploitation prévue par le contrat, l'Autorité contractante peut poursuivre elle-même l'exploitation de l'ouvrage transféré ou conclure un nouveau contrat de partenariat public-privé conformément aux dispositions de la présente loi.	**第 64 条** 在合同规定的运营期届满之后,缔约机关可自行继续运营被移交的工程,或根据本法规定签订新的 PPP 合同。

CHAPITRE 2: DE LA CONCESSION	第二章:特许经营
Section 1: Des principes	**第 1 节:原则**
Article 65 La concession de service public est un mode de gestion d'un service public dans le cadre duquel un concessionnaire, partenaire privé, a le droit d'exploiter l'ouvrage en son nom et à ses risques et périls pendant une durée déterminée, en recouvrant les prix du service auprès des usagers.	**第 65 条** 公共服务的特许经营是一种公共服务的管理模式,其中,特许权人(即社会资本)有权在固定期限内以自己的名义并且自担风险地运营项目,而用户对服务支付价款。
Article 66 La concession est soit de service public ou soit de travaux publics, ou les deux à la fois.	**第 66 条** 特许经营的对象可以是公共服务或公共工程,或两者兼而有之。
Dans la concession d'un service public, le concessionnaire est responsable des nouveaux investissements nécessaires à l'exploitation du service et à l'entretien de l'ouvrage. Il n'est pas responsable des investissements initiaux, en particulier de la construction de l'ouvrage exploité.	在公共服务的特许经营中,特许权人负责服务运营和工程维护所需的新投资。特许权人不负责原始投资,尤其不负责被运营的工程的建设所需的原始投资。
Dans la concession des travaux publics, le concessionnaire est responsable du financement, de la construction, de la modification ou de l'extension des constructions, ouvrages et installations ou de l'acquisition des biens nécessaires à l'exécution de l'objet du contrat, de leur exploitation et de leur entretien.	在公共工程的特许经营中,特许权人负责建筑、工程和设施的融资、建设、改造或扩建或者履行合同标的所需的资产的购置及其运营和维护。

Article 67 Le contrat de concession autorise le concessionnaire à occuper des parties du domaine public appartenant à l'Autorité contractante afin de réaliser, de modifier ou d'étendre les constructions, ouvrages et installations susvisés.	**第 67 条** 特许经营合同许可特许权人占用属于缔约机关的部分公产，以便实施、改造或扩建上述建筑、工程和设施。
Article 68 Outre le contrôle exercé par l'État ou les autres organismes en vertu de la réglementation en vigueur, le concédant se réserve le droit, d'une manière permanente, d'exercer un pouvoir général de contrôle économique, technique et financier inhérent aux obligations découlant du contrat.	**第 68 条** 除了国家或其他机构根据现行法规实施的监管之外，特许人以永久的方式保留对合同产生的义务行使经济、技术和财务方面的固有的综合监管权。
Sans préjudice de la mission confiée à l'établissement public visé à l'article 18 de la présente loi, le concédant peut se faire assister par des experts ou agents de son choix qu'il présente au concessionnaire.	在不影响委托给本法第 18 条规定的公共机构的任务的情况下，特许人可寻求其向特许权人提出的自行选择的专家或代理人的协助。
Article 69 Le concédant qui sollicite le rachat de la concession, après l'expiration d'une période déterminée dans le contrat et avant le terme échu, indemnise le concessionnaire du préjudice subi.	**第 69 条** 在合同中规定的期间届满之后且在合同到期之前，要求回购特许权的特许人应赔偿特许权人所遭受的损失。
Le concessionnaire est informé par lettre recommandée avec accusé de réception au moins six mois avant la date prévue pour le rachat.	在预计回购日至少六个月之前以附回执的挂号信的方式通知特许权人。
Article 70 La concession peut être prorogée pour une durée maximale de cinq ans dans les cas suivants:	**第 70 条** 特许经营在以下情形中可被延长且最多被延长五年：

1. l'existence d'un motif d'intérêt général;	1. 存在公共利益原因;
2. la force majeure;	2. 不可抗力;
3. l'existence des contraintes liées à la bonne exécution du service public, objet du contrat et à la demande de l'Autorité contractante ou après son approbation, de réaliser de nouveaux travaux non prévus au contrat initial, de nature à modifier l'économie générale de la concession.	3. 为了良好实施作为合同标的的公共服务,且应缔约机关要求或经其批准后,不得不实施在原合同中未规定的将改变特许经营的整体经济性的新工程。
La durée de prorogation se limite dans ce dernier cas au délai nécessaire au rétablissement de l'équilibre financier du contrat et à la préservation de la continuité du service public.	在最后一种情况中,延长的期限限于恢复合同的财务平衡和保持公共服务的连续性所需的期限。
La prorogation de la durée de la concession intervient une seule fois à la demande du concessionnaire et sur base d'un rapport motivé soumis à l'approbation du concédant, après avis de l'établissement public prévu à l'article 19 de la présente loi.	在征求本法第 19 条规定的公共机构的意见之后,特许权人提出延期申请并向特许人提交一份附理由的报告以供其批准,在此情形下,特许经营的期限可被延长且仅可延长一次。
La prorogation fait l'objet d'un avenant au contrat initial.	延期需通过原合同的补充协议来实施。
Article 71 Le concessionnaire transfère au concédant les constructions, ouvrages et installations fixes qu'il a réalisés ainsi que les équipements acquis en exécution du contrat.	**第 71 条** 特许权人向特许人移交其在履行合同中实施的建筑、工程和固定设施以及购置的设备。

Les constructions, ouvrages, installations fixes et équipements transférés reviennent au concédant libre de toutes charges ou sûretés.	在上述移交给特许人的建筑、工程、固定设施以及设备上不得存在任何权利负担。
Le concessionnaire assure, à ses frais, la démolition des constructions, ouvrages et installations fixes qu'il a réalisés et qui ne sont pas acceptés par le concédant.	特许权人确保自行承担费用拆除其已实施但特许人未接受的建筑、工程和固定设施。
Section 2 : De la rémunération et transfert du risque opérationnel	**第 2 节:回报和运营风险转移**
Article 72 La rémunération du concessionnaire provient du recouvrement du prix de ses prestations auprès des usagers.	**第 72 条** 特许权人的回报来自于从用户收取的提供的产品或服务的费用。
Les conditions du paiement et ses modalités de calcul sont fixées dans le contrat.	支付的条件及其计算方式由合同规定。
Article 73 Le concessionnaire assume l'essentiel des risques découlant de l'exécution de l'objet du contrat.	**第 73 条** 特许权人自行承担因履行合同标的而产生的主要风险。
Le contrat détermine les modalités de partage des autres risques entre le concédant et le concessionnaire.	合同规定其他风险在特许人和特许权人之间的分担方式。
Section 3 : Des obligations des parties	**第 3 节:各方义务**
Article 74 Le concédant garantit au concessionnaire la possession et la jouissance paisible des ouvrages, installations et équipements et de leurs dépendances pour la durée du contrat sans interruption ni trouble de sa part, de tout tiers ou ayant droit.	**第 74 条** 特许人向特许权人保证其在合同期间内对工程、设施、设备及其附属建筑物享有平和的占有权和收益权,不受特许人、任何第三方或权利人的干扰和侵犯。

Article 75 Le concessionnaire développe, finance, construit les ouvrages et acquiert les équipements, exploite et entretient le service conformément au contrat.	**第 75 条** 特许权人按照合同开发工程、为工程提供融资、建设工程、购置设备、运营和维护服务。
Il sauvegarde, au cours de l'exécution du contrat et jusqu'à son terme, les constructions, ouvrages et installations nécessaires à l'exécution et à la gestion de l'objet du contrat.	特许权人在合同的履行期间直至合同期限届满,对履行和管理合同标的所需的建筑、工程和设施进行维护。
Article 76 Le concessionnaire assume la responsabilité de la gestion et de l'organisation du travail du service public, objet du contrat. Il est responsable, conformément à la législation en vigueur, de toutes les constructions et installations fixées ainsi que les ouvrages qu'il exploite dans le cadre de la concession.	**第 76 条** 特许权人负责作为合同标的的公共服务工作的管理和组织。根据现行法律,特许权人对其在特许经营的框架内运营的全部建筑物和固定设施以及工程负责。
Il assure conformément à la législation en vigueur, sa responsabilité civile pendant toute la durée de la concession contre les dangers résultant des travaux qu'il réalise et de l'exploitation des constructions, ouvrages et installations.	针对因工程的实施和建筑物、工程及设施的运营而造成的危险,特许权人保证在特许经营的整个期限内根据现行法律承担其相应的民事责任。
Il souscrit une assurance sur sa responsabilité civile avec insertion d'une clause qui lui interdit de résilier ou d'apporter des modifications importantes audit contrat sans l'accord préalable du concédant.	特许权人为其民事责任投保,其中必须包括的条款为,禁止特许权人在未经特许人事先同意的情况下解除合同或对合同进行重大变更。

Article 77 Si le contrat a pour objet un service public géré directement par le concédant, le concessionnaire reprend le personnel dudit service et maintient ses droits acquis, sauf stipulations contraires du contrat.	**第 77 条** 如果合同目的为直接由特许人管理的公共服务,除非合同另有规定,特许权人接管所述服务的工作人员并且保留其既得权利。
Le contrat prévoit, le cas échéant, dans le respect de la législation en vigueur et sur proposition du concessionnaire, le niveau ainsi que les modalités de réajustement des effectifs dudit personnel.	如有必要,合同根据现行法律和特许权人的提议而设定上述工作人员的调整程度及方式。
Le concédant prend en charge les droits du personnel non repris par le concessionnaire.	特许人负责特许权人未接管的工作人员的权利。
Article 78 Le contrat prévoit une redevance annuelle à allouer au concédant, en contrepartie de la mise à disposition des biens concédés et pour l'occupation du domaine public.	**第 78 条** 合同规定按年给予特许人的使用费,其作为使用被特许经营的资产和占用公产的对价。
La redevance comporte une partie fixe et, le cas échéant, une partie variable en fonction du résultat d'exploitation.	使用费包括固定费用和按运营结果而定的可变费用(如适用)。
Article 79 Le contrat prévoit la possibilité pour le concessionnaire de demander sa révision, en cas de déséquilibre financier important, pour des événements survenus après la conclusion du contrat et étrangers à la volonté du concessionnaire.	**第 79 条** 合同规定,在合同签订之后发生的不取决于特许权人意志的事件导致重大财务失衡的情况下,特许权人可申请修改合同。
Article 80 Le contrat mentionne les droits et obligations des parties à son expiration ou lors de sa résiliation.	**第 80 条** 合同规定合同期限届满或解除时合同方的权利和义务。

Le contrat de concession spécifie les modalités de calcul de l'indemnisation due à l'une ou l'autre partie en cas de sa résiliation, notamment, s'il y a lieu, l'indemnisation correspondant à la juste valeur des travaux réalisés en application du contrat, aux dépenses engagées ou aux pertes subies par l'une ou l'autre partie, y compris le manque à gagner.	特许经营合同规定了一方在合同解除时应支付给另一方的赔偿的计算方式(如适用),赔偿可对应根据合同实施的工程的公允价值、所发生的费用或任何一方遭受的损失(包括可得利益损失)。
Section 4: Du régime des biens	**第4节:资产制度**
Article 81 Les biens de la concession sont classés en biens de retour, biens de reprise et biens propres.	**第81条** 特许权资产分为待返还资产、可收购资产和自有资产。
Le contrat définit, le cas échéant et en se basant sur ce classement, les catégories de biens utilisés par le concessionnaire durant toute la durée de la concession.	合同可根据该分类确定特许权人在整个特许经营期间使用的资产的类别(如适用)。
Il prévoit la périodicité de la révision de l'inventaire de chaque catégorie de biens évoqués à l'alinéa précédent.	合同规定对于前款所述的每个类别的资产的清单进行定期的修订。
Article 82 Sont biens de retour les terrains, constructions, ouvrages, installations fixes et biens meubles, mis gratuitement par le concédant à la disposition du concessionnaire conformément aux conditions prévues au contrat.	**第82条** 由特许人根据合同规定的条件无偿提供给特许权人的土地、建筑、工程、固定设施和动产均属于待返还资产。
Ces biens font l'objet d'un inventaire figurant dans un document annexé au contrat.	所述待返还资产列于合同附属文件所载的财产清单中。

Ils ne peuvent faire l'objet d'une cession ou garantie que dans les cas et selon les conditions mentionnés à la présente loi. Ils reviennent gratuitement au concédant à la fin du contrat libre de toutes charges ou sûretés.	待返还资产仅可在本法规定的情况和条件下被转让或用于设置担保。待返还资产在合同终止时应被无偿返还给特许人且在其上不得存在任何权利负担。
Article 83 Sont biens de reprise, les biens meubles contribuant au bon fonctionnement du service objet du contrat et pouvant devenir après la fin du contrat la propriété du concédant si ce dernier exerce la faculté de reprise moyennant paiement au concessionnaire d'une indemnité dont le montant est fixé selon les modalités déterminées par le contrat.	**第 83 条** 可收购资产是有助于作为合同标的的服务的良好运行的动产，且如果特许人通过向特许权人支付按照合同规定的方式所确定的数额的补偿金行使收购权，则可在合同终止后由特许人所有。
Ces biens font l'objet d'un inventaire figurant en annexe au contrat.	所述可收购资产列于合同附件所载的清单中。
Article 84 Sont biens propres, ceux qui ne sont pas des biens de retour ou de reprise. Ils demeurent la propriété du concessionnaire.	**第 84 条** 不属于待返还资产或可收购资产的资产则属于自有资产。自有资产由特许人所有。
CHAPITRE 3: DE L'AFFERMAGE	**第三章：租赁**
Article 85 L'affermage est un contrat par lequel l'Autorité contractante charge le fermier, personne privée, d'assurer l'exploitation du service et d'entretenir les ouvrages qui lui sont remis.	**第 85 条** 租赁是指缔约机关通过订立合同使承租人（私人）负责确保服务的运营和向其交付的工程的维护。
Le fermier verse une redevance à l'Autorité contractante au titre de l'exploitation de l'ouvrage affermé et est rémunéré par les recettes versées par les usagers.	承租人就承租的工程的运营向缔约机关支付一笔使用费，而承租人的报酬来自于用户缴纳的费用。

La redevance a un caractère variable en fonction du résultat d'exploitation.	使用费是不固定的,其根据运营结果而确定。
Les conditions de versement de la redevance sont définies au contrat.	使用费的支付条件由合同规定。
Article 86 L'Autorité contractante assure le financement, la réalisation des ouvrages et l'acquisition des équipements en vue de l'exploitation du service.	**第 86 条** 缔约机关为了运营服务负责融资、实施工程和购置设备。
Elle affecte les sommes perçues à titre de redevances principalement à l'amortissement des ouvrages et équipements de service.	缔约机关将作为使用费收取的款项主要用于服务所涉工程和设备的投资收回。
CHAPITRE 4: DE LA REGIE INTERESSEE	**第四章:公共事业管理**
Article 87 La régie intéressée est un contrat par lequel l'Autorité contractante finance elle-même l'établissement d'un service public, mais en confie la gestion à une personne privée qui en est rémunérée par ladite Autorité, tout en étant intéressée aux résultats en termes soit des économies réalisées, soit des gains de productivité ou soit encore de l'amélioration de la qualité du service.	**第 87 条** 公共事业管理是指缔约机关通过订立合同由自己出资建立公共服务,但同时出于实现节约、提高生产率或者提高服务质量的成果的考量,缔约机关将公共服务的管理委托至私人并向其支付报酬。
Le service public continue d'être exploité au nom de l'Autorité contractante qui assure les investissements et en assume le risque d'exploitation.	公共服务持续以缔约机关的名义运营,缔约机关确保投资并且承担公共服务的运营风险。

Article 88 Le régisseur tire sa rémunération des résultats de l'exploitation. La rémunération du régisseur peut être assortie d'une part forfaitaire versée par l'Autorité contractante en vue de couvrir ses charges d'exploitation.	**第 88 条** 管理人的回报来自运营成果。管理人的回报可包括由缔约机关支付的定额部分,以便覆盖其运营费用。
Article 89 Le régisseur assure, au nom et pour le compte de l'Autorité contractante, l'exploitation du service public et est responsable de tous les travaux d'entretien ou de gestion du service, à l'exclu-sion des travaux importants.	**第 89 条** 管理人以缔约机关的名义并为缔约机关利益而确保公共服务的运营,并且负责除重大工程之外的全部维护工程和服务管理。
Article 90 L'Autorité contractante assure le financement et la réalisation des ouvrages ainsi que l'acquisition des équipements en vue de l'exploitation du service public.	**第 90 条** 缔约机关确保融资、实施工程以及购置设备,以便运营公共服务。
Elle finance l'entretien et l'exploitation du service public.	缔约机关为公共服务维护和运营提供资金。
Elle contrôle la régie et fixe les tarifs à prélever sur les usagers.	缔约机关监管公共事业的管理并且确定对用户收取的价格。
Article 91 L'Autorité contractante est propriétaire des biens confiés au régisseur et en assure la maîtrise d'ouvrage.	**第 91 条** 缔约机关是委托给管理人的资产的所有权人并且确保履行业主责任。

CHAPITRE 5: DU CONTRAT DE PARTENARIAT	**第五章:合作合同**
Article 92 Le contrat de partenariat est celui par lequel l'Autorité contractante confie à un tiers, partenaire privé, pour une période déterminée, une mission globale ayant pour objet le financement partiel ou total de construction ou de transformation, d'entretien, de maintenance, d'exploitation ou de gestion d'ouvrages, d'équipements ou de biens immatériels nécessaires au service public ou à l'exploitation de l'activité, à l'exception de toute participation au capital.	**第92条** 通过合作合同,缔约机关在固定期间内将一项整体任务委托至第三方(社会资本),所述整体任务包括为公共服务或业务运营所需的工程、设备或无形资产的建设或改造、维护、保养、运营或管理提供全部或部分融资,但不包括参股。
Le partenaire privé est rémunéré par l'Autorité contractante pendant toute la durée du partenariat conformément au contrat.	缔约机关在整个合作期间内按照合同向社会资本支付报酬。
Le contrat peut prévoir une rémunération du partenaire privé basée sur le résultat de l'exploitation de l'activité et/ou sur les recettes annexes.	合同可规定社会资本的回报根据业务的运营结果和/或根据附属性收入来确定。
Le partenaire privé assure la maîtrise d'ouvrage des travaux à réaliser. Il peut se voir confier tout ou partie de la conception des ouvrages, équipements ou biens immatériels.	社会资本确保待实施工程的监理。社会资本可被委托负责工程、设备或无形资产的全部或部分的设计。
Il peut aussi se voir confier, en lieu et place de l'Autorité contractante, l'exécution de prestations de services concourant à l'exercice de la mission de service public dont il est chargé par l'Autorité contractante.	社会资本还可被委托来代替缔约机关提供服务,该服务的提供有助于其被缔约机关委托的公共服务任务的实施。

Article 93 Le contrat de partenariat est conclu entre une ou plusieurs personnes publiques et un ou plusieurs partenaires privés.	**第 93 条** 合作合同在一个或多个公法人和一个或多个社会资本之间签订。
Il ne peut être conclu par des personnes publiques entre elles et/ou par une Autorité contractante et une personne de droit privé dans laquelle une ou plusieurs personnes publiques détiennent directement ou indirectement, seules ou ensemble, la majorité du capital.	公法人之间不得签订合作合同,并且/或者由一个或多个公法人直接或间接、单独或联合持有多数股份的私法人也不得与缔约机关签订合作合同。
Article 94 Le contrat de partenariat inclut un mandat confiant au partenaire privé le soin d'encaisser, au nom et pour le compte de l'Autorité contractante, le paiement des prestations ou services publics à recouvrer auprès de tout usager.	**第 94 条** 合作合同包括委托社会资本负责以缔约机关的名义并为缔约机关利益向用户收取提供的产品或公共服务对应价款的委托内容。
Il prévoit les garanties pour le recouvrement des sommes dues à l'Autorité contractante.	合作合同对应付给缔约机关的价款的收回设置担保。
Article 95 L'Autorité contractante, soumet une fiche de projet descriptive, pour étude et avis, à l'attention de l'Établisse-ment public chargé des contrats de partenariat public-privé.	**第 95 条** 缔约机关向负责 PPP 合同的公共机构提交一份描述性的项目说明书以供研究和审批。
Après étude du projet, l'Établissement public émet un avis conforme motivé portant sur la compatibilité et l'éligibilité dudit projet au régime des contrats de partenariat.	在研究项目之后,上述公共机构就该项目适用合作合同制度的兼容性和合格性作出附理由的批复。

En cas d'avis de non éligibilité, l'établissement public recommande toute autre forme de partenariat plus appropriée pour la poursuite éventuelle du projet.	若上述公共机构出具意见认为项目不符合(PPP 项目)资格,其可推荐任何其他更为合适的合作形式以继续开展项目。
Un décret, délibéré en Conseil des Ministres, précise les modalités de saisine de l'établissement public, le modèle de fiche de projet, de réalisation de l'étude et d'émission de l'avis.	经部长委员会审议的法令规定上述公共机构的提请方式、项目说明书的模板、研究的实施方式和审批意见的作出方式。
Article 96 Tout projet de partenariat comporte l'obligation préalable d'une évaluation comparative de différentes options par l'Autorité contractante, justifiant du recours au partenariat global au lieu d'autres formes de la commande publique.	**第 96 条** 任何合作项目都要求缔约机关事先对不同的选择(方案)进行比较评估,以证实选择合作合同模式而非其他公共采购形式的合理性。
Les conclusions de cette évaluation démontrent l'existence d'un avantage vérifiable tant sur le plan économique et financier, en termes notamment de coût global, de partage des risques et de performance, que sur le plan juridique ou du développement durable.	该评估的结果表明,在经济层面和财务层面(尤其是在总成本、风险分担、绩效方面)、法律层面或可持续发展层面,存在可证实的优势。
Un décret, délibéré en Conseil des Ministres, fixe les modalités de réalisation de cette évaluation.	经部长委员会审议的法令规定该评估的实施方式。
Article 97 Le projet de contrat de partenariat ne peut être retenu que s'il répond au moins à l'un des critères suivants:	**第 97 条** 只有在满足下列任一标准时,才能采取合作合同的形式开展项目:

1. l'Autorité contractante n'est pas en mesure, suite à la complexité du projet, de définir seule et à l'avance les moyens techniques précis et complets répondant aux besoins dudit projet ou d'en établir le montage juridique et/ou financier;	1. 由于项目的复杂性,缔约机关无法自行和事先确定满足该项目需求的明确且全面的技术方案或无法为该项目确立法律结构和/或融资结构;
2. l'Autorité contractante n'est pas en mesure de mobiliser seule les fonds nécessaires à la réalisation des ouvrages ou infrastructures d'intérêt général;	2. 缔约机关无法自行调动实施涉及公共利益的工程或基础设施所需的资金;
3. il a été constaté des insuffisances ou observé des difficultés, dans la réalisation de projets comparables sous d'autres formes contractuelles, compte tenu des exigences spécifiques, dûment motivées, du service public dont l'Autorité contractante est chargée.	3. 考虑到缔约机关负责的公共服务的正当的特殊要求,在以其他合同形式实施类似项目时确实存在能力不足或困难。
Lorsqu'il s'agit de faire face à l'une des contraintes évoquées ci-haut, l'évaluation préalable reste obligatoire mais est établie selon une procédure spécifique fixée par décret.	当存在上述任一限制时,预先评估仍然是强制性的,但其根据法令规定的特定程序来进行。
Le critère du paiement différé ne peut, à lui seul, constituer un avantage admissible suffisant.	延迟支付的标准不单独导致适用合作合同。
Article 98 Le contrat indique les modalités de fixation du loyer versé au partenaire privé et fait ressortir séparément les divers montants qui le composent correspondant respectivement aux coûts d'investissement, d'exploitation et de financement.	**第 98 条** 合同规定对社会资本支付的酬金的确定方式,并且将酬金的各种构成费用单独列出,如投资成本、运营成本和融资成本。

Lorsque l'objet du contrat global de partenariat prévoit, au bénéfice du partenaire privé, une rémunération de services prestés en lieu et place de l'Autorité contractante, ladite rémunération fait l'objet d'une fixation contractuelle distincte pour toute la durée d'exécution prévue desdites prestations.	当合作合同规定社会资本因其代替缔约机关提供服务而获得回报,该回报在所述服务预计的整个实施期间内在合同中单独确定。
Cette rémunération est obligatoirement liée à l'atteinte d'objectifs de performance assignés au partenaire privé, selon les modalités prévues par les mesures d'application de la présente loi.	根据本法实施措施规定的方式,该回报必须与分配给社会资本的绩效目标的达成情况相关。
Article 99 Sans préjudice des dispositions applicables à la cession de créances, le contrat de partenariat peut prévoir que la seule part de la créance de loyer cédée représentant le coût des investissements qui ont fait l'objet d'un constat de réalisation délivré par l'Autorité contractante est définitivement acquise au cessionnaire, sans possibilité de compensation.	**第 99 条** 在不影响债权转让适用规定的实施的情况下,合作合同可规定相当于投资成本(该投资的实施由缔约机关出具证明)的酬金债权可被转让,被转让的部分最终被受让人获得,且不存在补偿的可能性。
Le partenaire privé libère auprès de l'Autorité contractante les dettes dont il est redevable suite aux manquements à ses obligations contractuelles, notamment du fait des pénalités lui infligées.	社会资本向缔约机关清偿其因不履行合同义务而产生的债务,特别是其被判处的罚金。
L'opposition à l'état exécutoire émis par l'Autorité contractante n'a pas d'effet suspensif dans la limite du montant ayant fait l'objet de la garantie au profit du cessionnaire.	对缔约机关签发的强制执行令的异议在为受让人利益所提供的担保的金额范围内不具有中止效力。

Article 100 Le partenaire privé peut se voir céder tout ou partie du contrat existant passé par l'Autorité contractante et pouvant concourir à l'exécution de sa mission.	**第 100 条** 由缔约机关缔结的可能有助于缔约机关实施其任务的现存合同的部分或全部可转让至社会资本。
Article 101 Outre les dispositions communes à toutes les formes de partenariat public-privé prévues par la présente loi, le contrat de partenariat comporte les clauses relatives:	**第 101 条** 除了本法规定的适用于全部 PPP 形式的共同规定,合作合同还须包括与以下内容相关的条款:
1. à la détermination de l'assiette de calcul des créances se rapportant aux coûts d'investissement, de financement et d'exploitation entrant dans le calcul du montant du loyer ainsi que de la fixation des critères permettant leur révision;	1. 确定用于计算酬金金额的与投资成本、融资成本、运营成本有关的债权计算基数,并确定其修订的标准;
2. aux recettes que le partenaire privé peut être autorisé à se procurer en exploitant les ouvrages ou équipements pour répondre à d'autres besoins que ceux de l'Autorité contractante;	2. 社会资本被允许通过为满足缔约机关需求之外的需求运营工程或设备而获得的收入;
3. aux conditions financières de la remise en pleine propriété, à l'Autorité contractante, des biens, objet du contrat global, si les constructions, ouvrages et installations prévus au contrat sont édifiés sur des emprises privées.	3. 若合同中规定的建筑、工程和设施建立在征用的私人土地上,则将作为合作合同标的的资产的权属移交给缔约机关的财务条件。
Article 102 Le partenaire privé démolit, à ses frais, les constructions, ouvrages et installations fixes qu'il a réalisés et jugés non utiles par l'Autorité contractante sauf stipulation explicite et contraire du contrat.	**第 102 条** 除非合同另有明确规定,社会资本自行承担费用拆除其实施的被缔约机关评定为无用的建筑、工程和固定设施。

Les constructions, ouvrages et installations fixes transférés reviennent à l'Autorité contractante, libres de toutes charges et suretés.	被移交的建筑、工程和固定设施将归于缔约机关所有，且其上不得存在任何权利负担。
TITRE V: DU REGIME FISCAL, DOUANIER ET DE CHANGE	**第五编：税收、海关和外汇制度**
Article 103 Les contrats de partenariat public-privé sont soumis au régime du droit commun en matière fiscale, douanière et non fiscale.	**第 103 条** PPP 合同受税收、海关和非税收方面的一般法的规制。
Un arrêté interministériel du Ministre du secteur d'activité et de celui ayant les finances dans ses attributions fixe les modalités d'application du régime parafiscal.	业务所属部门的部长和财务部长签发的部际法令规定准税收制度的实施方式。
Article 104 Sans préjudice des dispositions de l'article 103 de la présente loi, un allègement de l'impôt sur le Bénéfice et Profit de 15 % est accordé aux partenaires privés qui réalisent des investissements importants, et ce, pendant les trois premières années à compter du début de l'exploitation conformément au contrat.	**第 104 条** 在不影响本法第 103 条的规定的实施的情况下，进行重大投资的社会资本享有企业所得税 15% 的减免，该减免为期三年且自合同规定的运营开始时起算。
L'Établissement public en charge des partenariats publics-privés ainsi l'Autorité de régulation du secteur attestent de l'effectivité de la date du début de l'exploitation.	负责 PPP 的公共机构和行业管控委员会证明运营开始日期的真实性。
Article 105 Le contrat de partenariat public-privé est soumis à la réglementation de change en vigueur.	**第 105 条** PPP 合同受到现行外汇规定的规制。

TITRE VI: DU REGLEMENT DES DIFFERENDS, DU CONTENTIEUX ET DES DISPOSITIONS PENALES RELATIFS AUX CONTRATS DE PARTENARIAT PUBLIC-PRIVE	**第六编:纠纷和争议的解决以及关于PPP合同的刑事规定**
Article 106 Les différends relatifs aux contrats de partenariat public-privé sont liés soit à la procédure de sélection de candidatures ou des projets, soit à la passation du contrat proprement dit, soit à son exécution.	**第106条** PPP合同有关的争议与候选人资格的选择程序或项目程序、合同缔结[①]或合同履行相关。
Article 107 Tout candidat ou soumissionnaire, qui s'estime illégalement évincé des procédures de passation de contrat de partenariat public-privé, peut introduire une réclamation auprès de l'Autorité contractante. La décision de cette dernière peut être contestée devant l'Autorité de Régulation de Marchés Publics.	**第107条** 任何候选人或投标人,只要其认为自己在PPP合同的缔结程序中被违法淘汰,均有权向缔约机关申诉。针对该缔约机关对此申诉的决定,可向公共合同管控委员会申诉。
Article 108 La réclamation est introduite, sous peine d'irrecevabilité, soit par lettre avec accusé de réception, soit par tout autre moyen de communication électronique, dans les 8 jours ouvrables de la publication de la décision d'attribution provisoire du contrat de partenariat public-privé ou au plus tard 8 jours ouvrables précédant la date prévue pour le dépôt de la candidature ou la soumission. Elle est suspensive de la procédure d'attribution définitive.	**第108条** 申诉需要在PPP合同的临时授予决定公布后的8个工作日之内,或者不迟于提交候选人资格或投标之日前的8个工作日之内,通过附带回执的挂号信的方式提出,或者通过任何电子通讯方式提出,否决不予受理申诉。申诉将中止最终授予程序。

① 中伦注:本法中的"合同缔结"指将合同授予中标人的所有规则和整个流程,而不仅仅是合同签署的环节。

L'Autorité contractante répond dans les 15 jours ouvrables de la réception de la réclamation. L'Autorité de Régulation des Marchés Publics répond dans les 20 jours ouvrables de sa saisine.	缔约机关在 15 个工作日内对收到的申诉作出回复。公共合同管控委员会在其被提请后 20 个工作日内作出回复。
Article 109 La partie lésée dans l'exécution d'un contrat de partenariat public-privé notifie à l'autre, par lettre avec accusé de réception, les motifs du différend et éventuellement toutes les conséquences de nature administrative, technique ou financière qui en résultent.	**第 109 条** 在 PPP 合同的履行中遭受损失的一方通过附带回执的挂号信的方式向另一方通知争议原因和由此产生的全部行政、技术或财务后果。
La partie destinataire y répond dans le délai de trois mois à compter de la réception de la notification.	所述通知的接收方在收到通知后的三个月的期限内作出回复。
L'absence de réponse dans ce délai équivaut au rejet des motifs invoqués par le requérant.	在该期限内未作出回复即视为否认申请人提出的理由。
Article 110 En cas d'absence de réponse dans le délai prévu à l'article 109 ci-dessus, de rejet ou des propositions insatisfaisantes, la partie lésée saisit l'Autorité de Régulation des Marchés Publics pour conciliation dans un délai ne dépassant pas trois mois.	**第 110 条** 若在上述第 109 条规定的期限中未得到回复、被拒绝或回复不令相关方满意,遭受损失的一方在不超过 3 个月的期限内向公共合同管控委员会申请调解。
À défaut d'accord et de conciliation, le différend est porté devant les Cours et tribunaux compétents ou à l'arbitrage.	如果不能达成合意并成功调解,争议将提交至有管辖权的法院和法庭或提请仲裁。

Article 111 Lorsqu'un même fait constitue dans le chef d'un partenaire privé à la fois un manquement administratif et une violation intentionnelle de la présente loi, son auteur est, sans préjudice des poursuites pénales et après une mise en demeure, passible de l'une des sanctions administratives suivantes:	**第 111 条** 如果社会资本负责人的行为同时构成行政违法和故意违反本法,在不影响该社会资本受到刑事追诉的前提下,其在收到催告后将受到下列任一行政处罚:
1. l'avertissement;	1. 警告;
2. l'exclusion de l'attribution du contrat;	2. 不对其授予合同;
3. la résiliation du contrat.	3. 解除合同。
Ces sanctions sont prononcées par l'Autorité contractante après avis de l'Autorité de Régulation des Marchés Publics.	该等处罚由缔约机关在征求公共合同管控委员会意见之后作出决定。
Article 112 Les faits infractionnels commis dans le cadre du contrat de partenariat public-privé sont poursuivis et punis conformément au Code pénal congolais.	**第 112 条** 在 PPP 合同的框架内实施的犯罪行为将被追诉并且根据刚果民主共和国的刑法定罪处罚。
TITRE VII: DES DISPOSITIONS TRANSITOIRES ET FINALES	**第七编:过渡规定和最终规定**
Article 113 La présente loi ne s'applique pas aux projets de partenariat public-privé pour lesquels un avis d'appel à la concurrence est antérieur à la date de sa promulgation.	**第 113 条** 本法不适用于在本法颁布日期之前发布竞争性招标邀请的 PPP 项目。

Article 114 Le Gouvernement crée, endéans six mois à dater de la promulgation de la présente loi, l'Établissement public et l'Autorité de régulation du secteur de partenariat public-privé.	**第 114 条** 政府在本法颁布之日起的六个月之内设立公共机构和 PPP 行业管控机关。
Article 115 La présente loi entre en vigueur trente jours après sa promulgation.	**第 115 条** 本法在其颁布的三十日后生效。

République de Guinée

Loi n°0032/2017/AN du 4 juillet 2017 portant partenariats public-privé

几内亚共和国

2017 年 7 月 4 日第 0032/2017/AN 号
关于政府与社会资本合作的法律

TITRE 1 – OBJET, DEFINITIONS ET CHAMP D'APPLICATION DE LA LOI	第一编 – 法律宗旨、定义和适用范围
Art. 1. – Objet	**第 1 条 – 宗旨**
La présente loi a pour objet de définir le cadre institutionnel et les règles régissant la passation, l'exécution, le contrôle et la régulation des partenariats public-privés.	本法旨在确定政府与社会资本合作(以下简称"PPP")的机构框架以及确定规制 PPP 的缔结①、履行、监管和管控的规则。
Art. 2. – Définitions	**第 2 条 – 定义**
Au sens de la présente loi, les termes ciaprès doivent être entendus de la façon suivante:	在本法中,作出以下定义:
Accord Direct désigne le contrat conclu entre les Prêteurs, l'Autorité Contractante et le cas échéant le Titulaire.	**直接协议**:指贷款方、缔约机关和项目持有人(视情况)之间签订的合同。
Administration et Contrôle des Grands Projets et des Marchés Publics (ACG-PMP) désigne la structure, qui a pour mission le contrôle des procédures de passation et de l'exécution des marchés publics et dont le rôle est à présent étendu à l'ensemble des PPP par la présente loi.	**大项目和公共合同的管理和监管局(ACGPMP,大项目局)**:指负责监管公共合同的缔结程序和履行的机构,本法将其职责范围扩展至所有 PPP。
Affermage désigne un Contrat de PPP par lequel une Autorité Contractante confie l'exploitation d'un service public à un Titulaire (le fermier) après lui avoir remis les infrastructures nécessaires à cette exploitation, le Titulaire versant en contrepartie des redevances à l'Autorité Contractante.	**租赁**:指一种 PPP 合同,通过该合同,缔约机关在向项目持有人(承租人)移交运营公共服务所需的基础设施后将公共服务的运营委托至项目持有人,作为对价,项目持有人(承租人)向缔约机关支付使用费。

① 中伦注:本法中的"合同缔结"指将合同授予中标人的所有规则和整个流程,而不仅仅是合同签署的环节。

Autorité de Régulation des Marchés Publics (ARMP) désigne l'autorité administrative indépendante qui a pour mission principale d'assurer et de garantir la régulation indépendante du système de passation des marchés publics et des conventions de délégation des services publics et dont le rôle est étendu à l'ensemble des PPP par la présente loi.	**公共合同管控委员会(ARMP):**指负责确保和保障对公共合同和公共服务委托协议的缔结制度进行独立管控的独立行政权力机关,本法将其职责范围扩展至所有 PPP。
Autorité Contractante désigne la Personne Publique compétente pour réaliser un PPP et qui sera en charge de la procédure de passation et partie au Contrat de PPP en tant qu'autorité publique contractante.	**缔约机关:**指负责实施具体的 PPP 的公法人,其负责 PPP 合同的缔结程序且作为 PPP 合同的缔约方(以签约的公共权力机关的身份)。
Avis d'Appel Public à la Concurrence désigne l'annonce publiée par l'Autorité Contractante destinée à informer le marché de la procédure d'appel d'offres.	**竞争性公开招标公告:**指缔约机关公布的目的在于将招标程序通知市场的公告。
Code des Investissements désigne la loi L/2015/008/AN du 25 mai 2015 portant Code des investissements de la République de Guinée.	**《投资法典》:**指 2015 年 5 月 25 日第 L/2015/008/AN 号关于几内亚共和国投资法典的法律。
Code des Marchés Publics désigne l'ensemble des règles fixant et régissant la passation, le contrôle et la régulation des marchés publics y compris le décret No. D/2012/128/PRG/SGG du 3/12/2012 portant Code des Marchés Publics et Délégations de Service Public, pris en application de la loi L/2012/020/CNT du 11/10/2012 fixant les règles régissant la passation, le contrôle et la régulation des marchés publics tel que modifié par la présente loi.	**《公共合同法典》:**指确定和规制公共合同的缔结、监管和管控的全部规则,其中包括 2012 年 10 月 11 日第 L/2012/020/CNT 号关于公共合同的缔结、监管和管控的规则的法律,以及为了实施该法律而于 2012 年 12 月 3 日颁布的第 D/2012/128/PRG/SGG 号关于公共合同法典和公共服务委托的法令(该法令经本法修订)。

Comité de Règlement des Différends et des Sanctions (CRDS) désigne le comité établi au sein de l'ARMP.	**争议解决和制裁委员会**:指在公共合同管控委员会内设立的委员会。
Comité des Partenariats Public-Privé (Comité PPP) désigne l'organe en charge de la politique nationale des PPP.	**PPP 委员会**:指负责制定国家 PPP 政策的机构。
Concession désigne un Contrat de PPP par lequel l'Autorité Contractante confie à une Personne Privée l'exploitation d'une Infrastructure ou l'exécution d'un service public avec le droit pour celle-ci, de se rémunérer par la perception de redevances sur les usagers de l'Infrastructure ou sur ceux qui bénéficient du service public, qu'elles incluent ou non l'exécution d'un ouvrage.	**特许经营**:指一种 PPP 合同,通过该等合同,缔约机关委托社会资本运营基础设施或实施公共服务,社会资本有权通过对基础设施的用户或对享用公共服务的用户收取使用费来获得回报,而不论社会资本所运营的基础设施或实施的公共服务的设施是否由其建设完成。
Contrat de Partenariat désigne un Contrat de PPP par lequel l'Autorité Contractante confie à un Titulaire pour une période déterminée, une mission globale ayant pour objet la conception, la construction ou la transformation, l'entretien, la maintenance, l'exploitation ou la gestion d'Infrastructures nécessaires au service public ou d'intérêt général ainsi que tout ou partie de leur financement. La rémunération du Titulaire fait l'objet d'un paiement par l'Autorité Contractante à compter de la mise en exploitation et ce pendant toute la durée du contrat. Cette rémunération est liée à des objectifs de performance assignés au Titulaire.	**合作合同**:指一种 PPP 合同,通过该合同,缔约机关在固定期间内将一项整体任务委托至项目持有人,所述整体任务包括公共服务或涉及公共利益的服务所需的基础设施的设计、建设或改造、维护、保养、运营或管理及其全部或部分的融资。缔约机关自投入运营后且在合同的整个期限内向项目持有人支付回报。回报与分配给项目持有人的绩效目标相关。

Contrat de Partenariats Public-Privé désigne le contrat écrit et conclu à titre onéreux entre l'Autorité Contractante et le Titulaire qui détermine les obligations des parties dans le cadre d'un PPP. Le Contrat de PPP peut prendre la forme d'un Contrat de Partenariat, d'une Délégation de Service Public ou de tout autre accord contractuel conforme à la définition du PPP tel que le contrat de type Construction-Exploitation Transfert (dits BOT) et ses formes dérivées.	**PPP 合同**:指缔约机关与项目持有人之间以书面形式订立的有偿合同,其用于确定双方在 PPP 框架内的义务。PPP 合同可采用合作合同、公共服务委托或任何其他符合 PPP 定义的协议的形式,如"建设-运营-移交"(BOT)类的合同及其衍生形式。
Dossier d'Appel d'Offres (DAO) désigne le dossier comprenant tous les documents et les renseignements nécessaires pour l'élaboration de la soumission, l'attribution du PPP et son exécution.	**招标文件**:指包括编制投标文件、授予 PPP 及履行 PPP 所需的全部文件和信息的文件。
Délégation de Service Public désigne tout Contrat de PPP par lequel une Autorité Contractante confie la gestion d'un service public dont elle a la responsabilité à une Personne Privée dont la rémunération est substantiellement liée au résultat de l'exploitation du service. La Délégation de Service Public peut prendre trois formes contractuelles: la Régie Intéressée, l'Affermage et la Concession.	**公共服务委托**:指一种 PPP 合同,通过该合同,缔约机关将其负责的某项公共服务的管理委托至社会资本,而社会资本获得的回报主要取决于服务的运营成果。公共服务委托可以采用三种合同形式:公共事业管理、租赁和特许经营。
Etude de Faisabilité désigne l'étude préalable obligatoire que doit réaliser l'Autorité Contractante avant toute décision de recourir à une procédure de passation d'un PPP afin de démontrer la faisabilité technique et juridique du projet en PPP, sa soutenabilité financière, son intérêt socio-économique et son impact environnemental.	**可行性研究**:指缔约机关在决定适用 PPP 缔结程序前应实施的强制性预先研究,以论证以 PPP 形式实施项目在技术和法律方面的可行性、其财务承受能力、其社会经济利益及其环境影响。

Gré-à-Gré désigne la procédure de passation des PPP dans laquelle l'Autorité Contractante engage directement les négociations avec une Personne Privée en vue de lui attribuer le PPP sans appel d'offres.	**议标**:指一种 PPP 的缔结程序,在该程序中,缔约机关直接与社会资本进行谈判,以便在不进行招标的情况下向其授予 PPP。
Infrastructure désigne des ouvrages, équipements ou installations, ou des investissements immatériels, nécessaires au service public.	**基础设施**:指公共服务所需的工程、设备或设施或无形资产投资。
Offre Spontanée désigne la proposition à l'initiative d'une Personne Privée relative à l'exécution d'un PPP qui n'est pas soumise en réponse à une procédure d'appel d'offres.	**自发提案**:指社会资本主动发起的关于实施 PPP 的提案,该提案的提交并非为响应招标程序。
Organisation Internationale désigne:	**国际组织**:指
(i) toute personne morale de droit public fondée par des États ou des Organisations Internationales au titre d'un traité international;	(i) 任何由国家或国际条约项下的国际组织设立的公法人;
(ii) toute institution internationale, y compris les institutions financières internationales; *et*	(ii) 任何国际机构,其中包括国际金融机构;和
(iii) toutes les institutions financières publiques étrangères ayant pour objet l'aide au développement et le financement d'Infrastructures;	(iii) 旨在支持基础设施的开发和融资的所有外国国有金融机构;
étant précisé qu'une Personne Privée, une banque commerciale ou une société commerciale ne sauraient être considérées comme une Organisation Internationale au titre de la présente loi.	需要明确的是,社会资本、商业银行或商业公司将不得被视为本法项下的国际组织。

Partenariat Public Privé (PPP) désigne tous les accords, quelle que soit leur dénomination ou leur forme contractuelle, dans lesquelles une Personne Publique confie pour une période déterminée à une Personne Privée dont la rémunération est substantiellement liée à l'exploitation du service, une mission comprenant au moins l'obligation d'exploitation (avec ou sans délégation du service public) ou de maintenance de l'Infrastructure et pouvant également prévoir des obligations de financement et/ou de conception et/ou de construction de l'Infrastructure.	**PPP**:指公法人在固定期间内将一项任务委托至社会资本的协议(无论协议的名称或缔约形式如何),在该等协议中,社会资本的回报主要取决于服务的运营,所述任务至少包括基础设施的运营(涉及或不涉及公共服务委托)或维护义务,还可以包括基础设施的融资和/或设计和/或建设的义务。
Personne Privée désigne une personne morale de droit guinéen ou de droit étranger ou un groupement de personnes dont la majorité du capital ou des droits de vote ne sont pas détenus directement ou indirectement par des Personnes Publiques.	**社会资本**:指根据几内亚共和国法律或外国法律设立的法人或法人联合体,其多数资本或多数表决权不由公法人直接或间接持有。
Personne Publique désigne l'Etat guinéen et les collectivités locales ainsi que toute personne morale ou organisme public contrôlé par l'Etat guinéen ou par une collectivité locale.	**公法人**:指几内亚共和国的国家和地方行政机关以及几内亚共和国的国家或地方行政机关控制的任何法人或公共机构。
Plan Global de l'Unité PPP désigne le plan de programmation global qui recense l'intégralité des PPP de la République de Guinée tels qu'ils apparaissent dans les plans prévisionnels des Autorités Contractantes.	**PPP 局的整体计划**:指统计几内亚共和国全部 PPP 的整体规划计划,该等 PPP 列入缔约机关的预期计划中。

Prêteur désigne une banque ou une institution financière participant au financement du PPP ou à l'octroi de garanties pour ce financement.	**贷款方：**指参与 PPP 融资或为此融资提供担保的银行或金融机构。
Régie Intéressée désigne le Contrat de PPP par lequel l'Autorité Contractante finance elle-même l'établissement d'un service public, mais en confie la gestion à une Personne Privée qui est rémunérée par l'Autorité Contractante, tout en étant intéressée aux résultats, que ce soit au regard des économies réalisées, des gains de productivité ou de l'amélioration de la qualité du service.	**公共事业管理：**指一种 PPP 合同，通过该等合同，缔约机关自行为公共服务的建立提供资金，但委托社会资本管理该公共服务，而社会资本由缔约机关支付回报，该回报与成果相关，即回报取决于节约的实现、生产力的提高或服务质量的改善。
Société de Projet désigne la société commerciale de droit guinéen qui peut être constituée pour les besoins exclusifs du PPP et dont la majorité du capital et des droits de vote sont détenus directement ou indirectement par des Personnes Privées.	**项目公司：**指可专门为 PPP 的需要而设立的、其多数资本和多数表决权由社会资本直接或间接持有的几内亚共和国法律项下的商业公司。
Titulaire désigne la Personne Privée ou la Société de Projet qui conclut le Contrat de PPP avec l'Autorité Contractante.	**项目持有人：**指与缔约机关签订 PPP 合同的社会资本或项目公司。
Unité des Partenariats public-privé（Unité PPP）désigne l'entité qui a pour mission générale d'assister les Autorités Contractantes dans la mise en œuvre de leurs PPP et d'assurer le développement et la promotion des PPP en République de Guinée.	**PPP 局：**指负责协助缔约机关实施其签订的 PPP 并且确保在几内亚共和国的发展和促进 PPP 的实体。
Art. 3. – Champ d'application	**第 3 条 – 适用范围**
Art. 3 – 1. – Champ d'application contractuel	第 3 – 1 条 – 合同适用范围

La présente loi s'applique à tous les PPP, quelle que soit leur dénomination ou leur forme contractuelle à l'exception des Marchés Publics.	本法适用于所有 PPP,而无论其名称或缔约形式为何,但本法不适用于公共合同。
Les PPP peuvent prendre la forme d'une Délégation de Service Public, d'un Contrat de Partenariat ou de tout autre accord contractuel conforme à la définition du PPP.	PPP 可采用公共服务委托、合作合同或任何其他符合 PPP 定义的协议的形式。
Art. 3 – 2. – Rémunération à risque du Titulaire	第 3 – 2 条 – 项目持有人对回报承担风险
La rémunération est substantiellement liée à l'exploitation du service lorsque les revenus de la Personne Privée sont en risque, que ce soit au regard d'une rémunération directe sur les usagers du service, d'un intéressement aux résultats d'exploitation du service ou d'une indexation sur des critères de performance fixés au Contrat de PPP.	当社会资本的收益存在风险时,回报主要取决于服务的运营,无论是与从服务用户直接获得的回报有关、与服务运营成果的分红有关还是与 PPP 合同规定的绩效标准的指标有关。
Le seuil minimum du risque supporté par la Personne Privée sur sa rémunération est précisé par décret.	法令规定社会资本对其回报承担的风险的最低限度。
Art. 3 – 3. – Partenariats Public-Privé et Marchés Publics	第 3 – 3 条 – PPP 和公共合同
Les marchés publics sont exclus du champ d'application de la présente loi et demeurent régis par le Code des Marchés Publics.	公共合同不在本法的适用范围之内,其受《公共合同法典》的规制。
Les Délégations de Service Public sont régies par la présente loi.	公共服务委托应遵守本法的规定。

Le Code des Marchés Publics n'est applicable aux PPP que dans ses seules dispositions visées spécifiquement comme applicables aux PPP par la présente loi ou ses textes d'application.	只有本法或其实施条文特别规定适用于PPP的《公共合同法典》中的规定才适用于PPP。
Art. 3 – 4. – Champ d'application sectoriel	第3 – 4条 – 部门适用范围
La présente Loi s'applique à l'ensemble des secteurs économiques et sociaux, y compris ceux soumis à des réglementations particulières.	本法适用于所有经济和社会部门,其中包括应遵守特殊法规的部门。
Seuls sont exclus de l'application de la présente loi les droits miniers ou pétroliers éligibles au Code Minier ou au Code Pétrolier. Toutefois les PPP afférents aux Infrastructures publiques en relation avec l'exploitation de ces droits miniers ou pétroliers y sont assujettis.	受《矿业法典》或《石油法典》规制的矿权或石油权不属于本法的适用范围。但是,与该等矿权或石油权的运营有关的公共基础设施相关的PPP应遵守本法的规定。
Art. 3 – 5. – Personnes Publiques	第3 – 5条 – 公法人
La présente loi s'applique à l'ensemble des Personnes Publiques au sens de la présente loi.	本法适用于本法所规定的全部公法人。
Art. 3 – 6. – Partenariats Public Privé en dessous du seuil	第3 – 6条 – 未达阈值的PPP
Les projets dont le coût de réalisation ou le chiffre d'affaires prévisionnel sur la durée du Contrat de PPP ne dépasse pas un seuil précisé par décret sont soumis aux dispositions de la présente loi, sous réserve d'adaptation et de simplification prévues par décret.	若PPP项目在PPP合同期限内预计的实施成本或营业额未超过法令所规定的阈值,则该等项目受本法规定的规制,但法令可进行调整和简化。

Art. 4. – Contrat administratif	**第 4 条 – 行政合同**
Les Partenariats Public-Privé sont des contrats administratifs.	PPP 是行政合同。
Le cas échéant, le Contrat de PPP impose des obligations de service public au Titulaire.	如有必要,PPP 合同可为项目持有人设定公共服务义务。
TITRE 2 – CADRE INSTITUTIONNEL	**第二编 – 机构框架**
Art. 5. – Les organes compétents du cadre institutionnel des Partenariats Public-Privé	**第 5 条 – PPP 机构框架的主管机构**
Le cadre institutionnel des Partenariats public-privé comprend:	PPP 的机构框架包括:
• le Comité des PPP en charge de la politique PPP;	• 负责 PPP 政策的 PPP 委员会;
• les Autorités Contractantes responsables de la mise en œuvre des PPP;	• 负责实施 PPP 的缔约机关;
• le Ministre en charge des Finances ainsi que les services de son Ministère qui ont pour mission l'exécution de la présente loi et du contrôle de la bonne utilisation des deniers et des biens publics;	• 财政部长以及负责实施本法和监管公款和公共资产的妥善使用的财政部内部部门;
• l'ARMP chargée de la régulation des PPP;	• 负责管控 PPP 的公共合同管控委员会;
• l'ACGPMP chargée du contrôle des procédures de passation et de l'exécution des PPP; *et*	• 负责监管 PPP 的缔结程序和履行的大项目局;和
• l'Unité PPP en charge d'assister les autres organes du cadre institutionnel.	• 负责协助机构框架内的其他机构的 PPP 局。
Les attributions prévues par la présente loi et ses décrets d'application sont sans préjudice des autres attributions fixées par les autres textes en vigueur.	本法及其实施法令所规定的职权不得影响其他现行法律法规所规定的其他职权。

Art. 6. – Comité des PPP	**第 6 条 – PPP 委员会**
Le Comité des PPP est l'organe en charge de la politique PPP.	PPP 委员会是负责 PPP 政策的机构。
Les attributions, l'organisation et le fonctionnement du Comité des PPP sont précisés par décret.	PPP 委员会的职权、组织和运作由法令规定。
Art. 7. – L'Autorité Contractante	**第 7 条 – 缔约机关**
L'Autorité Contractante est, sauf dérogation faisant l'objet d'un avis de non objection de l'ACGPMP, la Personne Publique compétente pour construire l'Infrastructure ou exploiter le service objet du PPP.	缔约机关是有权建设基础设施或运营作为 PPP 标的的服务的公法人,除非存在例外情形且大项目局对该例外情形持非反对意见。
Art. 8. – Le Ministère de l'Economie et des Finances	**第 8 条 – 经济和财政部**
Le Ministère de l'Economie et des Finances est l'institution qui sera en charge de gérer et de contrôler les engagements publics dans le cadre des PPP.	经济和财政部是负责管理和监管公法人在 PPP 框架内的承诺的机构。
Art. 9. – Compétences simultanées de plusieurs Personnes Publiques	**第 9 条 – 多个公法人的同时管辖**
Lorsque la réalisation d'un PPP relève simultanément de la compétence de plusieurs Personnes Publiques, le Comité des PPP désigne la Personne Publique qui sera l'Autorité Contractante en charge de conduire la procédure de passation et de signer le Contrat de PPP mais chaque Personne Publique reste responsable des obligations qui relèvent de sa compétence.	当 PPP 的实施同时属于多个公法人的职权范围时,PPP 委员会指定一个公法人作为缔约机关来负责开展缔结程序和签署 PPP 合同,但每个公法人仍对其职权范围内的义务承担责任。

Art. 10. – L'Unité des Partenariats Public-Privé	**第 10 条 – PPP 局**
En vue d'assister les Autorités contractantes dans la mise en œuvre de leurs partenariats public-privé et d'assurer le développement et la promotion des PPP en République de Guinée, il sera créé, au sein du Ministère chargé des finances, une Unité des Partenariats Public-Privé.	为协助缔约机关实施其 PPP 并确保在几内亚共和国发展和促进 PPP,将在财政部中设立一个 PPP 局。
L'Unité des PPP sera créée par un décret du Président de la République, qui en déterminera également la composition, l'organisation, les missions et les modalités de fonctionnement.	PPP 局将通过几内亚共和国总统的法令设立,该法令还将确定 PPP 局的构成、组织、职责和运作方式。
TITRE 3 – IDENTIFICATION DES BESOINS ET SELECTION DES PROJETS DE PPP	**第三编 – 需求的识别和 PPP 项目的选择**
Art. 11. – Identification des besoins	**第 11 条 – 需求的识别**
Le PPP doit s'inscrire en cohérence avec les programmes de développement et les orientations du Gouvernement.	PPP 必须符合发展计划和政府方针。
La nature et l'étendue des besoins de l'Autorité Contractante sont déterminées avec précision avant tout Avis d'Appel Public à la Concurrence.	在发布竞争性公开招标公告之前须已明确确定缔约机关需求的性质和范围。
La détermination de ces besoins doit s'appuyer sur des spécifications techniques ou fonctionnelles définies avec précision, neutralité, professionnalisme et de manière non discriminatoire au regard du PPP envisagé.	该等需求根据拟议 PPP 的技术或运行规范确定,该等技术或运行规范以准确、中立、专业、非歧视的方式所确定。

Cette analyse des besoins doit être accompagnée d'une analyse de l'intérêt socio-économique du projet, de son impact environnemental et de sa soutenabilité financière.	该需求分析应附随项目的社会经济利益分析、环境影响分析和财务承受能力分析。
Le PPP conclu par l'Autorité Contractante doit avoir pour objet principal de répondre aux besoins et à l'intérêt socioéconomique qui sont présentés dans l'Etude de Faisabilité en minimisant l'impact environnemental du projet.	缔约机关所缔结的 PPP 的主要目的应为满足可行性研究中提出的需求和社会经济利益,同时降低项目的环境影响。
Art. 12. – L'Etude de Faisabilité	**第 12 条 – 可行性研究**
Lorsqu'une Autorité Contractante identifie un besoin qui pourrait faire l'objet d'un PPP, elle est tenue de réaliser une Etude de Faisabilité afin de démontrer la faisabilité technique et juridique du projet en PPP, sa soutenabilité financière, et de déterminer son intérêt socio-économique et son impact environnemental.	当缔约机关确定可以通过 PPP 满足的需求时,其应实施可行性研究以论证以 PPP 形式实施项目的技术和法律可行性及财务承受能力并确定其社会经济利益和对环境的影响。
Les modalités d'exécution et d'approbation ainsi que le contenu des Etudes de Faisabilité sont fixés par voie réglementaire.	可行性研究的实施方式和批准方式以及内容由法规规定。
TITRE 4 – DE LA PASSATION DES CONTRATS DE PARTENARIATS PUBLIC-PRIVE	**第四编 – PPP 合同的缔结**
Art. 13. – Principes Généraux	**第 13 条 – 基本原则**
Les règles de passation des PPP reposent sur les principes de mise en concurrence, de liberté d'accès à la commande publique, d'égalité de traitement des candidats et de transparence des procédures.	PPP 的缔结规则以竞争性原则、自由参与公共采购原则、候选人平等待遇原则和程序透明原则为基础。

Art. 14. – Procédures de passation des contrats de Partenariats Public-Privé	**第 14 条 – PPP 合同的缔结程序**
Les PPP peuvent être passés:	PPP 可通过以下方式缔结:
(i) soit par appel d'offres;	(i) 招标;
(ii) soit par le Gré-à-Gré.	(ii) 议标。
L'appel d'offres est la règle. Le Gré-à-Gré est une procédure exceptionnelle.	招标是原则,议标则是特殊程序。
Les conditions de recours à chacune de ces procédures ainsi que leurs modalités de passation sont fixées par décret.	采用该等程序中的任一程序的条件及其缔结方式均由法令规定。
Art. 15. – Participation d'une Organisation Internationale	**第 15 条 – 国际组织参与**
Lorsqu'une Organisation Internationale participe au financement d'une Infrastructure faisant l'objet d'un PPP, la procédure d'appel d'offres peut faire l'objet d'alignement sur la procédure ou la réglementation propre à cette Organisation Internationale.	当国际组织参与作为 PPP 标的的基础设施的融资时,招标程序可进行调整以与该国际组织特有的程序或规定保持一致。
Ces mesures d'ajustement sont discutées par l'Autorité Contractante avec l'Organisation Internationale et toute dérogation par rapport aux règles de procédure édictées par la présente loi ou ses décrets d'application est soumise à l'accord préalable de l'ACGPMP sur requête de l'Autorité Contractante.	该等调整措施由缔约机关与国际组织一起商定,任何本法或其实施法令规定的程序规则的例外均须由缔约机关申请获得大项目局的事先同意。
TITRE 5 – DE L'OFFRE SPONTANEE	**第五编 – 自发提案**
Art. 16. – Principes généraux de soumission	**第 16 条 – 提交自发提案的基本原则**
Une Personne Privée a la possibilité de soumettre une Offre Spontanée de projet PPP à une Autorité Contractante à la condition que le projet concerné:	社会资本可向缔约机关提交 PPP 项目的自发提案,但前提是相关项目:

(i) ne soit pas inscrit dans le plan prévisionnel de l'Autorité Contractante ou dans le Plan Global de l'Unité PPP, ainsi que dans le Programme d'Investissement Public; *ou*	(i)未列入缔约机关的预期计划、PPP 局的整体计划以及公共投资计划;或
(ii) porte sur un PPP pour lequel un appel d'offres n'est pas en cours.	(ii)涉及并非正在进行招标的 PPP。
Le projet doit néanmoins s'inscrire dans le cadre des orientations de la politique du Gouvernement en matière de développement des Infrastructures et services publics.	但是,该项目应为列入基础设施和公共服务的发展方面的政府政策方针的框架内的项目。
Art. 17. – Les étapes de la procédure de soumission et de passation	**第 17 条 – 提交自发提案的程序和缔结程序的步骤**
Les étapes de la procédure de soumission et de négociation de l'Offre Spontanée ainsi que les conditions d'indemnisation des Offres Spontanées retenues mais attribuées à un Titulaire autre que la Personne Privée à l'initiative du projet sont fixées par décret.	自发提案的提交程序和谈判程序的步骤以及对于自发提案被选中但未被授予项目的发起项目的社会资本的补偿条件由法令规定。
TITRE 6 – DU CONTENU DES CONTRATS DE PARTENARIATS PUBLIC-PRIVE	**第六编 – PPP 合同的内容**
Art. 18. – Les principes régissant les Contrats de Partenariats Public-Privé	**第 18 条 – 规制 PPP 合同的原则**
Le Contrats de PPP et la documentation contractuelle relative aux PPP déterminent les droits et les obligations des parties.	PPP 合同以及与 PPP 相关的契约性文件确定各方的权利和义务。
Le Contrat de PPP fixe les obligations de service public et les conditions dans lesquelles est assurée la continuité du service public.	PPP 合同确定公共服务的义务以及保障公共服务持续性的条件。

Les clauses obligatoires des Contrats de PPP sont fixées par décret.	PPP 合同的必备条款由法令规定。
Toute modification des obligations contractuelles, des délais ou du prix du Contrat de PPP doit faire l'objet d'un avenant dans les conditions fixées par décret.	PPP 合同的合同义务、期限或价格的任何变更必须按法令规定的条件通过补充协议进行。
Art. 19. – Durée, prorogation et renouvellement	**第 19 条 – 期限、延期和续期**
La durée du Contrat de PPP est fonction de la période nécessaire pour assurer l'amortissement de l'investissement du Titulaire, sans pouvoir excéder trente ans, sauf autorisation donnée par le Ministre en charge des Finances.	PPP 合同的期限取决于确保项目持有人回收投资所需的期间,除非得到财务部长的许可,否则 PPP 合同的期限不得超过 30 年。
Les conditions exceptionnelles et les limites dans le temps de prorogation ou de renouvellement sans recours à une procédure d'appel d'offres sont fixées par décret.	在不使用招标程序的情况下,延期或续期的特殊条件和时间限制由法令规定。
Art. 20. – Rémunération du Titulaire	**第 20 条 – 项目持有人的回报**
La rémunération du Titulaire d'un Contrat de PPP est librement fixée par les stipulations contractuelles dans le respect du principe de la rémunération à risque du Titulaire tel que fixé à l'article 3-2 de la présente loi et des règles, plafonds et conditions de règlement qui sont fixés par décret.	PPP 合同持有人的回报由合同条款自由规定但须遵守根据本法第 3 – 2 条规定的项目持有人存在风险的回报的原则以及法令所规定的规则、最高限额及结算条件。
Art. 21. – Résiliation	**第 21 条 – 解除**
Le Contrat de PPP peut être résilié unilatéralement par l'Autorité Contractante pour motif d'intérêt général.	缔约机关有权出于公共利益的原因而单方解除 PPP 合同。

Toute décision de résiliation par l'Autorité Contractante est soumise à l'approbation préalable du Ministre en charge des Finances.	缔约机关的任何解除决定都需要获得财政部长的事先批准。
Dans tous les cas de résiliation le Titulaire a droit à une compensation couvrant la part non-amortie des investissements, sous réserve que:	在全部解除情形中,项目持有人有权获得覆盖投资未收回部分的补偿,但须满足以下条件:
• les investissements aient été financés par le Titulaire;	• 项目持有人为投资提供资金;
• les immobilisations soient intégrées au patrimoine de la Personne Publique consécutivement à la résiliation;	• 在解除之后,固定资产将纳入公法人的资产中;
• soit déduite de cette compensation la part correspondante au préjudice subi par la Personne publique.	• 从该补偿中扣除公法人所遭受的损失。
Cette compensation est sans préjudice des stipulations du Contrat de PPP qui pourront prévoir des compensations supplémentaires en fonction des cas de résiliation.	该补偿不影响 PPP 合同根据解除情形而规定额外的补偿。
Art. 22. – Accord Direct	**第 22 条 – 直接协议**
Le Contrat de PPP peut prévoir la possibilité ou l'obligation pour l'Autorité Contractante ou une autre Personne Publique de conclure un Accord Direct avec les Prêteurs dans le but de faciliter le financement du PPP.	PPP 合同可规定缔约机关或另一公法人可以或者必须与贷款方签订直接协议,以便为 PPP 的融资提供便利。
Cet Accord Direct peut avoir pour objet, notamment, de permettre aux Prêteurs de traiter directement avec l'Autorité Contractante les questions relatives à la substitution du Titulaire défaillant et à la réalisation des sûretés relatives au PPP.	该直接协议旨在允许贷款方和缔约机关直接处理与替代违约的项目持有人、实现 PPP 相关的担保相关的问题。

Art. 23. – Substitution du Titulaire défaillant	**第 23 条 – 替代违约项目持有人**
L'Accord Direct et le Contrat de PPP peuvent prévoir les conditions et les modalités dans lesquelles les Prêteurs ayant participé au financement ou au refinancement des investissements peuvent se substituer ou substituer une entité qualifiée de leur choix au Titulaire initial dans les droits et obligations résultant du Contrat de PPP en cas de défaillance du Titulaire.	直接协议和 PPP 合同可以规定以下行为的条件和方式:在项目持有人违约的情况下,参与投资的融资或再融资的贷款方可以自行替代或以其选择的合格实体替代原始的项目持有人来行使 PPP 合同产生的权利和履行 PPP 合同产生的义务。
La substitution emporte dévolution à la nouvelle entité des droits et obligations du Contrat de PPP, y compris des droits d'occupation et de superficie, ainsi que des installations et Infrastructures nécessaires à la poursuite du PPP.	该替代导致向新实体转移 PPP 合同项下的权利和义务,其中包括占用权和地上权以及 PPP 的持续开展所需的设施和基础设施。
Le tiers doit présenter des garanties financières, techniques et juridiques suffisantes et être capable d'assurer la continuité du service transféré et l'égalité des usagers devant ce service.	第三方应提供充分的财务、技术和法律保障,并能够确保被转移的服务的连续性和服务用户的平等待遇。
Art. 24. – Droit applicable	**第 24 条 – 适用法律**
Le Contrat de PPP est régi par le droit guinéen.	PPP 合同受几内亚共和国法律规制。
Art. 25. – Contentieux de l'exécution du Contrat de Partenariats Public-Privé	**第 25 条 – PPP 合同的履行争议**
Art. 25 – 1. – Règlement amiable	第 25 – 1 条 – 友好协商
Le Contrat de PPP doit contenir une clause de règlement amiable des différends avant tout recours judiciaire ou arbitral relatif à l'exécution ou à l'interprétation du Contrat de PPP.	PPP 合同应包含在就 PPP 合同的履行或解释诉诸司法或仲裁程序前友好协商解决争议的条款。

Art. 25 – 2. – Médiation	第 25 – 2 条 – 调解
Les parties au Contrat de PPP ont la faculté de recourir à l'ARMP comme médiateur ou tout autre organe de règlement des différends auxquels la République de Guinée a adhéré.	PPP 合同的缔约方有权选择公共合同管控委员会或几内亚共和国已加入的任何其他争议解决机构作为调解方。
Art. 25 – 3. – Règlement des litiges	第 25 – 3 条 – 争议解决
A défaut de règlement amiable, les litiges liés à l'exécution ou à l'interprétation du Contrat de PPP sont réglés conformément aux mécanismes de règlement des différends tels que convenus par les parties dans le Contrat de PPP.	在不能通过友好协商解决的情况下,应根据双方在 PPP 合同中商定的争议解决机制解决与 PPP 合同的履行或解释相关的争议。
Les parties peuvent décider de soumettre leurs litiges aux tribunaux guinéens ou à un tribunal arbitral dont les règles de désignation et de procédure sont fixées dans le Contrat de PPP.	缔约方可以决定将其争议提交至几内亚共和国的法院或提交至仲裁庭,所述仲裁庭的选定规则和程序规则在 PPP 合同中确定。
TITRE 7 – REGIME APPLICABLE AUX BIENS DU PARTENARIAT PUBLIC-PRIVE	**第七编 – 适用于 PPP 的资产的制度**
Art. 26. – Régime foncier	**第 26 条 – 土地制度**
Les opérations domaniales réalisées dans le cadre d'un PPP sont soumises aux lois et règlements en vigueur.	在 PPP 的框架内实施的土地操作应遵守现行法律法规。
Dans le Contrat de PPP, la Personne Publique procède à une délimitation des biens appartenant au domaine public et au domaine privé.	在 PPP 合同中,公法人对属于公产和私产的资产进行划分。
Lorsque le Contrat de PPP emporte occupation du domaine public, il vaut autorisation d'occupation de ce domaine public pour sa durée.	当 PPP 合同导致占用公产时,须获得在占用期限内对该公产的占用许可。

Lorsque le Contrat de PPP l'autorise, le Titulaire peut consentir des baux dans les conditions de droit privé pour les biens qui relèvent du domaine privé. La durée de ces baux ne peut dépasser la durée du Contrat de PPP.	在PPP合同作出许可时,项目持有人可在私法规定的条件下针对属于私产的资产订立租约。该等租约的期限不得超过PPP合同的期限。
Art. 27. – Régime des biens	**第27条 – 资产制度**
Le Contrat PPP fixe le régime de propriété des Infrastructures et des biens, ainsi que leur sort en fin de contrat.	PPP合同规定了基础设施和资产的所有权制度以及在合同终止时对其的安排。
Dans le cas d'un Contrat de Partenariat, les Infrastructures doivent obligatoirement être transférées à titre gratuit à la personne publique au terme du contrat.	在合作合同中,基础设施必须在合同期限届满时无偿移交给公法人。
Dans tous les autres PPP, les Infrastructures sont transférées à la Personne Publique à titre gratuit, sauf dérogation expresse précisée dans le Contrat de PPP. Dans cette dernière hypothèse, la Personne Publique peut être amenée à verser une somme ne pouvant excéder la valeur nette comptable desdits biens.	在所有其他的PPP中,基础设施均无偿移交给公法人,但PPP合同中明确规定的例外情形除外。在该例外情形中,公法人可能须支付不超过该等资产的净账面价值的金额。
Art. 28. – Recettes connexes	**第28条 – 附属性收入**
Le Contrat de PPP peut prévoir que le Titulaire soit autorisé à valoriser notamment le domaine, public ou privé, mis à sa disposition dans le cadre d'un PPP, ou l'infrastructure avec pour objet de réaliser des recettes connexes.	PPP合同可规定项目持有人有权对在PPP的框架内向其提供的公产或私产或者基础设施进行增值,以实现附属性收入。
Art. 29. – Droits réels et sûretés	**第29条 – 物权和担保**
Le Contrat de PPP peut prévoir que le Titulaire dispose de droits réels, pour une durée n'excédant pas la durée du contrat, sur les biens, infrastructures et équipements objet	PPP合同可以规定项目持有人对作为PPP标的的资产、基础设施和设备在不超过合同期限的期限内享有物权,该物权赋予项目持有人所有权人的特权和义务。

du PPP lui conférant les prérogatives et obligations du prop-riétaire.	
Ces droits réels ne peuvent avoir pour effet de nuire au service public ou à l'affectation du domaine public.	该等物权不能妨害公共服务或妨碍公产的规定用途。
Ces droits réels peuvent faire l'objet de sûretés dans les conditions prévues par la loi pour garantir les seuls besoins du financement des investissements du PPP.	只有为了满足 PPP 投资的融资需求，才可在法律规定的条件下在该等物权上设置担保。
Art. 30. – Régime des cessions de créances	**第 30 条 – 债权转让制度**
Art. 30 – 1. – Cession des créances détenues sur l'Autorité Contractante	第 30 – 1 条 – 转让对缔约机关的债权
Les créances éventuellement détenues par le Titulaire sur l'Autorité Contractante dans le cadre d'un PPP peuvent faire l'objet d'une cession de créance dans les conditions de l'Acte Uniforme Révisé portant organisation des Sûretés. Cette cession ne peut intervenir que pour les besoins du financement des investissements du PPP.	在经修订的《担保统一法》规定的条件下，项目持有人在 PPP 的框架内对缔约机关持有的任何债权均可被转让。只有为满足 PPP 投资的融资需求才可进行该转让。
Art. 30 – 2. – Acceptation de la cession de créances	第 30 – 2 条 – 债权转让的认可
Lorsque tout ou partie de la rémunération due en vertu d'un Contrat de Partenariat au titre des coûts d'investissement, lesquels comprennent notamment les coûts d'étude et de conception, les coûts de construction et ses coûts annexes, les frais financiers intercalaires et des coûts de financement, est cédée, le Contrat de	当根据合作合同应以投资成本（投资成本包括研究和设计成本、建设成本及其附属性成本、融资费用[①]）和融资成本的名义支付的全部或部分回报被转让时，PPP 合同可规定，该转让须缔约机关根据《担保统一法》第 85 条的条件予以认可并遵守以下限制性规定：

① 中伦注：我们理解此处的融资费用为项目投入商业运营之前的融资性成本。

PPP peut prévoir que cette cession fasse l'objet d'une acceptation par l'Autorité Contractante dans les conditions de l'article 85 de l'Acte Uniforme portant organisation des Sûretés et dans les limites suivantes:	
(i) l'acceptation est subordonnée à la constatation par l'Autorité Contractante que les investissements ont été réalisés conformément aux prescriptions du Contrat de Partenariat;	(i) 缔约机关证明投资的实施符合合作合同的规定后方可认可;
(ii) le Titulaire du Contrat de Partenariat est tenu de se libérer auprès de l'Autorité Contractante des dettes dont il peut être redevable à son égard du fait de manquements à ses obligations contractuelles et, notamment, du fait des pénalités qui ont pu lui être infligées; et	(ii) 合作合同的项目持有人有义务向缔约机关清偿其因违反合同义务而应承担的债务以及因可能对其施加的处罚而应承担的债务;和
(iii) l'engagement global de l'Autorité Contractante au titre de cette ou ces acceptations ne peut dépasser 80% de la rémunération due au titre des coûts d'investissement et des coûts de financement définis ci-avant.	(iii) 缔约机关对于认可债务转让的总承诺不得超过以上述定义的投资成本和融资成本的名义而应支付的回报的 80%。
TITRE 8 – REGIME FISCAL, DOUANIER ET COMPTABLE DES PARTENARIATS PUBLIC-PRIVE	**第八编 – PPP 的税收、海关和会计制度**
Art. 31. – Régime fiscal	**第 31 条 – 税收制度**
Les Contrats de PPP sont soumis au régime fiscal de droit commun et peuvent faire l'objet d'avantages et d'exonérations dans les conditions prévues par le Code des Investissements.	PPP 合同受一般法的税收制度规制,可在《投资法典》规定的条件下享受优惠和豁免。

Art. 32. – Régime des investissements étrangers et des changes	**第 32 条 – 外国投资和外汇的制度**
Les opérations réalisées dans la cadre des PPP sont soumises au régime des changes en vigueur en Guinée et bénéficient des garanties qui s'y attachent.	在 PPP 框架内实施的交易受几内亚共和国现行外汇制度的规制,并享有其相应的保证。
Le Titulaire bénéficie des droits prévus par le Code des Investissements dans les conditions prévues par ce dernier.	项目持有人在《投资法典》中规定的条件下享有《投资法典》规定的权利。
Art. 33. – Comptabilité des contrats de Partenariats Public-Privés	**第 33 条 – PPP 合同的财务**
Art. 33 – 1. – Principe de transparence comptable	第 33 – 1 条 – 会计透明原则
La comptabilité du Titulaire doit être mise en œuvre selon le principe de transparence comptable entre les parties au Contrat de PPP.	项目持有人的财务必须根据在 PPP 缔约方之间的会计透明原则处理。
Le Contrat de PPP définit les modalités de tenue de la comptabilité et des méthodes d'enregistrement des flux financiers qu'il génère, de leur répartition entre les parties au contrat, et de leur affectation à la mise en œuvre du PPP et à son exécution.	PPP 合同确定财务记账方式和 PPP 合同产生的资金流的登记方法、该资金流在缔约方之间的分配方法、该资金流在 PPP 的实施及其履行中的分配方法。
La comptabilité du Titulaire doit faire ressortir l'intégralité du patrimoine mis à sa disposition par l'Autorité Contractante.	项目持有人的财务必须显示缔约机关向其提供的所有资产。
Art. 33 – 2. – Obligation d'information du Titulaire	第 33 – 2 条 – 项目持有人的告知义务
Le Titulaire est tenu d'une obligation générale d'information sur les modalités de calcul des coûts d'investissement et d'exploitation-maintenance.	项目持有人有义务告知有关投资成本和运营维护成本的计算方式。

A cet effet, le Contrat de PPP précise les obligations du Titulaire en termes de transmission des documents comptables du Titulaire ainsi que les contrats passés avec des affiliés pour l'exécution du PPP ou avec les Prêteurs pour son financement.	为此,PPP 合同明确项目持有人有义务提交项目持有人的会计文件以及为了履行 PPP 与关联方缔结的合同或为了获得 PPP 的融资与贷款方签订的合同。
Art. 33 - 3. - Amortissement des investissements	第 33 -3 条 - 投资的折旧
Nonobstant l'appartenance au domaine public du terrain sur lequel les infrastructures sont construites, le Titulaire est autorisé à prévoir dans ses comptes les amortissements correspondants ainsi que les provisions pour le renouvellement des infrastructures et autres biens immobiliers.	尽管基础设施建设使用的土地属于公产,项目持有人仍有权在其账目上规定相应的折旧以及用于更新基础设施和其他不动产的准备金。
Lorsque la durée de vie des biens financés par le Titulaire est supérieure à la durée du Contrat de PPP, un amortissement de caducité peut être pratiqué par le Titulaire afin de permettre à ce dernier de satisfaire à son obligation, le cas échéant, de restitution du bien à titre gratuit au terme normal du Contrat de PPP. Ces amortissements ne peuvent pas porter sur des immobilisations remises gratuitement au titulaire par la Personne Publique.	当项目持有人提供资金的资产的寿命超出 PPP 合同期限时,项目持有人可以进行加速折旧,以便使项目持有人能够履行其义务,例如在 PPP 合同期限正常届满时无偿归还资产。该等折旧不适用于公法人无偿向项目持有人移交的固定资产。
Art. 34. - Les différents moyens de participation publique	**第 34 条 - 公共参与的不同方式**
Dans le respect des dispositions législatives relatives à la gestion des finances publiques, notamment la loi organique relative aux lois des finances toute Personne publique peut, dans les	根据有关公共财政管理的法律规定尤其是根据有关财政法的组织法,任何公法人均可在其职权范围内与缔约机关一起参与 PPP 的融资,其参与融资的方式如下:

limites de ses compétences, participer aux côtés de l'Autorité Contractante au financement d'un PPP par les moyens suivants:	
(i) le versement de subventions;	(i)支付补贴;
(ii) une participation au capital de la Société de Projet;	(ii)在项目公司中参股;
(iii) l'octroi de prêts;	(iii)提供贷款;
(iv) l'octroi de garanties; *ou*	(iv)提供担保;或
(v) tous autres moyens autorisés par la loi et mentionnés dans le DAO.	(v)法律允许并在招标文件中提及的任何其他方式。
Tout PPP dans lequel une Personne Publique s'engage financièrement, soit directement soit à titre de garantie, est soumis au contrôle a priori afin de vérifier la soutenabilité financière des engagements de la Personne Publique sur la durée du Contrat de PPP. Les modalités de ce contrôle sont précisées par décret.	公法人作出财务承诺的任何 PPP,无论是直接作出还是以担保的形式作出承诺,均应接受事先监管,以确认在 PPP 合同期限内公法人承诺的财务承受能力。该监管的方式由法令规定。
Art. 35. – Comptabilité des engagements financiers des Personnes Publiques	**第 35 条 – 公法人财务承诺的财务处理**
Les engagements financiers ou de garantie au titre d'un Contrat de PPP doivent figurer ou être autorisés au budget de la Personne Publique concernée.	PPP 合同项下的财务承诺或担保承诺必须列于相关公法人的预算中或被相关公法人的预算所许可。
Un décret peut limiter le volume des engagements PPP qu'une Personne Publique peut souscrire, à peine de nullité, à titre principal ou en garantie par rapport à ses ressources ou à ses engagements globaux d'investissement.	法令可以根据公法人的财源或其全部投资承诺限制公法人作出的 PPP 承诺的额度,而无论该等财务承诺是主要的财务承诺还是担保形式的财务承诺,承诺超出额度将无效。

TITRE 9 – CONTENTIEUX ET SANCTIONS	第九编 – 争议和处罚
Art. 36. – Contentieux de la passation des PPP	**第 36 条 – PPP 的缔结产生的争议**
Art. 36 – 1. – Recours devant l'Autorité Contractante	第 36 – 1 条 – 向缔约机关申诉
Les candidats s'estimant lésés par les procédures de passation d'un PPP peuvent introduire devant l'Autorité Contractante un recours effectif préalable à l'encontre des procédures et décisions rendues leur causant préjudice.	认为自己受到 PPP 的缔结程序损害的候选人可以就对其造成损害的程序和决定先行向缔约机关提起申诉。
Une copie de ce recours est adressée à l'ARMP et à l'ACGPMP. Le recours peut porter sur les décisions suivantes：	该申诉的副本将发送至公共合同管控委员会和大项目局。该申诉可针对以下决定：
(ⅰ) décision relative à la liste des candidats pré-qualifiés；	(ⅰ) 与通过资格预审的候选人名单有关的决定；
(ⅱ) décision d'attribuer ou de ne pas attribuer le PPP；	(ⅱ) 是否授予 PPP 的决定；
(ⅲ) les conditions de publication des avis et des notifications；	(ⅲ) 发布公告和通知的条件；
(ⅳ) les règles relatives à la participation des candidats et aux capacités et garanties exigées；	(ⅳ) 有关候选人参与的规则以及关于要求的能力和担保的规则；
(ⅴ) le mode de passation et la procédure de sélection retenue； *et*	(ⅴ) 缔结模式和选定的选择程序；和
(ⅵ) les spécifications techniques ou fonctionnelles imposées et les critères d'évaluation.	(ⅵ) 强制适用的技术或功能性规范以及评估标准。
Le candidat doit invoquer une violation caractérisée des règles applicables aux procédures de passation des PPP.	候选人必须援引明显违反 PPP 缔结程序的规则的情形。

Art. 36 – 2. – Recours devant le Comité de Règlement des Différents et des Sanctions（CRDS）	第 36 – 2 条 – 向争议解决和制裁委员会进行申诉
A défaut de réponse de l'Autorité Contractante dans le délai imparti ou en cas de contestation de la décision, le candidat s'estimant lésé peut porter ce recours devant le CRDS établi au sein de l'ARMP.	如果在规定的期限内没有得到缔约机关的答复,或者在对决定提出质疑的情况下,认为自己遭受损害的申诉人可以向公共合同管控委员会内设立的争议解决和制裁委员会提出该申诉。
Les décisions du CRDS ne peuvent avoir pour effet que de corriger la violation alléguée ou d'empêcher que d'autres dommages soient causés aux intérêts concernés, ou de suspendre ou faire suspendre la décision litigieuse ou la procédure de passation.	争议解决和制裁委员会的决定仅能纠正被提出的违规行为或防止相关利益遭到其他损害,或者中止或使得中止产生争议的决定或缔结程序。
En cas de décision constatant la violation de la réglementation applicable, l'Autorité Contractante doit s'y conformer en prenant, dans les plus brefs délais, les mesures de nature à remédier aux irrégularités constatées.	如果作出了确认违背适用法规的决定,缔约机关必须遵守该决定,且须尽快采取措施以对经证实的违规行为进行补救。
La décision du CRDS est rendue dans un délai maximum de dix jours ouvrables suivant sa saisine, à défaut l'attribution du PPP ne peut plus être suspendue. Cette décision est immédiatement exécutoire.	争议解决和制裁委员会的决定应在其受理后的最长 10 个工作日的期限内作出,若未在规定期限内作出决定,则 PPP 的授予不能再被中止。该决定应立即执行。
La décision du CRDS peut faire l'objet d'un recours devant l'organe juridictionnel compétent mais ce recours devant l'organe juridictionnel n'a pas d'effet suspensif.	可以针对争议解决和制裁委员会的决定向有管辖权的司法机构提起申诉,但向有管辖权的司法机构的申诉不具有中止效力。

Art. 36 – 3. – Saisine d'office de l'ARMP	第 36 – 3 条 – 公共合同管控委员会的依职权受理
L'ARMP peut se saisir d'office dans les mêmes conditions que celles prévues à l'article 19 de la loi L/2012/020/CNT du 11 octobre 2012 fixant les règles régissant la passation, le contrôle et la régulation des marchés publics et délégations de service public.	公共合同管控委员会可以在与 2012 年 10 月 11 日第 L/2012/020/CNT 号关于公共合同和公共服务委托的缔结、监管和管控的规则的法律的第 19 条规定的条件相同的条件下依职权受理。
Art. 36 – 4. – Effet suspensif des recours	第 36 – 4 条 – 申诉的中止效力
Ces recours ont pour effet de suspendre la procédure jusqu'à la décision devenue définitive de l'Autorité Contractante à défaut de saisine du CRDS dans le délai imparti ou en cas de saisine du CRDS jusqu'à la décision définitive de ce dernier ou l'expiration de son délai de réponse.	在未在规定的期限内将申诉提交至争议解决和制裁委员会的情况下,在缔约机关作出的决定成为最终决定前,该等申诉具有中止程序的效力,或者在将申诉提交争议解决和制裁委员会的情况下,在争议解决和制裁委员会作出最终决定或其作出回复的期限届满前,该等申诉具有中止程序的效力。
Art. 36 – 5. – Procédure applicable	第 36 – 5 条 – 适用程序
Les modalités de ces recours, leur recevabilité, la procédure à suivre et les délais impartis sont précisés par voie réglementaire.	该等申诉的方式、可受理性、应遵循的程序和规定的期限由法规规定。
TITRE 10 – DISPOSITIF APPLICABLE EN MATIÈRE D'ÉTHIQUE ET DE GOUVERNANCE DES PARTENARIATS PUBLIC-PRIVÉ	**第十编 – PPP 的行为准则和管理的适用规定**
Art. 37. – Conflits d'intérêts	**第 37 条 – 利益冲突**
Les représentants et membres des Autorités Contractantes, des structures en charge de la passation, de l'exécution, du contrôle et de la régulation des contrats de PPP, et plus généralement, l'ensemble des personnes morales de droit public et de droit	缔约机关的代表和成员,负责 PPP 合同的缔结、履行、监管和管控的机构,以及更广泛而言,无论以何种身份参与 PPP 合同的成立和管理过程的全部公法人和私法人以及任何的人,其无论是代表缔约机关还是代表批准、缔结、监管或管控

privé, ainsi que toute personne intervenant, à quelque titre que ce soit, dans le processus de formation et de gestion des contrats de PPP, soit pour le compte d'une Autorité Contractante, soit pour le compte d'une autorité d'approbation, de passation, de contrôle ou de régulation sont soumis aux dispositions législatives et réglementaires prohibant les pratiques frauduleuses et les conflits d'intérêts dans la passation des commandes publiques.	的权力机关,均受到法律和法规中关于在公共采购的缔结中的欺诈行为和利益冲突的禁止性规定的规制。
Art. 38. – Dénonciation des manquements à la réglementation	**第 38 条 – 检举违规行为**
Toute personne ayant eu connaissance d'un manquement ou d'un risque de manquement à la règlementation des contrats de PPP doit en informer l'Autorité Contractante et l'ARMP.	任何人如果知悉存在违反 PPP 合同规定或存在违反 PPP 合同规定的风险,必须将其告知缔约机关和公共合同管控委员会。
Le dispositif de sécurité et de garantie de confidentialité nécessaire à la protection des personnes qui dénoncent les manquements visés à l'alinéa premier du présent article sera précisé par voie réglementaire.	保护本条第一款规定的违规行为的检举人员必需的安全和保密的机制将由法规规定。
Hormis la sécurité et la garantie de confidentialité, il ne saurait y avoir de contrepartie, de quelque nature que ce soit, à la fourniture des informations visées à l'alinéa premier du présent article.	除了安全和保密之外,提供本条第一款规定的信息不得享有任何性质的补偿。

Art. 39. – Sanctions des agents publics en matière de Partenariats Public-Privé	**第 39 条 – 对与 PPP 方面的公职人员的处罚**
En application des dispositions de l'article 36 ci-dessus et sans préjudice des sanctions disciplinaires ou des poursuites pénales qui pourraient être exercées à leur encontre, les agents publics ayant violé la réglementation applicable en matière de PPP pourront être sanctionnés par l'autorité dont ils relèvent et selon les procédures applicables par une exclusion temporaire ou définitive de toute fonction relative à la passation, au contrôle ou à la régulation des PPP ainsi que des marchés publics.	根据上述第 36 条的规定,且在不影响可能对公职人员实施的任何纪律处罚或提起的刑事诉讼的情况下,违反 PPP 方面的适用法规的公职人员可能会受到其隶属的权力机关的处罚,处罚根据适用程序包括临时或永久禁止承担与 PPP 和公共合同的缔结、监管和管控相关的职务。
Les sanctions prononcées contre un agent public sont publiées au journal des marchés publics et sur le site de l'Unité PPP et diffusé auprès des chambres consulaires, des organisations patronales, syndicales et de la société civile.	对公职人员的处罚在公共合同的刊物和 PPP 局的网站上公布,并在商会、雇主组织、工会组织和民间组织中传播。
Art. 40. – Sanctions des candidats, soumissionnaires et titulaires des contrats de Partenariats Public-Privé	**第 40 条 – 对候选人、投标人和 PPP 合同的持有人的处罚**
Sans préjudice des sanctions pénales prévues par les lois et règlements en vigueur, la Personne Privée et ses représentants, encourent sur décision de l'ARMP, les sanctions énumérées au présent article, lorsqu'il a:	在下列情形中,根据公共合同管控委员会所做出的决定,社会资本及其代表将受到本条所列的处罚,且不影响现行法律和法规规定的刑事处罚:

• procédé à des pratiques de collusion entre soumissionnaires afin d'établir les conditions des offres à des niveaux artificiels et non concurrentiels et de priver l'Autorité Contractante des avantages d'une concurrence libre et ouverte;	• 在投标人之间相互串通,导致投标是虚假的且不具有竞争性,并剥夺缔约机关从自由和公开的竞争中可获得的利益;
• participé à des pratiques visant sur le plan technique à instaurer un fractionnement du contrat ou à influer sur le contenu du dossier d'appel d'offres;	• 参与技术层面的合同拆分行为或影响招标文件内容的行为;
• eu recours à la surfacturation et/ou à la fausse facturation;	• 超额开票和/或虚开发票;
• tenté d'influer sur l'évaluation des offres ou sur les décisions d'attribution, y compris en proposant tout paiement ou avantage indu;	• 试图干涉评标或授予决定,包括提出任何不正当的报酬或利益;
• fourni des informations ou des déclarations fausses ou mensongères, ou a fait usage d'informations confidentielles dans le cadre de la procédure d'appel d'offres;	• 在招标程序中,提供虚假或欺骗性的信息或声明,或使用保密信息;
• participé pendant l'exécution du Contrat à des actes et pratiques frauduleuses préjudiciables aux intérêts de l'Autorité Contractante, contraires à la réglementation applicable en matière de PPP susceptibles d'affecter la qualité des prestations ou leur prix ainsi que les garanties dont bénéficie l'Autorité Contractante et les usagers.	• 在履行合同期间参与实施了违背 PPP 方面的适用法规且有损于缔约机关利益的欺诈行为和做法,该等欺诈行为和做法可能会影响提供的产品或服务的质量或价格以及缔约机关和用户享有的保障。
Les sanctions suivantes peuvent être prononcées, et, selon le cas, de façon cumulative:	根据情况可决定单独或合并适用以下处罚:

• la confiscation des garanties constituées par le contrevenant dans le cadre des procédures d'appel d'offres incriminées, dans l'hypothèse où elle n'aurait pas été prévue par le cahier des charges;	• 在任务书①中没有做出相应规定的情况下,没收违规方在被控违规的招标程序中提供的担保;
• l'exclusion de la concurrence pour une durée temporaire en fonction de la gravité de la faute commise, y compris, en cas de collusion établie par l'autorité de régulation, de toute entreprise qui possède la majorité du capital de l'entreprise sanctionnée, ou dont l'entreprise sanctionnée possède la majorité du capital;	• 临时禁止任何持有受处罚企业多数资本的企业或被受处罚企业持有多数资本的企业参与竞争,禁止期限根据所犯过错的严重程度而定,所述过错包括经管控机关确认的串通情况;
• le retrait de leur agrément et/ou de leur certificat de qualification;	• 撤回对其的批准和/或其资格证书;
• une sanction à caractère pécuniaire sous la forme d'une amende dont le seuil maximum sera fixé par voie réglementaire.	• 罚金形式的金钱性质的处罚,罚金的最高额由法规规定。
La décision d'exclusion de la commande publique ne peut dépasser dix ans.	公共采购的禁止参与决定不得超过10年。
L'ARMP établit périodiquement une liste des personnes physiques et morales exclues de toute participation à la commande publique. Cette liste est régulièrement mise à jour, distribuée aux autorités contractantes et aux structures en charge de la passation et du contrôle des PPP ainsi que des marchés publics et publiée dans le Journal des Marchés Publics et par tous les autres moyens légaux de publication.	公共合同管控委员会定期编制一份禁止参与任何公共采购的自然人和法人的名单。该清单定期更新,分发至缔约机关和负责PPP和公共合同的缔结和监管的机构,并在公共合同刊物上公布以及以所有其他法定公布方式进行公布。

① 中伦注:本质上为规定工作要求的文件,也有人翻译为"责任书""需求说明""任务单""计划书",我们统一翻译为"任务书"。

Art. 41. – Annulation des contrats	第 41 条 – 合同撤销
Tout contrat de PPP obtenu, ou renouvelé au moyen de pratiques frauduleuses ou d'actes de corruption, ou à l'occasion de l'exécution duquel des pratiques frauduleuses et des actes de corruption ont été perpétrés, est frappé de nullité, sauf si l'intérêt public s'y oppose.	任何通过欺诈行为或腐败行为获得或续签的 PPP 合同,或在 PPP 合同的履行期间发生欺诈行为或腐败行为的,除非为了公共利益的需要,否则前述 PPP 合同均无效。
Tout contrat de PPP conclu en violation des décisions prises par les structures en charge de la passation et du contrôle des PPP, ou par l'Autorité de Régulation des Marchés Publics est également frappé de nullité.	任何违反负责 PPP 的缔结和监管的机构或公共合同管控委员会做出的决定而签订的 PPP 合同也是无效的。
Tout contractant dont le consentement aura été vicié par un acte de corruption ou de pratiques frauduleuses peut demander au tribunal l'annulation de ce contrat, sans préjudice de son droit de demander des dommages et intérêts.	任何因腐败行为或欺诈行为导致其同意无效的缔约方,均可向法院申请撤销合同,且不影响其请求损害赔偿的权利。
Tout soumissionnaire évincé peut également demander dans les six mois de la publication de tout contrat ou avenant leur annulation devant la juridiction compétente, sous réserve de démontrer le recours aux pratiques visées à l'alinéa 1 du présent article ou à une violation grave des dispositions et principes de la réglementation applicable en matière de PPP.	任何被淘汰的投标人可在公布任何合同或补充协议的 6 个月内向有管辖权的司法机关申请将其撤销,但须证明存在本条第 1 款所述的行为或证明严重违反 PPP 方面的适用法规的规定和原则。

Art. 42. – Réparation des préjudices	第 42 条 – 损害赔偿
Toute personne qui a subi un dommage résultant d'un acte de corruption ou d'une violation des dispositions de la réglementation applicable en matière de PPP peut intenter une action en indemnisation contre l'Etat et toute autre personne physique ou morale impliquée, en vue d'obtenir réparation.	任何因腐败行为或因违反 PPP 方面的适用法规的规定而遭受损害的人,可以向国家和任何其他相关的自然人或法人提出诉讼要求赔偿,以便获得赔偿。
TITRE 11 – DISPOSITIONS TRANSITOIRES ET FINALES	**第十一编 – 过渡规定和最终规定**
Art. 43. – Textes d'application	**第 43 条 – 实施条文**
Les dispositions d'application de la présente loi sont fixées par voie réglementaire.	本法的实施规定由法规规定。
Art. 44. – Dispositions abrogées	**第 44 条 – 废除规定**
La Loi L/97/012/AN du 1er juin 1998 autorisant le financement, la construction, l'exploitation, l'entretien et le transfert d'infrastructures de développement par le secteur privé est abrogée.	1998 年 6 月 1 日第 L/97/012/AN 号法律被废除,该法律授权由私营部门资助、建设、运营、维护和移交发展性基础设施。
Les dispositions de la Loi L/2012/020/CNT du 11 octobre 2012, fixant les règles régissant la passation, le contrôle et la régulation des marchés publics et délégations de service public et du Décret D/2012/128/PRG/SGG du 3 décembre 2012 portant Code des marchés publics et délégations de services publics, afférentes spécifiquement aux délégations de service public, sont abrogées et la référence dans le titre de ces textes aux délégations de service public est supprimée.	现予以废除 2012 年 10 月 11 日第 L/2012/020/CNT 号关于公共合同和公共服务委托的缔结、监管和管控的规则的法律和 2012 年 12 月 3 日第 D/2012/128/PRG/SGG 号关于公共合同法典和公共服务委托的法令中对公共服务委托的规定,并删除该等条文的标题中引用公共服务委托的内容。

Sont également abrogées toutes autres dispositions antérieures contraires à la présente loi.	与本法相悖的任何其他在先规定也被废除。
Les dispositions des lois sectorielles relatives aux diverses formes de PPP et notamment celles autorisant les concessions demeurent en vigueur dans la mesure où elles sont compatibles avec les dispositions de la présente loi qui ont vocation à s'appliquer à tous PPP.	各种 PPP 形式的部门法律规定,特别是批准特许经营的规定仍然有效,只要所述规定与本法中旨在适用于所有 PPP 的规定相符。
Art. 45. – Procédures de passation en cours	**第 45 条 – 正在进行的缔结程序**
Les dispositions de la présente loi sont applicables à tous les projets de PPP dont l'Avis d'Appel Public à la Concurrence est publié postérieurement à la date d'entrée en vigueur de la présente loi.	本法的规定适用于在本法生效之日后才发布竞争性公开招标公告的所有 PPP 项目。
Les actes relatifs aux procédures d'appel d'offres pour lesquelles un Avis d'Appel Public à la Concurrence a été publié préalablement à l'entrée en vigueur de la présente loi sont présumés conformes aux dispositions de la présente loi.	与在本法生效之前发布竞争性公开招标公告的招标程序相关的行为应当推定符合本法的规定。
Les actes de procédure de passation postérieurs à l'entrée en vigueur de la présente loi sont soumis aux dispositions de la présente loi.	本法生效后的缔结程序的行为应受本法规定的规制。
Art. 46. – Contrats PPP en cours d'exécution	**第 46 条 – 正在履行的 PPP 合同**
Les Contrats de PPP signés par les parties antérieurement à la date d'entrée en vigueur de la présente loi demeurent régis, pour leur exécution, par les dispositions applicables au jour de leur signature.	双方在本法生效之日前签订的 PPP 合同的履行应继续受所述 PPP 合同的签署之日所适用规定的规制。

Art. 47. – La présente loi, qui entre en vigueur dès sa promulgation, sera enregistrée et publiée au journal officiel de la République de Guinée et exécutée comme loi de l'État.	**第 47 条** – 本法在颁布后立即生效,将记载并公布在几内亚共和国的官方公报上,并作为国家法律实施。

République du Rwanda

Loi n°14/2016 du 02/05/2016 régissant les partenariats public-privé

卢旺达共和国

2016 年 5 月 2 日第 14/2016 号
关于政府与社会资本合作的法律[①]

① 中伦注：由于本法最初以英文编写，故翻译中参考了英文版本，很多地方可能和法文版本不完全一致。

CHAPITRE I: DISPOSITIONS GENERALES	**第一章:总则**
Article 1: Objet de la présente loi	**第 1 条:立法宗旨**
La présente loi régit les partenariats public-privé ci-dessous dénommés «PPP» en sigle Anglais.	本法规制政府与社会资本合作,下文以缩写“PPP”作为其简称。
Article 2: Définitions des termes	**第 2 条:术语定义**
Aux fins de la présente loi, les termes suivants ont des significations suivantes:	在本法中,作出以下定义:
1° **accord de PPP**: contrat écrit conclu entre l'autorité contractante et un partenaire contenant des clauses du projet de PPP;	1° **PPP 合同**:指在缔约机关和社会资本之间缔结的、包含 PPP 项目的条款的书面合同;
2° **offre non sollicitée**: offre d'initiation d'un projet de PPP, soumise sans qu'il y ait d'appel d'offres;	2° **自发提案**:指自发提起的 PPP 项目的提案,该等提案被提交时没有相关的招标;
3° **Comité Directeur**: organe chargé d'approuver et de superviser un projet de PPP;	3° **管理委员会**:指负责批准和监管 PPP 项目的机构;
4° **partenaire**: un privé compétent pour conclure un accord de PPP avec l'autorité contractante;	4° **社会资本**:指有能力与缔约机关缔结 PPP 合同的私人;
5° **Autorité contractante**: une institution publique ayant l'accord de PPP dans ses attributions;	5° **缔约机关**:指负责 PPP 合同的政府机构;
6° **organe à objectif spécial**: entité établie par une partie privée à des fins spéciales de mettre en œuvre un projet de partenariat public-privé et de conclure un accord de partenariat entre les deux secteurs.	6° **SPV 公司**:指社会资本为实施 PPP 项目以及在政府和社会资本之间缔结合作合同的特定目的而设立的公司实体。

Article 3: Champ d'application de la présente loi	**第3条:本法的适用范围**
La présente loi s'applique aux ententes suivantes de PPP:	本法适用于以下PPP协定:
1° contrat de gestion par lequel l'Autorité contractante attribue à un partenaire le droit de gérer et donner certains services en rapport avec les équipements en infrastructure ou un autre patrimoine pour un temps convenu;	1° 管理合同,缔约机关通过管理合同授予社会资本在约定的期限内管理和提供与基础设施或其他财产相关的某些服务的权利;
2° "Build-Operate-Own" "BOO", par lequel le partenaire privé finance, conçoit, construit, s'approprie et gère un équipement en infrastructure ou un autre bien pour donner des services;	2°"建设—运营—拥有"即"BOO"模式,通过该模式,社会资本进行基础设施或其他资产的融资、设计、建设、拥有和管理以便提供服务;
3° "Build-Operate-Transfer" "BOT", par lequel le partenaire finance, conçoit, construit un équipement en infrastructure ou un autre bien pour donner des services et le maintient jusqu'au moment convenu du transfert de cet équipement ou bien à l'Etat;	3°"建设—运营—转让"即"BOT"模式,通过该模式,社会资本进行基础设施或其他资产的融资、设计和建设以提供服务并对前述基础设施或资产在约定的时期内进行维护,之后将其向政府移交;
4° "Lease-Operate-Develop" "LOD", par lequel l'Autorité contractante accorde à un partenaire le droit de gérer et d'améliorer un équipement en infrastructure ou un autre bien sous forme de bail pour un temps convenu.	4°"租赁—运营—开发"即"LOD"模式,缔约机关授予社会资本租约,以便其在约定的期限内运营和开发现存的基础设施或者其他资产。
Un arrêté du Premier Ministre peut prévoir toute autre entente de PPP.	总理颁布的法令可规定任何其他的PPP协议。
Article 4: Champ de non-application de la présente loi	**第4条:不属于本法的适用范围**
La présente loi ne s'applique pas:	本法不适用于:

1° aux contrats conclus conformément à la loi sur les marchés publics;	1° 根据有关公共合同的法律缔结的合同;
2° à la privatisation ou à la cession des entreprises, biens et équipements en infrastructure de l'Etat.	2° 国有公司、国有资产和国有基础设施的私有化或转让。
Article 5: Secteurs potentiels pour les PPP	**第 5 条:可能适用 PPP 的领域**
Les secteurs potentiels pour les PPP en infrastructures et services sont les suivants:	基础设施和服务的 PPP 可能适用的领域如下:
1° le transport notamment les routes, chemins de fer, aéroports, ponts, tunnels, ports sur mer et ports sur terre;	1° 运输领域,包括但不限于公路、铁路、机场、桥梁、隧道、海港和陆港;
2° l'énergie, notamment l'énergie hydraulique, l'énergie solaire, l'énergie éolienne, l'énergie thermique, le biogaz et la tourbe;	2° 能源领域,包括但不限于水能、太阳能、风能、热能、沼气和泥煤;
3° les affaires sociales notamment en rapport avec l'éducation, la culture, la santé, les sports et loisirs;	3° 社会事务领域,包括但不限于与教育、文化、健康、体育和娱乐相关内容;
4° le tourisme, notamment le tourisme en rapport avec l'histoire, les hôtels, les parcs et lieux touristiques;	4° 旅游领域,包括但不限于与历史、酒店、公园和旅游景点相关内容;
5° les ressources naturelles et environnement, notamment les forêts, le pétrole et les produits pétroliers, les minéraux, l'assainissement de l'eau et le traitement des déchets;	5° 自然资源和环境领域,包括但不限于森林、石油和石油产品、矿物、污水处理和垃圾处理;
6° télécommunication et technologie d'information;	6° 通讯和信息技术领域;

7° d'autres secteurs qui peuvent être déterminés par un arrêté du Premier Ministre.	7° 可通过总理令确定的其他领域。
CHAPITRE II: INSTITUTIONS PUBLIQUES JOUANT UN ROLE DANS LE PPP ET LEURS ATTRIBUTIONS	**第二章:在 PPP 中发挥作用的公共机构及其职权**
Article 6: Institutions publiques jouant un rôle dans le PPP	**第 6 条:在 PPP 中发挥作用的公共机构**
Les institutions publiques jouant un rôle dans le PPP sont les suivantes:	在 PPP 中发挥作用的公共机构如下:
1° le Comité Directeur;	1° 管理委员会;
2° l'Autorité contractante;	2° 缔约机关;
3° l'Office pour la Promotion du Développement au Rwanda.	3° 卢旺达促进发展办公室。
Article 7: Composition et fonctionnement du Comité Directeur	**第 7 条:管理委员会的组成和运作**
Le Comité Directeur est composé des personnes suivantes:	管理委员会由下述人员组成:
1° le Ministre ayant les finances et la planification économique dans ses attributions;	1° 财政和经济计划部部长;
2° le Ministre ayant les infrastructures dans ses attributions;	2° 基础设施部部长;
3° le Directeur Général de l'Office pour la Promotion du Développement au Rwanda;	3° 卢旺达促进发展办公室主任;
4° le Responsable de l'Autorité contractante qui change suivant le projet de PPP sous étude.	4° 正在研究的 PPP 项目对应的缔约机关负责人。
Un arrêté du Premier Ministre détermine le fonctionnement du Comité Directeur.	总理令规定管理委员会的运行(机制)。

Article 8: Attributions du Comité Directeur	**第 8 条:管理委员会的职权**
Le Comité Directeur est chargé d'approuver et de superviser les projets de PPP.	管理委员会负责批准和监管 PPP 项目。
Le Comité Directeur est plus particulièrement chargé d'approuver ce qui suit:	更具体而言,管理委员会负责批准下述事项:
1° la liste des soumissionnaires présélectionnés pour un projet de PPP;	1° PPP 项目的通过预选的投标人名单;
2° le soumissionnaire préférentiel pour un projet de PPP.	2° PPP 项目的预中标人。
Le Comité Directeur peut, en cas de nécessité, demander l'assistance des techniciens et des experts pour remplir ses attributions.	管理委员会可根据需要寻求技术人员和专家的协助以便履行其职权。
Article 9: Attributions de l'Autorité contractante	**第 9 条:缔约机关的职权**
Les attributions de l'Autorité contractante sont les suivantes:	缔约机关的职权如下:
1° identifier un projet de PPP et le soumettre au Comité Directeur;	1° 确定 PPP 项目并将其提交至管理委员会;
2° entreprendre une étude de faisabilité d'un projet de PPP et le soumettre au Comité Directeur;	2° 实施 PPP 项目的可行性研究并将其提交至管理委员会;
3° analyser une étude de faisabilité au cas où elle a été élaborée par un partenaire;	3° 如果可行性研究由社会资本作出,对该可行性研究进行分析;
4° effectuer toutes les activités relatives à la procédure de compétition pour la passation des marchés de PPP conformément aux dispositions de la présente loi et donner des rapports au Comité Directeur sur les étapes réalisées;	4° 根据本法的规定实施与缔结 PPP 合同的竞争性程序有关的全部活动,并向管理委员会提交在竞争性程序中已实施的步骤的报告;

5° conclure un accord de PPP avec un partenaire ou un organe à objectif spécial;	5° 与社会资本或 SPV 公司缔结 PPP 合同;
6° préparer un plan de gestion de l'accord de PPP;	6° 制定 PPP 合同的管理计划;
7° édicter les règles de concurrence spécifiques relatives aux projets de PPP rentrant dans ses attributions;	7° 针对属于其职权范围的 PPP 项目,发布专门的竞争规则;
8° donner au Comité Directeur des rapports mensuels et annuels sur l'état d'avancement de l'exécution de l'accord de PPP.	8° 向管理委员会提交关于 PPP 合同履行进展情况的月度和年度报告。
Article 10: Rôle de l'Office pour la Promotion du Développement au Rwanda	**第 10 条:卢旺达促进发展办公室的职能**
Selon la présente loi, l'Office pour la Promotion du Développement au Rwanda joue le rôle suivant:	根据本法的规定,卢旺达促进发展办公室的职能如下:
1° édicter les directives générales applicables à la procédure de compétition dans les projets de PPP;	1° 发布适用于 PPP 项目的竞争性程序的通用指南;
2° présider les négociations relatives à l'accord de PPP;	2° 主持与 PPP 合同相关的谈判;
3° conseiller l'Etat sur les questions relatives au PPP.	3° 针对关于 PPP 的问题,向政府提供咨询意见。
CHAPITRE III: ACCORD DE PPP	**第三章:PPP 合同**
Article 11: Autorisation de conclure des accords de PPP	**第 11 条:缔结 PPP 合同的许可**
L'Autorité contractante conclut un accord de PPP avec l'un des partenaires suivants:	缔约机关与下述任一社会资本缔结 PPP 合同:

1° l'attributaire du marché d'un projet de PPP ou un partenaire retenu dans le cas d'une offre non sollicitée;	1° PPP 项目的合同中标人或在自发提案中被选定的社会资本;
2° organe à objectif spécial désigné par le partenaire visé au point 1° du présent article.	2° 本条第 1°款所规定的社会资本所指定的 SPV 公司。
Article 12: Dispositions d'un accord de PPP	**第 12 条:PPP 合同的条款**
Un accord de PPP doit comprendre ce qui suit:	PPP 合同应包括下述内容:
1° nom et adresse de l'Autorité contractante;	1° 缔约机关的名称和地址;
2° nom et adresse du partenaire ou nom et adresse de l'organe à objectif spécial;	2° 社会资本或者 SPV 公司的名称和地址;
3° titre du projet de PPP;	3° PPP 项目的名称;
4° objet de l'accord de PPP;	4° PPP 合同的标的;
5° date d'entrée en vigueur de l'accord de PPP;	5° PPP 合同的生效日;
6° droits et obligations de l'Autorité contractante;	6° 缔约机关的权利和义务;
7° droits et obligations du partenaire ou de l'organe à objectif spécial;	7° 社会资本或者 SPV 公司的权利和义务;
8° durée de l'Accord de PPP;	8° PPP 合同的期限;
9° mécanismes de résolution de conflit;	9° 争议解决机制;
10° modalités de résiliation de l'accord de PPP;	10° PPP合同的解除方式;
11° d'autres ententes convenues entre les deux parties qui ne sont pas contraires à la loi.	11° 双方之间所达成的、不违反法律的其他约定。

CHAPITRE IV: PROCEDURE DE COMPETITION POUR LA PASSATION DE MARCHE POUR UN PROJET DE PPP	**第四章:缔结PPP项目的合同的竞争性程序**
Article 13: Etude de faisabilité d'un projet de PPP	**第13条:PPP项目的可行性研究**
Avant le lancement de l'avis d'appel d'offres, l'Autorité contractante doit mener une étude de faisabilité du projet de PPP.	在发布招标公告之前,缔约机关应实施PPP项目的可行性研究。
L'étude de faisabilité du projet comprend au moins ce qui suit:	项目可行性研究至少包括下述内容:
1° une étude de marché;	1° 市场研究;
2° une analyse de rentabilité;	2° 盈利性分析;
3° une analyse technique et juridique en rapport avec le projet;	3° 与项目相关的技术和法律分析;
4° un impact environnemental basé sur une évaluation de l'impact environnemental effectuée conformément à la loi en la matière;	4° 基于按照相关法律实施的环境影响评估的环境影响;
5° un impact économique et social;	5° 经济和社会影响;
6° les options de l'entente de PPP;	6° PPP协定的选择(方案);
7° le budget du projet et une analyse financière des recettes escomptées et des coûts prévus dans l'exécution du projet de PPP.	7° 在PPP项目的实施中的项目预算和预计收入和预计成本的财务分析。
Article 14: Approbation de l'étude de faisabilité d'un projet de PPP	**第14条:PPP项目的可行性研究的批准**
Après l'étude de faisabilité du projet de PPP, l'Autorité contractante la soumet au Comité Directeur pour approbation.	在PPP项目进行可行性研究之后,缔约机关将可行性研究提交至管理委员会进行审批。

Lorsque le Comité Directeur approuve l'étude de faisabilité et l'exécution du projet sous forme de PPP, et autorise le début de la procédure de passation de marché du projet de PPP, l'Autorité contractante prépare les documents de manifestation d'intérêt et autres documents d'appel d'offres.	当管理委员会对PPP项目的可行性研究和以PPP的形式实施项目进行批准,并且许可启动PPP项目的合同缔结程序时,缔约机关制定征求意向文件和其他招标文件。
Article 15: Principes régissant la compétition pour la passation de marché dans un projet de PPP	**第15条:规制PPP项目中合同缔结的竞争性的原则**
La procédure de compétition pour la passation de marché dans le cadre d'un projet de PPP est régie par les principes suivants:	在PPP项目中的合同缔结的竞争性程序应受下述原则规制:
1° compétition;	1° 竞争原则;
2° transparence;	2° 透明原则;
3° équité et non-discrimination;	3° 平等和非歧视原则;
4° efficacité et efficience;	4° 高效原则;
5° protection du patrimoine public et de l'intérêt général;	5° 保护公共财产和公共利益原则;
6° assumer sa responsabilité.	6° 各负其责原则。
Article 16: Demande de manifestations d'intérêt	**第16条:征求意向表示**
L'Autorité contractante demande les manifestations d'intérêt dans le cadre d'un projet de PPP à travers un appel publié au moins dans deux journaux nationaux les plus lus et un journal international ou en utilisant la technologie de l'information.	缔约机关通过在至少两家阅读量最大的全国性刊物和至少一家国际性刊物上或使用信息技术发布公告的方式征求与PPP项目相关的意向表示。

L'appel de demande de manifestations d'intérêt dans le cadre d'un projet de PPP doit au moins comprendre ce qui suit:	征求与 PPP 项目相关的意向表示的公告应至少包括下述内容:
1° l'Autorité Contractante et son adresse;	1° 缔约机关及其地址;
2° le résumé du projet de PPP;	2° PPP 项目的综述;
3° les conditions requises à un soumissionnaire prouvant sa capacité à être prise en considération pour le présélectionner sur la liste des soumissionnaires;	3° 投标人须满足的证明其有能力被考虑列入通过预选的投标人名单中的条件;
4° le lieu et la date limite de soumission des offres;	4° 提交投标文件的地点和截止日期;
5° le lieu et la date d'ouverture des offres.	5° 开标的地点和日期。
Article 17: Soumission en consortium à un projet de PPP	**第 17 条:PPP 项目的联合体投标**
Les sociétés peuvent former un consortium pour participer dans une procédure de passation de marché en compétition pour un projet de PPP. L'accord du consortium définit le rôle de chaque société.	公司可组成联合体来参加 PPP 项目的合同缔结的竞争性程序。联合体协议规定各公司的职责。
Les informations requises sur le consortium de sociétés soumissionnaires à un projet de PPP pour attester sa compétence doivent porter sur le consortium dans son entièreté ainsi que sur chaque société en particulier.	投标 PPP 项目的公司联合体被要求提供的证明其能力的信息应包括整个联合体的信息以及各具体公司的信息。
Article 18: Présélection et approbation des soumissionnaires	**第 18 条:投标人的预选和批准**
L'Autorité contractante, à l'appui des critères fixés dans la demande de manifestation d'intérêt établit une liste de soumissionnaires présélectionnés qui remplissent ces critères, et soumet un rapport résumé au Comité Directeur.	缔约机关依照征求意向表示中规定的标准来编制一份通过预选的满足前述标准的投标人名单并向管理委员会提交综述性报告。

Le Comité Directeur approuve la liste finale des soumissionnaires qui seront invités à présenter les offres.	管理委员会批准将被邀请投标的投标人的最终版名单。
Article 19: Dossiers d'appel d'offres	**第 19 条:招标文件**
L'Autorité Contractante met à la disposition des soumissionnaires présélectionnés les dossiers d'appel d'offres.	缔约机关向通过预选的投标人提供招标文件。
Les dossiers d'appel d'offres comprennent au moins ce qui suit:	招标文件至少包括下述内容:
1° les informations clés du projet de PPP nécessaires aux soumissionnaires pour la préparation et la soumission des offres;	1° 投标人筹备和提交投标文件所需的PPP 项目的关键信息;
2° le projet d'accord de PPP;	2° PPP 合同的草案;
3° la date limite et le lieu de soumission des offres;	3° 提交投标的截止日期和地点;
4° la date et le lieu d'ouverture des offres;	4° 开标日期和地点;
5° la garantie de soumission requise et sa quantité maximale;	5° 需要的投标担保及其最大额度;
6° les critères d'analyse des offres;	6° 评标标准;
7° les critères d'évaluation de l'exécution d'un projet de PPP.	7° PPP 项目的实施的评估标准。
Article 20: Procédure de sollicitation des propositions à deux étapes	**第 20 条:两步式招标程序**
Lorsque l'Autorité contractante opte pour la procédure à deux étapes de passation de marché, l'Autorité le fait comme suit:	当缔约机关选择两步式合同缔结程序时,其实施下述事项:
1° soumettre les dossiers d'appel d'offres aux soumissionnaires présélectionnés pour examen;	1° 向通过预选的投标人发送招标文件,供其审阅;

2° inviter les soumissionnaires présélectionnés à une réunion de consultation en rapport avec les dossiers d'appel d'offres;	2° 邀请通过预选的投标人参加与招标文件有关的澄清会议;
3° dresser un procès-verbal de réunion et le soumettre à tous les soumissionnaires présélectionnés.	3° 编制会议记录并且将其发送至全部通过预选的投标人。
4° L'Autorité contractante peut revoir les dossiers d'appels d'offres et les soumettre de nouveau aux soumissionnaires présélectionnés.	4° 缔约机关可修改招标文件并且将修改后的招标文件重新发送至通过预选的投标人。
Article 21: Evaluation des dossiers d'offres et approbation du rapport	**第 21 条:投标文件的评估和报告的批准**
L'Autorité Contractante examine si les dossiers d'offres remplissent les conditions requises.	缔约机关审查投标文件是否满足所要求的条件。
L'Autorité contractante revoit chacune des offres lui soumises et lui donne une note sur base des critères préétablis dans le cahier d'appel d'offres. L'Autorité contractante prépare un rapport sur l'évaluation dans lequel le soumissionnaire préféré est mentionné et le soumet au Comité Directeur pour approbation.	缔约机关审查投标人提交的每个投标,并根据在招标文件中预先确定的标准来对每个投标打分。缔约机关编制一份评估报告,其中标明预中标人,缔约机关将所述评估报告提交至管理委员会进行批准。
Lorsque la procédure de passation de marché en compétition aboutit à l'offre d'un seul soumissionnaire, l'Autorité contractante peut, au cas où le soumissionnaire remplit les critères d'évaluation énoncés dans le dossier d'appel d'offres, faire un rapport recommandant que le soumissionnaire exécute le projet de PPP et le soumet au Comité Directeur pour approbation.	如果合同缔结的竞争性程序仅有一个投标人投标,且投标人符合招标文件中规定的评估标准,则缔约机关可编制一份报告来推荐该投标人实施 PPP 项目并将该报告提交至管理委员会进行批准。

Lorsque le Comité Directeur n'approuve pas le rapport, le Comité donne un avis sur ce qui doit être fait.	当管理委员会不批准该报告时,管理委员会对应做事项给出意见。
Article 22: Plainte en rapport avec la procédure de passation de marché en compétition pour un projet de PPP	**第22条:关于PPP项目合同缔结的竞争性程序的投诉**
Un partenaire qui n'est pas satisfait par la procédure de passation de marché en compétition pour un projet PPP peut adresser une plainte écrite au Comité Directeur.	若社会资本对PPP项目的合同缔结的竞争性程序不满意,则其可向管理委员会提交书面投诉。
La plainte écrite est déposée auprès du Comité Directeur dans un délai de sept (7) jours à partir de la date où il a été informé de la décision par le Comité Directeur.	自管理委员会将决定告知社会资本之日起七(7)日内,社会资本将书面投诉提交至管理委员会。
Le Comité Directeur informe le partenaire de la décision prise en rapport avec son recours dans un délai de quinze (15) jours à compter de la réception de la plainte.	自管理委员会收到投诉之日起十五(15)日内,管理委员会将其作出的与该等投诉相关的决定告知该进行投诉的社会资本。
Lorsqu'un partenaire dépose une plainte, la procédure de passation de marché en compétition pour un projet de PPP est suspendue jusqu' à ce que le Comité Directeur donne sa décision.	当社会资本提出投诉时,PPP项目的合同缔结的竞争性程序将被中止直至管理委员会作出决定之日。
Article 23: Négociation d'un contrat de PPP	**第23条:PPP合同的谈判**
Lorsque le Comité Directeur approuve le soumissionnaire pour un projet de PPP, l'Autorité contractante invite le soumissionnaire à mener les négociations de l'accord de PPP avec les institutions concernées.	当管理委员会将PPP项目授予至预中标人时,缔约机关邀请该预中标人与相关机构进行PPP合同的谈判。

Article 24: Signature d'un accord de PPP	**第24条:PPP合同的签署**
Après approbation de l'accord de PPP par les parties concernées, l'Autorité contractante et le partenaire signent l'accord.	相关方批准PPP合同后,缔约机关和社会资本签署PPP合同。
CHAPITRE V: PROCEDURE DE PASSATION DE MARCHES EN CAS D'UNE OFFRE NON SOLLICITEE	**第五章:自发提案情形下的合同缔结程序**
Article 25: Circonstances requérant la procédure de passation de marché d'une offre non sollicitée	**第25条:自发提案的合同缔结程序**
L'Autorité contractante peut engager une procédure de passation de marché d'une offre non sollicitée lorsque:	在下述情形下,缔约机关可启动自发提案的合同缔结程序:
1° il y a un besoin urgent pour assurer la continuité dans les travaux d'une infrastructure ou d'un service et qu'il est évident que la procédure de marché en compétition peut les retarder ou n'est pas dans l'intérêt national;	1° 出于保障基础设施工程或服务的连续性的迫切需要,且合同缔结的竞争性程序会明显导致延误或不符合国家利益;
2° la mise en exécution du projet de PPP implique des problèmes de sécurité nationale;	2° PPP项目的实施涉及国家安全问题;
3° le service requis est un monopole;	3° 所需服务是垄断性服务;
4° il est évident que le secteur privé a peu d'intérêt dans le secteur d'infrastructure ou dans le service que l'Etat considère qu'il est dans l'intérêt national.	4° 私营部门几乎没有意向对政府认为符合国家利益的基础设施领域或服务进行投资。

Article 26: Analyse préliminaire d'un projet de PPP	**第 26 条:PPP 项目的初步处理**
De sa propre initiative ou sur proposition de l'Autorité Contractante, le partenaire prépare un projet de PPP et le soumet à l'Autorité Contractante pour examen.	社会资本自发提起或基于缔约机关的提议制定 PPP 项目并将其提交至缔约机关进行审查。
Après examen, l'Autorité contractante soumet le rapport au Comité Directeur pour approbation.	审查之后,缔约机关将报告提交至管理委员会进行批准。
L'Autorité contractante informe le partenaire de la décision du Comité Directeur.	缔约机关将管理委员会的决定告知社会资本。
Article 27: Elaboration et approbation d'une étude de faisabilité d'un projet de PPP dans le cas d'une offre non sollicitée	**第 27 条:自发提案情形下 PPP 项目可行性研究的开展和批准**
Lors de la passation de marché dans le cas d'une offre non sollicitée d'un projet de PPP, le partenaire, de sa propre initiative ou sur proposition de l'Autorité contractante, mène une étude de faisabilité	在通过自发提案缔结 PPP 项目的合同时,社会资本可自发提起或应缔约机关的提议来实施可行性研究。
Le contenu de l'étude de faisabilité se conforme aux dispositions de l'article 13 de la présente loi.	可行性研究的内容应符合本法第 13 条的规定。
L'Autorité Contractante et le partenaire se mettent d'accord sur celui qui mène l'étude.	缔约机关和社会资本共同决定可行性研究的实施方。
Lorsque l'étude de faisabilité est menée par l'Autorité Contractante, cette dernière la remet au Comité Directeur pour approbation.	当缔约机关实施可行性研究时,缔约机关将可行性研究提交至管理委员会进行批准。

Lorsque l'étude de faisabilité est menée par le partenaire, elle est remise à l'Autorité contractante avant d'être soumise au Comité Directeur pour la prise de décision y relative.	当社会资本实施可行性研究时,可行性研究先提交至缔约机关,之后提交至管理委员会并由其作出相关的决定。
Lorsque le Comité Directeur n'approuve pas l'étude de faisabilité, il donne la ligne à suivre.	当管理委员会不批准可行性研究时,其须对待做事项作出指示。
Article 28: Négociations et signature d'un accord de PPP	**第 28 条:PPP 合同的谈判和签署**
Après l'approbation par le Comité Directeur de l'étude de faisabilité du projet de PPP soumis selon l'offre non sollicitée, l'Autorité contractante appelle le partenaire à faire les négociations avec les institutions concernées sur l'accord de PPP.	以自发提案形式提交的 PPP 项目的可行性研究被管理委员会批准之后,缔约机关邀请社会资本与相关机构就 PPP 合同进行谈判。
Lorsque toutes les institutions concernées sont d'accord sur les clauses de l'accord de PPP, l'Autorité contractante et le partenaire signent l'accord de PPP.	当全部的相关机构同意 PPP 合同的条款时,缔约机关和社会资本签署 PPP 合同。
CHAPITRE VI: DISPOSITIONS DIVERSES ET FINALES	**第六章:其他规定和最终规定**
Article 29: Confidentialité dans un projet de PPP	**第 29 条:PPP 项目中的保密性**
Toutes les communications, les négociations et les informations entre les institutions de l'Etat jouant un rôle dans le projet de PPP et le partenaire sont confidentielles.	在 PPP 项目中发挥作用的国家机构和社会资本之间的任何交流、谈判和信息都是保密的。

Cependant, les cas mentionnés à l'alinéa premier du présent article rendus publiques dans le respect des lois ne sont pas considérées comme une violation de la confidentialité.	但是,在遵守法律的前提下对本条第一款所述的内容的公开,不视为违反保密性规定。
Article 30: Disqualification du projet de PPP	**第 30 条:不具备参与 PPP 项目的资格**
Un partenaire est disqualifié du projet de PPP pour une période de cinq (5) ans pour l'une des raisons suivantes:	基于下述任一原因,社会资本在五(5)年内不具备参与 PPP 项目的资格:
1° avoir donné de fausses informations concernant la société;	1° 曾出具过公司的虚假信息;
2° avoir été reconnu coupable de faux et usage de faux;	2° 曾被判伪造罪和使用伪造文件罪;
3° avoir violé les lois en vigueur pour être attribuer un projet de PPP;	3° 曾为了被授予 PPP 合同而违反现行法律;
4° avoir commis la fraude en rapport avec un projet PPP;	4° 曾实施与 PPP 项目相关的欺诈;
5° avoir été reconnu coupable de crime dc corruption ct infractions connexes.	5° 曾被判犯有行贿罪及相关罪行。
Un partenaire disqualifié des projets de PPP pour avoir commis l'une des infractions énumérées à l'alinéa premier du présent article est disqualifié définitivement en cas de récidive.	社会资本因实施本条第一款所列的任一违法行为而不具备参加 PPP 项目的资格的,若其再次实施本条第一款所列的任一违法行为,则该社会资本将永久失去参与 PPP 项目的资格。
Un partenaire est également disqualifié des projets de PPP au cas où il se trouve sur la liste des personnes disqualifiées de la procédure de passation des marchés publics.	若社会资本列于公共合同缔结程序的无资格人员名单内,则其不具有参与 PPP 项目的资格。

Article 31: Pouvoir de disqualifier un partenaire d'un projet de PPP	**第 31 条:取消 PPP 项目的社会资本资格的权力**
L'Office pour la Promotion du Développement au Rwanda est compétent de disqualifier un partenaire d'un projet de PPP.	卢旺达促进发展办公室有权取消 PPP 项目的社会资本的资格。
Lorsque l'Office pour la Promotion du Développement au Rwanda remarque qu'un partenaire a fait montre l'une des raisons visées à l'article 30 de la présente loi, il le convoque par écrit pour donner des explications dans un délai ne dépassant pas quinze (15) jours.	如果卢旺达促进发展办公室发现社会资本与本法第 30 条规定的丧失资格的任一原因有关联,则卢旺达促进发展办公室在不超过十五(15)日的期限内书面召集社会资本并进行听证。
L'Office pour la Promotion du Développement au Rwanda notifie le partenaire de la décision dans un délai ne dépassant pas quinze (15) jours après l'audition.	卢旺达促进发展办公室在听证后不超过十五(15)日的期限内将决定通知社会资本。
Si la décision prise est de disqualifier un partenaire, l'Office pour la Promotion du Développement au Rwanda le met sur la liste de personnes disqualifiées pour les projets de PPP et publie cette liste au moins dans deux journaux nationaux les plus lus et un journal international, sur le site-web de l'Office pour la Promotion du Développement au Rwanda et celui de l'Office National des Marchés Publics.	若卢旺达促进发展办公室的决定为取消社会资本的资格,则卢旺达促进发展办公室将其列入 PPP 项目的无资格人员名单,并在在至少两家阅读量最大的全国性刊物和至少一家国际刊物上公布该名单,且在卢旺达促进发展办公室的网站和国家公共合同办公室网站上公示。
La décision de disqualifier un partenaire des projets PPP n'exclue pas qu'un partenaire soit poursuivi en justice.	取消社会资本参与 PPP 项目的资格的决定并不影响该社会资本被司法起诉。

Article 32: Validité des actes posés avant la présente loi	**第 32 条:在本法之前签署的文书的有效性**
Tous les actes antérieurs relatifs aux procédures de passation de marché de projets de PPP ou les projets de PPP en offre non sollicitée et tous contrats signés avant la publication de la présente loi au Journal Officiel de la République du Rwanda restent valides.	在本法于卢旺达共和国官方公报上公布之前的与 PPP 项目或自发提案的 PPP 项目的合同缔结程序相关的全部在先文书以及签署的任何合同保持有效。
Article 33: Initiation, examen et adoption de la présente loi	**第 33 条:本法的编写、审查和通过**
La présente loi a été initiée en anglais, examinée et adoptée en kinyarwanda.	本法最初以英文编写,以卢旺达语(版本)审查和通过。
Article 34: Disposition abrogatoire	**第 34 条:废除规定**
Toutes les dispositions légales antérieures contraires à la présente loi sont abrogées.	废除与本法相悖的全部在先法律规定。
Article 35: Entrée en vigueur	**第 35 条:生效**
La présente loi entre en vigueur le jour de sa publication au Journal Officiel de la République du Rwanda.	本法自其在卢旺达共和国官方公报上公布之日起生效。

République du Sénégal

Loi n°2014-09 du 20 février 2014 relative aux contrats de partenariat

塞内加尔共和国

2014 年 2 月 20 日第 2014-09 号关于合作合同的法律

CHAPITRE 1 : DISPOSITIONS GENERALES	**第一章:总则**
SECTION 1: DÉFINITIONS ET CHAMP D'APPLICATION	**第 1 节:定义和适用范围**
Article 1 : Définitions	**第 1 条:定义**
Au sens de la présente loi, l'on entend par:	在本法中,作出以下定义:
Appel d'offres infructueux: appel d'offres au titre duquel, selon l'avis de la commission d'appel d'offres compétente, soit aucune offre n'a été remise à l'expiration de la date limite de dépôt des offres, soit il n'a été proposé que des offres irrecevables ou non conformes.	**招标失败**:指在招标活动中,根据主管招标委员会的意见,在投标截止日期到达之后仍旧没有任何投标,或者投标不可受理或不符合规定。
Autorité contractante: désigne la personne morale visée à l'article 2 de la présente loi.	**缔约机关**:指本法第 2 条规定的法人。
Comité national d'Appui aux Partenariats Public-Privé: organisme rattaché au Ministère en charge des Partenariats et ayant pour mission de valider les évaluations préalables des projets préparés par les autorités contractantes, de fournir un appui aux entités du secteur public dans la préparation, la négociation et le suivi des partenariats public-privé et d'en assurer la vulgarisation et la promotion.	**国家 PPP 支持委员会**:指隶属于合作部的机构,其任务为使缔约机关对项目进行的预先评估生效,并且在 PPP 的筹备、谈判和跟踪中为公共部门的实体提供支持以及确保 PPP 的普及和推广。
Conseil des Infrastructures: organe chargé de la régulation du système de passation des contrats de partenariat ainsi que du règlement des litiges liés à la passation ou à l'exécution de tels contrats.	**基础设施委员会**:指负责管控合作合同缔结[①]制度以及解决与合作合同的缔结或履行相关的争议的机构。

① 中伦注:指将合同授予中标人的所有规则和整个流程,而不仅仅是合同签署的环节。

Contrat de partenariat: contrat par lequel une autorité contractante confie à un opérateur économique, personne morale de droit privé, pour une période déterminée, en fonction de la durée d'amortissement des investissements ou des modalités de financement retenues, une mission globale ayant pour objet la construction ou la transformation, l'entretien, la maintenance, l'exploitation ou la gestion d'ouvrages, d'équipements ou de biens immatériels nécessaires au service public dont l'autorité contractante a la charge, ainsi que tout ou partie de leur financement.	**合作合同**:指缔约机关与经营者(私法人)签订的合同,通过该合同,缔约机关在固定期间内将一项整体任务委托至经营者(私法人),所述期间根据投资回收期或选定的融资方式而定,所述整体任务包括缔约机关负责的公共服务所需的工程、设备或无形资产的建设或改造、维护、保养、运营或管理及其全部或部分的融资。
Il peut également avoir pour objet tout ou partie de la conception de ces ouvrages, équipements ou biens immatériels ainsi que des prestations de services concourant àl'exercice, par l'autorité contractante, de la mission de service public dont elle est chargée.	整体任务还可包括该等工程、设备或无形资产的全部或部分的设计以及为缔约机关实施其负责的公共服务任务提供辅助性的服务。
Le cocontractant de la personne publique assure la maîtrise d'ouvrage des travaux à réaliser.	与公法人签约的经营者负责履行待实施工程的业主责任。
Entreprise communautaire: entreprise dont le siège social est situé dans un État membre de l'Union Économique et Monétaire Ouest Africaine.	**联盟企业**:指总部位于西非经济货币联盟的成员国的企业。

Offre spontanée: proposition à l'initiative d'un opérateur privé relative à l'exécution d'un contrat de partenariat qui n'est pas soumise en réponse à un appel à concurrence publié par l'autorité contractante. Le projet concerné par l'offre spontanée ne doit pas être inscrit, ni totalement, ni partiellement dans le Plan triennal d'investissements publics de l'État.	**自发提案**:指私营经营者主动发起的关于实施合作合同的提案,且该提案不是为了响应缔约机关发布的竞争性程序邀请而作出的。自发提案涉及项目的全部或部分均未列入国家公共投资的三年计划。
Urgence: situation particulièrement grave résultant d'un évènement imprévisible et extérieur à l'autorité contractante qui cause un retard préjudiciable à l'intérêt général affectant fondamentalement la réalisation d'équipements collectifs ou l'exercice d'une mission de service public et qui exige une réaction diligente de la part de l'autorité contractante.	**紧急情况**:指由非缔约机关造成的意外事件导致的特别严重的情况,该情况将造成损害公共利益的延误且该延误从根本上影响公用设施的实施或公共服务任务的履行,该情况需要缔约机关方面的主动积极应对。
Urgence impérieuse: situation d'urgence rendant impossible le respect des délais de mise en concurrence, et dans laquelle le lien de causalité entre l'évènement imprévisible et l'urgence impérieuse qui en résulte, est apparent.	**重大紧急情况**:指导致不可能遵守竞争性程序的期限的紧急情况,并且该等紧急情况明显地是由意外事件所导致。
Article 2: Champ d'application	**第 2 条:适用范围**
La présente loi s'applique aux contrats de partenariat conclus par l'État, une collectivité locale, un établissement public, une agence, une société à participation publique majoritaire, une société nationale et tout autre organisme ou personne morale de droit public, ainsi que les associations formées par ces personnes morales.	本法适用于由国家、地方行政机关、公共机构、政府办事处、国家控股公司、国有公司和任何其他的公法项下的机构或公法人以及该等法人组成的联合体签订的合作合同。

Les contrats portant sur des investissements d'un montant inférieur à un seuil fixé par décret ainsi que les contrats passés par les collectivités locales sont soumis aux dispositions de la présente loi, sous réserve d'adaptations prévues par décret.	所涉及的投资额小于法令规定的阈值的合同和地方行政机关缔结的合同受本法规定的规制,但法令可对其进行调整。
Les dispositions de la présente loi s'appliquent à tous les secteurs de la vie économique et sociale, à l'exception des secteurs soumis à une réglementation particulière, notamment les secteurs de l'énergie, des mines et des télécommunications.	本法的规定适用于经济生活和社会生活的全部部门,但受特别规定规制的部门除外,例如能源、矿业和电信部门除外。
La présente loi ne s'applique pas aux contrats passés par une autorité contractante avec une personne morale de droit public ou avec une société à participation publique majoritaire de l'État du Sénégal.	本法不适用于在缔约机关和公法人之间或缔约机关和塞内加尔国家控股公司之间缔结的合同。
CHAPITRE 2: ORGANISMES DE GOUVERNANCE DES CONTRATS DE PARTENARIAT	**第二章:合作合同的管理机构**
Article 3: Comité national d'Appui aux Partenariats Public-Privé	**第 3 条:国家 PPP 支持委员会**
Il est créé un Comité national d'Appui aux Partenariats Public-Privé chargé de:	设立国家 PPP 支持委员会,其负责:
- valider les évaluations préalables des projets préparés par les autorités contractantes;	- 使缔约机关对项目进行的预先评估生效;
- fournir un appui aux entités du secteur public dans la préparation, la négociation et le suivi des partenariats public-privé;	- 为公共部门的实体提供 PPP 的筹备、谈判和跟踪方面的支持;
- vulgariser et assurer la promotion des partenariats public-privé.	- 普及 PPP 并确保 PPP 的推广。

La composition, l'organisation et le fonctionnement du Comité national d'Appui aux Partenariats Public-Privé sont fixés par décret.	国家 PPP 支持委员会的组成、组织和运作由法令规定。
Article 4: Organe de régulation et de règlement des litiges	**第 4 条:管控和争议解决机构**
Le Conseil des Infrastructures est l'organe chargé de la régulation du système de passation des contrats de partenariat et du règlement des litiges liés à la passation ou à l'exécution de tels contrats.	基础设施委员会是负责管控合作合同的缔结制度以及解决与合作合同的签订和履行相关的争议的机构。
Article 5: Commission d'appel d'offres	**第 5 条:招标委员会**
Une Commission d'ouverture des plis et d'évaluation des offres, dont la composition et le fonctionnement sont précisés par décret, est constituée par l'autorité contractante.	招标委员会是由缔约机关设立的负责开标和评标的委员会,其组成和运作由法令规定。
CHAPITRE 3: CARACTERISTIQUES ET FORME DES CONTRATS DE PARTENARIAT	**第三章:合作合同的特征和形式**
Article 6: Caractéristiques des contrats de partenariat	**第 6 条:合作合同的特征**
La rémunération du cocontractant, au titre d'un contrat de partenariat, provient essentiellement de versements par la personne publique pendant toute la durée du contrat. Elle est liée à des objectifs de performance assignés au cocontractant ou à la disponibilité des ouvrages et/ou équipements.	签约的经营者在合作合同项下获得的回报主要来自于公法人在整个合同期限内对其进行的支付。该回报与分配给签约的经营者的绩效目标相关或者与工程和/或设备的可用性相关。
Le contrat de partenariat peut prévoir la possibilité pour le cocontractant de percevoir des revenus sur la base d'activités annexes.	合作合同可规定,签约的经营者可通过附属性的经营活动获取收入。

Le contrat de partenariat peut prévoir un mandat de l'autorité contractante au co-contractant pour encaisser, au nom et pour le compte de la personne publique, le paiement par l'usager final de prestations revenant à cette dernière.	合作合同可规定,缔约机关委托签约的经营者以公法人名义并且为公法人利益收取产品或服务的最终用户的付款,该付款最终归公法人所有。
Lorsque la réalisation d'un projet relève simultanément de la compétence de plusieurs personnes publiques, ces dernières peuvent désigner par convention celle d'entre elles qui réalise l'évaluation préalable, conduit la procédure de passation, signe le contrat et, éventuellement, en suit l'exécution. Cette convention précise les conditions de ce transfert de compétences et en fixe le terme.	当一个项目的实施同时属于多个公法人的权限范围时,该等公法人可以通过协议指定其中一个公法人来进行预先评估、开展缔结程序、签署合同并跟踪合同的履行。该协议规定权限移交的条件并为其设定期限。
Lorsqu'un contrat de partenariat emporte occupation du domaine public, il vaut autorisation d'occupation de ce domaine pour sa durée. Sauf stipulation contraire du contrat, le titulaire a des droits réels sur les ouvrages et équipements qu'il réalise. Ces droits lui confèrent les prérogatives et obligations du propriétaire, dans les conditions et limites prévues par des clauses du contrat ayant pour objet de garantir l'intégrité et l'affectation du domaine public.	当合作合同导致占用公产时,需要取得在占用期间内对该公产的占用许可。除合同另有规定外,项目持有人对其实施的工程和设备享有物权。在合同条款规定的条件和限制下,该等物权赋予项目持有人所有权人的特权和义务,旨在保证公产的完整性和规定用途。
Article 7: Contenu des contrats de partenariat	**第7条:合作合同的内容**
Un contrat de partenariat comporte nécessairement des clauses relatives:	合作合同必须包括与以下内容相关的条款:
1. à sa durée;	1. 合同期限;

2. aux conditions dans lesquelles est établi le partage des risques entre l'autorité contractante et l'opérateur de projet;	2. 在缔约机关和项目经营者之间建立风险分担的条件;
3. aux objectifs de performance assignés à l'opérateur de projet, notamment en ce qui concerne la qualité des prestations de services, la qualité des ouvrages, équipements ou biens immatériels, les conditions dans lesquelles ils sont mis à la disposition de l'autorité contractante, et, le cas échéant, leur niveau de fréquentation;	3. 分配给项目经营者的绩效目标,特别是提供服务的质量,工程、设备或无形资产的质量,向缔约机关移交工程、设备或无形资产的条件,以及工程、设备或无形资产的使用量(若适用);
4. à la rémunération de l'opérateur de projet, et aux conditions dans lesquelles sont pris en compte et distingués, pour son calcul, les coûts d'investissement comprenant en particulier les coûts d'étude et de conception, les coûts annexes à la construction et les frais financiers intercalaires, les coûts de fonctionnement et les coûts de financement et, le cas échéant, les recettes que l'opérateur de projet peut être autorisé à se procurer en exploitant le domaine, les ouvrages, équipements ou biens immatériels, à l'occasion d'activités étrangères aux missions de service public de la personne publique et qui ne leur porte pas préjudice, aux motifs et modalités de ses variations pendant la durée du contrat et aux modalités de paiement, notamment aux conditions dans lesquelles, chaque année, les sommes dues par la personne publique à l'opérateur de projet et celles dont celui-ci est redevable au titre de pénalités ou sanctions font l'objet d'une compensation;	4. 1)项目经营者的回报;2)为了计算该回报,将投资成本(投资成本包括研究和设计成本、建设成本、融资费用①)、运营成本和融资成本以及项目经营者可被允许通过在公法人的公共服务任务之外且不对该公共服务任务造成不良影响的活动期间运营财产、工程、设备或无形资产而获得的收入考虑在内和区分开来的条件;3)在合同期限内回报浮动的原因和方式;以及4)回报的支付方式,尤其是将公法人每年须对项目经营者支付的费用和项目经营者欠付的处罚或制裁涉及的罚金进行抵销的条件;

① 中伦注:我们理解此处的融资费用为项目投入商业运营之前的融资性成本。

5. le cas échéant, à l'annexe fiscale précisant les facilités accordées pour la réalisation du projet d'investissement;	5. 税务附件(如有),其包括为了投资项目的实施而被授予的便利;
6. aux conditions dans lesquelles l'autorité contractante constate que les investissements ont été réalisés conformément aux prescriptions du contrat de partenariat;	6. 缔约机关确认投资已按照合作合同规定实施的条件;
7. aux obligations de l'opérateur du projet ayant pour objet de garantir le respect de l'affectation des ouvrages, équipements ou biens immatériels au service public dont la personne publique contractante est chargée et le respect des exigences du service public;	7. 项目经营者的义务,其包括确保工程、设备或者无形资产被分配用于签订合同的公法人负责的公共服务和遵守公共服务要求;
8. aux modalités de contrôle par la personne publique de l'exécution du contrat de partenariat, notamment du respect des objectifs de performance particulièrement en matière de développement durable, ainsi que des conditions dans lesquelles l'opérateur de projet fait appel à d'autres entreprises pour l'exécution du contrat; et notamment des conditions dans lesquelles il respecte son engagement d'attribuer une partie du contrat à des petites et moyennes entreprises et à des artisans;	8. 公法人对合作合同的履行实施监管的方式,包括对可持续发展方面的绩效目标的遵守情况的监管,以及对项目经营者借助其他企业履行合同的条件的监管(特别是其对将部分合同授予中小型企业和手工业者的承诺的遵守情况);
9. aux sanctions et pénalités applicables à l'opérateur de projet en cas de manquement à ses obligations, notamment en cas de non-respect des objectifs de performance;	9. 在项目经营者不履行其义务时,尤其是在不遵守绩效目标时对其适用的制裁和处罚;

10. aux conditions dans lesquelles il peut être procédé à la modification de certains aspects du contrat, par avenant ou par une décision unilatérale de l'autorité contractante pour motif d'intérêt général, ou à sa résiliation, notamment pour tenir compte de l'évolution des besoins de la personne publique, d'innovations technologiques ou de modifications dans les conditions de financement obtenues par l'opérateur de projet;	10. 特别是考虑到公法人需求的变化、技术革新或项目经营者获得的融资条件的变化,为了公共利益原因通过附加条款或通过缔约机关的单方决定变更合同某些内容或解除合同的条件;
11. au contrôle qu'exerce l'autorité contractante sur le transfert direct ou indirect, partiel ou total du contrat de partenariat;	11. 缔约机关对合作合同的直接或间接、部分或全部的转让的监管;
12. aux conditions dans lesquelles, en cas de défaillance de l'opérateur de projet, la continuité du service public est assurée, notamment lorsque la résiliation du contrat de partenariat est prononcée;	12. 当项目经营者违约时,尤其当合作合同被宣布解除时,保障公共服务连续性的条件;
13. aux conséquences de la fin, anticipée ou non, du contrat de partenariat, notamment en ce qui concerne la propriété des ouvrages, équipements ou biens immatériels;	13. 合作合同提前终止和到期终止的后果,尤其是关于工程、设备或无形资产的权属;
14. aux modalités de prévention et de règlement des litiges et aux conditions dans lesquelles il peut, le cas échéant, être fait recours à l'arbitrage, avec application de la loi sénégalaise;	14. 预防和解决争议的方式,以及视情况适用塞内加尔法律将争议提交仲裁的条件;

15. aux conditions dans lesquelles l'autorité contractante peut être amenée à demander à l'opérateur privé, en plus de l'objet principal du contrat de partenariat, la réalisation de travaux et services connexes d'intérêt général.	15. 缔约机关可要求私营经营者在合作合同的主要目的之外另行实施涉及公共利益的附属性工程和服务的条件。
Le contrat doit obligatoirement comporter une annexe budgétaire retraçant l'ensemble des engagements au titre du contrat de partenariat. Cette annexe doit faire apparaître, en particulier, les composantes de la rémunération versée au titulaire sur la durée du contrat.	合同必须包括预算附件,该预算附件记录合作合同项下的全部承诺。特别地,该附件须记录在合同期限内对项目持有人支付的回报的组成部分。
Le titulaire du contrat de partenariat constitue, à la demande de tout prestataire auquel il est fait appel pour l'exécution du contrat, un cautionnement auprès d'un organisme financier afin de garantir au prestataire qui en fait la demande le paiement des sommes dues.	在任何被求助履行合同的服务提供者提出要求时,合作合同的持有人须向金融机构提交保证金,以便向提出要求的服务提供者保证支付应付款项。
CHAPITRE 4: PROCEDURES DE PASSATION DES CONTRATS DE PARTENARIAT	**第四章:合作合同的缔结程序**
SECTION 1: CONDITIONS PRÉALABLES À LA CONCLUSION DES CONTRATS DE PARTENARIAT	**第1节:签订合作合同的先决条件**
Article 8: Evaluation préalable des contrats de partenariat	**第8条:合作合同的预先评估**
Les contrats de partenariat donnent lieu à une évaluation préalable, réalisée par l'autorité contractante avec le concours du Comité national d'Appui aux Partenariats Public-Privé, faisant apparaître les motifs de caractère économique, financier, juridique et administratif qui conduisent	合作合同须经缔约机关在国家 PPP 支持委员会的协助下进行预先评估,该等预先评估须说明导致缔约机关启动合作合同的缔结程序的经济、财务、法律和行政方面的原因。

l'autorité contractante à engager la procédure de passation d'un tel contrat.	
Le Comité national d'Appui aux Partenariats Public-Privé élabore, dans son domaine de compétences, une méthodologie déterminant les critères d'élaboration de cette évaluation dans les conditions fixées par arrêté du Ministre chargé des partenariats.	国家 PPP 支持委员会在其职权范围内制定了一套方法，该方法确定在合作部部长颁布的法令规定的条件下的评估的制定标准。
Cette évaluation comporte une analyse comparative de différentes options, notamment en termes de coût global, de partage des risques et de performance, ainsi qu'au regard des préoccupations de développement durable.	该评估包括对不同选择（方案）进行比较分析，特别是从总成本、风险分担和绩效以及可持续发展问题的方面进行分析。
Lorsqu'il s'agit de faire face à une situation d'urgence, cette évaluation peut être succincte.	当面临紧急情况时，该评估可被简化。
Article 9: Conditions du recours aux contrats de partenariat	**第 9 条：适用合作合同的条件**
Les contrats de partenariat ne peuvent être conclus que si, au terme de l'évaluation préalable, au moins l'une des conditions suivantes est remplie:	在预先评估结束后，只有在满足下列任一条件时，方可签订合作合同：
a. compte tenu de la complexité du projet, la personne publique n'est pas objectivement en mesure de définir seule et à l'avance les moyens techniques répondant à ses besoins ou d'établir le montage financier ou juridique du projet;	a. 考虑到项目的复杂性，公法人客观上无法自行和事先确定满足其需求的技术手段或不能建立项目的融资结构或法律结构；

b. le projet présente un caractère d'urgence, lorsqu'il s'agit de rattraper un retard préjudiciable à l'intérêt général affectant la réalisation d'équipements collectifs ou l'exercice d'une mission de service public, quelles que soient les causes de ce retard, ou de faire face à une situation imprévisible;	b. 该项目具有紧急性质,因为需要对损害公共利益的延误(该延误影响公用设施的实施或公共服务任务的履行,而无论导致该延误的原因为何)进行补救或者因为面临不可预见的情形;
c. compte tenu soit des caractéristiques du projet, soit des exigences du service public dont la personne publique est chargée, soit des insuffisances et difficultés observées dans la réalisation de projets comparables, le recours à un tel contrat présente un bilan entre les avantages et les inconvénients plus favorable que ceux d'autres contrats de la commande publique. Le critère du paiement différé ne saurait à lui seul être déterminant.	c. 考虑到项目的特征、公法人负责的公共服务的需求或者在类似项目的实施中观察到的能力不足和困难,适用合作合同与适用公共采购的其他合同相比具有更多优势和更少不足。延迟支付的标准不单独导致适用合作合同。
Article 10: Avis et autorisations préalables au lancement des contrats de partenariat	**第 10 条:启动合作合同的预先的审批和许可**
La procédure de passation des contrats de partenariat ne peut être engagée qu'après avis favorable du Conseil des Infrastructures, avis favorable du Ministre chargé des Finances et autorisation donnée par le Premier Ministre sur la saisine du Comité national d'Appui aux Partenariats Public-Privé si l'autorité contractante est l'Etat ou par l'organe délibérant des autres personnes morales visées à l'article 2.	如果缔约机关是国家,合作合同的缔结程序只能在基础设施委员会、财政部部长作出肯定性审批意见以及总理在收到国家 PPP 支持委员会的请示后作出许可之后才能启动;如果缔约机关是第 2 条规定的其他公法人,则合作合同的缔结程序只能在该等公法人的决策机关批准之后才能启动。

L'avis du Conseil des Infrastructures porte notamment sur l'évaluation de la conformité du projet à la stratégie globale de développement des infrastructures, aux normes environnementales et d'aménagement du territoire.	基础设施委员会的审批意见涉及评估项目是否符合基础设施发展的总战略、环境标准和土地整治标准。
L'avis du Ministre chargé des Finances porte sur:	财政部部长的审批意见主要涉及:
• la conformité du projet avec les objectifs de la politique budgétaire globale;	• 项目符合总体预算政策的目标;
• l'évaluation des implications budgétaires du projet et l'analyse de sa soutenabilité à long terme sur les finances publiques;	• 评估项目的预算问题并分析项目的长期的公共财政承受能力;
• l'assiette foncière du projet d'investissement, le cas échéant.	• 投资项目的土地税基数(如适用)。
SECTION 2: SÉLECTION DE L'OPÉRATEUR DU PROJET	**第 2 节:项目经营者的选择**
Article 11: Principes généraux de passation des contrats de partenariat	**第 11 条:缔结合作合同的基本原则**
La passation d'un contrat de partenariat est soumise aux principes de liberté d'accès, d'égalité de traitement des candidats et de transparence des procédures. Ces principes permettent d'assurer l'efficacité de la commande publique et la bonne utilisation des deniers publics.	合作合同的缔结须遵守的原则为:自由参与、候选人平等待遇和程序透明原则。该等原则允许确保公共采购的有效性和公款的妥善使用。
Elle est précédée d'une publicité permettant la présentation de plusieurs offres concurrentes dans des conditions prévues par la présente loi.	缔结合作合同之前须进行公告,以便在法律规定的条件下提交多个方案参与竞争。

Article 12: Interdictions de soumissionner	第 12 条:禁止投标
Ne peuvent soumissionner à un contrat de partenariat:	禁止以下各方投标合作合同:
a. Les personnes morales candidates qui ont fait l'objet d'une condamnation définitive pour une infraction liée à leurs activités professionnelles ou consistant en des déclarations fausses ou fallacieuses quant aux qualifications exigées d'eux pour l'exécution d'un des contrats relatifs à la commande publique;	a. 因与其业务活动有关的罪行而被最终定罪的法人候选人,或者就履行公共采购相关合同所需的资质作出虚假或误导性陈述的法人候选人;
b. Les personnes morales frappées d'une mesure temporaire d'interdiction d'obtenir des commandes publiques résultant d'une décision d'organe administratif habilité à cet effet, d'une juridiction ou d'une disposition législative;	b. 因为主管行政机构的决定、法院裁判或立法规定而被暂时禁止获得公共采购的法人;
c. les personnes en état de règlement préventif, de redressement judiciaire, de liquidation de biens ou ayant fait l'objet de procédures équivalentes régies par un droit étranger;	c. 处于预防性支付程序[1]、司法重整、资产清算或处于外国法律规制的同等程序的人;
d. Les personnes qui, au 31 décembre de l'année précédant celle au cours de laquelle a lieu le lancement de la consultation, n'ont pas souscrit les déclarations leur incombant en matière fiscale et sociale ou n'ont pas acquitté les impôts et cotisations exigibles à cette date.	d. 在磋商启动年度前一年的 12 月 31 日,未进行其应当进行的税务和社保申报或未按规定缴纳在该日期应缴的各种税费和分摊金的人。

① 中伦注:指预防性的债务清偿集体程序,适用于尚未停止支付但出现经济或财务上的困难的企业,旨在避免企业失去支付能力,并允许通过预防性的清偿协议清偿其债务。

Les dispositions du présent article sont applicables aux personnes morales qui se portent candidates ainsi qu'à celles qui sont membres d'un groupement candidat et aux tiers opérateurs sur lesquels le candidat s'appuie pour justifier de ses capacités et ce quel que soit le lien juridique.	本条规定适用于作为候选人的法人、属于候选人联合体的成员的法人,以及候选人赖以证明其能力的第三方经营者,而无论其法律关系为何。
Article 13: Choix de la procédure de passation	**第 13 条:选择缔结程序**
Les contrats de partenariat peuvent être passés, soit par appel d'offres, soit par entente directe, soit en procédure négociée, selon les conditions définies par la présente loi.	根据本法确定的条件,合作合同可通过招标、直接协议[1]或谈判程序[2]缔结。
Sous réserve des dispositions contenues au chapitre 5 de la présente loi, la sélection de l'opérateur du projet est passée par appel d'offres international en 2 étapes précédé d'une pré-qualification.	在遵守本法第五章规定的前提下,须通过之前设有资格预审的两步式国际招标选择项目经营者。
Toutefois, l'autorité contractante peut opter pour un appel d'offres en 1 étape avec pré-qualification. Elle doit, dans ce cas, recueillir l'avis du Conseil des Infrastructures sur la base d'une note justifiant le choix d'une telle procédure.	然而,缔约机关可选择设有资格预审的一步式招标。缔约机关在此情形下须获得基础设施委员会的审批意见,该审批意见基于证明选择这种程序的合理性的说明而作出。
Elle indique le choix de la procédure dans l'avis de publicité.	缔约机关在发布的公告中指明选择的程序。
En cas d'Appel d'offres infructueux, il peut être procédé à un appel d'offres restreint dans des conditions précisées par décret.	在招标失败的情况下,缔约机关可在法令规定的条件下进行限制性招标。

① 中伦注:本法中的"直接协议"为缔结合作合同的程序之一,可以理解为"直接谈判"。

② 中伦注:本法中的"谈判程序"是在自发提案被接受的情况下而后续进行的合作合同的缔结程序。

SECTION 3: PROCÉDURE D'APPEL À LA CONCURRENCE	**第 3 节:招标程序**
Article 14: Critères de sélection des candidats	**第 14 条:候选人选择标准**
Le contrat est attribué au candidat dont l'offre est évaluée la mieux-disante compte tenu des critères de sélection énoncés dans le dossier d'appel d'offres.	合同授予给提交了根据招标文件中列出的选择标准而被评定为最有优势的方案的候选人。
Plusieurs entreprises peuvent se regrouper au sein d'un groupement pour présenter une offre.	多家企业可组成联合体进行投标。
Toutefois, une même entreprise ne peut être membre que d'un seul groupement candidat.	然而,一家企业仅能加入一个联合体来投标。
Article 15: Critères et conditions de pré-qualification	**第 15 条:资格预审的标准和条件**
Les contrats de partenariat ne peuvent être conclus qu'avec un candidat ayant les capacités techniques et financières suffisantes.	仅可与具有足够的技术和财务能力的候选人签订合作合同。
La pré-qualification des candidats s'effectue exclusivement en fonction de leur capacité à exécuter le contrat et selon les critères suivants:	候选人的资格预审仅根据其履行合同的能力并根据以下标准而实施:
- expérience technique spécifique;	- 特定的技术经验;
- moyens matériels et humains dont les candidats disposent pour exécuter le contrat; et	- 候选人为了履行合同而具有的物力和人力资源;和
- capacités financières.	- 财务能力。
Pour apprécier les capacités des candidats au regard des critères précités, les renseignements ou documents suivants peuvent être demandés aux candidats, notamment:	为了评估候选人与上述标准相关的能力,可要求候选人提供以下信息或文件,其包括:

– les références concernant des contrats similaires;	– 类似合同的能力证明;
– la déclaration indiquant les effectifs, l'outillage, le matériel et les équipements techniques dont dispose le candidat pour l'exécution du contrat de partenariat;	– 候选人用于履行合作合同而具有的工作人员、工具、器材和技术设备的声明;
– les états financiers certifiés et rapports annuels d'activités des trois derniers exercices;	– 最近三个财政年度的经审计的财务报表和年度经营报告;
– la déclaration concernant le chiffre d'affaires global et le cas échéant, le résultat net concernant les prestations auxquelles se réfère le contrat, au cours des trois derniers exercices;	– 在最近三个财政年度中合同所涉产品或服务的总营业额和净利润(如有)的申报;
– la déclaration appropriée de banque ou preuve d'une assurance pour les risques professionnels;	– 银行资信证明或防范职业风险的保险证明;
– le bilan ou extraits de bilan concernant les trois dernières années, des opérateurs pour lesquels l'établissement des bilans est obligatoire en vertu de la loi;	– 对于法律强制要求编制资产负债表的经营者,最近三年的资产负债表或资产负债表的摘录;
– les certificats de qualification professionnelle délivrés selon des critères objectifs et transparents par l'organisme officiel responsable de la certification des entreprises;	– 由负责企业认证的官方机构根据客观和透明的标准颁发的职业资格证书;
– l'attestation des autorités sénégalaises ou étrangères établissant que le candidat est à jour de ses obligations fiscales et sociales; et	– 塞内加尔或外国权力机关出具的候选人已经履行其税务和社会义务的证明;和

- l'attestation des autorités sénégalaises ou étrangères établissant que le candidat, les principaux dirigeants de l'entreprise candidate ou l'entreprise candidate n'ont pas fait l'objet de condamnation pénale liée à leur activité professionnelle.	- 塞内加尔或外国权力机关出具的候选人、候选企业的主要管理人员或候选企业未因其业务活动受到过刑事处罚的证明。
Lorsque plusieurs entreprises se présentent en groupement candidat, les conditions de pré-qualification s'appliquent en considération des capacités de chacun des membres du groupement en vue de déterminer si la combinaison de leurs qualifications permet de répondre aux besoins de toutes les phases du projet.	当多家企业组成联合体候选人投标时，资格预审条件的实施须考虑联合体各成员的能力，以确定该联合体候选人各成员的资质的组合是否可以满足项目所有阶段的需求。
Article 16: Procédure de pré-qualification	**第 16 条:资格预审程序**
La procédure de pré-qualification est conduite par l'autorité contractante assistée par la commission d'appel d'offres visée à l'article 5 de la présente loi. La commission se réunit à la demande de l'autorité contractante. Un avis de pré-qualification est publié par l'autorité contractante. Cette publication est faite dans des organes de presse écrite, électronique ou audio-visuelle, nationale et étrangère, spécialisée ou non. La diffusion de l'avis de pré-qualification est faite de façon à informer tous les candidats potentiels de l'existence du projet.	资格预审程序由缔约机关在本法第 5 条所述的招标委员会的协助下开展。招标委员会应缔约机关的要求举行会议。资格预审公告由缔约机关通过国内外专业或非专业的纸质媒体、电子或视听媒体发布。资格预审公告的发布旨在通知所有潜在候选人项目的存在。
L'avis de pré-qualification contient au moins les informations suivantes:	资格预审公告至少包括以下信息:
- une description du projet objet du contrat de partenariat;	- 作为合作合同标的的项目的描述;

– des indications éventuelles sur les autres éléments essentiels du projet;	–关于项目其他基本要素的指示;
– le lieu où le dossier de pré-qualification peut être retiré, le lieu du dépôt et la date à laquelle le dossier de pré-qualification doit être déposé.	–可以领取资格预审文件的地点、提交资格预审文件的地点和日期。
Le temps laissé aux candidats pour répondre à un dossier de pré-qualification ne peut pas être inférieur à 30 jours.	候选人答复资格预审文件的时间不得少于 30 日。
Le dossier de pré-qualification est établi par l'autorité contractante. Il contient au moins les éléments suivants:	资格预审文件由缔约机关编制,其至少包括以下内容:
– l'ensemble des instructions relatives à l'établissement des demandes de pré-qualification;	–所有与资格预审申请有关的指示;
– une description de la structure contractuelle;	–合同结构的描述;
– la liste des pièces et des autres informations demandées aux candidats pour qu'ils justifient de leur capacité;	–要求候选人提供的证明其能力的文件和其他信息清单;
– les critères précis aux termes desquels la pré-qualification est effectuée.	–进行资格预审的明确标准。
Undélai maximum de 45 jours est accordé aux candidats pour le dépôt des dossiers de pré-qualification. Ce délai peut être prorogé dans la limite maximale de 45 jours par autorisation donnée par le Conseil des Infrastructures sur demande motivée de l'autorité contractante.	候选人具有 45 日的最长期限来提交资格预审文件。在基础设施委员会根据缔约机关的合理申请作出批准的情况下,该期限最长可另外延长 45 日。

L'autorité contractante statue, après avis de la commission d'appel d'offres, sur la qualification de chaque candidat ayant présenté une demande. Elle statue uniquement sur la base des critères énoncés dans le dossier de pré-qualification.	缔约机关在征求招标委员会意见后,评定每位提交申请的候选人的资格。缔约机关仅根据资格预审文件中列出的标准作出评定。
L'autorité contractante établit la liste des entreprises et des groupements d'entreprises ayant soumissionné et qui sont admis à présenter leurs offres.	缔约机关编制一份已投标并获准投标的企业和企业联合体的清单。
La décision de l'autorité contractante fait l'objet d'un procès-verbal.	缔约机关的决定记入会议记录。
L'autorité contractante informe chaque candidat de la décision qu'elle a prise à son égard.	缔约机关应将作出的决定通知相应的每位候选人。
Elle communique à tout candidat qui en fait la demande les motifs du rejet de sa candidature.	缔约机关向提出申请的未通过资格预审的候选人解释其未通过的原因。
Le nombre des candidats à une procédure de pré-qualification ne peut être inférieur à trois sauf si l'autorité contractante fournit la preuve au Conseil des Infrastructures, qu'en dépit des mesures de large publicité qu'elle a mises en œuvre et des efforts qu'elle a déployés pour susciter l'intérêt de candidats potentiels, il n'a pas été possible d'identifier au moins trois candidats qui satisfont aux critères de pré-qualification.	资格预审程序的候选人数量不得少于三人,除非缔约机关向基础设施委员会提供证据证明,尽管其已经广泛宣传并努力吸引潜在候选人的兴趣,但仍然无法确定至少三名符合资格预审标准的候选人。
Dans ce cas, sur autorisation du Conseil des Infrastructures, l'autorité contractante peut poursuivre la procédure avec les deux candidats pré-qualifiés.	在上述情况下,经基础设施委员会许可后,缔约机关可以与两名通过资格预审的候选人继续进行招标程序。

L'autorité contractante invite les candidats dont elle retient la demande de pré-qualification, à présenter une offre dans les conditions fixées aux articles 17, 18 et 19 de la présente loi.	缔约机关应邀请通过资格预审的候选人在本法第 17、18 和 19 条规定的条件下投标。
Article 17: Dossier d'appel d'offres initial	**第 17 条:初始招标文件**
L'autorité contractante transmet à chaque candidat pré-qualifié le dossier d'appel d'offres.	缔约机关向每位通过资格预审的候选人发送招标文件。
Les candidats pré-qualifiés disposent, pour déposer leur offre, d'un délai qui est fixé par le dossier d'appel d'offres et qui ne peut être inférieur à 45 jours.	通过资格预审的候选人须在招标文件规定的期限内投标,该期限不得少于 45 日。
Le dossier d'appel d'offres comporte un projet de contrat et les documents annexes qui indiquent au moins:	招标文件包括合同草案和附属性文件,其至少列明:
• le règlement de l'appel d'offres;	• 招标规则;
• le cahier des charges ou les modèles d'annexes au contrat;	• 任务书[①]或合同附件的模板;
• les modèles de garanties et de lettres à fournir;	• 待提供的担保和文书的模板;
• le programme fonctionnel détaillé;	• 详细的项目开展计划;
• le lieu et la date limite de dépôt des offres ainsi que le calendrier de l'examen des offres.	• 投标的地点和截止日期以及评标的时间表。
Les offres déposées doivent être signées par les candidats ou par leurs mandataires dûment habilités.	提交的投标文件须由候选人或其经合法授权的代表签字。

① 中伦注:本质上为规定工作要求的文件,也有人翻译为"责任书""需求说明""任务单""计划书",我们统一翻译为"任务书"。

Article 18: Procédure d'appel d'offres en deux étapes	**第 18 条:两步式招标程序**
Sous réserve des dérogations prévues à l'article 13, alinéa 3, l'examen des offres s'effectue en deux étapes.	在遵守第 13 条第 3 款规定的例外情况的前提下,评标应分两个步骤进行。
Dans une première étape, les candidats remettent à l'autorité contractante leurs propositions techniques, incluant leurs observations éventuelles sur le projet de contrat et le ou les cahiers des charges. Dans le cadre de cette 1 ère étape, l'autorité contractante examine les propositions techniques et a la possibilité de demander aux candidats toutes informations ou précisions complémentaires sur leur contenu.	在第一个步骤中,候选人向缔约机关提交其技术方案,该技术方案包括其对合同草案和一份或多份任务书的可能存在的意见。在该第一个步骤中,缔约机关审查技术方案,并可要求候选人提供关于技术方案内容的任何补充性的信息或细节。
Des discussions peuvent s'engager entre l'autorité contractante et chacun des candidats. Le résultat des échanges est communiqué par l'autorité contractante à l'ensemble des candidats.	缔约机关可以与每个候选人进行讨论。缔约机关向全体候选人通知讨论结果。
L'autorité contractante assure l'égalité de traitement de tous les candidats. En particulier, elle s'abstient de fournir de manière discriminatoire des informations susceptibles d'avantager des candidats par rapport à d'autres ou de révéler les solutions proposées ou des informations confidentielles d'un candidat sans l'accord de celui-ci.	缔约机关确保平等对待全体候选人。具体而言,缔约机关不得以区别对待的方式向某些候选人提供可能使其获得优势的信息,也不得未经候选人同意披露其提出的方案或保密信息。
La commission d'appel d'offres est tenue informée par l'autorité contractante du déroulement de cette 1ère étape.	缔约机关须通知招标委员会该第一个步骤的进展。

A l'issue de cette première étape, l'autorité contractante peut apporter des modifications aux spécifications initialement énoncées en ajustant les termes du dossier d'appel d'offres, du projet de contrat et de cahier(s) des charges.	在该第一个步骤结束时,缔约机关可通过调整招标文件、合同草案和任务书的条款来修改最初制定的规范。
Le dossier d'appel d'offres ajusté est remis aux candidats qui disposent d'un délai ne pouvant être inférieur à 45 jours pour déposer, auprès de la commission d'appel d'offres, une offre complète comprenant des propositions techniques détaillées, une offre financière ainsi qu'un projet de contrat définitif.	将调整后的招标文件提供给候选人,候选人应于不少于 45 日的期限内向招标委员会提交一份包括详细的技术方案、财务方案和最终版合同草案的完整的投标文件。
Dans le cas d'un appel d'offres en 1 étape au sens de l'article 13, les candidats qui disposent d'un délai ne pouvant être inférieur à 45 jours, déposent, auprès de la commission d'appel d'offres, une offre complète comprenant des propositions techniques détaillées, une offre financière ainsi qu'un projet de contrat.	对于第 13 条规定的一步式招标的情况,候选人具有不少于 45 日的期限向招标委员会提交一份包括详细的技术方案、财务方案和合同草案的完整的投标文件。
Les offres sont évaluées par la commission d'appel d'offres dans les conditions fixées à l'article 20.	招标委员会在第 20 条规定的条件下评标。
Article 19: Présentation et analyse des offres	**第 19 条:投标文件的提交和分析**
L'offre contient l'ensemble des éléments constituant la réponse d'un candidat à un appel d'offres.	投标文件包括构成候选人对招标响应的全部内容。

Elle comporte obligatoirement un acte écrit aux termes duquel le candidat s'engage à respecter le contrat ainsi que le ou les cahiers des charges. Si le candidat est retenu, cet acte écrit devient une pièce constitutive du contrat.	投标文件须包括载明候选人承诺遵守合同和一份或多份任务书的书面文书。若候选人中标,则该书面文书将成为合同的构成文件。
Les offres complètes des candidats sont placées sous pli cacheté portant l'indication de l'appel d'offres auquel elles se rapportent et contenant 2 enveloppes distinctes comportant, selon le cas, la mention " propositions techniques " et " offre financière" ainsi que le nom du candidat.	候选人的完整投标文件应用注明相关招标信息的信封密封,其中包含 2 个单独的信封,并根据情况注明"技术方案"、"财务方案"的字样以及候选人名称。
Les plis contenant les propositions techniques ou l'offre financière sont transmis, soit par la poste par pli recommandé, soit par porteur contre récépissé permettant de déterminer de façon certaine la date et l'heure de leur réception et de garantir leur confidentialité et leur authenticité. A leur réception, les plis sont enregistrés dans leur ordre d'arrivée sur un registre spécial.	包含技术方案或财务方案的信封可通过挂号信邮寄发送,也可以通过附回执的专人传递发送,以便确定收讫的日期和时间,并保证其保密性和真实性。收到信封后,按照到达顺序将其记录在专门的登记册中。
Seuls sont ouverts les plis qui ont été reçus au plus tard à la date et à l'heure limite indiquées dans le dossier d'appel d'offres.	只有在招标文件中指明的截止日期和时间之前收到的信封才会被开启。
Dans la première étape, les propositions techniques sont ouvertes en séance publique par une personne désignée par l'autorité contractante, en présence de cette autorité et des candidats ou de leurs représentants dûment mandatés à cet effet.	在第一个步骤中,由缔约机关指定的人员在该缔约机关和候选人或候选人的经合法授权的代表在场的情况下公开开启技术方案。

Dans la seconde étape, les offres financières sont ouvertes, en séance publique, par la commission d'appel d'offres en présence de l'autorité contractante et des candidats ou de leurs représentants invités à cet effet.	在第二个步骤中,由招标委员会在缔约机关和候选人或为此目的邀请的候选人代表在场的情况下公开开启财务方案。
A l'issue de chaque ouverture de plis, il est établi un procès-verbal signé, pour la 1ère étape, par la personne désignée par l'autorité contractante et, pour la seconde étape, par les membres de la commission d'appel d'offres.	在每次开标结束后,对于第一个步骤,由缔约机关指定的人员签署会议记录,对于第二个步骤,由招标委员会成员签署会议记录。
Article 20: Evaluation des offres	**第 20 条:评标**
La commission d'appel d'offres procède à l'évaluation des offres complètes. Dans un 1er temps, la commission évalue les propositions techniques et procède ensuite à une évaluation des offres financières des candidats dont les offres techniques ont été jugées conformes sur la seule base des critères financiers décrits dans le dossier d'appel d'offres.	招标委员会对完整的投标文件进行评估。首先,招标委员会对技术方案进行评估,然后对技术方案被评价为符合要求的候选人的财务方案仅根据招标文件中规定的财务标准进行评估。
Les offres financières des candidats ayant soumis des offres techniques évaluées non conformes ne sont pas ouvertes.	提交的技术方案被评价为不符要求的候选人的财务方案将不予开启。
Le contrat de partenariat est conclu avec le candidat ayant présenté l'offre économiquement la plus avantageuse sur la base de la combinaison optimale de différents critères d'évaluation prévus dans le dossier d'appel d'offres et pouvant être liés, notamment:	应与提交了被评价为经济上最有利的方案的候选人签订合作合同,该评价标准是基于招标文件中规定的不同评价标准的最佳组合而且可与以下内容相关:
– au coût, au montant et à la rationalité du financement offert;	– 所提供融资的成本、金额和合理性;

- à tout autre revenu que les équipements ou ouvrages sont susceptibles de procurer à l'autorité contractante;	- 设备或工程可能为缔约机关带来的任何其他收入;
- à la valeur de rétrocession des installations, le cas échéant;	- 设施的返还价值(如有);
- aux tarifs imposés aux usagers ou reversés à l'autorité contractante;	- 向用户收取的费用或返还给缔约机关的款项;
- à la valeur des paiements directs que l'autorité contractante est amenée à effectuer ainsi qu'aux modalités de leur versement;	- 缔约机关直接支付的价格及其支付方式;
- à la qualité de l'organisation mise en place pour assurer la continuité des services rendus;	- 为保障提供服务的连续性而建立的组织的质量;
- aux spécifications et normes de performance prévues ou proposées;	- 预计或提议的绩效的规范和标准;
- au niveau de qualité des services;	- 服务质量水平;
- au potentiel de développement socio-économique présenté par le projet;	- 项目具有的社会 - 经济发展潜力;
- au respect des normes environnementales;	- 对环境标准的遵守;
- à la part d'exécution du contrat que le candidat s'engage à confier à des entreprises locales;	- 候选人承诺委托本地企业履行的合同的份额;
- aux modalités de transfert de technologie et de transfert de compétences proposées;	- 提议的技术转让和技能转让方式;
- au niveau d'utilisation des matériaux d'origine locale;	- 使用本地来源的物料的程度;
- au niveau d'emploi de la main d'œuvre locale proposé.	- 提议的雇佣本地劳动力的程度。

Les critères retenus doivent être énumérés dans le dossier d'appel d'offres et être exprimés en termes monétaires ou sous la forme de critères éliminatoires.	选定的标准必须在招标文件中列出,并且必须以货币形式或以淘汰性标准的形式表示。
La commission d'appel d'offres classe toutes les offres conformes. Elle transmet ce classement ainsi que le procès-verbal de ses travaux à l'autorité contractante qui doit recueillir l'avis favorable du Comité national d'Appui aux Partenariats Public-Privé.	招标委员会对所有合格的投标进行排名。招标委员会将该排名及其工作的会议记录提交至缔约机关,而缔约机关必须获得国家 PPP 支持委员会的肯定性审批意见。
L'autorité contractante informe par écrit les candidats de leur classement.	缔约机关书面通知候选人其排名。
Article 21 : Marges de préférence	**第 21 条:优先幅度**
Dans le cadre de l'évaluation des offres complètes, la commission d'appel d'offres prend en compte les incitations suivantes sauf incitations plus avantageuses prévues par des textes législatifs ou réglementaires:	在评估完整投标文件的过程中,招标委员会采用以下激励措施,但若存在法律或法规规定的更有利的激励措施则从其规定:
– une marge de préférence aux opérateurs ressortissants de l'espace UEMOA comprise entre 5 et 10% ;	– 对属于西非经济货币联盟地区的经营者的优先幅度为 5% 至 10% 之间;
– une marge de préférence qui ne peut dépasser 10% aux groupements candidats comptant en leur sein un opérateur ressortissant de l'espace UEMOA;	– 对包含一个属于西非经济货币联盟地区的经营者的联合体候选人的优先幅度不得超过 10% ;
– un traitement préférentiel de 5% minimum et de 10% au maximum cumulable avec les marges de préférence visées aux paragraphes précédents à tout candidat s'étant engagé fermement sous la forme d'une déclaration irrévocable, à sous-traiter au moins 30% de la valeur globale des marchés de fourniture et de	– 对于任何以不可撤销声明的形式坚定承诺将以实施合作合同的名义缔结的采购合同和工程合同的总价值的至少 30% 分包给属于西非经济货币联盟地区的企业的候选人,可享有最低 5% 至最高 10% 的优先待遇,并且所述优先待遇可与上述段落中所述的优先幅度累积。

travaux passés au titre de la mise en œuvre du contrat de partenariat aux entreprises communautaires.	
Une marge de préférence qui ne peut dépasser 2% peut être accordée à tout candidat qui s'engage à favoriser la contractualisation avec des petites et moyennes entreprises de l'espace UEMOA ou avec des associations de petits opérateurs communautaires.	任何承诺优先与属于西非经济货币联盟地区的中小型企业或与该联盟内小型经营者协会签订合同的候选人,可以给予其不超过2%的优先幅度。
Les deux premières marges de préférences ne sont pas cumulables.	所述2%的优先幅度与前述优先政策不可同时使用。
Article 22: Mise au point du contrat de partenariat	**第22条:合作合同的定稿**
L'autorité contractante, après avoir reçu le classement effectué par la commission d'appel d'offres ainsi que le procès-verbal de ses travaux, procède à la mise au point du contrat de partenariat avec le candidat classé 1er en vue d'en arrêter les termes définitifs.	缔约机关在收到招标委员会作出的排名及其工作会议记录后,应与排名第一的候选人进行合作合同的定稿,以便最终确定其条款。
Cette mise au point ne peut avoir pour effet de modifier les éléments fondamentaux de l'offre ou des caractéristiques essentielles du contrat de partenariat, dont la variation est susceptible de fausser la concurrence ou d'avoir un effet discriminatoire.	合同的定稿不得改变投标的基本要素或合作合同的基本特征,且该变化可能导致不正当竞争或具有歧视效果。
En cas d'échec de la mise au point, l'autorité contractante se réserve le droit de désigner le candidat suivant, après avis du Conseil des Infrastructures et d'engager une mise au point avec ce dernier.	若未能成功定稿,缔约机关有权在征求基础设施委员会的意见后,指定下一位候选人与其对合同进行定稿。

La fin de la procédure de mise au point est sanctionnée par un procès-verbal établi par les soins de l'autorité contractante. Le contrat de partenariat définitif, accompagné du procès-verbal de clôture de la mise au point et de l'annexe fiscale, le cas échéant, est transmis pour approbation au Ministre chargé des Finances, après avis du Comité national d'Appui aux Partenariats Public-Privé.	缔约机关编制的会议记录确认定稿程序的结束。在征求国家 PPP 支持委员会的意见后,最终确定的合作合同以及定稿结束的会议记录和税务附件(如有)将提交至财政部部长进行审批。
Le contrat de partenariat, une fois approuvé par le Ministre chargé des Finances, est transmis pour information au Conseil des Infrastructures et au Comité national d'Appui aux Partenariats Public-Privé.	合作合同一经财政部部长批准,即可提交至基础设施委员会和国家 PPP 支持委员会进行备案。
Les contrats de partenariat font l'objet d'une publication au Journal officiel à l'exception des clauses touchant au secret des affaires.	合作合同在官方公报上公布,但与商业秘密有关的条款不得公布。
L'autorité contractante peut, à tout moment mettre fin à la procédure d'appel d'offres. Cette décision ne peut faire l'objet d'aucun recours de la part des candidats; ces derniers peuvent néanmoins, le cas échéant, bénéficier d'une compensation financière. Le montant de cette compensation est déterminé par le Conseil des Infrastructures, sur la base d'une expertise indépendante.	缔约机关可随时终止招标程序。候选人不能对此决定提出申诉;但是,候选人可酌情获得经济补偿。补偿金额由基础设施委员会根据独立专家的意见确定。

SECTION 4: SOCIÉTÉ DE PROJET	**第 4 节:项目公司**
Article 23: Constitution de la société de projet	**第 23 条:项目公司的设立**
L'opérateur du projet doit se constituer, 3 mois au plus tard après la signature du contrat de partenariat, sous la forme d'une société de droit sénégalais dont le capital est constitué au minimum de 20% d'apports provenant d'opérateurs économiques nationaux.	项目经营者必须在签署合作合同后 3 个月内设立塞内加尔公司,且该公司的资本至少 20% 由塞内加尔本国经营者的出资构成。
L'offre des titres est effectuée après détermination ou valorisation des titres réalisée par un expert indépendant sélectionné par l'opérateur et la personne publique d'un commun accord ou par un expert choisi par le Conseil des Infrastructures, dans le délai de 3 semaines maximum, par publicité de la personne publique ou mandat de placement auprès d'une banque. Après fixation du prix des titres, la mise en vente a lieu pendant une période de 45 jours. L'opérateur ou le tiers mandaté notifie au Conseil des Infrastructures la liste des acquéreurs, le nombre de titres acquis et leurs prix ainsi que le nombre de titres non cédés à l'expiration de cette période.	在经营者和公法人通过双方协议选定的独立专家或基础设施委员会选定的专家对股份进行定价或估值后的 3 周内发行股份,由公法人进行公告或者由银行代销。在确定股份价格后,销售将持续 45 日。经营者或被委托的第三方应通知基础设施委员会收购者的名单、所收购股份的数量及其价格以及在此期间届满时未转让的股份数量。
Les titres non acquis par des investisseurs nationaux au terme du délai indiqué à l'alinéa précédent restent propriété de l'opérateur sauf si l'Etat du Sénégal décide de les acquérir provisoirement. Dans ce cas, l'Etat doit céder les titres à des opérateurs nationaux dans un délai de 2 ans ou les céder à l'opérateur.	除非塞内加尔国家决定暂时收购股份,否则在前款规定的期限届满时未被本国投资者收购的股份的权属仍属于经营者。在塞内加尔国家决定暂时收购股份的情况下,国家必须在 2 年内将股份转让至本国经营者,或者将其转让至经营者。

CHAPITRE 5: PROCEDURES PARTICULIERES DE SELECTION DE L'OPERATEUR DU PROJET	**第五章:项目经营者的特殊选择程序**
SECTION 1: OFFRE SPONTANÉE	**第 1 节:自发提案**
Article 24: Principe général de traitement de l'Offre spontanée	**第 24 条:处理自发提案的基本原则**
Un opérateur privé a la possibilité d'adresser à une autorité contractante une offre spontanée.	私营经营者可以向缔约机关提交自发提案。
Dans ce cas, ledit opérateur réalise les études préalables de manière à présenter un projet cohérent comportant des propositions techniques adéquates, ainsi que les solutions de financement correspondantes.	在此情形下,该私营经营者实施预先研究,以提出包括合适的技术方案及相应的融资方案的合理的项目。
Une offre spontanée peut aussi porter sur la réalisation d'un projet dont les études ont été menées par l'autorité contractante lorsque ces études sont manifestement caduques ou lorsqu'elles ont été réalisées au moins 60 mois avant la date de dépôt de l'offre spontanée.	自发提案也可涉及缔约机关已进行研究的项目的实施,前提条件为该等研究明显过时或在自发提案提交日期的至少 60 个月之前完成的。
Elles font l'objet d'une procédure négociée sur autorisation donnée par le Premier Ministre ou par l'organe délibérant des autres personnes morales visées à l'article 2, sur la base des avis du Comité national d'Appui aux Partenariats Public-Privé et du ministre chargé des Finances. Toutefois, il ne peut être accepté d'offre spontanée portant sur des projets pour lesquels une procédure d'appel d'offres est en cours.	总理或第 2 条规定的其他法人的决议机构根据国家 PPP 支持委员会和财政部部长的审批意见而作出许可后,自发提案通过谈判程序展开。然而,对于正在进行招标程序的项目,不得接受自发提案。

Article 25: Conditions de recevabilité des offres spontanées	**第 25 条:自发提案的受理条件**
Les offres spontanées doivent porter sur un projet dont le coût estimatif global est supérieur à un montant précisé par décret et remplir au moins 2 des conditions suivantes:	自发提案所涉及的项目的预计总成本必须大于法令规定的数额且必须满足以下条件中的至少 2 个条件:
– la part de financement privé du projet représente au moins 70% des coûts d'investissements initiaux du projet. Dans ce cas, le porteur de l'offre spontanée doit donner des preuves concrètes que le projet est financièrement viable pendant toute sa durée de vie;	– 项目的私人融资部分至少占项目初始投资成本的 70%。在此情形下,自发提案的发起人必须具体证明项目在其整个期限中具有财务可行性;
– le projet est compétitif par rapport aux conditions générales du marché;	– 相对于市场的一般情况,项目具有竞争力;
– le projet constitue une innovation technologique ou technique de pointe et fournit des solutions économiques et écologiques viables indispensables à l'autorité contractante.	– 该项目构成最先进的科技或技术革新,并为缔约机关提供不可或缺的经济和生态方面的可行解决方案。
Dans tous les cas, le porteur du projet doit s'engager à réserver une part significative à l'emploi de la main d'œuvre locale, à favoriser le transfert de technologie et la sous-traitance aux opérateurs économiques nationaux.	在所有情况下,项目发起人必须承诺较大比例地雇佣本地劳动力,促进技术转让和向本国经营者分包。
Article 26: Forme et contenu des offres spontanées	**第 26 条:自发提案的形式和内容**
Le porteur de l'offre spontanée soumet à l'autorité contractante un dossier comportant:	自发提案的发起人向缔约机关提交一份文件,该文件包括:

– une note décrivant l'étendue et la durée des travaux à réaliser;	– 待实施的工程的范围和期限的说明;
– la description des solutions techniques proposées;	– 提议的技术方案的描述;
– la compétitivité du projet;	– 项目的竞争力;
– les avantages économiques et financiers attendus du projet;	– 项目的预期的经济和财务优势;
– une analyse des risques liés au projet;	– 与项目有关的风险分析;
– un schéma de répartition et d'atténuation de ces risques entre les parties;	– 在各方之间的风险分配和降低风险的方案;
– le coût estimatif global du projet;	– 项目的预计总成本;
– un plan de financement du projet assorti d'un modèle financier prévisionnel;	– 附有预测的财务模型的项目融资计划;
– le détail des études complémentaires à réaliser ainsi que leur coût estimatif et leur mode et source de financement;	– 待实施的补充性研究的细节及其预估费用、其融资模式和来源;
– un avant-projet de contrat.	– 合同草案。
L'offre spontanée est accompagnée de documents attestant des capacités financières et techniques de l'opérateur à réaliser le projet proposé.	自发提案须附有证明经营者具有实施提议项目的财务和技术能力的文件。
Après examen de l'offre spontanée, notamment, en ce qui concerne la compétitivité du projet proposé ainsi que sa viabilité financière, l'autorité contractante peut demander des informations complémentaires, classer l'offre sans suite, ou décider de lui donner une suite favorable.	在审查自发提案后,特别是在提议项目的竞争力及其财务可行性方面,缔约机关可要求提供补充性信息、不对提案开展后续工作或者决定对其开展后续工作。

En cas d'acceptation de l'offre spontanée, l'autorité contractante saisit le Comité National d'Appui aux Partenariats Public-Privé et le ministre chargé des Finances, pour examen et avis sur la base du dossier soumis par le porteur de l'offre spontanée.	如果接受自发提案,缔约机关须提请国家 PPP 支持委员会和财政部部长根据自发提案发起人提交的文件进行审查和审批。
Les avis du Comité national d'Appui aux Partenariats Public-Privé et du Ministre chargé des Finances interviennent au plus tard dans les 90 jours ouvrables suivants la réception de la demande.	国家 PPP 支持委员会和财政部部长在收到申请后的 90 个工作日内出具审批意见。
Le Comité national d'Appui aux Partenariats Public-Privé, après avoir vérifié la conformité de l'offre à l'une des conditions indiquées à l'article 25, émet un avis portant sur les points suivants:	国家 PPP 支持委员会在核实了自发提案符合第 25 条所述的任意一个条件后,就以下几点出具审批意见:
• la cohérence globale du projet et sa conformité à la politique de l'Etat;	• 项目的整体合理性及其对国家政策的遵守情况;
• la qualité et la pertinence des solutions techniques;	• 技术方案的质量和相关性;
• l'analyse coûts/avantages du projet;	• 项目的成本/优势分析;
• le taux de rentabilité économique du projet;	• 项目的经济效益率;
• la compétitivité du mode de financement;	• 融资模式的竞争力;
• la répartition rationnelle des risques entre les parties;	• 在各方之间的合理的风险分配;
• le potentiel de création d'emplois;	• 创造就业的潜力;
• les modalités de transfert de technologie;	• 技术转让方式;
• la qualité du montage contractuel et financier proposés.	• 提出的合同结构和财务结构的质量。

L'avis du Ministre chargé des Finances porte sur la soutenabilité budgétaire des engagements de l'Etat au titre du projet. Il doit s'assurer notamment que le projet est financièrement et économiquement viable.	财政部部长对国家在该项目项下的承诺的预算承受能力出具审批意见。财政部部长尤其须确保项目在财务和经济上是可行的。
Le Comité national d'Appui aux Partenariats Public-Privé et le ministre chargé des Finances peuvent recourir à une expertise indépendante dans le cadre de l'évaluation des projets.	国家 PPP 支持委员会和财政部部长可以在项目评估中寻求独立的专业意见。
Article 27 : Négociation et signature du contrat	**第 27 条:合同的谈判和签署**
Sur la base des avis obtenus, l'autorité contractante saisit le Premier Ministre ou l'organe délibérant de la collectivité publique d'une demande d'autorisation de procéder à la négociation du contrat avec le porteur de l'offre spontanée.	根据获得的审批意见,缔约机关应向总理或公共行政机关的决议机构提出申请,要求其许可与自发提案的发起人开展合同的谈判。
Lorsque l'autorité contractante obtient ladite autorisation, elle entame des négociations avec le porteur de l'offre spontanée en vue de la signature du contrat définitif.	当缔约机关获得上述许可后,方可与自发提案的发起人开展合同的谈判以便签署最终版合同。
Le projet de contrat négocié accompagné de ses annexes et du procès-verbal de clôture des négociations est transmis au Comité national d'Appui aux Partenariats Public-Privé et au ministre chargé des Finances qui disposent d'un délai de 15 jours pour émettre des avis ou observations.	将经谈判的合同草案及其附件和谈判结束的会议记录提交至国家 PPP 支持委员会和财政部部长,国家 PPP 支持委员会和财政部部长在 15 日的期限内出具审批意见或建议。
En cas d'avis favorables, les contrats sont soumis, après signature par les parties, à l'approbation du Premier Ministre.	在获得国家 PPP 支持委员会和财政部部长的肯定性审批意见的情况下,合同在各方签字后提交至总理进行批准。

Une copie du contrat signé et approuvé est transmise pour information au Comité national d'Appui aux Partenariats Public-Privé et au Conseil des Infrastructures dans les 15 jours suivants l'approbation.	经签署并经批准的合同副本将在批准后的 15 日内提交至国家 PPP 支持委员会和基础设施委员会备案。
Lorsqu'une offre spontanée fait l'objet de la négociation visée au présent article, il ne peut être accepté aucune autre offre portant sur le projet en question que dans le cas où l'échec des négociations entamées est sanctionné par un procès-verbal de clôture signé par les parties.	如果自发提案属于本条规定的谈判的对象,则只有在启动的谈判失败由双方签署的谈判结束的会议记录确认后,才能接受关于提议项目的其他提案。
Article 28: Traitement de l'offre spontanée en procédure ouverte	**第 28 条:自发提案在公开程序中的处理**
Les offres spontanées ne remplissant pas les conditions énumérées à l'article 25 font l'objet d'une mise en concurrence dans les conditions prévues à la section 3 du chapitre 4 si l'autorité contractante entend leur donner suite.	对于未满足第 25 条所列条件的自发提案,如果缔约机关打算对该自发提案开展后续工作,则应按照第四章第 3 部分规定的条件开展竞争性程序。
Le porteur de l'offre spontanée participe à l'appel d'offres dans les mêmes conditions que les autres candidats. Il peut bénéficier, dans certains cas, d'une marge de préférence après avis du Comité national d'Appui aux Partenariats Public-Privé.	自发提案的发起人在与其他候选人相同的条件下参加招标。在国家 PPP 支持委员会审批后,自发提案的发起人可在某些情形中获得一定的优先幅度。
Les modalités de mise en œuvre des dispositions des articles 24 à 28 sont précisées par décret.	第 24 至 28 条规定的实施方式由法令规定。

SECTION 2: ENTENTE DIRECTE, CONTRAT COMPLÉMENTAIRE, AVENANT ET PROCÉDURES AMÉNAGÉES	**第2节:直接协议、补充合同、附加条款和调整程序**
Article 29: Conditions de passation par entente directe	**第29条:通过直接协议缔约的条件**
Un contrat régi par les dispositions de la présente loi peut être passé par entente directe par une autorité contractante, après avis du Conseil des Infrastructures sur saisine du Comité national d'Appui aux Partenariats Public-Privé dans les hypothèses exceptionnelles suivantes:	在下列特殊情况下,在基础设施委员会经国家PPP支持委员会请示出具审批意见后,可由缔约机关通过直接协议缔结受本法规定规制的合同:
- lorsque la réalisation ou l'exploitation d'un ouvrage ou d'installations se rapportant à un ouvrage doivent être réalisées dans des conditions présentant les caractères d'une urgence impérieuse, afin d'assurer la continuité du service public, dans des conditions de délais incompatibles avec la mise en œuvre de la procédure d'appel d'offres prévue par la présente loi, et que l'autorité contractante ne peut assurer elle-même le service.	-为了确保公共服务的连续性,工程或与工程相关的设施的实施或运营必须在重大紧急情况下进行,并且时间上不允许开展本法规定的招标程序,并且缔约机关不能自行确保提供服务。
L'urgence impérieuse doit être motivée par des circonstances indépendantes de l'autorité contractante. Dans ce cas, le contrat a une durée qui ne peut être supérieure à 2 ans;	重大紧急情况须由缔约机关之外的原因产生。在此情形下,合同期限不得超过2年;
- lorsque l'infrastructure ne peut être réalisée ou exploitée, pour des considérations techniques ou des raisons tenant à la protection de droits d'exclusivité, que par un seul opérateur économique.	-由于技术原因或与排他性权利保护有关的原因,只能由唯一的经营者实施或运营基础设施。

Article 30: Conditions de passation d'un contrat complémentaire	**第30条:补充合同的缔结条件**
Un contrat complémentaire à un contrat de partenariat peut être passé par entente directe par une autorité contractante lorsqu'un projet en cours d'exécution a fait l'objet d'un contrat de partenariat et que pour des raisons de nécessité économique, sociale ou culturelle ou bien pour des motifs liés à des exigences de cohérence dans la gestion technique et financière du projet, l'autorité contractante décide de son extension. L'autorisation de passation du contrat complémentaire par entente directe est donnée par le Premier Ministre, sur la saisine du Comité national d'Appui aux Partenariats Public-Privé, après avis du Conseil des Infrastructures et du Ministre chargé des Finances.	当正在实施的项目是合作合同的标的时,并且出于经济、社会或文化需要的原因,或者出于与项目的技术和财务管理的合理要求有关的原因,缔约机关决定扩展项目,缔约机关可以通过直接协议缔结合作合同的补充合同。在基础设施委员会和财政部部长作出审批意见后,总理在收到国家PPP支持委员会的请示后许可通过直接协议缔结补充合同。
Les prestations complémentaires ne changent pas la nature globale du contrat.	提供补充性的产品或服务不改变合同的总体性质。
Les avis et autorisation préalables doivent être sollicités sur présentation d'un rapport justifiant de l'opportunité des travaux, fournitures ou prestations, objets de l'extension ainsi que de leur lien avec le projet initial.	必须通过提交报告以证明作为扩展标的的工程、供给或提供的产品或服务的适当性及其与初始项目的联系来申请事先的审批和许可。
Les modalités particulières de passation de contrat complémentaire par les collectivités locales sont précisées par décret.	地方行政机关缔结补充合同的具体方式由法令规定。

Article 31: Conditions de passation des avenants	**第 31 条:附加条款的缔结条件**
Sous réserve des dispositions de l'article 30, toutes les modifications des travaux, fournitures, prestations ou délais du contrat initial à l'initiative du titulaire ou de l'autorité contractante doivent faire l'objet d'un accord préalable entre les parties par un avenant au contrat de partenariat.	在遵守第 30 条的规定的前提下,在项目持有人或缔约机关提起的对原始合同的工程、供给、提供的产品或服务或期限的任何变更应由双方事先通过合作合同的附加条款达成一致而确定。
Les modifications ne peuvent être substantielles. A défaut une nouvelle procédure d'attribution est nécessaire. Une modification est considérée comme substantielle:	变更不得是实质性的。如果需要进行实质性变更,则须启动新的授予程序。以下变更被认为是实质性变更:
- lorsqu'elle introduit des conditions qui, si elles avaient été incluses dans la procédure initiale d'attribution, auraient permis la sélection d'un autre candidat que celui initialement retenu;	- 变更引入了一些条件,如果该等条件被列入初始授予程序中,将允许选择最初选定的候选人以外的其他候选人;
- lorsqu'elle modifie l'équilibre économique du contrat de partenariat en faveur du partenaire pour un coût supérieur ou égal à 30% du montant initial de l'offre financière retenue;	- 变更将合作合同的经济平衡变更为有利于合作方,成本为选定的财务方案的初始金额的 30% 或以上;
- lorsqu'elle modifie considérablement le champ d'application du contrat de partenariat. Tel est notamment le cas, lorsque l'avenant a pour effet ou pour objet de substituer un autre contrat au contrat initial soit en bouleversant l'économie, soit en changeant l'objet.	- 变更大幅度改变合作合同的适用范围。例如,当附加条款导致或旨在使原始合同被另一个合同替换时,该替换将打破合同的经济平衡或者导致改变合同标的。
Tout avenant doit être préalablement autorisé par le Conseil des Infrastructures.	任何附加条款均须获得基础设施委员会的事先批准。

Article 32: Procédures de passation aménagées	**第32条:调整的缔结程序**
Lorsqu'un partenaire au développement, notamment un organisme international, participe au financement d'un ouvrage faisant l'objet d'un contrat de partenariat, objet de la présente loi, la procédure d'appel d'offres décrite à la section 3 du chapitre 4, peut faire l'objet d'ajustements pour tenir compte des procédures propres à ce partenaire au développement.	如果发展合作方①,尤其是国际机构,参与本法规定的合作合同的工程的融资,则第4章第3节所述的招标程序可经过修改以便将该发展合作方特有的程序纳入考虑。
Ces mesures d'ajustement sont discutées par l'autorité contractante avec le partenaire au développement et sont soumises à l'avis du Conseil des Infrastructures.	该等调整措施由缔约机关和发展合作方共同商定并且提交至基础设施委员会审批。
Ces mesures d'ajustement, qui ne peuvent avoir pour effet que de renforcer le dispositif interne de passation des contrats, sont décrites dans l'avis de pré-qualification et, selon les cas, mentionnés dans l'avis d'appel d'offres. Elles ne peuvent en aucun cas affaiblir les procédures décrites dans la présente loi.	该等调整措施只能强化合同缔结的内部机制,其在资格预审公告中作出说明,并且根据情况,在招标公告中可能也有所提及。该等调整措施不得以任何方式弱化本法所述的程序。
CHAPITRE 6: EXECUTION DES CONTRATS DE PARTENARIAT, SANCTIONS ET RESILIATION	**第六章:合作合同的履行、处罚和解除**
Article 33: Relations de l'autorité contractante avec les institutions de financement	**第33条:缔约机关和融资机构的关系**
L'opérateur du projet ou le titulaire du contrat de partenariat, sélectionné à l'issue de la procédure de passation	在本法规定的缔结程序结束时选定的项目经营者或合作合同的持有人亲自对合作合同的履行负责。在自行承担责任的

① 中伦注:我们理解,此处的"发展合作方"主要是指能够提供资金支持的国际组织,例如世界银行等。

prévue par la présente loi, est responsable personnellement de son exécution. Il peut néanmoins confier la réalisation de certaines de ses obligations à des tiers placés sous sa responsabilité. L'autorité contractante peut établir des relations contractuelles directes avec les institutions ayant financé tout ou partie du projet.	前提下,项目经营者或合作合同项目持有人可将部分义务的履行委托给第三方。缔约机关可以与为项目提供全部或部分资金的机构建立直接的合同关系。
Article 34: Transfert d'un contrat de partenariat en cours d'exécution	**第 34 条:正在履行的合作合同的转让**
L'opérateur du projet ne peut transférer le contrat de partenariat à un tiers qu'avec l'accord préalable de l'autorité publique, et dans les conditions prévues par le contrat. Le contrat de partenariat peut notamment prévoir un transfert soit au profit des institutions ayant financé tout ou partie du projet soit au profit d'un tiers proposé par ces institutions.	只有经公共权力机关事先同意并在合同规定的条件下,项目经营者才能将合作合同转让至第三方。合作合同尤其可规定向为项目提供全部或部分资金的机构或该等机构提议的第三方转让。
Le tiers, auquel le contrat de partenariat est transféré, doit présenter des garanties financières, techniques et juridiques suffisantes et être, selon le contrat en cause, capable d'assurer la continuité du service et l'égalité des usagers devant le service public.	受让合作合同的第三方必须提供充分的财务、技术和法律担保,并且根据有关合同,能够确保服务的连续性和公共服务中用户的平等待遇。
Article 35: Résiliation du contrat de partenariat	**第 35 条:合作合同的解除**
Le contrat de partenariat peut prévoir des motifs de résiliation, notamment pour:	合作合同可规定合同解除的原因,尤其是以下原因:

– des manquements graves de l'autorité contractante: la résiliation est prononcée par le juge à la demande de l'opérateur du projet, dans les conditions prévues au chapitre 7. L'opérateur du projet peut alors réclamer des dommages et intérêts à l'autorité contractante;	– 缔约机关重大违约:法官根据项目经营者的申请,在第七章规定的条件下宣布解除合同。项目经营者可以向缔约机关要求损害赔偿;
– une faute grave de l'opérateur du projet: l'autorité contractante prononce elle-même la résiliation du contrat de partenariat. L'autorité contractante peut rechercher devant le juge la responsabilité de l'opérateur du projet en raison des fautes qu'il a commises. Le contrat de partenariat peut néanmoins prévoir que, dans ce cas, l'autorité contractante verse une compensation financière liée à la récupération des infrastructures;	– 项目经营者的重大过错:缔约机关单方宣布解除合作合同。缔约机关可以向法官要求项目经营者对其所犯的过错承担责任。但是,合作合同可规定,在此情形下,缔约机关应支付与基础设施的回收相关的经济补偿;
– un motif d'intérêt général: la résiliation est alors prononcée par l'autorité contractante. L'opérateur du projet a, dans ce cas, droit à une indemnité couvrant les charges exposées et le manque à gagner;	– 公共利益原因:缔约机关宣布解除合作合同。在此情形下,项目经营者有权获得赔偿以覆盖已发生的费用和可得利益损失;
– en cas de force majeure: à l'initiative de chacune des parties, dans les conditions prévues par le contrat;	– 不可抗力情形:各方均可在合同规定的条件下提出解除合作合同;
– en cas de remise en cause de l'équilibre financier du projet résultant d'une action ou décision de l'autorité contractante. La résiliation est prononcée par le juge à la demande de l'opérateur du projet dans les conditions prévues au chapitre 7. L'opérateur du projet peut alors réclamer des dommages et intérêts à l'autorité contractante.	– 在缔约机关的行为或决定导致项目的财务平衡出现问题的情况下,法官根据项目经营者的申请,在第七章规定的条件下宣布解除合同。项目经营者可以向缔约机关要求损害赔偿。

L'opérateur du projet a la possibilité de contester, devant une instance arbitrale ou les juridictions nationales, dans les conditions prévues au chapitre 7, la résiliation du contrat de partenariat ainsi que le montant de l'indemnité qui lui est due par l'autorité contractante. Toutefois le juge n'a pas le pouvoir d'annuler une décision de résiliation prise par l'autorité contractante; il peut seulement accorder une indemnité à l'opérateur du projet.	项目经营者可在第七章规定的条件下向仲裁机构或本国法院对合作合同的解除以及缔约机关应对其支付的赔偿金额提出异议。但是,法官无权撤销缔约机关作出的解除决定;其只能判决对项目经营者进行赔偿。
CHAPITRE 7: REGLEMENT DES LITIGES ET AUDIT DES CONTRATS DE PARTENARIAT	**第七章:争议解决和合作合同的审计**
SECTION 1: RÈGLEMENT DES LITIG-ES	**第 1 节:争议解决**
Article 36: Règlement des litiges nés de la formation du contrat de partenariat	**第 36 条:合作合同的成立产生的争议的解决**
Les contestations nées des procédures de sélection de l'opérateur du projet dans les contrats de partenariat sont portées devant le Conseil des Infrastructures.	在合作合同的项目经营者的选择程序中产生的争议须提交至基础设施委员会解决。
La procédure de recours est fixée par le Conseil des Infrastructures.	申诉程序由基础设施委员会制定。
Les décisions prises par le Conseil des Infrastructures, en application du présent article sont susceptibles d'un recours pour excès de pouvoir.	根据本条的规定,基础设施委员会作出的决定可能因为超越职权而被申诉。
Seuls les candidats soumissionnaires évincés de la procédure de sélection de l'opérateur du projet dans les contrats de partenariat sont habilités à saisir le Conseil des Infrastructures d'une contestation.	只有在合作合同的项目经营者的选择程序中被淘汰的候选人有权向基础设施委员会提出异议。

Celle-ci doit être adressée dans les 15 jours qui suivent la notification de la décision de sélection de l'opérateur du projet.	异议须在选择项目经营者的决定通知之后的 15 日内作出。
Le Conseil des Infrastructures statue sur les contestations, au plus tard dans les 30 jours à compter de sa saisine.	基础设施委员会在其被提请之日起的 30 日内对异议作出裁决。
Les litiges liés à la passation du contrat de partenariat ne peuvent donner lieu qu'à une indemnisation du ou des candidats non retenus.	与合作合同的缔结相关的争议只能导致对未被选中的一个或多个候选人进行赔偿。
Article 37: Règlement des litiges pendant l'exécution du contrat de partenariat	**第 37 条:在合作合同的履行期间的争议解决**
Les litiges liés à l'exécution ou à l'interprétation des contrats de partenariat sont de la compétence des tribunaux judiciaires sénégalais ou des instances arbitrales, à défaut de règlement amiable.	如果通过友好协商不能解决,与合作合同的履行或解释有关的争议属于仲裁机构或者塞内加尔法院的管辖范围。
L'arbitrage est mené conformément aux stipulations de la clause d'arbitrage contenue dans le contrat de partenariat.	仲裁按照合作合同中包含的仲裁条款的规定进行。
SECTION 2: EVALUATION ET AUDIT DES CONTRATS DE PARTENARIAT	**第 2 节:合作合同的评估和审计**
Article 38: Evaluation ex-post des contrats de partenariat	**第 38 条:合作合同的事后评估**
Les contrats de partenariat font l'objet d'une évaluation périodique par le Comité national d'Appui aux Partenariats Public-Privé selon des modalités prévues par décret.	国家 PPP 支持委员会按照法令规定的方式对合作合同进行定期评估。

Article 39 : Audit des contrats de partenariat	**第 39 条:合作合同的审计**
Les contrats de partenariat font l'objet d'un audit périodique par le Conseil des Infrastructures selon des modalités prévues par une loi.	基础设施委员会按照法律规定的方式对合作合同进行定期审计。
Article 40 : Dispositions transitoires	**第 40 条:过渡规定**
Lorsqu'à la date d'entrée en vigueur de la présente loi, une autorité contractante a déjà entrepris des discussions avec un tiers en vue de la passation d'un contrat de partenariat, le Conseil des Infrastructures détermine le niveau d'avancement des études éventuellement réalisées par ce tiers. Ce même Conseil détermine, sur la base d'une expertise indépendante, le niveau d'indemnisation auquel ce tiers a droit en raison des études et des travaux qu'il a réalisés. Cette indemnisation est prise en charge par l'autorité contractante. L'autorité contractante engage une procédure d'appel d'offres pour la passation de ce contrat dans les conditions prévues par la présente loi. Dans le cadre de l'appel d'offres, l'autorité contractante porte à la connaissance de tous les candidats les études et les travaux déjà réalisés.	如果在本法生效之日,缔约机关已经开始与第三方商讨以缔结合作合同,基础设施委员会应确定可能由该第三方进行的研究的进度。基础设施委员会在独立的专业意见的基础上,确定该第三方根据其已实施的研究和工程而有权获得的补偿标准。该补偿由缔约机关承担。缔约机关应在本法规定的条件下针对合同的缔结启动招标程序。在招标程序中,缔约机关使全体候选人知晓已经实施的研究和工程。
La présente loi est applicable aux projets de contrat en vue desquels une consultation est engagée à sa date d'entrée en vigueur.	本法适用于在其生效之日已经开始磋商的合同草案。

Article 41 : Dispositions finales	第 41 条:最终规定
Sont abrogées, la loi 2004-13 du 1er mars 2004 modifiée par les lois 2009-21 du 4 mai 2009 et 2011-11 du 28 avril 2011, les dispositions de l'alinéa 2 de l'article 10 de la loi 65-51 du 19 juillet 1965 portant Code des obligations de l'Administration modifiée par la loi 2006-16 du 30 juin 2006, visant les articles 30 à 32 de ladite loi et relatives aux contrats de partenariat, ainsi que toutes les dispositions législatives contraires.	被废除的法律规定:1)2004 年 3 月 1 日第 2004-13 号法律,该法律被 2009 年 5 月 4 日第 2009-21 号法律和 2011 年 4 月 28 日第 2011-11 号法律修改;2)1965年 7 月 19 日第 65-51 号法律《政府部门义务法》的第 10 条第 2 款的规定,该《政府部门义务法》被 2006 年 6 月 30 日第 2006-16 号法律修订,其修订了涉及合作合同部分的第 30 至 32 条的规定;以及 3)全部与本法相悖的法律规定。
La présente loi sera exécutée comme loi de l'État.	本法将作为国家法律实施。

République Tunisienne

Loi n°2015-49 du 27 novembre 2015 relative aux contrats de partenariat public-privé

突尼斯共和国

2015 年 11 月 27 日第 2015-49 号
关于政府与社会资本合作合同的法律

Chapitre 1	**第 1 章**
Dispositions générales	**总则**
Article premier – La présente loi a pour objectif de diversifier les modalités de satisfaction des commandes publiques et ses sources de financement dans le but de développer et de renforcer l'infrastructure, d'encourager l'investissement public en partenariat entre le secteur public et le secteur privé et de bénéficier du professionnalisme et de l'expérience du secteur privé.	**第 1 条 –** 本法的目的是使公共采购的满足方式及其融资来源多样化,以发展和强化基础设施,鼓励在公共部门和私营部门之间的合作中的公共投资,以及利用私营部门的专业水平和经验。
Art. 2 – La présente loi fixe le cadre général des contrats de partenariat public privé, leurs principes fondamentaux, leurs modalités d'élaboration et de conclusion, et détermine le régime de leur exécution et les méthodes de leur contrôle.	**第 2 条 –** 本法规定政府与社会资本合作(以下简称"PPP")合同的总体框架、基本原则、制定和签订方式以及确定其履行制度及其监管方法。
Art. 3 – Au sens de la présente loi, les termes suivants sont entendus comme suit:	**第 3 条 –** 在本法中,作出以下定义:
Le contrat de partenariat public privé: est un contrat écrit à durée déterminée par lequel une personne publique confie à un partenaire privé une mission globale portant totalement ou partiellement sur la conception et la réalisation d'ouvrages, d'équipements ou d'infrastructures matérielles ou immatérielles nécessaires pour assurer un service public.	**PPP 合同:** 指一种具有固定期限的书面合同,通过该等合同,公法人将一项整体任务委托至社会资本,该整体任务涉及保障公共服务所需的工程、设备或者实物性或非实物性的基础设施的全部或部分的设计和实施。

Le contrat de partenariat comporte le financement, la réalisation ou la transformation et la maintenance moyennant une rémunération versée par la personne publique au partenaire privé pendant la durée du contrat et conformément aux conditions qui y sont prévues et désigné ci-après «contrat de partenariat».	合作合同包括,在合同期限内并根据在合同中规定的条件,公法人向社会资本支付回报以进行融资、实施或改造以及维护。
Le contrat de partenariat ne comprend pas la délégation de gestion du service public.	合作合同不包括公共服务管理的委托。
La personne publique: l'Etat, les collectivités locales ainsi que les établissements et les entreprises publiques ayant obtenu l'accord préalable de l'autorité de tutelle pour conclure le contrat de partenariat.	**公法人**:指国家、地方行政机关以及已获得主管权力机关事先同意缔结合作合同的机构和国有企业。
Le partenaire privé: la personne morale privée.	**社会资本**:指私法人。
La société du projet: la société constituée sous forme de société par actions ou société à responsabilité limitée conformément à la législation en vigueur et dont l'objet social se limite à l'exécution de l'objet du contrat de partenariat.	**项目公司**:指根据现行法律成立的股份公司或有限责任公司,其经营范围仅限于履行合作合同的标的。
Chapitre 2	**第 2 章**
Les principes généraux de conclusion des contrats de partenariat	**签订合作合同的基本原则**
Art. 4 – Les projets objet des contrats de partenariat doivent répondre à un besoin préalablement déterminé par la personne publique et fixé conformément aux priorités nationales et locales et aux objectifs définis dans les plans de développement.	**第 4 条** – 合作合同涉及的项目须满足公法人提前确定和根据国家和地方优先级确定的需求以及在发展计划中规定的目标。

Art. 5 – L'élaboration et la conclusion des contrats de partenariat sont régis par les règles de bonne gouvernance et les principes de transparence des procédures, d'égalité et d'équivalence des chances moyennant le recours à la concurrence, l'impartialité et la non-discrimination entre les candidats conformément aux dispositions de la présente loi.	**第5条**–合作合同的制定和签订受到良好治理原则、程序透明原则、平等原则、机会均等原则的规制,并且通过本法规定的候选人之间的竞争、公平和非歧视来实现。
Art. 6 – Les contrats de partenariat sont soumis au principe de l'équilibre contractuel à travers le partage des risques dans le contrat entre la personne publique et le partenaire privé.	**第6条**–合作合同应遵守合同平衡原则,即在公法人与社会资本之间进行合同风险的分配。
Chapitre 3	**第3章**
Les modalités et les procédures d'attribution des contrats de partenariat	**合作合同的授予方式和程序**
Art. 7 – La personne publique est tenue de soumettre le projet, à réaliser sous forme de contrat de partenariat, à l'étude des différents aspects juridiques, économiques, financiers, sociaux et techniques; les impacts environnementaux et les éléments justifiant le recours à son exécution selon cette forme au lieu d'autres formes contractuelles.	**第7条**–公法人必须对以合作合同形式实施的项目进行法律、经济、财务、社会和技术等不同方面的研究;并进行环境影响研究以及说明选择合作合同而不是其他合同形式来实施项目的理由。
La personne publique est tenue également d'élaborer une étude d'évaluation des impacts de la réalisation du projet sous forme d'un contrat de partenariat sur le budget public, la situation financière de la personne publique ainsi que la disponibilité des crédits nécessaires pour sa réalisation.	公法人还有义务进行以合作合同形式实施项目的影响评估研究,该评估研究涉及对公共预算、公法人的财务状况以及实施项目所需信贷的可用性的影响。

L'étude prévue à l'alinéa premier du présent article est présentée, accompagnée d'une fiche descriptive du projet, pour avis à l'instance générale de partenariat public privé mentionnée à l'article 38 de la présente loi. L'avis de l'instance doit être motivé et contraignant.	提交本条第一款规定的研究须附有项目的描述手册,以便获得本法第 38 条规定的 PPP 总局的审批意见。PPP 总局的审批意见须说明理由并且是强制性的。
En cas d'approbation de l'instance, l'étude d'évaluation indiquée à l'alinéa deuxième du présent article doit être présentée pour avis au ministre chargé des finances. Son avis sera motivé.	如果 PPP 总局批准,则本条第二款规定的评估研究将被提交至财政部长以获得其审批意见。财政部长须对其审批意见说明理由。
Art. 8 – Les contrats de partenariat sont attribués par voie d'appel à la concurrence.	**第 8 条** – 合作合同的授予须通过竞争性招标[①]进行。
Les contrats de partenariat peuvent être attribués à titre exceptionnel par voie de dialogue compétitif ou par voie de négociation directe conformément aux conditions prévues dans la présente loi.	作为特例,可按照本法规定的条件通过竞争性对话或直接谈判的方式授予合作合同。
Art. 9 – Compte tenu de la spécificité du projet objet du partenariat, il est loisible de recourir au dialogue compétitif s'il s'avère impossible, pour la personne publique, de fixer au préalable les moyens et les solutions techniques et financières pouvant répondre à ses besoins.	**第 9 条** – 考虑到作为合作目的的项目的特殊性,如果公法人不能提前确定能够满足其需求的技术和财务上的手段和方案,则可以采用竞争性对话方式。

① 中伦注:此处如果直译应是"竞争性程序",但根据上下文逻辑,我们理解此处仅指竞争性招标。在本法中,竞争性招标是缔结合作合同的最基本的方式,作为特例,还可通过竞争性对话和直接谈判的方式缔结合作合同。

Dans ce cas, le partenaire privé est choisi dans le cadre du dialogue compétitif parmi les candidats dont la candidature a été retenue suite à un appel à la concurrence et après la négociation au sujet du montage juridique, économique, financier, social, technique, administratif, et environnemental du projet et les inviter à remettre leurs offres finales.	在该情况下,在竞争性对话的框架内,在竞争性程序邀请之后并在就项目的法律、经济、财务、社会、技术、行政和环境方面进行谈判之后从候选人资格被接受的候选人中选出社会资本,并邀请其提交其最终方案。
Art. 10 – Les contrats de partenariats sont conclus par voie de négociation directe dans l'un des cas suivants:	**第 10 条 –** 在下列任一情形下通过直接谈判的方式签订合作合同:
1 – Pour des raisons de défense nationale ou de sécurité publique.	1 – 出于国防或公共安全的原因。
2 – Pour assurer la continuité du service public en cas d'urgence pour des raisons non imputables à la volonté de la personne publique résultant des circonstances imprévisibles.	2 – 在紧急情况下为了保障公共服务的连续性,且该紧急情况由不归咎于公法人的意外事件产生。
3 – Si leur objet se rapporte à une activité dont l'exploitation est exclusivement réservée au porteur d'un brevet d'invention.	3 – 如果合同目的涉及的活动的运营仅能由某一发明专利的持有人实施。
Art. 11 – La personne privée peut présenter une offre spontanée à la personne publique pour la réalisation d'un projet dans le cadre d'un contrat de partenariat et présenter une étude d'opportunité préliminaire du projet.	**第 11 条 –** 私法人可向公法人提交自发提案以便以合作合同的形式实施项目,并且提交项目的初步适当性研究。
L'offre spontanée ne doit pas porter sur un projet en cours d'élaboration ou d'exécution par la personne publique.	自发提案不得与公法人正在制定或实施的项目相关。

La personne publique peut accepter l'offre, la rejeter ou la modifier sans encourir aucune responsabilité vis-à-vis son auteur, mais elle doit lui notifier sa décision dans un délai ne dépassant pas quatre-vingt-dix jours renouvelable une fois, sur notification écrite de la part de la personne publique à partir de la date de la réception de l'offre.	公法人可以接受、拒绝或修改提案而不用对其发起人承担任何责任，但必须在其收到提案之日起不超过 90 日的期限内(可续期一次)书面通知发起人其作出的决定。
Le silence de la personne publique dans les délais prévus à l'alinéa précédent est considéré comme refus implicite.	若在上款中规定的期限内公法人未答复，则提案视为以默示的方式被拒绝。
Dans le cas où l'offre spontanée est retenue, la personne publique entame les modalités et les procédures de l'attribution prévues dans le présent chapitre tout en informant l'auteur de l'offre spontanée du lancement des procédures de l'attribution.	如果自发提案被接受，则公法人将启动本章规定的授予方式和授予程序，同时通知自发提案的发起人授予程序的启动。
Une marge de préférence est accordée à l'auteur de l'offre spontanée dans la phase de l'appel à la concurrence.	在竞争性程序阶段，自发提案的发起人享有优先幅度。
Art. 12 – Nonobstant les dispositions législatives contraires et sous réserve de l'obligation de publicité et d'information des candidats et des soumissionnaires applicables au contrat de partenariat, il est interdit aux fonctionnaires publics de divulguer les informations communiquées par la personne privée à titre confidentiel dans le cadre du contrat de partenariat.	**第 12 条** – 尽管存在相反的法律规定，并且在遵守适用于合作合同的候选人和投标人的公告和通知义务的前提下，公职人员不得披露私法人在合作合同的框架内向其传达的保密信息。
La confidentialité inclus les questions techniques et commerciales et les aspects énoncés confidentiels dans les offres.	保密信息包括技术和商业问题以及在方案中列明的保密内容。

Toute infraction aux dispositions de l'alinéa premier du présent article, expose son auteur à des sanctions disciplinaires et pénales conformément à la législation en vigueur.	行为人违反本条第一款规定的,将根据现行法律对该行为人进行纪律和刑事方面的处罚。
Art. 13 – Le contrat de partenariat est attribué au candidat ayant présenté l'offre économiquement la plus avantageuse.	**第 13 条** – 合作合同授予至提交了经济上最有利的方案的候选人。
On entend par offre économiquement la plus avantageuse l'offre dont l'avantage est établi en se basant sur des critères portant essentiellement sur la qualité, la performance du rendement, la valeur globale du projet, la valeur ajoutée, le taux d'emploi de la main d'œuvre tunisienne et son taux d'encadrement, le taux d'utilisation des produits nationaux et la réponse de l'offre aux exigences du développement durable.	经济上最有利的方案是指,通过主要涉及质量、绩效、项目总价值、附加值、突尼斯本国劳动力雇佣率和在领导层中的本国人员比率、本国产品的使用率和方案对可持续发展要求的响应等标准而被认定为最有利的方案。
Le dossier d'appel d'offre fixe au préalable les critères de détermination de l'offre économiquement la plus avantageuse en se basant notamment sur un ordre de mérite au vu d'un ratio accordé à chaque critère selon son importance.	招标文件预先设置用于确定经济上最有利的方案的标准,并根据其重要性,将各标准配有比重,综合计算之后进行排序。
Art. 14 – L'appel d'offre doit mentionner le pourcentage minimal des activités couvertes par le contrat de partenariat que le partenaire privé est tenu de l'octroyer dans le cadre de la sous-traitance au profit des petites et moyennes entreprises tunisiennes.	**第 14 条** – 招标须明确在分包的框架内社会资本须授予至突尼斯中小型企业的合作合同涉及的活动的最低比例。

Le pourcentage proposé par chaque candidat est pris en considération lors de l'évaluation de l'offre économiquement la plus avantageuse.	在评估经济上最有利的方案的过程中，须考虑每个候选人提出的上述最低比例。
Art. 15 – Les modalités d'application des articles de 7 à 14 de la présente loi sont fixées par décret gouvernemental.	**第 15 条** – 本法第 7 条至第 14 条的实施方式由政府法令规定。
Art. 16 – La personne publique est tenue de publier la décision de l'attribution du contrat de partenariat sur son site web et dans les lieux alloués aux affiches administratives centrales et régionales y afférents, pour une durée de 8 jours à partir de la date de la publication.	**第 16 条** – 公法人必须在其网站和专用于张贴中央和地方行政布告的地点公布关于授予合作合同的决定，公布期为自公布之日起的 8 日。
Tout participant à l'appel d'offre, ayant intérêt, peut recourir à la juridiction compétente contre l'arrêté conformément aux procédures en matière de référé.	任何参与招标的利益相关方均可根据快速简易程序向有管辖权的法院对决定提出申诉。
Chapitre 4	**第 4 章**
Conclusion et exécution du contrat de partenariat	**合作合同的签订和履行**
Art. 17 – Le contrat de partenariat est conclu entre la personne publique et la société du projet pour une durée déterminée en tenant compte notamment de la durée d'amortissement des investissements à réaliser et des modalités de financement retenues. Le contrat de partenariat n'est pas renouvelable.	**第 17 条** – 在公法人和项目公司之间签订合作合同，合作合同的期限是固定的，其通过待实施投资的回收期限和选定的融资方式等因素而定。合作合同不可续期。

Exceptionnellement, le contrat peut être prorogé pour une durée maximale de trois ans dans les cas d'urgence pour assurer la continuité du service public, dans le cas de force majeure ou lors de la survenance d'évènements imprévisibles, et ce, après l'avis conforme de l'instance générale de partenariat public privé mentionnée à l'article 38 de la présente loi.	作为例外,在紧急情况下为保障公共服务的连续性、在发生不可抗力或意外事件的情况下,合作合同可延期,延期的期限不得超过三年,且须获得本法第 38 条规定的 PPP 总局的批复。
Art. 18 – Les mentions obligatoires du contrat de partenariat sont fixées par décret gouvernemental.	**第 18 条** – 合作合同的必备条款由政府法令规定。
Art. 19 – Le contrat de partenariat est soumis avant sa signature, à l'instance générale de partenariat public privé, pour avis conforme dans un délai ne dépassant pas un mois à partir de la date de sa présentation.	**第 19 条** – 合作合同在签署之前须提交 PPP 总局,以便 PPP 总局自合作合同提交之日起一个月内作出批复。
La personne publique est tenue de transmettre une copie légale du contrat de partenariat après sa signature à l'instance générale de partenariat public privé.	公法人须将合作合同签署后的合法副本提交至 PPP 总局。
Art. 20 – La personne publique peut participer au capital de la société du projet avec un pourcentage minimal, elle est dans ce cas représentée obligatoirement aux structures de gestion et de délibération de la société du projet, nonobstant le pourcentage de la participation.	**第 20 条** – 公法人可按照最低比例在项目公司中参股,在该情况下,无论其参股比例为何,公法人必须在项目公司的管理机构和决策机构中派有代表。
Art. 21 – Les participations du partenaire privé au capital de la société du projet ne peuvent être cédées qu'après obtention de l'accord préalable et écrit de la personne publique conformément aux conditions et procédures fixées par le contrat de partenariat.	**第 21 条** – 社会资本在项目公司中的出资必须经公法人的事先书面同意后方可转让,且该转让须符合合作合同规定的条件和程序。

Art. 22 – La société du projet est tenue d'exécuter de façon directe le contrat et de sous-traiter une partie de ses obligations, si le contrat l'autorise, après obtention de l'accord préalable de la personne publique. Toutefois, la société du projet ne peut en aucun cas sous-traiter l'intégralité ou la majorité des obligations qui lui sont dues en vertu du contrat.	**第 22 条** – 项目公司须直接履行合作合同,如合作合同许可,项目公司经公法人的事先同意后可将其部分义务分包。然而,项目公司不得将其在合同项下的全部或绝大部分义务分包。
Dans tous les cas, la société du projet demeure directement responsable envers la personne publique et les tiers, de l'accomplissement de toutes les obligations que lui impose le contrat.	无论如何,项目公司就其在合同项下义务的履行对公法人和第三方直接承担责任。
Art. 23 – La rémunération versée par la personne publique à la société du projet est constituée notamment de l'ensemble des montants correspondants au coût des investissements, du financement et de la maintenance, fixés séparément.	**第 23 条** – 公法人向项目公司支付的回报由分别确定的投资成本、融资成本和维护成本的总和构成。
Le contrat doit indiquer les modalités de calcul et de révision de la rémunération.	合作合同须规定回报的计算和变更方式。
Nonobstant les dispositions de l'article 39 du code de la comptabilité publique, lors du calcul de la rémunération versée par la personne publique sont déduis l'ensemble des montants qui lui sont dus contre l'autorisation à titre accessoire à la société du projet d'exploiter certains services ou ouvrages liés au projet.	尽管存在《公共财务法典》第 39 条的规定,在计算公法人支付的回报时,须扣除因项目公司被许可附属性地经营与项目有关的某些服务或工程而应付给公法人的全部款项。

La rémunération est payée par la personne publique tout au long de la durée du contrat à partir de la date de la réception définitive des ouvrages, équipements ou constructions objet du contrat de partenariat. Le paiement de la redevance relative à la maintenance est obligatoirement subordonné à la réalisation des objectifs de performance du rendement assignés à la société du projet et à la disponibilité des ouvrages et des équipements conformément aux conditions du contrat.	在合同的整个期限内,公法人须自作为合作合同标的的工程、设备或建筑的最终验收之日起支付回报。只有在根据合同规定的条件达成分配给项目公司的绩效目标并且工程和设备具备可用性之后,方可支付关于维护的使用费。
Art. 24 – Sauf stipulation contraire, il est constitué pour la société du projet, un droit réel spécifique sur les constructions, ouvrages et installations fixes qu'elle réalise en exécution du contrat de partenariat.	**第 24 条** – 除非存在相反规定,项目公司对于其在合作合同项下实施的建筑、工程和固定设施享有特定的物权。
Ce droit réel confère à la société du projet pendant la durée du contrat, les droits et les obligations du propriétaire dans les limites prévues par la présente loi.	在本法规定的限度内,该物权在合同期限内赋予项目公司所有权人的权利和义务。
Les constructions, ouvrages et installations fixes objets du contrat de partenariat ne peuvent être hypothéqués que pour garantir les emprunts contractés par le partenaire privé en vue de financer leur réalisation, leur modification, leur extension, leur maintenance ou leur rénovation, après notification préalable à la personne publique. Les effets des hypothèques grevant les constructions, ouvrages et installations fixes prennent fin à l'expiration de la durée du contrat de partenariat.	作为合作合同标的的建筑、工程和固定设施不得被抵押,除非在社会资本为该等建筑、工程和固定设施的实施、更改、扩建、维护或翻新进行融资而签订借款合同的情况下,且在事先通知公法人后,社会资本可将该等建筑、工程和固定设施为该等借款合同提供担保。在建筑、工程和固定设施上所设置的抵押在合作合同期限届满时终止。

Il est interdit, pendant toute la durée du contrat, de céder ou de transférer à quelque titre que ce soit, les droits réels grevant les constructions, les ouvrages et les installations fixes y compris les sûretés portant sur lesdits droits sans l'autorisation préalable et écrite de la personne publique.	在合同的整个期限内,未经公法人事先书面同意,不得出于任何原因转让或转移建筑、工程和固定设施上的物权(包括在该等物权上设置的担保)。
Les créanciers chirographaires autres que ceux dont la créance est née de l'exécution des travaux mentionnés à l'alinéa premier du présent article, ne peuvent prendre des mesures conservatoires ou des mesures exécutoires portant sur les droits et biens mentionnés au présent article.	无担保债权人(不含债权是因本条第一款所述工程的实施而产生的无担保债权人)不得采取针对本条所述权利和资产的保全措施或强制执行措施。
Les droits grevant les constructions, ouvrages et installations fixes objet du contrat de partenariat, sont inscrits sur un registre spécial tenu par les services compétents auprès du ministère chargé des domaines de l'Etat et des affaires foncières.	在作为合作合同标的的建筑、工程和固定设施上设置的权利负担须登记在国有财产和土地事务部的主管部门保存的专门登记簿中。
Les modalités de tenue de ce registre sont fixées par décret gouvernemental.	该登记簿的保存方式由政府法令确定。
Les modalités et les procédures prévues par la législation en vigueur en matière des droits réels sont applicables à l'inscription du droit réel ainsi que les droits des créanciers le grevant.	现行法律规定的与物权相关的方式和程序适用于物权的登记以及在物权之上的债权人权利。

Art. 25 – Lorsque le contrat emporte occupation du domaine public, il vaut autorisation d'occupation de ce domaine pour sa durée. Le mode d'occupation, les obligations qui y sont liés et les droits en découlant sont régis par les stipulations du contrat de partenariat et conformément à la législation en vigueur.	**第 25 条 –** 如果合同导致占用公产,需要获得在占用期内对该公产的占用许可。占用方式、相关权利义务由合作合同规制且须符合现行法律规定。
Art. 26 – Les dispositions de la législation réglant les rapports entre bailleurs et locataires en ce qui concerne le renouvellement des baux d'immeubles et des locaux à usage industriel et commercial, ne sont pas applicables aux contrats de partenariat.	**第 26 条 –** 关于出租人和承租人在工业和商业用地的不动产租约的续期中的关系方面的法律规定不适用于合作合同。
Art. 27 – Le contrat de partenariat n'exempte pas de l'obtention de toutes autorisations ou de se conformer aux cahiers de charge en rapport avec son exécution et exigible en vertu de la législation en vigueur.	**第 27 条 –** 合作合同并不免除获得所有许可的义务或者遵守与合同履行相关的及根据现行法律所要求的任务书的义务。
Art. 28 – Le contrat de partenariat ne peut être cédé aux tiers au cours de son exécution qu'après obtention de l'accord préalable et écrit de la personne publique et conformément aux conditions contractuelles.	**第 28 条 –** 经公法人事先书面同意且符合约定的条件的情况下,可在合作合同履行过程中将其转让至第三人。
Le tiers cessionnaire du contrat doit présenter toutes les garanties légales, financières et techniques nécessaires qui prouvent sa capacité et son aptitude de poursuivre l'exécution du contrat.	合同的第三人受让方须提供一切必要的法律、财务和技术担保,以证明其有能力和资格继续履行合同。

Art. 29 – Tenant compte des conditions et procédures prévues par la législation concernant la cession ou le nantissement des créances professionnelles, la rémunération à titre du coût d'investissement et de financement perçue par la société du projet peut être cédée ou nantie au profit des établissements de crédit ayant financé le projet.	**第 29 条 –** 考虑到法律规定的关于业务应收款的转让或质押的条件和程序，项目公司获得的投资成本和融资成本对应的回报可以被转让至为项目提供资金的信贷机构或为其设立质押。
Les conditions et les modalités d'application du présent article sont fixées par décret gouvernemental.	本条的适用条件和方式由政府法令规定。
Art. 30 – En cas de litige découlant de l'exécution du contrat, il faut mentionner en premier lieu le règlement à l'amiable du différend et la durée maximale allouée pour cette phase, avant de recourir le cas échéant et à l'échec de la démarche de conciliation, à la justice ou à l'arbitrage.	**第 30 条 –** 如果因履行合同而产生争议，合同应规定首先尝试采取友好协商的方式解决争议，同时规定该阶段的最长期限，如果不能通过友好协商解决争议，则可通过诉讼或仲裁进行解决。
En cas de recours à l'arbitrage, le contrat prévoit obligatoirement que le droit tunisien est applicable au litige.	若适用仲裁，合同必须约定争议解决适用突尼斯法律。
Chapitre 5	**第 5 章**
Le contrôle de l'exécution des contrats de partenariat	**对合作合同履行的监管**
Art. 31 – La société du projet est tenue de communiquer de façon périodique à la personne publique tous les documents juridiques, comptables, financiers et techniques propres au projet conformément aux stipulations du contrat de partenariat ainsi que les études techniques, les plans et les normes exigés par la personne publique.	**第 31 条 –** 项目公司须根据合作合同的规定以及公法人要求的技术研究、方案和标准，定期向公法人发送项目专有的全部法律、会计、财务和技术方面的文件。

La société du projet est tenue également de présenter à la personne publique un rapport annuel déterminant l'état d'avancement de la réalisation du projet et le respect de la société du projet de ses engagements.	项目公司还须向公法人提交年度报告，该年度报告确定项目的实施进展情况和项目公司对其承诺的遵守情况。
La société du projet doit faciliter les tâches des agents du contrôle indiqués à l'article 32 de la présente loi.	项目公司须为本法第 32 条规定的监管人员的工作提供便利。
Art. 32 – Outre les opérations de contrôle qui peuvent être mentionnées par le contrat de partenariat, la personne publique est tenue d'effectuer les opérations suivantes :	**第 32 条 –** 除了合作合同中可能规定的监管活动之外，公法人还须进行以下活动：
– le suivi de l'état du respect de la société du projet de ses engagements notamment la présentation des rapports indiqués à l'article 31 de la présente loi,	– 跟踪项目公司对其承诺的遵守情况，尤其是本法第 31 条规定的提交报告的承诺，
– l'étude et la vérification de la validité des documents communiqués par la société du projet,	– 研究和核实项目公司提交的文件的有效性，
– effectuer le contrôle sur terrain des travaux pour vérifier leur état d'avancement et leur réponse aux objectifs de la performance et aux conditions techniques mentionnées par le contrat,	– 在工程场地上进行监管，以便确认工程的进展情况及其是否符合合同规定的绩效目标和技术条件，

– le contrôle du respect par la société du projet des conditions contractuelles relatives à la sous-traitance aux petites et moyennes entreprises nationales, l'emploi de la main d'œuvre nationale et l'utilisation des produits nationaux. Un rapport y afférent doit être présenté à l'instance nationale de partenariat public privé.	– 监管项目公司对合同条件的遵守情况,该等合同条件涉及向本国中小型企业的分包、本国劳动力的雇佣和本国产品的使用。与此相关的报告须提交至国家 PPP 总局,
– la désignation le cas échéant d'un ou de plusieurs experts spécialistes et indépendants afin de contrôler l'exécution du contrat,	– 可指定一名或多名独立专家以便监管合同的履行,
– la présentation d'un rapport annuel et le cas échéant d'autres rapports à l'instance nationale de partenariat public privé relatif à l'état d'avancement de l'exécution du contrat de partenariat et le respect de la société du projet de ses engagements,	– 向国家 PPP 总局提交关于合作合同履行的进展情况和项目公司对其承诺的遵守情况的年度报告和其他报告,
– la prise de mesures prévues par la présente loi, conformément aux dispositions des articles du chapitre six, et par le contrat de partenariat à l'encontre de la société du projet dans le cas d'entrave aux opérations de contrôle ainsi que dans le cas de manquement à ses engagements, selon le cas, en vertu de la présente loi ou le contrat de partenariat.	– 在项目公司阻碍监管活动以及不履行其在本法或合作合同项下的承诺的情况下,根据第六章的规定采取本法和合作合同规定的对于项目公司的措施。

Art. 33 – Les contrats de partenariat sont soumis périodiquement à l'évaluation et le contrôle de la cour des comptes ainsi que le contrôle des corps de contrôle généraux de l'Etat et les corps de contrôle relevant de la personne publique et l'audit de l'instance nationale de partenariat public privé. Les rapports de contrôle et d'audit indiqués sont publiés conformément à la législation en vigueur.	**第 33 条 –** 合作合同须由审计法院、国家监管机构、隶属于公法人的监管机构定期进行评估和监管并由国家 PPP 总局定期进行审计。监管和审计报告须根据现行法律予以公布。
Le gouvernement présente à l'assemblée des représentants du peuple un rapport annuel portant sur l'exécution des projets de partenariat public privé.	政府向国民代表大会提交 PPP 项目履行情况的年报。
Chapitre 6	**第 6 章**
Fin des contrats de partenariat	**合作合同的终止**
Art. 34 – La fin normale du contrat de partenariat intervient à son terme convenu dans le contrat et à titre exceptionnel dans les cas prévus par les articles 35 et 36 de la présente loi.	**第 34 条 –** 合作合同在其期限届满时正常终止，例外的终止情形由本法第 35 条和第 36 条规定。
Art. 35 – Le contrat de partenariat peut être résilié avant l'échéance convenue et ce soit sur accord mutuel des deux parties, soit dans les cas prévus par le contrat de partenariat.	**第 35 条 –** 合作合同可在双方约定的期限届满前通过双方合意解除，或者在合作合同规定的情况下被解除。
La personne publique peut résilier le contrat de façon unilatérale, en cas où le partenaire privé a commis une faute grave ou bien pour des raisons d'intérêt général.	如果社会资本发生严重过错或出于公共利益的原因，公法人有权单方解除合作合同。
Le contrat de partenariat prévoit les cas et procédures de résiliation et les indemnisations qui s'imposent.	合作合同规定解除情形和解除程序以及因解除而引发的赔偿。

Art. 36 – La société du projet peut être déchue de ses droits par la personne publique en cas de manquements à ses obligations contractuelles et ce, après l'avoir averti et lui accorder le délai fixé par le contrat afin de remplir ses obligations.	**第 36 条 –** 若项目公司不履行其合同义务,且在公法人给予其警告并授予其合同规定的期限来履行其义务之后仍未履行的,公法人有权剥夺项目公司的权利。
Le contrat fixe les cas de manquements entraînant la déchéance et les conditions de continuer son exécution et de garantir la continuité du service public.	合作合同规定导致失权的违约情形、继续履行合同和确保公共服务连续性的条件。
En cas de déchéance des droits, les créanciers dont les créances sont inscrites sur le registre mentionné à l'article 24 de la présente loi, en sont informés par lettre recommandée avec accusé de réception et ce dans un délai fixé par le contrat avant la date de prise de la décision de déchéance, et ce, pour leur permettre de proposer la subrogation d'une autre personne à la société du projet déchue. Le transfert du contrat de partenariat à la personne proposée est soumis à l'accord préalable de la personne publique.	在失权的情况下,应在合同规定的期限内、失权决定做出之日前,通过附回执挂号信向在本法第 24 条所述的登记簿中登记债权的债权人通知该失权决定,以便允许其推荐其他人替代失权的项目公司。将合作合同转移至被推荐的人须经公法人事先同意。
Les contrats de partenariat des projets réalisés ou en cours de réalisation ont la priorité d'être payés par rapport aux nouveaux projets programmés par le partenaire public.	相较于政府方计划的新项目,须优先对已经实施或正在实施的项目的合作合同进行支付。
Chapitre 7	**第 7 章**
Le cadre institutionnel des contrats de partenariat	**合作合同的机构框架**
Art. 37 – Est créé au sein de la Présidence du Gouvernement, un conseil stratégique de partenariat public privé qui se charge notamment d'établir les stratégies nation-	**第 37 条 –** 在总理府内设立 PPP 策略委员会,其负责制定在 PPP 领域中的国家策略,并根据发展计划的方针而确定优先事项。

ales dans le domaine de partenariat public privé et de fixer les priorités conformément aux orientations des plans de développement.	
La composition et les prérogatives du conseil sont fixées par décret gouvernemental.	该委员会的构成和特权由政府法令规定。
Art. 38 – Est créé au sein de la présidence du gouvernement, une instance générale de partenariat public privé qui se charge, outre des tâches prévues dans la présente loi, de fournir l'appui technique aux personnes publiques et de les assister dans la préparation, conclusion et le suivi d'exécution des contrats de partenariat public privé.	**第 38 条** – 在总理府内设立 PPP 总局,除了本法规定的职责外,其还负责在 PPP 合同的制定、签订和履行的跟踪中向公法人提供技术支持并协助公法人。
Les prérogatives et l'organisation de l'instance sont fixées par décret gouvernemental.	PPP 总局的特权和组织由政府法令规定。
Dans le cadre de ses missions, l'instance peut se faire assister par des experts ou des bureaux d'experts selon les principes de la transparence, la concurrence, l'égalité des chances et selon des procédures fixées par décret gouvernemental.	在 PPP 总局的职责范围内,根据政府法令规定的程序并依照透明、竞争性、机会平等的原则,该机构可由专家或专业机构来协助。
Les agents de l'instance sont soumis à un statut particulier approuvé par décret gouvernemental.	PPP 总局的工作人员的特殊身份由政府法令批准。
Art. 39 – L'instance générale de partenariat public privé publie sur son site web un extrait des contrats de partenariat conclu.	**第 39 条** – PPP 总局在其网站上公布已签署的合作合同的摘要。
Le modèle de l'extrait susmentionné est fixé par décret gouvernemental.	所述摘要的模板由政府法令规定。

Chapitre 8	**第 8 章**
Dispositions transitoires	**过渡规定**
Art. 40 – La cour des comptes (créée par la constitution 1959) assure les missions dévolues à la cour des comptes en vertu de la présente loi jusqu'à la prise de fonctions de la cour des comptes conformément aux dispositions de l'article 117 de la constitution.	**第 40 条 –** 审计法院(根据 1959 年《宪法》设立)履行根据本法向其分配的职能,直至审计法院根据《宪法》第 117 条的规定承担其职能。
Art. 41 – Cette loi sera applicable à partir de la date d'entrée en vigueur de ses textes d'application et dans un délai maximum du 1er juin 2016.	**第 41 条 –** 该法律将自其实施条文生效之日起生效,最晚不超过 2016 年 6 月 1 日生效。
Toutefois pour les collectivités locales, les dispositions de la présente loi sont applicables à compter de la date de prise de fonctions de ses assemblées après les premières élections locales conformément aux dispositions de la constitution.	但是,对于地方行政机关而言,本法的规定自根据宪法规定的第一次地方选举产生的代表的就职之日起适用。
Art. 42 – Sont abrogées toutes les dispositions contraires à la présente loi et notamment la loi n° 2007-13 du 19 février 2007, relative à l'établissement de l'économie numérique. Toutefois, les dispositions de la loi précitée demeurent applicables aux contrats de partenariat en cours ainsi qu'aux projets de partenariat déclarés qui ont fait l'objet d'un appel à concurrence avant l'entrée en vigueur de cette loi.	**第 42 条 –** 所有与本法相悖的规定(特别是2007 年 2 月 19 日 2007-13 号关于建立数字经济的法律)均被废除。但是,上述法律的规定仍然适用于正在履行的合作合同以及在本法生效之前已进行竞争性程序的合作项目。
La présente loi sera publiée au Journal Officiel de la République Tunisienne et exécutée comme loi de l'Etat.	本法应在突尼斯共和国的官方公报上公布,并作为国家法律实施。

图书在版编目(CIP)数据

非洲法语国家PPP法律汇编：中法对照／程军律师团队译. -- 北京：法律出版社，2021
(程军律师团队法律译丛)
ISBN 978-7-5197-5229-3

Ⅰ. ①非… Ⅱ. ①程… Ⅲ. ①政府投资-合作-社会资本-法律-汇编-非洲-汉、法 Ⅳ. ①D942.2

中国版本图书馆CIP数据核字(2020)第251873号

非洲法语国家PPP法律汇编
FEIZHOU FAYU GUOJIA PPP FALÜ HUIBIAN

程军律师团队 译

责任编辑 李 群 翁潇潇
装帧设计 鲍龙卉

出版 法律出版社
总发行 中国法律图书有限公司
经销 新华书店
印刷 中煤(北京)印务有限公司
责任印制 张建伟

编辑统筹 法规出版分社
开本 710毫米×1000毫米 1/16
印张 41.25
字数 819千
版本 2021年1月第1版
印次 2021年1月第1次印刷

法律出版社/北京市丰台区莲花池西里7号(100073)
网址/www.lawpress.com.cn
投稿邮箱/info@lawpress.com.cn
举报维权邮箱/jbwq@lawpress.com.cn
销售热线/400-660-8393
咨询电话/010-63939796

中国法律图书有限公司/北京市丰台区莲花池西里7号(100073)
全国各地中法图分、子公司销售电话：
统一销售客服/400-660-8393/6393
第一法律书店/010-83938432/8433 西安分公司/029-85330678 重庆分公司/023-67453036
上海分公司/021-62071639/1636 深圳分公司/0755-83072995

书号：ISBN 978-7-5197-5229-3 **定价**：168.00元
(如有缺页或倒装，中国法律图书有限公司负责退换)